Isolde Kommer, Tilly Mersin

INDESIGN CS5
FÜR EINSTEIGER

Hilfe für die tägliche Praxis

Isolde Kommer, Tilly Mersin

INDESIGN CS5 FÜR EINSTEIGER

Hilfe für die tägliche Praxis

 ADDISON-WESLEY

Bibliografische Information der Deutschen Bibliothek
Die Deutsche Bibliothek verzeichnet diese Publikation in der Deutschen Nationalbibliographie; detaillierte bibliografische Daten Sind im Internet über http://dnb.ddb,de abrufbar.

10 9 8 7 6 5 4 3 2 1

13 12 11

ISBN 978-3-8273-2965-3

© 2011 Addison-Wesley Verlag,
ein Imprint der PEARSON EDUCATION DEUTSCHAND GmbH;
Martin-Kollar-Str. 10-12, 81829 München/Germany
Alle Rechte vorbehalten

Lektorat: Kristine Kamm, kkamm@pearson.de, Dorothea Krist, dkrist@pearson.de
Korrektorat: Christian Schneider, München
Herstellung: Claudia Bäurle, cbaeurle@pearson.de
Satz: Isolde Kommer und Tilly Mersin, Großerlach
Einbandgestaltung: Marco Lindenbeck, webwo GmbH, mlindenbeck@webwo.de
Druck und Verarbeitung: Firmengruppe APPL, aprinta druck, Wemding
Printed in Germany

Auf einen Blick

Vorwort 23

1 Das Layout einrichten 49

2 Text und Typografie 79

3 Grafische Elemente einfügen 149

4 Grafiken gestalten 209

5 Schnelle und systematische Arbeit 233

6 Lange Dokumente gestalten 305

7 Vorbereitung auf die Reproduktion 335

8 Print-Dokumente ausgeben 375

9 Layouts für das multimediale Zeitalter 401

Index 431

Inhaltsverzeichnis

Vorwort 23

Herzlich willkommen 23

Der Aufbau des Buchs 23

Dank 24

Lesen Sie dies zuerst 25

Nach dem ersten Start 25

Individuelles Arbeiten mit der Benutzeroberfläche von InDesign CS5 29

Tipps zum Setzen von Text 35

Tipps zum zügigen Arbeiten 37

Zusammenarbeit mit anderen Teammitgliedern 42

Nützliche Tastenkombinationen und Mausoperationen 46

1 DAS LAYOUT **EINRICHTEN** 49

1.1 Ein neues Dokument erstellen 50

Die Seitengeometrie 50

Beschnittzugabe und Infobereich festlegen 54

Das fertige Dokument bearbeiten 54

Unterschiedliche Papierfarben am Monitor simulieren 55

Die Seiteneinstellungen nachträglich ändern 55

Ein Layout mit ungleich breiten Spalten erzeugen 56

Seiten hinzufügen, löschen und neu arrangieren 56

Druckbögen mit mehreren Seiten erstellen 57

Verschiedene Seitenformate in einem Dokument erstellen 58

Das Layout schnell an unterschiedliche Anforderungen anpassen 60

1.2 Mustervorlagen – die Basis Ihres Layouts 61

Mustervorlagen anzeigen und anwenden 61

Der Mustervorlage Objekte und Hilfslinien hinzufügen 62

Mustervorlagen anwenden 62

Mustervorlagenobjekte entkoppeln 63

Eine neue Mustervorlage erstellen 63

Verschachtelte Musterseiten 64

Musterseiten laden und verschieben 65

Seiten auf der Grundlage einer Mustervorlage hinzufügen 66

Mustervorlageneigenschaften nachträglich ändern 66

Mustervorlagen löschen 66

1.3 Hilfslinien einrichten 66

Linealhilfslinien einrichten 68

Spiegelbildlich angeordnete Hilfslinien erzeugen 69

Hilfslinien für regelmäßige Rasternetze rationell anlegen 70

Hilfslinien ein- und ausblenden 72

Zoomstufenabhängige Hilfslinien erzeugen 72

Hilfslinien löschen 73

Hilfslinien fixieren 73

An Hilfslinien ausrichten 74

»Intelligente« Hilfslinien 74

1.4 Die Paginierung 75

Die Paginierung nicht bei Seite 1 beginnen 76

Abschnitte einsetzen 77

2   TEXT UND TYPOGRAFIE 79

2.1   Textrahmen erzeugen und bearbeiten 80
Mustertextrahmen aktivieren 80
Textfluss über mehrere Rahmen 80
Einen neuen Rahmen für den Übersatztext erstellen 81
Den Übersatztext halbautomatisch in mehrere vorbereitete Rahmen fließen lassen 82
Automatischer Textfluss mit Mustertextrahmen 82
Die Verkettung von Textrahmen aufheben 83
Text um Objekte fließen lassen 83
Text im Rahmen positionieren 86
Spaltensatz 86
Spalten ausgleichen 87
Spalten zusammenfassen und teilen 89
Der Versatzabstand 89
Die vertikale Ausrichtung 90
Erste Grundlinie 90
Den Textrahmen verformen 91

2.2   Text rationell eingeben und importieren 92
Texte im Textmodus eingeben und bearbeiten 92
Texte importieren 94
Eingebettete Bilder aus Word-Dokumenten übernehmen 96
Text über die Zwischenablage transportieren 97
Text per Drag & Drop transportieren 97
Blindtext einfügen 98
Zeit sparen mit der Autokorrektur-Funktion 98

2.3   Der richtige Umgang mit Sonderzeichen 100
Sonderzeichen einfügen 100
Anführungszeichen 100
Sonstige Sonderzeichen einfügen 102

2.4   Texte gestalten 103

2.5   Die Textfarbe 103

2.6   Zeichen und Absätze formatieren 104
Schrift und Schriftschnitt auswählen 104
Pseudoschnitte 105
Kapitälchen 105
Schriftnamen 106
Kerning und Laufweite verändern 107
Zeilen- und Absatzabstände 108

Der Absatzsetzer 108
Flattersatzausgleich 109
Optischer Randausgleich 109
Absätze zusammenhalten 109

2.7 **Silbentrennung** 110
Die Trennmöglichkeiten in bestimmten Wörtern ändern 111
Manuelle Trennungen einfügen 112
Geschützter Trennstrich, bedingter Zeilenumbruch und bedingter Trennstrich.....112

2.8 **Tabulatoren** 113
Tabstopps setzen 113
Tabstopps in regelmäßigen Abständen erstellen 114
Einzüge über das Bedienfeld Tabulatoren erstellen 115

2.9 **Aufzählungen und Nummerierungen** 116

2.10 **Text an einem Pfad ausrichten** 117
Ein dreidimensionales Textband 118
Bilder auf dem Pfad einfügen 120

2.11 **OpenType-Features nutzen** 120
Warum OpenType? 120
Zwei OpenType-Varianten 122
Quellen für OpenType-Fonts 123
OpenType-Unterstützung 123
OpenType und InDesign 123
Bedingte Ligaturen 124
Schwungschrift 125
Kontextbedingte Variante 125
Titelschriftvarianten 126
Echte Kapitälchen 126
Echte Brüche 126
Ordinalzahlen 126
Ziffern 127
Das Bedienfeld Glyphen 127
Alternativen für eine bestimmte Glyphe anzeigen 128
OpenType-Attribute in einer Stilvorlage speichern 129

2.12 **Den Satz überprüfen** 129
Layoutübernahme aus anderen Satzprogrammen 132

2.13 **Tabellen importieren und gestalten** 132
Tabellen erstellen und bearbeiten 132
Eine Tabelle aus vorhandenem Text erstellen 133
Eine Tabelle importieren 134

Die Bestandteile der Tabelle bearbeiten..135
Die Abmessungen von Zeilen oder Spalten der Tabelle ändern..................135
Zellen, Zeilen und Spalten auswählen...136
Zellbearbeitung...137
Zellen verbinden und teilen...137
Zellen verteilen...137
Die Anzahl der Zeilen und Spalten verändern...137
Zeilenhöhe und Spaltenbreite einstellen..138
Die Ausrichtung des Zelleninhalts..138
Tabellenzellen formatieren...138
Tabellen formatieren..139
Alternierende Zeilen- und Spaltenformatierung..140

2.14   Zellen- und Tabellenformate einsetzen...141
Zellenformate erzeugen...141
Tabellenformate erzeugen...142
Tabellenformate in andere Dokumente übernehmen.................................144

2.15   Seriendokumente erstellen...144

2.16   Die Rechtschreibprüfung...145
Die Wörterbücher bearbeiten...147

3 GRAFISCHE ELEMENTE EINFÜGEN......149

3.1 Zeichnen......150
Frei geformte Rahmen zeichnen 150
Pfade bearbeiten......153
Die Pfadform ändern 154
Linien in Kurven umwandeln, Kurven in Linien umwandeln 155
Ankerpunkte einfügen und löschen 155
Ankerpunkte automatisch reduzieren 156
Pfade aufteilen und Pfadteile löschen......156
Objekte verknüpfen 157
Verknüpfte Formen mit dem Pathfinder erstellen 157
Eckenoptionen 158
Eckenoptionen interaktiv auf rechteckige Formen anwenden 158
Eckenoptionen auf nicht rechteckige Formen anwenden 159

3.2 Fläche und Kontur eines Rahmens bearbeiten......159
Die Fläche des Rahmens füllen 160
Die Konturfarbe des Rahmens festlegen......160
Die Konturart bestimmen 160

3.3 Farben......161
Ein neues Farbfeld erstellen 161
Volltonfarben auswählen......163
Mischdruckfarben......164
Einen Farbton erzeugen 164
Nicht benutzte Farbfelder anzeigen......165
Farbfelder in anderen Dokumenten weiterverwenden 166
Farbfelder in anderen Anwendungen der Creative Suite weiterverwenden......166
Kuler-Farbharmonien zusammenstellen und speichern 166
Kuler-Farbharmonien anhand eines Fotos finden 168
Verläufe......169
Mehrere Objekte mit einem durchgehenden Verlauf füllen 170

3.4 Grafiken importieren 171
Die richtige Bildgröße wählen......171
Die Rasterweite......172
Der Qualitätsfaktor 174

3.5 Grafiken ins Layout einsetzen......175
Eine Grafik in ihren Rahmen einpassen 176
Eine Grafikdatei per Drag & Drop importieren 178
Mehrere Grafikdateien platzieren und ihre Größe anpassen 178
Grafiken im Raster platzieren......180
Ein neues Raster aus mehreren Rahmen oder Formen zeichnen 181

3.6 Besonderheiten verschiedener Grafikdateiformate 181
Illustrator-Dateien 181
EPS-Dateien 182
DCS-EPS-Dateien 183
PDF-Dateien 184
Die Vorteile von PDF- gegenüber EPS-Dateien 184
Photoshop-PSD-Dateien 185
TIFF-Dateien 187
JPEG-Dateien 188

3.7 Grafiken im Text verankern 188
Verankerte Objekte aus dem Textfluss herausnehmen 190
Die Optionen des Dialogfelds 190
Eingebunden oder Über Zeile 190
Die Verankerung aufheben 193

3.8 Die Bilddarstellung steuern 193
Die Darstellung einzelner Bilder steuern 195

3.9 Verknüpfungen bearbeiten 195
Bilder im Layout auffinden 196
Geänderte Bilder im Layout aktualisieren 197
Bilder neu verknüpfen 197
Die Verknüpfungsinformationen 198
Bilder aus InDesign im Bildbearbeitungsprogramm öffnen 198
Bilder einbetten 198

3.10 Grafiken transformieren und ausrichten 199
Rahmen oder Grafik transformieren? 199
Objekte intuitiv drehen 200
Intelligentes Transformieren 201
Die Transformation wiederholen 201
Gruppierte Rahmen bearbeiten 202
Mehrere ausgewählte Elemente transformieren 202
Objekte ausrichten 203
Die Abstände von im Raster platzierten Objekten ändern 204
Die Lücke selbst skalieren 204
Angrenzende Objekte gemeinsam verschieben 205

3.11 Grafikrahmen mit Skripten ändern 205
Wo finden Sie einsatzbereite Skripte? 205
Skripte aus dem Internet 207

4 GRAFIKEN GESTALTEN 209

4.1 Die rechteckigen Bildbegrenzungen durchbrechen 210
Beschneidungspfade 210
Beschneidungspfade aus Bildern mit einfarbigem oder transparentem ....
Hintergrund erstellen 210
Die exaktere Variante: den Beschneidungspfad in Photoshop vorbereiten 213
Alphakanäle verwenden 214
Bilder mit Ebenenmasken im Layout platzieren 215

4.2 Duplex-Bilder in InDesign 218
Duplex-Bilder in Photoshop erzeugen 219
Die Duplex-Kanäle bearbeiten 220
Das Duplex-Bild in InDesign platzieren 221
Schwarzweiß- und Graustufenbilder einfärben 222

4.3 Objekttransparenzen und -effekte 223
Schlagschatten 225
Schlagschatten nach innen 226
Transparenzen und Füllmethoden 227
Die Transparenz eines Objekts einstellen 227
Eine Füllmethode auf ein Objekt anwenden 228
Füllmethoden isolieren 229
Aussparungsgruppe 229
Weiche Kanten 229
Effekte und Transparenzen in einem Objektformat speichern 231

5 SCHNELLE UND SYSTEMATISCHE ARBEIT 233

5.1 Formate richtig einsetzen 234
Was sind Zeichen- und Absatzformate? 234

5.2 Absatzformate erzeugen 235
Beispiel: Ein registerhaltiges Absatzformat erzeugen 235
Den Text am Grundlinienraster ausrichten 238
Das Grundlinienraster für einzelne Textrahmen einstellen 238
Den Grundlinientext als Absatzformat speichern 239
Ein Absatzformat von Grund auf neu erstellen 240
Aufeinander basierende Formate erstellen 241
Das Folgeformat festlegen 242
Mehrere Absätze in einem Zug formatieren 243

Zeichenformate erstellen 244

Ein Format schnell anwenden 247

Ein Format beim Löschen durch ein anderes Format ersetzen 247

Formate zwischen Dokumenten austauschen 247

Verschachtelte Formate 249

Verschachtelte Zeilenformate 250

Ein Schritt weiter – verschachtelte Formatschleifen 251

Überschriften und Bildbeschriftungen nummerieren 253

5.3 Marginalien zeitsparend mit Objektformaten setzen 257

Objektverankerung 258

Die Verankerung in einem Objektformat speichern 261

5.4 Formate beim Textimport korrekt übernehmen 262

5.5 Das Layout mit Ebenen unterschiedlichen Anforderungen anpassen 263

Die Verwendung von Ebenen 263

Das Ebenenbedienfeld 265

Ebenen erstellen 266

Stapelordnung und Ebenen 266

Hilfslinien und Ebenen 267

Ebenen sperren und ausblenden 267

Ebenen reduzieren 267

Layoutobjekte im Ebenenbedienfeld anzeigen und organisieren 268

Objektgruppen erstellen 270

Einzelne Objekte oder Gruppen ausblenden und sperren 271

Die Ausgabe von Dokumenten mit Ebenen 271

5.6 Bedingter Text 271

Bedingungssätze verwenden 273

Bedingungen austauschen 273

5.7 Texte und Layoutobjekte suchen und ersetzen 274

Eine Suche nach einer bestimmten Zeichenfolge durchführen 274

Gezielte Suche nach Formatierungen 275

Sonderzeichen und Glyphen ersetzen 276

Eine Suche mit GREP durchführen 278

Zwei praktische Fälle 279

Objekteigenschaften suchen und ändern 281

Abfragen erzeugen 282

5.8   Vorgegebene Elemente praktisch organisieren und verwalten 282
Eine Bibliothek aufbauen 283
Objekte zur Bibliothek hinzufügen...283
Hilfslinien in der Bibliothek speichern..284
Objektinformationen anlegen 284
Bibliotheken öffnen und schließen 284
Ein Element aus der Bibliothek in das Dokument einfügen 284
Ein Element aus der Bibliothek löschen 285
Ein Element in eine andere Bibliothek kopieren...285
Objekte suchen und sortieren...285
Die Sortierreihenfolge ändern 285
Nur Objekte mit bestimmten Kriterien anzeigen 285

5.9   Die Alternative: Snippets und Bridge...286
Dateien aus Bridge in InDesign öffnen bzw. einfügen 289
Snippets in Bridge erzeugen...289
Mit Adobe Bridge arbeiten 290
Darstellungsgröße der Bilder oder Grafiken ändern 290
Bilder und Grafiken in Stapeln anordnen 291
Dateien in Unterordnern anzeigen..291
Dateien organisieren 292
Schneller Zugriff: Favoriten anlegen...292
Bilder und Grafiken mit Sammlungen organisieren...292
Smart-Sammlungen anlegen 293
Bilder und Grafiken mit Stichwörtern versehen 295
Bilder und Grafiken mit Copyright-Hinweisen versehen 296
Bilder und Grafiken bewerten 296
Bilder und Grafiken filtern..297
Bilder und Grafiken suchen 299
Die Mini Bridge 300
Bilder und Grafiken voranzeigen..300

5.10   Zusammenarbeit mit anderen Workflow-Mitgliedern 301
Texte verknüpfen 301
InDesign-Dokumente verknüpfen..302
Die Online-Textverarbeitung Buzzword nutzen 303
Dateien aus Buzzword platzieren..304
Verknüpfte Buzzword-Dateien aktualisieren 304

6 LANGE DOKUMENTE GESTALTEN 305

6.1 Automatisierungen durch Textvariablen 306
Zum Beispiel: Kolumnentitel 306

6.2 Beschriftungen 308
Beschriftungen in InDesign einfügen 308

6.3 Fußnoten 310
Fußnoten gestalten 312

6.4 Querverweise 314
Einen Querverweis auf einen Absatz erzeugen 314
Einen Querverweis auf ein Querverweisziel erzeugen.....................................315
Querverweise ansteuern 316
Querverweise bearbeiten 316
Querverweise aktualisieren 317
Eigene Querverweisformate erzeugen 317

6.5 Die Buchfunktion nutzen 318
Ein Buch erstellen 319
Die Buchdateien organisieren 320
Die Seitennummerierung 320
Vakatseiten 321
Die Seitennummerierung für ein einzelnes Dokument ändern........................322
Die Formatquelle 322
Die Buchdokumente mit der Formatquelle synchronisieren 322

6.6 Inhaltsverzeichnisse und Indizes 323
Ein Inhaltsverzeichnis erstellen 323
Vorbereitungen: Absatzformate zuweisen 324
Absatzformate für das Inhaltsverzeichnis erstellen...324
Ein neues Dokument für das Inhaltsverzeichnis erstellen................................324
Das Layout des Inhaltsverzeichnisses festlegen 325
Das Inhaltsverzeichnis aktualisieren 326
Ein Inhaltsverzeichnisformat erstellen 326
Indizes erstellen..327
Mit dem Bedienfeld Index arbeiten..328
Die Indexeinträge definieren 328
Weitere Optionen für Indexeinträge 329
Alle Vorkommen eines bestimmten Suchbegriffs zum Index hinzufügen........330
Den Index erzeugen..330
Indizes aktualisieren...333
Mehrere Indizes erzeugen 333

6.7 Drucken und Exportieren von Büchern...334

7 VORBEREITUNG AUF DIE REPRODUKTION 335

7.1 Farbmanagement 336
Warum Farbmanagement? 336
Profile 336
Rendering Intents 337
Farbmanagement im Produktionsprozess 338
Farbmanagement in der Creative Suite 339

7.2 Einen Preflight durchführen 343
Preflight-Kriterien angeben 343
Das Arbeitsprofil definieren 344
Preflight-Profile einbetten 345
Profile als Arbeitsvorgabe nutzen 345
Einen Preflight für ein Buch durchführen 345

7.3 Text kontrollieren 346
Schriftarten prüfen 346
Fehlende Schriften ersetzen 347
Rechtschreibfehler 349
Abweichungen von Absatz- bzw. Zeichenformaten 349

7.4 Verknüpfungen kontrollieren 349
Geänderte Bilder im Layout aktualisieren 350
Fehlende Bilder neu verknüpfen 351

7.5 Bildauflösungen kontrollieren 351

7.6 Linienstärken kontrollieren 351

7.7 Verwendete Farben kontrollieren 352
Die Farbe von InDesign umrechnen lassen 353
Die Volltonfarbe manuell ersetzen 354

7.8 Proofen 354
Einen Softproof anzeigen 355
Hardproof 355

7.9 Den Farbauftrag messen 356

7.10 Überfüllen 356
Wann sind Überfüllungen überflüssig? 358
Überfüllungsmethoden 358
Mit Überfüllungsvorgaben arbeiten 359
Ein eigenes Überfüllungsformat definieren 359
Dokumentseiten mit einem Überfüllungsformat versehen 360
Überfüllungsvorgaben importieren 361

Überfüllungseinstellungen für Lacke und sonstige Sonderdruckfarben 361
Das Dokument mit den Überfüllungen ausgeben 363
Überfüllungen am Bildschirm betrachten 364

7.11 Farben überdrucken 365
Objekte überdrucken 365
Schwarz 365
Verschiedene Tiefschwarzvarianten 366
Die Schwarzdarstellung ändern 367

7.12 Dateien mit Transparenzen ausgeben 368
Der richtige Umgang mit Transparenzen 369
Transparenzreduzierung und Objekttypen im Einzelnen 369
Der Transparenzfüllraum 370
Ein vordefiniertes Transparenzreduzierungsformat anwenden..370
Das Transparenzreduzierungsformat kontrollieren und nachbearbeiten............................371
Mit der Reduzierungsvorschau arbeiten 371
So verwenden Sie das neue Format 372
Volltonfarben..372
PDF-Dokumente mit transparenten Objekten erstellen...373
Das Format speichern und weitergeben 373
Einzelne Druckbögen reduzieren...374
Die Reduzierungsvorschau...374

8 PRINT-DOKUMENTE AUSGEBEN 375

8.1 Zwei Möglichkeiten 376

8.2 Die Ausgabe über den Befehl »Datei → Drucken« 376

Den Druckertreiber auswählen 376

Geräteunabhängige und geräteabhängige PostScript-Dateien 377

Allgemeine Einstellungen 377

Die Kategorie »Einrichten« 378

Das Dokument für den Ausdruck skalieren 379

Marken und Anschnitt festlegen 379

Anschnitt 379

Die Ausgabeeinstellungen 380

Composite- oder vorseparierte PostScript-Dateien? 380

Vorseparierte Dateien 381

Composite 381

Der Unterschied zwischen In-RIP-Separationen und Composite-CMYK ... 382

Die Druckfarben 382

Der Druckfarben-Manager 383

Überfüllungen festlegen 384

Spiegeln 384

Das Raster 384

Die Rasterwinkel 385

Grafiken 385

Schriftarten 386

Farbmanagement 386

Erweiterte Einstellungen 386

Übersicht 387

Eigene Druckvorgaben erstellen 387

8.3 Die PDF-Ausgabe über den Befehl »Datei → Exportieren« 388

Die PDF-Exporteinstellungen 388

PDF/X 389

PDF/X-4 390

Eigene Einstellungssätze speichern 391

Die Einstellungen in der Kategorie »Allgemein« 391

Einstellungen in der Kategorie »Komprimierung« 392

Die Neuberechnung 392

Das Kompressionsverfahren 393

ZIP-Komprimierung 394

JPEG-Komprimierung 394

Komprimierung für einfarbige Bilder 395

Komprimierung ausschalten 395

Sonstige Optionen 395

Einstellungen in der Kategorie »Marken und Anschnitt« 396

Einstellungen in der Kategorie »Ausgabe« 396

Einstellungen in der Kategorie »Erweitert« 397

8.4 **Broschüren und Booklets im Selbstdruck** 397

Der Druck der Broschüre aus Acrobat 399

Ein Faltblatt im Wickelfalz ausschießen 399

9 LAYOUTS FÜR DAS MULTIMEDIALE ZEITALTER 401

9.1 **Interaktive und multimediale E-Books gestalten** 402

PDF-Export für Bildschirmdokumente 402

SWF-Filme erstellen 402

9.2 **Navigationsmöglichkeiten einrichten** 403

Hyperlinks und Schaltflächen 403

Hyperlinkziele anlegen 404

Hyperlinkziele zu einer Seite im aktuellen Dokument anlegen 404

Ein Hyperlinkziel zu einem Anker anlegen 405

Ein Hyperlinkziel zu einer Adresse im Internet erstellen 406

Hyperlinkziele bearbeiten 406

Hyperlinks definieren 406

Hyperlinks automatisch aus URLs im Text generieren 407

Das Aussehen des Hyperlinks definieren 408

Hyperlinks bearbeiten 408

Die Hyperlinks in InDesign testen 409

Schaltflächen 409

Die Schaltflächeneigenschaften definieren 410

Der Bereich »Aktionen« des Bedienfelds Schaltflächen 410

Die Aktionen im Einzelnen 410

Die Tab-Reihenfolge einrichten 411

Das Erscheinungsbild der Schaltfläche einrichten 411

Das Bedienfeld Objektstatus nutzen 413

Lesezeichen 415

Lesezeichen erstellen 417

Verschachtelte Lesezeichen 418

9.3	**Multimedia**	419
	Einen Medienclip einfügen	420
	Die Wiedergabe des Medienclips einstellen	420
9.4	**Seitenübergänge**	421
9.5	**Layoutobjekte animieren**	422
	Die Animationsdauer definieren	423
	Die Animation prüfen	423
	Mehrere Animationen auf einem Druckbogen steuern	423
	Den Bewegungspfad einer Animation bearbeiten	424
	Eine Animation als Vorgabe speichern	424
9.6	**PDF-Dokumente für Bildschirm und Web erzeugen**	425
	Geschützte PDF-Dokumente für das Web	426
9.7	**Layouts als SWF oder für die Weiterverarbeitung in Flash exportieren**	428
	SWF-Dateien exportieren	428
	FLA-Dateien exportieren	430

Index   431

Herzlich willkommen!

Vor allem Einsteiger, aber auch etwas weiter fortgeschrittene Anwender sollen in diesem Buch ein systematisches und umfassendes Arbeitsbuch und Nachschlagewerk für die Arbeit mit InDesign CS5 finden. Die Möglichkeiten des Programms erscheinen geradezu überwältigend und deshalb zeigen wir Ihnen anhand von vielen Schritt-für-Schritt-Anleitungen und Beispielen aus der Praxis, wie Sie produktiv und kreativ mit InDesign arbeiten, auch einmal ungewöhnliche Wege gehen und wie Sie die neuen Features nutzen, um Ihre Abgabetermine einzuhalten. Zu allen Themen erhalten Sie überdies eine Fülle hilfreicher Tipps und Tricks.

Die neue InDesign-Version wartet mit einer Reihe interessanter Verbesserungen auf, vor allem im Bereich der Objekterstellung und -gestaltung sowie bei der Gestaltung von Inhalten für die verschiedensten Medienformen. Damit Sie auf einen Blick erkennen, was InDesign CS5 Ihnen Neues bietet, steht im Buch an den entsprechenden Stellen das nebenstehende Symbol.

◀ NEU in CS5

Der Aufbau des Buchs

Da ein Buch wie dieses selten von vorne bis hinten durchgearbeitet wird, möchten wir diese Seiten nutzen, um Ihnen einen Überblick über Inhalt und Aufbau zu verschaffen.

▶ Die **ersten drei Kapitel** beschreiben in kompakter Form die Grundlagen – die Arbeit mit Layouts, Texten und Grafiken – sowie einige interessante Tricks und weniger bekannte Funktionen.

▶ In **Kapitel 4** erfahren Sie alles, was Sie zur Gestaltung von Grafiken wissen müssen. Auch die Arbeit mit den tollen InDesign-Effekten hat hier ihren Platz gefunden.

▶ Haben Sie mit umfang- und elementreichen Dokumenten wie Katalogen oder Zeitschriften zu tun? Dann ist das **Kapitel 5** besonders interessant für Sie. Wir informieren Sie hier über wichtige Arbeitserleichterungen bei der Organisation und dem Aufbau solcher Dokumente und der zugehörigen Elemente. Unter anderem bietet das Programm die neue Möglichkeit, ganze InDesign-Dokumente wie ein Bild im Layout zu platzieren.

▶ **Kapitel 6** ist all jenen unter Ihnen gewidmet, die Bücher layouten und setzen. Wir stellen hier Funktionen vor, die Ihnen viele Stunden Zeit sparen und – richtig eingesetzt – Fehlerquellen bei der Fertigstellung des Buchs auf ein Minimum reduzieren.

▶ **Kapitel 7** ist der Druckvorbereitung gewidmet. Sie erfahren hier nicht nur Schritt für Schritt, welchen Prüfungen und Optimierungen Sie Ihre Dokumente vor der Druckausgabe unterziehen sollten, sondern auch, was bei so heiklen Themen wie der Ausgabe von Transparenzen und Überfüllungen zu beachten ist.

▶ In **Kapitel 8** geht es um die Ausgabe selbst. Sie sehen, wie Sie Ihre Dateien so ausgeben, dass ein reibungsloser Druck-Workflow gewährleistet ist.

▶ Möchten Sie Layouts für Web und Bildschirm erstellen, erfahren Sie in **Kapitel 9** alles zur Gestaltung von SWF- und PDF-Dokumenten.

Dank

Eine ganze Menge Leute haben zur Entstehung dieses Buchs beigetragen. Unser besonderer Dank geht an unsere Lektorin Kristine Kamm für Aufmunterung und konstruktives Feedback sowie Mike Schelhorn für seine kompetenten Hinweise zum Inhalt.

Lesen Sie dies zuerst …

Auch wenn Sie am liebsten gleich „ans Eingemachte" gehen würden: Lesen Sie zuerst die folgenden Ausführungen. Sie informieren Sie über viele Dinge, die Ihnen das (InDesign-)Leben leichter machen. Sie lernen die wichtigsten Voreinstellungen kennen, erfahren, wie Sie am schnellsten durch umfangreiche Dokumente navigieren und deren Darstellung beschleunigen, wie Sie die Teamarbeit möglichst produktiv und angenehm gestalten und vieles mehr. Gerade auch für Querleser dürfte dies interessant sein, da es wichtige Punkte zusammenfasst, die Sie in späteren Kapiteln teilweise im Detail erläutert finden.

Nach dem ersten Start

Bevor Sie richtig loslegen, empfiehlt es sich, einige Dinge zu überprüfen und ein paar Voreinstellungen zu kontrollieren bzw. zu ändern.

Gibt es Updates?

Nachdem Sie InDesign CS5 zum ersten Mal geöffnet haben, prüfen Sie am besten gleich, ob es bereits Programm-Updates gibt. Dazu wählen Sie den Befehl *Hilfe* → *Aktualisierungen*.

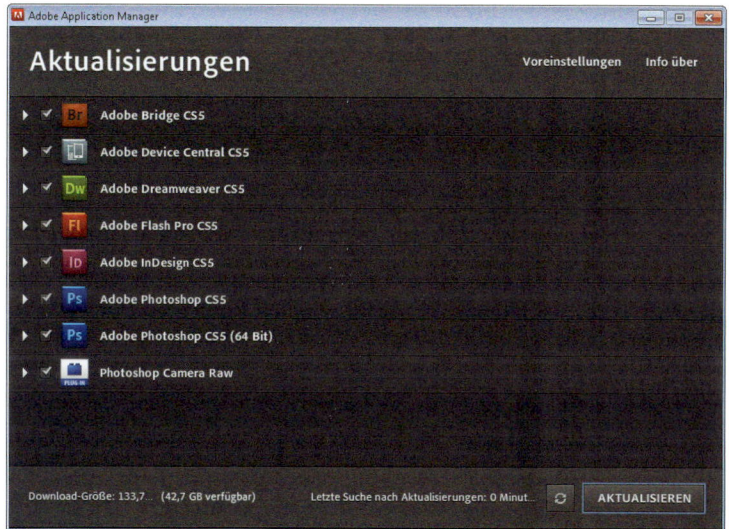

Adobe Application Manager hat Aktualisierungen für verschiedene Adobe-Programme gefunden.

Der Adobe Application Manager meldet sich und zeigt Ihnen, ob Aktualisierungen verfügbar sind. Sollte dies der Fall sein, wählen Sie die gewünschte Aktualisierung aus und klicken auf *Aktualisieren*.

Sinnvolle Voreinstellungen

Bevor Sie irgendein Dokument öffnen, sollten Sie einige Voreinstellungen prüfen bzw. ändern. Die meisten Voreinstellungen, die Sie ohne geöffnetes Dokument ändern, sind global. Das heißt, sie gelten für alle Dokumente, die Sie von nun an öffnen. Ändern Sie die Voreinstellungen hingegen, während Sie ein bestimmtes Dokument geöffnet haben, gelten sie nur für dieses Dokument.

Hier werden ersetzte Glyphen wie Ligaturen und Ornamente in Dunkelgelb dargestellt, Probleme wie zu enger oder zu weiter Satz erscheinen in hellerem Gelb.

1 Wählen Sie *InDesign* (Mac) bzw. *Bearbeiten* (Windows) → *Voreinstellungen*.
2 Aus dem Untermenü wählen Sie die Kategorie, deren Einstellungen Sie ändern möchten.

Anführungszeichen

In der Kategorie *Eingabe* sollten Sie sich vergewissern, dass das Kontrollkästchen *Typografische Anführungszeichen verwenden* aktiviert ist. So gut wie alle deutschsprachigen Dokumente sollten mit typografischen Anführungen gesetzt werden und nicht mit Zollzeichen.

Typografische Probleme am Bildschirm hervorheben

In der Kategorie *Satz* finden Sie eine wichtige Hilfe für eine gelungene Typografie. Sie enthält Markierungsfunktionen, die Sie bei Bedarf aktivieren. Bestimmte Fehler und Unregelmäßigkeiten wie Löcher im Blocksatz, Anhäufungen von Trennungen oder ersetzte Schriften werden dann in verschiedenen Farben markiert hervorgehoben. Bei aktiviertem Kontrollkästchen *Ersetzte Glyphen* sehen Sie Zeichenpaare, die durch Ligaturen ersetzt wurden.

Wenn Sie mit Blocksatz arbeiten, sollten Sie auf jeden Fall das Kontrollkästchen *Silbentr. & Ausr.-Verletzungen* aktivieren. Diese Anzeige erleichtert Ihnen das Ausschließen von Blocksatz. Zeilen mit Löchern oder zu enge Zeilen werden gelb hervorgehoben. Je dunkler das Gelb, desto auffälliger ist das Problem.

Die Schwarzdarstellung

Für Text wird normalerweise 100% K verwendet. Das ist auch die Voreinstellung für Text. Im Bedienfeld *Farbfelder* trägt diese Standard-textfarbe den Namen *[Schwarz]*. InDesign ist so eingestellt, dass Text-Schwarz darunterliegende Elemente überdruckt, statt sie auszusparen. In der Kategorie *Schwarzdarstellung* lässt sich die Darstellung und die Ausgabe von *[Schwarz]* ändern:

▶ *Alle Schwarztöne korrekt anzeigen:* Damit erhalten Sie bei der Bildschirmdarstellung einen visuellen Unterschied zwischen 100 K-[Schwarz] und tiefem Schwarz, das aus 100 K und weiteren hinzugemischten Farben besteht.
▶ *Alle Schwarztöne als tiefes Schwarz anzeigen:* Die Grundeinstellung stellt sowohl 100 K-[Schwarz] als auch alle anderen Schwarztöne im Dokument in derselben Intensität dar.

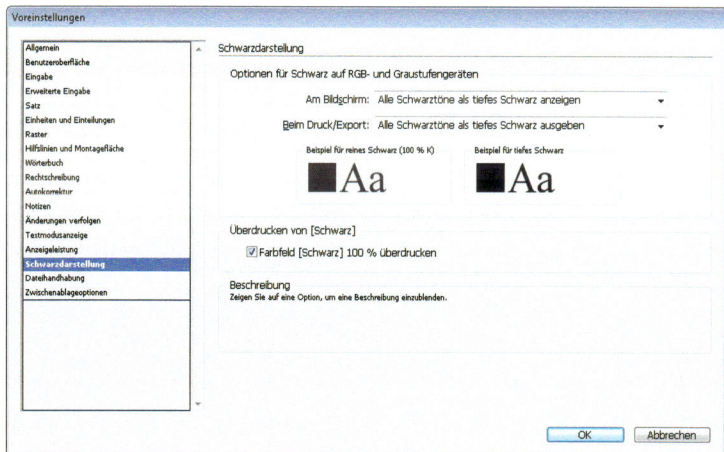

In der Kategorie *Schwarzdarstellung* legen Sie fest, wie die verschiedenen Schwarztöne dargestellt und ausgegeben werden.

Die zugrunde liegenden Anteile des [Schwarz]-Farbfelds und tiefere Schwarztöne bleiben im Dokument unverändert. Die genannten Einstellungen ändern lediglich das visuelle Erscheinungsbild.
Auf Nicht-PostScript-Ausgabegeräten lässt sich auch die Ausgabe der Schwarztöne ändern:

▶ *Alle Schwarztöne korrekt ausgeben:* Dies stellt sicher, dass die Einstellungen der Farbfelder, Überdruckeneinstellungen usw. beibehalten werden. Das Druckergebnis zeigt einen Unterschied zwischen reinem und tiefem Schwarz.

► *Alle Schwarztöne als tiefes Schwarz ausgeben:* Die Farben werden entsprechend verändert, wenn Sie sie auf RGB- oder Graustufen-Ausgabegeräten ausgeben.

Fehlende Schriften und Verknüpfungen

Wenn Sie nun ein Dokument öffnen, konfrontiert InDesign Sie möglicherweise gleich mit den ersten Warnmeldungen.
Öffnen Sie eine Satzdatei mit veränderten oder fehlenden Grafiken, zeigt InDesign eine Warnung und gibt Ihnen gleichzeitig Gelegenheit, die Bilder zu aktualisieren bzw. neu zu verknüpfen. Klicken Sie dazu auf *Verknüpfungen automatisch reparieren.*

InDesign kann beim Öffnen des Dokuments drei Bilddateien nicht finden.

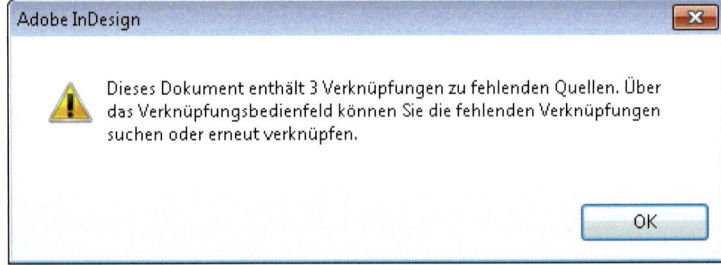

Öffnen Sie ein Dokument, das auf Ihrem Rechner nicht vorhandene Schriftarten verwendet, erhalten Sie die folgende Meldung:

In dieser Satzdatei wird die nicht installierte Schriftart Wingdings 3 Italic verwendet.

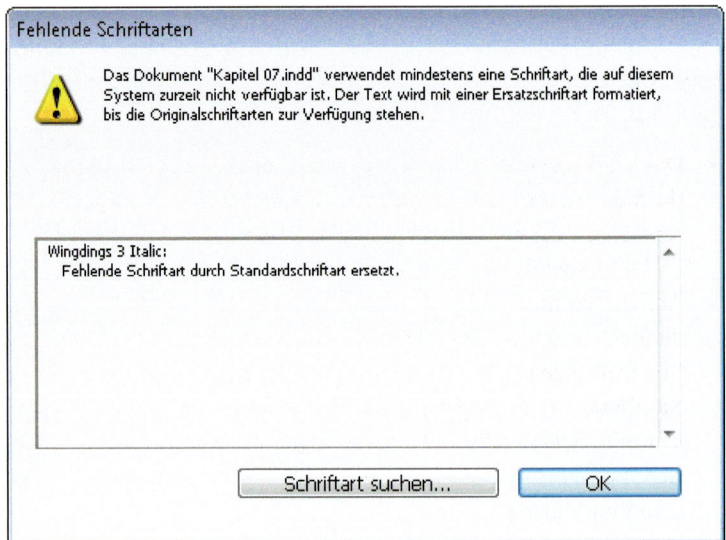

Klicken Sie auf die Schaltfläche *Schriftart suchen*, erhalten Sie Gelegenheit, die fehlende Schrift durch eine andere zu ersetzen. Klicken Sie die mit dem Ausrufezeichen versehene Schriftart an und wählen Sie unten im Bereich *Ersetzen durch* das Gewünschte aus. Klicken Sie auf *Alle ändern*.

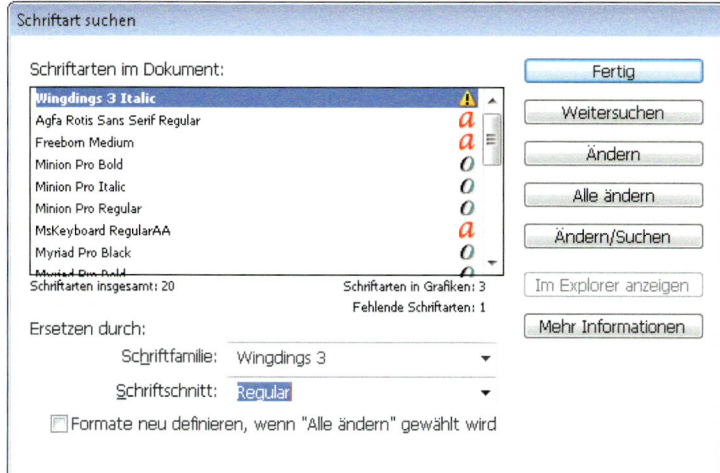

Ersetzen Sie die fehlende Schriftart durch eine andere, auf Ihrem System installierte Schrift.

Individuelles Arbeiten mit der Benutzeroberfläche von InDesign CS5

Die Benutzeroberfläche von InDesign wirkt aufgeräumt und ästhetisch. Das Wichtigste ist jedoch, dass Sie die Benutzeroberfläche individuell an Ihre Arbeitsgewohnheiten und Aufgaben anpassen können.

▶ Das Werkzeugbedienfeld lässt sich ein- oder zweispaltig darstellen (klicken Sie dazu auf den kleinen Doppelpfeil ⟫ über der Werkzeugleiste oder einfach auf die graue Fläche über dem Bedienfeld) und schwebend oder angedockt platzieren.

▶ Auf der rechten Seite des InDesign-Fensters finden Sie ein Bedienfelderdock, in dem die Standardbedienfelder auf Symbole mit Beschriftungen reduziert angedockt sind. Bei den heutigen großen Monitoren ist es praktisch, die Bedienfelder in diesem Dock zu belassen. Arbeiten Sie mit einer geringen Monitorauflösung, lassen sich die Bedienfelder genau wie das Werkzeugbedienfeld frei auf dem Bildschirm positionieren.

Auch für ein zwei- oder mehrspaltiges Dock-Layout können Sie sich entscheiden, indem Sie ein Bedienfeld oder eine Bedienfeldgruppe auf den linken Rand des Docks ziehen – eine senkrechte blaue Markierung erscheint – und die Maustaste dann freigeben.

▶ Sind Sie mit den Symbolen vertraut, halten Sie die Maustaste auf der linken Kante des Docks gedrückt und ziehen Sie nach rechts. Dann verschwinden die Beschriftungen der Bedienfeld-Symbole, sodass Sie mehr Platz auf dem Bildschirm erhalten. Ein Klick auf ein einzelnes Bedienfeld-Symbol öffnet das jeweilige Bedienfeld. Ein weiterer Klick klappt es wieder ein.

▶ Klicken Sie auf den nach links weisenden Doppelpfeil ≪ in dem grauen Bereich über den Bedienfeldern. Alle im Dock befindlichen Bedienfelder werden geöffnet. Ein weiterer Klick auf den Doppelpfeil ≫ klappt die Bedienfelder wieder ein.

Die Dokumentfensterdarstellung

▶ Wenn Sie mehrere Dokumente geöffnet haben, blättern Sie diese in der Grundeinstellung über die Register am oberen Fensterrand durch. Das Register des aktuellen Dokuments erscheint dabei hervorgehoben.

▶ Möchten Sie die Dokumente lieber nebeneinander auf Ihrem Bildschirm anordnen, um sie alle gleichzeitig zu betrachten, klicken Sie in der Menüleiste auf das Symbol *Dokumente anordnen* und wählen Sie die gewünschte Darstellungsart.

▶ Oder Sie halten die Maustaste auf einem Dokumentregister gedrückt, ziehen und legen es an der gewünschten Stelle wieder ab. Damit löst sich das Fenster aus der Registergruppe und wird zum frei schwebenden Fenster mit einem InDesign-Symbol im linken oberen Bereich.

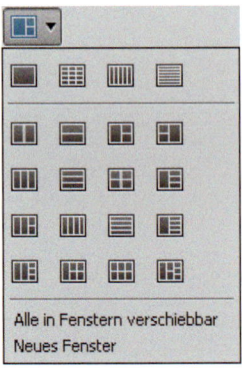

Das Symbol *Dokumente anordnen* bietet Ihnen vielfältige Möglichkeiten, die geöffneten Dokumente anzuzeigen.

Mit dieser Technik lassen sich auch mehrere schwebende Fenster zu einer Gruppe aneinanderdocken. Ziehen Sie ein Dokumentregister oder eine Dokumentfenster-Titelzeile auf ein anderes Dokumentfenster, bis dieses einen blauen Rahmen erhält. Dann lassen Sie die Maustaste los. Die neue Gruppe lässt sich nun gemeinsam auf der Arbeitsfläche verschieben.

▶ Mit *Fenster → Anordnen → Nebeneinander* lassen sich schwebende Fenster auf der Arbeitsfläche kacheln oder mit *Fenster → Anordnen → Überlappend* in einem Stapel übereinanderlegen.

▶ Mit *Fenster → Anordnen → Alle Fenster zusammenführen* gelangen Sie in die Standardansicht mit den Registern am oberen Dokumentfensterrand zurück.

Tastenkombinationen und Menüs anpassen

Über den Befehl *Bearbeiten* → *Tastaturbefehle* erhalten Sie eine Liste aller vorhandenen Tastenkombinationen. Hier können Sie auch Ihre eigenen Tastaturkürzel erzeugen. Die Dialogbox enthält alle Befehle, denen Sie Tastenkombinationen zuweisen können. Reicht Ihnen der standardmäßige Tastaturbefehlssatz nicht aus, können Sie zusätzliche Sätze erzeugen, zum Beispiel für unterschiedliche Arbeitsbereiche.

Wenn Sie bisher noch keine Anpassungen an den Tastenkombinationen vorgenommen haben, gibt es nur die drei Standardbefehlssätze *Standard, Tastaturbefehle PageMaker 7.0* und *Tastaturbefehle Quark-XPress 4.0*. Um auf der Grundlage eines dieser Sätze einen eigenen Befehlssatz zu erzeugen, gehen Sie folgendermaßen vor:

1 Klicken Sie auf das Symbol *Neuer Satz* und geben Sie einen passenden Namen ein.
2 Wählen Sie aus dem Menü *Produktbereich*, welche Befehle Sie anpassen möchten, zum Beispiel *Werkzeuge*, wenn Sie die Tastenkürzel des Werkzeugbedienfelds ändern möchten.
3 Wählen Sie den Befehl aus, dessen Tastenkombination Sie ändern möchten.
4 Geben Sie anschließend die neue Tastenkombination ein.

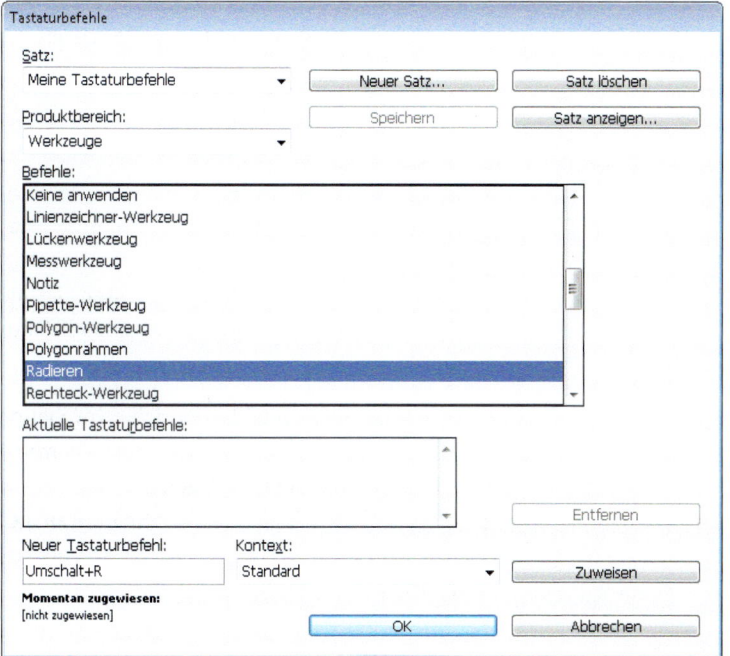

InDesign ermöglicht Ihnen die Vergabe eigener Tastenkombinationen.

Sollte diese Tastenkombination bereits vergeben sein, sehen Sie im linken unteren Bereich der Dialogbox, welchem Befehl sie momentan zugewiesen ist. Nachdem Sie alle gewünschten Tastenkombinationen erzeugt haben, klicken Sie auf *OK*.

Auch die Menübefehle lassen sich anpassen, zum Beispiel farbig hervorheben oder ganz aus den Menüs entfernen. Wählen Sie *Bearbeiten → Menüs*.

▶ Um einen Befehl aus den Menüs zu entfernen, klicken Sie auf das zugehörige Augen-Symbol 👁.

▶ Möchten Sie einen Menübefehl farbig hinterlegen, klicken Sie auf *Ohne* und wählen Sie die gewünschte Farbe.

Vordefinierte und eigene Arbeitsbereiche

Alle diese Änderungen können Sie in einem sogenannten Arbeitsbereich speichern. Es handelt sich dabei um eine bestimmte Konstellation aus Bedienfeldanordnungen, Menübefehlen und Tastenkombinationen.

Der *Grundlagen*-Arbeitsbereich von InDesign CS5 enthält die wichtigsten für die tägliche Arbeit benötigten Funktionen. Sie erreichen diesen wie auch alle anderen Arbeitsbereiche über die große Textschaltfläche in der Anwendungsleiste.

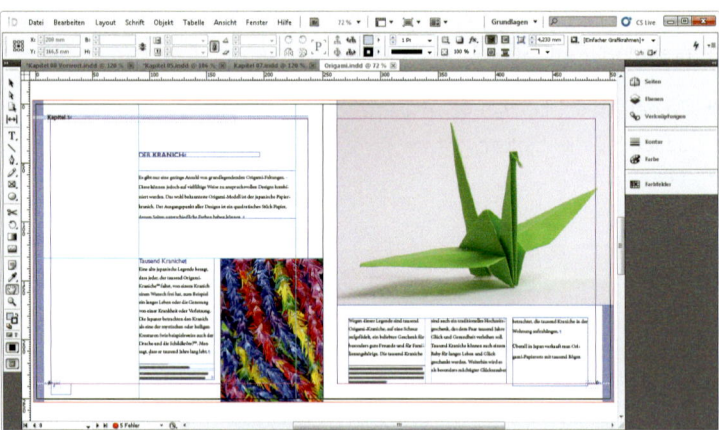

InDesign CS5 enthält eine Reihe von aufgabenbezogenen Arbeitsbereichen. Sobald Sie einen davon ausgewählt haben, sehen Sie nur noch die Bedienfelder, die für die jeweilige Aufgabe wichtig sind.

Legen Sie sich für bestimmte Aufgabengebiete eigene Arbeitsbereiche zurecht – zum Beispiel solche für mehrseitige Dokumente, für Anzeigen, für Webdokumente. Diese lassen sich dann per Menübefehl abrufen: Sobald Sie sich Ihre Arbeitsoberfläche wie gewünscht eingerichtet und angeordnet haben, sichern Sie diese, indem Sie im Aufgabenbereich rechts oben im InDesign-Fenster auf die Schaltfläche mit der großen Beschriftung und dann auf *Neuer Arbeitsbereich* klicken. Anschließend ist Ihr eigener Arbeitsbereich mit einem Klick über das *Arbeitsbereich*-Menü verfügbar.

Der Befehl *[Arbeitsbereich] zurücksetzen* stellt die Standardkonstellation des aktuell ausgewählten Arbeitsbereichs zurück, »räumt« Ihr InDesign-Fenster also auf.

Schnelle Navigation im Dokument

Wenden Sie verschiedene praktische Techniken an, um sich schnell und problemlos in der Satzdatei zu bewegen, Details in Augenschein zu nehmen bzw. die Gesamtwirkung des Layouts zu kontrollieren. Eine Möglichkeit hierzu bietet das Zoomwerkzeug 🔍. Ein Klick in Ihr Dokument und Sie zeigen dieses in der nächstgrößeren Zoomstufe an. Wenn Sie die Alt-Taste gedrückt halten, während Sie mit dem Zoomwerkzeug klicken, zeigen Sie das Dokument in der nächstkleineren Zoomstufe an. Ziehen Sie mit dem Zoomwerkzeug ein Rechteck um einen bestimmten Bereich, wird dieser in größtmöglicher Zoomstufe im Dokumentfenster dargestellt.

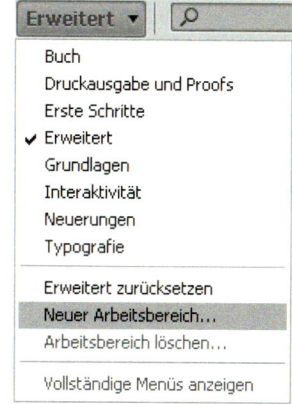

Über den Befehl *Neuer Arbeitsbereich* legen Sie Ihren eigenen Arbeitsbereich an.

- ▶ In der Ansicht *Originalgröße*, die Sie aus dem Menü *Ansicht* wählen, sehen Sie das Dokument in 100-prozentiger Vergrößerung.
- ▶ Die Ansichten *Seite in Fenster einpassen* bzw. *Druckbogen in Fenster einpassen* bieten Ihnen einen guten Überblick über die Seite bzw. den Druckbogen.
- ▶ *Ganze Montagefläche* zeigt nicht nur den aktuellen Druckbogen, sondern auch die Montagefläche, auf der dieser Druckbogen liegt.
- ▶ Betätigen Sie die Tastenkombination Strg/⌘ + Leertaste, so erhalten Sie das Zoomwerkzeug zum Einzoomen.
- ▶ Betätigen Sie Strg/⌘ + Alt + Leertaste, erhalten Sie das Lupenwerkzeug zum Auszoomen.

Eine schnelle Möglichkeit, die Ansicht *Originalgröße* zu erhalten, ist ein Doppelklick auf das Zoomwerkzeug. Mit einem Doppelklick auf das Hand-Werkzeug 🖐 zeigen Sie Ihr Dokument in der Ansicht *Druckbogen in Fenster einpassen* an.

Der einzige Nachteil dabei ist, dass Sie alle Hände voll zu tun haben. Mit einer Hand greifen Sie die jeweilige Tastenkombination, mit der anderen bedienen Sie die Maus. Haben Sie ein mehrseitiges Dokument vor sich, bewegen Sie sich von Seite zu Seite, indem Sie im Bedienfeld *Seiten* einen Doppelklick auf die entsprechende Seitenminiatur ausführen. Oder Sie wählen eine Seitennummer aus der Leiste am unteren Bildschirmrand bzw. geben eine Seitennummer ein.

Eine weitere Alternative ist das Hand-Werkzeug. Nachdem Sie es aktiviert haben, ziehen Sie mit gedrückter Maustaste, um sich im Dokument zu bewegen. Es handelt sich quasi um eine Alternative zu den Bildlaufleisten. Durch einen Druck auf die Leertaste können Sie das Hand-Werkzeug aus jedem beliebigen Werkzeug heraus vorübergehend aktivieren. Wenn Sie gerade im Text arbeiten, fügen Sie mit der Leertaste natürlich ein Leerzeichen ein. Verwenden Sie dann stattdessen die `Alt`-Taste.

Auch das Hand-Werkzeug eignet sich zum Zoomen. Adobe nennt diese Technik den Power-Zoom. Sie funktioniert folgendermaßen:

▶ Aktivieren Sie das Hand-Werkzeug, klicken Sie in Ihr Dokument und halten Sie die Maustaste gedrückt.

▶ Solange Sie die Maus nicht bewegen, wird die Zoomstufe kontinuierlich verringert.

▶ Sobald Sie die Maus bewegen, bleibt die Zoomstufe stehen und der Zoombereich (der durch einen roten Rahmen dargestellt wird) wird gemäß Ihrer Mausbewegung verschoben – auch über mehrere Seiten hinweg.

▶ Sobald Sie die Maustaste loslassen, wird die nun dargestellte Seite in der Ausgangszoomstufe dargestellt.

> Sobald Sie die Zoomstufe durch eine Mausbewegung »eingefroren« haben, können Sie den rot eingerahmten Zoombereich vergrößern oder verkleinern. Verwenden Sie dazu entweder Ihr Mausrad oder die `↑`- bzw. `↓`-Tasten auf Ihrer Tastatur.

Sie können die Ansicht um 90° oder um 180° drehen – sehr praktisch, wenn Sie Klappkarten oder dergleichen layouten. Dazu markieren Sie im Bedienfeld *Seiten* die gewünschten Seiten und wählen aus dem Bedienfeldmenü den Befehl *Druckbogenansicht drehen*. Wählen Sie nun die gewünschte Richtung und den Drehungsgrad. Neben der jeweiligen Druckbogenminiatur erscheint im Bedienfeld *Seiten* ein entsprechendes Symbol ✪ (falls nicht, öffnen Sie das Bedienfeldmenü, wählen Sie *Bedienfeldoptionen* und aktivieren Sie das Kontrollkästchen *Druckbogendrehung*). Sie können nun ganz normal weiterarbeiten – auch neu eingefügte Objekte und neu eingegebene Texte werden gedreht dargestellt. Um Ihre Seiten wieder normal darzustellen, öffnen Sie am schnellsten per Rechtsklick bzw. per `Ctrl`-Klick das Kontextmenü auf dem Drehungs-Symbol und wählen *Drehung löschen*.

Tipps zum Setzen von Text

InDesign kennt zwei Möglichkeiten für die Textkomposition: den Adobe Ein-Zeilen-Setzer und den Adobe-Absatzsetzer.

Beim Ein-Zeilen-Setzer wird anhand der aktuellen Zeile die beste Stelle für den Zeilenumbruch bzw. die Silbentrennung bestimmt. Beim Absatzsetzer trifft InDesign diese Entscheidung nicht nur aufgrund der aktuellen Zeile, sondern zieht hierzu auch die vorigen Zeilen heran.

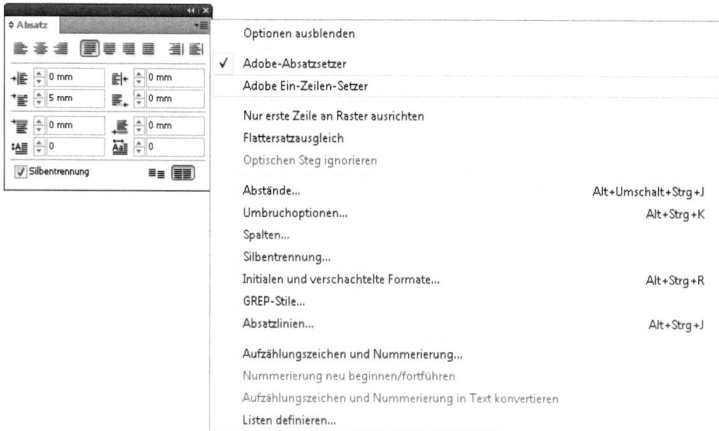

Über das Bedienfeldmenü wechseln Sie zwischen Absatzsetzer und Ein-Zeilen-Setzer.

Der Absatzsetzer erzeugt einen gleichmäßigeren Wortabstand, verursacht deutlich weniger Trennungen und macht eine Nachjustierung nur selten notwendig. Der Ein-Zeilen-Setzer hingegen ist die bessere Wahl, wenn Sie ein Dokument aus QuarkXPress in InDesign öffnen – so vermeiden Sie Umbruchfehler.

Um zwischen Ein-Zeilen-Setzer und Absatzsetzer umzuschalten, zeigen Sie das Bedienfeld *Fenster/Schrift & Tabellen/Absatz* an. Aus dem Bedienfeldermenü (klicken Sie das kleine Menü-Symbol rechts oben im Bedienfeld) wählen Sie entweder *Adobe-Absatzsetzer* oder *Adobe Ein-Zeilen-Setzer*.

Nutzen Sie den Textmodus

Dank des Textmodus müssen Sie Texte nicht in den Textrahmen im Layout eingeben, sondern Sie können dazu ein eigenes Fenster verwenden, das einem schlichten Texteditor gleicht. Der Textmodus bietet häufig deutlich mehr Übersicht als die Texteingabe direkt im Layout.

Den Textmodus aktivieren Sie mit dem Befehl *Bearbeiten* → *Im Textmodus bearbeiten.* Mit *Bearbeiten* → *In der Layoutansicht bearbeiten* gelangen Sie jederzeit wieder in das Layout Ihres Dokuments zurück.

Der Textmodus erlaubt eine besonders komfortable Texteditierung.

Die im Textmodus verwendete Schrift ändern Sie übrigens ebenfalls in den Voreinstellungen, und zwar in der Kategorie *Textmodus-Anzeige.*

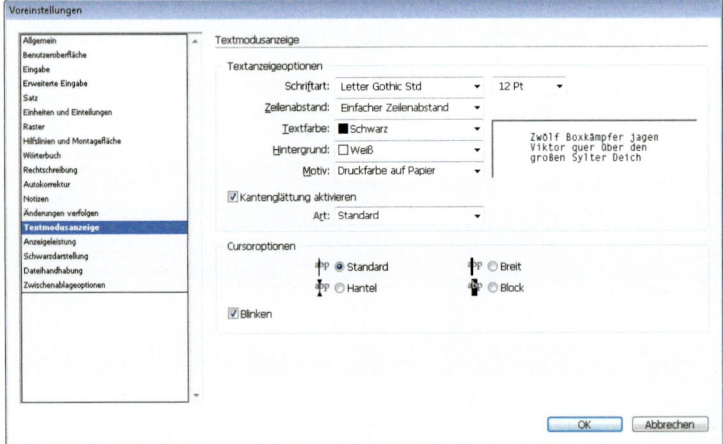

Die Anzeige des Textmodus ändern Sie über die Voreinstellungen.

Verborgene Zeichen einblenden

Zur Kontrolle Ihres Satzes im Layout empfiehlt es sich, die unsichtbaren Zeichen in InDesign anzuzeigen, indem Sie den Befehl *Schrift →* *Verborgene Zeichen einblenden* wählen. Dann haben Sie eine bessere Kontrolle über Tabulatoren, manuelle Zeilenumbrüche, Einzüge oder Indexeinträge. Auch doppelte Leerzeichen lassen sich schnell ausfindig machen.

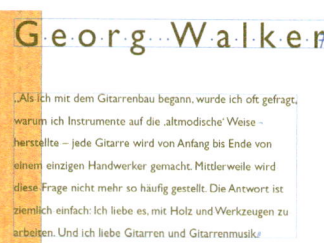

Die verborgenen Zeichen wurden eingeblendet.

Tipps zum zügigen Arbeiten

Schriftsatz ist nicht immer eine rein kreative Tätigkeit. Wenn Sie schon einmal nächtelang über einem langen Dokument gesessen sind, wissen Sie, wie viel Routinearbeit dazugehört. Da ist es gut, verschiedene Techniken und Kniffe zu kennen, mit denen sich das Programm schneller bedienen lässt.

▶ Eine freie Sicht auf Ihr Dokument verschaffen Sie sich, wenn Sie die ⇆-Taste betätigen. InDesign räumt daraufhin vorübergehend sämtliche geöffneten Bedienfelder einschließlich des Werkzeugbedienfelds ab. Mit einem weiteren Druck auf die ⇆-Taste erscheint die Bedienfelderkonstellation wieder auf dem Bildschirm.

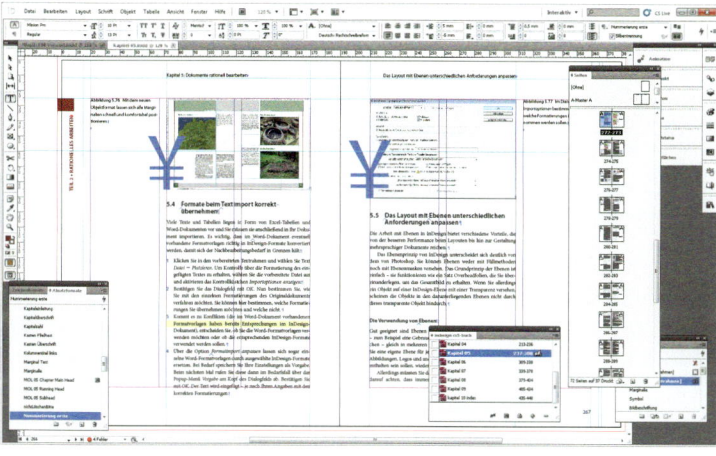

Ein paar Stunden harte Arbeit und der InDesign-Bildschirm sieht einfach chaotisch aus.

Mit einem Tastendruck auf die ⬚-Taste entfernen Sie alle geöffneten Bedienfelder vom Bildschirm.

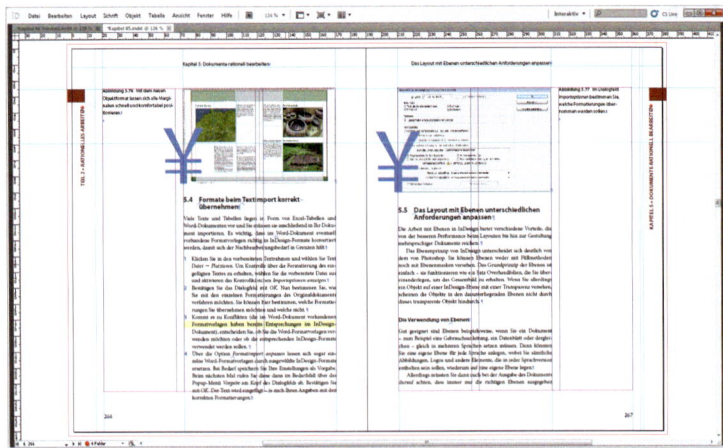

▶ Mit ⬚ + ⬚ blenden Sie alle Bedienfelder bis auf das Werkzeugbedienfeld aus.

▶ Die Hilfslinien Ihres Dokuments versperren Ihnen den Blick auf das Layout? Mit der Taste W schalten Sie schnell in den Vorschaumodus und wieder zurück.

▶ Haben Sie schon einmal überlegt, wie viel Zeit Sie damit verbringen, die umfangreichen InDesign-Menüs nach einem bestimmten Befehl zu durchforsten? Probieren Sie den folgenden Tipp: Halten Sie die Tastenkombination Strg/⌘ + ⬚ + Alt gedrückt, während Sie das entsprechende Menü öffnen. Die Menüeinträge sind nun in alphabetischer Reihenfolge sortiert, ebenso die Untermenüs.

▶ Bei der Arbeit mit InDesign ist es oft überflüssig, den Taschenrechner zu konsultieren. Denn in den meisten Feldern, die eine Zahleneingabe erwarten, können Sie auch Berechnungen anstellen. Soll die Breite des ausgewählten Rahmens beispielsweise ein Drittel einer A4-Seite betragen, geben Sie in das Feld B *210/3* (210 durch 3) ein. Sie können weiterhin die Operatoren Plus (+), Minus (-) und Multiplikation (*) verwenden. Auch Prozentangaben sind möglich. Um etwa einen Zeilenabstand um die Hälfte zu verringern, verwenden Sie die Angabe *50 %*.

▶ Häufig möchten Sie den Inhalt eines Eingabefelds in einem Dialog- oder Bedienfeld komplett überschreiben. Statt mühselig mit der Maus über diesen Inhalt zu ziehen, können sie ihn auch schneller auswählen. Klicken Sie einfach auf die Beschriftung oder das Symbol des jeweiligen Felds. Damit wird der Feldinhalt komplett markiert und Sie können ihn jetzt überschreiben.

► In der Grundeinstellung arbeitet InDesign mit der Maßeinheit Millimeter (mm). Sie ändern diese Standardmaßeinheit über *Bearbeiten* → *Voreinstellungen* → *Einheiten & Einteilungen*. Manchmal möchten Sie sich aber gar nicht so genau festlegen. In einem bestimmten Eingabefeld in einem Dialogfeld wollen Sie vielleicht ein Punkt-Maß eingeben, obwohl die voreingestellte Maßeinheit *mm* lautet. Kein Problem. Geben Sie einfach das Maßsystem mit ein: *12 pt* (für 12 Punkt), *1 Zoll* oder *3 cm*.

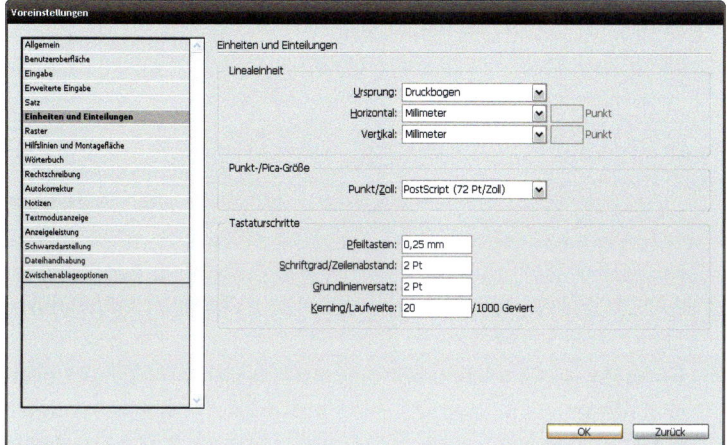

Hier ändern Sie die Einheiten für alle Dialog- und Bedienfelder.

► Der Doppelklick macht sich in InDesign an verschiedenen Stellen nützlich. Wenn Sie den Inhalt eines Grafikrahmens bearbeiten möchten, genügt es bei aktivem Auswahlwerkzeug, wenn Sie einen Doppelklick in den Rahmen ausführen. Sie erhalten automatisch das Direktauswahl-Werkzeug. Ein weiterer Doppelklick gibt Ihnen wieder das Auswahlwerkzeug in die Hand. Klicken Sie doppelt auf einen Rahmen in einer Objektgruppe, lässt sich dieser gesondert bearbeiten. Der Doppelklick macht es Ihnen auch leicht, Text- oder Bildrahmen schnell an die Größe ihres Inhalts anzupassen. Aktivieren Sie das Auswahlwerkzeug und doppelklicken Sie auf einen der Eckpunkte des Rahmens. Der Rahmen wird von diesem Punkt aus vergrößert bzw. verkleinert. Möchten Sie die Größe des Rahmens nur in der Breite anpassen, doppelklicken Sie auf einen der Kantenanfasser des linken oder rechten Rands. Möchten Sie nur die Höhe anpassen, doppelklicken Sie auf einen der Kantenanfasser des oberen oder unteren Rands.

► Die `Alt`-Taste kann auch viele geübte Anwender noch überraschen. Klicken Sie die Schaltflächen und auch manche Einga-

Eine Alternative zum Auswählen des Rahmeninhalts ist das ringförmige Inhaltsauswahl-Werkzeug, das erscheint, wenn Sie mit dem Auswahlwerkzeug auf einen Bildrahmen zeigen. Es genügt ein einfacher Klick auf den Ring, um den Rahmeninhalt zu aktivieren.

befeldbeschriftungen des Steuerungsbedienfelds mit gedrückter [Alt]-Taste an und sie erhalten in vielen Fällen ein Dialogfeld mit schnellen Anpassungsmöglichkeiten oder mit den passenden Werkzeugvorgaben. Aktivieren Sie beispielsweise das Textwerkzeug und klicken Sie dann mit gedrückter [Alt]-Taste auf die Schaltfläche *Liste mit Aufzählungszeichen*, so öffnet sich das Dialogfeld zur Anpassung von Listen. Ein anderes Beispiel: Klicken Sie mit gedrückter [Alt]-Taste auf das Symbol *Kapitälchen*, so öffnen sich die Voreinstellungen mit der Kategorie *Erweiterte Eingabe,* in der Sie z. B. die Kapitälchenhöhe anpassen können.

▶ Überhaupt bietet die [Alt]-Taste Ihnen viele praktische Funktionen, besonders in Kombination mit Mausoperationen. In InDesign (und allen anderen Creative-Suite-Anwendungen) können Sie eine Auswahl mit gedrückter [Alt]-Taste ziehen, um sie zu duplizieren. Halten Sie dabei zusätzlich noch die [⇧]-Taste gedrückt, beschränken Sie den Ziehvorgang auf die Waagerechte oder Senkrechte. Jedoch Vorsicht: Unter Windows springt InDesign durch diesen Griff in das englische Tastaturlayout um – an der Stelle der [Y]-Taste befindet sich plötzlich die [Z]-Taste, an der Stelle des Doppelpunkts [:] das Größer-Zeichen [>] usw. Schalten Sie deshalb nach dem Duplizieren mit gedrückter [Alt] + [⇧]-Taste wieder in das deutsche Tastaturlayout um, indem Sie die beiden Tasten erneut drücken.

▶ Außerdem können Sie in das Steuerungsbedienfeld am oberen Bildschirmrand eine Transformierung, zum Beispiel eine Drehung, eingeben. Sobald Sie dann die Tastenkombination [Alt] + [↵] drücken, wird die Transformierung nicht dem markierten Original, sondern einem Duplikat davon zugewiesen.

Das Programm beschleunigen

Mit kleinen Satzdateien wie etwa Plakaten oder Flyern arbeitet es sich schnell. Umfangreiche Werke wie Bücher können Ihnen schon einiges mehr an Geduld abverlangen. Mit ein paar Kniffen lässt sich InDesign beschleunigen:

Übrigens lassen sich auch nur einzelne, besonders speicherintensive Bilder temporär ausblenden. Dazu öffnen Sie das Kontextmenü auf dem jeweiligen Bild und wählen *Anzeigeleistung → Schnelle Anzeige.*

▶ In Dokumenten mit vielen platzierten Grafiken lohnt es sich, das Bedienfeld *Verknüpfungen* geschlossen zu lassen. InDesign arbeitet dann deutlich schneller als mit geöffnetem Bedienfeld.

▶ Setzen Sie gegebenenfalls die Bildanzeigequalität herab oder schalten Sie die Anzeige von Bildern ganz aus (dann sehen Sie statt der

Bilder nur rechteckige graue Rahmen, die den Stand im Layout markieren). Wählen Sie *Ansicht → Anzeigeleistung*. Der Befehl *Typische Anzeige* setzt die Bildqualität am Monitor herab (der Ausdruck wird nicht beeinflusst), der Befehl *Schnelle Anzeige* reduziert die Bildanzeige auf die Bildrahmen.

▶ Um das richtige Gleichgewicht zwischen Darstellungsgeschwindigkeit und -qualität zu finden, legen Sie zusätzlich im Dialogfeld *Bearbeiten → Voreinstellungen → Anzeigeleistung* fest, in welcher Qualität Pixel- und Vektorgrafiken sowie Transparenzen dargestellt werden.

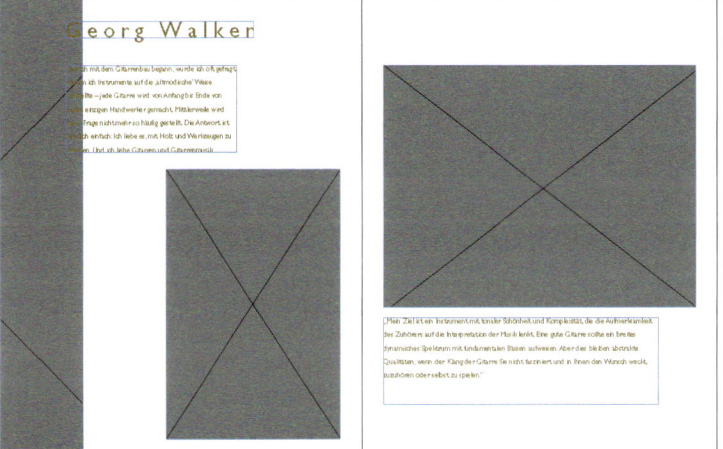

Bei der schnellen Anzeige erscheinen alle Bilder als einheitliche graue Flächen.

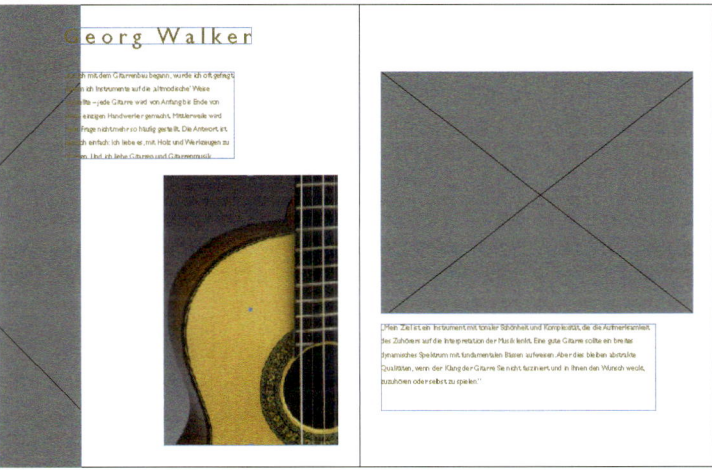

Bei Bedarf schalten Sie die Anzeige einzelner Bilder über das Kontextmenü wieder ein.

Zusammenarbeit mit anderen Teammitgliedern

Dokumente an andere InDesign-Anwender weitergeben

InDesign bietet Ihnen die Möglichkeit, alle zu Ihrer Arbeit gehörigen Dateien – InDesign-Datei, verwendete Schriften und Bilder – zusammenzupacken, das heißt, in einen eigens dafür vorgesehenen Ordner einzufügen. Dann ist es nicht mehr nötig, die Dateien manuell auf Ihrer Festplatte zusammenzusuchen und sie in einen Ordner zu kopieren. Vielmehr haben Sie die Sicherheit, dass in diesem Ordner alle von Ihrem Partner benötigten Dateien vorhanden sind.

Starten Sie die Funktion über *Datei → Verpacken*. Nun wird automatisch eine Überprüfung Ihres Dokuments vorgenommen. Das gibt Ihnen die Sicherheit, dass sämtliche typischen Fehler bezüglich fehlender Daten oder nicht korrekt umgewandelter Bilder auch wirklich aufgespürt werden.

Im folgenden Dialogfeld geben Sie die notwendigen Dokumentinformationen ein. Ein Klick auf die Schaltfläche *Fortfahren* bringt Sie in das nächste Dialogfeld. Geben Sie hier den Ordner an, in den InDesign die Daten für den Druckauftrag schreiben soll. Im unteren Bereich des Dialogfelds bestimmen Sie über die ersten beiden Kontrollkästchen, welche Elemente Sie beifügen möchten.

Wenn Sie beim Verpacken Open-Type-Schriften mitgegeben haben, muss der Empfänger des Pakets diese nicht auf seinem System installieren. Sobald er das InDesign-Dokument öffnet, werden die Schriften automatisch aktiviert. Beim Schließen des Dokuments werden die OpenType-Schriften wieder deaktiviert.

▶ Um sicherzustellen, dass in der Dokumentkopie, die gleich erstellt wird, die Links zu den kopierten Grafiken beibehalten werden, lassen Sie das Kontrollkästchen *Grafikverknüpfungen des Pakets aktualisieren* aktiviert.

▶ Mit *Bericht anzeigen* erhalten Sie am Ende des Packvorgangs eine Bestätigung im Textformat.

Den Ordner, der die im ersten Schritt erstellte Anweisung, die *.indd*-Datei, die Schriften und Bilder sowie sonstigen verknüpften Dateien (in zwei Unterordnern namens *Fonts* und *Links*) aufnimmt, erstellt InDesign automatisch, sobald Sie auf *Verpacken* klicken.

Änderungen verfolgen

Wenn Sie ein Dokument an den Autor oder Korrektor zur Korrektur weitergeben, kann dieser seine Überarbeitungen kenntlich machen. Sie können dann entscheiden, ob Sie diese annehmen oder ablehnen möchten.

▶ Damit die Änderungen in der aktuellen Textkette angezeigt werden, muss der Überarbeiter im Bedienfeld *Fenster* → *Redaktionelle Aufgaben* → *Änderungen verfolgen* das Symbol ● aktivieren. Sollen die Änderung im ganzen Dokument angezeigt werden, öffnet er das Bedienfeldmenü und wählt *Änderungsverfolgung in allen Textabschnitten aktivieren*.

▶ Wenn Sie das Dokument vom Bearbeiter zurückerhalten haben, achten Sie darauf, dass im Bedienfeld *Änderungen verfolgen* das Symbol 👁 aktiviert ist. Klicken Sie jetzt in die Textkette, deren Überarbeitungen Sie betrachten möchten, und wählen Sie *Bearbeiten* → *Im Textmodus bearbeiten*. Die Änderungen werden angezeigt.

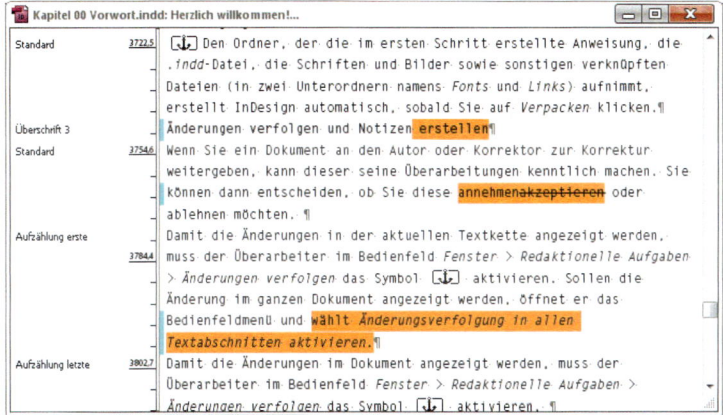

Die Änderungen werden im Textmodus angezeigt.

▶ Über die Pfeil-Symbole im Bedienfeld können Sie nun die vorherige ← bzw. nächste → Änderung ansteuern und diese annehmen ✓ oder ablehnen ✗. Über die beiden Schaltflächen ganz rechts können Sie alle Änderungen in der Textkette bzw. im Dokument annehmen ✔ oder ablehnen ✗✗.

Dokumente gemeinsam begutachten

Immer öfter sitzen Teammitglieder nicht in einem Büro, sondern sind vielleicht durch viele hundert oder tausend Kilometer voneinander getrennt. Trotzdem können Sie das gerade geöffnete Dokument problemlos gemeinsam mit einem anderen Anwender betrachten, wenn Sie beispielsweise dessen Hilfe oder Ratschläge benötigen.

1 Als Vorbereitung öffnen Sie Ihr InDesign-Dokument. Vergewissern Sie sich außerdem, dass auf Ihrem Monitor nur Elemente zu sehen sind, die Sie Ihrem Teammitglied präsentieren möchten.

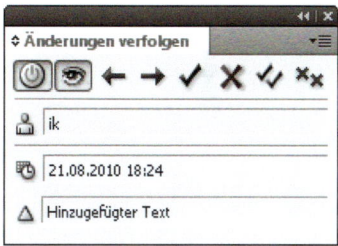

Über das Bedienfeld *Änderungen verfolgen* navigieren Sie in den Änderungen, akzeptieren sie oder lehnen sie ab.

2 Wählen Sie *Datei → Meinen Bildschirm freigeben*.

3 Ihr Standardbrowser wird mit der Online-Anwendung *Acrobat.com* geöffnet.

4 Melden Sie sich mit Ihrer Adobe ID an. (Falls Sie noch keine Adobe ID haben, klicken Sie auf *Konto einrichten*.)

5 Nachdem Sie sich angemeldet haben, klicken Sie im oberen Bereich des *Acrobat.com*-Bildschirms auf *Meetings*.

6 Anschließend klicken Sie auf *Meinen Meetingraum betreten*.

Versenden Sie eine E-Mail-Einladung, um Ihren Teamkollegen vom Online-Meeting in Kenntnis zu setzen.

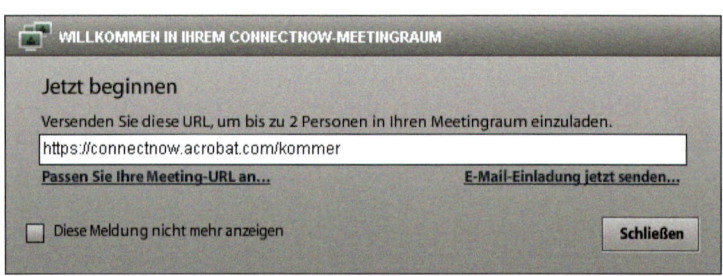

7 Im folgenden Fenster klicken Sie auf *E-Mail-Einladung jetzt senden*. Ihr E-Mail-Editor wird geöffnet. Geben Sie die E-Mail-Adresse Ihres Geschäftspartners ein und versenden Sie die E-Mail.

8 Im ConnectNow-Fenster klicken Sie jetzt auf *Schließen*.

9 Sobald Ihr Partner in seiner E-Mail den Link anklickt, kann er sich entweder mit einem Gastnamen oder seiner eigenen Adobe ID anmelden.

Ihr Teamkollege erhält nun die Möglichkeit, dem Meeting beizutreten.

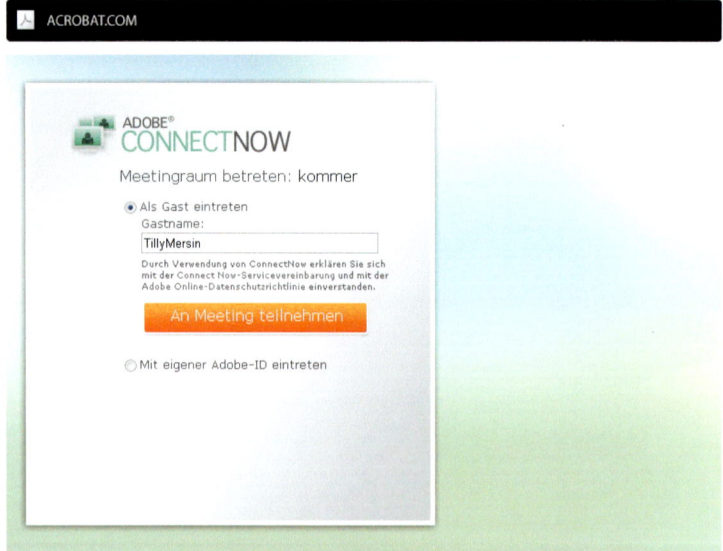

10 Sie selbst erhalten wiederum eine Meldung, dass Ihr Partner den Meetingraum betreten möchte. Klicken Sie auf *Genehmigen*.

11 Anschließend klicken Sie am oberen Rand der ConnectNow-Leiste auf das Symbol *Meinen Bildschirm freigeben* 🔄. Klicken Sie auf *Freigabe* und auf *OK*.

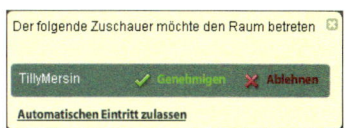

Klicken Sie auf *Genehmigen*, um Ihren Teamkollegen in den Meetingraum zu lassen.

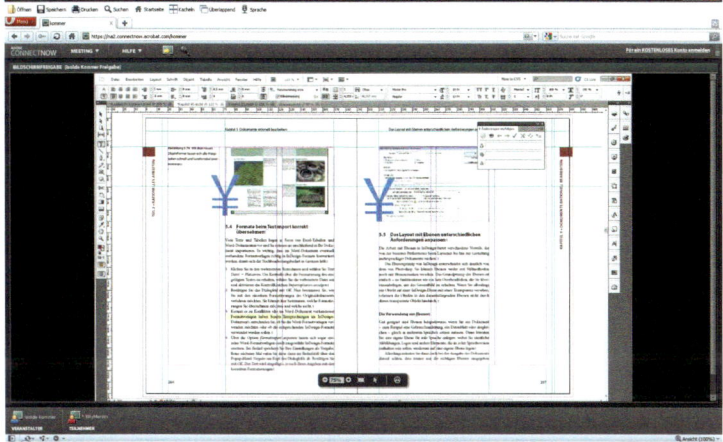

Ihr Teamkollege sieht vor sich, was Sie gerade auf dem Bildschirm tun.

InDesign bietet Ihnen einen neuen Präsentationsmodus, der Ihre Dokumente bildschirmfüllend darstellt. Aktivieren Sie diesen über das unterste Symbol im Werkzeugbedienfeld. Mit der Esc **-Taste beenden Sie den Präsentationsmodus.**

Abwärtskompatibilität

Sie haben sich entschieden, mit dem neuen InDesign CS5 zu arbeiten. Das heißt natürlich längst nicht, dass alle Ihre Produktionspartner ebenfalls über dieses Programm verfügen!

Eine in CS5 erstellte INDD-Layoutdatei lässt sich *nicht* in InDesign CS4 öffnen. Aber Adobe hat eine Abwärtskompatibilität eingebaut. Der Schlüssel ist das Dateiformat IDML (InDesign Markup Language). Um eine IDML-Datei zu erzeugen, wählen Sie *Datei → Exportieren* und stellen als Dateityp das *InDesign Markup (IDML)* ein. Dieses INX-Dokument lässt sich nun in InDesign CS4 öffnen.

Benötigen Sie das Dokument in CS3, müssen Sie es zuerst in CS5 als IDML-Datei speichern, dann in CS4 öffnen und hier als INX-Datei speichern. Nun können Sie es in CS3 öffnen.

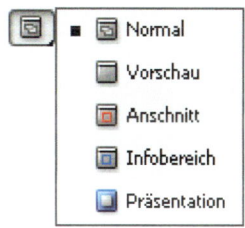

Starten Sie den Präsentationsmodus über die Option *Präsentation*.

Nützliche Tastenkombinationen und Mausoperationen

Abschließend erhalten Sie noch einige nützliche Tastenkombinationen und Mausoperationen, die Sie bei der Arbeit mit InDesign immer wieder brauchen können. Gewöhnen Sie sich möglichst bald an die Verwendung von Tastenkürzeln. Dann sparen Sie sich manchen längeren Weg über die Menüs und Ihr Bildschirm wird weniger vollgestopft wirken, weil Sie nicht mehr so viele geöffnete Bedienfelder benötigen.

Aufgabe	Tastenkombination
Blättern durch alle geöffneten Bilder	`Strg`/`⌘` + `Tab`
Alle Bedienfelder aus- und wieder einblenden	`Tab`
Alle Objekte auf aktuellem Druckbogen auswählen	`Strg`/`⌘` + `A`
Alle Hilfslinien auswählen	`Strg`/`⌘` + `Alt` + `G`
Schnell in den Vorschaumodus wechseln	Taste `W`
Zurück in den normalen Ansichtsmodus	Taste `W` erneut betätigen
Temporärer Wechsel zum Hand-Werkzeug	`Leer`
Schrittweise größer zoomen	`Strg`/`⌘` + `+`
Schrittweise kleiner zoomen	`Strg`/`⌘` + `-`
Vom Textwerkzeug zum Auswahlwerkzeug wechseln und Textmodus verlassen	`Esc`
Verborgene Zeichen ausblenden	`Strg`/`⌘` + `Alt` + `I`
Ausgewählten Text fett formatieren	`Strg`/`⌘` + `⇧` + `B`
Ausgewählten Text kursiv formatieren	`Strg`/`⌘` + `⇧` + `I`
Ausgewählten Text normal formatieren	`Strg`/`⌘` + `⇧` + `Y`
Ausgewählten Text in Großbuchstaben formatieren	`Strg`/`⌘` + `⇧` + `K`
Ausgewählten Text in Kapitälchen formatieren	`Strg`/`⌘` + `⇧` + `H`
Navigation zum Anfang der Zeile	`Pos1`
Navigation zum Ende der Zeile	`Ende`

Aufgabe	Tastenkombination
Abschnittsanfang	`Strg`/`⌘` + `Pos1`
Abschnittsende	`Strg`/`⌘` + `Ende`
Navigation zum Anfang des aktuellen bzw. des nächsten Worts	`Strg`/`⌘` + `←` bzw. `→`
Wort auswählen	Doppelklick in ein Wort
Absatz auswählen	Dreifachklick
Textpassage zwischen den beiden Klicks auswählen	Klicken Sie dorthin, wo die Auswahl beginnen soll, und klicken Sie mit der `⇧`-Taste an die Stelle, an der die Auswahl enden soll.
Einen Indexeintrag ohne Öffnen des Dialogfelds erstellen	`Strg`/`⌘` + `Alt` + `U`
Farbfelder für Füll- und Rahmenfarbe tauschen	`X`
Bild/Text platzieren	`Strg`/`⌘` + `D`
Rahmen an Inhalt anpassen	`Strg`/`⌘` + `Alt`+`C`
Duplikat des ausgewählten Objekts erzeugen	`Alt` + Ziehen

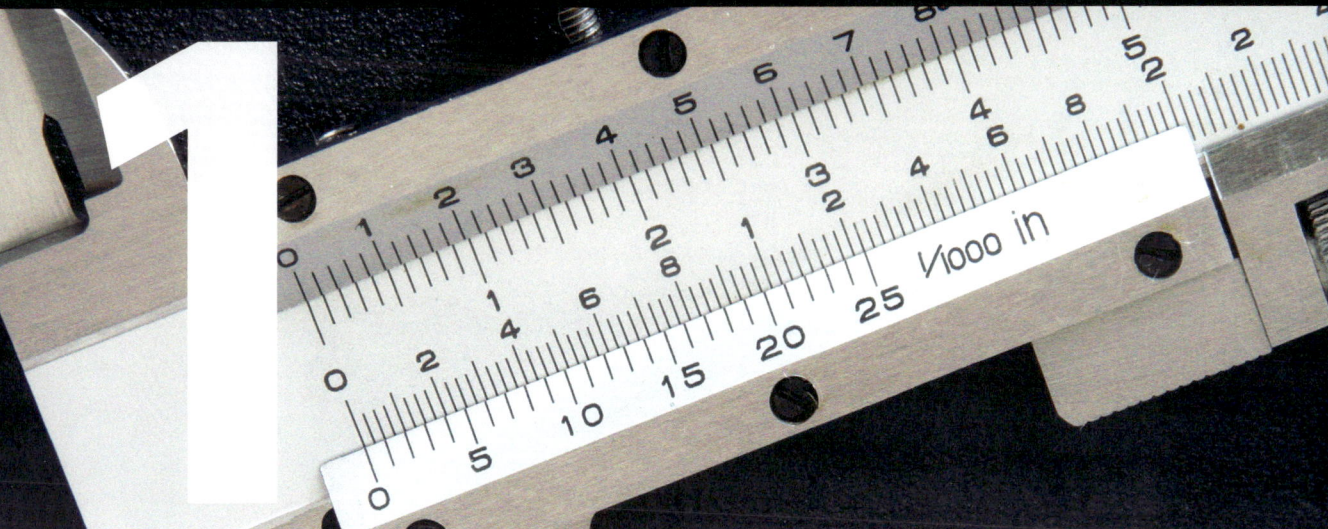

InDesign CS5 eignet sich für die Gestaltung der unterschiedlichsten Dokumente – von kleinen Anzeigen über Prospekte bis hin zu umfangreichen Büchern. In diesem Kapitel erfahren Sie, wie Sie Ihr Dokument einrichten, ihm Seiten hinzufügen, diese anordnen und löschen, Seitennummern festlegen und vieles mehr.

1.1 Ein neues Dokument erstellen

Ein neues Dokument legen Sie mit *Datei* → *Neu* → *Dokument* (Strg + N (Windows) bzw. ⌘ + N (Mac)) an.

▶ Entscheiden Sie im Pop-up-Menü *Zielmedium* als Erstes, ob Ihr Dokument für den Druck bestimmt ist oder für die Betrachtung am Monitor. Im zweiten Fall wählen Sie *Web* aus diesem Pop-up-Menü. Dann werden alle Maßeinheiten in Pixel angegeben.

▶ Legen Sie jetzt verschiedene grundlegende Merkmale des geplanten Dokuments fest – zum Beispiel Seitenanzahl, Seitenformat und Spaltenanzahl.

▶ Im oberen Bereich geben Sie die Anzahl Seiten ein, die Ihre Publikation enthalten soll. Theoretisch könnten Sie bis zu 9999 Seiten in einem einzigen Dokument anlegen. In der Praxis ist die Arbeit mit so umfangreichen Dokumenten weniger empfehlenswert. Für solche Zwecke gibt es in InDesign die Buchfunktion, mit der Sie mehrere Einzeldokumente – zum Beispiel die Kapitel eines Buchs – zu einem Gesamtwerk zusammenfassen können, um sie etwa mit fortlaufenden Seitenzahlen auszustatten. Mehr über diese Möglichkeiten erfahren Sie in **Kapitel 6**.

▶ In das Feld *Startseitennr.* geben Sie die Seitenzahl ein, mit der Ihr Dokument beginnen soll. Sie können hier sowohl eine gerade als auch eine ungerade Seitenzahl eingeben.

Die Seitengeometrie

▶ Über das aktivierte Kontrollkästchen *Doppelseite* bestimmen Sie, dass Sie ein Dokument mit einem Bund und gegenüberliegenden linken (geradzahligen) und rechten (ungeraden) Seiten erstellen möchten. Ist das Kontrollkästchen deaktiviert, erhalten Sie identisch aussehende Einzelseiten mit linkem und rechtem Rand. Dieses Layout eignet sich nicht nur für alle einseitigen Dokumente wie Anzeigen, Visitenkarten oder Plakate, sondern auch für doppelseitig bedruckte Dokumente, die aber auf einzelnen Bögen gedruckt werden sollen, wie etwa Loseblattwerke. Wenn Sie Ihr Dokument randabfallend gestalten, sollten Sie hier unbedingt den richtigen Dokumenttyp einstellen, weil sonst später unerwünschte Elemente in die Ränder ragen.

▶ Bei fertigen Dokumenten können Sie sehr schnell herausfinden, ob sie im Doppel- oder im Einzelseiten-Modus erstellt sind. Abbildung 1.1 zeigt Ihnen, wie ein doppel- und wie ein einzelseitiges Dokument im jeweiligen Modus im Bedienfeld *Seiten* dargestellt wird.

NEU in CS5 ▶

Randabfallend:
Manche Layoutobjekte reichen im Druck bis zur Papierkante und müssen deshalb im Layout über die Dokumentränder hinausreichen.

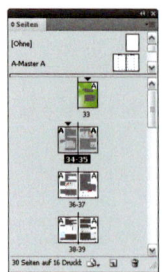 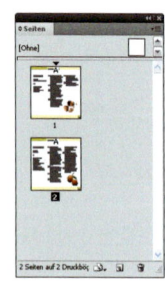

Abbildung 1.1 Links: Darstellung bei einem doppelseitigen Dokument. Rechts: Darstellung bei einem einzelseitigen Dokument.

▶ Aktivieren Sie das Kontrollkästchen *Mustertextrahmen*, wenn Sie ein Dokument mit festem Satzspiegel planen. Dann fügt InDesign Ihren Seiten einen zunächst unsichtbaren Textrahmen hinzu, den Sie in den fertigen Dokumentseiten durch einen Klick in den Satzspiegel mit dem Textwerkzeug T. und gleichzeitig gedrückter Strg/⌘-Taste aktivieren. Dieser Textrahmen nimmt stets den gesamten Satzspiegel ein. Wenn Sie Ihr Dokument mehrspaltig einrichten (mehr darüber erfahren Sie weiter hinten), wird der Mustertextrahmen dieser Spaltenanzahl entsprechen.

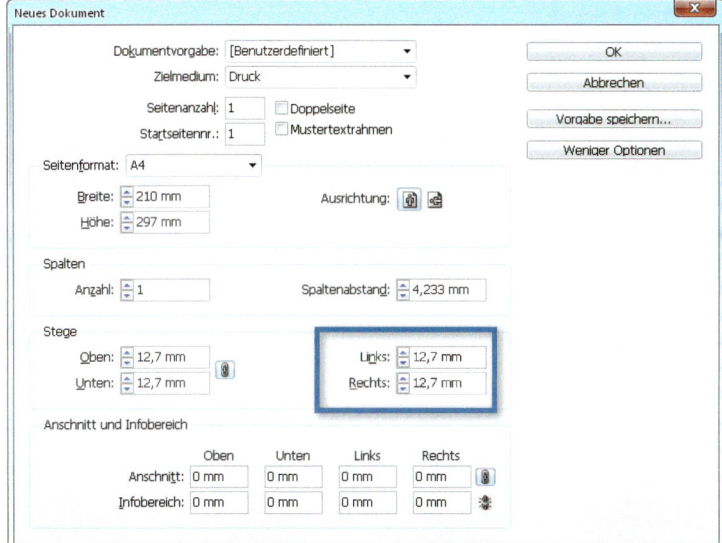

Abbildung 1.2 Haben Sie das Kontrollkästchen *Doppelseite* deaktiviert, ändert sich die Beschriftung der Eingabefelder *Innen* und *Außen* in *Links* und *Rechts*.

Ein großer Vorteil der Arbeit mit Mustertextrahmen ist, dass InDesign automatisch eine neue Seite mit einem verketteten Mustertextrahmen hinzufügt, wenn Sie in einen Mustertextrahmen mehr Text eingeben oder einfügen, als dieser fassen kann. Bei doppelseitig angelegten Dokumenten ist es allerdings Voraussetzung, dass auf beiden Seiten ein Mustertextrahmen vorhanden ist und dass beide miteinander verkettet sind. Das genaue Verhalten dieser Funktion – Adobe nennt sie »intelligenter Textumfluss« – steuern Sie über den Befehl *Bearbeiten* (PC)/*InDesign* (Mac) ➝ *Voreinstellungen* ➝ *Eingabe*.

▶ Bei aktiviertem Kontrollkästchen *Leere Seiten löschen* fügt InDesign nicht nur selbsttätig Seiten hinzu, sondern entfernt auch Seiten, wenn diese nach dem Löschen von Text leer geworden sind. Mit dem Kontrollkästchen *Doppelseitige Druckbögen beibehalten* stellen Sie sicher, dass sich die Seitenanordnung in Ihren doppelseitigen Dokumenten nicht ändert, wenn Sie nicht am Ende, sondern an einer anderen Stelle des Dokuments Text hinzufügen. InDesign fügt dann stets einen ganzen Druckbogen statt einer neuen Seite ein.

Abbildung 1.3 Die Voreinstellungen für den intelligenten Textumfluss befinden sich im unteren Teil der Kategorie *Eingabe*.

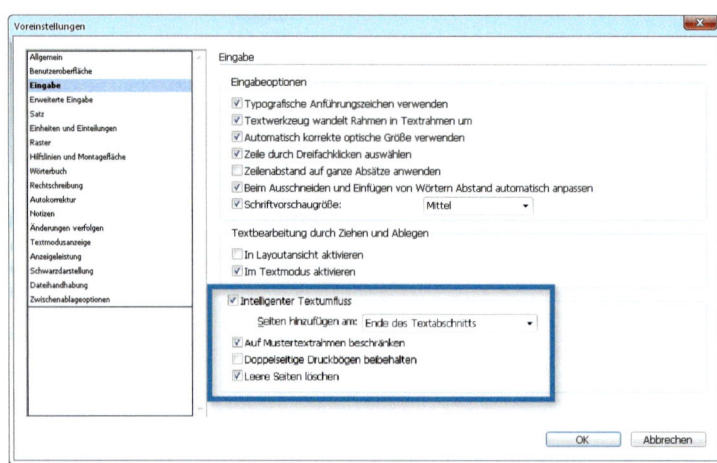

Deaktivieren Sie das Kontrollkästchen *Auf Mustertextrahmen beschränken*, wenn Sie die Funktion auch auf verkettete Textrahmen, die nicht auf Mustertextrahmen basieren, anwenden möchten.

Benötigen Sie bestimmte, nicht standardmäßige Seitengrößen öfter? Dann gehen Sie folgendermaßen vor:
Im Dialogfeld *Neues Dokument* öffnen Sie das Pop-up-Menü *Seitenformat*. Wählen Sie *Benutzerdefiniertes Seitenformat*. Geben Sie einen passenden Namen ein und nehmen Sie die gewünschten Einstellungen vor. Klicken Sie schließlich auf *Hinzufügen*. Von nun an ist das neue Format im Pop-up-Menü verfügbar.

Als Seitenformat können Sie vordefinierte Formate wie A4 und B5 verwenden oder auch in den darunterliegenden Feldern eine eigene Seitengröße eingeben. Wählen Sie für das Papierformat stets das beschnittene Endformat des fertigen Druckerzeugnisses. Die Beschnittzugabe richten Sie gesondert ein, wie Sie im Anschluss sehen werden.

Zwar sind als Maßeinheit in der Grundeinstellung Millimeter (*mm*) vorgegeben, doch können Sie auch andere Maßeinheiten verwenden und in die Felder eingeben. InDesign rechnet diese in die aktuelle Maßeinheit um, sobald Sie ein anderes Feld im Dialogfeld ansteuern:

▶ Zoll (")
▶ Zentimeter (*cm*)
▶ Millimeter (*mm*)
▶ Punkt (*pt*)
▶ Pica (*p*)
▶ Agaten (*ag*)
▶ Cicero (*c*)

Diese Maßeinheiten können Sie übrigens nicht nur beim Einrichten der Seite verwenden, sondern allgemein in den InDesign-Eingabefeldern, wenn es beispielsweise um die Angabe von Abmessungen geht.

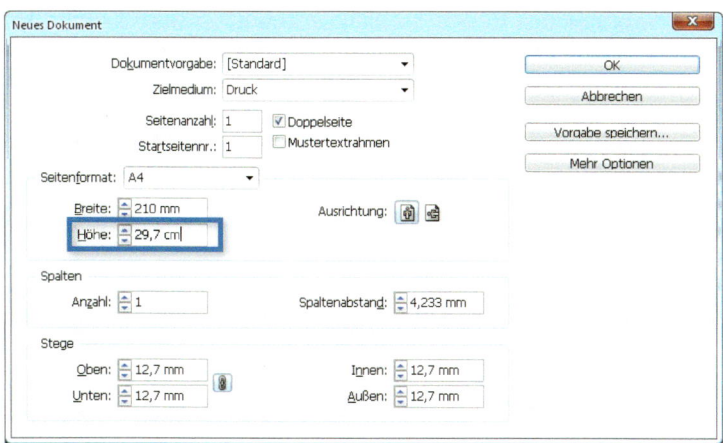

Die Standardmaßeinheit *mm* ändern Sie über *Bearbeiten* → *Voreinstellungen* → *Einheiten und Einteilungen* in den Eingabefeldern *Horizontal* und *Vertikal*. Beachten Sie die Schaltflächen für die Ausrichtung rechts neben den Feldern für die Seitengröße. Hiermit bestimmen Sie, ob das Dokument im Hoch- oder Querformat ausgerichtet sein soll.

Die Mindestgröße für ein InDesign-Dokument beträgt winzige 0,353 mm im Quadrat, andererseits können Sie auch große Plakate mit einer Breite und Höhe von bis zu 5486,4 mm in einem einzigen Dokument gestalten!

▶ Viele Drucksachen werden mehrspaltig gesetzt. Das sieht häufig besser aus und dient vor allem auch der guten Lesbarkeit. In der Grundeinstellung finden Sie den Wert *1* im Feld für die Spaltenanzahl; setzen Sie ihn bei Bedarf entsprechend hoch – bis zu 216 Spalten sind möglich. Dieser Wert bedeutet allerdings noch nicht, dass die Textrahmen, die Sie später zur Eingabe von Text in Ihrem Dokument anlegen werden, ebenfalls mehrspaltig sind – er sorgt vielmehr für die visuelle Einteilung der Seite in mehrere Spalten.

▶ Der *Steg* bestimmt den Abstand zwischen den Spalten. Als Vorgabe finden Sie hier 1 Cicero, in der Grundeinstellung angegeben als 4,233 mm. Geben Sie hier den gewünschten Spaltenabstandswert zwischen 0 und 508 mm ein.

▶ Im Bereich *Ränder* richten Sie den Satzspiegel Ihrer Seiten ein. Dieser wird auf der fertigen Seite in Form von magentafarbenen Randbegrenzungen dargestellt (über diese Begrenzungen hinaus können Sie natürlich trotzdem noch layouten). Bei einseitigen Dokumenten geben Sie die Ränder in die Felder *Oben*, *Unten*, *Links* und *Rechts* ein, bei doppelseitigen in die Felder *Oben*, *Unten*, *Innen* und *Außen*. Berücksichtigen Sie beim Festlegen des inneren Rands auch eine eventuelle Verschiebung durch die Heftung.

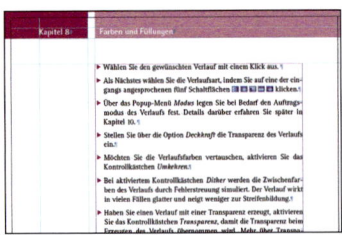

Abbildung 1.5 Oben: Angeschnittene Objekte lassen Sie beim
Layouten mindestens 3 mm über
den Rand hinausstehen – gedruckt
werden diese Bereiche aber nur, wenn
eine Beschnittzugabe definiert ist.
Unten: Zwischen Papierkante
und Objekt ist durch die fehlende
Beschnittzugabe im Druck links und
oben ein weißer Streifen sichtbar
geworden.

Beschnittzugabe und Infobereich festlegen

Ganz unten in diesem Dialogfeld legen Sie bei Bedarf noch eine
Beschnittzugabe und einen Infobereich fest (das ist aber nicht zwingend notwendig; Sie können diese Zugaben auch noch vor der Ausgabe hinzufügen). Beschnittzugabe und Infobereich werden beim
Zuschneiden der Bögen auf das endgültige Format entfernt.

Von einer angeschnittenen Seite spricht man, wenn sich Layoutobjekte bis zur Papierkante erstrecken sollen. Solche Objekte lässt man
ein paar Millimeter über den Dokumentrand hinausragen, um sicherzustellen, dass bei leichten Passungenauigkeiten das Objekt trotzdem
bis zur Seitenkante gedruckt wird. Allerdings funktioniert das nur,
wenn eine Beschnittzugabe angelegt ist (üblich sind 3 mm), da sämtliche Objekte außerhalb der Beschnittzugabe nicht mit ausgegeben
werden. Ohne Beschnittzugabe könnte es bei solchen leichten Passungenauigkeiten schnell dazu kommen, dass zwischen angeschnittenem
Objekt und Papierkante eine papierweiße Lücke entsteht.

Das fertige Dokument bearbeiten

Mit *OK* erstellen Sie Ihr Dokument. Die einzelnen Seiten werden im
Bedienfeld *Seiten* als Miniaturen dargestellt. Die aktuelle (auf dem
Bildschirm angezeigte) Seite ist hervorgehoben. Das Dokument in
der folgenden Abbildung ist zweispaltig: Das erkennen Sie an den
violetten Spaltenhilfslinien. Die magentafarbenen Randhilfslinien
wiederum begrenzen den Satzspiegel Ihres Dokuments.

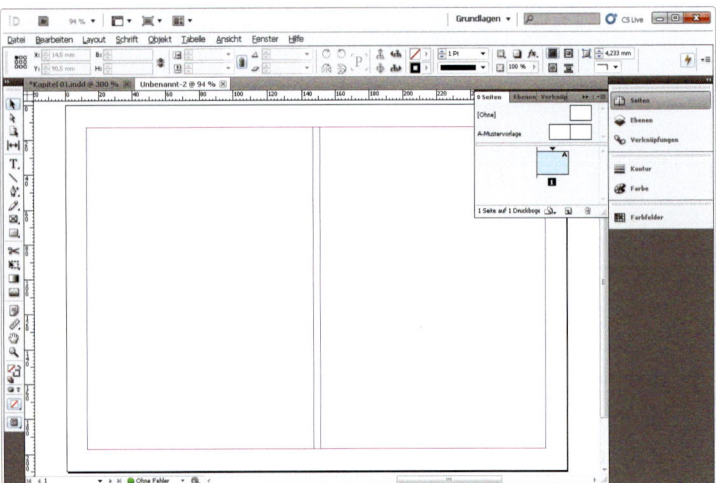

Abbildung 1.6 Nach dem Bestätigen
des Dialogfelds *Neues Dokument*.

Falls Sie die Hilfslinien nicht sehen können, obwohl der Bildschirm-modus *Normal* aktiviert ist, zeigen Sie diese mit *Ansicht → Raster & Hilfslinien → Hilfslinien einblenden* (`Strg`/`⌘` + `ü`) an.

Ein schneller Weg, Ihr Dokument ohne Hilfslinien anzuzeigen, ist die Taste `W`. Drücken Sie diese Taste wiederholt, um zwischen den Bildschirmmodi *Normal* und *Vorschau* hin- und herzuschalten.

Unterschiedliche Papierfarben am Monitor simulieren

Soll Ihr Dokument auf farbigem Papier gedruckt werden, können Sie diese Papierfarbe am Monitor simulieren (auf den Druck hat dies keine Auswirkungen). Zeigen Sie mit *Fenster → Farbe → Farbfelder* das Bedienfeld *Farbfelder* an und doppelklicken Sie auf das Farbfeld *[Papier]*. Wählen Sie aus dem folgenden Dialogfeld einen Farbton, der der Farbe Ihres Papiers nahekommt und bestätigen Sie mit *OK*. Die Seite erhält in der Anzeige diese neue Papierfarbe.

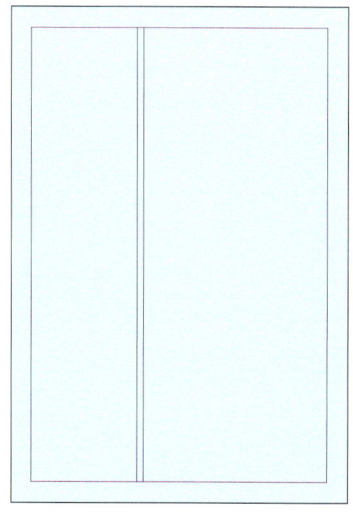

Abbildung 1.7 Getöntes Druck-papier simulieren Sie im Bedienfeld *Farbfelder* über das Farbfeld *[Papier]*.

Die Seiteneinstellungen nachträglich ändern

Möchten Sie nachträglich etwas an der Einrichtung Ihres Dokuments ändern, wählen Sie *Datei → Dokument einrichten*. Über *Mehr Optionen* erhalten Sie sämtliche im Dialogfeld verfügbaren Optionen (wird die Schaltfläche *Weniger Optionen* angezeigt, ist das Dialogfeld bereits erweitert). Das Dialogfeld enthält die meisten Optionen des vorgestellten Dialogfelds *Neues Dokument*.

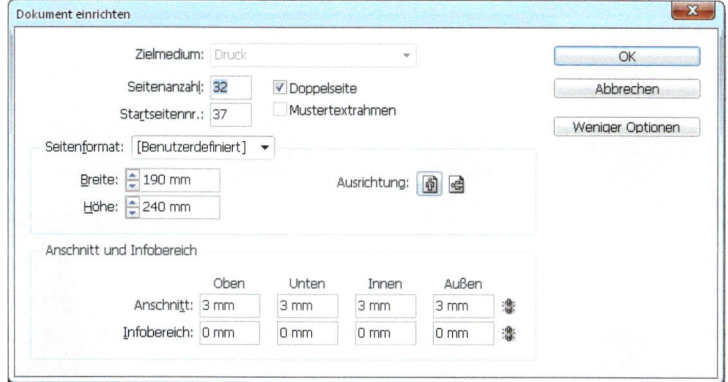

Abbildung 1.8 Für die nachträgliche Änderung Ihres Dokuments verwenden Sie das Dialogfeld *Dokument einrichten*.

Die übrigen Optionen dieses Dialogfelds erreichen Sie nachträglich über *Layout → Stege und Spalten*. Allerdings gelten die hier vorgenommenen Einstellungen nur für die aktuelle Seite bzw. für die im Bedienfeld *Seiten* markierten Seiten.

Möchten Sie die Einstellung aller vorhandenen und aller später in das Layout eingefügten Seiten ändern, führen Sie im Bedienfeld *Seiten* zunächst einen Doppelklick auf das Symbol *A-Mustervorlage* aus (über die Mustervorlage können Sie bestimmte Merkmale aller Dokumentseiten in einem Zug ändern, wie Sie im nächsten Kapitel noch sehen werden). Bei doppelseitigen Layouts markieren Sie mit gedrückter ⇧-Taste beide A-Mustervorlagenseiten. Anschließend öffnen Sie das Dialogfeld *Stege und Spalten* und nehmen Ihre Änderungen vor.

Abbildung 1.9 Die Rand- und Spalteneinstellungen ändern Sie nachträglich im Dialogfeld *Stege und Spalten.*

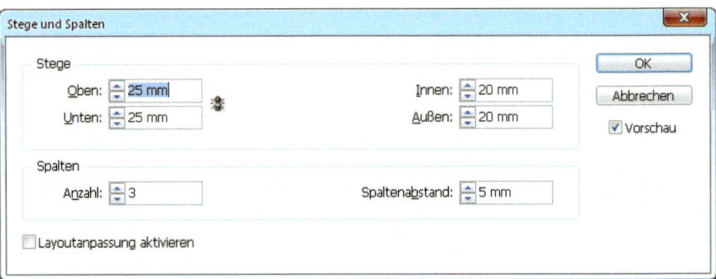

Ein Layout mit ungleich breiten Spalten erzeugen

Vielleicht ist Ihnen aufgefallen, dass Sie über die besprochenen Dialogfelder kein Layout mit ungleich breiten Spalten erzeugen können. Benötigen Sie in Ihrem Dokument ungleiche Spalten, doppelklicken Sie im Bedienfeld *Seiten* auf das Symbol *A-Mustervorlage*. Standardmäßig sind die Spaltenhilfslinien gesperrt. Wählen Sie deshalb zunächst *Ansicht → Raster und Hilfslinien* und deaktivieren Sie den Befehl *Spaltenhilfslinien sperren*.

1 Vergewissern Sie sich, dass das Auswahlwerkzeug (Taste V) aktiviert ist. Zeigen Sie auf eine der beiden Hilfslinien, die die Spalten voneinander trennen, und ziehen Sie mit gedrückter Maustaste nach rechts oder nach links.
2 Die Breite der Spalten wird entsprechend geändert.

Unterschiedliche Spaltenabstände auf einer Seite sind übrigens nicht möglich. Wenn Sie den Spaltenabstand unter *Layout → Stege und Spalten* ändern, wirkt sich diese Einstellung immer auf alle Spalten der Seite aus.

Vorsicht beim Einfügen bzw. Löschen von Seiten in doppelseitig angeordneten Dokumenten mit spiegelbildlich angeordnetem Satzspiegel, wenn Sie bereits Elemente in die Seiten eingefügt haben. Fügen Sie in diesem Fall beispielsweise eine Einzelseite ein, kann InDesign die darauffolgenden Seiten neu an den spiegelbildlichen Satzspiegel anpassen – die Elemente sind danach eventuell nicht mehr richtig positioniert.

Seiten hinzufügen, löschen und neu arrangieren

Wie oben erwähnt, können Sie die Seitenanzahl Ihres Dokuments auch nachträglich erhöhen oder verringern.

Wenn Sie eine einzelne Seite hinzufügen möchten, aktivieren Sie im Bedienfeld *Seiten* die Seite, nach der Sie die neue Seite einfügen möchten. Klicken Sie auf das Symbol *Neue Seite erstellen* am unteren Rand des Bedienfelds. Die neue Seite wird eingefügt. Sie erhält dieselbe Mustervorlage wie die aktive Seite (mehr über Mustervorlagen erfahren Sie weiter hinten). Alle noch folgenden Seiten werden um eins nach hinten verschoben. Wenn Sie mit spiegelbildlichen Dokumenten arbeiten, sollten Sie daher immer zwei neue Seiten hintereinander einfügen (siehe Hinweis). Wenn Sie dieses Problem haben, öffnen Sie das Bedienfeldmenü ▼≡ und deaktivieren Sie den Befehl *Neue Dokumentseitenanordnung zulassen*.

Mehr Optionen bietet Ihnen das Bedienfeldmenü ▼≡ des Bedienfelds *Seiten*. Wählen Sie hier den Befehl *Seiten einfügen*. Im folgenden Dialogfeld geben Sie die gewünschte Seitenanzahl an und bestimmen über das Pop-up-Menü *Einfügen* und das zugehörige Eingabefeld, vor bzw. nach welcher Seite die neuen Seiten eingefügt werden sollen. Falls Sie mit mehreren Mustervorlagen arbeiten (mehr darüber ab Seite 61), wählen Sie noch die Vorlage, auf der die neuen Seiten basieren sollen.

In manchen Fällen ist es praktisch, wenn Sie statt einer ganz neuen, leeren Seite ein Duplikat einer vorhandenen Seite mit allen darin erstellten Layoutelementen erzeugen.

1 Wählen Sie hierzu mit gedrückter ⇧- bzw. ⌃Strg/⌘-Taste die Seiten aus, von denen Sie Duplikate erzeugen möchten.
2 Ziehen Sie die Auswahl mit gedrückter Maustaste auf das Symbol *Neue Seite erstellen* am unteren Rand des Bedienfelds *Seiten*.

Bei dieser Technik werden die neuen Seiten stets am Ende des Dokuments eingefügt. Die Dokumentseiten lassen sich im Anschluss jederzeit neu anordnen.

Ziehen Sie dazu die Seiten im Bedienfeld *Seiten* mit gedrückter Maustaste an eine andere Position innerhalb der Seitenordnung. Ein schwarzer Balken zeigt Ihnen, wo die Seiten eingefügt werden, wenn Sie die Maustaste nun loslassen.

Druckbögen mit mehreren Seiten erstellen

Für die meisten Arbeiten benötigen Sie nur Dokumente mit Einzel- oder gegenüberliegenden Doppelseiten. Gelegentlich benötigen Sie aber vielleicht doch einmal ein Dokument mit mehr als zwei nebeneinander angeordneten Seiten auf einem Druckbogen – zum Beispiel für Broschüren im Leporello- oder Fensterfalz. In der Grundeinstellung

Nutzen Sie die neue Möglichkeit, die Seitenminiatur mit Farbcodes zu versehen. So können Sie beispielsweise Seiten im Auge behalten, an denen Sie noch bestimmte Arbeiten vornehmen müssen.
Um einer Seite einen Farbcode zuzuweisen, öffnen Sie das Bedienfeldmenü des Seitenbedienfelds und wählen Sie *Farbetikett*.

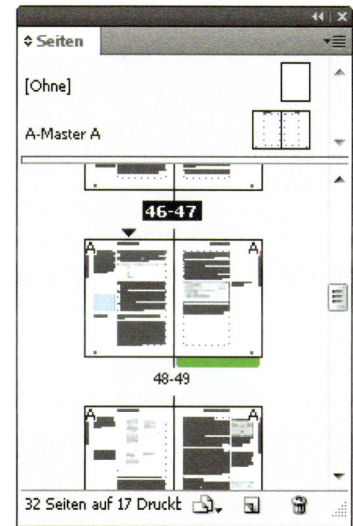

Abbildung 1.10 Die Seite 49 hat ein grünes Farbetikett erhalten.

können Sie immer nur zwei Seiten nebeneinander auf einem Druckbogen darstellen. Diese Aufgabe lösen Sie folgendermaßen:

1 Erstellen Sie ein Dokument mit der benötigten Seitenanzahl – ob Sie Doppel- oder Einzelseiten einstellen, ist gleichgültig.
2 Öffnen Sie das Bedienfeldmenü ▾≡ des Bedienfelds *Seiten* und deaktivieren Sie den Befehl *Neue Dokumentseitenanordnung zulassen*.
3 Ziehen Sie die Seiten anschließend mit gedrückter Maustaste in das Bedienfeld *Seiten* an die gewünschte Stelle.

Bis zu zehn Seiten können Sie auf diese Weise auf einem Druckbogen darstellen.

Verschiedene Seitenformate in einem Dokument erstellen

NEU in CS5 ▶

In InDesign CS5 kann ein einziges Dokument mehrere unterschiedliche Seitengrößen enthalten. Ein typisches Anwendungsbeispiel wäre etwa eine Geschäftsausstattung mit Briefpapier, Umschlag und Visitenkarte oder eine Zeitschrift bzw. ein Buch mit Ausklappern.

Abbildung 1.11 Vorbereitungen für eine Faltbroschüre – erstellen Sie ein sechsseitiges Dokument mit den entsprechenden Seitenabmessungen.

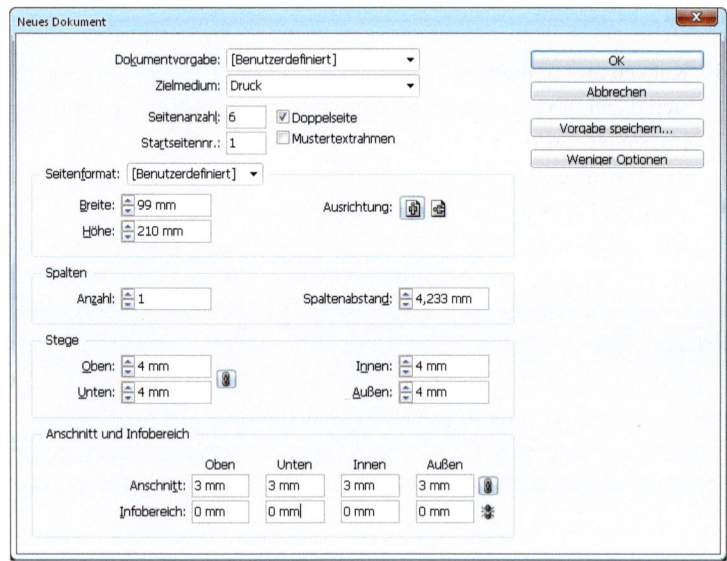

Abbildung 1.12 Die Seiten sind so arrangiert worden, dass zwei Druckbögen à drei Seiten entstanden sind.

Zu diesem Zweck verwenden Sie das Seitenwerkzeug im oberen Bereich der Werkzeugleiste. Sie erreichen es auch über die Tastenkombination ⌂ + P. Nach dem Aktivieren des Werkzeugs verfahren Sie folgendermaßen:

1 Klicken Sie auf die Seite, deren Größe Sie ändern möchten (es kann sich dabei um eine Musterseite oder um eine Layoutseite handeln).
2 Im Steuerungsbedienfeld geben Sie in die Felder *Breite* und *Höhe* die gewünschten Seitenabmessungen ein. Alternativ wählen Sie aus dem Pop-up-Menü eine voreingestellte Seitengröße.
3 Über die beiden Schaltflächen 📄 📄 legen Sie fest, ob die Seite ein Hoch- oder ein Querformat erhalten soll.

Noch schneller weisen Sie die vordefinierten Seitenformate zu, wenn Sie die entsprechende Muster- oder Layoutseite im Seitenbedienfeld anklicken und dann am unteren Bedienfeldrand auf die Schaltfläche *Seitenformat bearbeiten* 📄 klicken. Hier finden Sie dieselben Einträge wie im Pop-up-Menü des Steuerungsbedienfelds.

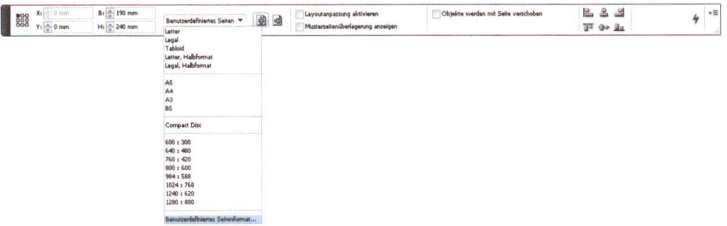

Abbildung 1.13 Wählen Sie aus verschiedenen vordefinierten Seitenformaten.

▶ Aktivieren Sie das Kontrollkästchen *Layoutanpassung aktivieren*, wenn sich das Layout bei geändertem Seitenformat diesem automatisch anpassen soll. Mehr über diese Option erfahren Sie auf der nächsten Seite.

Abbildung 1.14 Bei aktivierter *Musterseitenüberlagerung* werden die Konturen der zugrunde liegenden Musterseite (im Hochformat) angezeigt.

▶ Bei aktiviertem Kontrollkästchen *Musterseitenüberlagerung anzeigen* werden auf der mit dem Seitenwerkzeug ausgewählten Seite zusätzlich die Konturen der zugrunde liegenden Musterseite angezeigt. So können Sie schnell prüfen, inwieweit die aktuelle Seite von dieser Musterseite abweicht.

▶ Aktivieren Sie das Kontrollkästchen *Objekte werden mit Seite verschoben*, damit die auf der Seite platzierten Objekte beim Ändern der X- und Y-Koordinaten über die Felder *X* und *Y* im Steuerungsbedienfeld mitverschoben werden.

Das Layout schnell an unterschiedliche Anforderungen anpassen

Das Programm bietet Ihnen die äußerst praktische und zeitsparende Möglichkeit, Ihr Layout schnell an unterschiedliche Anforderungen anzupassen. So können Sie beispielsweise ein für den Druck bestimmtes Dokument im A4-Format »fit« machen für die Darstellung als PDF-Dokument am Bildschirm im Querformat. Danach sind häufig nur noch geringe Anpassungsarbeiten notwendig, weil InDesign versucht, die Elemente auf Ihrer Seite bei einer Änderung des Formats entsprechend anzupassen, sodass das Layout so gut wie möglich erhalten bleibt. Wie von jeder automatischen Funktion, sollten Sie auch von der Layoutanpassung keine Wunder erwarten, aber in der Regel ist sie eine gute Grundlage für Formatänderungen.

Nachdem Sie *Layout* → *Layoutanpassung* gewählt und das Kontrollkästchen *Layoutanpassung aktivieren* angeklickt haben, stehen Ihnen verschiedene Optionen zur Verfügung:

▶ Im *Ausrichtebereich* geben Sie an, wie nahe sich ein Element an einer Hilfslinie befinden muss, damit es bei der Layoutanpassung an dieser ausgerichtet wird.

▶ *Größenänderung für Grafiken und Gruppen zulassen* sollten Sie deaktivieren, wenn Sie Bilder und gruppierte Elemente nicht skalieren, sondern nur verschieben möchten. In den meisten Fällen sollte dieses Kontrollkästchen aber aktiviert bleiben.

▶ *Bewegliche Hilfslinien* sollten Sie aktivieren, damit InDesign die Hilfslinien gemäß dem neuen Layout verschieben darf.

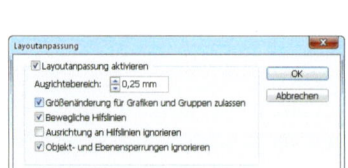

Abbildung 1.15 Die Layoutanpassung wurde aktiviert.

Nachdem Sie auf *OK* geklickt haben, wählen Sie *Datei* → *Dokument einrichten* und nehmen die entsprechenden Formatänderungen vor. Sobald Sie das Dialogfeld schließen, sehen Sie, dass InDesign versucht hat, das Layout den neuen Gegebenheiten anzupassen.

Abbildung 1.16 Dieses hochformatige, für den Druck bestimmte Dokument soll auch im Web als querformatiges PDF-Dokument veröffentlicht werden.

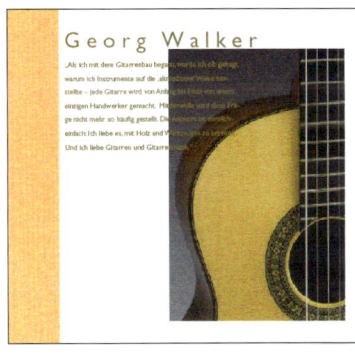

Abbildung 1.17 Nach der Layoutanpassung und der Zuweisung eines neuen Formats müssen Texte und Grafiken trotzdem noch neu positioniert werden.

1.2 Mustervorlagen – die Basis Ihres Layouts

In den meisten mehrseitigen Layouts gibt es Elemente, die auf allen Seiten erscheinen sollen – Kopf- oder Fußzeilen, Hilfslinien, Grafiken, Logos, fortlaufende Seitenzahlen und vieles mehr. In Dokumenten mit vielen Seiten wäre es natürlich sehr mühsam, diese Elemente für jede Seite einzeln zu erstellen und zu gestalten. Daher verwenden Sie Musterseiten, auf welchen Sie die Elemente ein einziges Mal erzeugen und sie automatisch in jede Seite des Dokuments einfügen. Nehmen Sie an einer Mustervorlage Änderungen vor, wirken sich diese auf alle mit dieser Mustervorlage versehenen Seiten aus.

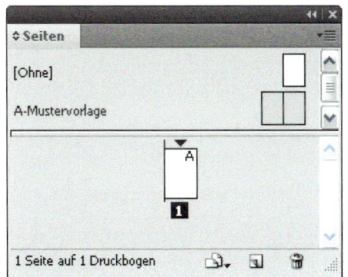

Abbildung 1.18 Jedes neue Dokument enthält automatisch eine Mustervorlage mit dem Namen *A-Mustervorlage*.

Mustervorlagen anzeigen und anwenden

Jedes neue Dokument enthält automatisch eine Mustervorlage mit dem Namen *A-Mustervorlage*. Sie erscheint im oberen Bereich des Bedienfelds *Seiten*. Der vorhandenen Seite – bzw. den vorhandenen

Seiten, wenn Sie ein mehrseitiges Dokument erstellt haben – hat InDesign automatisch diese Mustervorlage zugewiesen. Zu Anfang ist diese Mustervorlage – bis auf den beim Anlegen des Dokuments eingerichteten Satzspiegel – leer.

Um Elemente in die Mustervorlage einfügen zu können, führen Sie im Bedienfeld *Seiten* einen Doppelklick auf die Vorlage aus. Dass Sie sich tatsächlich in der Mustervorlage befinden, erkennen Sie an der Hervorhebung ihres Namens im Bedienfeld *Seiten*.

Der Mustervorlage Objekte und Hilfslinien hinzufügen

Ändern Sie die Ränder und Spalten einer Mustervorlage in einem Dokument, das bereits Layoutobjekte enthält, empfiehlt sich die Arbeit mit der bereits erwähnten automatischen Layoutanpassung.

Zur Gestaltung der Musterseite können Sie sämtliche Möglichkeiten von InDesign verwenden – sie beispielsweise mit vorplatzierten Objekten sowie Hilfslinien ausstatten. Selbst Ebenen (vgl. **Kapitel 5**) können Sie in Mustervorlagen verwenden. Weiter hinten werden Sie auch sehen, wie Sie der Mustervorlage Seitenzahlen hinzufügen. Zudem können Sie die Ränder und Spalten der Mustervorlage ändern, indem Sie (bei weiterhin aktivierter Mustervorlage) *Layout → Stege und Spalten* wählen und hier die gewünschten Änderungen vornehmen. Alle diese Einstellungen wirken sich umgehend auf sämtliche Dokumentseiten aus, die mit dieser Mustervorlage ausgestattet sind.

Mustervorlagen anwenden

Haben Sie alles nach Ihren Wünschen vorbereitet, können Sie die Mustervorlage auf beliebige Dokumentseiten anwenden.

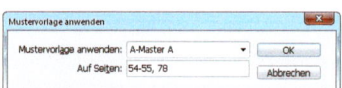

Abbildung 1.19 Im Feld *Auf Seiten* trennen Sie nicht aufeinander-folgende Seiten durch Kommata voneinander.

1 Öffnen Sie dazu das Bedienfeldmenü ▾≡ und wählen Sie den Befehl *Mustervorlage auf Seiten anwenden*.
2 Im oberen Bereich des folgenden Dialogfelds wählen Sie die gewünschte Mustervorlage aus.
3 Anschließend bestimmen Sie, welchen Seiten Sie diese Mustervorlage zuweisen möchten. Aufeinanderfolgende Seiten trennen Sie durch einen Bindestrich (z.B. *2-8*), nicht aufeinanderfolgende durch Kommata (z.B. *2, 5, 8*). Ein Klick auf *OK* weist die Mustervorlage den angegebenen Seiten zu.

Intuitiver arbeiten Sie, indem Sie die gewünschte Mustervorlage mit gedrückter Maustaste aus dem oberen Bereich des Bedienfelds in den unteren Bereich auf die Dokumentseite oder den Druckbogen ziehen, der bzw. dem Sie diese Mustervorlage zuweisen möchten. Geben Sie die Maustaste erst dann frei, wenn ein doppeltes Seiten-Symbol am Mauszeiger erscheint!

Mustervorlagenobjekte entkoppeln

Gelegentlich kommt es vor, dass Sie ein bestimmtes Musterseitenobjekt auf einer der Dokumentseiten nicht benötigen oder abändern möchten. In diesem Fall können Sie es auf dieser speziellen Seite von der Mustervorlage entkoppeln, um es gesondert zu bearbeiten, so als wäre es ein Bestandteil der Dokumentseite.

1   Zeigen Sie die entsprechende Dokumentseite an und klicken Sie daraufhin das Musterseitenelement mit gedrückter Tastenkombination `Strg`/`⌘` + `⇧` an.
2   Sie können es nun bearbeiten, als ob es sich tatsächlich auf der Dokumentseite statt in der Mustervorlage befinden würde. Die übrigen Dokumentseiten, denen diese Mustervorlage zugewiesen wurde, sowie die Mustervorlage selbst werden dadurch nicht geändert.

Möchten Sie diesen Vorgang wieder rückgängig machen, klicken Sie das geänderte Objekt in der Dokumentseite an und wählen aus dem Bedienfeldmenü ▾☰ des Bedienfelds *Seiten* den Befehl *Ausgewählte Musterseitenobjekte wiederherstellen*.

Eine neue Mustervorlage erstellen

Viele Dokumentarten erfordern neben der vorgegebenen Mustervorlage noch weitere Mustervorlagen.
Ein weiteres Einsatzgebiet von mehreren Mustervorlagen für ein einziges Dokument sind alternative Entwürfe, die Sie den Seiten schnell zuweisen können, um Vergleiche anzustellen.

1   Um eine neue Mustervorlage zu erstellen, wählen Sie aus dem Bedienfeldmenü ▾☰ den Befehl *Neue Mustervorlage*.
2   Geben Sie in das Feld *Präfix* ein bis zu vier Zeichen umfassendes Präfix ein.
   Der Sinn dahinter: Auf den Dokumentseiten-Symbolen im *Seiten*-Bedienfeld erscheint das Präfix der jeweils zugewiesenen Mustervorlage. So sehen Sie gleich, welche Seite mit welcher Mustervorlage ausgestattet ist. Der in das Feld *Name* eingegebene Mustervorlagenname wird neben dem Mustervorlagen-Symbol im Bedienfeld *Seiten* angezeigt. Er kann bis zu 24 Zeichen lang sein. Ein kürzerer Name ist allerdings besser, damit er im Bedienfeld nicht abgeschnitten wird.

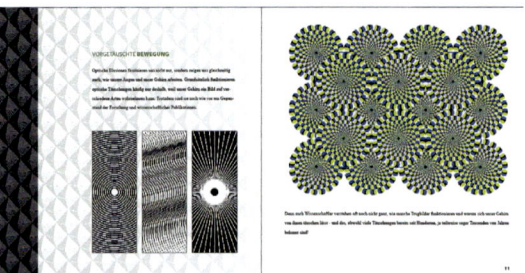 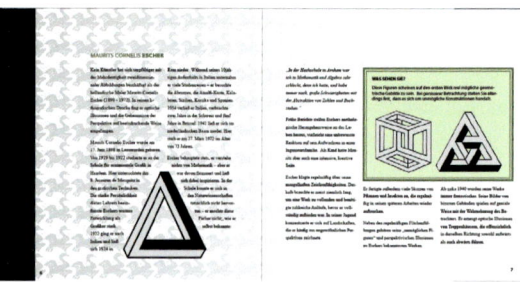

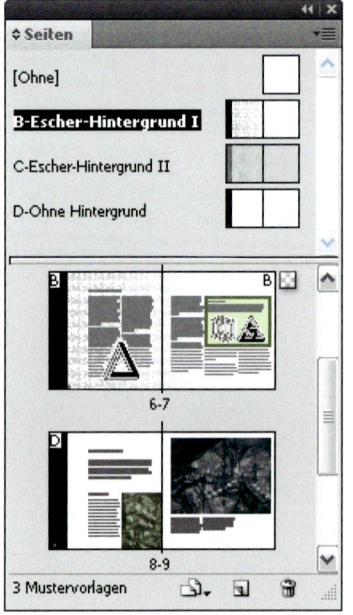

Abbildung 1.20 Oben: Vier Seiten aus einem Buch, die mit zwei unterschiedlichen Hintergrundbildern versehen sind. Unten: Hierfür wurden drei Musterseiten angelegt – eine für jedes Hintergrundbild und eine ohne Hintergrundbild.

3 Im Feld *Seitenanzahl* schließlich bestimmen Sie, aus wie vielen Seiten die Mustervorlage bestehen soll – bei einseitigen Dokumenten gewöhnlich aus einer, bei mehrseitigen Dokumenten normalerweise aus einem Druckbogen, also zwei gegenüberliegenden Seiten. Sie können hier bis zu zehn Seiten angeben.

4 Bestätigen Sie mit *OK*, um die Mustervorlage zu erstellen.

Als Alternative konvertieren Sie eine bestehende Seite (bei einseitigen Dokumenten) bzw. einen Druckbogen (bei mehrseitigen Dokumenten) in eine Mustervorlage:

1 Wählen Sie die Seite bzw. den Druckbogen im Bedienfeld *Seiten* aus. Mehrere Seiten markieren Sie mit gedrückter ⇧-Taste.

2 Aus dem Bedienfeldmenü ▾☰ wählen Sie *Als Mustervorlage speichern* bzw. ziehen Sie die ausgewählte Seite oder den ausgewählten Druckbogen mit gedrückter Maustaste aus dem Dokumentseiten- in den Mustervorlagenbereich des Bedienfelds *Seiten*. Die neue Mustervorlage erhält einen Standardnamen – zum Beispiel *B-Mustervorlage*, falls im Dokument bisher nur die Standardmustervorlage A vorhanden ist.

3 Um die Mustervorlage anschließend noch umzubenennen, markieren Sie sie im oberen Bereich des Bedienfelds *Seiten* und wählen aus dem Bedienfeldmenü ▾☰ den Befehl *Mustervorlagenoptionen*.

Im Bedarfsfall fügen Sie Mustervorlagen aus anderen Seiten in das Bedienfeld *Seiten* des aktuellen Dokuments ein. Dazu ziehen Sie einfach die Mustervorlage aus dem Bedienfeld *Seiten* des Quelldokuments in das Zieldokument. Die Mustervorlage wird automatisch dem Bedienfeld *Seiten* des Zieldokuments hinzugefügt.

Verschachtelte Musterseiten

In vielen Dokumenten werden für die unterschiedlichen Seiten Variationen desselben Layouts verwendet. In solchen Fällen verwenden

Sie aufeinander basierende Musterseiten: Layouten Sie zunächst die grundlegende Musterseite mit allen benötigten Elementen. Erzeugen Sie eine neue Mustervorlage und wählen Sie aus dem Bedienfeldmenü ▾≡ den Befehl *Mustervorlagenoptionen*. Geben Sie der neuen Mustervorlage einen passenden Namen und wählen Sie aus dem Pop-up-Menü *Basiert auf Mustervorlage* die Vorlage, auf der die ausgewählte Mustervorlage basieren soll.

Ändern Sie in der neuen Mustervorlage die gewünschten Elemente und legen Sie gegebenenfalls weitere abhängige Mustervorlagen an. Beachten Sie bitte: Wenn Sie Objekte auf der in diesem Pop-up-Menü gewählten Mustervorlage ändern, wird die neue Mustervorlage dadurch ebenfalls geändert. Dies kann sehr effizient sein, wenn Sie nur leicht variierende Mustervorlagen in Ihrem Dokument benötigen, kann aber bei falscher Planung auch schnell zu Verwirrung führen.

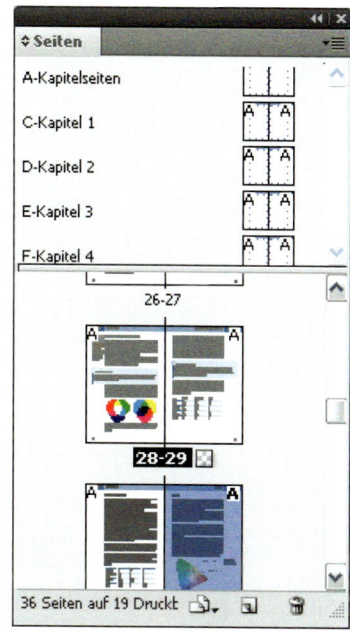

Musterseiten laden und verschieben

InDesign bietet Ihnen die Möglichkeit, Musterseiten aus anderen Dokumenten zu laden. Wählen Sie dazu aus dem Bedienfeldmenü des Bedienfelds *Seiten* den Befehl *Musterseiten laden*.

Weiterhin lassen sich Seiten von einem Dokument in ein anderes kopieren oder verschieben. Dabei lässt sich festlegen, an welche Stelle des ausgewählten Dokuments die Seiten kopiert werden sollen:

1 Öffnen Sie das Dokument mit den zu kopierenden Seiten (das Quelldokument) sowie das Dokument, in das Sie die Seiten kopieren möchten (das Zieldokument).

2 Im Bedienfeld *Seiten* der Quelldatei klicken Sie die zu kopierenden Seiten mit gedrückter `Strg`/`⌘`- bzw. `⇧`-Taste an. Aus dem Bedienfeldmenü wählen Sie *Seiten verschieben*.

3 Wählen Sie aus dem Pop-up-Menü *Verschieben in* das Zieldokument und aus dem Pop-up-Menü *Ziel* die Stelle innerhalb des Dokuments, an die Sie die Seiten kopieren möchten. Es ist übrigens auch möglich, die Seiten innerhalb eines Dokuments zu kopieren.

4 Die Option *Seiten nach dem Verschieben löschen* aktivieren Sie, wenn die Seiten nicht kopiert, sondern verschoben werden sollen.

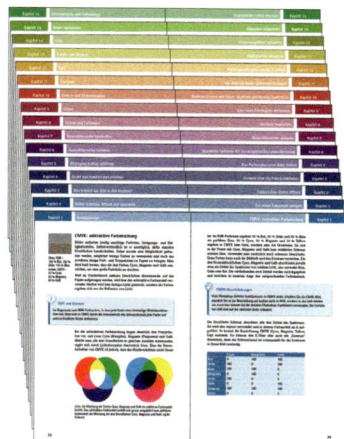

Abbildung 1.21 Im abgebildeten Buch sind die Seiten grundsätzlich identisch aufgebaut, jedoch dient ein farbiges Leitsystem zur Unterscheidung der einzelnen Kapitel. Für jedes Kapitel gibt es eine eigene Mustervorlage, die jeweils von der Mustervorlage *A-Kapitelseiten* abhängig ist.

In InDesign können Sie Musterseitenelemente sperren. Dann können sie nicht mehr von der Musterseite gelöst und bearbeitet werden. Diese Option ist sinnvoll, wenn Sie Ihre Layouts an Redakteure oder andere Bearbeiter weitergeben. Markieren Sie das entsprechende Element in der Musterseite und deaktivieren Sie im Bedienfeldmenü *Musterelemente in Auswahl dürfen überschrieben werden*.

Seiten auf der Grundlage einer Mustervorlage hinzufügen

Wenn Sie Ihre Mustervorlagen fertiggestellt haben, können Sie beim Anlegen neuer Seiten diesen gleich die entsprechende Mustervorlage zuweisen. Im Bedienfeld *Seiten* klicken Sie zuerst auf das Symbol der gewünschten Mustervorlage bzw. wählen Sie mit gedrückter ⬦-Taste einen Musterdruckbogen aus und ziehen ihn mit gedrückter Maustaste im unteren Teil des Bedienfelds an die Stelle, wo die Seite bzw. der Druckbogen eingefügt werden soll.

Standardmäßig sind auf Musterseiten platzierte Elemente in den Layoutseiten nicht bearbeitbar. Dies lässt sich ändern, indem Sie das Musterseitenelement in der Layoutseite mit Strg/⌘ + ⬦ anklicken.

Mustervorlageneigenschaften nachträglich ändern

Falls Sie die Mustervorlageneigenschaften wie Präfix oder Name nachträglich ändern müssen, öffnen Sie das Bedienfeldmenü ▾☰ und wählen aus diesem den Befehl *Mustervorlagenoptionen*. Die Optionen des folgenden Dialogfelds kennen Sie bereits vom Anlegen einer neuen Mustervorlage.

Mustervorlagen löschen

Nicht mehr benötigte Mustervorlagen löschen Sie, indem Sie sie im Bedienfeld *Seiten* auswählen (bei Bedarf markieren Sie mit gedrückter ⬦-Taste mehrere aufeinanderfolgende bzw. mit gedrückter Strg/⌘-Taste mehrere nicht aufeinanderfolgende Seiten) und auf das kleine Papierkorb-Symbol 🗑 am unteren Rand des Bedienfelds *Seiten* klicken. Ist diese Mustervorlage bereits auf eine Seite bzw. einen Druckbogen angewandt, erscheint eine Warnmeldung. Wenn Sie diese mit *OK* bestätigen, verschwinden die Elemente der gelöschten Mustervorlage auch von den Seiten/Druckbögen, denen sie zugewiesen war.

1.3   Hilfslinien einrichten

Normalerweise sollen die Designelemente Ihrer Seite vertikal, horizontal und in Bezug zueinander ausgerichtet werden. InDesign versorgt Sie mit verschiedenen Hilfsmitteln für diese Aufgabe. Das Wichtigste sind die Hilfslinien, die auf den Musterseiten bzw. im Dokument die Bereiche angeben, in denen die Designelemente auf der Seite platziert werden sollen. InDesign kennt verschiedene Arten von Hilfslinien:

- ▶ Ränder
- ▶ Spalten
- ▶ Linealhilfslinien
- ▶ »Intelligente« magnetische Hilfslinien

Ein neues Dokument verfügt zunächst über ein einfaches Hilfslinienraster, das den oberen, unteren, linken und rechten Rand sowie eventuelle Spaltentrennungen markiert. Jedes Dokument kann mit einer immensen Anzahl zusätzlicher Hilfslinien ausgestattet werden. Eine sehr große Anzahl ist allerdings meist nicht notwendig. Für ein Buch genügen unter Umständen bereits die Randlinien zur Festlegung des Satzspiegels und der Textspalten.

Für den grundlegenden Seitenaufbau verwenden Sie im Allgemeinen ein Rastersystem aus horizontalen und vertikalen Hilfslinien. Dieses Grundraster legen Sie am besten in der Mustervorlage an. Die Mustervorlagen-Hilfslinien werden auf allen Dokumentseiten, die auf dieser Mustervorlage basieren, angezeigt.

Abbildung 1.22 Links oben: Mustervorlagen-Hilfslinien können als Gerüst für jede einzelne Dokumentseite dienen. Rechts oben: Hilfslinien bestimmen im Dokument die Bereiche, in denen die Designelemente platziert werden sollen. Unten: Im fertigen Dokument sind die Hilfslinien nicht mehr sichtbar.

Das Programm speichert die Hilfslinien mit dem Dokument, sodass sie Ihnen auch nach dem Schließen und erneuten Öffnen des Dokuments weiterhin zur Verfügung stehen.

Linealhilfslinien einrichten

Es gibt zwei Arten von Linealhilfslinien:

▶ Seitenhilfslinien
▶ Druckbogenhilfslinien

Der Unterschied ist, dass Seitenhilfslinien ausschließlich auf der Seite erscheinen, auf der Sie sie erstellt haben. Druckbogenhilfslinien hingegen gelten für den gesamten Druckbogen und werden auf der Montagefläche angezeigt. Die Druckbogenhilfslinien empfehlen sich damit für die grundlegende Einrichtung des Gestaltungsrasters in der Mustervorlage, die Seitenhilfslinien für zusätzliche Hilfslinien auf Einzelseiten (zum Beispiel zum Einpassen einzelner Bilder).

Um Seitenhilfslinien in Ihrem Dokument einzurichten, gehen Sie folgendermaßen vor:

1 Blenden Sie zuerst die Lineale ein (*Ansicht* → *Lineale einblenden* oder $\boxed{\text{Strg}}$/$\boxed{⌘}$ + $\boxed{\text{R}}$).

2 Zeigen Sie den Druckbogen und gegebenenfalls (im Bedienfeld *Ebenen*) die Ebene an, die Sie mit einer Hilfslinie versehen möchten.

Abbildung 1.23 Die Abbildung illustriert den Unterschied zwischen Seiten- und Druckbogenhilfslinie.

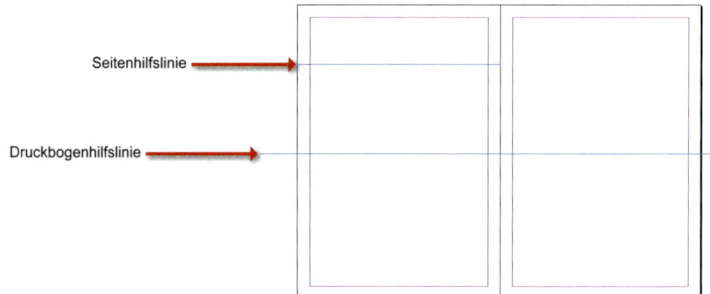

Seitenhilfslinie

Druckbogenhilfslinie

3 Benötigen Sie eine vertikale Hilfslinie, klicken Sie in das senkrechte Lineal auf der linken Seite des Dokumentfensters. Benötigen Sie eine horizontale Hilfslinie, klicken Sie in das waagerechte Lineal oben im Dokumentfenster. Ziehen Sie die Hilfslinie mit gedrückter Maustaste an die gewünschte Stelle – auch über den aktuell dargestellten Seitenausschnitt hinaus, das Dokumentfenster scrollt mit – und geben Sie die Maustaste dort frei.

Möchten Sie einzelnen Hilfslinien eine eigene Farbe verleihen, etwa um ihre Wichtigkeit besonders hervorzuheben? Markieren Sie die Hilfslinie mit dem Auswahlwerkzeug und klicken Sie sie mit der rechten Maustaste bzw. mit gedrückter $\boxed{\text{Ctrl}}$-Taste an. Wählen Sie den Befehl *Hilfslinien*. Wählen Sie die gewünschte Farbe aus und bestätigen Sie mit einem Klick auf *OK*.

▶ Zum Erstellen einer *Druckbogenhilfslinie* gehen Sie prinzipiell genauso vor, nur dass Sie beim Ziehen zusätzlich die `Strg`/`⌘`-Taste gedrückt halten.

▶ Alternativ suchen Sie die gewünschte Stelle im vertikalen bzw. horizontalen Lineal und doppelklicken dort.

▶ Oder – wenn Sie gleichzeitig eine senkrechte und eine waagerechte Druckbogenhilfslinie erstellen möchten – Sie klicken auf den Linealschnittpunkt ⊞ und ziehen mit gleichzeitig gedrückter `Strg`/`⌘`-Taste die beiden Hilfslinien aus diesem heraus.

▶ Halten Sie beim Ziehen zusätzlich die `⇧`-Taste gedrückt, rastet die Hilfslinie bei jeder Linealeinheit ein.

Die Hilfslinie lässt sich auch mit jedem beliebigen Werkzeug verschieben. Drücken Sie dazu die `⌘`- bzw. `Strg`-Taste und zeigen Sie mit der Maus auf die Hilfslinie. Haben Sie die Hilfslinie angeklickt, können Sie die `⌘`- bzw. `Strg`-Taste wieder loslassen.

▶ Müssen Sie eine Seiten- oder Druckbogenhilfslinie nachträglich verschieben, klicken Sie sie einfach mit dem Auswahlwerkzeug ▶ an und ziehen Sie sie mit gedrückter Maustaste an die entsprechende Stelle.

▶ Exakter verschieben Sie ausgewählte Hilfslinien, indem Sie im Bedienfeld *Steuerung* am oberen Bildschirmrand in die Felder *X* bzw. *Y* entsprechende Werte eingeben. Damit das funktioniert, dürfen Sie bei einer Mehrfachauswahl nur entweder senkrechte oder waagerechte Hilfslinien ausgewählt haben.

▶ Auch mit den Pfeiltasten im numerischen Block lassen sich Hilfslinien verschieben, und zwar immer in 0,25-mm-Schritten. In 2,5-mm-Schritten verschieben Sie Hilfslinien, wenn Sie neben der entsprechenden Pfeiltaste auch noch die `⇧`-Taste drücken. Sogar in ein anderes Dokument oder auf einen anderen Druckbogen können Sie Hilfslinien kopieren: Dazu wählen Sie sie aus, kopieren Sie mit `Strg`/`⌘` + `C` und fügen sie mit `Strg`/`⌘` + `V` ein.

Spiegelbildlich angeordnete Hilfslinien erzeugen

Sie können den Nullpunkt so einstellen, dass er stets am Bundrücken beginnt. Damit wird die Erstellung von spiegelbildlichen, doppelseitigen Layouts recht einfach.

1 Wählen Sie *Bearbeiten* → *Voreinstellungen* → *Einheiten und Einteilungen*.

Mehrere Hilfslinien wählen Sie entweder mit gedrückter `⇧`-Taste aus oder Sie ziehen ein Auswahlrechteck auf, das alle gewünschten Hilfslinien schneidet. Achten Sie aber darauf, dass das Auswahlrechteck kein im Dokument platziertes Objekt schneidet, da sonst dieses statt der Hilfslinien ausgewählt wird.

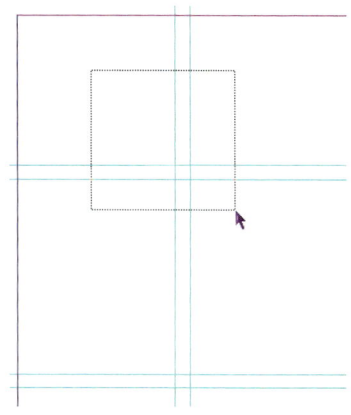

Abbildung 1.24 Dieses Auswahlrechteck wählt zwei horizontale und zwei vertikale Hilfslinien aus.

Um eine Hilfslinie exakt an einem Objekt auszurichten, wählen Sie zunächst das Objekt aus. Ziehen Sie die Hilfslinie aus dem Lineal heraus und ziehen Sie sie auf einen Eck- oder Kantenpunkt des Objekts. Die Hilfslinie schnappt hier ein (was Sie auch daran erkennen können, dass der Doppelpfeil am Mauszeiger negativ dargestellt wird).

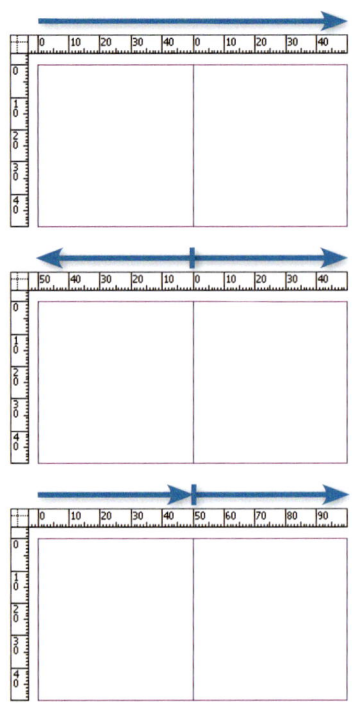

Abbildung 1.25 Von oben nach unten: Ausrichtung des Linealursprungs nach *Druckbogen, Seite, Bund.*

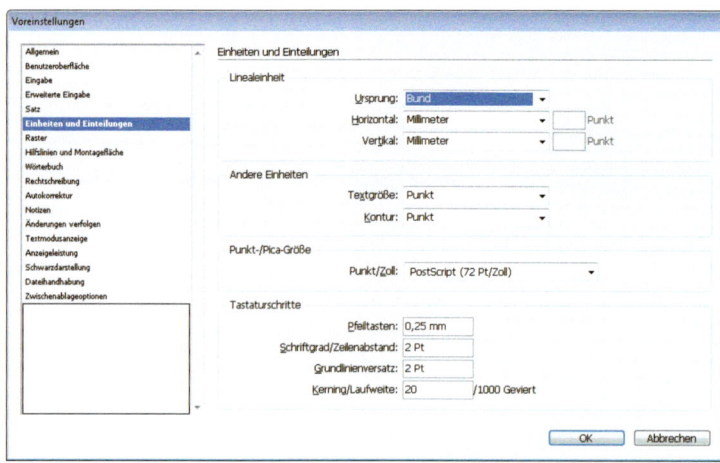

2 Im Pop-up-Menü *Ursprung* wählen Sie die Option *Bund* und bestätigen mit *OK*.

Die nebenstehenden Abbildungen zeigen die Auswirkungen der einzelnen Optionen im Pop-up-Menü *Ursprung* bei einem doppelseitigen Dokument – achten Sie auf das horizontale Lineal.

Hilfslinien für regelmäßige Rasternetze rationell anlegen

Regelmäßige Rasternetze sind vielseitig einsetzbar. InDesign bietet Ihnen eine besonders praktische Möglichkeit, solche Raster zu verwirklichen. Setzen Sie im Dokument zuerst einen Nullpunkt an der Stelle, wo das Raster beginnen soll. Damit können Sie den Abstand zwischen aufeinanderfolgenden Hilfslinien einfach bestimmen.

1 Klicken Sie in den Linealschnittpunkt ⊞ und ziehen Sie mit gedrückter Maustaste den Nullpunkt an die gewünschte Stelle.

2 Ziehen Sie die erste vertikale und horizontale Hilfslinie auf den vertikalen und horizontalen Nullpunkt, indem Sie mit gedrückter Strg/⌘-Taste aus dem Linealschnittpunkt auf den soeben erstellten Nullpunkt ziehen.

3 Wählen Sie beide Hilfslinien mit dem Auswahlwerkzeug ▶ und gedrückter ⬦-Taste aus. Alternativ ziehen Sie ein Auswahlrechteck auf, das beide Hilfslinien schneidet.

4 Wählen Sie *Bearbeiten → Duplizieren und versetzt einfügen*. Im folgenden Dialogfeld geben Sie in das Feld *Wiederholungen* ein, wie viele Duplikate der Hilfslinien Sie erstellen möchten. Darunter bestimmen Sie, in welchem Abstand Sie die horizontale und die vertikale Hilfslinie jeweils duplizieren möchten.

Abbildung 1.26 Im Dialogfeld *Duplizieren und versetzt einfügen* geben Sie an, wie viele Hilfslinien Sie erstellen möchten.

 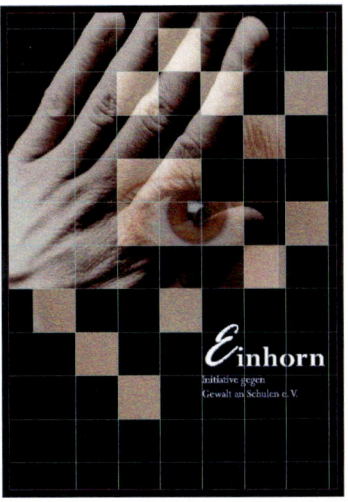

Abbildung 1.27 Links: Gestaltungen mit regelmäßigen Rasternetzen sind mit Hilfslinien schnell aufgebaut (rechts).

5 Nachdem Sie mit *OK* bestätigt haben, werden die Hilfslinien in gleichmäßigen Abständen erstellt.

Abbildung 1.28 Mit dem Befehl *Duplizieren und versetzt einfügen* erstellen Sie gleichmäßige Hilfslinienraster.

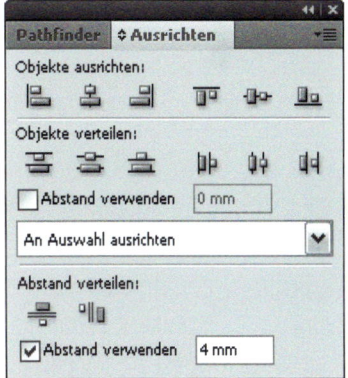

Haben Sie bereits Hilfslinien in Ihrem Dokument erstellt, können Sie diese ebenfalls mit gleichmäßigen Abständen ausrichten: Wählen Sie sie aus und klicken Sie im Bedienfeld *Ausrichten* oder *Steuerung* bei horizontalen Hilfslinien auf das Symbol *Um horizontale Mittelachse-verteilen* . Bei vertikalen Hilfslinien klicken Sie auf das Symbol *um vertikale Mittelachse verteilen* . In diesem Fall erfolgt die gleichmäßige Verteilung gemäß der vorhandenen Position der oberen und unteren bzw. linken und rechten Hilfslinie.

Abbildung 1.29 Über das Bedienfeld *Steuerung* verteilen Sie bereits vorhandene Hilfslinien gleichmäßig.

Andererseits können Sie die Hilfslinien auch gemäß einem von Ihnen vorgegebenen Abstandswert verteilen. Dazu aktivieren Sie im Bedienfeld *Steuerung* das Kontrollkästchen *Abstand verwenden* und geben den Wert in das zugehörige Feld ein.

Hilfslinien ein- und ausblenden

Um alle Hilfslinien kurzfristig auszublenden, wählen Sie im Menü *Ansicht* → *Raster und Hilfslinien* den Befehl *Hilfslinien ausblenden*. Um die Hilfslinien wieder einzublenden, wählen Sie den Befehl *Ansicht* → *Raster und Hilfslinien* → *Hilfslinien einblenden* ([Strg]/[⌘] + [ü]).

Oder Sie halten ganz unten im Werkzeugbedienfeld die Maustaste auf dem untersten Symbol 🔲 gedrückt und wählen *Vorschau*. Dann blendet InDesign nicht nur die Hilfslinien aus, sondern gleich sämtliche nicht druckbare Elemente – dazu gehören etwa auch Rahmen und nicht druckbare Zeichen im Text. Alternativ verwenden Sie die Taste [W].

Zoomstufenabhängige Hilfslinien erzeugen

Bei komplexen Layouts mit einer großen Anzahl von Hilfslinien können diese aber auch den Blick auf das Layout verstellen, wenn Sie sich beispielsweise einen Überblick über die Gesamtseite verschaffen möchten und das Dokument dazu kleiner zoomen. Sicherlich können Sie die Hilfslinien mit [Strg]/[⌘] + [ü] ein- und ausblenden, sobald Sie sich aus dem Dokument herausgezoomt haben. Es gibt jedoch eine sehr viel elegantere Lösung. Stellen Sie InDesign einfach so ein, dass bestimmte Hilfslinien nur ab einer zuvor festgelegten Zoomstufe angezeigt werden.

1 Zeigen Sie das Bedienfeld *Ebenen* an.
2 Klicken Sie mit gedrückter [Alt]-Taste am unteren Rand der Palette auf die Schaltfläche *Neue Ebene erstellen*.
3 Geben Sie der Ebene den Namen *Hilfslinien permanent*.
4 Lassen Sie die Ebene aktiviert und erzeugen Sie in ihr alle Hilfslinien, die Sie beim Arbeiten mit dem Dokument unabhängig von der aktuellen Zoomstufe immer sehen möchten.
5 Anschließend sperren Sie die Ebene mit einem Klick auf das leere Kästchen neben dem Augen-Symbol 👁.

Nun erzeugen Sie die Hilfslinien, die erst beim Zoomen des Dokuments sichtbar werden sollen.

Falls Sie die Hilfslinien bereits in der Hauptebene erzeugt haben, aktivieren Sie diese und wählen sämtliche gewünschten Hilfslinien mit gedrückter [⇧]-Taste aus. Kopieren Sie sie anschließend mit [Strg]/[⌘] + [C] in die Zwischenablage. Aktivieren Sie wieder die Ebene Hilfslinien permanent und wählen Sie den Befehl Bearbeiten → An Originalposition einfügen.

1   Erstellen Sie im Ebenenbedienfeld eine neue Ebene, der Sie den Namen *Hilfslinien Zoom* geben.

2   Wählen Sie den Befehl *Layout* → *Hilfslinien*.

3   Stellen Sie den *Anzeigeschwellenwert* entsprechend ein. Ändern Sie ihn beispielsweise auf *125*, zeigen sich die Hilfslinien erst, wenn Sie Ihr Dokument auf mindestens 125 % zoomen.

4   Wählen Sie gegebenenfalls auch eine andere Farbe für die Detail-Hilfslinien und klicken Sie auf *OK*.

5   Zoomen Sie sich nun in Ihr Dokument und erzeugen Sie in der Ebene *Hilfslinien Zoom* die Hilfslinien, die ab der angegebenen Zoomstufe angezeigt werden sollen.

6   Sperren Sie auch diese Ebene.

Zoomen Sie nun wieder aus, stellen Sie fest, dass die Hilfslinien in der Ebene *Hilfslinien Zoom* nicht mehr sichtbar sind. Erst wenn Sie wieder mindestens auf die im Dialogfeld Hilfslinien angegebene Zoomstufe vergrößern, werden sie wieder sichtbar. Mit dieser Technik können Sie beliebig viele Hilfslinienebenen für unterschiedliche Zoomstufen anlegen. Bei komplexen Dokumenten kann dies eine große Hilfe sein.

Hilfslinien löschen

Benötigen Sie eine Hilfslinie nicht mehr und möchten Sie sie daher löschen, wählen Sie sie aus und betätigen die `Entf`-Taste. Um sämtliche Linealhilfslinien auf dem Druckbogen zu löschen, wählen Sie sie mit `Strg`/`⌘` + `Alt` + `G` aus und betätigen dann die `Entf`-Taste. Alternativ klicken Sie mit der rechten Maustaste bzw. mit gedrückter `Ctrl`-Taste in ein Lineal und wählen aus dem Kontextmenü den Befehl *Alle Hilfslinien löschen*. Diese Löschoperationen machen Sie mit der Tastenkombination `Strg`/`⌘` + `Z` rückgängig.

Mit dem Befehl *Ansicht* → *Raster und Hilfslinien* → *Alle Hilfslinien auf Druckbogen löschen* können Sie alle Hilfslinien auf dem aktuellen Druckbogen löschen.

◀ NEU in CS5

Hilfslinien fixieren

Weiterhin bietet das Menü *Ansicht* die Möglichkeit, Hilfslinien festzusetzen. Dadurch können Sie sie nicht mehr aus Versehen verschieben oder löschen, da sie nicht mehr auswählbar sind. Wählen Sie *Ansicht* → *Raster und Hilfslinien* → *Hilfslinien sperren* oder drücken Sie die Tastenkombination `Alt` + `Strg`/`⌘` + `ü`. Um die Hilfslinien wieder freizugeben, wählen Sie einfach diesen Befehl erneut. Auch einzelne Hilfslinien können Sie fixieren, indem Sie aus dem Kontextmenü der ausgewählten Hilfslinie den Befehl *Objekt → Sperren* wählen bzw. die Tastenkombination ⌨Strg/⌘ + ⌨L betätigen.

An Hilfslinien ausrichten

Richtig praktisch werden Hilfslinien erst durch die Möglichkeit, Objekte an ihnen auszurichten. Diese Funktion aktivieren Sie im Menü *Ansicht* über den Befehl *Raster & Hilfslinien → An Hilfslinien ausrichten*. Bewegen Sie nun ein Layoutobjekt in die Nähe einer Lineal-, Rand- oder Spaltenhilfslinie, schnappt dieses an ihr ein, sobald es sich der Hilfslinie auf eine Entfernung von – in der Grundeinstellung – vier Pixeln nähert. Diesen Abstand ändern Sie über *Bearbeiten → Voreinstellungen → Hilfslinien und Montagefläche*. Als *Ausrichtungsbereich* geben Sie den gewünschten Wert in Pixeln ein.

Abbildung 1.30 Über den Ausrichtungsbereich stellen Sie ein, wie nahe ein Element an die Hilfslinie gezogen sein muss, damit es bei aktiviertem Menübefehl *Ansicht → Raster & Hilfslinien → An Hilfslinien ausrichten* an ihr einrastet.

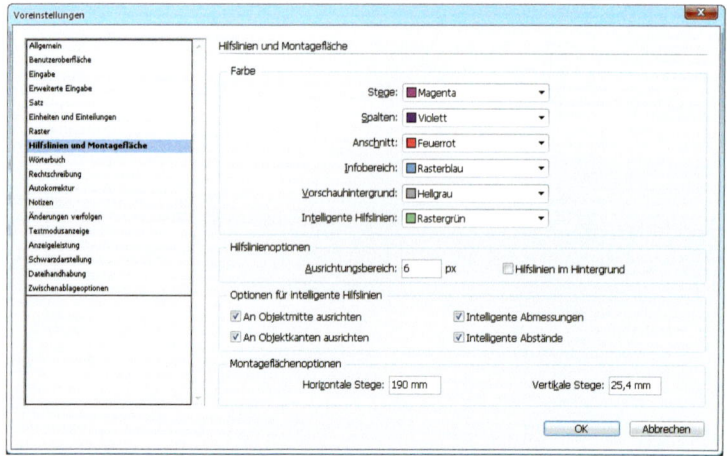

»Intelligente« Hilfslinien

Diesen Hilfslinientyp richten Sie nicht eigens ein; er entsteht automatisch, wenn Sie einen Rahmen aufziehen oder verschieben. Beispielsweise erhalten Sie beim Aufziehen oder Verschieben einer Linie oder eines Rahmens in der Grundeinstellung eine senkrechte bzw. waagerechte rosa Hilfslinie, die Ihnen zeigt, dass sich Ihr Mauszeiger nun genau in der Seitenmitte befindet. Ebenso erhalten Sie grüne Hilfslinien, wenn sich beim Aufziehen oder Verschieben eines Objekts der Mauszeiger an der Kante oder in der Mitte eines Seitenobjekts befindet.

Wenn Sie diese Funktion als störend empfinden, können Sie sie über den Befehl *Ansicht → Raster und Hilfslinien → Intelligente Hilfslinien* deaktivieren. Oder deaktivieren Sie im unteren Abschnitt der bereits erwähnten *Voreinstellungen für Hilfslinien und Montagefläche* einzelne magnetische Hilfslinientypen, zum Beispiel die für die *Objektmitte*. In diesem Dialogfeld können Sie auch die Farbe der magnetischen Hilfslinien ändern.

1.4 Die Paginierung

Die meisten umfangreicheren Dokumente sind mit Seitenzahlen ausgestattet. Sie verwenden für das Einfügen der Seitenzahlen ein bestimmtes Steuerzeichen, das Sie in der Mustervorlage platzieren. Dieses sorgt dafür, dass in den Dokumentseiten stets automatisch die aktuelle Seitenzahl an der angegebenen Stelle und in der vorgenommenen Formatierung eingefügt wird – auch wenn Sie die Seiten Ihres Dokuments nachträglich neu arrangieren, Seiten löschen oder hinzufügen. Bei doppelseitigen Dokumenten müssen Sie sowohl auf der linken als auch auf der rechten Seite der Druckbogen-Mustervorlage ein solches Paginierungsfeld einfügen.

1 Öffnen Sie die Mustervorlage mit einem Doppelklick im Bedienfeld *Seiten*.

2 Anschließend ziehen Sie mit dem Textwerkzeug an der gewünschten Stelle einen kleinen Textrahmen auf – und zwar so groß, dass die Seitenzahl hineinpasst (bei Dokumenten mit mehrstelliger Seitenanzahl muss natürlich auch eine zwei- oder sogar dreistellige Seitennummer hineinpassen).

3 Klicken Sie dann in den Textrahmen und wählen Sie *Schrift → Sonderzeichen einfügen → Marken → Aktuelle Seitenzahl*. Ein Buchstabe erscheint im Textrahmen – dieser entspricht dem Präfix der Mustervorlage, die Sie gerade bearbeiten. Formatieren Sie dieses Sonderzeichen gegebenenfalls über das Bedienfeld *Zeichen* (*Fenster → Schrift und Tabellen → Zeichen*).

Falls Sie ein doppelseitiges Dokument layouten, wiederholen Sie den Vorgang für die rechte Seite des Mustervorlagen-Druckbogens.

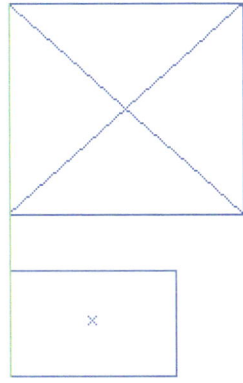

Abbildung 1.31 Wenn sich beim Verschieben eines Objekts der Mauszeiger an der Kante eines Seitenobjekts befindet, erhalten Sie eine grüne Hilfslinie.

Abbildung 1.32 Die automatischen Seitenzahlen erscheinen auf dem Mustervorlagen-Druckbogen mit dem Präfix *A* in Form eines *A*.

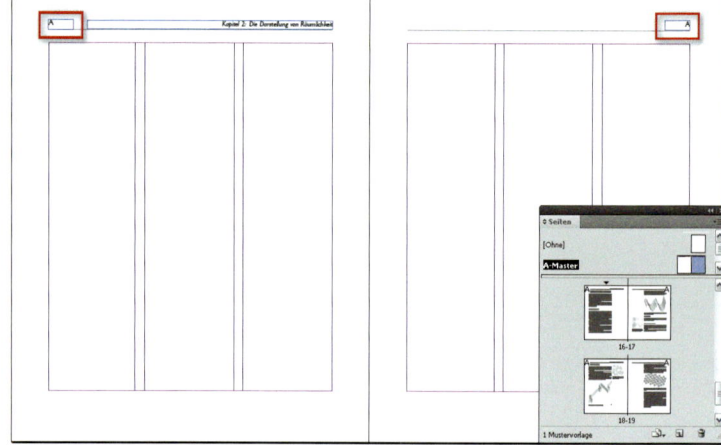

Es spricht nichts dagegen, die automatische Seitenzahl bei Bedarf durch weitere Zeichen zu ergänzen, zum Beispiel durch Spiegelstriche. Die Funktion des Steuerzeichens wird dadurch nicht beeinträchtigt.

Die Funktion der Seitennummerierung ist unabhängig davon, ob Sie auf der Seite tatsächlich eine Seitenzahl anzeigen oder nicht. Weisen Sie einer Seite in einem Dokument mit Seitennummern zwischendrin eine andere Mustervorlage zu, auf der keine Seitenzahlen zu sehen sind, paginiert InDesign trotzdem richtig weiter. Beim Hinzufügen und Löschen von Seiten wird die Paginierung automatisch angepasst.

Die Paginierung nicht bei Seite 1 beginnen

NEU in CS5 ▶

Nicht immer möchten Sie mit der Seitennummerierung auf Seite 1 beginnen, zum Beispiel wenn Sie einzelne Kapitel eines Buchs layouten. In diesem Fall wählen Sie den Befehl *Datei* → *Dokument einrichten*. Geben Sie in das Feld *Startseitennr.* das Gewünschte ein und bestätigen Sie mit *OK*.

Abbildung 1.33 Über das Eingabefeld *Startseitennr.* legen Sie eine benutzerdefinierte Startseitenzahl fest.

Mehr über die Buchfunktion erfahren Sie in Kapitel 6.

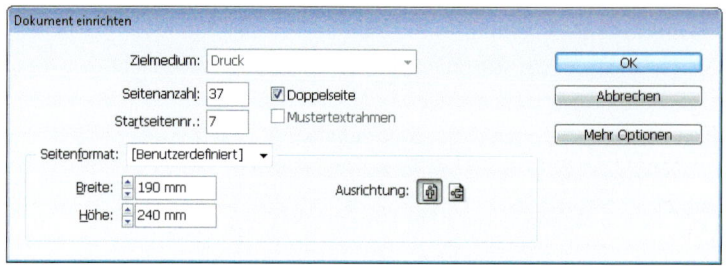

Alternativ doppelklicken Sie im Bedienfeld *Seiten* auf die erste Seite Ihres Dokuments und wählen aus dem Bedienfeldmenü ▾≡ den Befehl *Nummerierungs- und Abschnittsoptionen*.

Im Dialogfeld aktivieren Sie das Optionsfeld *Seitennummerierung beginnen bei*. Geben Sie in das zugehörige Eingabefeld die erste Seitennummer ein. Beachten Sie dabei: Doppelseitige Dokumente beginnen stets auf einer rechten Seite und diese hat üblicherweise eine ungerade Seitenzahl. Also müssen Sie die Paginierung ebenfalls mit einer ungeraden Seitenzahl beginnen, da Ihr Layout sonst ziemlich durcheinandergewürfelt werden kann!

Abschnitte einsetzen

Viele Dokumente sind in Abschnitte mit verschiedenartigen Paginierungsarten unterteilt. Beispielsweise können die ersten 16 Seiten eines Buchs für Vorwort und Inhaltsverzeichnis reserviert sein und sollen mit römischen Ziffern nummeriert werden. Der Rest des Buchs erhält hingegen arabische Ziffern, wobei die arabischen Ziffern ebenfalls mit der Nummer 1 beginnen sollen. Diese und ähnliche Anforderungen sind ein Fall für die Abschnittsfunktion. Jeder Abschnitt eines InDesign-Dokuments kann unterschiedlich nummeriert sein.

Erstellen Sie zunächst alle Dokumentseiten, die Sie für Ihr Dokument brauchen. Im Bedienfeld *Seiten* wählen Sie dann die Seite, auf der der neue Abschnitt beginnen soll. Aus dem Bedienfeldmenü ▾≡ wählen Sie den Befehl *Nummerierungs- und Abschnittsoptionen*. Im Dialogfeld *Neuer Abschnitt* geben Sie bei Bedarf ein Abschnittspräfix für den neuen Abschnitt ein und wählen Sie darunter, in welchem Format die Paginierung dieses Abschnitts erfolgen soll.

Über die Optionsfelder *Automatische Seitennummerierung* bzw. *Seitennummerierung beginnen bei* bestimmen Sie, ob die Seitennummerierung des vorhergehenden Abschnitts im neuen Abschnitt fortgeführt werden oder ob sie in diesem neu beginnen soll. In das Feld *Abschnittsmarke* geben Sie einen Abschnittsmarkennamen ein. Fügen Sie auf diese Weise so viele Abschnitte ein, wie Ihr Dokument benötigt. Beachten Sie, dass jeder Abschnitt eine eigene Abschnittsmarke braucht.

Nachdem Sie mit dieser Arbeit fertig sind, können Sie die Seitenzahlen in das Dokument einfügen. Sie haben die Möglichkeit, zusätzlich noch eine Abschnittsmarke voranzustellen. Dazu verwenden Sie wieder das Sonderzeichenmenü, das Sie schon zum Einfügen der Seitenzahl benötigt haben.

Abbildung 1.34 Über das Optionsfeld *Seitennummerierung beginnen bei* und das zugehörige Eingabefeld legen Sie eine benutzerdefinierte Startseitenzahl fest.

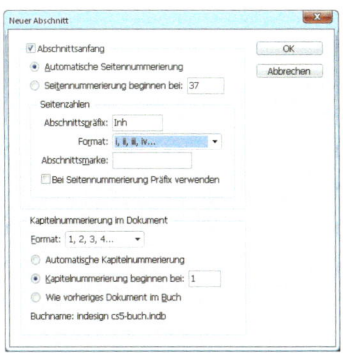

Abbildung 1.35 Im Dialogfeld *Neuer Abschnitt* bestimmen Sie unter anderem, wie der aktuelle Abschnitt paginiert werden soll.

Abbildung 1.36 Auch für Abschnittsmarken bietet InDesign Ihnen ein extra Sonderzeichen.

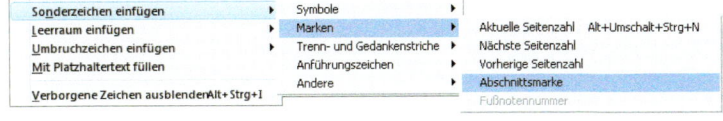

In der Grundeinstellung sehen Sie im Bedienfeld *Seiten* und im Seiten-feld am unteren Dokumentfensterrand eine Nummerierung, die den von Ihnen festgelegten Dokumentabschnitten entspricht.

Sie können dies aber auch so umstellen, dass eine fortlaufende Nummerierung für alle Seiten angezeigt wird. Wählen Sie dazu *Bear-beiten* → *Voreinstellungen* → *Allgemein* und aktivieren Sie im Pop-up-Menü *Seitenzahlen: Ansicht* den Eintrag *Absolute Nummerierung*.

Abbildung 1.37 Aktivieren Sie den Eintrag *Absolute Nummerierung*, wenn für das Dokument – unge-achtet seiner Abschnittseinteilung – eine durchlaufende Nummerierung angezeigt werden soll.

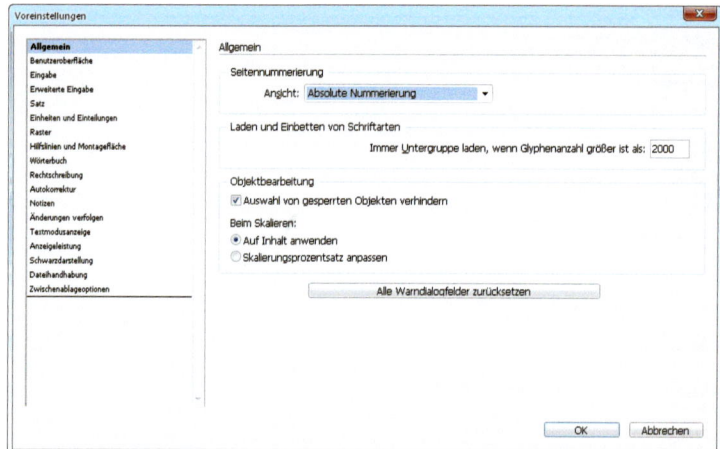

Diese Einstellung hat aber keine Auswirkungen auf die tatsächliche Paginierung des Dokuments.

2

Das wichtigste Element der meisten Druckerzeugnisse ist Text. Dieses Kapitel informiert Sie über die Gestaltung von Text in Ihren InDesign-Dokumenten. Anwendungsbeispiele erhalten Sie anschließend in den Kapiteln 5 und 6.

2.1   Textrahmen erzeugen und bearbeiten

PageMaker-Anwender sind es gewohnt, dass ein Klick mit dem Textwerkzeug in das Dokument ausreicht, um einen Textrahmen zu erstellen. In InDesign ist das nicht so – hier müssen Sie tatsächlich mit gedrückter Maustaste einen Rahmen aufziehen.

In InDesign sind sämtliche Layoutobjekte Rahmen – gleichgültig ob diese nun Texte, Bilder oder Tabellen enthalten. Unmittelbar nachdem Sie mit dem Textwerkzeug [T] einen Textrahmen im Layout aufgezogen haben, können Sie einfach drauflostippen, um den Rahmen mit Text zu füllen. Der Text bricht innerhalb des Rahmens automatisch um. Ein Klick mit dem Textwerkzeug in einen Textrahmen genügt, um am darin enthaltenen Text weiterzuarbeiten. Auch wenn Sie mit dem Auswahlwerkzeug einen Doppelklick in den Textrahmen ausführen, wird das Textwerkzeug ausgewählt. Ein Textrahmen kann in InDesign jede beliebige Form haben. Zunächst erstellen Sie eine beliebige Form, klicken dann mit dem Textwerkzeug hinein und geben Ihren Text ein bzw. importieren diesen mit *Datei* → *Platzieren* bzw. $\boxed{\text{Strg}}$/$\boxed{\text{⌘}}$ + $\boxed{\text{D}}$. Sobald der Text nicht mehr in den Rahmen passt, erscheint in der rechten unteren Ecke ein Übersatzzeichen ⊞ in Form eines kleinen roten Plus. In diesem Fall haben Sie verschiedene Möglichkeiten:

Um einen Textrahmen zu verlassen und das Auswahlwerkzeug zu aktivieren, drücken Sie einfach die $\boxed{\text{Esc}}$-Taste.

▶ Erweitern Sie den Rahmen automatisch nach unten und passen Sie ihn an die Textlänge an, indem Sie *Objekt* → *Anpassen* → *Rahmen an Inhalt anpassen* wählen.

▶ Oder lassen Sie den Text in einen anderen Textrahmen, zum Beispiel auf der nächsten Seite, fließen.

Mustertextrahmen aktivieren

Wenn Sie Text ausschließlich in Groß- oder Kleinbuchstaben benötigen, können Sie ihn zunächst ganz normal eingeben. Danach wählen Sie die entsprechende Textpassage mit dem Textwerkzeug aus und wählen *Schrift* → *Groß-/Kleinschreibung ändern*. Aus dem Untermenü wählen Sie den zutreffenden Befehl.

Falls Sie beim Anlegen des Dokuments (**vgl. Kapitel 1**) einen Mustertextrahmen angelegt haben, müssen Sie diesen zuerst auf der gewünschten Dokumentseite aktivieren, bevor Sie Text darin eingeben können. Halten Sie dazu bei aktiviertem Textwerkzeug [T] die Tastenkombination $\boxed{\text{Strg}}$/$\boxed{\text{⌘}}$ + $\boxed{\text{⇧}}$ gedrückt, klicken Sie mit dem Textwerkzeug in den Rahmen und beginnen Sie mit der Texteingabe.

Textfluss über mehrere Rahmen

Bei Bedarf können Sie die Verkettungen der Rahmen mit *Ansicht* → *Extras* → *Textverkettungen einblenden* anzeigen.

Ist ein Textrahmen zu klein für den enthaltenen Text, wird der Übersatztext nicht mehr dargestellt. Dass der Text zu lang für seinen Textrahmen ist, erkennen Sie an dem roten Pluszeichen ⊞ am rechten unteren Rand des Rahmens.

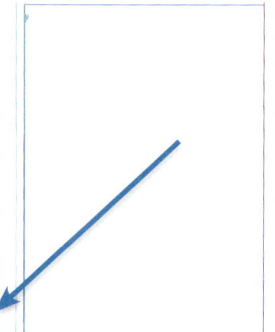

Klicken Sie das Pluszeichen mit dem Auswahlwerkzeug an. Am Mauszeiger erscheint ein Symbol, das den überfließenden Text darstellt. Anschließend zeigen Sie auf den Textrahmen, in den der überschüssige Text fließen soll – ein Kettensymbol erscheint am Mauszeiger – und klicken Sie.

Abbildung 2.1 Links: An dem roten Pluszeichen am rechten unteren Rand des Textrahmens erkennen Sie, dass der Textrahmen zu klein ist, um den gesamten darin enthaltenen Text anzuzeigen. Rechts: Der Übersatztext fließt in den angeklickten Textrahmen.

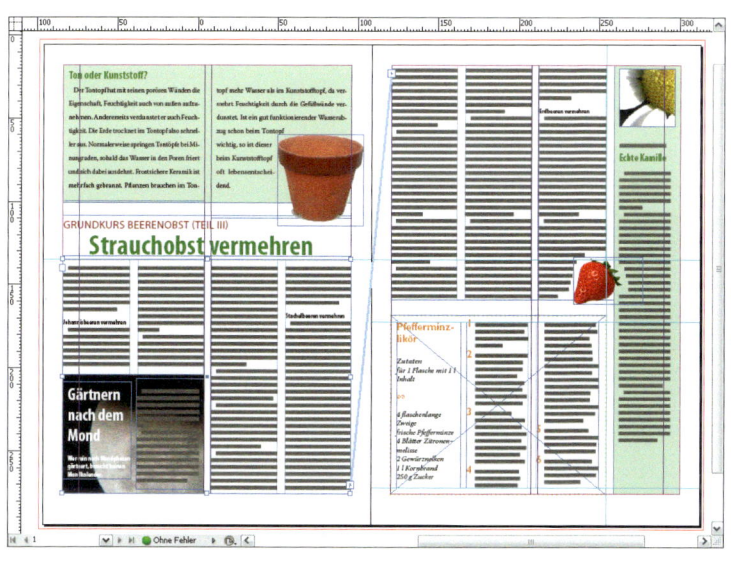

Abbildung 2.105 Bei aktiviertem Befehl *Textverkettungen einblenden* sehen Sie die Verbindungen zwischen den verschiedenen Textrahmen.

Einen neuen Rahmen für den Übersatztext erstellen

Statt alle Textrahmen vorzubereiten, können Sie den Text auch in einen nachträglich erstellten neuen Rahmen fließen lassen, den Sie dann anpassen. Dazu klicken Sie mit dem Auswahlwerkzeug auf das Pluszeichen, um den Text in den Cursor zu laden. Sie können mit dem geladenen Textcursor nun umblättern, neue Seiten einfügen und zoomen. Ziehen Sie an der gewünschten Stelle einen neuen Rahmen auf. Der Text fließt automatisch in den neu erstellten Rahmen.

Den Übersatztext halbautomatisch in mehrere vorbereitete Rahmen fließen lassen

Sie können den Übersatztext auch in mehrere vorbereitete Textrahmen fließen lassen:

1 Erstellen Sie mehrere Textrahmen in Ihrem Layout. In den ersten fügen Sie einen längeren Text ein.

2 Mit dem Auswahlwerkzeug wählen Sie den ersten Textrahmen aus. Klicken Sie auf das Plus-Symbol für den Übersatztext.

3 Drücken Sie die [Alt]-Taste und klicken Sie anschließend die gewünschten leeren Textrahmen nacheinander an. Der Text fließt durch alle angeklickten Rahmen, und zwar in der Reihenfolge, in der Sie sie angeklickt haben.

Automatischer Textfluss mit Mustertextrahmen

Bereits beim Anlegen des Layouts können Sie bestimmen, wie der Text durch die einzelnen Textrahmen fließen soll. Das ist besonders zur Vorbereitung eines mehrseitigen Dokuments mit festem Satzspiegel praktisch, für das bereits ein vorbereiteter, fortlaufender Text besteht – zum Beispiel ein Buchmanuskript.

Im vorigen Abschnitt haben Sie erfahren, wie Sie mit Mustertextrahmen arbeiten. Bei Bedarf verknüpfen Sie die Mustertextrahmen gleich so miteinander, dass der Text von alleine in die automatisch erstellten Textrahmen auf jeder Seite fließt. Im Folgenden erstellen Sie ein neues Dokument mit einem Mustertextrahmen.

Abbildung 2.2 Zur Wiederholung: Einen Mustertextrahmen erstellen Sie beim Anlegen eines neuen Dokuments.

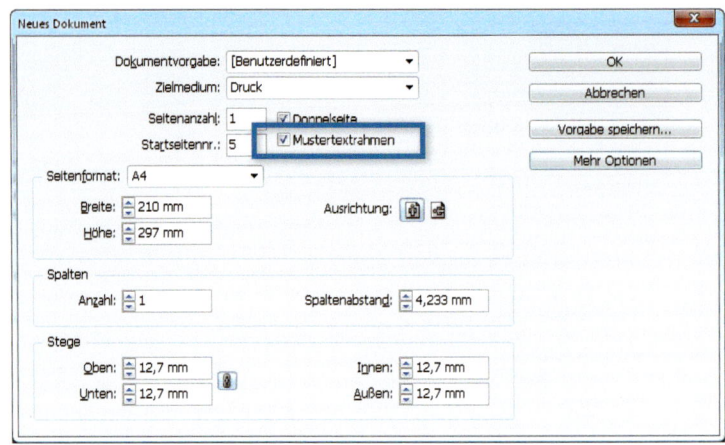

1 Wählen Sie *Datei* → *Platzieren* (`Strg`/`⌘` + `D`) und wählen Sie einen längeren Text aus.

2 Halten Sie die `⇧`-Taste gedrückt und klicken Sie innerhalb der Rahmenbegrenzungen der Seite.

InDesign fügt auf dieser Seite einen Textrahmen mit den Abmessungen der Begrenzungen ein und platziert den importierten Text. Gleichzeitig fügt das Programm automatisch so viele neue Seiten mit bereits verketteten Mustertextrahmen an, wie zur Aufnahme des kompletten Textes notwendig sind.

Die Verkettung von Textrahmen aufheben

1 Wenn Sie die Verkettung von Textrahmen nachträglich wieder aufheben möchten, klicken Sie mit dem Auswahlwerkzeug zuerst auf den Textrahmen und dann auf seine blaue Textausgangsmarke.

2 Klicken Sie auf den nächsten Textrahmen in der Kette, um die Verkettung mit dem ersten Rahmen aufzuheben.

Dies funktioniert auch in entgegengesetzter Richtung. Mit der gleichen Vorgehensweise entfernen Sie die Verkettung zum vorigen Textrahmen. Die schnellere Variante ist ein Doppelklick auf die Textausgangsmarke des ersten Rahmens. Wenn Sie einen Textrahmen löschen, fließt der Text in den nächsten Rahmen der Kette, ohne dass Text verloren geht.

Text um Objekte fließen lassen

In der Grundeinstellung verdecken Elemente, die Sie vor einem Textrahmen platzieren und die diesen überlappen, den Text im Rahmen. Objekte, die hinter dem Textrahmen liegen und von diesem überlappt werden, werden vom Text überdeckt.

Abbildung 2.3 Links: in der Grundeinstellung wird Text über bzw. unter überlappenden Objekten angezeigt. Rechts: Hier wurde die Konturenführung eingeschaltet.

Das mit der Konturenführung versehene Objekt kann sich auch auf der Musterseite befinden – es wird trotzdem von den Texten, die Sie auf Dokumentseiten gestalten, umflossen.

Abbildung 2.4 Hier sollte der Text nur auf der linken Seite des Rahmens fließen – der blaue Pfeil zeigt den Fehler; das Wort »auf« landet auf der rechten Seite des runden Rahmens.

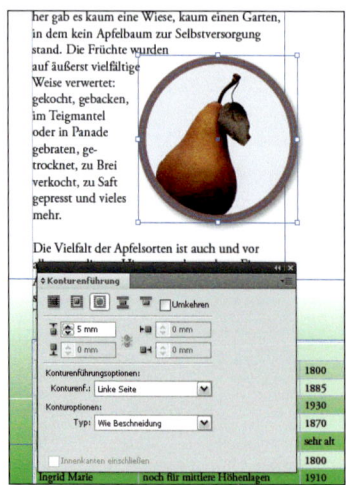

Abbildung 2.5 Nun fließt der Text nur noch auf der linken Seite des Bildrahmens.

Bei Bedarf ändern Sie dieses Verhalten – der Text kann beispielsweise um die Form des überlappenden Objekts, um einen rechteckigen Begrenzungsrahmen oder um einen Beschneidungspfad innerhalb eines Bilds fließen (mehr zu Beschneidungspfaden lesen Sie nachfolgend in **Kapitel 3**). Verwenden Sie dazu das Bedienfeld *Konturenführung*, das Sie im Menü *Fenster* finden. In diesem Bedienfeld bestimmen Sie, wie das ausgewählte Objekt vom Text umflossen wird. Ob das Objekt vor oder hinter dem Text liegt, ist in der Grundeinstellung unerheblich. Über die fünf Schaltflächen am oberen Rand des Bedienfelds bestimmen Sie einen Konturenführungstyp:

▶ ▦ *Keine Konturenführung* deaktiviert die Konturenführung.

▶ ▦ *Konturenführung um Begrenzungsrahmen*: Eine rechteckige Konturenführung um den Begrenzungsrahmen des Objekts wird erstellt.

▶ ▦ *Konturenführung um Objektform*: Die Konturenführung folgt genau der Form des enthaltenen Objekts.

▶ ▦ *Objekt überspringen:* Mit dieser Option lässt sich verhindern, dass der Text ungewollt rechts oder links neben dem Rahmen weiterläuft.

▶ ▦ *In nächste Spalte springen:* Der nächste Absatz wird in der nächsten Spalte bzw. dem nächsten Textrahmen angezeigt.

▶ Aktivieren Sie das Kontrollkästchen *Umkehren*, fließt der Text in das Konturenführungsobjekt. Diese Option eignet sich gut für Formsatz.

▶ Passen Sie das Erscheinungsbild der Konturenführung nun gegebenenfalls an, indem Sie in die vier *Offset*-Felder entsprechende Werte eingeben. Damit bestimmen Sie den Abstand zwischen Text und umflossenem Objekt. Da das Anpassen der Konturenführung für ein gutes Erscheinungsbild häufig eine Feinarbeit ist, bietet sich die Arbeit mit den Auf-/Ab-Pfeilen an den Offset-Feldern an. Sie können hier übrigens auch negative Werte eingeben oder auswählen, um die Konturenbegrenzung entsprechend weit innerhalb der Rahmenkanten zu positionieren.

Sie können auch noch die Konturenführungsbegrenzung ändern. Wählen Sie dazu das Werkzeug *Direktauswahl* ▸ (Taste ⒜) und gegebenenfalls den *Zeichenstift* ✒ (Taste ⒫). Klicken Sie die äußere Konturenführungsbegrenzung mit dem Werkzeug *Direktauswahl* an und ziehen Sie die Ankerpunkte auf dem Pfad, um die Konturenführungsform zu ändern.

Noch mehr interessante Gestaltungsmöglichkeiten eröffnen sich Ihnen, wenn Sie die Konturenführungsoptionen zusammen mit Beschneidungspfaden oder Ebenenmasken aus Photoshop anwenden. Mehr über dieses Thema lesen Sie in **Kapitel 4**.

Beim Umfließen unregelmäßiger Objekte ergeben sich manchmal unschöne Effekte – in der Abbildung soll der Text beispielsweise nur auf der linken Seite des runden Grafikrahmens fließen. Solche Probleme lösen Sie über das Pop-up-Menü *Konturenf.* im Bedienfeld *Konturenführung*. Für das gezeigte Beispiel wählen Sie etwa den Eintrag *Linke Seite*.

In der Praxis kommt es immer wieder vor, dass ein bestimmtes Objekt zwei Textrahmen überlappt, Sie das Objekt aber lediglich von einem dieser beiden umfließen lassen möchten.

1 In diesem Fall wählen Sie den Textrahmen aus, der das Objekt nicht umfließen soll, und rufen die Befehlsfolge *Objekt → Textrahmenoptionen* auf.

2 Aktivieren Sie im folgenden Dialogfeld das Kontrollkästchen *Konturenführung ignorieren*. Alternativ wählen Sie *Bearbeiten → Voreinstellungen → Satz*.

3 Aktivieren Sie das Kontrollkästchen *Konturenführung wirkt sich nur auf Text unterhalb aus*.

Nun wirkt die für ein Objekt eingeschaltete Konturenführung nur dann auf den Text, wenn dieser über dem Objekt liegt.

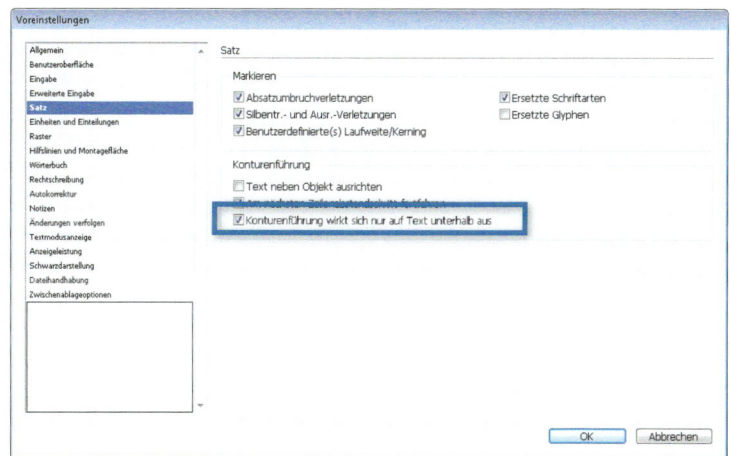

Abbildung 2.6 Bei aktiviertem Kontrollkästchen *Konturenführung wirkt sich nur auf Text unterhalb aus* wirkt die Konturenführung nur für Objekte, die über dem Text liegen.

Abbildung 2.7 Links: Konturenführung um Objektform, rechts: Konturenführung um Begrenzungsrahmen.

Text im Rahmen positionieren

Das Positionieren des Textes innerhalb eines Rahmens wird mitunter mit dem Festlegen der Ausrichtung verwechselt. Diese wird im Bedienfeld *Fenster → Schrift & Tabellen → Absatz* festgelegt. Hier geht es darum, wie Sie die Platzierung des Textes innerhalb eines Rahmens ändern. Seit InDesign CS5 können Sie diese Positionierung nicht nur für rechteckige, sondern auch für anders geformte Textrahmen bestimmen.

1 Wählen Sie *Objekt → Textrahmenoptionen* (Strg/⌘ + B).
2 Im folgenden Dialogfeld aktivieren Sie am besten die Option *Vorschau*, damit Sie die Auswirkungen Ihrer Eingaben gleich im Dokument überprüfen können.
3 Nehmen Sie die gewünschten Einstellungen vor und bestätigen Sie mit *OK*.

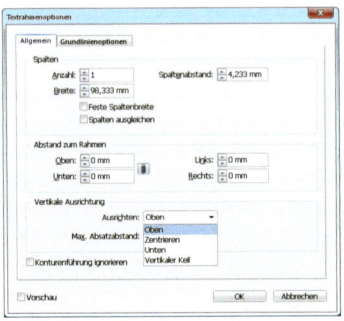

Abbildung 2.8 Im Dialogfeld *Textrahmenoptionen* bestimmen Sie, wie der Text innerhalb seines Rahmens dargestellt wird.

Spaltensatz

Nicht immer soll Text einfach Zeile für Zeile vom linken bis zum rechten Seitenrand laufen. In Spalten angeordneter Text lässt sich durch die kürzeren Zeilen meist besser lesen. In InDesign können Sie in einem Textrahmen Spalten mit gleicher oder unterschiedlicher Breite erstellen.

Zu viele Spalten auf einer Seite machen das Dokument jedoch schwer lesbar. Als grobe Faustregel sollten Sie nicht mehr als drei bis vier Spalten im Hochformat oder fünf Spalten im Querformat auf einer DIN-A4-Seite unterbringen. Auch die Satzbreite hat auf die Lesbarkeit des Textes wesentlichen Einfluss. Zu schmale Spalten unterbrechen den Lesefluss zu oft. Außerdem entstehen viele Trennungen und beim Blocksatz ergeben sich ungleiche Wortzwischenräume. In eine mühelos lesbare Spalte sollten zirka 30 bis 70 Zeichen passen.

Nachdem Sie den gewünschten Textrahmen markiert haben, geben Sie im Bereich *Spalten* in das Feld *Anzahl* die gewünschte Spaltenanzahl ein. Das Feld *Spaltenabstand* bestimmt den Abstand zwischen den Spalten. Weiterhin können Sie im Bereich *Spalten* festlegen, was geschehen soll, wenn die Größe des Textrahmens geändert wird:

▶ Aktivieren Sie das Kontrollkästchen *Feste Spaltenbreite*, bleibt die Spaltenbreite unter allen Umständen so, wie Sie sie eingegeben haben. Wenn Sie den Textrahmen verbreitern, fügt InDesign neue Spalten hinzu.

▶ Lassen Sie das Kontrollkästchen hingegen deaktiviert, bleibt die Anzahl der Spalten gleich, jedoch verändert sich ihre Breite.

Spalten ausgleichen

Zu einem ansprechenden Spaltensatz gehört, dass die einzelnen Spalten auf der Seite möglichst gleich lang sind. In InDesign CS5 können Sie dieses Problem einfach lösen: Aktivieren Sie im Dialogfeld *Textrahmenoptionen* das Kontrollkästchen *Spalten ausgleichen*. InDesign CS5 nimmt nun einen automatischen Spaltenausgleich vor.

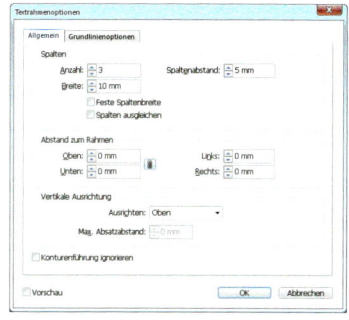

Abbildung 2.9 Im Bereich *Spalten* richten Sie die Spalten für Ihren Textrahmen ein.

Abbildung 2.10 Oben: Die Spalten wurden noch nicht ausgeglichen. Unten: InDesign hat die Spalten automatisch ausgeglichen.

Manchmal ist eine manuelle Vorgehensweise jedoch besser, zum Beispiel um Sinneinheiten wie etwa Absätze zusammenzuhalten:

1   Klicken Sie mit dem Textwerkzeug direkt vor den Text, den Sie in die nächste Spalte umbrechen möchten.

2   Öffnen Sie mit einem Rechtsklick bzw. einem `Ctrl`-Klick das Kontextmenü und wählen Sie *Umbruchzeichen einfügen* → *Spaltenumbruch*.

Abbildung 2.11 Überschrift und Einleitung dieses Artikels sollen beide Spalten umspannen.

Abbildung 2.12 Dies lässt sich mithilfe der neuen Option *Spaltenspanne* erreichen.

Mit der Tastenkombination ⬆ + ↵ brechen Sie den Text übrigens nicht in die nächste Spalte, sondern in den nächsten verbundenen Textrahmen um.

Für diese Umbrüche werden Sonderzeichen verwendet, die Sie mit *Schrift → Verborgene Zeichen einblenden* (Strg/⌘ + Alt + I) anzeigen können. Der Umbruch zur nächsten Spalte wird mit einem Pfeil nach unten angezeigt, den Umbruch zum nächsten Textrahmen markiert ein Doppelpfeil nach unten.

Spalten zusammenfassen und teilen

Bei mehrspaltig gesetzten Zeitungs- und ähnlichen Layouts werden Überschrift und Einleitung häufig einspaltig gesetzt, sollen also über die gesamte Spaltenbreite reichen. Für diese Aufgabe nutzen Sie bei aktiviertem Textwerkzeug das Pop-up-Menü *Spaltenspanne* im Absatz-Bereich des Steuerungsbedienfelds:

1 Setzen Sie die Einfügemarke in den Absatz, der die Artikelüberschrift enthält.
2 Klicken Sie im Steuerungsbedienfeld in das Feld *Spaltenspanne*.
3 Wählen Sie *Über alle*, damit die Hauptüberschrift über alle Spalten reicht.
4 Wiederholen Sie den Vorgang mit dem Absatz, der die Artikeleinleitung enthält.

Auch der umgekehrte Weg ist möglich, zum Beispiel wenn Sie innerhalb eines einspaltig gesetzten Textes eine zweispaltige Aufzählung setzen möchten.

1 Markieren Sie die gesamte Aufzählung mit dem Textwerkzeug.
2 Klicken Sie im Steuerungsbedienfeld in das Feld *Spaltenspanne* und wählen Sie *In 2*.

Damit dies korrekt funktioniert, muss nach den Absätzen, die Sie zweispaltig formatieren möchten, weiterer Text folgen.

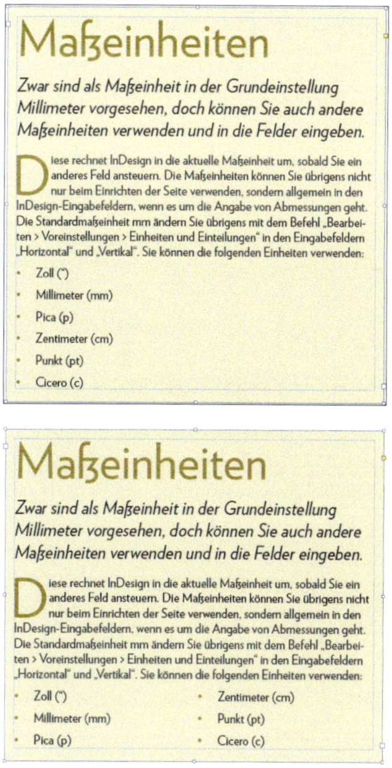

Der Versatzabstand

Bei rechteckigen Textrahmen können Sie im Bereich *Versatzabstand* verschiedene Werte für die oberen, unteren, rechten und linken Kanten des Rahmens eingeben. Diese Werte bestimmen den Abstand zwischen Rahmen und Text. Bei nicht rechteckigen Textrahmen können Sie nur einen einzigen Versatzwert angeben, der dann für alle Kanten gilt.

◀ **NEU** in CS5

Abbildung 2.13 Die Aufzählung im oberen Bild wird im unteren Bild mit der Funktion *Spaltenspanne* zweispaltig gesetzt.

Diese Option kann z.B. interessant sein, wenn Sie dem Textrahmen – wie in den Abbildungen auf der vorigen Seite – eine Füllfarbe geben und der Text mit etwas Abstand zum Rand erscheinen soll. Diese Werte beeinflussen übrigens den Spaltenabstand von Spalten nicht.

Die vertikale Ausrichtung

In der Gruppe *Vertikale Ausrichtung* richten Sie den Text in der Vertikalen innerhalb seines Rahmens aus. Die drei Einträge *Oben, Zentriert* und *Unten* sind selbsterklärend. *Vertikaler Keil* bedeutet, dass der Text zwischen dem oberen und dem unteren Rahmenrand verteilt wird. Die Option funktioniert nicht im Zusammenspiel mit der Konturenführung.

Erste Grundlinie

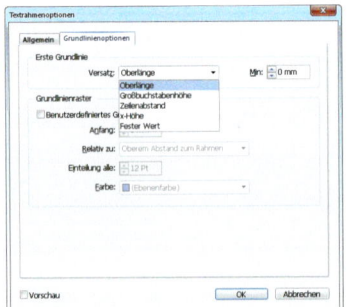

Abbildung 2.14 Die erste Grundlinie bestimmt den Abstand zwischen oberem Versatz und erster Textzeile.

In der Gruppe *Erste Grundlinie* des Registers *Grundlinienoptionen* legen Sie den Abstand zwischen dem oberen Versatz und der ersten Textzeile fest. Sie haben die Auswahl zwischen den Einträgen *Oberlänge, Großbuchstabenhöhe, Zeilenabstand, x-Höhe* und *Fester Wert*.

▶ *Oberlänge* richtet die höchsten Buchstaben in der Zeile – in den meisten Fällen das kleine d – am oberen Rahmenversatz aus. Dieser ist in diesem Fall höher als das kleine d.

▶ *Großbuchstabenhöhe* richtet die Oberkante der Großbuchstaben am oberen Rahmenversatz aus.

▶ *Zeilenabstand* verwendet den eingestellten Zeilenabstand des Textes für die Entfernung zwischen der Grundlinie der ersten Textzeile und dem oberen Rahmenversatz.

▶ *x-Höhe* sorgt dafür, dass die Oberkante des Kleinbuchstaben x den oberen Rahmenversatz berührt.

▶ Mit *Fester Wert* legen Sie den Abstand zwischen der Grundlinie der ersten Textzeile und dem oberen Rahmenversatz auf einen fixen Wert fest, den Sie in das danebenliegende Eingabefeld eingeben.

Abbildung 2.15 Höhenbestandteile der Schrift.

Den Textrahmen verformen

Textrahmen müssen nicht unbedingt rechteckig sein, sondern können beliebige Formen annehmen. Außer durch die oben geschilderte Konturenführungsoption erreichen Sie dies auch durch Verformen des Textrahmens. Zum Verzerren eines Textrahmens benötigen Sie das Direktauswahl-Werkzeug ⬉ (Taste A) und eventuell auch noch das Zeichenstift-Werkzeug ✍ (Taste P).

1 Wählen Sie das Direktauswahl-Werkzeug – der Textrahmen zeigt nun an jeder Ecke einen Ziehpunkt.
2 Klicken Sie auf einen dieser Eckpunkte und ziehen Sie ihn mit gedrückter Maustaste in die gewünschte Richtung. Der Textrahmen wird entsprechend umgeformt, wobei sich der Text der neuen Form anpasst.

Ein so verformter Textrahmen verfügt über einen Pfad und einen Begrenzungsrahmen. Letzterer ist immer rechteckig, während der Pfad die Form hat, die Sie ihm mit dem Direktauswahl-Werkzeug gegeben haben.

Im Zusammenhang mit dem Einrichten des Grundlinienrasters wird die erste Grundlinie noch einmal interessant. Lesen Sie dazu mehr in **Kapitel 5**.

Abbildung 2.16 Formen Sie Ihren Textrahmen mit dem Direktauswahl-Werkzeug.

Abbildung 2.17 Der Begrenzungs-rahmen eines Textrahmens ist stets rechteckig, während sein Begren-zungspfad eine beliebige andere Form annehmen kann.

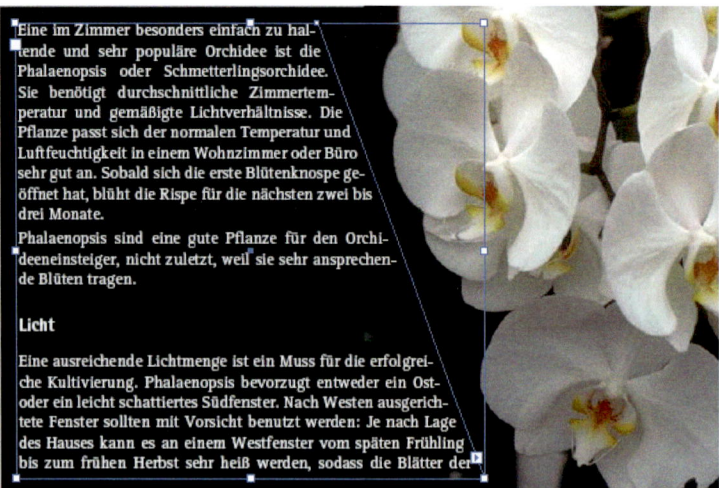

Bei Bedarf fügen Sie Ankerpunkte hinzu, löschen sie oder ändern den Verlauf der von ihnen abhängigen beiden Kurven. Verwenden Sie für diese Arbeiten das Zeichenstift-Werkzeug (Taste P). Sie verwenden es in diesem Zusammenhang exakt genauso wie bei der Bearbeitung von selbst gezeichneten Pfaden. Wie das genau geht, erfahren Sie in **Kapitel 3**.

2.2 Text rationell eingeben und importieren

Texte im Textmodus eingeben und bearbeiten

Ein Textabschnitt ist der gesamte Text, der in verknüpften Text-rahmen enthalten ist.

Oft ist es einfacher, den Text nicht im Layout in den Textrahmen einzugeben, sondern in einem eigenen Fenster. Dieses gleicht einem einfachen Texteditor und bietet mehr Übersicht. Es zeigt stets den gesamten Text eines Abschnitts an, auch wenn er im Layout durch mehrere Textrahmen fließt. Der Textmodus eignet sich nicht zum Formatieren Ihrer Texte, sondern nur zur Eingabe und Bearbeitung.

1 Wählen Sie den Textrahmen aus oder klicken Sie mit dem Text-werkzeug hinein.

2 Wählen Sie *Bearbeiten → Im Textmodus bearbeiten* (Strg/⌘ + Y). Das Textmodusfenster wird dargestellt.

3 Bearbeiten Sie hier Ihren Text und kehren Sie danach in den Layoutmodus zurück, indem Sie *Bearbeiten → In der Layoutan-sicht bearbeiten* (Strg/⌘ + Y) oder auch *Datei → Schließen* wählen.

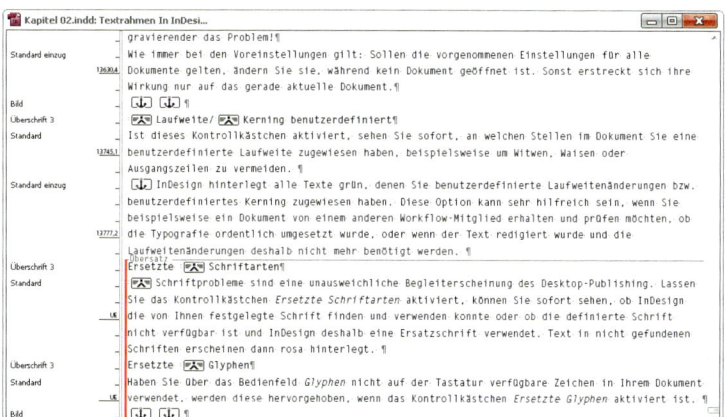

Abbildung 2.18 Im Textmodus-fenster wird der gesamte Text eines Abschnitts ohne Formatierungen dargestellt. Eventuell vorhandener Übersatztext (also Text, der nicht mehr in den Textrahmen passt) wird durch eine rote Linie gekennzeichnet.

Die folgende Tabelle zeigt Ihnen die wichtigsten Tastenkombinationen und Mausoperationen zum schnellen Auswählen von und zur Navigation im Text.

Operation	Auswirkung
Doppelklick in ein Wort	Das Wort wird ausgewählt.
Dreifachklick	Die gesamte Zeile wird ausgewählt.
Vierfachklick	Der gesamte Absatz wird ausgewählt.
Fünffachklick	Der gesamte Abschnitt wird ausgewählt.
Klicken Sie an den Beginn der Markierung und dann mit der ⇧-Taste an das Ende der Markierung	Die Textpassage zwischen den beiden Klicks wird ausgewählt.
⇧ + ← bzw. →	Zeichenweises Markieren ab der Einfügemarke
⇧ + ↑ bzw. ↓	Zeilenweises Markieren ab der Einfügemarke
Strg/⌘ + ⇧ + ← bzw. →	Wortweises Markieren ab der Einfügemarke
Strg/⌘ + ⇧ + ↑ bzw. ↓	Absatzweises Markieren ab der Einfügemarke
Pos1	Navigation zum Anfang der Zeile
Ende	Navigation zum Ende der Zeile
Strg/⌘ + Pos1	Abschnittsanfang
Strg/⌘ + Ende	Abschnittsende
Strg/⌘ + ← bzw. →	Navigation zum Anfang des aktuellen bzw. des nächsten Worts
Strg/⌘ + ↑ bzw. ↓	Navigation zum Anfang des aktuellen Absatzes bzw. zum Anfang des nächsten Absatzes

Wer auch mit Microsoft Word oder ähnlichen Textverarbeitungs-programmen arbeitet, kennt die Möglichkeit, einen Text zu markieren und ihn anschließend per Drag & Drop an eine andere Stelle zu verschieben.

Auch InDesign beherrscht dieses Verhalten, Sie müssen es nur aktivieren. Wählen Sie *Bearbeiten → Voreinstellungen → Eingabe*. Aktivieren Sie unter *Textbearbeitung durch Ziehen und Ablegen* die Option *In Layoutansicht aktivieren*. Wenn Sie einen markierten Text per Drag & Drop an eine andere Stelle verschieben, können Sie die ⇧-Taste gedrückt halten, bevor Sie die Maustaste an der Zielposition freigeben. Damit erhält der verschobene Text die Formatierung der Zielposition.

Sollte Ihnen die Darstellung des Textmodus nicht behagen, wählen Sie *Bearbeiten → Voreinstellungen* und aktivieren Sie die Kategorie *Textmodusanzeige*. In dieser Kategorie stellen Sie neben der Schriftart und dem Zeilenabstand auch die Schriftglättung ein.

Texte importieren

In der Praxis liegen die Texte für Ihr Layout häufig schon in einem Textverarbeitungsprogramm vor. Solche Texte importieren Sie in den vorbereiteten Textrahmen. InDesign ist hier besonders stark; bereits formatierte Texte können Sie mit ihren Formatierungen übernehmen.

Sehr gut klappt die Zusammenarbeit zwischen InDesign und Microsoft Word ab der Version 97. Beim Import aus Word werden sogar Fußnoten übernommen und Objekte in Word-Positionsrahmen werden in InDesign zu verankerten Objekten (mehr darüber in **Kapitel 5**). Text, den Sie in anderen Textverarbeitungsprogrammen erstellt haben, speichern Sie am besten im RTF-Format ab – dieses behält die Textformatierungen bei. Falls Sie keine Formatierungen importieren möchten, können Sie die Datei auch als einfache Textdatei speichern.

Damit Sie eine Word-Datei in InDesign importieren können, müssen Sie sie zuvor im Textverarbeitungsprogramm schließen, weil Sie sonst eine Fehlermeldung erhalten. In InDesign bereiten Sie gegebenenfalls einen Textrahmen vor und klicken mit dem Textwerkzeug **T.** hinein. Sie können den Text aber auch ohne vorheriges Erstellen eines Textrahmens importieren.

Abbildung 2.19 Aktivieren Sie das Kontrollkästchen *Importoptionen anzeigen*, um Kontrolle über die Formatierung des eingefügten Textes zu haben.

Wenn Sie einen Text auswählen und dann einen neuen Text importieren, wird der bestehende Text bei aktiviertem Kontrollkästchen *Ausgewähltes Objekt ersetzen* ohne Nachfrage ersetzt.

1 Wählen Sie über *Datei → Platzieren* (⌨Strg/⌘ + ⌨D) die vorbereitete Datei aus und aktivieren Sie das Kontrollkästchen *Importoptionen anzeigen*.
2 Bestätigen Sie das Dialogfeld mit *OK*.
3 Im folgenden Dialogfeld bestimmen Sie, wie Sie mit den einzelnen Formatierungen des Originaldokuments verfahren möchten. Sie legen hier fest, welche Formatierungen Sie übernehmen möchten und welche nicht.
4 Kommt es zu Konflikten (die im Word-Dokument vorhandenen Formatvorlagen haben bereits Entsprechungen im InDesign-Dokument), entscheiden Sie, ob Sie die Word-Formatvorlagen verwenden möchten oder ob die entsprechenden InDesign-Formate verwendet werden sollen.
5 Über die Option *Formatimport anpassen* lassen sich sogar einzelne Word-Formatvorlagen durch ausgewählte InDesign-Formate ersetzen (mehr über InDesign-Formate erfahren Sie in **Kapitel 5**).

6 Bei Bedarf speichern Sie Ihre Einstellungen als Vorgabe. Beim nächsten Mal rufen Sie diese dann über das Pop-up-Menü *Vorgabe* am Kopf des Dialogfelds ab.

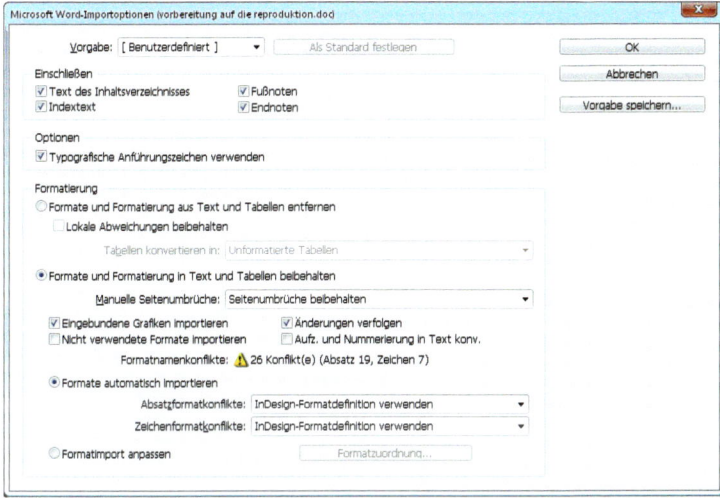

Abbildung 2.20 Im Dialogfeld *Importoptionen* bestimmen Sie, welche Formatierungen übernommen werden sollen.

7 Sobald Sie mit *OK* bestätigen, wird der Text eingefügt – je nach Ihren Angaben mit den korrekten Formatierungen.

▶ Falls der Cursor zuvor in einem Textrahmen stand, wird der importierte Text nun unmittelbar in diesen eingefügt.

▶ Haben Sie hingegen nichts ausgewählt, erscheint am Mauszeiger das Symbol für geladenen Text. Klicken Sie auf die gewünschte Seite, um einen Textrahmen einzufügen, in den der Text importiert wird. Den Rahmen können Sie später noch vergrößern oder verkleinern. Möchten Sie einen Textrahmen mit einer bestimmten Größe an einer bestimmten Stelle platzieren, klicken Sie, halten Sie die Maustaste gedrückt und ziehen Sie so weit, bis die gewünschte Positionierung erzielt ist.

▶ Haben Sie ein neues Dokument erstellt, sich dabei für das Anlegen eines Mustertextrahmens entschieden und befinden Sie sich mit dem Mauszeiger nun auf dem Satzspiegel der ersten Seite, klicken Sie mit gedrückter ⇧-Taste. Dann erstellt InDesign einen Mustertextrahmen mit den Abmessungen des Satzspiegels und fügt den importierten Text ein. Handelt es sich um einen langen Text, fließt dieser automatisch in die Mustertextrahmen der folgenden Seiten.

Auf dieselbe Weise importieren Sie übrigens auch Tabellen – sogar fertig formatierte Tabellen aus Microsoft Excel.

Eingebettete Bilder aus Word-Dokumenten übernehmen

Wie InDesign die Bilder übernimmt, hängt davon ab, ob diese mit dem Word-Dokument verknüpft oder darin eingebettet sind.

Abbildung 2.21 Ob die Bilder mit Ihrem Word-Dokument verknüpft sind, erkennen Sie, wenn Sie in Word ein Bild markieren und dann den Befehl *Bearbeiten* → *Verknüpfungen* wählen. In der Liste *Quelldatei* wird das aktuell ausgewählte Bild markiert.

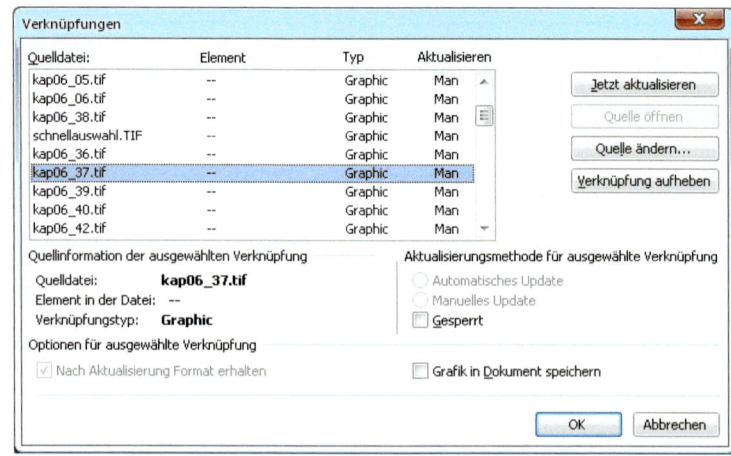

Wenn die Abbildungen mit dem Word-Dokument verknüpft sind und Sie alle Bilddateien vorliegen haben, gibt es keinerlei Probleme; die Bildverknüpfungen werden korrekt in InDesign importiert.

Sind die Bilder hingegen eingebettet (dann gibt es keine gesonderten Bilddateien, sondern die Grafiken sind fest in das Word-Dokument integriert), werden sie auch in das InDesign-Dokument eingebettet und sind dann per *Bearbeiten* → *Original bearbeiten* bzw. *Bearbeiten mit* nicht verfügbar. Müssen Sie die Bilder noch nachbearbeiten, können Sie die eingebetteten Bilder mit den folgenden Schritten als eigene Bilddateien speichern und gleichzeitig eine Verknüpfung zu diesen herstellen:

Abbildung 2.22 Diese Bilder sind eingebettet, erkennbar am entsprechenden Symbol in der zweiten Spalte.

1 Markieren Sie die Bilder im Verknüpfungsbedienfeld mit gedrückter ⇧-Taste.
2 Aus dem Bedienfeldmenü oder aus dem Kontextmenü wählen Sie den Befehl *Einbettung von Verknüpfung aufheben*.
3 Klicken Sie im folgenden Dialogfeld auf *Nein*.
4 Wählen Sie den Ordner aus, in dem die Dateien gespeichert werden sollen, und klicken Sie auf *OK*.

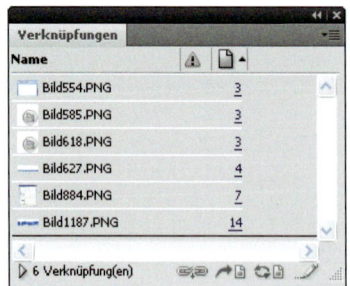

Abbildung 2.23 Aus den eingebetteten Bildern wurden Bilddateien mit korrekter Verknüpfung erzeugt.

InDesign erzeugt für die eingebetteten Bilder einzelne Dateien und verknüpft sie gleich richtig.

Text über die Zwischenablage transportieren

Auch über die Zwischenablage können Sie Text per *Bearbeiten → Ausschneiden* bzw. *Bearbeiten → Kopieren* und *Bearbeiten → Einfügen* zwischen den Anwendungen austauschen. Sehr schön an dieser zeitsparenden Technik ist, dass auch dabei die Formatierungen und Formate übernommen werden, wenn Sie die richtigen Voreinstellungen treffen.

1 Wählen Sie *Bearbeiten → Voreinstellungen → Zwischenablageoptionen*.

2 Aktivieren Sie das Optionsfeld *Alle Informationen (Indexmarken, Farbfelder, Formate usw.)* und klicken Sie auf *OK*.

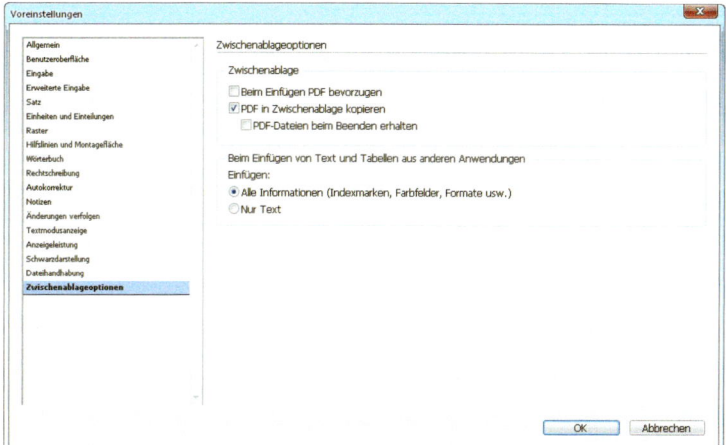

Abbildung 2.24 Über das Optionsfeld *Alle Informationen (Indexmarken, Farbfelder, Formate usw.)* legen Sie fest, dass Word-Texte mit ihren Formatierungen über die Zwischenablage transportiert werden.

3 Wenn Sie nun einen Text kopieren und mit ⌨Strg/⌘ + V in InDesign einfügen, bleiben die Formatierungen erhalten.

Haben Sie das Optionsfeld aktiviert und möchten dann doch einmal Text ohne Formatierung einfügen, wählen Sie *Bearbeiten → Unformatiert einfügen*.

Text per Drag & Drop transportieren

Auch per Drag & Drop lässt sich Text aus dem Textverarbeitungsprogramm in das InDesign-Dokument ziehen. (Dasselbe funktioniert natürlich auch innerhalb von Textrahmen desselben InDesign-Dokuments oder in verschiedenen InDesign-Dokumenten.) Wählen Sie den Text aus und ziehen Sie ihn mit gedrückter Maustaste in das InDesign-Dokument. Sobald Sie die Maustaste an einer freien Stelle loslassen, wird der Text in einem neuen Textrahmen positioniert. Geben Sie die Maustaste über einem bestehenden Textrahmen frei, wird der Text in diesen Rahmen eingefügt.

Blindtext einfügen

Beim Anlegen des Layouts liegen die endgültigen Texte in vielen Fällen noch nicht vor. Immer dann, wenn der richtige Text noch nicht existiert, benötigen Sie zum Layouten und Präsentieren sogenannten Blindtext.

Damit Sie Ihren Blindtext nicht jedes Mal mühsam eintippen oder importieren müssen, gibt es in InDesign die Möglichkeit, einen vorgefertigten Blindtext direkt einzufügen. Dazu klicken Sie in Ihren Textrahmen und wählen *Schrift → Mit Platzhaltertext füllen*. Den Befehl finden Sie übrigens auch im Kontextmenü des ausgewählten Textrahmens, das Sie mit einem rechten Mausklick bzw. mit einem Klick bei gedrückter `Ctrl`-Taste auf den Rahmen erhalten.

Abbildung 2.25 Steht das Layout schon fest, die endgültigen Texte aber noch nicht, können Sie die Textrahmen mit wenigen Mausklicks mit vordefiniertem Blindtext füllen.

Zeit sparen mit der Autokorrektur-Funktion

Wenn Sie immer wieder dieselben Fremdwörter und Eigennamen eingeben müssen, können Sie eventuell viel Zeit sparen, wenn Sie diese in die Autokorrekturdatenbank aufnehmen. Dann müssen Sie künftig nur noch einen kurzen Code eingeben, damit InDesign diesen automatisch durch den vollständigen, korrekt geschriebenen Begriff ersetzt.

1 Wählen Sie *Bearbeiten* → *Voreinstellungen* → *Autokorrektur*.

2 Aktivieren Sie das Kontrollkästchen *Autokorrektur aktivieren*.

3 Klicken Sie nun auf die Schaltfläche *Hinzufügen*.

4 Geben Sie in das Feld *Rechtschreibfehler* eine Abkürzung für den gewünschten Begriff ein. Erlaubt sind hier nur Buchstaben und Zahlen, Bindestriche und Unterstriche. Sonstige Sonderzeichen sowie Leerzeichen sollten Sie vermeiden. Natürlich ist darauf zu achten, keine »echten« Wörter oder Abkürzungen zu verwenden, weil diese beim Drücken der Leertaste oder der ⏎-Taste oder beim Eingeben eines Punkts, Kommas, Semikolons oder Fragezeichens unweigerlich durch den in das Feld *Korrektur* eingegebenen Begriff ersetzt würden (vorausgesetzt, die Autokorrektur ist in den Voreinstellungen eingeschaltet).

Die ersetzten Texte sind nicht mit der Autokorrekturdatenbank verknüpft – sie werden nicht automatisch aktualisiert, wenn Sie die Datenbank bearbeiten. Auch mit platzierten Texten funktioniert die Autokorrektur nicht, sondern nur mit Text, den Sie direkt in InDesign eintippen.

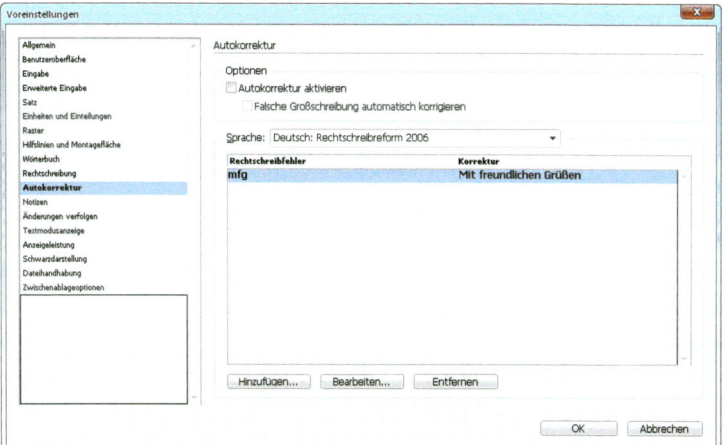

Abbildung 2.26 Nehmen Sie in die Autokorrektur-Funktion häufig verwendete lange Wörter und Begriffe auf.

Doppelbyte-Zeichen, wie Sie sie beispielsweise in OpenType-Schriften finden, lassen sich nicht in die Autokorrektur integrieren.

5 In das Feld *Korrektur* geben Sie den vollständigen Begriff ein (dieser darf nicht länger sein als 64 Zeichen inklusive Leerzeichen) und klicken auf *OK*.

6 Wiederholen Sie diesen Vorgang bei Bedarf für weitere Begriffe.

7 Möchten Sie einen Begriff nachträglich bearbeiten, markieren Sie ihn in der Liste und klicken Sie auf *Bearbeiten*.

Von nun an müssen Sie nur noch die jeweilige Abkürzung eingeben und dann die Leertaste drücken. InDesign ersetzt die Abkürzung automatisch durch den in das Feld *Korrektur* eingegebenen Begriff.

2.3 Der richtige Umgang mit Sonderzeichen

Sonderzeichen im Text lassen sich in InDesign mit verschiedenen Tastenkombinationen über eine Sonderzeichentabelle einfügen. Vor allem weniger häufig benötigte Zeichen fügen Sie auf diese Weise ein.

Sonderzeichen einfügen

Die folgende Tabelle bietet Ihnen eine Übersicht über die Tastenkombinationen für besonders häufig benötigte Sonderzeichen.

Ein Geviert stellt das Quadrat zur Kegelhöhe eines Zeichens dar. Man verwendet das Geviert als Ganzes oder in Teilen, um Abstände zwischen Wörtern und Zeichen einzustellen – in Teilen zum Beispiel in Form von Halbgeviert oder Viertelgeviert.

Zeichen	Erläuterung	Tastenkombination
–	Der Gedankenstrich ist länger als der normale Bindestrich – genauer gesagt, beträgt seine Länge ein Halbgeviert.	Alt + -
•	Die meisten Schriften enthalten einen runden Aufzählungspunkt, den Sie über die nebenstehenden Tastenkombinationen in Ihren Text einfügen können. Normalerweise betätigen Sie nach dem Einfügen eines Aufzählungspunkts die ⇥-Taste (mehr über Tabulatoren erfahren Sie ab Seite 113).	Mac: Alt + ü; Windows: Alt + 0149 oder Alt + 8
	Geschütztes Leerzeichen (verwenden Sie ein geschütztes Leerzeichen, wenn Sie zwei Wörter zusammenhalten möchten, sodass keine Silbentrennung stattfindet)	Strg/⌘ + X
	Halbgeviert-Abstand	Strg/⌘ + ⇧ + N

Abbildung 2.27 Ein Geviert entspricht dem Quadrat zur Kegelhöhe der gewählten Schrift.

Kegelhöhe

Geviert

Abbildung 2.28 Links: Zollzeichen als fehlerhafter Ersatz für Anführungszeichen. Rechts: korrekte typografische Anführungszeichen.

Anführungszeichen

Viele Textverarbeitungsprogramme setzen statt Anführungen Zollzeichen. Das ist typografisch fehlerhaft und wirkt im Satzbild auch störend. Falls InDesign bei der Texteingabe keine korrekten typografischen Anführungszeichen setzt, vergewissern Sie sich,

▶ dass im Dialogfeld *Bearbeiten* → *Voreinstellungen* → *Eingabe* das Kontrollkästchen *Typografische Anführungszeichen verwenden* aktiviert ist und

▶ dass im Bedienfeld *Zeichen* als Sprache *Deutsch* gewählt ist.

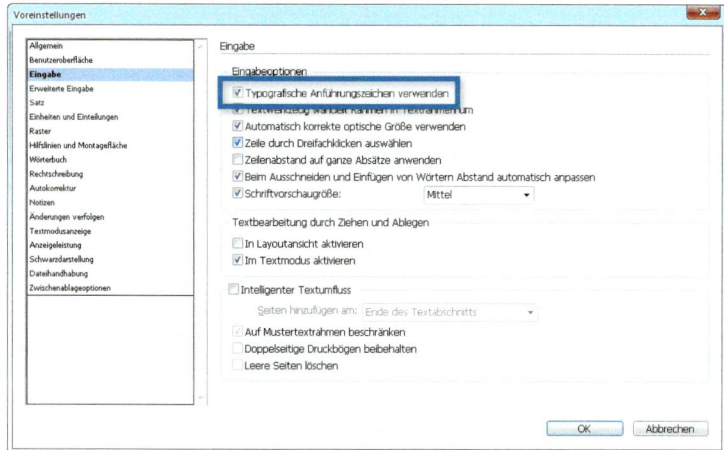

Abbildung 2.29 Damit InDesign bei der Texteingabe korrekte Anführungszeichen setzt, muss das Kontrollkästchen *Typografische Anführungszeichen verwenden* aktiviert sein.

Beachten Sie jedoch, dass Sie bei aktiviertem Kontrollkästchen *Typografische Anführungszeichen verwenden* keine Zollzeichen mehr über die Tastatur eingeben können. In diesem Fall wählen Sie das Zollzeichen über das Bedienfeld *Glyphen* (*Schrift* → *Glyphen*) aus.

Der Nachteil der deutschen typografischen Anführungszeichen ist, dass das Satzbild dadurch unruhiger wirkt – die Anführungszeichen haben die Tendenz, kleine Löcher in den Satz zu reißen. Gegebenenfalls verwenden Sie stattdessen Guillemets, die französischen Anführungszeichen. Da diese auf derselben Höhe wie die Kleinbuchstaben stehen, wirkt der Satz mit diesem Anführungszeichentyp ausgeglichener und eleganter als mit »Gänsefüßchen«. In Deutschland und Österreich werden umgekehrte Guillemets verwendet. InDesign verwendet standardmäßig immer Gänsefüßchen als typografische Anführungszeichen. Sie ändern dies folgendermaßen:

Abbildung 2.30 Französische Anführungszeichen (Schweiz, Frankreich).

Abbildung 2.31 Umgekehrte französische Anführungszeichen (Deutschland, Österreich).

1 Sollen Ihre Einstellungen für sämtliche Dokumente, die Sie von nun an erzeugen, gelten, schließen Sie alle geöffneten Dateien, sodass Sie eine leere Arbeitsfläche vor sich haben.

2 Wählen Sie *Bearbeiten* → *Voreinstellungen* → *Wörterbuch*.

3 Wählen Sie die gewünschten Guillemets aus dem Pop-up-Menü *Doppelte Anführungszeichen*.

Deutsche und österreichische Anwender haben nun das Problem, dass für die einfachen Anführungszeichen, wie sie beispielsweise in Hervorhebungen innerhalb von wörtlicher Rede verwendet werden, keine nach innen weisenden Guillemets zur Verfügung stehen. Es bleibt Ihnen deshalb nichts anderes übrig, als die einfachen Anführungszeichen über die Glyphen-Palette oder die entsprechenden Tastenkombinationen einzugeben (siehe Tabelle).

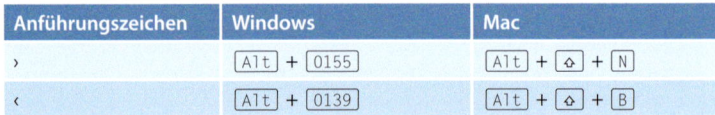

Anführungszeichen	Windows	Mac
›	`Alt` + `0155`	`Alt` + `⇧` + `N`
‹	`Alt` + `0139`	`Alt` + `⇧` + `B`

Allerdings sind diese Zeichen nicht in allen Schriften vorhanden. Mit den OpenType-Pro-Schriften liegen Sie hier immer richtig.

Ist ein Text bereits mit den falschen Anführungszeichen versehen, nützt es nichts mehr, wenn Sie die Anführungszeichenart umstellen. Arbeiten Sie in diesem Fall mit der Funktion *Suchen/Ersetzen,* zu der Sie in **Kapitel 5** ausführliche Informationen erhalten: Nachdem Sie in den Voreinstellungen den gewünschten Anführungszeichentyp ausgewählt haben, wählen Sie *Bearbeiten* → *Suchen/Ersetzen.* Geben Sie sowohl in das Feld *Suchen nach* als auch in das Feld *Ändern in* ein Zollzeichen ein und klicken Sie auf *Alle ändern.*

Abbildung 2.32 So ersetzen Sie Anführungszeichen.

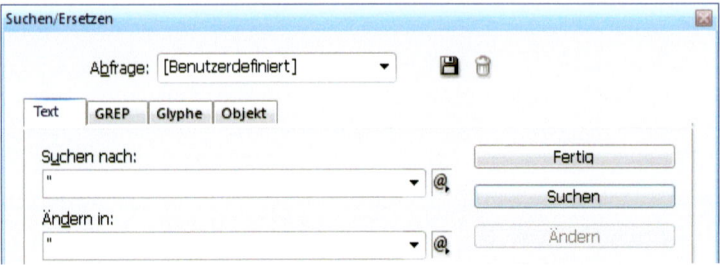

Sonstige Sonderzeichen einfügen

Die meisten Schriften enthalten Sonderzeichen, die sich entweder nicht über die Tastatur aufrufen lassen oder deren Tastenkombinationen Sie sich einfach nicht merken möchten. InDesign bietet eine komfortable Lösung: Fügen Sie solche Sonderzeichen über *Schrift* → *Glyphen* ein:

Glyphen sind die verschiedenen Formen, die ein Zeichen (das beispielsweise für einen Buchstaben steht) annehmen kann. Umgekehrt ist es möglich, dass mehrere Zeichen zu einer Glyphe zusammengefasst werden (bei Ligaturen).

1 Im Bedienfeld *Glyphen* wählen Sie gegebenenfalls über das Pop-up-Menü am linken unteren Rand eine andere Schrift aus; rechts daneben haben Sie Zugriff auf die verschiedenen Schnitte dieses Fonts.

2 Zur besseren Übersicht wählen Sie bei Bedarf aus dem Pop-up-Menü *Einblenden* eine Glyphengruppe.

3 Scrollen Sie durch die Glyphen, bis Sie das benötigte Zeichen gefunden haben. Mit einem Doppelklick fügen Sie es an der Stelle der Einfügemarke in Ihren Textrahmen ein.

Zusätzlich gibt es noch die sogenannten Steuerzeichen, die InDesign verwendet, um den Textfluss, den Umbruch, zu steuern – zum Beispiel Leerräume und Tabulatoren. Um ein solches Sonderzeichen in Ihren Text einzufügen, klicken Sie mit dem Textwerkzeug an die gewünschte Stelle. Öffnen Sie das Kontextmenü und wählen Sie *Sonderzeichen einfügen*.

Verschiedene Leerräume (Geviert, Halbgeviert) fügen Sie über *Schrift → Leerraum* bzw. die entsprechenden Tastenkombinationen ein.

Abbildung 2.33 Im Manuskript wurde ein »x« statt des Multiplikationszeichens verwendet. Nachdem Sie das »x« markiert und das Bedienfeld *Glyphen* geöffnet haben, wählen Sie aus dem Pop-up-Menü *Einblenden: Mathematische Symbole*. Mit einem Doppelklick auf das Multiplikationszeichen lässt sich das »x« nun durch die korrekte Glyphe ersetzen.

2.4 Texte gestalten

Es kann hilfreich sein, vor der Textformatierung die unsichtbaren Zeichen, das sind Absatzmarken, Leerzeichen, Tabstopps, einzuschalten. Viele Formatierungsarbeiten gehen dann leichter von der Hand. Wählen Sie dazu *Schrift → Verborgene Zeichen einblenden* (Strg/⌘ + Alt + I).

Für alle Textformatierungen gilt: Weisen Sie Formatierungen zu, ohne etwas ausgewählt zu haben, werden diese zum Standard für künftige Texte.

2.5 Die Textfarbe

Das Einfärben von Texten ist schnell erledigt:

▶ Um die Flächenfarbe des Textes zu ändern, wählen Sie ihn zuerst aus (entweder den Textrahmen, wenn Sie den gesamten Text im Rahmen einfärben möchten, oder aber nur einzelne Zeichen bzw. Absätze, um lediglich diese einzufärben). Klicken Sie anschließend

Einige Tipps zur Farbgebung von Texten: Beachten Sie, dass der Kontrast zwischen Hintergrund, Text sowie sonstigen Elementen möglichst groß sein muss; anderenfalls leidet die Lesbarkeit. Die Mischung von Primär- und Sekundärfarben wie Cyan, Magenta, Gelb und Rot, Blau, Grün ist für Lesetexte ungeeignet, da der Text flimmert. Bereits nach kurzer Zeit beginnt er, unscharf zu wirken, das Auge kann ihn nur schwer wieder scharf stellen.

im Werkzeugbedienfeld auf das Flächen-Farbfeld ■ und darunter auf das Symbol *Formatierung wirkt sich auf Text aus* 🅣.

▶ Wählen Sie die gewünschte Farbe aus dem Bedienfeld *Farbe* oder dem Bedienfeld *Farbfelder* bzw. aus den Farbfeldern des Steuerungsbedienfelds (mehr darüber auf Seite 161).

▶ Auch die Kontur von Text können Sie einfärben – dazu klicken Sie in der Werkzeugleiste das Kontur-Farbfeld ❑ an und vergewissern sich auch hier, dass das Symbol *Formatierung wirkt sich auf Text aus* 🅣 aktiviert ist.

Wenn Sie Ihren Text mit einer Kontur versehen möchten, sollten Sie eventuell seine Laufweite erhöhen, damit die Buchstaben nicht ineinanderfließen. Wie Sie dabei vorgehen, erfahren Sie auf Seite 107.

{Kontur}

Abbildung 2.34 Auch Texte können mit Kontur- und Flächenfarbe ausgestattet werden.

2.6 Zeichen und Absätze formatieren

Einzelne Textzeichen oder Absätze, die Sie mit dem Textwerkzeug 🅣 ausgewählt haben, formatieren Sie über das Steuerungsbedienfeld, das standardmäßig am oberen Bildschirmrand unter den Menüs angedockt ist. Wenn Sie Text ausgewählt haben, können Sie in diesem Bedienfeld zwischen dem Zeichenmodus zur Formatierung von Zeichen und dem Absatzmodus zur Formatierung von Absätzen wechseln (Bei ausreichend großem Bildschirm ist das nicht notwendig, weil beide Modi nebeneinander im Steuerungsbedienfeld angezeigt werden).

Abbildung 2.35 Ausgewählte Textpassagen bzw. den Absatz, in dem die Einfügemarke steht, formatieren Sie über das Steuerungsbedienfeld.

▶ Den Zeichenmodus zeigen Sie mit einem Klick auf das Symbol *Zeichenformatierung* A links oben im Bedienfeld an.

▶ Den Absatzmodus aktivieren Sie mit einem Klick auf das Symbol *Absatzformatierung* ¶ links unten im Bedienfeld.

Schrift und Schriftschnitt auswählen

Die Alternative zum Steuerungsbedienfeld sind die Bedienfelder *Zeichen* und *Absatz*. Sie erreichen diese über *Schrift → Zeichen* bzw. *Schrift → Absatz*.

Schrift und Schnitt weisen Sie den ausgewählten Zeichen über die beiden linken Pop-up-Menüs im Zeichenmodus des Steuerungsbedienfelds zu. InDesign zeigt Ihnen jeweils eine Vorschau der gewählten Schrift bzw. des gewählten Schnitts, um Ihnen die Auswahl zu erleichtern. Sie sehen auch, ob es sich bei der Schrift um eine Type1-, TrueType- oder OpenType-Schrift handelt.

- ▶ *O* OpenType
- ▶ **Tr** TrueType
- ▶ *a* Type1

Abbildung 2.36 Das Pop-up-Menü zeigt Ihnen für jede Schrift ein Beispiel.

Pseudoschnitte

InDesign weist prinzipiell keine Pseudoschnitte zu. Manche Programme erstellen beispielsweise für Schriften, die über keinen Kursivschnitt verfügen, einen solchen Pseudokursivschnitt. Hierbei werden die Buchstaben einfach schräggestellt. Ein echter Kursivschnitt – in klassischen Schriften von der Handschrift abgeleitet – ist hingegen sorgfältig gearbeitet und weicht gewöhnlich deutlich vom Normalschnitt ab. Elektronisch schräggestellte Buchstaben wirken häufig verzerrt. Wenn eine Schrift also über keinen Fett- oder Kursivschnitt verfügt, wird er auch nicht im Pop-up-Menü aufgeführt. Benötigen Sie aus irgendwelchen Gründen doch einmal kursiv gestellte Buchstaben einer Schrift ohne Kursivschnitt, können Sie gegebenenfalls das Feld *Neigen* **T** *(Pseudo-Kursiv)* im Steuerungsbedienfeld verwenden. Geben Sie hier einen Neigungsgrad für die ausgewählten Zeichen ein, zum Beispiel *30°*.

Regular
Italic

Abbildung 2.37 Der Kursivschnitt der Garamond (unten) weicht deutlich von ihrem Normalschnitt (oben) ab.

Pseudokursiv

Abbildung 2.38 Die Pseudokursive der Garamond wirkt nicht annähernd so harmonisch wie der echte Kursivschnitt dieser Schrift.

Kapitälchen

Etwas anders verhält es sich mit Kapitälchen. Über die entsprechende Schaltfläche **Tr** weisen Sie dem markierten Text Kapitälchen zu. Verfügt die Schriftart jedoch über keinen Kapitälchenschnitt, werden dem Text sogenannte falsche Kapitälchen zugewiesen. Dabei werden einfach die Versalien der Schrift herunterskaliert. Das Ergebnis sind unter anderem zu geringe Strichstärken. Falls möglich, sollten Sie deshalb einen echten Kapitälchenschnitt für die verwendete Schriftart erwerben. Sobald dieser installiert ist, können Sie unbesorgt die Schaltfläche **Tr** verwenden, denn dann weist InDesign automatisch die echten installierten Kapitälchen zu.

Viele der mit InDesign ausgelieferten OpenType-Pro-Schriften verfügen über echte Kapitälchen. Diese weisen Sie über den Befehl *OpenType* → *Alles in Kapitälchen* des Bedienfeldmenüs ▾☰ in der rechten oberen Ecke des Steuerungsbedienfelds bzw. des Bedienfelds

Falsche Kapitälchen
Echte Kapitälchen

Abbildung 2.39 Oben: falsche Kapitälchen; unten: echte Kapitälchen.

Zeichen zu. Achten Sie jedoch darauf, dass Sie in diesem Fall nur die Kleinbuchstaben markieren dürfen. Mehr über OpenType-Schriften erfahren Sie ab Seite 120.

Abbildung 2.40 Über das Bedienfeldmenü ▾≡ des Steuerungsbedienfelds weisen Sie dem markierten Open-Type-Text echte Kapitälchen zu.

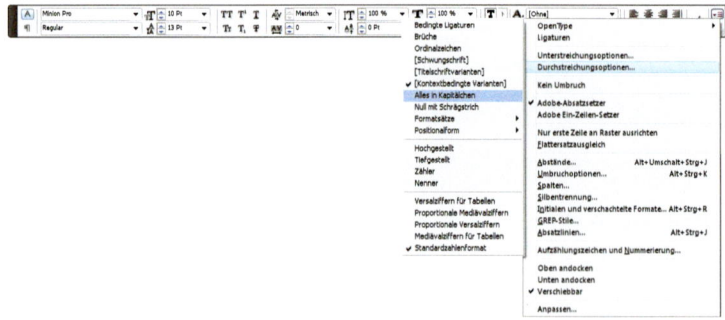

Müssen Sie mit simulierten Kapitälchen arbeiten, weil für die benötigte Schrift kein Kapitälchenschnitt vorliegt, können Sie über *Bearbeiten* → *Voreinstellungen* → *Erweiterte Eingabe* wenigstens die Kapitälchenhöhe für das Dokument anpassen. Die Einheit sind Prozent von der Versalhöhe.

Abbildung 2.41 Über die Kategorie *Erweiterte Eingabe* in den Voreinstellungen lässt sich die Kapitälchenhöhe anpassen.

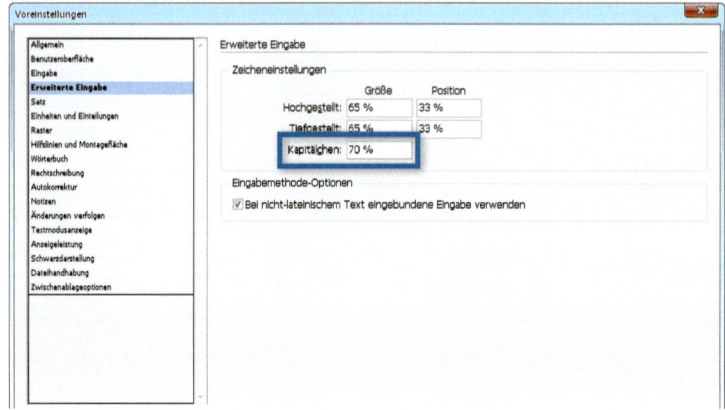

Schriftnamen

Bezüglich der Schriftgröße, die Sie im Feld *Schriftgrad* ᴛT rechts neben der Schriftart festlegen, ist Folgendes zu beachten: Ein Punkt (pt) in InDesign entspricht nicht ganz exakt einem typografischen Punkt. Auf ein Zoll passen 72,27 typografische Punkt nach dem Didot-System, aber nur 72 PostScript-Punkt, wie sie auch in InDesign angegeben werden. Ein Didot-Punkt entspricht 0,376006 mm, ein PostScript-Punkt entspricht 0,351 mm.

Die Bezeichnungen für die verschiedenen Schnitte von Schriften weichen von Hersteller zu Hersteller voneinander ab. Die Tabelle hilft Ihnen, einen bestimmten Schnitt korrekt zu identifizieren.

Schnitt	Bezeichnung
Standardschnitt	Regular, Roman
Kursivschnitt	Italic, Oblique
Fetter Schnitt	Bold
Etwas fetter als der Standardschnitt, Buchschrift	Book
Dreiviertelfetter Schnitt	Heavy
Extrafetter Schnitt	Extrabold
Steigerung von Extrafett	Ultrabold
Magerer Schnitt	Light
Halbschnitt	Semi
Halbfett	Demi
Schmaler Schnitt	Condensed
Extraschmaler Schnitt	Compressed, Ultra-Condensed
Weiter Schnitt	Extended
Kapitälchen	Small Caps

Kerning und Laufweite verändern

Unterscheiden Sie zwischen Kerning und Laufweite: Die Justierung des Abstands zwischen zwei einzelnen Zeichen wird »Kerning« genannt, während das gleichmäßige Ändern des Abstands zwischen den Buchstaben ganzer Wörter als »Änderung der Laufweite« bezeichnet wird. Wenn Sie mit älteren Schriften arbeiten, ist häufig ein manuelles Kerning notwendig, um optisch unregelmäßige Abstände zwischen den Buchstaben auszugleichen. Moderne Schriften haben so umfassende Unterschneidungstabellen, dass hier selten Probleme auftreten. Die Unterschneidungstabelle definiert, wie groß die Abstände zwischen bestimmten Buchstabenpaaren sind.

InDesign bietet Ihnen sowohl für das Kerning 🔼 als auch für das Ändern der Laufweite 🔼 je ein Eingabefeld im *Zeichen*-Modus des Steuerungsbedienfelds. Sie können hier sehr fein regulieren; die Maßeinheit beträgt ein Tausendstelgeviert. Für eine Justierung per Tastatur klicken Sie zwischen zwei Buchstaben, halten die ⎯Alt⎯-Taste gedrückt und betätigen dann die ⎯←⎯- bzw. die ⎯→⎯-Taste. Bei jedem Tastendruck ändert sich der Wert um 20/1000 Geviert.

Wussten Sie, dass Sie in InDesign Textformatierungen von einem Absatz auf den anderen übertragen können?

Klicken Sie in den Absatz, der eine neue Formatierung erhalten soll, und wählen Sie das Pipette-Werkzeug 🖉. Klicken Sie anschließend in den Absatz, dessen Format Sie verwenden möchten.

Solange die Pipette aktiviert bleibt, können Sie nun beliebige Absätze in Ihrem Dokument anklicken, um sie mit der in die Pipette »geladenen« Formatierung zu versehen.

HEILPFLANZENPORTRÄT

Echte Kamille¶

Die Kamille ist in Europa, Asien und Afrika beheimatet. Sie wächst auf Wiesen, Äckern, an Wegrändern und auf Brachland.¶

Sie ist eine einjährige, stark ästige und bis zu 70 cm hohe Pflanze. Ihre Laubblätter sind doppelt fiederteilig mit dünnen Abschnitten und meist wie der Stängel kahl. Die Blüten sitzen endständig an den Zweigspitzen. Der goldgelbe Blütenkopf, bestehend aus vielen kleinen Röhrenblüten, ist von 10–15 weißen Blütenblättern umgeben. Der Blütenboden ist gewölbt und hohl. Blütezeit ist von Mai bis September. Die Kamille hat einen intensiven, aromatischen Duft, der wohl jedem bekannt ist. Sammeln Sie die Blütenköpfe, die Sie rasch in der Sonne trocknen.¶

Die wichtigsten Inhaltsstoffe sind ätherisches Öl mit Bisabolol, Cham- und Proazulen, das für den angenehmen Duft verantwortlich ist, außerdem Bitterstoffe und das Kumarin.#

HEILPFLANZENPORTRÄT

Echte Kamille¶

Die Kamille ist in Europa, Asien und Afrika beheimatet. Sie wächst auf Wiesen, Äckern, an Wegrändern und auf Brachland.¶

Sie ist eine einjährige, stark ästige und bis zu 70 cm hohe Pflanze. Ihre Laubblätter sind doppelt fiederteilig mit dünnen Abschnitten und meist wie der Stängel kahl. Die Blüten sitzen endständig an den Zweigspitzen. Der goldgelbe Blütenkopf, bestehend aus vielen kleinen Röhrenblüten, ist von 10–15 weißen Blütenblättern umgeben. Der Blütenboden ist gewölbt und hohl. Blütezeit ist von Mai bis September. Die Kamille hat einen intensiven, aromatischen Duft, der wohl jedem bekannt ist. Sammeln Sie die Blütenköpfe, die Sie rasch in der Sonne trocknen.¶

Die wichtigsten Inhaltsstoffe sind ätherisches Öl mit Bisabolol, Cham- und Proazulen, das für den angenehmen Duft verantwortlich ist, außerdem Bitterstoffe und das Kumarin.#

Abbildung 2.42 Beachten Sie den Unterschied zwischen einem mit dem Einzeilensetzer (links) und mit dem Absatzsetzer (rechts) gesetzten Text.

Zeilen- und Absatzabstände

In der Grundeinstellung verwendet InDesign einen Zeilenabstand von 120 % der Schriftgröße – für einen 10pt-Text also einen Zeilenabstand von 12pt. Sie erkennen diesen automatisch berechneten Standardwert daran, dass er im Feld *Zeilenabstand* im *Zeichen*-Modus des Steuerungsbedienfelds in Klammern erscheint. Diesen Zeilenabstand können Sie jedoch auch frei einstellen indem Sie den gewünschten Wert in das Feld *Zeilenabstand* eingeben.

Sollten Sie sich später doch wieder für den Standardabstand entscheiden, wählen Sie aus dem Pop-up-Menü den Eintrag *Autom.* Die Maßeinheit für den automatischen Zeilenabstand ändern Sie in der Kategorie *Einheiten & Einteilungen* des Dialogfelds *Bearbeiten* → *Voreinstellungen*. Vor allem unter schwierigen Bedingungen – zum Beispiel bei weißem Text auf schwarzem Grund oder bei Typo für den Bildschirm – ist ausreichend Zeilenabstand wichtig. Hierzu gibt es eine Faustregel: Je leichter die Schrift, je länger die Zeile, desto mehr Zeilenzwischenraum ist für eine gute Lesbarkeit und ein ausgewogenes Schriftbild erforderlich. Ab einem Zeilenabstand von 150 % beginnt der Text zu »zerfallen«. Im Unterschied zum Zeilenabstand stellen Sie die Abstände vor und nach dem Absatz sowie verschiedene Einzüge über den Absatz-Modus ¶ des Steuerungsbedienfelds ein.

Der Absatzsetzer

Eines der wichtigsten Features für eine ausgefeilte Typografie ist der Adobe-Absatzsetzer. Dieser sorgt dafür, dass Ihr Text nicht zeilen-, sondern gleich absatzweise optimiert wird. InDesign gleicht dann beispielsweise die Abstände im Blocksatz nicht einfach anhand der aktuellen Zeile aus, sondern bezieht die vorhergehende und die folgende Zeile mit in die Berechnung ein. So werden auseinandergezogene Wörter weitestgehend vermieden und das manuelle Ausschließen des Blocksatzes reduziert sich auf ein Minimum. Vergewissern Sie sich im Bedienfeldmenü ▾≡ des Steuerungsbedienfelds, dass der Absatzsetzer eingeschaltet ist.

Der Einzeilensetzer setzt anders als der Absatzsetzer Zeile für Zeile. Auch der Adobe-Einzeilensetzer, den Sie wahlweise über das Bedienfeldmenü ▾≡ aktivieren können, hat seine Berechtigung. Zum Beispiel können Sie sich bei der Texterfassung besser auf Ihre Eingaben konzentrieren. Verwenden Sie den Einzeilensetzer auch dann, wenn Sie ein Dokument aus QuarkXPress in InDesign öffnen und dabei Umbruchfehler auftreten.

Flattersatzausgleich

Für ein ansprechendes Schriftbild im Flattersatz können Sie den Flattersatzausgleich über das Bedienfeldmenü des Absatzbedienfelds einschalten. InDesign bemüht sich dann um einen ästhetischen Zeilenfall.

Ich bin Blindtext. Von Geburt an. Es hat lange gedauert, bis ich begriffen habe, was es bedeutet, ein blinder Text zu sein: Man macht keinen Sinn. Man wirkt hier und da aus dem Zusammenhang gerissen. Oft wird man gar nicht erst gelesen. Aber bin ich deshalb ein schlechter Text? Ich bin Blindtext. Von Geburt an.

Ich bin Blindtext. Von Geburt an. Es hat lange gedauert, bis ich begriffen habe, was es bedeutet, ein blinder Text zu sein: Man macht keinen Sinn. Man wirkt hier und da aus dem Zusammenhang gerissen. Oft wird man gar nicht erst gelesen. Aber bin ich deshalb ein schlechter Text? Ich bin Blindtext. Von Geburt an.

Abbildung 2.43 Text mit (links) und ohne (rechts) Flattersatzausgleich.

Optischer Randausgleich

Eine weitere Ästhetikfunktion ist der optische Randausgleich, den Sie über das Bedienfeld *Schrift und Tabellen* → *Textabschnitt* aktivieren. Korrekt eingesetzt, kann Ihr Text mit dieser Funktion besser und fließender lesbar wirken, auch wenn der Leser den Unterschied vielleicht gar nicht bewusst bemerkt. Unter optischem Randausgleich versteht man das Anpassen der Spaltenränder von Textblöcken. Die Idee dahinter ist, dass durch leichtes Herausstellen von Satzzeichen und Buchstaben – speziell die mit schrägen Elementen wie A, V und W – ein optisch gleichmäßigerer Rand erzeugt wird.

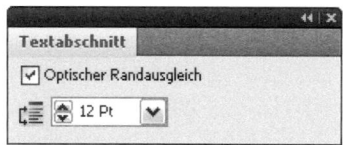

Abbildung 2.44 Den optischen Randausgleich legen Sie im Bedienfeld *Textabschnitt* fest.

„*Ein Zyniker ist ein Mensch, der von jedem Ding den Preis und von keinem den Wert kennt.*"
Oscar Wilde

„*Ein Zyniker ist ein Mensch, der von jedem Ding den Preis und von keinem den Wert kennt.*"
Oscar Wilde

Abbildung 2.45 Oben: Der optische Randausgleich ist deaktiviert. Unten: Derselbe Text mit optischem Randausgleich; die gestrichelten Linien verdeutlichen den Unterschied.

Absätze zusammenhalten

Um einen unerwünschten Textfluss zu vermeiden – wie etwa eine Überschrift am Ende einer Textspalte und die letzte Zeile eines Absatzes am Beginn einer Textspalte –, verwenden Sie das Dialogfeld *Umbruchoptionen*. Sie erreichen es über das Bedienfeldmenü des Steuerungsbedienfelds ▾≡ bzw. über Strg/⌘ + Alt + K.

1 Im folgenden Dialogfeld »kleben« Sie mithilfe des Kontrollkästchens *Nicht von vorherigen trennen* bzw. des Felds *Nicht trennen von nächsten Zeilen* bei Bedarf zwei Absätze aneinander; über das Kontrollkästchen *Zeilen nicht trennen* und die zugehörigen Optionen legen Sie fest, wie der Umbruch am Ende der Seite oder Spalte erfolgen soll.

2 Über das Pop-up-Menü *Absatzbeginn* können Sie den Umbruch eines Absatzes auf die nächste Seite oder Spalte bzw. in den nächsten Rahmen erzwingen.

Abbildung 2.46 Durch das Zusammenhalten von Absätzen verhindern Sie einen unerwünschten Textfluss auf der Seite.

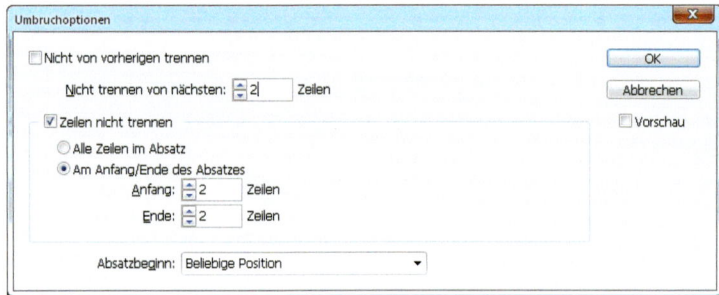

2.7 Silbentrennung

Trennungseinstellungen gelten – wie alle Absatzformatierungen – für sämtliche ausgewählten Absätze bzw. für den Absatz, in dem sich die Einfügemarke befindet. Im Modus *Absatz* ¶ des Steuerungsbedienfelds aktivieren Sie das Kontrollkästchen *Silbentrennung.* Vergewissern Sie sich außerdem im Bedienfeld *Schrift* → *Zeichen,* dass die richtige Sprache eingestellt ist – sonst erfolgt die Silbentrennung nach falschen Regeln! Die aktivierte Trennung gilt stets für die ausgewählten Absätze (bzw. für den Absatz, in dem sich die Einfügemarke befindet). Bestimmen Sie das Trennungsverhalten der ausgewählten Absätze nun genauer, indem Sie das Bedienfeldmenü ▾≡ des Steuerungsbedienfelds öffnen und *Silbentrennung* wählen.

Obwohl Sie im Feld *Max. Trennstriche* bis zu 25 Zeilen angeben können, setzen Sie in längeren Zeilen normalerweise nicht mehr als drei aufeinanderfolgende Zeilen mit Silbentrennung. In kurzen Zeilen, zum Beispiel beim Spaltensatz, kann ein höherer Wert sinnvoll sein, damit der Satz nicht zu löchrig wird. Mit »0« ermöglichen Sie beliebig viele aufeinanderfolgende Trennungen.

▶ In das Feld *Wörter mit mindestens Buchstaben* geben Sie ein, wie viele Buchstaben ein Wort haben muss, damit die Silbentrennung dafür aktiviert wird.

▶ Die Werte in den Feldern *Kürzeste Vorsilbe* und *Kürzeste Nachsilbe* bestimmen, wie viele Buchstaben einem Bindestrich vorangehen bzw. folgen müssen. In der klassischen Typografie geht man davon aus, dass vor oder nach dem Trennstrich mindestens drei Buchstaben stehen sollten. Für sehr kurze Blocksatzzeilen sollten Sie diesen Wert trotzdem auf *2* heruntersetzen.

▶ Im Feld *Max. Trennstriche* geben Sie an, wie viele aufeinanderfolgende Zeilen mit Silbentrennung ausgestattet werden dürfen.

▶ Das Feld *Trennbereich* bestimmt, wie nahe ein Bindestrich sich am rechten Einzug eines Absatzes befinden kann. Diese Option gilt nur für den Ein-Zeilen-Setzer in Absätzen, die nicht im Blocksatz gesetzt sind.

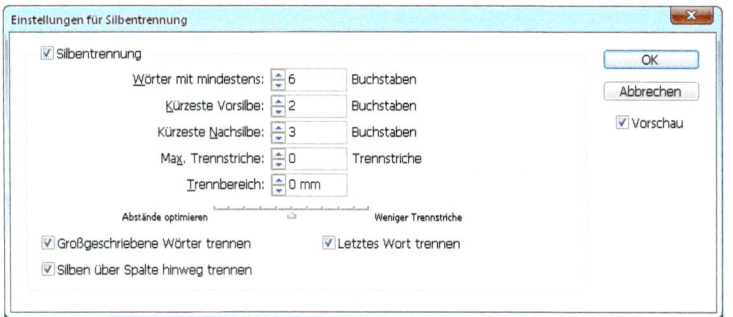

Abbildung 2.47 Im Dialogfeld *Einstellungen für Silbentrennung* bestimmen Sie genau, nach welchen Regeln InDesign die Silbentrennung durchführen soll.

▶ Das aktivierte Kontrollkästchen *Großgeschriebene Wörter trennen* stellt sicher, dass auch Wörter, die mit einem Großbuchstaben beginnen, in die Silbentrennung mit aufgenommen werden. Für die deutsche Sprache sollte dieses Kontrollkästchen unbedingt aktiviert bleiben. Falls Sie englische Texte setzen, können Sie es bei Bedarf deaktivieren – damit verhindern Sie, dass Eigennamen mit Silbentrennung versehen werden.

▶ Über den Schieberegler steuern Sie, wie viele Trennalternativen pro Absatz InDesign prüfen soll. Je weiter nach links Sie den Regler ziehen, desto mehr Trennalternativen berücksichtigt InDesign und desto besser wird auch das typografische Ergebnis. Allerdings verringert sich dadurch die Rechenleistung etwas.

Übrigens gibt InDesign Ihnen einen optischen Hinweis darauf, ob ein Strich am Ende einer Zeile ein vom Programm eingefügter Trennstrich oder ein eingetippter Bindestrich ist: Bei einem Trennstrich, dem sogenannten »weichen Vortrenner«, sehen Sie eine Tilde über dem Strich (dazu müssen die verborgenen Zeichen eingeblendet sein).

Die Trennmöglichkeiten in bestimmten Wörtern ändern

An welchen Stellen InDesign ein bestimmtes Wort trennt, können Sie im Wörterbuch für die entsprechende Sprache festlegen.

1 Wählen Sie *Bearbeiten* → *Rechtschreibprüfung* → *Wörterbuch*.
2 Geben Sie das Wort in das Feld *Begriff* ein (wenn die Einfügemarke vor dem Öffnen des Dialogfelds im gewünschten Wort stand, ist es bereits eingetragen). Stellen Sie sicher, dass die richtige Sprache ausgewählt ist und klicken Sie auf die Schaltfläche *Silbentrennung*.
3 Die möglichen Trennstellen werden nun in Form von Tilde-Zeichen (~) dargestellt. Je mehr Tilden eine Trennstelle aufweist, desto schlechter wird diese beurteilt. Eine Tilde markiert eine sehr gute Trennstelle, zwei Tilden eine mittlere und drei Tilden eine unschöne (aber orthografisch korrekte) Trennstelle. InDesign ist bestrebt, die sehr guten Trennstellen zu verwenden, wenn es vom Textfluss her möglich ist. Selbstverständlich können Sie auch selbst Tilden hinzufügen oder löschen und Ihre Änderungen dann mit der Schaltfläche *Hinzufügen* sichern.

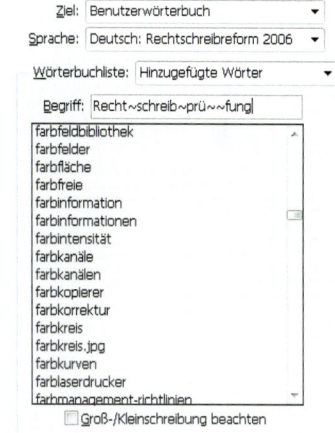

Abbildung 2.48 Je weniger Tilden eine Trennstelle bekommt, desto »besser« ist sie.

Als *Ziel* können Sie übrigens auch eines der geöffneten Dokumente auswählen. Dann gilt die Trennausnahme nur für dieses Dokument und wird fest in diesem gespeichert. Wenn Sie die Datei also weitergeben, ist die Trennausnahme darin enthalten – vorausgesetzt, auf dem Rechner des Benutzers ist unter *Bearbeiten* → *Voreinstellungen* → *Wörterbuch* im Pop-up-Menü Ausnahmen von Silbentrennung der Eintrag *Dokument* oder der Eintrag *Benutzerwörterbuch und Dokument* aktiviert.

Das Dialogfeld *Wörterbuch* kann während der Arbeit geöffnet bleiben.

Eine weitere praktische Möglichkeit besteht darin, Ihre Silbentrennausnahmen in einem eigenen Wörterbuch zu speichern. Dieses steht Ihnen in jedem Dokument zur Verfügung und Sie können es auch an andere Teammitglieder weitergeben.

1 Wählen Sie zunächst *Bearbeiten* → *Voreinstellungen* → *Wörterbuch*.

2 Achten Sie darauf, dass im Pop-up-Menü *Sprache* das Richtige eingestellt ist, und erzeugen Sie über das Symbol *Neues Benutzerwörterbuch* ⊞ ein eigenes Wörterbuch für die Silbentrennausnahmen.

3 Dieses wählen Sie beim Festlegen der Trennausnahmen mit *Bearbeiten* → *Rechtschreibprüfung* → *Wörterbuch* im Pop-up-Menü *Ziel* aus.

Manuelle Trennungen einfügen

Wenn Sie eine Silbentrennung manuell einfügen möchten, sollten Sie dazu auf keinen Fall einfach die `-`-Taste betätigen. Bei Umbruchänderungen käme es sonst schnell zu unschönen Bindestrichen mitten in der Zeile. Verwenden Sie hierzu vielmehr einen bedingten Trennstrich, der nur am Zeilenende dargestellt wird, in der Zeilenmitte hingegen automatisch weggelassen wird. Einen bedingten Trennstrich fügen Sie mit *Schrift* → *Sonderzeichen einfügen* → *Trenn- und Gedankenstriche* → *Bedingter Trennstrich* bzw. der Tastenkombination `⇧` + `Strg`/ `⌘` + `-` ein. Wenn die verborgenen Zeichen eingeblendet sind, sehen Sie über einem bedingten Trennstrich am Zeilenende einen waagerechten Strich.

Geschützter Trennstrich, bedingter Zeilenumbruch und bedingter Trennstrich

Manchmal benötigen Sie auch das Gegenteil von einem Trennstrich – nämlich einen Bindestrich, der dafür sorgt, dass die damit zusammengesetzten Wörter unter keinen Umständen getrennt werden. Dies ist beispielsweise dann sinnvoll, wenn vor dem Trennstrich nur ein einziger Buchstabe steht, wie etwa im Wort »y-Achse«. Für den geschützten Trennstrich verwenden Sie den Befehl *Schrift → Sonderzeichen einfügen → Trenn- und Gedankenstriche → Geschützter Trennstrich* oder die Tastenkombination Strg/⌘ + Alt + -.

Ebenso tritt gelegentlich der Fall ein, dass zwar an einer bestimmten Stelle gegebenenfalls eine Trennung erfolgen soll – etwa nach einem Schrägstrich –, aber ohne Bindestrich. Hier verwenden Sie einen bedingten Zeilenumbruch, den Sie mit *Schrift → Umbruchzeichen einfügen → Bedingter Zeilenumbruch* erzeugen.

Recht häufig soll ein bestimmtes Wort unter keinen Umständen getrennt werden, zum Beispiel ein Personenname. Dies verhindern Sie, indem Sie die Einfügemarke direkt vor den ersten Buchstaben des Begriffs setzen und *Schrift → Sonderzeichen einfügen → Trenn- und Gedankenstriche → Bedingter Trennstrich* wählen.

2.8 Tabulatoren

Für die Gliederung von Listen und ähnlichen Elementen bieten sich Tabulatoren an. Diese beziehen sich immer auf einen Absatz. Markieren Sie also alle Absätze, denen Sie die Tabulatoren zuweisen wollen.

Tabstopps setzen

Sie sollten bei der Arbeit mit Tabulatoren berücksichtigen, dass Tabstopps wie alle Absatzformatierungen in der Absatzmarke gespeichert werden. Wenn Sie während der Eingabe einen Tabstopp setzen und dann die ↵-Taste betätigen, werden die Tabulatoreinstellungen in den nächsten Absatz übernommen. Wenn Sie die Tabulatoren hingegen später setzen, werden sie nur dem Absatz oder den Absätzen, die Sie dabei markiert haben, zugewiesen.

Prinzipiell sollten Sie die Textelemente immer nur durch einen einzigen Tabstopp voneinander trennen, nicht durch mehrere. Benötigen Sie größere Abstände zwischen den Elementen, sollten Sie lieber die Tabposition ändern, statt einfach wiederholt die ⭾-Taste zu betätigen. Jedes Mal, wenn Sie die ⭾-Taste betätigen, wird der auf die Einfügemarke folgende Text zur nächsten standardmäßigen Tabstoppposition (jeweils ein halber Zoll) verschoben. Auf diese Weise können Sie beispielsweise Auflistungen erstellen. Wünschen Sie andere als die standardmäßig von InDesign vorgegebenen Tabstopps, gehen Sie folgendermaßen vor:

Alternativ markieren Sie das komplette Wort und wählen aus dem Bedienfeldmenü des Zeichenbedienfelds den Befehl *Kein Umbruch*. Diese Möglichkeit bietet sich vor allem an, wenn Sie zwei oder mehr Wörter zusammenhalten möchten (etwa »Frau Dr. Maier«). Sie können auch ein Zeichenformat anlegen, das nur über diese eine Eigenschaft verfügt, die Sie in der Kategorie *Grundlegende Zeichenformate* zuweisen.

Bei der Arbeit mit Tabulatoren empfiehlt es sich, die unsichtbaren Zeichen im Dokument anzuzeigen, indem Sie *Schrift → Verborgene Zeichen einblenden* (Strg/⌘ + Alt + I) wählen. Die Tabstopps erscheinen dann als doppelte Rechtspfeile ».

1. Wählen Sie sämtliche Absätze aus, die Sie mit denselben Tabulatoreigenschaften ausstatten möchten, bzw. stellen Sie die Einfügemarke dorthin, wo die Einstellungen beginnen sollen.

2. Wählen Sie *Schrift* → *Tabulatoren* (⇧ + Strg/⌘ + T). Wie Sie sehen, enthält dieses Bedienfeld ein Lineal – verwechseln Sie es nicht mit dem Seitenlineal des Dokumentfensters, denn anders als dieses gilt es nur für den aktuellen Textrahmen.

3. Bestimmen Sie zuerst, welche Art Tabulator Sie setzen möchten, indem Sie eine der vier kleinen Schaltflächen am oberen Bedienfeldrand anklicken. Sie haben die Wahl zwischen

   ▶ *Links*
   ▶ *Zentriert*
   ▶ *Rechts* und
   ▶ *Dezimal* – Zahlen mit Dezimalstellen werden am Dezimalkomma oder an einem anderen im Feld *Ausrichten* am rechten Rand des Bedienfelds eingegebenen Zeichen ausgerichtet.

4. In das Feld *X* geben Sie ein, auf welcher Linealposition der Tabulator gesetzt werden soll. Alternativ klicken Sie in die weiße Leiste über dem Lineal im Bedienfeld.

5. Im Feld *Füllzeichen* legen Sie eventuell ein Füllzeichen, meist einen Punkt, für den Raum zwischen dem Text vor und nach dem Tabulator fest. Solche Füllzeichen führen das Auge durch die Auflistung – geeignet beispielsweise für Inhaltsverzeichnisse.

6. Bestätigen Sie mit der ↵-Taste. Alle standardmäßig eingerichteten Tabstopps vor diesem ersten benutzerdefinierten Tabstopp werden entfernt. Bei Bedarf können Sie den Tabstopp auf dem Lineal nun noch mit gedrückter Maustaste an eine andere Stelle ziehen.

> In der Praxis ist es besser, wenn Sie die benötigten Tabstopps zuerst mit der ⇥-Taste setzen und sie nachträglich anpassen. Dann können Sie sich die Auswirkungen Ihrer Einstellungen besser vorstellen.

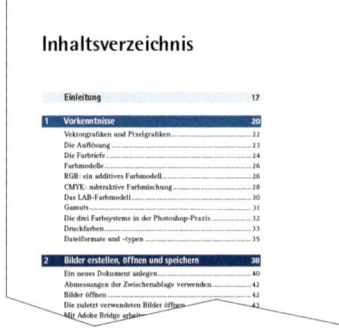

Abbildung 2.49 Der Einsatz von Füllzeichen empfiehlt sich besonders für Inhaltsverzeichnisse und ähnliche Listen.

Tabstopps in regelmäßigen Abständen erstellen

Falls Sie Tabstopps in regelmäßigen Abständen benötigen, gehen Sie folgendermaßen vor: Setzen Sie, wie oben beschrieben, den ersten Tabulator. Klicken Sie ihn anschließend im Lineal des Bedienfelds *Tabulatoren* an und wählen Sie aus dem Bedienfeldmenü ▾≡ *Tabulator wiederholen*.

InDesign fügt bis zum Ende der Spalte bzw. des Textrahmens Tabulatoren in regelmäßigen Abständen ein. Als Maß dafür wird der erste von Ihnen gesetzte Tabulator verwendet.

> Um einen irrtümlich gesetzten Tabulator zu entfernen, klicken Sie ihn auf dem Lineal an und ziehen ihn bei gedrückter Maustaste nach oben oder nach unten weg.

Einzüge über das Bedienfeld Tabulatoren erstellen

Einzelne Absätze oder Gruppen von Absätzen können Sie auch über das Bedienfeld *Tabulatoren* mit Einzügen versehen. Sie können Absätze von links, von rechts oder von beiden Rändern mit Einzügen versehen oder nur die erste Zeile einziehen – eine Methode, die oft die Eingabe eines Tabstopps am Anfang eines neuen Absatzes ersetzt. Sie können auch einen hängenden Einzug erstellen, bei dem die erste Zeile gegenüber dem Rest des Absatzes nach links »hängt«. Hängende Einzüge verwendet man oft für Aufzählungen oder Nummerierungen, mit denen wir uns ab Seite 116 beschäftigen.

Das Lineal des Bedienfelds enthält zu diesem Zweck dreieckige Einzugsmarken am linken und am rechten Rand (um das Ende des Lineals im Bedienfeld zu sehen, klicken Sie es an und ziehen mit gedrückter Maustaste nach links). Sie können diese Einzugsmarken nach links und nach rechts ziehen, um Einzüge festzulegen.

▶ Das obere Dreieck am linken Rand stellt den Erstzeileneinzug dar.
▶ Das untere Dreieck steht für den linken Einzug.

Beide Marken lassen sich unabhängig voneinander verschieben. Um einen linken Einzug für den ausgewählten Absatz bzw. die ausgewählten Absätze zu setzen, ziehen Sie die untere Einzugsmarke an die Position auf dem Lineal, an der der Einzug erscheinen soll (beachten Sie, dass sich das obere Dreieck mitbewegt).

Abbildung 2.50 Bei Millimeter 38 des aktuellen Textrahmens wurde ein rechtsbündiger Tabulator gesetzt.

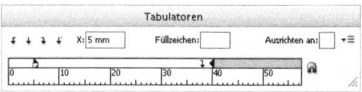

Für einen Erstzeileneinzug ziehen Sie die obere Einzugsmarke an die Position, an der Sie den Einzug haben möchten.

Abbildung 2.51 Für einen kompletten Einzug ziehen Sie die untere Marke nach rechts – hier wurde ein Einzug von 5 mm festgelegt.

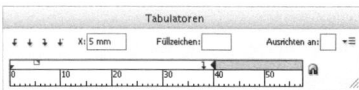

Für einen hängenden Einzug ziehen Sie zuerst die untere Einfügemarke nach rechts, dann die obere wieder nach links.

Abbildung 2.52 Hier wurde ein Erstzeileneinzug erstellt.

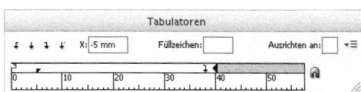

Das Dreieck am rechten Rand stellt den rechten Einzug des Absatzes dar. Ziehen Sie dieses nach links, um einen rechten Einzug für die markierten Absätze festzulegen.

Abbildung 2.53 Hier wurde ein hängender Einzug festgelegt.

2.9   Aufzählungen und Nummerierungen

Mit Aufzählungen können Sie Texte, beispielsweise in Produktvorstellungen, Arbeitsanleitungen oder Meeting-Plänen, übersichtlicher gestalten.

1   Markieren Sie die Absätze, die Sie mit Aufzählpunkten bzw. Nummern versehen möchten. Alternativ stellen Sie die Einfügemarke in eine leere Zeile, um an dieser Stelle mit einer neuen Aufzählung oder Nummerierung zu beginnen.

2   Im Absatz-Modus ¶ des Steuerungsbedienfelds klicken Sie auf die Schaltfläche *Liste mit Aufzählungszeichen* ≣ bzw. *Nummerierte Liste* ≣. Mit denselben Schaltflächen entfernen Sie die Aufzählung bzw. Nummerierung auch wieder.

Benötigen Sie mehr Einfluss auf die Formatierung der Nummerierungs- bzw. Aufzählungszeichen, öffnen Sie – nachdem Sie die entsprechenden Absätze wiederum markiert haben – das Bedienfeldmenü ▾≡ des Steuerungsbedienfelds oder des Bedienfelds *Absatz* und wählen *Aufzählungszeichen und Nummerierung*.

▶   Hier wählen Sie den *Listentyp* (Nummerierung oder Aufzählung), Schriftart, -schnitt, -farbe und -größe sowie bei Aufzählungen die Nummerierungsart (römisch, arabisch).

▶   Über die Schaltfläche *Hinzufügen* laden Sie weitere Aufzählungszeichen hinzu, falls Ihnen keines der im Raster angezeigten zusagt. In der zweiten Optionsgruppe bestimmen Sie, wie der Text nach dem Nummerierungs- bzw. Aufzählungszeichen eingezogen wird.

Übrigens können Sie eine Nummerierung auch dann fortführen, wenn zwischendrin ein Absatz ohne Nummerierung eingefügt ist. Öffnen Sie dazu das Kontextmenü des Absatzes, der fortnummeriert werden soll, und wählen Sie *Nummerierung neu beginnen*. Oder schalten Sie gleich im Dialogfeld *Aufzählungszeichen und Nummerierung* die Option *Nummerierung fortführen* ein, nachdem Sie aus dem Pop-up-Menü *Listentyp* den Eintrag *Zahlen* gewählt haben. Dann wird die Nummerierung auch bei Unterbrechung automatisch im nächsten nummerierten Absatz fortgeführt.

Abbildung 2.54 Hier wurde als Aufzählungszeichen ein rundes Symbol gewählt.

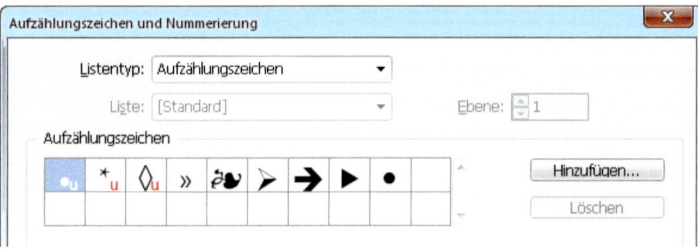

2.10 Text an einem Pfad ausrichten

Mit dem Werkzeug *Text auf Pfad* , das Sie im Pop-up-Menü des Textwerkzeugs finden, erzielen Sie auf einfache Weise interessante Texteffekte. Denn mit diesem Werkzeug richten Sie Text an einem zuvor gezeichneten Pfad aus.

1 Zeichnen Sie zuerst mit dem Zeichenstift- oder dem Buntstift-Werkzeug den Pfad, an dem Sie den Text ausrichten möchten. Komplexere Pfadformen können Sie auch in einem Vektorgrafik-programm zeichnen und dann in InDesign einfügen. Eine Spirale beispielsweise lässt sich in Illustrator über das Spiral-Werkzeug mit geringem Aufwand erstellen, dann über $\boxed{\text{Strg}}$/$\boxed{\mathcal{H}}$ + $\boxed{\text{C}}$ kopieren und über $\boxed{\text{Strg}}$/$\boxed{\mathcal{H}}$ + $\boxed{\text{V}}$ in InDesign einfügen.

2 Wählen Sie das Werkzeug *Text auf Pfad* und zeigen Sie auf den gezeichneten Pfad. Sobald am Mauszeiger ein kleines Pluszeichen erscheint, klicken Sie an eine beliebige Stelle auf dem Pfad und geben Sie den gewünschten Text ein. Bei dieser Vorgehensweise steht der gesamte Pfad für die Eingabe des Textes zur Verfügung; dieser beginnt am Startpunkt des Pfads und kann sich bis zu dessen Endpunkt erstrecken.

3 Falls Sie nicht den gesamten Pfad, sondern nur einen bestimmten Abschnitt für die Darstellung des Textes nutzen möchten, klicken Sie auf den Pfad und legen damit den Anfangspunkt fest, der durch ein ungefülltes Quadrat symbolisiert wird. Ziehen Sie mit gedrückter Maustaste bis zum Endpunkt (der ebenfalls durch ein ungefülltes Quadrat symbolisiert wird). Geben Sie die Maustaste frei und beginnen Sie mit der Texteingabe. Haben Sie den Text schon in einem Textprogramm vorbereitet, wählen Sie ihn dort aus und kopieren Sie ihn mit $\boxed{\text{Strg}}$/$\boxed{\mathcal{H}}$ + $\boxed{\text{C}}$. In InDesign klicken Sie mit dem Werkzeug *Text auf Pfad* auf den vorbereiteten Pfad und fügen den Text mit *Bearbeiten → Einfügen* ($\boxed{\text{Strg}}$/$\boxed{\mathcal{H}}$ + $\boxed{\text{V}}$) ein.

4 Formatieren Sie den Text anschließend nach Ihren Wünschen.

Wie Sie sehen, steht der Text teilweise auf dem Kopf bzw. er verläuft spiegelverkehrt (je nach der Form des von Ihnen erstellten Pfads). Das liegt an der Zeichenrichtung Ihres Pfads – der eingegebene oder importierte Text folgt dieser Zeichenrichtung unter allen Umständen.

1 Um die Pfadrichtung umzukehren, klicken Sie den Pfad mit dem Werkzeug *Direktauswahl* an.

2 Wählen Sie einen der ungefüllten quadratischen Knotenpunkte auf dem Pfad aus.

3 Wählen Sie *Objekt → Pfad umkehren*.

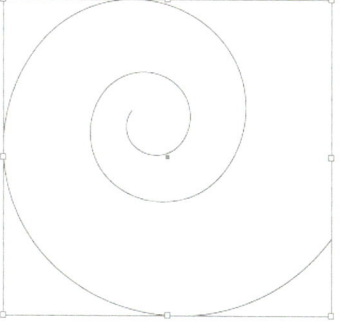

Abbildung 2.55 Diese Spirale wurde in Illustrator gezeichnet, dann kopiert und in InDesign eingefügt.

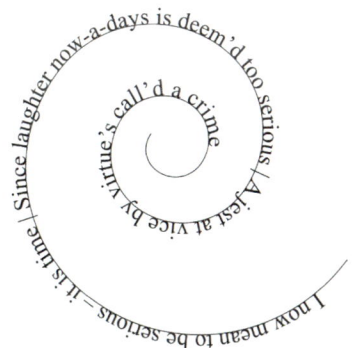

Abbildung 2.56 Auf einem Abschnitt der Spirale wurde ein Text ausgerichtet.

4 Wählen Sie die Pfadlinie aus und klicken Sie im Werkzeugbedienfeld auf das Konturfeld.

5 Wählen Sie anschließend die Schaltfläche *Keine anwenden* ☑. Danach ist nur noch der am Pfad ausgerichtete Text sichtbar.

Abbildung 2.57 Der Text folgt stets der Pfadrichtung.

Bei Bedarf kehren Sie die Pfadrichtung um – am besten tun Sie dies allerdings, bevor Sie den Text am Pfad ausrichten, denn sonst erzielen Sie leicht chaotische Ergebnisse, die nicht mehr so einfach zu korrigieren sind.

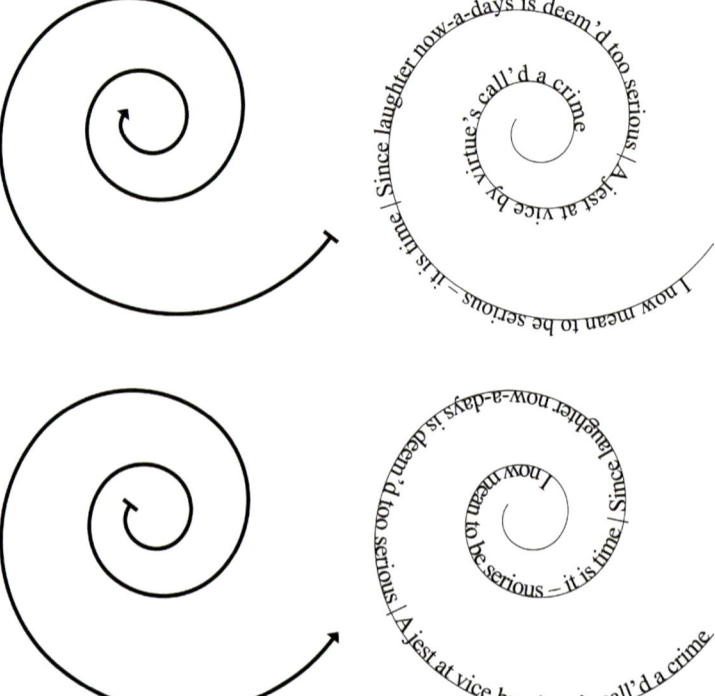

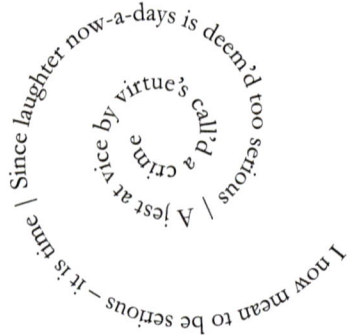

Abbildung 2.58 Mitte und rechts: Auch hier folgt der Text der (mittlerweile umgekehrten) Pfadrichtung. Links: Die Kontur des Pfads wurde entfernt; nur noch der Text ist sichtbar.

Ein dreidimensionales Textband

Gestalten Sie nun ein Textband mit dreidimensionaler Anmutung. Sie lernen nebenbei einige weitere Features für das Ausrichten von Text am Pfad kennen.

1 Zeichnen Sie mit dem *Zeichenstift* ✏ (Taste P) einen frei geformten Pfad.

2 Erstellen Sie einen an diesem Pfad ausgerichteten Text.

3 Klicken Sie im Werkzeugbedienfeld auf das Symbol für die Kontur und anschließend auf die Schaltfläche *Keine anwenden* ☑, um die Kontur auszublenden.

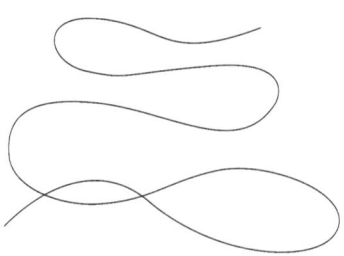

Abbildung 2.59 Zeichnen Sie einen frei geformten Pfad.

Bisher wirkt das Ganze vielleicht noch etwas chaotisch. Sie haben aber die Möglichkeit, die Position des Textes nach Ihren Wünschen so einzustellen, dass sich ein attraktives Erscheinungsbild ergibt.

Falls Sie den Text nachträglich auf anderen Abschnitten des Pfads ausrichten möchten, wählen Sie ihn mit dem Werkzeug *Direktauswahl* aus. Sie sehen sowohl am Anfang als auch am Ende eine senkrechte blaue Linie. Durch Ziehen dieser Linien mit gedrückter Maustaste können Sie den Anfangs- und den Endpunkt des Textes auf dem Pfad verschieben.

Mindestens genauso wichtig sind die verschiedenen Optionen des Dialogfelds *Pfadtextoptionen*. Vergewissern Sie sich, dass Sie den Text mit dem Auswahlwerkzeug ausgewählt haben. Wählen Sie *Schrift* → *Pfadtext* → *Optionen*. Im folgenden Dialogfeld bieten sich verschiedene Möglichkeiten, den Text entlang des Pfads auszurichten.

Im Pop-up-Menü *Effekt* stellen Sie ein, auf welche Weise der Text ausgerichtet werden soll. Für den erwünschten dreidimensionalen Eindruck unseres Beispiels wählen Sie den Eintrag *Neigen*. Dann folgen nur die horizontalen Begrenzungen des Textes dem Pfad, während der Text in der Vertikalen unverändert bleibt. Bei Bedarf wählen Sie im Pop-up-Menü *Ausrichten*, welcher Teil des Textes mit dem Pfad ausgerichtet sein soll – zum Beispiel die Unterlänge und die Grundlinie.

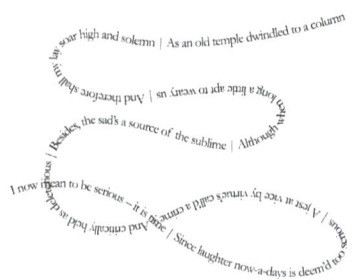

Abbildung 2.60 Der Pfad ist nun unsichtbar; nur noch der Text selbst ist zu sehen.

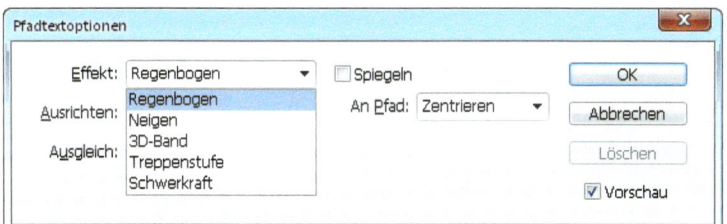

Abbildung 2.61 Im Dialogfeld *Pfadtextoptionen* stellen Sie die Ausrichtung des Textes am Pfad ein.

Abbildung 2.62 Links: Wählen Sie aus dem Pop-up-Menü *Effekt* die Option *Neigen*. Rechts: Der Text erinnert nun an ein dreidimensionales Band.

Verstärken Sie den dreidimensionalen Effekt nun, indem Sie den Text an den Stellen, an denen er in den Vordergrund kommen soll, größer formatieren und an den Stellen, an denen er sich in den Hintergrund bewegt, kleiner. Am schnellsten vergrößern bzw. verkleinern Sie den Text, indem Sie die Tastenkombination ⬆ + Strg/⌘ gedrückt halten und dann die Tasten „,“ bzw. „.“ betätigen. Zudem wirken

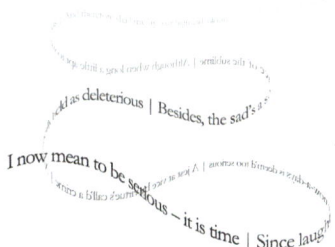

Abbildung 2.63 Der fertige Effekt.

Objekte in der Ferne heller und dunstiger als nahe Objekte. Versehen Sie die Textpassagen, die sich weiter hinten befinden sollen, daher mit einem helleren Farbton als diejenigen, die sich im Vordergrund befinden.

Bilder auf dem Pfad einfügen

Statt bzw. gemeinsam mit Textzeichen können Sie auch für Pfadtext Bilder verwenden und so ornamentale Textrahmen, Logos und vieles mehr gestalten.

1 Fügen Sie das gewünschte Bild zuerst mit `Strg`/⌘ + `D` in InDesign ein.
2 Kopieren Sie es dann mit `Strg`/⌘ + `C` in die Zwischenablage und klicken Sie mit dem Werkzeug *Text auf Pfad* an die gewünschte Stelle auf dem Pfad.
3 Fügen Sie das Bild nun mit `Strg`/⌘ + `V` auf dem Pfad ein.

Für eine gleichmäßige Ausrichtung der Bilder können Sie sogar mit Tabulatoren arbeiten!

2.11 OpenType-Features nutzen

InDesign gehört zu den Anwendungen, die OpenType-Schriften in vollem Umfang unterstützen. Das Programm wird mit einer ganzen Liste von schönen, ausgefeilten OpenType-Fonts aus der Adobe Type Library ausgeliefert. Der korrekte Einsatz der OpenType-Features ermöglicht einen präzisen Feinschliff Ihrer typografischen Arbeit. OpenType-Schriften können unter anderem mit Ligaturen, Schwungbuchstaben, Mediävalziffern und Ornamenten ausgestattet sein.

Warum OpenType?

Ein typisches Problem beim Umgang mit Schriften ist die mangelnde Kompatibilität. Zwar unterstützen sowohl Macintosh- als auch Windows-Rechner TrueType- und auch Type1-Schriften. Allerdings sind Mac-Type1-Fonts nicht kompatibel mit Windows-Type1-Fonts. Ganz ähnlich sieht es bei TrueType-Schriften aus.

Das OpenType-Format, das aus der Zusammenarbeit der früheren Kontrahenten Adobe und Microsoft entstand, bietet eine Lösung dieses Problems: OpenType-Schriften sind plattformübergreifend kompatibel – derselbe OpenType-Font funktioniert sowohl am Mac als auch am Windows-PC. Sie können OpenType-Schriften also problemlos von Mac- an Windows-Rechner weitergeben und umgekehrt. Das ist aber nur einer der Vorzüge von OpenType-Schriften. Weitere interessante Vorteile sind das vereinfachte Schriftmanagement sowie stark erweiterte Buchstabensätze und Layout-Features wie Ligaturen und präzise Kontrolle über Grundlinien- und horizontale Positionierung.

Abbildung 2.65 Diese Doppelseite in Warnock Pro zeigt OpenType-Features wie echte Kapitälchen, bedingte Ligaturen, Ornamente sowie Mediävalziffern.

Sie können in entsprechend ausgestatteten OpenType-Schriften die Glyphen individuell positionieren oder durch andere Glyphen eines bestimmten Zeichens ersetzen – zum Beispiel ein gewöhnliches kleines »m« durch ein Schwungschrift-»m«. Das funktioniert allerdings nur, wenn das Anwendungsprogramm, zum Beispiel InDesign, mit einem Interface ausgestattet ist, das diese Ersetzung ermöglicht. In Anwendungen ohne ein solches Interface können Sie nur auf einen eingeschränkten Glyphensatz zugreifen, der dem von gewöhnlichen Type1-Schriften entspricht (256 Glyphen).

Wichtig in diesem Zusammenhang ist die Unterscheidung zwischen Zeichen und Glyphen. Glyphen sind die verschiedenen Formen, die ein Zeichen (das beispielsweise für einen Buchstaben steht) anneh-

Abbildung 2.66 OpenType-Schriften stellen viele Zeichen in mehreren Varianten zur Verfügung.

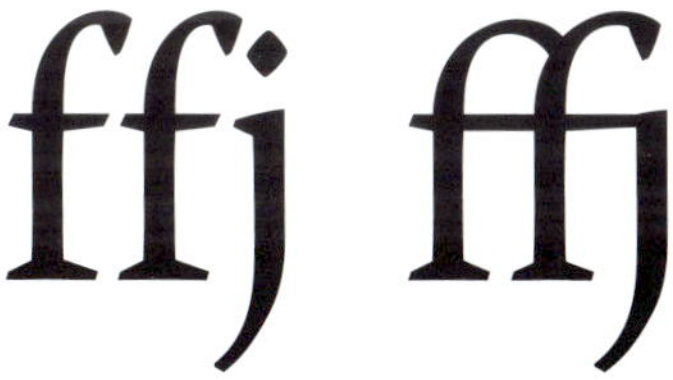

Abbildung 2.67 Die Glyphe der Ligatur »ffj« (rechts) besteht aus drei Zeichen.

Kozuka Mincho Pro

Abbildung 2.68 Fernöstliche Zeichensätze finden Sie in OpenType-Schriften wie Kozuka Mincho Pro, die mit InDesign ausgeliefert wird.

Für die OTF-Variante wird ein kompaktes Schriftformat verwendet. Das Ergebnis ist eine recht kleine Schriftdatei – obwohl eine riesige Anzahl Glyphen und andere Daten integriert sein können.

men kann. Die **Abbildung 2.68** etwa zeigt drei verschiedene Glyphen für den Buchstaben »m« der außergewöhnlich reich ausgestatteten OpenType-Schrift *Warnock Pro*: links das Standard-»m«, in der Mitte Schwungschrift und rechts Kapitälchen. Außerdem ist es möglich, dass mehrere Zeichen zu einer Glyphe zusammengefasst werden (bei Ligaturen).

Zudem können OpenType-Schriften sämtliche Zeichen jeder erdenklichen Sprache enthalten. Denn anders als PostScript-Type1-Schriften mit ihren rund 256 Glyphen sind in OpenType-Schriften mehr als 65.000 Glyphen möglich – Ligaturen, Kapitälchen, verschiedensprachige Zeichensätze und anderes finden sich in einer einzigen Schriftdatei. Während Sie bei herkömmlichen TrueType- oder Type1-Schriften stets mehrere stilverwandte Font-Dateien installieren müssen, um internationale Typografie realisieren zu können, benötigen Sie also nur eine einzige OpenType-Schrift für verschiedensprachliche Zeichensätze. Durch die Verwendung einer einzigen Schriftdatei für Umrisse, Metrik und Bitmap-Daten vereinfacht sich auch das Fontmanagement erheblich.

Die »Pro«-OpenType-Schriften von Adobe sind mit Zeichen für zentral- und osteuropäische Sprachen, etwa Polnisch und Türkisch, ausgestattet. Auch griechische und kyrillische Zeichen finden Sie in vielen »Pro«-OpenType-Fonts. Darüber hinaus bietet Adobe OpenType-Schriften mit fernöstlichen Zeichensätzen.

In einige der besten OpenType-Schriften sind unterschiedliche Zeichenvariationen für verschiedene Druckgrößen integriert – etwa für normalen Text, Überschriften und Unterüberschriften. Die Gestalt der Zeichen ist bei diesen Variationen jeweils für die Verwendung in bestimmten Punktgrößen optimiert.

Zwei OpenType-Varianten

Eine Besonderheit des OpenType-Formats ist, dass es entweder PostScript- oder TrueType-Schriftumrisse enthalten kann. Unter Windows gibt es deshalb auch OpenType-Schriften mit zwei verschiedenen Dateiendungen:

▶ *TTF* und
▶ *OTF*

OpenType-Schriftdateien mit der Endung *TTF* basieren auf TrueType, während sich in Schriften mit der Endung *OTF* PostScript-Daten finden. Optisch sind die beiden Varianten nicht zu unterscheiden.

Quellen für OpenType-Fonts

Wie schon kurz angesprochen, erkennen Sie Adobe-OpenType-Fonts mit erweiterten Features an der Bezeichnung *Pro* am Schluss des Schriftnamens. Die Standard-Fonts mit dem Namenszusatz *Std* sind mit zusätzlichen Zeichen wie dem Euro-Symbol, Standardligaturen und echten Brüchen ausgestattet. Adobe hat nicht nur die gesamte Adobe Type Library mit Tausenden von Schriften in OpenType konvertiert, sondern zusätzlich eine Menge neuer OpenType-Fonts produziert, die die Verbesserungen des Formats voll ausnutzen.

OpenType-Schriften, die aus anderen Formaten konvertiert wurden, erreichen zwar plattformübergreifende Kompatibilität, besitzen aber nicht alle erweiterten Features der Fonts, die von Grund auf im OpenType-Format aufgebaut wurden. Denn die erweiterten Zeichensätze müssen für eine solche konvertierte Schrift natürlich nachträglich gestaltet und in sie integriert werden. Außerdem werden verschiedene asiatische OpenType-Schriften installiert.

Adobe ist nicht der einzige Hersteller von OpenType-Schriften. Da es sich um einen offenen Standard handelt, wandeln viele Hersteller nach und nach ihre Schriftbestände in das OpenType-Format um und bieten auch neue OpenType-Fonts an. Adobe und Microsoft stellen die zur Entwicklung notwendigen Werkzeuge kostenlos zur Verfügung.

OpenType-Unterstützung

Auch in Programmen ohne OpenType-Unterstützung können Sie Open-Type-Schriften verwenden. Allerdings können diese Programme mit verschiedenen Features nichts anfangen und nicht auf alle Glyphen der Schrift zugreifen. Wie eingangs erwähnt, werden mit InDesign bereits recht viele OpenType-Fonts ausgeliefert – unter anderem Versionen so bekannter klassischer Schriften wie Garamond und Caslon. Diese Schriften werden automatisch mit InDesign installiert. Auch die Installation zusätzlicher OpenType-Fonts bereitet kaum Schwierigkeiten – sie unterscheidet sich nicht von der anderer Schriften. Kopieren Sie diese Schriften einfach in den Schriftenordner auf Ihrem System. Die OpenType-Schriften verhalten sich dann wie Type1- oder TrueType-Fonts (vorausgesetzt, die Bedingungen auf Betriebssystemebene stimmen; siehe oben).

Dokumente mit OpenType-Schriften lassen sich auf die übliche Weise exportieren oder drucken. Durch ihre plattformübergreifende Kompatibilität können Sie sie ohne Schriftersetzung auf jedem beliebigen Rechner mit InDesign CS5 öffnen – zum Beispiel am Mac, wenn Sie Ihr Dokument unter Windows erstellt haben, und umgekehrt.

OpenType und InDesign

InDesign ist gut für die Arbeit mit OpenType-Schriften gerüstet. Wie erwähnt, kann eine OpenType-Schrift viel mehr Zeichen kodieren als eine »normale« PostScript- oder TrueType-Schrift. Viele OpenType-Schriften enthalten echte Kapitälchen, Ligaturen, Brüche, Ornamente und fremdsprachige Zeichen. Das Ergebnis sind deutlich mehr Zeichen, als Sie über eine Computertastatur eingeben können. Aus diesem Grund bietet InDesign Ihnen spezielle Funktionen für die Verwendung dieser OpenType-Besonderheiten. Sie verbergen sich hinter dem Befehl *Schrift → Glyphen* sowie im Bedienfeldmenü ▾≡ des Steuerungsbedienfelds bzw. des Bedienfelds *Zeichen*.

Abbildung 2.69 Selbst die extrem umfangreiche OpenType-Schrift *Bickham Script Pro* unterstützt nicht alle Features. Nicht unterstützte Funktionen stehen im Bedienfeldmenü ▾≡ in eckigen Klammern.

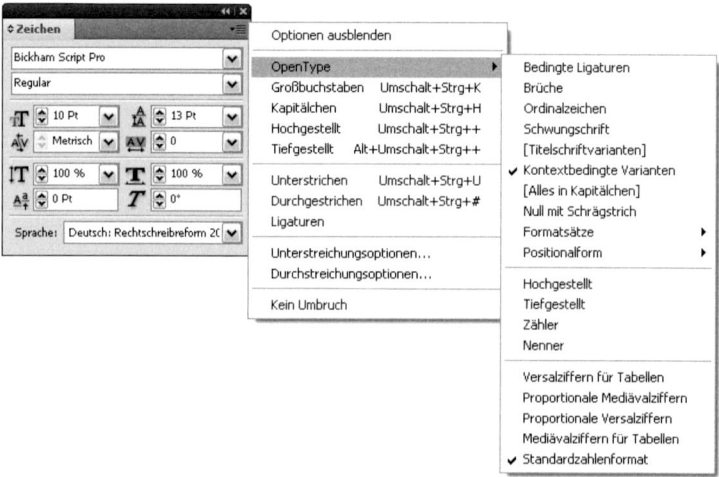

Nachdem Sie Ihrem Text die gewünschte OpenType-Schrift zugewiesen haben, weisen Sie die erweiterten Features zu, indem Sie das Bedienfeldmenü ▾≡ des Steuerungsbedienfelds öffnen, den Befehl *OpenType* und dann den entsprechenden Befehl wählen.

Allerdings weist nicht jede OpenType-Schrift alle Features auf. Nicht unterstützte Funktionen werden im Bedienfeldmenü ▾≡ in eckigen Klammern dargestellt.

Bedingte Ligaturen

Manche Schriften beinhalten neben den Standardligaturen, beispielsweise für *fi, ff* (die in der Grundeinstellung über den Befehl *Ligaturen* des Zeichenbedienfelds bereits eingeschaltet sind, sofern sie in der gewählten Schrift vorhanden sind), noch zusätzliche Ligaturen, die Sie bei Bedarf aktivieren. Diese Ligaturformen basieren teilweise auf historischen Vorbildern. Solche sogenannten bedingten Ligaturen – wie Zusammenziehungen der Buchstabenpaare *st, ct, sp* – eignen sich etwa für ornamental ausgestaltete Texte.

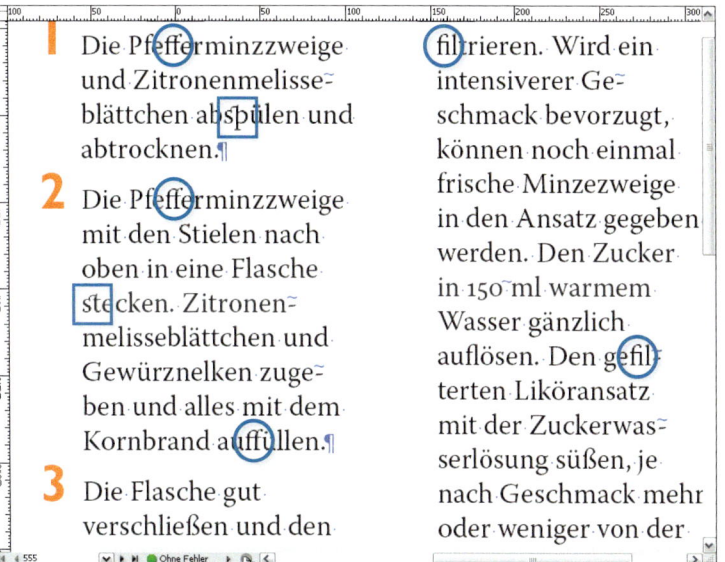

Abbildung 2.70 Neben den gewöhnlichen Ligaturen für Buchstabenkombinationen wie »fi« oder »ff« (in der Abbildung eingekreist) bieten viele OpenType-Schriften zusätzlich ornamental ausgestaltete Ligaturen (in der Abbildung rechteckig markiert).

Schwungschrift

Einige OpenType-Schriften sind zudem mit Schwungschrift-Buchstaben ausgestattet. Dies können etwa alternative Großbuchstaben bzw. Buchstaben für Wortenden mit verlängertem Endstrich sein.

Kontextbedingte Variante

Zu besonders lebhaften Ergebnissen führt bei manchen Schriften die Auswahl des Befehls *Kontextbedingte Variante*. Denn damit werden je nach Buchstabenzusammenstellung automatisch entsprechende Buchstabenvarianten ausgewählt. Gerade bei Schreibschriften ergibt sich so ein natürliches Erscheinungsbild.

Sehr schön lässt sich der Unterschied zwischen ausgeschalteten und eingeschalteten kontextbedingten Varianten etwa an der Schreibschrift *Caflish Script Pro* erkennen. Im oberen Teil der **Abbildung 2.72** auf der nächsten Seite sind die kontextbedingten Varianten (und die Schwungschrift) ein-, im unteren ausgeschaltet. Der Text mit den Varianten wirkt viel lebendiger und »natürlicher« als der untere.

Abbildung 2.71 Schwungschrift: Sowohl Großbuchstaben als auch Wortenden sind verziert.

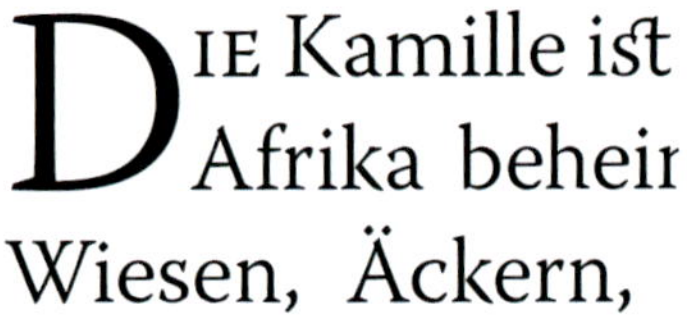

D IE Kamille ist
Afrika beheir
Wiesen, Äckern,

Abbildung 2.72 Das mit der Initiale verbundene Wort ist in Kapitälchen formatiert.

Abbildung 2.73 Links: Im oberen Text sind kontextbedingte Varianten und Schwungschrift ein-, im unteren ausgeschaltet. Rechts sehen Sie die Zeichenfolge »ffi« mit (schwarz) und ohne Ligaturen (Umriss).

¾ · L · Kornbrand¶

Abbildung 2.74 Normal eingegebene Brüche können automatisch in echte Brüche umgewandelt werden.

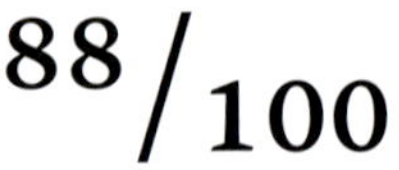

88 / 100

Abbildung 2.75 Mehrstellige Brüche formatieren Sie am besten mit den OpenType-Optionen *Zähler* und *Nenner*.

Titelschriftvarianten

Einige Schriften enthalten für Versal-Überschriften spezielle Groß-buchstabenvarianten. Schalten Sie bei größeren Versal-Überschriften diese Option ein, so erhalten Sie ein optimales Erscheinungsbild.

Echte Kapitälchen

In vielen OpenType-Schriften finden sich echte Kapitälchen, die Sie ebenfalls über das Menü *OpenType* einstellen können. Wählen Sie dazu den Befehl *Alles in Kapitälchen*.

Ein OpenType-Font enthält bis zu 65 000 Zeichen, einschließlich Ligaturen, echten Kapitälchen, Brüchen etc.

Ein OpenType-Font enthält bis zu 65 000 Zeichen, einschließlich Ligaturen, echten Kapitälchen, Brüchen etc.

Echte Brüche

Wenn die ausgewählte OpenType-Schrift Glyphen für echte Brüche enthält, aktivieren Sie die Option *Brüche*, um normal eingegebene Brüche in echte Brüche umzuwandeln. Diese Option eignet sich allerdings in den meisten OpenType-Schriften nur für einstellige Brüche wie ½ oder ¼. Mehrstellige Brüche formatieren Sie deshalb am besten mit den OpenType-Funktionen *Zähler* und *Nenner*. Der Vorteil ist, dass die Spezial-Glyphen – ähnlich wie Kapitälchen – von der Strich-stärke und Größe her automatisch korrekt gesetzt werden.

Ordinalzahlen

Ordinalzahlen wie das englische 1st und 2nd werden nach der Aktivierung der gleichnamigen Funktion automatisch mit hochgestellten

Zeichen formatiert. Neben den Ersetzungen für »st«, »nd« und »th« in englischen Nummernangaben können Sie beispielsweise auch »No« eingeben und erhalten dann die richtige Schreibweise für die Abkürzung von »Numero«.

Mit der Option *Standardzahlenformat* setzen Sie die Ziffern des ausgewählten Textes auf den in der jeweiligen Schrift vorgegebenen Standard zurück.

Ziffern

Viele OpenType-Schriften sind mit mehreren Ziffernvarianten ausgestattet. Neben dem proportionalen Standardzahlenformat können Sie häufig Mediävalziffern sowie Versalziffern für Tabellen einstellen.

Option	Erläuterung	Beispiel
Versalziffern für Tabellen	Mit dieser Option erhalten Sie Versalziffern, die alle dieselbe Breite haben. Dieses Feature kann beim Tabellensatz sinnvoll sein.	123456789
Proportionale Mediävalziffern	Mit dieser Option erhalten Sie Mediävalziffern (Ziffern von unterschiedlicher Höhe) mit unterschiedlichen Breiten. Gerade zu klassischen Schriften wie Warnock Pro oder Garamond Pro passen solche Mediävalziffern sehr gut.	123456789
Proportionale Versalziffern	Mit dieser Option erhalten Sie Versalziffern mit unterschiedlichen Breiten. Verwenden Sie diese Variante im Fließtext, beispielsweise mit Versalbuchstaben.	123456789
Mediävalziffern für Tabellen	Mit dieser Option erhalten Sie Mediävalziffern, die alle dieselbe Breite haben. Mediävalziffern für Tabellen sind eine gute Wahl, wenn Sie einerseits ein klassisches Erscheinungsbild anstreben, andererseits tabellarische Aufstellungen oder Listen erstellen müssen.	123456789

Das Bedienfeld Glyphen

OpenType-Schriften enthalten unter Umständen sehr viel mehr Glyphen, als Sie über das Bedienfeldmenü ▾☰ des Schriftbedienfelds abrufen können. Um solche Glyphen einzufügen, verwenden Sie das bereits vorgestellte Glyphenbedienfeld, das Sie über *Schrift* → *Glyphen* erreichen.

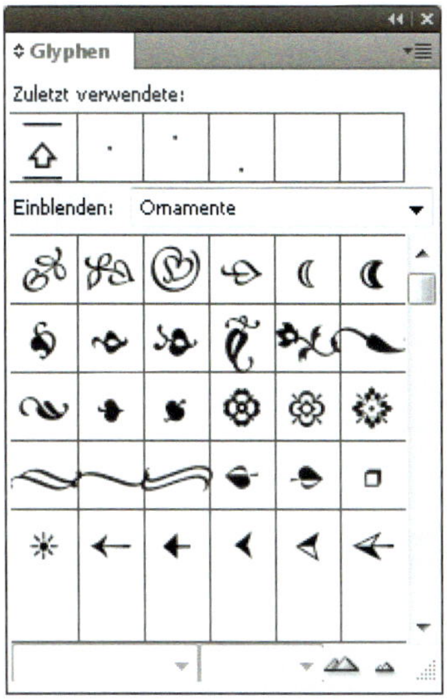

Abbildung 2.76 Über das Bedienfeld *Glyphen* haben Sie Zugriff auf sämtliche verfügbaren Glyphen einer bestimmten Schrift.

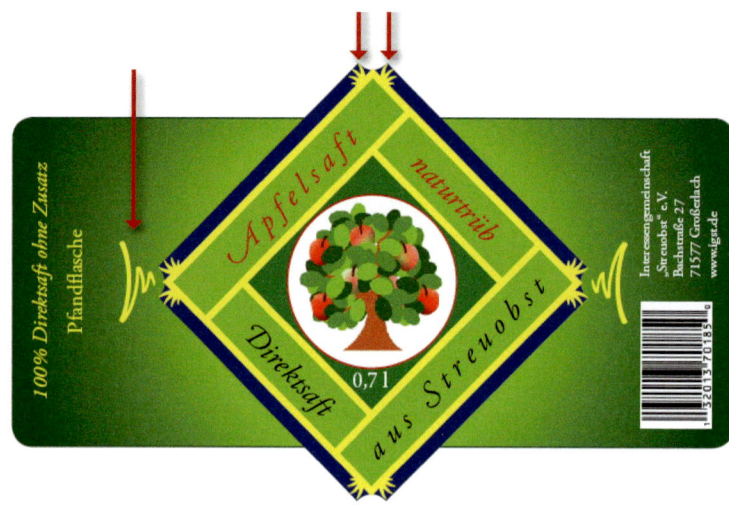

Abbildung 2.77 Die durch die roten Pfeile markierten Ornamente der Schrift Warnock Pro wurden über das Dialogfeld *Glyphen* eingefügt.

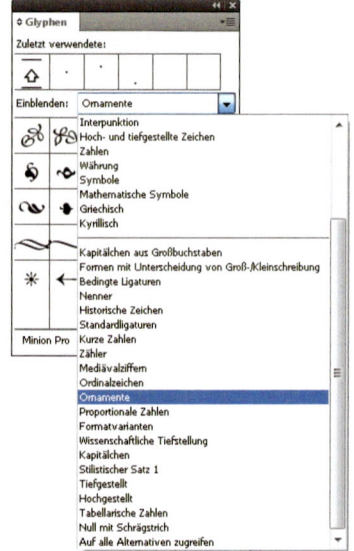

Abbildung 2.78 Über das Pop-up-Menü *Einblenden* lassen sich die verfügbaren Zeichen einer Open-Type-Schrift nach Themen sortieren.

So kann es beispielsweise für den Buchstaben »a« in einer bestimmten OpenType-Schrift verschiedene Glyphen geben. Über das genannte Dialogfeld finden Sie diese heraus und fügen sie bei Bedarf auch ein bzw. lassen einen ausgewählten Buchstaben durch eine dieser Alternativen ersetzen. Auch andere in der Schrift verfügbare Zeichen wie Ornamente lassen sich mit einem Doppelklick über das Dialogfeld *Glyphen* einfügen.

Bei OpenType-Fonts mit einer großen Zeichenanzahl, wie beispielsweise *Minion Pro,* erleichtern Sie sich die Übersicht über die verfügbaren Glyphen, indem Sie sich eine bestimmte Kategorie anzeigen lassen. Dazu verwenden Sie das Pop-up-Menü *Einblenden* im oberen Bereich des Dialogfelds. Der Inhalt dieses Pop-up-Menüs ändert sich je nach der gewählten Schrift. Wählen Sie beispielsweise *Ornamente,* werden nur die in der Schrift enthaltenen Ornamente angezeigt.

Manchmal finden Sie in der verwendeten Schrift nichts Passendes – Sie möchten etwa gerne ein bestimmtes Ornament verwenden, das in Ihrer Grundschrift nicht verfügbar ist. In diesem Fall zeigen Sie einen anderen Font im Dialogfeld *Glyphen* an, indem Sie ihn aus dem Pop-up-Menü am linken unteren Rand des Dialogfelds auswählen. Daneben stellen Sie einen für diese Schrift verfügbaren Schnitt ein.

Alternativen für eine bestimmte Glyphe anzeigen

Sehr praktisch ist die Option, für eine bestimmte, ausgewählte Glyphe sämtliche in der OpenType-Schrift verfügbaren Alternativen anzuzeigen. Dazu gibt es zwei Möglichkeiten:

▶ Wählen Sie das Zeichen, für das Sie alle Alternativen sehen möchten, im Text aus (das Dialogfeld *Glyphen* kann geöffnet bleiben während Sie arbeiten) und klicken Sie im Pop-up-Menü *Einblenden* den Eintrag *Alternativen für Auswahl* an. Doppelklicken Sie auf die gewünschte Alternative, um die Markierung damit zu ersetzen.

▶ Die andere Möglichkeit: Zeigt sich rechts im Feld einer Glyphe ein kleiner dreieckiger Pfeil, halten Sie die Maustaste darauf gedrückt und Sie bekommen eine Darstellung aller Alternativen für dieses Zeichen. Mit einem Klick wählen Sie eine davon aus und fügen sie an der Stelle der Einfügemarke (bzw. statt des ausgewählten Zeichens im Text) ein.

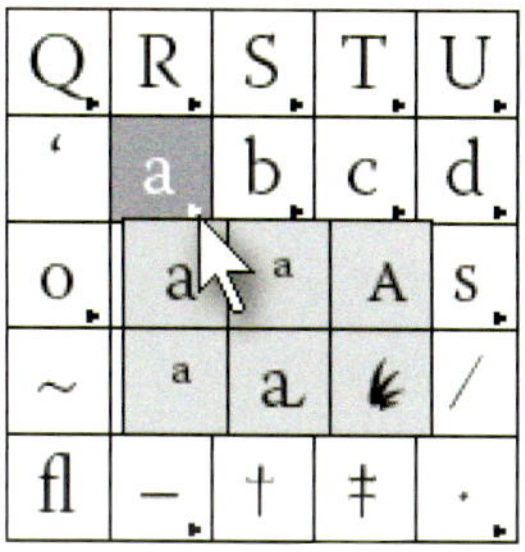

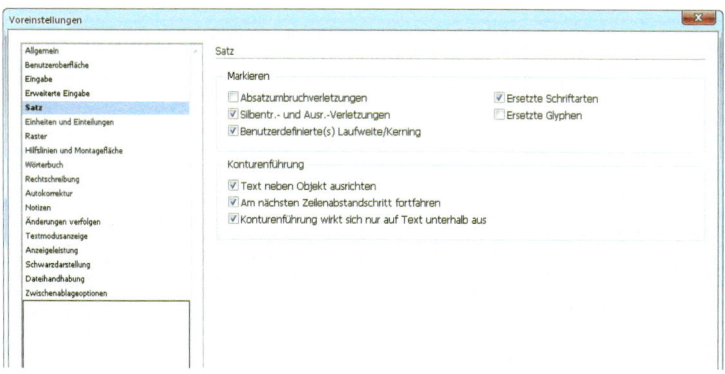

Abbildung 2.79 Auch über den kleinen Pfeil im Glyphenfeld greifen Sie auf Alternativzeichen zu.

OpenType-Attribute in einer Stilvorlage speichern

Für ein konsistentes Erscheinungsbild Ihrer Arbeit können Sie selbstverständlich auch OpenType-Attribute in einer Absatz- oder einer Zeichenstilvorlage speichern. Damit vermeiden Sie es auch, versehentlich unerwünschte OpenType-Features wie echte Brüche anzuwenden. Formatieren Sie dazu die entsprechende Textpassage mit den gewünschten OpenType-Features und erstellen Sie daraus eine Stilvorlage (vgl. **Kapitel 5**).

2.12 Den Satz überprüfen

InDesign bietet Ihnen eine wichtige Hilfe für gelungene Typografie: Markierungen, die Sie bei Bedarf aktivieren. Bestimmte Fehler und Unregelmäßigkeiten wie Löcher im Blocksatz, Anhäufungen von Trennungen oder ersetzte Schriften werden dann in verschiedenen Farben markiert hervorgehoben. Dies ist unabhängig davon, ob die verborgenen Zeichen im Text ein- oder ausgeblendet sind.

Wie immer bei den Voreinstellungen gilt: Sollen die vorgenommenen Einstellungen für alle Dokumente gelten, ändern Sie sie, während kein Dokument geöffnet ist. Sonst erstreckt sich ihre Wirkung nur auf das gerade aktuelle Dokument.

Abbildung 2.80 Typografische Probleme heben Sie über die Kategorie *Satz* des Dialogfelds *Voreinstellungen* hervor.

Witwen (die letzte Zeile eines Absatzes, die alleine am oberen Rand der nächsten Seite steht) werden traditionell auch als Hurenkinder, Waisen (die erste Zeile eines Absatzes, die alleine am unteren Rand der Vorseite steht) als Schusterjungen bezeichnet.

▶ Witwen und Waisen lassen sich in InDesign verhindern, indem Sie beim Definieren eines Absatzformats in der Kategorie *Umbruchoptionen* das Kontrollkästchen *Zeilen nicht trennen* sowie das Optionsfeld *Am Anfang/Ende des Absatzes* aktivieren und dann in die beiden Textfelder jeweils *2* eingeben. In ganz seltenen Fällen muss InDesign diese Einstellungen außer Kraft setzen, zum Beispiel wenn Sie einen Textrahmen erzeugen, der nur eine einzige Zeile fasst. Wenn Sie dann in den Voreinstellungen das Kontrollkästchen *Absatzumbruchverletzung* aktiviert haben, hebt InDesign alle Bereiche, in denen dies geschehen ist, gelb hervor.

▶ Wenn Sie mit Blocksatz arbeiten, sollten Sie auf jeden Fall das Kontrollkästchen *Silbentr.- & Ausr.-Verletzungen* aktivieren. Dies erleichtert Ihnen das Ausschließen des Blocksatzes. Zeilen mit Löchern oder zu enge Zeilen werden gelb hervorgehoben. Je dunkler das Gelb, desto gravierender das Problem!

Abbildung 2.81 Beim Blocksatz in engen Spalten kommt es trotz der guten InDesign-Satz-Engine schnell zu Ausschließproblemen, die Sie sich über die Voreinstellungen anzeigen lassen können.

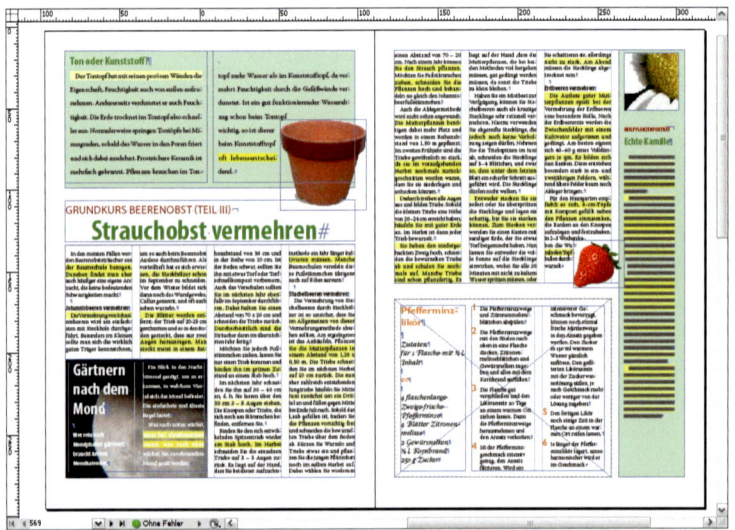

Um sämtliche Kerning- und Laufweitenänderungen zu entfernen, markieren Sie den gesamten Text (`Strg`/`⌘` + `A`) und betätigen die Tastenkombination `Alt` + `Strg`/`⌘` + `Q`.

▶ Ist das Kontrollkästchen *Benutzerdefinierte Laufweite/Kerning* aktiviert, sehen Sie sofort, an welchen Stellen im Dokument Sie eine benutzerdefinierte Laufweite zugewiesen haben, beispielsweise um Witwen, Waisen oder Ausgangszeilen zu vermeiden. InDesign hinterlegt alle Texte grün, denen Sie benutzerdefinierte Laufweitenänderungen bzw. benutzerdefiniertes Kerning zugewiesen haben. Diese Option kann sehr hilfreich sein, wenn Sie beispielsweise ein Dokument von einem anderen Workflow-Mitglied erhalten und prüfen möchten, ob die Typografie ordentlich umgesetzt wurde, oder wenn der Text redigiert wurde und die Laufweitenänderungen deshalb nicht mehr benötigt werden.

▶ Schriftprobleme sind eine unausweichliche Begleiterscheinung des Desktop-Publishing. Lassen Sie das Kontrollkästchen *Ersetzte Schriftarten* aktiviert, können Sie sofort sehen, ob InDesign die von Ihnen festgelegte Schrift finden und verwenden konnte oder ob die definierte Schrift nicht verfügbar ist und InDesign deshalb eine Ersatzschrift verwendet. Texte in nicht gefundenen Schriften erscheinen dann rosa hinterlegt.

▶ Haben Sie über das Bedienfeld *Glyphen* nicht auf der Tastatur verfügbare Zeichen in Ihrem Dokument verwendet, werden diese hervorgehoben, wenn das Kontrollkästchen *Ersetzte Glyphen* aktiviert ist.

Abbildung 2.82 Die über das Bedienfeld *Glyphen* eingefügten Zeichen werden markiert.

▶ Wenn Sie *Text neben Objekt ausrichten* auswählen, werden Zeilen bzw. Absätze auch dann im Blocksatz ausgerichtet, wenn sie sich neben einem Objekt mit Konturenführung befinden. In den meisten Fällen ist dies keine besonders hilfreiche Funktion. Ein Beispiel: Platzieren Sie ein Bild in der Mitte einer Textspalte, die nicht im Blocksatz ausgerichtet ist. Wählen Sie *Fenster* → *Konturenführung*. Aktivieren Sie das Symbol *Konturenführung um Objektform*. Wie Sie sehen, wird der Text an den Objektkanten im Blocksatz ausgerichtet, was mit ziemlicher Sicherheit zu Löchern oder zu engem Satz führt.

▶ Mit aktiviertem Kontrollkästchen *Am nächsten Zeilenabstandschritt fortfahren* erhalten Sie bei am Grundlinienraster ausgerichtetem Text (siehe **Kapitel 5**) häufig bessere Ergebnisse.

▶ Aktivieren Sie das Kontrollkästchen *Konturenführung wirkt sich nur auf Text unterhalb aus,* können Sie über ein Objekt mit Konturenführung einen Textrahmen legen, der dann nicht von der Konturenführung betroffen ist.

Layoutübernahme aus anderen Satzprogrammen

InDesign kann Dateien aus verschiedenen anderen Satzprogrammen konvertieren:

▶ QuarkXPress-3.3- oder -4.1x-Dokumente oder -Vorlagen
▶ QuarkXPress Passport 4.1x (nur einsprachige Dokumente)
▶ PageMaker-Dokumente und -Vorlagen ab Version 6.0

Dokumente, die in späteren Versionen von QuarkXPress erzeugt wurden, müssen Sie in QuarkXPress im 4.1-Format als einsprachige Version speichern, damit Sie sie in InDesign öffnen können.

Ob die Seitenlayoutelemente korrekt in InDesign übernommen werden, hängt jedoch unter anderem von den Satzvoreinstellungen ab. Wählen Sie den Befehl *InDesign/Bearbeiten* → *Voreinstellungen* → *Satz* und aktivieren Sie in der Kategorie Satz das Kontrollkästchen *Konturenführung wirkt sich nur auf Text unterhalb aus.* Die Kontrollkästchen *Text neben Objekt ausrichten* und *Am nächsten Zeilenabstandschritt fortfahren* sollten hingegen deaktiviert bleiben.

Wie angesprochen, ist es nicht mehr ohne Weiteres möglich, Dokumente aus den neuen QuarkXPress-Versionen in InDesign zu konvertieren. Die Firma Markzware bietet die Möglichkeit, QuarkXPress-Dokumente mit dem Tool Q2ID in InDesign zu konvertieren.

2.13 Tabellen importieren und gestalten

Für die übersichtliche Darstellung von Zahlenmaterial, Auflistungen, Vorgängen und Übersichten eignen sich Tabellen. Komplexe Sachverhalte lassen sich durch Tabellen häufig besser darstellen als durch Fließtextabsätze.

Tabellen erstellen und bearbeiten

Tabellen fügen Sie grundsätzlich in Textrahmen ein:

Übrigens können Sie Tabellen auch verschachteln, mit anderen Worten: eine neue Tabelle in eine vorhandene Tabelle einfügen.

1 Ziehen Sie mit dem Textwerkzeug T einen Textrahmen auf. Lassen Sie den Textcursor im Rahmen stehen und wählen Sie *Tabelle* → *Tabelle einfügen.* Alternativ: Falls die Tabelle im Fließtext Ihrer Seite angezeigt werden soll, positionieren Sie die Einfügemarke dort, wo Sie die Tabelle einfügen möchten, und wählen ebenfalls *Tabelle* → *Tabelle einfügen.*

2 Wählen Sie die gewünschte Anzahl Zeilen und Spalten. Darunter bestimmen Sie, ob Ihre Tabelle mit einer Kopf- und/oder einer Fußzeile ausgestattet werden soll.

3 Bestätigen Sie mit *OK*, um die Tabelle in der Breite des Textrahmens einzufügen. Die Zeilenhöhe richtet sich in der Grundeinstellung nach der Standardtextgröße dieses Rahmens.

Die Einfügemarke steht standardmäßig in der ersten Zelle der Tabelle. Sie können unmittelbar mit der Texteingabe beginnen. Der Text wird automatisch in die nächste Zeile der Zelle umbrochen, wenn er zu lang ist. In diesem Fall erweitert sich die gesamte Zellreihe nach unten. Dasselbe geschieht, wenn Sie in einer Zelle die ⏎-Taste drücken. Die Einfügemarke wird in die nächste Zeile gestellt, die Zeile wird dadurch höher. Jede Zelle verhält sich wie ein winziger Textrahmen.

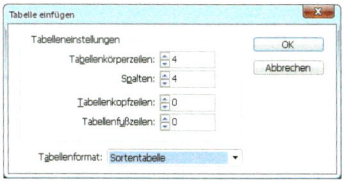

Abbildung 2.83 Im Dialogfeld *Tabelle einfügen* legen Sie fest, wie Ihre neue Tabelle aussehen soll.

▶ Um sich durch die Zellen der Tabelle zu bewegen, betätigen Sie die ⇆-Taste.

▶ Drücken Sie ⇧ + ⇆, um sich rückwärts zu bewegen. Wenn Sie die ⇆-Taste drücken, um zu einer Zelle zu gelangen, markieren Sie den gesamten Text in dieser Zelle. Arbeiten Sie lieber mit der Maus, klicken Sie an die Stelle in einer Zelle, an der die Einfügemarke stehen soll.

▶ Wenn Sie die letzte Zelle einer Tabelle (rechts unten) erreichen und dann die ⇆-Taste drücken, erzeugen Sie eine neue Zeile am Ende der Tabelle. Die Einfügemarke steht dann in der ersten Zelle dieser Zeile.

Den Übersatz von Tabellen können Sie wie andere Inhalte in Textrahmen in einen neuen Textrahmen fließen lassen. Wenn Sie Ihre Tabelle mit einer Kopf- bzw. einer Fußzeile ausgestattet haben, wird diese im neuen Textrahmen automatisch wiederholt.

In Tabellenzellen können Sie alle möglichen Arten von Inhalt einfügen – auch Bildrahmen, die Sie dann entweder von der Zelle beschneiden lassen oder die über die Zelle hinausragen (mehr über Bilder erfahren Sie im folgenden **Kapitel 3**).

Eine Tabelle aus vorhandenem Text erstellen

Sie können den Tabellentext zunächst auch in einen gewöhnlichen Textrahmen eingeben und ihn anschließend in eine Tabelle konvertieren. Achten Sie darauf, dass Sie die einzelnen Elemente durch Drücken der ⇆-Taste oder ein Komma voneinander trennen. Danach wählen Sie den Text mit dem Textwerkzeug **T** aus und wählen *Tabelle → Text in Tabelle konvertieren*.

Abbildung 2.84 Texte, die InDesign in eine Tabelle konvertieren soll, müssen durch Tabstopps oder Kommata getrennt sein.

Bestimmen Sie, welche Zeichen als Grundlage für das Trennen der Spalten und Zeilen verwendet werden sollen. Mit *OK* führen Sie die Konvertierung durch. Übrigens ist auch die umgekehrte Vorgehensweise möglich. Eine Tabelle lässt sich in eine durch Kommata, Tabstopps oder andere Zeichen getrennte Textliste konvertieren. Wählen Sie dazu *Tabelle → Tabelle in Text umwandeln*.

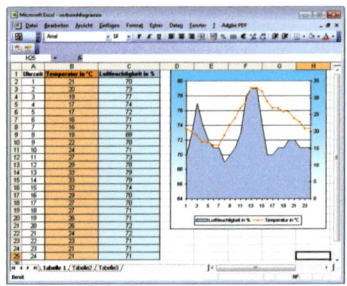

Abbildung 2.85 Dieses Excel-Tabellenblatt soll in InDesign importiert werden.

Abbildung 2.86 Im Dialogfeld *Microsoft Excel-Importoptionen* wählen Sie die gewünschten Einstellungen.

Eine Tabelle importieren

Nicht immer beginnen Sie direkt in InDesign, eine Tabelle von Grund auf aufzubauen. Häufig erhalten Sie fertiges Tabellenmaterial, beispielsweise aus Excel, das im Layout untergebracht werden soll. Eine solche Tabelle lässt sich relativ problemlos in InDesign importieren und danach gestalten. Auch Tabellen aus Word-Dateien erkennt InDesign beim Import und setzt sie im Layout um. Sie verwenden dazu wie üblich den Befehl *Datei → Platzieren*, nachdem Sie die Tabelle in Excel geschlossen haben.

Im oberen Bereich wählen Sie das gewünschte Tabellenblatt. Im unteren Bereich wählen Sie aus dem Pop-up-Menü *Tabelle* den Eintrag *Formatierte Tabelle*.

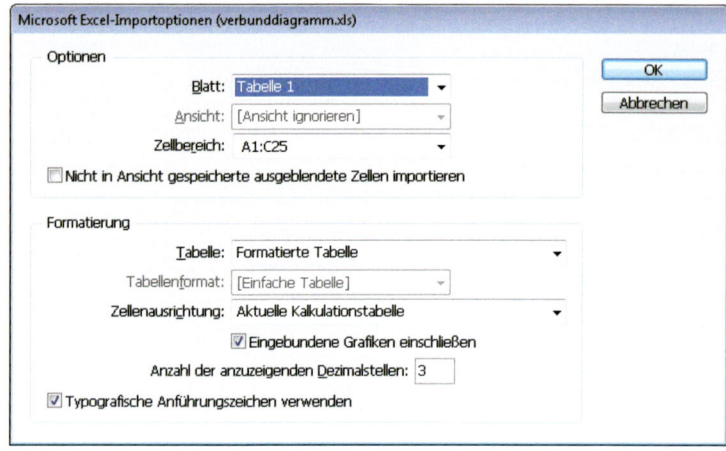

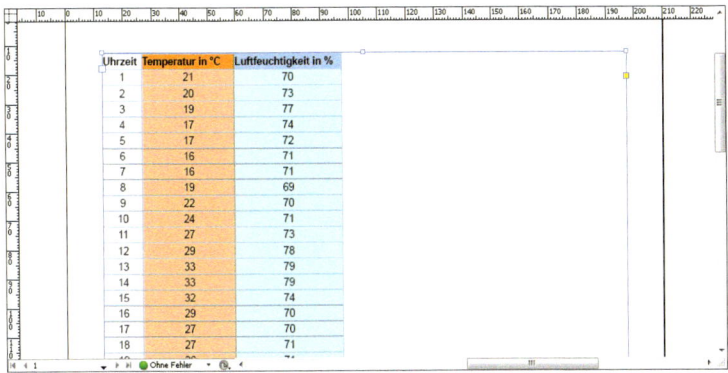

Abbildung 2.87 Die Tabelle ist einigermaßen korrekt formatiert importiert worden; das Diagramm fehlt.

Um ein Diagramm aus Excel in InDesign zu übernehmen, kopieren Sie es und fügen es zunächst in Illustrator ein. Wenn Sie es dann aus Illustrator erneut kopieren und in InDesign einfügen, wird es als Vektorgrafik im Satzprogramm platziert.

Die Bestandteile der Tabelle bearbeiten

Für die Bearbeitung der so erstellten oder importierten Tabelle stellt InDesign Ihnen das Menü *Tabelle* sowie das Bedienfeld *Tabelle* (Befehlsfolge *Fenster* → *Schrift & Tabellen* → *Tabelle)* zur Verfügung.

Beachten Sie bitte, dass Sie zur Tabellenbearbeitung stets das Textwerkzeug T ausgewählt haben sollten, damit die Funktionen in diesem Menü verfügbar sind.

Die Abmessungen von Zeilen oder Spalten der Tabelle ändern

InDesign bietet eine sehr intuitive Möglichkeit, die Abmessungen von Zellenbestandteilen zu ändern:

► Zeigen Sie mit dem Textwerkzeug auf die senkrechte Trennlinie zwischen zwei Spalten. Der Mauszeiger wird zu einem Doppelpfeil. Ziehen Sie mit gedrückter Maustaste nach rechts oder links, um die Spaltenbreite zu verändern.

► Analog funktioniert das Ändern der Spaltenhöhe. Zeigen Sie auf die waagerechte Trennlinie zwischen zwei Zeilen und ziehen Sie nach oben oder unten.

Während des Ziehvorgangs zeigt InDesign Ihnen die Umrisse der Tabelle. Das erleichtert die Arbeit ungemein.

Botanischer Name	Deutscher Name	Kulturbedingungen	Ruhezeit
Paphiopedilum	Venusschuh	temperiert	nein
Cattleya		kühl bis temperiert	unterschiedlich
Phalaenopsis	Schmetterlingsorchidee	Warm	nein
Oncidium	Schwielenorchidee	kühl bis temperiert	unterschiedlich
Odontoglossum	Zahnzunge	kühl bis temperiert	im Winter
Brassia	Spinnenorchidee	kühl bis temperiert	im Winter
Vanda		temperiert	keine
Miltonia	Stiefmütterchen-Orchidee	temperiert	keine
Cymbidium	Kahnlippe	kühl	im Winter

Abbildung 2.88 Ziehen Sie den Spaltentrenner, um die Breite der anliegenden Spalten zu ändern.

▶ Die Abmessungen der gesamten Tabelle ändern Sie hingegen, indem Sie entweder auf die rechte oder untere Tabellenkante zeigen oder auf die rechte untere Ecke. Ziehen Sie mit gedrückter Maustaste, um die Tabellengröße anzupassen.

Beachten Sie, dass Sie durch diese Maßnahmen die Größe des umgebenden Textrahmens nicht ändern. Um diesen nach der Tabellenskalierung an die neuen Gegebenheiten anzupassen, wählen Sie *Objekt → Anpassen → Rahmen an Inhalt anpassen*. Dieser Befehl ist auch im Kontextmenü verfügbar.

Zellen, Zeilen und Spalten auswählen

Für alle über diese grundlegenden Änderungsmöglichkeiten hinausgehenden Zellenbearbeitungen müssen Sie die entsprechenden Zellen, Zeilen oder Spalten auswählen.

▶ Möchten Sie sämtliche Zellen der Tabelle markieren, zeigen Sie mit dem Textwerkzeug auf die linke obere Tabellenecke, bis der Mauszeiger zu einem nach rechts unten weisenden Pfeil ➘ wird. Führen Sie einen Mausklick aus – die Tabelle wird vollständig ausgewählt.

Abbildung 2.89 Die gesamte Tabelle wählen Sie mit einem Klick auf ihre linke obere Ecke aus.

Botanischer Name	Deutscher Name	Kulturbedingungen	Ruhezeit
Paphiopedilum	Venusschuh	temperiert	nein
Cattleya		kühl bis temperiert	unterschiedlich
Phalaenopsis	Schmetterlingsorchidee	Warm	nein
Oncidium	Schwielenorchidee	kühl bis temperiert	unterschiedlich
Odontoglossum	Zahnzunge	kühl bis temperiert	im Winter
Brassia	Spinnenorchidee	kühl bis temperiert	im Winter
Vanda		temperiert	keine
Miltonia	Stiefmütterchen-Orchidee	temperiert	keine
Cymbidium	Kahnlippe	kühl	im Winter

▶ Möchten Sie eine Spalte oder Zeile auswählen, zeigen Sie mit der Maus vor bzw. über diese Spalte oder Zeile. Sobald der Mauszeiger zu einem entsprechenden Pfeil ➔ ↓ wird, klicken Sie.

Abbildung 2.90 Um eine ganze Zeile auszuwählen, genügt ein Klick vor diese Zeile.

Botanischer Name	Deutscher Name	Kulturbedingungen	Ruhezeit
Paphiopedilum	Venusschuh	temperiert	nein
Cattleya		kühl bis temperiert	unterschiedlich
Phalaenopsis	Schmetterlingsorchidee	Warm	nein
Oncidium	Schwielenorchidee	kühl bis temperiert	unterschiedlich
Odontoglossum	Zahnzunge	kühl bis temperiert	im Winter
Brassia	Spinnenorchidee	kühl bis temperiert	im Winter
Vanda		temperiert	keine
Miltonia	Stiefmütterchen-Orchidee	temperiert	keine
Cymbidium	Kahnlippe	kühl	im Winter

▶ Zellen innerhalb der Tabelle wählen Sie aus, indem Sie einfach über den entsprechenden Text innerhalb der Tabelle ziehen. Sobald die auf diese Weise erstellte Auswahl den Rand einer Zelle erreicht, markieren Sie keine Zeichen mehr, sondern ganze Zellen. Alle Zellen, über die Sie die Maus ziehen, werden ausgewählt. Um eine einzelne Zelle auszuwählen, drücken Sie einfach die Esc-Taste.

Drücken Sie die Esc-Taste in der Zelle ein zweites Mal, werden die Zellinhalte statt der Zelle selbst ausgewählt.

Zellbearbeitung

Unterscheiden Sie zwischen der Bearbeitung und Formatierung der gesamten Tabelle und der einzelnen Zellen.

Zellen verbinden und teilen

Recht häufig möchten Sie benachbarte Zellen zu einer einzigen Zelle zusammenfügen bzw. eine Zelle in mehrere Zellen aufteilen. Um mehrere Zellen zu einer einzigen zu verbinden, gehen Sie folgendermaßen vor:

1 Markieren Sie die Zellen, die Sie zusammenfügen möchten.
2 Im Bedienfeldmenü ▾☰ des Bedienfelds *Tabelle* (⇧ + F9) wählen Sie *Zellen verbinden*.
3 Die ausgewählten Zellen werden zu einer einzigen Zelle verbunden. Wenn sich zuvor in mehreren Zellen Text befand, wird dieser in der verbundenen Zelle in mehreren Absätzen dargestellt.

Ebenso teilen Sie eine einzelne Zelle über den Bedienfeldmenübefehl Zelle horizontal teilen bzw. Zelle vertikal teilen in mehrere Zellen auf.

Zellen verteilen

Manche Tabellen sehen besser aus, wenn alle Zeilen bzw. Spalten gleich breit bzw. hoch sind. Dies erreichen Sie über den Befehl *Zeilen gleichmäßig verteilen* bzw. *Spalten gleichmäßig verteilen* aus dem Bedienfeldmenü ▾☰ oder dem Kontextmenü der markierten Zeilen bzw. Spalten.

Die Anzahl der Zeilen und Spalten verändern

Müssen Sie in Ihre Tabelle eine weitere Spalte oder Zeile einfügen oder eine vorhandene Spalte oder Zeile löschen, geben Sie im Bedienfeld *Tabelle* (⇧ + F9) in die Felder *Anzahl der Zeilen* und *Anzahl der Spalten* die neue Zeilen- bzw. Spaltenanzahl ein.

Neue Zeilen bzw. Spalten fügt InDesign unter bzw. rechts von den vorhandenen Zellen ein. Wenn Sie die Zeilen- bzw. Spaltenanzahl

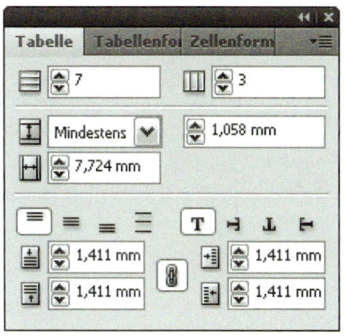

Abbildung 2.91 Im oberen Bereich des Bedienfelds *Tabelle* bestimmen Sie die Zeilen- und Spaltenanzahl Ihrer Tabelle.

verringern, löscht InDesign die entsprechende Anzahl Zeilen bzw. Spalten vom unteren bzw. vom rechten Tabellenrand.

Wenn Sie am Tabellenende eine neue Zeile anfügen möchten, klicken Sie in die letzte Zelle der letzten Zeile und betätigen die ⇆ - Taste. InDesign fügt automatisch eine neue Zeile am Tabellenende an. Beachten Sie, dass diese genauso formatiert ist wie die nun vorletzte Zeile.

Falls Sie mitten in der Tabelle eine neue Zeile oder Spalte einfügen möchten, gehen Sie folgendermaßen vor:

1 Klicken Sie in die Zeile, über oder unter der Sie eine neue Zeile bzw. in die Spalte, neben der Sie eine neue Spalte einfügen möchten.
2 Wählen Sie die Befehlsfolge *Tabelle* → *Einfügen* → *Zeile* bzw. *Tabelle* → *Einfügen* → *Spalte*.
3 Bestimmen Sie, wie viele Zeilen bzw. Spalten Sie einfügen möchten und an welcher Position im Verhältnis zur aktuellen Zeile bzw. Spalte.
4 Bestätigen Sie mit *OK*, um die neuen Zeilen bzw. Spalten einzufügen.

Zeilenhöhe und Spaltenbreite einstellen

Die Breite und Höhe ausgewählter Zellen legen Sie über die Felder im mittleren Abschnitt des Bedienfelds fest. Mit *Genau* bestimmen Sie einen fixen Wert. Dies hat den Nachteil, dass es bei einer Erhöhung des Schriftgrads zu Fehldarstellungen kommen kann. Besser ist deshalb meist der Eintrag *Mindestens*, der dieses Problem verhindert.

Die Ausrichtung des Zelleninhalts

Über die vier Schaltflächen in der dritten Gruppe des Bedienfelds ▭▭▭▤ legen Sie die Ausrichtung der Inhalte ausgewählter Zellen fest. Sie kennen die Optionen bereits vom Ausrichten von Text innerhalb seines Rahmens – *Oben, Zentriert, Unten* und *Blocksatz vertikal*.

Zudem können Sie den Text innerhalb der Zelle in 90-Grad-Schritten drehen ⊤⊣⊥⊢. Über die vier *Versatz*-Eingabefelder unten im Bedienfeld sorgen Sie für die notwendigen Abstände zwischen Text und Zellenrand.

Tabellenzellen formatieren

Genau wie andere Layoutelemente können Sie auch Tabellenzellen mit Konturen- und Flächenfarben versehen. Nachdem Sie die entsprechenden Tabellenzellen ausgewählt haben, weisen Sie ihnen die entsprechenden Flächen- und Konturenfarben sowie gegebenenfalls auch einen Konturtyp zu. Alternativ verwenden Sie dazu die Befehle des Untermenüs *Zellenoptionen*, das Sie sowohl im Bedienfeldmenü ▾≡ des Bedienfelds *Tabelle* als auch im Menü *Tabellen* finden.

Alle vier Befehle öffnen das Dialogfeld *Zellenoptionen* mit seinen vier Registerkarten. Hier stellen Sie Konturart, Konturfarbe, Flächenfüllung, Zeilenhöhe und vieles mehr für die ausgewählten Zellen ein. Im Register *Text* dieses Dialogfelds regeln Sie den Textfluss und die Textabstände innerhalb der ausgewählten Zellen.

Tabellen formatieren

Befehle, die für die Formatierung der gesamten Tabelle gelten, sind über den Befehl *Tabellenoptionen* des Bedienfeldmenüs ▾≡ bzw. des Menüs *Tabelle* verfügbar. Damit Sie auf diese Befehle zugreifen können, klicken Sie mit dem Textwerkzeug in eine beliebige Zelle Ihrer Tabelle. Über den Befehl *Tabelle einrichten* gelangen Sie in das Dialogfeld *Tabellenoptionen*. Hier finden Sie einige Optionen wieder, die Sie bereits aus dem Bedienfeld *Tabellen* kennen.

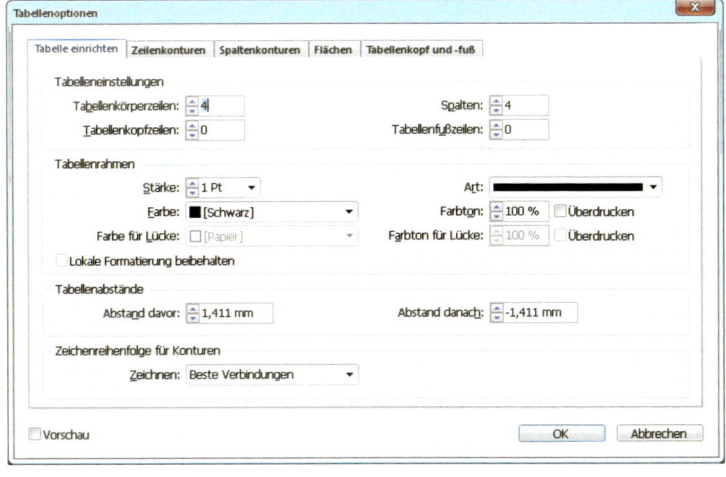

Abbildung 2.92 Weitergehende Formatierungsmöglichkeiten für Ihre Tabelle bietet Ihnen das Dialogfeld *Tabellenoptionen*.

So legen Sie hier beispielsweise über die Gruppe *Tabellenrahmen* die Art und Stärke des Gesamtrahmens um die Tabelle fest.

Aktivieren Sie das Kontrollkästchen *Lokale Formatierung beibehalten*, wenn Sie Konturen von Tabellenzellen so formatiert haben, dass ein Konflikt mit der Formatierung der Gesamttabelle auftreten würde. So stellen Sie sicher, dass die Formatierung der Zellenkonturen nicht durch die Tabellenformatierung überschrieben wird.

Alternierende Zeilen- und Spaltenformatierung

Gerade lange Tabellen sehen häufig besser aus und sind vor allem leichter zu überblicken, wenn Sie ihre Zeilen abwechselnd einfärben. Wählen Sie *Tabelle → Tabellenoptionen → Abwechselnde Flächen* oder zeigen Sie gleich im Dialogfeld *Tabellenoptionen* das Register *Flächen* an. Nun können Sie zwischen zwei verschiedenen Farben für jede aufeinanderfolgende oder für jeweils zwei bzw. drei Zeilen oder Spalten wählen.

Die Anzahl der aufeinanderfolgenden Zeilen oder Spalten, die jeweils dieselbe Flächenfüllung erhalten sollen, legen Sie im Pop-up-Menü *Abwechselndes Muster* des Registers *Flächen* fest.

Abbildung 2.93 Für diese Tabelle wurden abwechselnde Flächen eingesetzt. Die Flächen sind überdies mit Transparenzen versehen (siehe **Kapitel 4**) und mit einem Hintergrundrahmen in Form eines Farbverlaufs hinterlegt.

ORCHIDEEN FÜR DIE ZIMMERKULTUR			
Botanischer Name	**Deutscher Name**	**Kulturbedingungen**	**Ruhezeit**
Paphiopedilum	Venusschuh	temperiert	nein
Cattleya	–	kühl bis temperiert	unterschiedlich
Phalaenopsis	Schmetterlingsorchidee	Warm	nein
Oncidium	Schwielenorchidee	kühl bis temperiert	unterschiedlich
Odontoglossum	Zahnzunge	kühl bis temperiert	im Winter
Brassia	Spinnenorchidee	kühl bis temperiert	im Winter
Vanda	–	temperiert	keine
Miltonia	Stiefmütterchen-Orchidee	temperiert	keine
Cymbidium	Kahnlippe	kühl	im Winter

Abbildung 2.94 Bei Bedarf bestimmen Sie eine abwechselnde Füllung für die Zeilen oder Spalten der Tabelle.

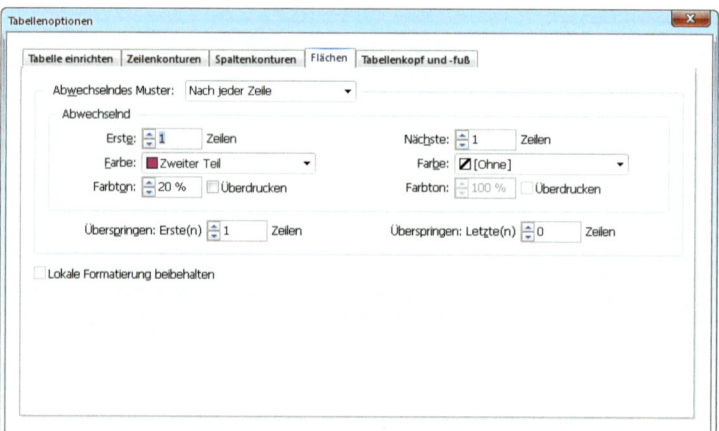

In der Gruppe *Abwechselnd* legen Sie die beiden verschiedenen Farben für die Zellfüllung fest. Ebenso können Sie alternierende Konturen für aufeinanderfolgende Zellen festlegen. Dazu verwenden Sie das Register *Spaltenkonturen* bzw. *Zeilenkonturen* des gezeigten Dialogfelds. Wenn Sie nun eine oder mehrere Zeilen in der Tabelle löschen oder hinzufügen, passt sich die alternierende Füllung automatisch an.

2.14 Zellen- und Tabellenformate einsetzen

Sobald Sie eine Tabelle fertig formatiert haben, können Sie sie in einem Tabellenformat speichern. Diese Funktion ist sehr praktisch, wenn Sie in einem längeren Dokument oder in mehreren Datenblättern immer wieder dieselbe Tabellenformatierung benötigen. Alternativ legen sie nur für bestimmte Zellen einen Stil an.

Mit Zellenformaten formatieren Sie beispielsweise die vertikale Ausrichtung innerhalb der Zelle, die Zellrahmenart und die Flächenfarbe. Mit Tabellenformaten formatieren Sie stets die gesamte Tabelle, beispielsweise die Tabellenkonturen, abwechselnde Flächenfarben, den Abstand vor und nach der Tabelle, die Zellenstile für Kopf- und Fußzeilen, den Tabellenkörper und linke und rechte Spalte.

Zellenformate erzeugen

1 Um nur die Formatierung einer einzelnen Zelle zur Wiederverwendung zu speichern, markieren Sie diese und zeigen das Bedienfeld *Fenster → Formate → Zellenformate* an.

2 Klicken Sie am unteren Bedienfeldrand auf das Symbol *Neues Format erstellen* 🔲. Das neue Format wird erzeugt. Doppelklicken Sie auf seinen Namen und überschreiben Sie diesen mit etwas Aussagekräftigerem. Wie Sie sehen, können Sie für den Text innerhalb dieser Zelle auch ein Absatzformat verwenden.

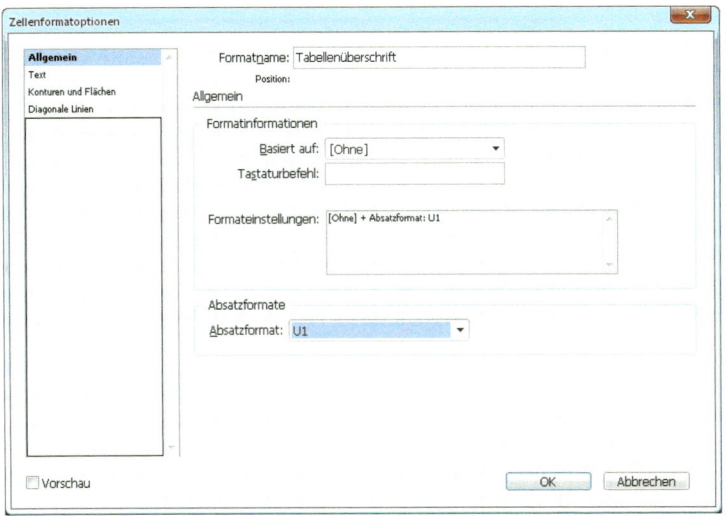

Abbildung 2.95 Verwenden Sie für den Text innerhalb der Zelle ein Absatzformat.

3 Bei Bedarf lässt sich das Erscheinungsbild des Formats nun noch über die Kategorien im linken Bereich des Dialogfelds anpassen.

4 Bestätigen Sie mit *OK*.

Anschließend können Sie die Zellen jeder beliebigen Tabelle im Dokument mit einem Klick auf den Formatnamen im Bedienfeld mit der entsprechenden Formatierung versehen.

Abbildung 2.96 Passen Sie bei Bedarf das Erscheinungsbild des Zellenformats an.

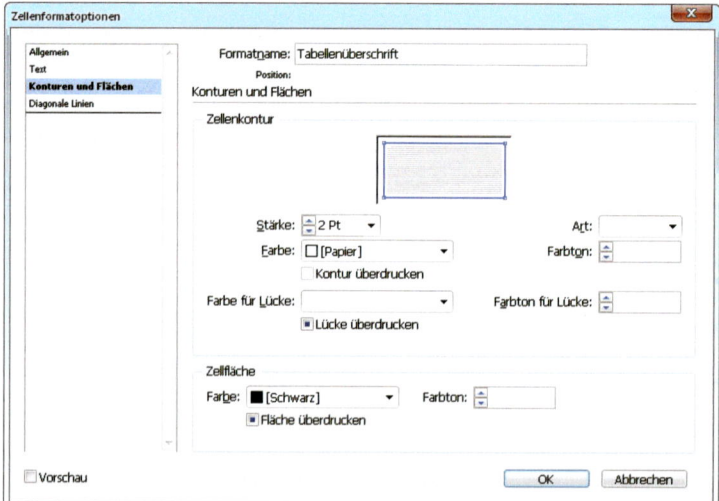

Abbildung 2.97 Ein neues Tabellenformat wurde angelegt.

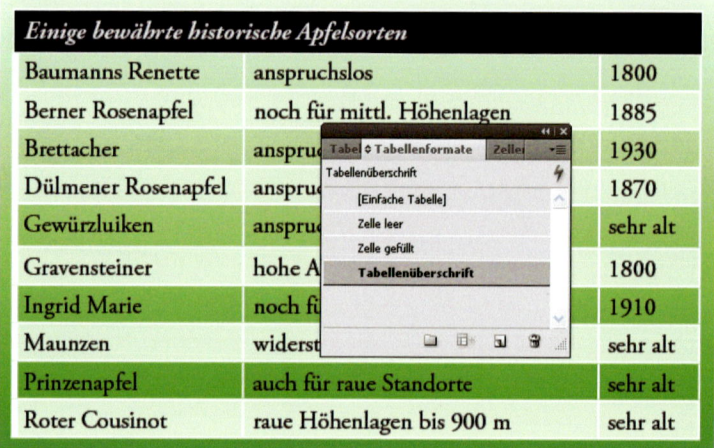

Tabellenformate erzeugen

Wenn Sie ganze Tabellen mit einem Klick formatieren möchten, verwenden Sie die Tabellenformate. Formatieren Sie Ihre Tabellentexte zunächst mit Absatzformaten und erzeugen Sie die entsprechenden Zellenformate, in die Sie diese Absatzformate einfließen lassen.

1   Zeigen Sie anschließend das Bedienfeld *Fenster → Formate → Tabellenformate* an und klicken Sie am unteren Bedienfeldrand auf das Symbol *Neues Format erstellen* ▣.

2   Doppelklicken Sie auf das neue Format und geben Sie ihm einen aussagekräftigen Namen.

3   In der Gruppe *Zellenformate* bestimmen Sie, welche Zellenformate für die einzelnen Elemente der Tabelle verwendet werden sollen.

Damit die erste Zeile der Tabelle vom Format tatsächlich als Tabellenkopfzeile angesehen wird, markieren Sie sie und wählen aus dem Kontextmenü den Befehl *In Tabellenkopfzeilen umwandeln*. Für die letzte Tabellenzeile wählen Sie entsprechend *In Tabellenfußzeilen umwandeln*.

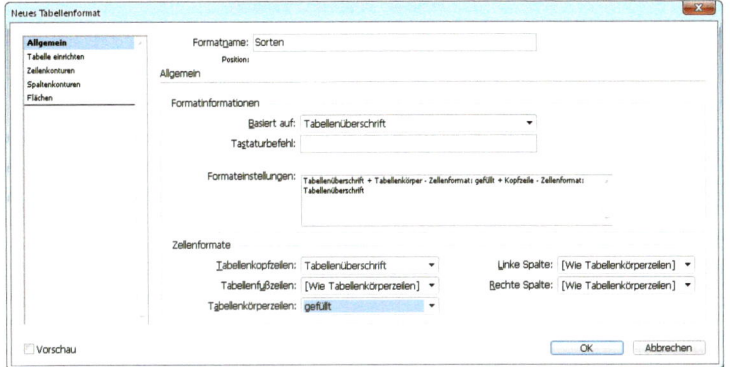

Abbildung 2.98 Legen Sie fest, welche Zellenformate für die einzelnen Tabellenbestandteile verwendet werden sollen.

4   In den weiteren Kategorien dieses Dialogfelds bestimmen Sie die übrigen Formatierungsoptionen für das neue Tabellenformat, beispielsweise die Konturart und -stärke oder die Flächenfarbe.

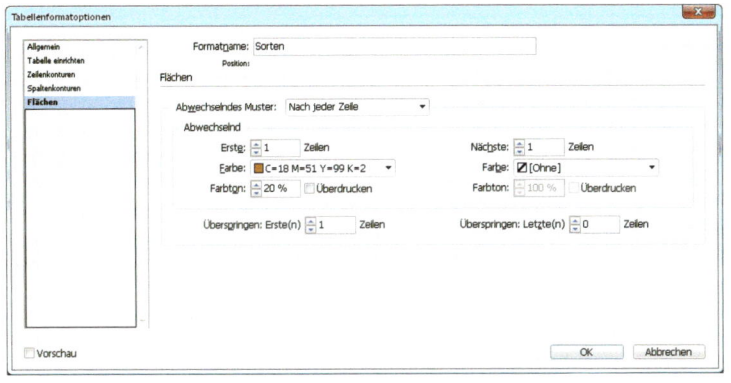

Abbildung 2.99 Für dieses Tabellenformat werden abwechselnde Zeilenfarben festgelegt.

Sobald Sie alles nach Ihren Wünschen eingerichtet haben, klicken Sie auf *OK*. Das Tabellenformat ist damit einsatzbereit. Markieren Sie die gewünschte Tabelle und klicken Sie im Bedienfeld *Tabellenformate* auf das soeben angelegte Format. Die Tabelle wird automatisch formatiert.

Beachten Sie bitte, dass alle bereits vorgenommenen Zuweisungen von Zellenformaten unverändert bleiben. In diesem Fall markieren Sie die entsprechenden Zellen und klicken im Bedienfeld *Zellenformate* auf *[Ohne]*.

Tabellenformate in andere Dokumente übernehmen

Auch dokumentübergreifend lassen sich Zellen- und Tabellenformate einsetzen. Öffnen Sie dazu das Dokument, in das Sie die Formate importieren möchten.

1 Öffnen Sie das Bedienfeldmenü des Bedienfelds *Zellenformate* bzw. *Tabellenformate* und wählen Sie *Zellenformate laden* bzw. *Tabellenformate laden*.

2 Suchen Sie das Quelldokument heraus und klicken Sie auf *Öffnen*. Aktivieren Sie die Kontrollkästchen vor allen Formaten, die Sie importieren möchten, und klicken Sie auf *OK*.

2.15 Seriendokumente erstellen

In InDesign gibt es eine Seriendokumentfunktion, mit der sich beispielsweise Etiketten und Briefumschläge auf komfortable Weise bedrucken lassen: die Datenzusammenführung. Im folgenden Beispiel sollen Versandetiketten erzeugt werden. Sie benötigen hierfür zwei „Zutaten":

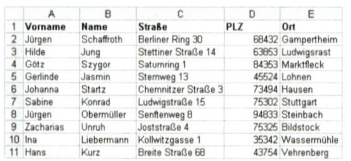

Abbildung 2.100 Als Datenquelle liegt oft ein Excel-Dokument vor.

▶ Eine Datenquelle mit allen Empfängeradressen. Im Beispiel liegt die Datenquelle in Microsoft Excel vor.

▶ Einen formatierten Rahmen mit Variablen. Diesen Rahmen und die Variablen erzeugen Sie in InDesign.

Die Excel-Tabelle können Sie nicht einfach in ihrer Originalform als Datenquelle nutzen. Sie müssen sie vielmehr in ein geeignetes Format bringen, zum Beispiel in das tab- oder kommaseparierte Textformat.

1 Öffnen Sie die Datenquelle in Microsoft Excel und wählen Sie *Datei → Speichern unter*.

2 Als Dateityp wählen Sie *Text (Tabstopp-getrennt)*.

3 Wählen Sie Dateiname und Ablageort und klicken Sie auf *OK*.

4 Bestätigen Sie auch die folgenden Meldungen mit *Ja*.

Abbildung 2.101 Die Datenquelle wurde in InDesign ausgewählt.

Nun wählen Sie in InDesign die Datenquelle aus.

1 Wählen Sie dazu *Fenster → Hilfsprogramme → Datenzusammenführung*.

2 Wählen Sie aus dem Bedienfeldmenü den Befehl *Datenquelle auswählen*.

3 Klicken Sie die vorher angelegte Textdatei an.

4 Im nächsten Dialogfeld vergewissern Sie sich, dass *Tabstopp* ausgewählt ist, und klicken auf *OK*.

5 Das Bedienfeld *Datenzusammenführung* enthält nun die Namen der Felder in Ihrer Datenquelle.

6 Erzeugen Sie in InDesign einen Textrahmen, der als Vorlage für die einzelnen Etiketten dient.

7 Positionieren Sie den Cursor an der Stelle, an der das erste Feld in Ihrem Dokument eingefügt werden soll.

8 Klicken Sie dann im Bedienfeld *Datenzusammenführung* auf den Namen des Feldes.

9 InDesign fügt einen Platzhalter für das Feld ein.

10 Fügen Sie auf diese Weise alle benötigten Platzhalter ein und formatieren Sie sie.

11 Bei Bedarf klicken Sie im Bedienfeld *Datenzusammenführung* auf das Kontrollkästchen *Vorschau*, damit Sie sich das Ergebnis Ihrer Arbeit besser vorstellen können.

Abbildung 2.102 Die Platzhalter wurden eingefügt.

Im letzten Schritt erzeugen Sie das Seriendokument.

1 Wählen Sie dazu aus dem Bedienfeldmenü den Befehl *Zusammengeführtes Dokument erstellen*.

2 Im folgenden Dialogfeld legen Sie den Bereich der Daten fest, die im Seriendokument enthalten sein sollen.

3 Wählen Sie aus dem Pop-up-Menü *Datensätze pro Dokumentseite* die Option *Mehrere Datensätze,* damit Ihre Seiten nicht nur einen Datensatz enthalten. Die Option *Einzelner Datensatz* eignet sich besser für Serienbriefe. Wenn Ihre InDesign-Datei mehr als eine Seite enthält, ist die Option *Mehrere Datensätze* nicht verfügbar.

4 Aktivieren Sie die Register *Layout mit mehreren Datensätzen* sowie *Optionen*. Bestimmen Sie hier das Erscheinungsbild Ihres Adressenbogens.

5 Mit einem Klick auf *OK* erzeugen Sie schließlich Ihr Seriendokument.

Abbildung 2.103 Das Seriendokument wurde erzeugt.

2.16 Die Rechtschreibprüfung

Vor allem längere Texte sollten Sie einer Rechtschreibprüfung unterziehen. Damit machen Sie schnell Wörter im Dokument ausfindig, die nicht mit den im integrierten Wörterbuch eingetragenen Begriffen übereinstimmen.

Achten Sie darauf, dass dem zu prüfenden Text die richtige Sprache zugewiesen ist, damit die Rechtschreibprüfung korrekt funktioniert.

Die Rechtschreibprüfung gibt Ihnen ein gewisses Maß an Sicherheit, dass Ihre Arbeit korrekt ist. Passen Sie trotzdem auf. Keine Rechtschreibprüfung kann Ihnen mitteilen, wenn Sie Wörter falsch verwendet haben, beispielsweise das Wort »dass« mit einfachem statt mit doppeltem »s« geschrieben haben. Die Rechtschreibprüfung kann also das Korrekturlesen nicht ersetzen, sondern nur ergänzen.

In den Voreinstellungen lässt sich die dynamische Rechtschreibprüfung über das Kontrollkästchen *Dynamische Rechtschreibprüfung aktivieren* in der Kategorie *Rechtschreibung* einschalten. So erhalten Sie bereits während der Arbeit eine optische Rückmeldung in Form einer Zickzacklinie unter als Rechtschreibfehler erkannten Wörtern. Sie können hier auch die Farbe für die einzelnen Fehlerarten einstellen. Beachten Sie bitte, dass die dynamische Rechtschreibprüfung Ihrem Computer einiges an Rechenleistung abverlangt, da bei jeder Textänderung der betreffende Abschnitt erneut geprüft wird.

Sind Sie wegen eines Wortes unsicher, kann InDesign Ihnen Alternativschreibweisen zeigen. Das Programm durchsucht sein Wörterbuch nach passenden Begriffen und zeigt Ihnen eine Liste anderer Schreibweisen. Um die Rechtschreibprüfung durchzuführen, gehen Sie folgendermaßen vor:

1 Vergewissern Sie sich zunächst im Bedienfeld *Zeichen* (*Fenster → Schrift & Tabellen → Zeichen* bzw. ⌨Strg/⌘ + T), dass die gewünschte Sprache ausgewählt ist, zum Beispiel *Deutsch: Rechtschreibreform 2006*.

2 Wählen Sie *Bearbeiten → Rechtschreibprüfung* oder die Tastenkombination ⌨Strg/⌘ + I.

3 Legen Sie über das Pop-up-Menü *Durchsuchen* fest, welchen Textbereich InDesign überprüfen soll.

4 Die Rechtschreibprüfung beginnt an der Position der Einfügemarke und überprüft den angegebenen Textbereich. InDesign scrollt durch das Dokument und vergleicht jedes Wort mit dem Wörterbuch. Mehr über die Wörterbücher erfahren Sie weiter hinten.

5 Sobald das Programm auf ein ihm unbekanntes Wort stößt, wird dieses Wort im Text hervorgehoben und im Feld *Nicht im Wörterbuch* angezeigt.

Jetzt bieten sich Ihnen die folgenden Möglichkeiten:

▶ Finden Sie in der Liste *Korrekturvorschläge* die korrekte Schreibweise, markieren Sie diese und klicken Sie dann auf *Ändern*. Das im Text markierte Wort wird entsprechend Ihrer Auswahl abgeändert.

▶ Klicken Sie auf *Alle ändern*, um alle Vorkommen des falsch geschriebenen Worts im Dokument zu ändern.

▶ Wenn keines der Wörter in der Liste *Korrekturvorschläge* passt, können Sie das Wort im Feld *Ändern in* selbst manuell bearbeiten. Danach klicken Sie auf die Schaltfläche *Ändern*.

▶ Oder Sie wählen *Überspringen*, um das Wort so zu lassen, wie es ist.

▶ Wenn InDesign ein Wort nicht in seinem Wörterbuch findet, obgleich es richtig geschrieben ist, können Sie es dem Wörterbuch hinzufügen: Klicken Sie auf *Hinzufügen*. Das Programm fügt das Wort dann dem aktuell ausgewählten Wörterbuch hinzu.

Ein kleines Meldungsfenster zeigt an, wenn die Rechtschreibprüfung am Ende des Dokuments oder des von Ihnen gewählten Bereichs angelangt ist.

Sie können die Rechtschreibprüfung anhalten, um Ihr Dokument zu bearbeiten, ohne das Dialogfeld *Rechtschreibprüfung* zu schließen. Verschieben Sie das Dialogfeld, sodass Sie die zu bearbeitende Stelle sehen können. Klicken Sie in das Dokument, um das Dokumentfenster zu aktivieren. Nachdem Sie das Dokument bearbeitet haben, klicken Sie im Dialogfeld *Rechtschreibprüfung* auf die Schaltfläche *Starten*, um die Rechtschreibung fortzusetzen.

Die Wörterbücher bearbeiten

Wenn Sie häufig mit technischen oder anderen Fachtexten arbeiten, moniert die Rechtschreibprüfung viele Begriffe, die nicht zum gängigen Wortschatz gehören, weil das Programm sie nicht in seinem Wörterbuch findet – egal, ob Sie diese richtig oder falsch geschrieben haben.

Über die Schaltfläche *Hinzufügen* in der Rechtschreibprüfung können Sie das Wort im Wörterbuch ergänzen, sodass es von nun an nicht mehr als fehlerhaft angezeigt wird. Haben Sie bereits eine Liste mit Fachausdrücken, die besonders häufig vorkommen, können Sie die Rechtschreibprüfung von vornherein so einstellen, dass diese Begriffe nicht reklamiert werden.

Die InDesign-Rechtschreibprüfung fahndet bei Bedarf auch nach verschiedenen anderen Problemen, etwa doppelten Wörtern (damit damit). Wie das Programm hier genau verfahren soll, legen Sie über Bearbeiten → Voreinstellungen in der Kategorie Rechtschreibung fest.

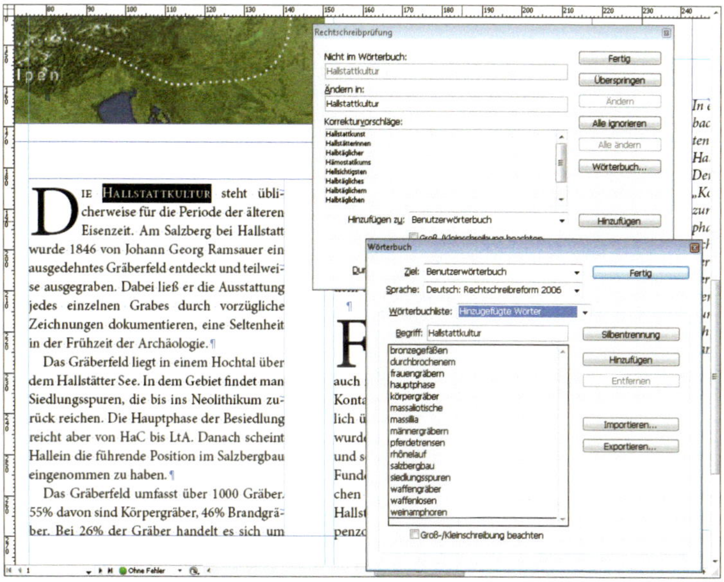

Abbildung 2.104 Fügen Sie dem Wörterbuch bei Bedarf weitere Begriffe hinzu.

1 Wählen Sie dazu *Bearbeiten* → *Rechtschreibprüfung* → *Wörterbuch*.

2 Im Popup-Menü *Ziel* legen Sie fest, welches Wörterbuch Sie bearbeiten möchten. Sie können hier entscheiden, ob die neuen Begriffe dem globalen InDesign-Wörterbuch oder nur einem der momentan geöffneten Dokumente hinzugefügt werden sollen. Darunter ändern Sie gegebenenfalls die Sprache.

3 Vergewissern Sie sich, dass im Popup-Menü *Wörterbuchliste* der Eintrag *Hinzugefügte Wörter* aktiviert ist. Geben Sie den entsprechenden Begriff ein.

4 Mit einem Klick auf die Schaltfläche *Silbentrennung* können Sie noch die richtige Trennung für dieses Wort einstellen. Sie verwenden dazu Tilde-Symbole (~). Eine Tilde bezeichnet die optimale bzw. einzige Trennungsmöglichkeit im Wort, zwei Tilden die zweitbeste Möglichkeit und drei Tilden die drittbeste. Ein Wort, das nie getrennt werden soll, lassen Sie mit einer Tilde – `AltGr` + `+` (Windows) bzw. `Alt` + `N` (Mac) – beginnen.

5 Klicken Sie anschließend auf die Schaltfläche *Hinzufügen*.

Achten Sie jetzt besonders darauf, dass Sie alle Wörter korrekt schreiben, denn diese Schreibweise dient InDesign von nun an als Grundlage für die Rechtschreibprüfung. Manchmal kommt es vor, dass für ein Wort in verschiedenen Wörterbüchern verschiedene Schreibweisen eingetragen sind. Hier betrachtet InDesign die Schreibweise des am weitesten oben in der Liste stehenden Wörterbuchs als korrekt.

Die meisten Layouts enthalten nicht nur Texte, sondern auch Grafiken. Diese Elemente werden häufig in externen Programmen vorbereitet und dann in das InDesign-Layout eingefügt. Das folgende Kapitel zeigt Ihnen, wie Sie dabei schnell und sicher zum Ziel kommen.

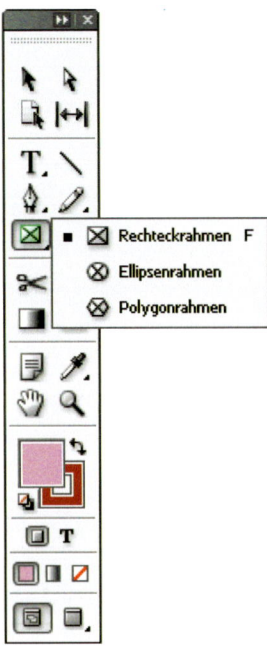

Abbildung 3.1 Die Rahmenwerkzeuge im Werkzeugbedienfeld.

3.1 Zeichnen

Auch Grafiken werden in Indesign stets in Rahmen eingefügt.

▶ Einen solchen Rahmen erzeugen Sie mit den Werkzeugen *Rechteckrahmen* , *Ellipsenrahmen* und *Polygonrahmen* , die Sie alle in demselben Pop-up-Menü des Werkzeugbedienfelds finden.

▶ Mehreckige oder sternförmige Grafikrahmen erstellen Sie mit dem Werkzeug *Polygon.* Doppelklicken Sie auf dieses Werkzeug, erscheint das Dialogfeld *Polygon-Einstellungen* , in dem Sie das Aussehen des Rahmens genauer festlegen können. Gleichseitige Formen erhalten Sie mit zusätzlich gedrückter -Taste.

Den leeren Grafikrahmen erkennen Sie daran, dass er diagonal durchkreuzt erscheint. Selbstverständlich können Sie in InDesign Grafiken aber auch in allen anderen Objekttypen platzieren – einschließlich frei gezeichneter Pfade, auf die wir im nächsten Abschnitt eingehen.

Frei geformte Rahmen zeichnen

InDesign bietet Ihnen verschiedene Illustrationswerkzeuge, die denen anderer Adobe-Programme stark ähneln. Zum Beispiel arbeiten die Werkzeuge *Zeichenstift* und *Buntstift* in InDesign genauso wie in Photoshop und Illustrator. Mit diesen Werkzeugen zeichnen Sie gerade und kurvige Pfade und Rahmen in jeder beliebigen Form. Eine einmal gezeichnete Form kann problemlos wieder geändert werden.

▶ Mit dem *Buntstift* (Taste) arbeiten Sie genauso wie in der »realen Welt« mit einem Buntstift – mit einem wichtigen Unterschied: InDesign kann die von Ihnen gezeichnete Linie glätten, sobald Sie die Maustaste loslassen. Wie stark diese Glättung ist, hängt von Ihren Einstellungen ab. Doppelklicken Sie auf das Buntstift-Werkzeug. Über den Regler *Genauigkeit* des Dialogfelds *Voreinstellungen für Buntstift-Werkzeug* stellen Sie ein, wie genau der Bleistift auf Ihre Mausbewegungen reagieren soll. Stellen Sie hier einen besonders hohen Wert ein, zeichnen Sie schnurgerade Linien oder glatte Kurven. Ein hoher Glättungswert tut ein Übriges. Bei einem niedrigen Genauigkeits- und Glättungswert spiegelt die Zeichnung jede Mausbewegung wider. Solange Sie die Maustaste nach dem Setzen eines Ankerpunkts noch nicht freigegeben haben, können Sie den Punkt noch verschieben, indem Sie zusätzlich die Leertaste gedrückt halten. Diese Technik funktioniert auch mit dem Zeichenstift.

▶ Das wohl am häufigsten gebrauchte Zeichenwerkzeug ist der *Zeichenstift* 🖊 (Taste P).

1 Möchten Sie mit dem Zeichenstift eine gerade Linie ziehen, platzieren Sie den Mauszeiger auf der gewünschten Position in Ihrem Dokument und klicken. Dadurch definieren Sie den ersten sogenannten Ankerpunkt der Linie, also den Startpunkt, der durch ein ausgefülltes Quadrat markiert wird.

2 Bestimmen Sie die Position des zweiten Ankerpunkts der Linie, indem Sie auf die gewünschte Stelle auf Ihrem Bild klicken. Die beiden Ankerpunkte werden durch eine gerade Linie verbunden.

3 Fahren Sie fort, Ankerpunkte zu setzen, bis Sie mehrere gerade Linienabschnitte erzeugt haben. Der zuletzt erstellte Ankerpunkt ist immer gefüllt, alle anderen sind ungefüllt. Wenn Sie beim Erstellen der Ankerpunkte die ⬆ -Taste gedrückt halten, erzielen Sie Linien mit einer Neigung von 45°.

4 Soll Ihr Pfad offen bleiben (Sie können dann trotzdem eine Grafik darin platzieren), klicken Sie erneut im Werkzeugbedienfeld auf das Symbol *Zeichenstift* 🖊. Alternativ halten Sie die Strg/⌘ -Taste gedrückt und klicken an eine beliebige Stelle außerhalb des Pfads. Möchten Sie hingegen einen geschlossenen Pfad erzielen, zeigen Sie auf den ersten Ankerpunkt. Dem Mauszeiger-Symbol wird ein kleiner Ring hinzugefügt. Klicken Sie und der Pfad wird geschlossen.

Zudem haben Sie auch die Möglichkeit, mit diesem Werkzeug gekrümmte Kurven zu erstellen. Solche Bézier-Kurven werden durch die Eigenschaften zweier Punkte berechnet, sodass Sie mit dem Zeichenstift lediglich zwei Punkte setzen müssen, um eine Kurve zu erstellen. Fortlaufende Kurven zeichnen Sie folgendermaßen:

Abbildung 3.2 Links: Bei einem hohen Genauigkeits- und Glättungswert zeichnen Sie mit dem Buntstift glatte Kurven. Rechts: Bei einem niedrigen Glättungswert folgt der Pfadverlauf jeder Mausbewegung.

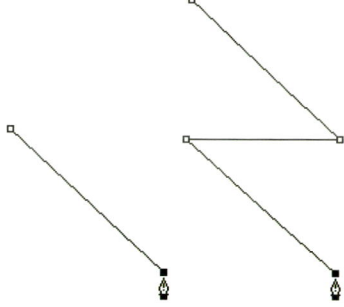

Abbildung 3.3 Links: Aus zwei Punkten erzeugen Sie mit dem Zeichenstift einen linearen Pfad. Rechts: Erzeugen Sie durch Mausklicks weitere gerade Pfadabschnitte.

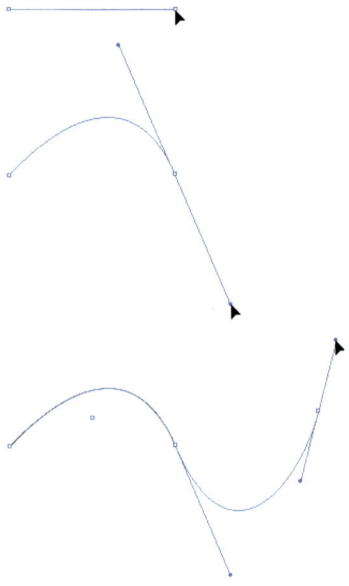

1 Klicken Sie mit dem Zeichenstift, um einen Anfangspunkt zu setzen. Geben Sie die Maustaste frei und klicken Sie an diejenige Stelle, an der das Kurvensegment enden soll. Halten Sie die Maustaste gedrückt. Auch hier erscheint ein Punkt.

2 Bewegen Sie den Mauszeiger mit gedrückter Maustaste. Es erscheinen zwei Ziehpunkte, die mit dem Glättungspunkt verbunden sind. Der Abstand der Ziehpunkte zum Glättungspunkt bestimmt die Krümmung der Kurve. Der Winkel der Ziehpunkte zum Kurvenpunkt bestimmt ihre Neigung.

3 Ziehen Sie weiter. Sie sehen, wie sich eine Kurve bildet. Ziehen Sie so lange an den entstandenen Ziehpunkten, bis die Kurve Ihren Vorstellungen entspricht.

4 Sobald das Kurvensegment das gewünschte Aussehen besitzt, lassen Sie die Maustaste los.

5 Mit einem Mausklick bestimmen Sie nun den Endpunkt des nächsten Kurvensegments.

6 Halten Sie auch hier die Maustaste gedrückt und bestimmen Sie mit der entsprechenden Bewegung die Krümmung und den Winkel dieses Segments. Fahren Sie fort, bis Sie den gewünschten Pfad erstellt haben.

Abbildung 3.4 Setzen Sie zwei Ankerpunkte, ziehen Sie vom Ankerpunkt weg und lassen Sie die Maustaste dann los. Klicken Sie an eine andere Stelle und ziehen Sie mit gedrückter Maustaste in die entgegengesetzte Richtung.

Nachdem Sie einen Pfad abgeschlossen haben, erzeugen Sie neue Ankerpunkte, indem Sie auf eine freie Fläche des Dokumentfensters klicken. Dazu muss das Zeichenstift-Werkzeug noch aktiviert sein. Die Ankerpunkte werden aallerdings nicht dem vorhandenen Pfad zugefügt, sondern es wird ein neuer Pfad erstellt.

Abbildung 3.5 Fahren Sie fort, bis Sie alle benötigten Kurvensegmente erstellt haben.

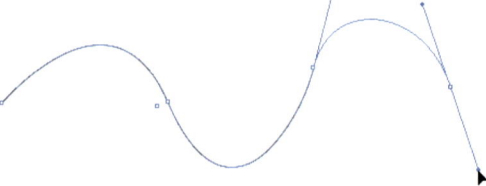

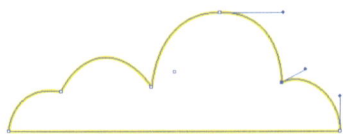

Abbildung 3.6 Dieser geschlossene Pfad besteht aus nicht fortlaufenden Kurven.

Wenn Sie alle für den Pfad erforderlichen Kurvensegmente gezeichnet haben, schließen Sie die Eingabe so ab, wie Sie es weiter oben gesehen haben. Sie können auch hier offene oder geschlossene Pfade erzeugen und diese anschließend füllen oder ihre Kontur ändern.

Für nicht fortlaufende Kurven zeigen Sie mit dem Cursor auf den letzten Ankerpunkt und drücken die [Alt]-Taste. Lassen Sie die [Alt]- sowie die Maustaste los und klicken Sie an die Stelle, an der das Kurvensegment enden soll. Ziehen Sie mit gedrückter Maustaste, um die Kurvenkrümmung zu bestimmen.

In einer einzigen Zeichnung können Sie gerade und gebogene Segmente kombinieren. Wenn Sie ein gerades Segment erstellen möchten, klicken Sie einfach an den Endpunkt des Kurvenabschnitts, für ein gebogenes Segment klicken und ziehen Sie wie oben erläutert.

Pfade bearbeiten

Alle gezeichneten Pfade können Sie – genau wie auch rechteckige, ellipsenförmige und anders geformte Rahmen – noch nachbearbeiten. In den meisten Fällen ist es notwendig, an einer Bunt- oder Zeichenstiftzeichnung einen Endschliff durch Veränderung von Art und Verlauf der Linien durchzuführen. Auf diese Weise können Sie zum Beispiel einen etwas »krakelig« gezeichneten Buntstiftpfad glätten und verfeinern oder zu schwungvoll oder zu flach geratene Zeichenstiftkurven korrigieren.

1 Möchten Sie einen Zeichenpfad nachträglich bearbeiten, benötigen Sie dazu seine Ankerpunkte.
2 Diese werden sichtbar, wenn Sie mit dem Direktauswahl-Werkzeug ▶ auf den Pfad zeigen.
3 Wählen Sie nun den Ankerpunkt aus, dessen angrenzende Kurvensegmente Sie bearbeiten möchten.

Bei Bedarf wählen Sie auch mehrere Ankerpunkte aus, indem Sie die ⬆-Taste gedrückt halten und die gewünschten Ankerpunkte nacheinander anklicken. Oder Sie ziehen – ebenfalls mit dem Direktauswahl-Werkzeug – einen Rahmen um die Ankerpunkte, die in der Auswahl enthalten sein sollen. Dass Sie einen oder mehrere Ankerpunkte ausgewählt haben, erkennen Sie daran, dass diese gefüllt dargestellt werden.

▶ Genauso wie Sie Objekte verschieben können, können Sie auch einzelne Ankerpunkte einer Kurve verschieben, indem Sie sie mit dem Direktauswahl-Werkzeug an eine andere Stelle ziehen.

▶ Die mit dem Ankerpunkt verbundenen Segmente ändern entsprechend ihre Form und Position. Um ausgewählte Ankerpunkte in 0,25-mm-Schritten zu verschieben, bedienen Sie sich der Pfeiltasten.
▶ Halten Sie die ⬆-Taste gedrückt, während Sie die Pfeiltasten betätigen, verschieben Sie die Ankerpunkte in 2,5-mm-Schritten.

Genaue Informationen über die Koordinaten beim Verschieben eines Ankerpunkts erhalten Sie im Bedienfeld *Steuerung*.

Übrigens: Die nachfolgend besprochenen Möglichkeiten können Sie nicht nur auf frei gezeichnete Pfade anwenden, sondern genauso auf die mit den Standardwerkzeugen erstellten Rahmen.

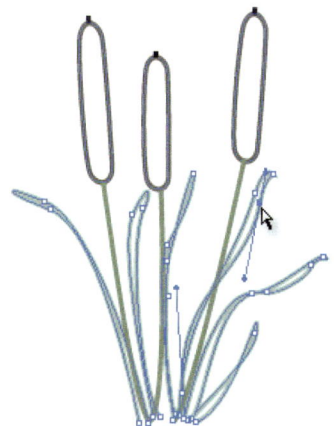

Abbildung 3.7 Die Form der mit dem Zeichenstift gezeichneten Gräser soll noch bearbeitet werden. Zu diesem Zweck wurde einer der Ankerpunkte mit dem *Direktauswahl-*Werkzeug ausgewählt.

Die Pfadform ändern

Durch das Verschieben von Ankerpunkten haben Sie keine große Kontrolle über den Kurvenverlauf an sich. Zweifellos haben Sie aber schon bemerkt, dass sich an einigen Ankerpunkten nach dem Auswählen eine oder zwei blaue Linien bilden, die sogenannten Richtungslinien. Diese Richtungslinien und die Richtungspunkte an ihren Enden dienen zum Verformen der angrenzenden Kurventeilstücke. Wenn Sie einen der Richtungspunkte anklicken und ihn mit gedrückter Maustaste ziehen, gehen die Richtungslinien mit und ändern damit den Verlauf des Pfadsegments. Wichtig ist in diesem Zusammenhang, dass es zwei verschiedene Arten von Ankerpunkten gibt:

▶ Eckpunkte entstehen beim Erstellen von geraden Linien oder von nicht fortlaufenden gebogenen Segmenten. Sie stellen eine Art Gelenk zwischen zwei Liniensegmenten dar.

▶ Glättungspunkte entstehen beim Erstellen von gebogenen, weichen Übergängen zwischen zwei nebeneinanderliegenden Kurven. Einen markierten Glättungspunkt erkennen Sie auch daran, dass er über zwei gegenüberliegende Richtungslinien verfügt. Mit den Endpunkten dieser Linien, den sogenannten Richtungspunkten, verändern Sie die Krümmung der Kurve, indem Sie sie mit gedrückter Maustaste in die gewünschte Richtung ziehen. Beachten Sie, dass bei Glättungspunkten beide Ziehpunkte für die Krümmung wichtig sind und diese beeinflussen. Je weiter Sie einen Richtungspunkt vom Ankerpunkt wegziehen, desto stärker wird die zugehörige Kurve gekrümmt. Der Abstand der Richtungspunkte zum Ankerpunkt bestimmt die Krümmung der Kurve. Sobald Sie die Maustaste freigeben, wird die Änderung ausgeführt.

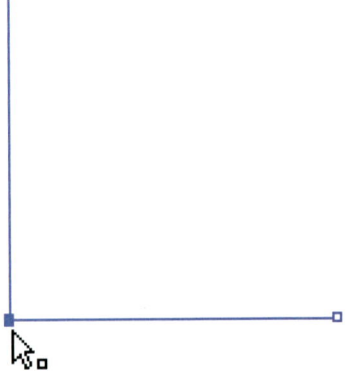

Abbildung 3.8 Markierter Eckpunkt.

Abbildung 3.9 Durch Ziehen der Richtungspunkte formen Sie den Pfad.

Abbildung 3.10 Die Länge und der Winkel der Richtungslinie bestimmt das Aussehen der zugehörigen Segmente.

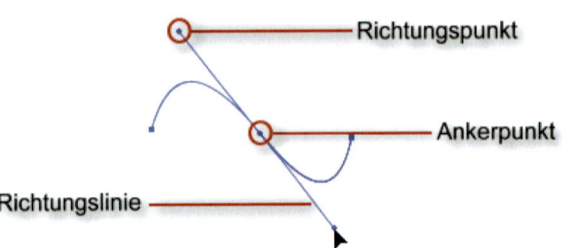

Der Winkel der Ziehpunkte zum Glättungspunkt bestimmt die Neigung der Kurve. Ziehen Sie die Richtungspunkte direkt auf die zugehörigen Ankerpunkte, erhalten Sie Geraden.

Linien in Kurven umwandeln, Kurven in Linien umwandeln

Gerade Segmente wandeln Sie nachträglich mit dem Werkzeug *Richtungspunkt umwandeln* ⬀ (⇧ + C) in gekrümmte Segmente um. Sie finden dieses Werkzeug in der Gruppe des Zeichenstift-Werkzeugs.

1   Klicken Sie mit dem Werkzeug auf den Eckpunkt, den Sie in einen Glättungspunkt umwandeln möchten.
2   Halten Sie die Maustaste gedrückt und ziehen Sie. Am Punkt bilden sich Richtungslinien.
3   Ziehen Sie die Richtungslinien in die gewünschte Richtung, um die neu erstellten Kurvensegmente zu formen.

Im umgekehrten Fall lässt sich ein Glättungspunkt in einen Eckpunkt umwandeln und die angrenzenden Segmente lassen sich in gerade Linien umgestalten. Klicken Sie den Glättungspunkt dazu mit dem Werkzeug *Richtungspunkt umwandeln* ⬀ an.

Eine weitere Möglichkeit, die Punktart zu ändern, führt über den Befehl *Objekt → Punkt konvertieren*.

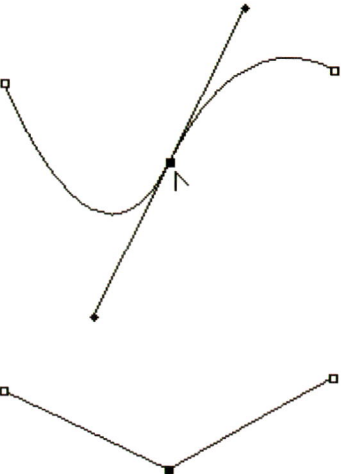

Abbildung 3.11 Klicken Sie mit dem Werkzeug *Richtungspunkt umwandeln* auf einen Glättungspunkt, um ihn in einen Eckpunkt mit angrenzenden geraden Segmenten zu konvertieren.

Abbildung 3.12 Das Eichhörnchen wurde zunächst mit geraden Linien skizziert und später mit dem Werkzeug *Direktauswahl* ausgeformt.

Ankerpunkte einfügen und löschen

Das Einfügen eines neuen Ankerpunkts wird immer dann nötig, wenn Sie mit den bisherigen Ankerpunkten nicht den gewünschten Verlauf der Kurve modellieren können. Wollen Sie ihn an beliebiger Stelle einfügen, gehen Sie folgendermaßen vor:

1   Zeigen Sie auf die Stelle der Kurve, an der Sie einen neuen Ankerpunkt benötigen. Der *Zeichenstift* wird zum Werkzeug *Ankerpunkt hinzufügen* 🖊. Sie können dieses auch direkt aus dem Pop-up-Menü des Zeichenstifts in der Werkzeugleiste auswählen. Oder noch einfacher: Drücken Sie zum Hinzufügen des Ankerpunkts die Taste + auf Ihrer Tastatur.

Viele Illustratoren skizzieren ihre Zeichnung zuerst mit geraden Linien und wandeln diese mit der oben erläuterten Technik in Kurven um. Dies gewährleistet ein rasches und sicheres Arbeiten.

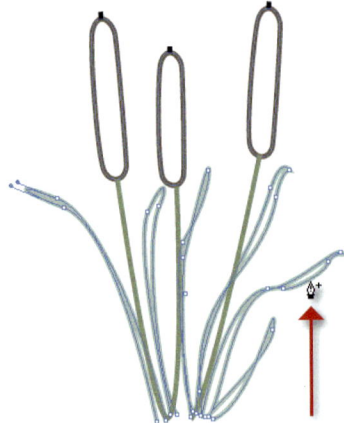

Abbildung 3.13 Zeigen Sie mit dem *Zeichenstift* auf einen Kurvenabschnitt, können Sie an dieser Stelle mit einem Klick einen Ankerpunkt einfügen.

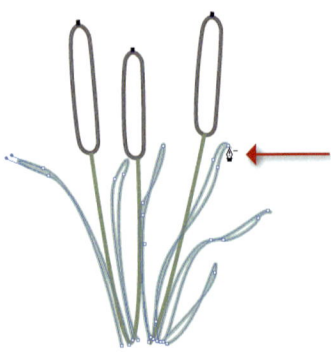

Abbildung 3.14 Verwenden Sie das Werkzeug *Ankerpunkt löschen*, um überflüssige Ankerpunkte zu entfernen.

2 Klicken Sie. InDesign fügt den neuen Ankerpunkt ein. Die Steuerpunkte werden so angepasst, dass sich an der Form der Kurve nichts ändert. Auf einer Geraden fügt das Programm einen Eckpunkt ein, auf einer Kurve einen Glättungspunkt.

Um einen bestehenden Ankerpunkt zu entfernen, zeigen Sie ebenfalls mit dem Werkzeug *Zeichenstift* bzw. dem Werkzeug *Ankerpunkt löschen* (im Pop-up-Menü des Zeichenstifts) auf diesen Ankerpunkt und klicken dann. Alternativ betätigen Sie die ⌐-⌐-Taste.

Sie sollten aber mit dem Löschen von Ankerpunkten etwas vorsichtig sein, da es auch darauf ankommt, um welchen Ankerpunkttyp es sich handelt. Beispielsweise hat es keine Auswirkungen, wenn Sie einen Ankerpunkt auf einer Geraden mit drei Ankerpunkten löschen, da die Gerade auch mit zwei Ankerpunkten auskommt. Dagegen kann eine Veränderung auftreten, wenn Sie einen Ankerpunkt zwischen Kurven löschen.

Ankerpunkte automatisch reduzieren

Sollen Ankerpunkte lediglich zur Reduzierung der Komplexität eines Pfads gelöscht werden, kann dies einfacher über das Werkzeug *Glätten* erfolgen. Gerade etwas unsicher gezeichnete Buntstiftzeichnungen sehen danach deutlich glatter aus.

▶ Bevor Sie einen Pfad glätten, stellen Sie das Werkzeug *Glätten* entsprechend ein. Wählen Sie dazu das Werkzeug aus dem Pop-up-Menü des Zeichenstift-Werkzeugs und führen Sie einen Doppelklick darauf aus. Die Voreinstellungen gleichen denen des Buntstift-Werkzeugs. Wie bei diesem Werkzeug stellen Sie Genauigkeit und Glättung ein (je höher die Werte, desto glatter werden Ihre Kurven). Das Kontrollkästchen *Weiterhin ausgewählt* lassen Sie aktiviert, damit der Pfad nach der Bearbeitung ausgewählt bleibt.

▶ Klicken Sie den Pfad anschließend mit dem Werkzeug *Direktauswahl* an. Ziehen Sie mit dem Werkzeug *Glätten* und gedrückter Maustaste am Kurvensegment entlang.

▶ Wiederholen Sie diesen Vorgang gegebenenfalls, bis Sie den gewünschten Glättungszustand erreicht haben.

Pfade aufteilen und Pfadteile löschen

Die Werkzeuge *Radieren* und *Schere* bieten weitere Möglichkeiten zur Manipulation von Pfaden.

▸ Mit dem Werkzeug *Radieren* ✐, das Sie im Pop-up-Menü des Buntstifts finden, ziehen Sie entlang eines Pfadsegments, um es zu löschen.

▸ Mit dem Werkzeug *Schere* ✂ (Taste C) trennen Sie Pfade auf. Einen geschlossenen Pfad zerteilen Sie an zwei Stellen, um ihn in zwei offene Pfade zu zerlegen.

Objekte verknüpfen

Auf den ersten Blick ähneln die nachfolgend beschriebenen Techniken dem Verschachteln von Rahmen, also dem Einfügen eines Rahmens in einen anderen Rahmen. Im Unterschied dazu werden beim Verbinden von Objekten zwei oder mehr Objekte zusammengeführt. Das Ergebnis ist keine Objektgruppe, sondern ein einziges Objekt. Die Besonderheit liegt darin, dass mithilfe der überlappenden Objektbereiche teilweise Schnittobjekte gebildet werden. Die einfachste Möglichkeit ist das Erstellen von verknüpften Pfaden. Sie erzeugen hierbei einen Pfad mit zwei oder mehr Unterstrecken. Die Schnittflächen der zugrunde liegenden Objekte werden ausgespart, sodass dahinterliegende Objekte durchscheinen.

1 Erstellen Sie zwei oder mehr Rahmen, die Sie mit beliebigem Inhalt versehen.

2 Wählen Sie die Rahmen zusammen aus.

3 Wählen Sie *Objekt → Pfade → Verknüpften Pfad erstellen*. InDesign verknüpft die Pfade miteinander. Für Kontur und Fläche des verknüpften Pfads werden die Einstellungen des in der Stapelordnung am weitesten hinten liegenden Objekts verwendet.

Möchten Sie miteinander verbundene Objekte wieder trennen, wählen Sie *Objekt → Pfade → Verknüpften Pfad lösen*.

Verknüpfte Formen mit dem Pathfinder erstellen

Einen Schritt weiter geht der Pathfinder, da Sie hier auf verschiedene Weise festlegen können, auf welche Weise die Formen verknüpft werden sollen. Zeigen Sie das Bedienfeld über *Fenster → Objekt & Layout → Pathfinder* an. Dieses Bedienfeld bietet Ihnen im Bereich *Pathfinder* fünf Schaltflächen für unterschiedliche Pfadoperationen (alle Optionen sind auch über *Objekt → Pathfinder* erreichbar):

▸ *Addieren* ▢: Aus den Konturen aller ausgewählten Objekte wird eine Einzelform erstellt.

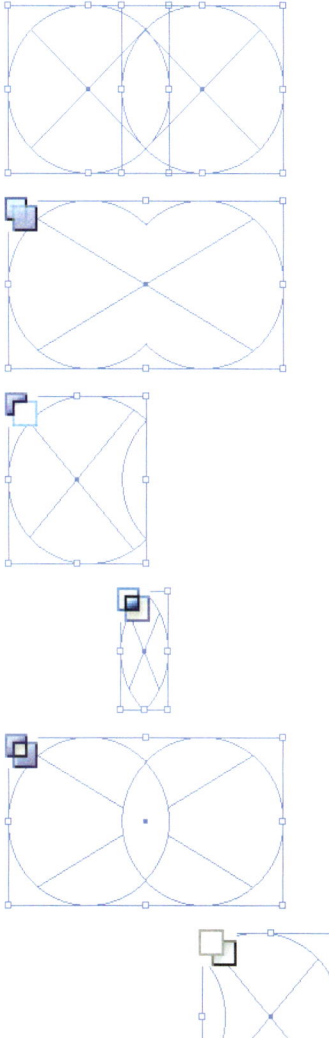

Abbildung 3.15 Von oben nach unten: Die beiden vorbereiteten Ellipsenrahmen wurden markiert. Nun sollen verschiedene Pfadoperationen ausgeführt werden: Addieren, Subtrahieren, Schnittmenge bilden, Überlappung ausschließen und hinteres Objekt abziehen.

▶ *Subtrahieren* ⬜: Die Objekte im Vordergrund stanzen die überlappenden Bereiche aus dem hintersten Objekt aus.

▶ *Schnittmenge bilden* ⬛: Aus den überlappenden Bereichen der ausgewählten Objekte wird eine Form erstellt, die übrigen Bereiche werden entfernt.

▶ *Überlappung ausschließen* ⬛: Aus den nicht überlappenden Bereichen der ausgewählten Objekte wird eine Form erstellt, die Überlappungsstellen werden ausgespart.

▶ *Hinteres Objekt abziehen* ⬜: Die Objekte im Hintergrund stanzen die überlappenden Bereiche aus dem vordersten Objekt aus.

Darüber hinaus verwenden Sie das Bedienfeld *Pathfinder*, wenn Sie die Form eines Rahmens in eine andere, vordefinierte Form ändern möchten. Beispielsweise soll ein ellipsenförmiger Rahmen zu einem rechteckigen Rahmen mit abgerundeten Ecken werden. Verwenden Sie dazu die Schaltflächen des Bereichs *Form konvertieren*. Die letzten drei Schaltflächen verwenden Sie zum Öffnen und Schließen von Pfaden und zum Umkehren der Pfadrichtung.

Im Bereich *Pfade* des Bedienfelds *Pathfinder* können Sie geschlossene Pfade öffnen, offene Pfade schließen und die Richtung eines Pfads umkehren.

Eckenoptionen

Mit Eckenoptionen verändern Sie gleichmäßig die Ecken eines ausgewählten Objekts. Mit der Version CS5 können Sie die einzelnen Objektecken eines Rechtecks mit unterschiedlichen Effekten ausstatten. Für Polygone gilt weiterhin: Sie legen für alle Ecken denselben Effekt fest.

Eckenoptionen interaktiv auf rechteckige Formen anwenden

1 Markieren Sie das gewünschte Objekt mit dem Auswahlwerkzeug ❶.

2 Klicken Sie auf das gelbe Rechteck im rechten oberen Bereich des Objekts.

3 Nun erscheinen rautenförmige Griffe an den Objektecken ❷. Klicken und ziehen Sie eine der Rauten, um den Radius für Ihren Eckeneffekt festzulegen. Standardmäßig sind die Radien für alle Ecken identisch und das Objekt wird mit einfachen abgerundeten Ecken versehen ❸.

4 Um den Effektradius für eine bestimmte Ecke individuell einzustellen oder um eine Ecke aus dem Effekt auszuschließen, indem

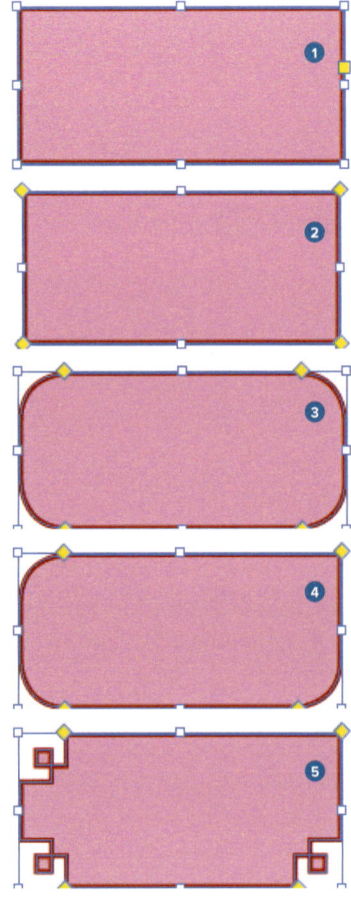

Abbildung 3.16 Interaktives Festlegen von Eckenoptionen.

Sie ihren Radius auf Null setzen, halten Sie die ◌-Taste gedrückt, während Sie die entsprechende Raute ziehen ④.

Möchten Sie keine abgerundete Ecke, sondern einen anderen Effekt, halten Sie die [Alt]-Taste gedrückt, während Sie wiederholt auf eine der Rauten klicken ⑤. Halten Sie zusätzlich zur [Alt]-Taste noch die ◌-Taste gedrückt, ändern Sie den Eckeneffekt nicht für den gesamten Rahmen, sondern nur für die angeklickte Ecke.

Eckenoptionen auf nicht rechteckige Formen anwenden

1 Markieren Sie das gewünschte Objekt und wählen Sie *Objekt* → *Eckenoptionen*.
2 Wählen Sie den gewünschten Eckeneffekt und darunter die Stärke des Effekts. Diese Stärke gilt übrigens von nun an auch für im Pathfinder vorgenommene Formänderungen.

Haben Sie ein entsprechendes Zusatzmodul mit weiteren Eckenoptionen installiert, stehen Ihnen auch diese im Pop-up-Menü des Dialogfelds *Eckenoptionen* zur Verfügung.

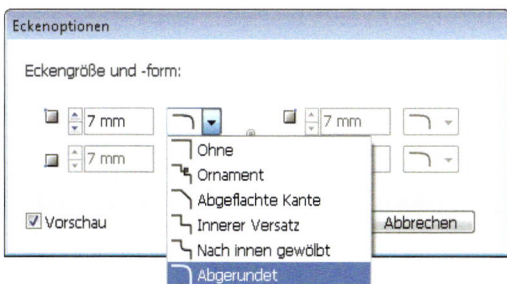

Abbildung 3.17 Verwenden Sie das Dialogfeld *Eckenoptionen*, um Ihren nicht rechteckigen Rahmen kreaktive Effekte zuzuweisen.

3.2 Fläche und Kontur eines Rahmens bearbeiten

Jeden Rahmentyp versehen Sie bei Bedarf mit einer Flächen- und einer Konturfarbe und bearbeiten die Konturstärke und -art. So können Sie Rahmen auch als Hintergrundflächen oder dekorative Ränder für Ihr Layout einsetzen. Sie finden dazu in der Werkzeugpalette zwei Farbfelder. Das Farbfeld links oben dient zum Festlegen der Flächenfarbe und das Farbfeld rechts unten dient zum Festlegen der Konturfarbe. Je nachdem, welches der beiden Felder aktiv ist, das heißt, welches oben liegt, bearbeiten Sie die Flächenfarbe oder die Konturfarbe.

Mit einem Klick auf den Doppelpfeil rechts oben vertauschen Sie die Flächen- und die Konturfarbe. Alternativ drücken Sie ⌷ + Ⓧ. Mit einem Klick auf das Symbol links unten im Werkzeugbedienfeld stellen Sie die Grundeinstellung (keine Flächenfarbe und schwarze Kontur) wieder her. Alternativ drücken Sie die Taste Ⓓ. Möchten Sie die Kontur- bzw. die Flächenfarbe eines Objekts ganz entfernen, aktivieren Sie das Kontur- oder das Flächenfarbfeld und klicken dann auf das Symbol *Ohne*.

Die Fläche des Rahmens füllen

Um die Fläche des ausgewählten Rahmens zu füllen, aktivieren Sie das Symbol *Formatierung wirkt sich auf Rahmen aus.* Sie finden es direkt unter den Farbfeldern.

1 Aktivieren Sie das Flächen-Farbfeld mit einem Mausklick in der Werkzeugpalette und öffnen Sie das Farbe- bzw. das Farbfelderbedienfeld (mehr über das zuletzt genannte Bedienfeld erfahren Sie auf der nächsten Seite).
2 Wählen Sie hier die gewünschte Farbe aus. Sie wird dem markierten Rahmen zugewiesen.

Die Konturfarbe des Rahmens festlegen

In der Grundeinstellung haben nicht zugewiesene Rahmen eine schwarze Kontur mit einer Stärke von 1 Punkt. Die übrigen Rahmentypen haben keine Kontur. Sie ändern die Stärke und die Art der Kontur über das Konturbedienfeld bzw. über das Steuerungsbedienfeld, die Konturfarbe jedoch über das Farbe- oder das Farbfelderbedienfeld:

1 Aktivieren Sie das Kontur-Farbfeld in der Werkzeugleiste.
2 Klicken Sie direkt darunter auf die Schaltfläche *Formatierung wirkt sich auf Rahmen aus.* Im Bedienfeld *Farbe* bzw. *Farbfelder* wählen Sie die gewünschte Farbe aus.

Die Konturart bestimmen

Neben der Konturfarbe ändern Sie bei Bedarf auch die Konturart und ihre Eckform.

Wenn Sie mit Linien arbeiten, bietet sich Ihnen die Möglichkeit, diese über die Pop-up-Menüs *Anfang* und *Ende* des Konturbedienfelds mit Pfeilspitzen und anderen Symbolen zu versehen. Über das Palettenmenü dieses Bedienfelds erstellen Sie Ihre eigenen Konturstile, die anschließend in der Auswahlliste verfügbar sind.

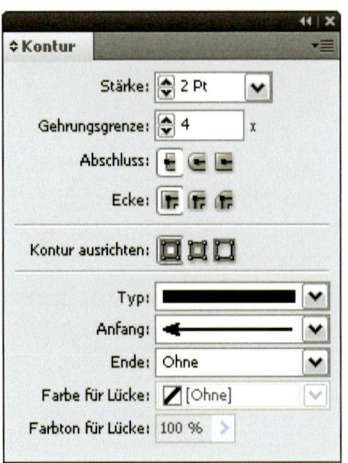

Abbildung 3.18 Die Konturart bestimmen Sie im Bedienfeld *Kontur*.

Abbildung 3.19 Verschiedene Konturarten weisen Sie dem markierten Objekt mit einem Klick zu.

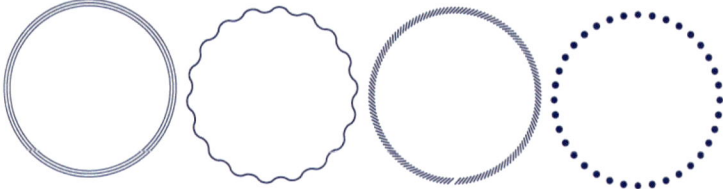

3.3 Farben

Im Bedienfeld *Farbe* → *Farbfelder* verwalten Sie alle Farben, die Sie für ein bestimmtes Dokument angelegt haben (die Farben werden mit dem Dokument gespeichert). Sie können sie von dort aus auch schnell anwenden:

1 Nachdem Sie das gewünschte Objekt markiert haben, legen Sie mit den beiden überlagernden Symbolen in der linken oberen Bedienfeldecke fest, ob Sie die Kontur oder die Fläche des ausgewählten Objekts färben möchten.

2 Rechts daneben aktivieren Sie das Symbol *Formatierung wirkt sich auf Rahmen aus* 🔲 bzw. *Formatierung wirkt sich auf Text aus* **T**. Je nachdem, ob Sie den Rahmen selbst oder den darin enthaltenen Text mit der Farbe versehen möchten.

3 Legen Sie gegebenenfalls noch einen *Farbton* (Tonwert) fest. Klicken Sie dann das gewünschte Farbfeld an.

Nicht ausgewählte Objekte bzw. Objektkonturen können Sie ebenfalls einfärben, indem Sie das gewünschte Farbfeld aus dem Bedienfeld auf das Objekt bzw. seine Kontur ziehen.

In der Grundeinstellung enthält das Bedienfeld nur einige Standardeinträge, nämlich *Keine, Papier, Schwarz, Passkreuze* sowie ein paar CMYK-Farben. Die Passkreuzfarbe wird für die Schnittmarken und Passkreuze verwendet. Verwenden Sie sie nicht, um Objekte schwarz einzufärben, da diese Objekte auf allen vier Farbauszügen in voller Farbe erscheinen würden. Sie erhielten dadurch im Druck einen viel zu hohen Farbauftrag.

Statt die Farben über das Farbfelderbedienfeld zuzuweisen, können Sie auch das Steuerungsbedienfeld verwenden. Auch hier sind seit der Version CS5 die Farbfelder für Füllung und Umriss vorhanden.

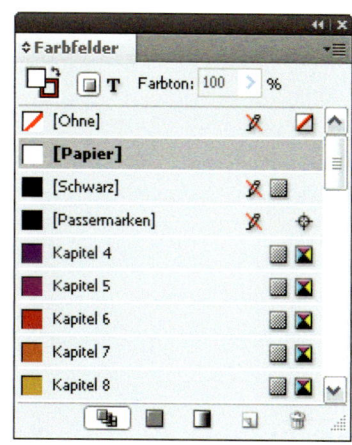

Abbildung 3.20 Das Bedienfeld *Farbfelder* dient als Bibliothek zum Speichern und schnellen Zuweisen von Farben, Verläufen und Farbtönen.

Ein neues Farbfeld erstellen

Fügen Sie dem Bedienfeld *Farbfelder* alle wiederholt in Ihrem Layout benötigten Farben hinzu.

1 Wählen Sie dazu aus dem Bedienfeldmenü ▾☰ den Befehl *Neues Farbfeld*.

2 Im folgenden Dialogfeld legen Sie die Eigenschaften des neuen Farbfelds fest.

Abbildung 3.21 Auch im Steuerungsbedienfeld sind bei ausgewähltem Objekt die Farbfelder für Füllung und Umriss vorhanden.

Vergleichen Sie am Monitor dargestellte Farben immer mit einem
Farbfächer.

Sollte InDesign ein bestimmtes
Volltonfarbensystem nicht bereithalten, legen Sie die Volltonfarben
einfach in einem anderen System
an. Die Farben können später beim
Druck ausgetauscht werden – zum
Beispiel ein bestimmtes Grün durch
ein bestimmtes Gelb. Die Druckerei
muss nur wissen, welche Volltonfarbe Sie verwenden möchten.

Nur etwa die Hälfte der Volltonfarben lässt sich mit dem CMYK-
Farbsystem wiedergeben, die
anderen liegen außerhalb des
CMYK-Farbraums.

Bedenken Sie beim Einsatz von Volltonfarben, dass jede Volltonfarbe
eine eigene Druckplatte benötigt.
Dies erhöht die Druckkosten.

Nach Auswahl einer Volltonfarbe
(z. B. Pantone) wechseln Sie wieder
in den Farbmodus CMYK – es wird
die bestmögliche CMYK-Adaption
der Volltonfarbe angezeigt.

3 Soll die neue Farbe statt ihres Farbwerts einen beschreibenden
Namen erhalten, deaktivieren Sie das Kontrollkästchen *Name mit
Farbwert*. In vielen Fällen ist es besser, das Kontrollkästchen aktiviert zu lassen. Wenn Sie einer Farbe beispielsweise den Namen
Taubenblau geben, sagt das nicht allzu viel darüber aus, wie sie
im Druck aussehen wird. Wenn Sie sich mit Farbwerten auskennen-
nen, ist die Form *C=35 M=18 Y=11 K=0* vorzuziehen. Besonders
wenn mehrere Personen an einem Projekt arbeiten, ist die exakte
Bezeichnung der Farbfelder komfortabel.

4 Im Pop-up-Menü *Farbtyp* bestimmen Sie, ob Sie eine Prozess-
oder eine Volltonfarbe definieren möchten. Die Auswahl der
Farbarten *Prozess* oder *Vollton* entscheidet auch über die Darstellung der Farbe im Bedienfeld *Farbfelder*. Prozessfarben ▨ erhalten
ein anderes Symbol als Volltonfarben ◙.

5 Im Pop-up-Menü *Farbmodus* entscheiden Sie, ob die neue Farbe
eine CMYK-, LAB- oder RGB- oder eine Sonderfarbe (Volltonfarbe) wie Pantone oder HKS sein soll.

▶ Für normale Vierfarbdruckaufträge verwenden Sie CMYK-Prozessfarben. Sie sollten die Farbe nicht nach ihrem Erscheinungsbild
auf dem Monitor festlegen, sondern eine entsprechende Prozess-
farbkarte zur Farbbestimmung verwenden. Wenn Sie über ein
kalibriertes Farbmanagement-System verfügen, ist die Übereinstimmung allerdings schon sehr gut.

▶ Für Dokumente, die nur für die Darstellung am Bildschirm bestimmt sind, sollten Sie keine CMYK-Farben verwenden, da der
CMYK-Farbraum kleiner ist als der RGB-Farbraum. Mit RGB können Sie viel mehr der Millionen am Bildschirm sichtbaren Farbtöne
darstellen als mit CMYK.

Auch die Auswahl des Farbmodus schlägt sich in der Darstellung im
Bedienfeld *Farbfelder* nieder. Folgende Symbole werden den entsprechenden Farbtypen zugewiesen:

▶ ▨ CMYK-Farbe
▶ ▮ RGB-Farbe
▶ ▮ LAB-Farbe
▶ ◌ Mischdruckfarbe

6 Legen Sie über die Regler bzw. die Eingabefelder die Farbkompo-
nenten fest und bestätigen Sie mit *OK*.

Volltonfarben auswählen

Vorgemischte Volltonfarben können Sie zusammen mit oder statt CMYK-Prozessfarben verwenden. Volltonfarben werden auf ihrer eigenen Druckplatte ausgegeben. Durch die Standardisierung treten, außer durch unterschiedliche Farbtöne des Papiers und unterschiedliche Schichtdicke der Farbe, nur wenige Farbschwankungen auf, auch wenn die Aufträge an verschiedene Druckereien vergeben werden.

Nachdem Sie im Dialogfeld *Farbfelder Vollton* als *Farbtyp* gewählt haben, suchen Sie im Pop-up-Menü *Farbmodus* die gewünschte Farbbibliothek heraus. Falls die gewünschte Bibliothek nicht standardmäßig in der Liste enthalten, aber dennoch auf Ihrem Rechner gespeichert ist, wählen Sie über den Eintrag *Andere Bibliothek* die Bibliothek aus.

Nun zeigt InDesign Ihnen alle in der Bibliothek verfügbaren Farben mit ihrer Bezeichnung an. Suchen Sie die gewünschte Farbe aus Ihrem Farbfächer oder Farbmusterbuch heraus und geben Sie ihre Nummer oder ihren Namen über die Tastatur in das Feld über der Liste ein. Die Vorschau springt zu der eingetippten Farbnummer bzw. zum eingetippten Farbnamen. Die ausgewählte Farbe wird im Farbmusterfeld im linken Dialogbereich als CMYK-Farbe simuliert. Ein Klick auf *OK* legt die Farbe im Bedienfeld *Farbfelder* ab.

Abbildung 3.22 PANTONE-Farbfächer.

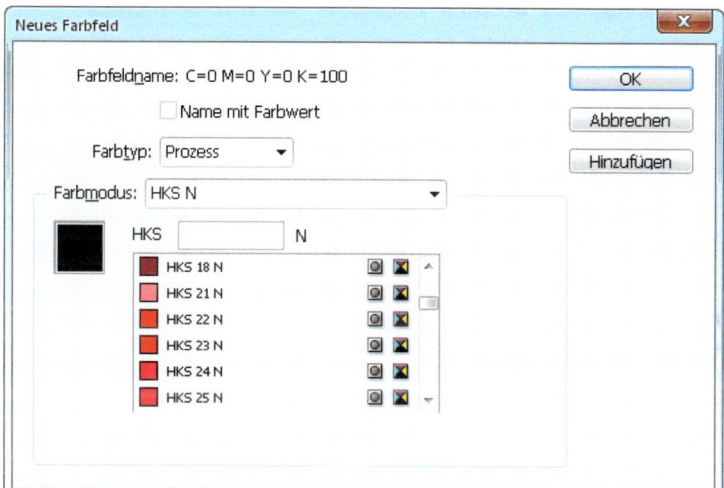

Abbildung 3.23 Bei der Auswahl der Volltonfarbe aus der Liste sollten Sie sich nicht auf ihre Darstellung am Monitor verlassen, sondern beispielsweise ein Farbmusterbuch verwenden.

Da die Volltonfarben nur im Druck richtig herauskommen, lassen sie sich am Bildschirm nur unzureichend überprüfen. Aus diesem Grund sollten Sie stets ein Farbmusterbuch oder einen Farbfächer zur Hand haben, wenn Sie mit Volltonfarben arbeiten. Solche Farbmusterbücher erwerben Sie im Fachhandel.

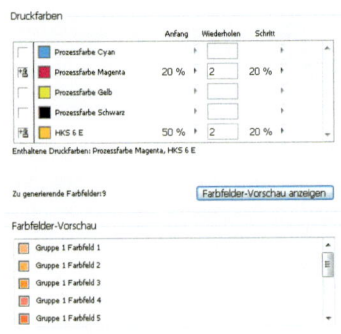

Abbildung 3.24 Mischdruckfarben-gruppe definieren

Mischdruckfarben

Neben Prozess- und Volltonfarben kennt InDesign noch *Mischdruck-farben*. Dabei handelt es sich um eine Farbe, die aus zwei Vollton-farben bzw. einer Vollton- und einer oder mehreren Prozessfarben besteht. Mit dieser Technik erzielen Sie mit möglichst wenig Druck-platten eine möglichst hohe Farbanzahl.

1 Fügen Sie dem Bedienfeld *Farbfelder* die entsprechende(n) Voll-tonfarbe(n) hinzu.

2 Wählen Sie aus dem Bedienfeldmenü ▾≡ den Befehl *Neue Misch-druckfarben-Gruppe*.

3 Im folgenden Dialogfeld geben Sie der neuen Gruppe einen Namen.

4 Im Bereich *Druckfarben* sehen Sie alle momentan in Ihrem Doku-ment verwendeten Druckfarben – also die vier Prozessdruckfar-ben Cyan, Magenta, Gelb und Schwarz sowie die definierte(n) Volltonfarbe(n).

5 Für alle Farben, die in die Mischdruckfarben-Gruppe aufgenom-men werden sollen, klicken Sie auf das leere graue Kästchen vor dem Farbnamen.

6 Als *Anfang* geben Sie für jede Farbe den Prozentsatz Farbe an, bei dem mit dem Mischen begonnen werden soll. Unter *Wiederholen* bestimmen Sie die Anzahl der Wiederholungen für den Prozent-wert jeder Farbe – zum Beispiel *2*, wenn Sie zwei verschiedene Farbtöne einer bestimmten Farbe für die Mischung verwenden möchten.

7 *Schritt* ist der Prozentsatz Farbe, um die der Farbton bei jeder der oben angegebenen Wiederholungen erhöht werden soll.

Ein Klick auf *OK* erstellt im Bedienfeld *Farbfelder* sämtliche von Ihnen definierten Mischdruckfarbfelder.

Einen Farbton erzeugen

Aus jeder Farbe lässt sich ein Farbton erzeugen. Es handelt sich dabei um eine Schattierung einer definierten Farbe, z. B. 20 %, 80 % der 5 %. Auf diese Weise lassen sich auch Dokumente, die nur mit einer oder zwei Volltonfarben gestaltet sind, lebendig gestalten. Im Bedienfeld *Farbfelder* erstellen Sie bei Bedarf zu jedem Farbfeld einen oder meh-rere Farbtöne.

1. Wenn Sie vermeiden möchten, dass Ihr neuer Farbton gleich einem Objekt zugewiesen wird, sorgen Sie dafür, dass kein Objekt im Dokument ausgewählt ist.
2. Im Bedienfeld *Farbfelder* aktivieren Sie die Farbe, aus der Sie einen Farbton erstellen möchten.
3. Wählen Sie aus dem Bedienfeldmenü ▾≡ den Befehl *Neues Farbtonfeld*.
4. Im angezeigten Dialogfeld sind alle Optionen abgeblendet, bis auf die Möglichkeit, durch die Eingabe eines Prozentwerts einen Farbton zu erstellen. Definieren Sie den gewünschten Farbton über den Regler oder das Prozenteingabefeld und bestätigen Sie mit *OK*.

Wie Sie sehen, gibt es keine Möglichkeit, einen Farbton selbst zu benennen. Er erhält stets den Namen der zugrunde liegenden Farbe und zusätzlich die entsprechende Prozentzahl. Das Besondere an einem Farbtonfeld ist, dass es abhängig von der zugrunde liegenden Farbe ist. Ändern Sie diese, ändert sich der Farbton mit. Nur der Prozentwert bleibt erhalten.

Abbildung 3.25 In dem neuen Farbtonfeld lässt sich nur der Prozentwert ändern.

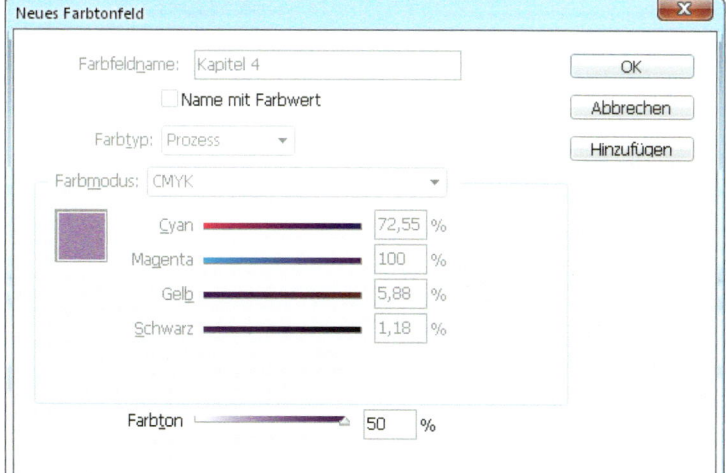

Abbildung 3.26 Der neue Farbton behält den Namen des zugrunde liegenden Farbfelds zuzüglich des Prozentwerts.

Nicht benutzte Farbfelder anzeigen

Die Farbfeldliste kann sehr lang werden. Dann ist es praktisch, wenn Sie alle im Dokument nicht benutzten Farbfelder anzeigen. Wählen Sie dazu aus dem Bedienfeldmenü ▾≡ den Befehl *Alle nicht verwendeten auswählen*. Anschließend können Sie diese mit einem Klick auf das Papierkorb Symbol am unteren Bedienfeldrand löschen.

Farbfelder in anderen Dokumenten weiterverwenden

Die Farbfelder Ihres InDesign-Dokuments können Sie bei Bedarf auch in einem anderen Dokument verwenden. Wählen Sie dazu aus dem Bedienfeldmenü ▾≡ den Befehl *Farbfelder laden* und wählen Sie die entsprechende *.indd*-Datei aus.

Farbfelder in anderen Anwendungen der Creative Suite weiterverwenden

Die Creative Suite geht aber noch einen Schritt weiter. Farbfelder, die Sie in InDesign erstellt haben, können Sie beispielsweise auch in Photoshop nutzen. Sie müssen sie dazu nur in der *ase*-Datei speichern (Adobe Swatch Exchange). Wählen Sie die Farbfelder aus, die Sie in einer anderen CS5-Anwendung verwenden möchten, und klicken Sie dann im Bedienfeldmenü ▾≡ auf den Befehl *Farbfelder speichern*.

Kuler-Farbharmonien zusammenstellen und speichern

Die Auswahl harmonierender Farben ist eine der wichtigsten Entscheidungen zu Beginn des Gestaltungsprozesses. Diese Aufgabe ist jedoch nicht immer einfach.

Über das Menü *Fenster → Erweiterungen* finden Sie das Bedienfeld *Kuler*. Darüber haben Sie Zugriff auf die Online-Farb-Community *Kuler* von Adobe Labs. Mit diesem interessanten Tool können Sie unter anderem harmonische Farbgruppen betrachten und abrufen, die andere Designer erzeugt haben. Sie können auch Ihre eigene Grundfarbe eingeben und die Kuler-Engine erzeugt dann automatisch dazu passende Farbtöne.

Nachdem Sie das Bedienfeld geöffnet haben, sehen Sie zunächst das Register *Durchsuchen* mit den von anderen Gestaltern erzeugten Farbkombinationen (vorausgesetzt, Ihr Rechner ist online). Wenn Sie eine dieser Farbkombinationen markiert haben, erscheint am Ende ihrer Zeile ein kleines Pfeil-Symbol. Mit einem Klick darauf öffnet sich ein Menü, aus dem Sie nun *Zum Farbfeldbedienfeld hinzufügen* wählen können. Die Farbharmonie erscheint damit in Ihren Farbfeldern und ist einsatzbereit. Alternativ bearbeiten Sie die markierte Farbkombination weiter, indem Sie aus dem genannten Menü den Befehl *Dieses Farbschema bearbeiten* wählen.

Sie gelangen damit in das Register *Erstellen* des Bedienfelds. Der Regler *Grundfarbe* steht zunächst auf dem mittleren Farbfeld. Möchten Sie diese Grundfarbe abändern, geben Sie einen entsprechenden

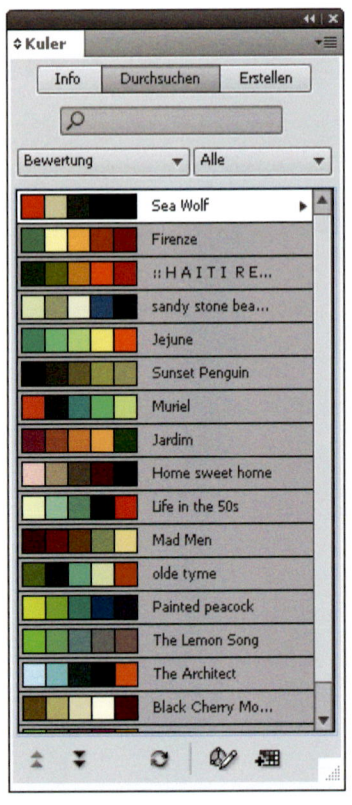

Abbildung 3.27 Das Bedienfeld *Kuler* hilft Ihnen, wenn Sie harmonische Farbkombinationen suchen.

Wert in die darunterliegenden RGB-Felder ein oder betätigen Sie die zugehörigen Regler. Sie können auch unter den Farbfeldern auf eine der Schaltflächen *Aktuelle Füllfarbe als Grundfarbe hinzufügen* ▪ bzw. *Aktuelle Strichfarbe als Grundfarbe hinzufügen* ▪ klicken.

1 Beginnen Sie mit einer Grundfarbe, von der Sie meinen, dass sie den Ton und Inhalt Ihres Projekts am besten trifft.

2 Nun lassen Sie sich automatisch passende Farben anzeigen, indem Sie zuerst auf eine der im Pop-up-Menü *Regel* aufgelisteten Farbharmonien klicken (mehr zu einigen dieser Farbharmonien finden Sie im Kasten).

3 Anschließend können Sie die Grundfarbe noch interaktiv anpassen, indem Sie den im Farbrad hervorgehobenen Kreis ziehen.

4 Sobald Sie eine zusagende Farbkombination gefunden haben, hängen Sie diese über das Symbol *Dieses Farbschema zu Farbfeldern hinzufügen* ▦ an Ihr Farbfelderbedienfeld an.

Möchten Sie Ihre Kreationen mit anderen *Kuler*-Anwendern teilen? Dann klicken Sie auf das Symbol *Farbschema in Kuler hochladen* ▦, das Sie ebenfalls am unteren Rand des Bedienfelds finden. Die Website-Version von *Kuler* wird mit Ihrem soeben erzeugten Farbschema in Ihrem Browser geöffnet. Um das Farbschema ohne weitere Änderungen der *Kuler*-Community zur Verfügung zu stellen, loggen Sie sich über den Link *Sign in* im rechten oberen Fensterbereich mit Ihrer Adobe-ID und Ihrem Passwort ein (im Bedarfsfall können Sie ID und Passwort über den Link *Register* neu erstellen). Danach geben Sie einen Titel (*Title*) für Ihr Farbschema ein und speichern es mit einem Klick auf *Save*.

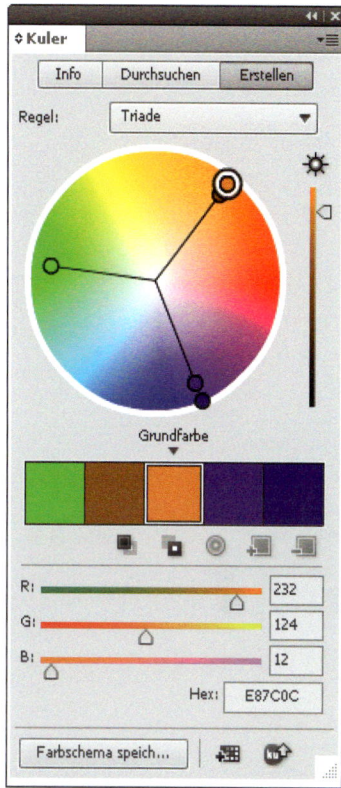

Abbildung 3.28 Auch Ihre eigenen Farbharmonien können Sie im Bedienfeld zusammenstellen.

Abbildung 3.29 Die Kuler-Website bietet alle Funktionen des Bedienfelds in noch übersichtlicherer Form (und außerdem noch einige zusätzliche Funktionen).

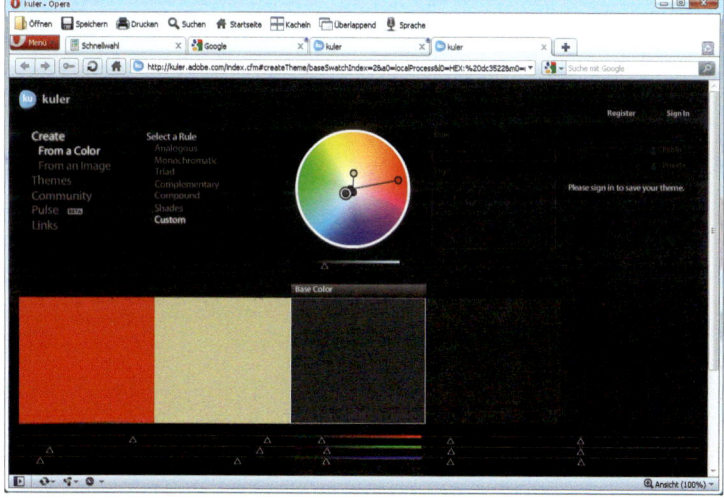

Farbharmonien

Das **monochromatische Farbschema** besteht aus einer einzigen Grundfarbe in verschiedenen Tönen und Schattierungen, also Modifizierungen durch Beimischung von Schwarz oder Weiß. Ein monochromatisches Farbschema könnte die richtige Lösung sein, wenn Sie beispielsweise einen passenden Rahmen für die Präsentation Ihrer Fotos suchen und wenn diese Fotos dominieren sollen.

Das **analoge Farbschema** enthält auf dem Farbkreis in unmittelbarer Nachbarschaft angesiedelte Farben. Da solche Analogfarben einander stark ähneln, empfindet das Auge sie als harmonisch, ausbalanciert und angenehmer als aufeinanderprallende Komplementärfarben, die sich im Farbkreis genau gegenüberstehen. In der Natur finden wir sehr häufig Analogfarben, beispielsweise die verschiedenen Blau- und Grüntöne des Meeres.

Ein **komplementäres Farbschema** besteht aus Farben, die auf dem Farbkreis direkt gegenüberliegen, zum Beispiel Orange und Blau oder Rot und Grün. Sie wirken lebhaft, pulsierend, dynamisch. Ein komplementäres Farbschema mit gesättigten Farben wirkt aber auch schnell überstimulierend und ermüdend.

Eine weitere klassische Farbharmonie ist die **Triade**. Sie besteht aus drei Farben, die auf dem Farbkreis gleich weit voneinander entfernt sind. Triaden wirken harmonisch, aber auch lebhaft.

Kuler-Farbharmonien anhand eines Fotos finden

Kuler arbeitet mit RGB-Farben. Deshalb müssen Sie die aus Kuler erzeugten Farbfelder noch in CMYK wandeln: Doppelklicken Sie auf eines der Farbfelder und wählen Sie CMYK als Farbmodus.

Die Website bietet Ihnen einige Funktionen mehr als das Bedienfeld. Zum Beispiel können Sie hier ein Foto hochladen und dafür eine Farbstimmung *(mood)* auswählen. Kuler berechnet aufgrund der Farben des Fotos ein harmonisches Farbschema, das Sie als *ase*-Farbfelderdatei speichern und dann in das Farbfelderbedienfeld von InDesign laden können. Die Zusammenstellung einer harmonischen Farbpalette wird damit zu einem Vergnügen. So geht es:

1 Öffnen Sie ein Bild mit den gewünschten Farbtönen. Fotos mit sehr vielen unterschiedlichen Farben sind hier weniger geeignet. Besonders geeignet sind Architektur- und Landschaftsfotos mit ihren sanften Farbkombinationen und -übergängen. Die sonstige Qualität des Bilds ist unwichtig. Schneiden Sie es gegebenenfalls in Photoshop auf einen geeigneten Ausschnitt zu.

2 Anschließend klicken Sie in *Kuler* in der linken Navigationsleiste auf *Create* und dann auf *From an Image*.

3 Klicken Sie auf *Upload New Image* und laden Sie das Bild von Ihrer Festplatte hoch. Wählen Sie links die gewünschte Farbstimmung.

4 *Kuler* analysiert automatisch die Bildfarben. Sie können diese aber auch selbst anpassen, indem Sie die fünf Ringe auf dem Bild an die gewünschten Stellen ziehen.

Statt eigener Bilder können Sie für diese Funktion auch die Fotos der Flickr-Community verwenden. Klicken Sie dazu in Schritt 3 nicht auf *Upload New Image,* sondern auf *Flickr.*

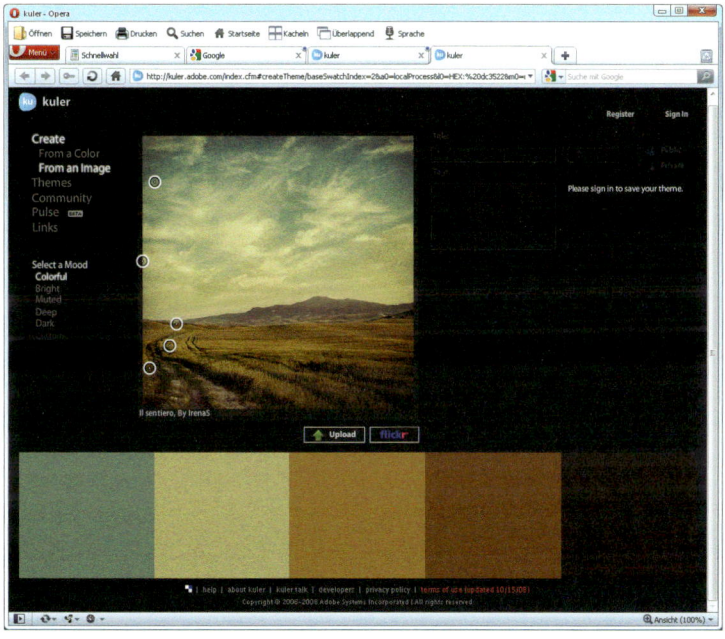

Abbildung 3.30 Mit einem entsprechenden Foto als Grundlage finden Sie mühelos zueinanderpassende Farbkombinationen.

5 Sobald Sie eine Farbkombination gefunden haben, die Ihnen gefällt, geben Sie einen Titel ein und klicken auf *Save*.

6 Anschließend können Sie das Farbschema über *Download this Theme as an Adobe Swatch Exchange File* auf Ihrer Festplatte speichern.

Um nun über InDesign auf die Farbharmonie zuzugreifen, wählen Sie aus dem Bedienfeldmenü des Farbfelderbedienfelds den Befehl *Farbfelder laden*.

Verläufe

Auch mehrfach benötigte Verläufe sollten Sie zur Weiterverwendung im Bedienfeld *Farbfelder* speichern, damit Sie sie nicht immer wieder neu zusammenstellen müssen.

Eine überwältigende Fülle von Farbverläufen finden Sie, wenn Sie in Illustrator das Bedienfeld *Farbfelder* öffnen und auf das Symbol *Menü* »*Farbfeldbibliotheken*« klicken. Wählen Sie aus dem angezeigten Menü *Verläufe* und klicken Sie auf die gewünschte Verlaufsgruppe. Diese wird in einer eigenen Palette geöffnet. Und dies ist auch der Schlüssel zur anwendungsübergreifenden Verwendung der Verläufe: Erzeugen Sie in Illustrator eine beliebige einfache Form. Lassen Sie diese ausgewählt und klicken Sie im Bedienfeld auf den Verlauf, den Sie in InDesign weiterverwenden möchten. Kopieren Sie die Form und fügen Sie sie in InDesign ein. Der Verlauf erscheint im Farbfelder-Bedienfeld.

1 Aus dem Bedienfeldmenü ▾≡ des Bedienfelds *Farbfelder* wählen Sie den Befehl *Neues Verlaufsfeld*.

2 Im folgenden Dialogfeld geben Sie dem neuen Verlaufsfarbfeld einen aussagekräftigen Namen und wählen darunter den Verlaufstyp aus.

3 Klicken Sie im Verlaufsbalken am unteren Rand des Dialogfelds auf die erste Farbmarke, um den Bereich *Reglerfarbe* freizugeben. Wählen Sie aus dem Pop-up-Menü *Reglerfarbe* den Farbtyp aus (hier sind auch die von Ihnen definierten Farbfelder verfügbar) und legen Sie darunter die gewünschte Farbe für den Verlaufsbeginn fest.

4 Legen Sie auch die Farbe für den anderen Regler fest, um das Verlaufsende zu bestimmen.

Verschieben Sie die Marken gegebenenfalls, um die Farbverteilung des Verlaufs zu ändern; alternativ verwenden Sie das Feld *Position* für die jeweils aktivierte Marke. Zwischen zwei Farbmarken sehen Sie jeweils eine Raute ◆. Diese stellt den jeweiligen Verlaufsmittelpunkt dar. Ziehen Sie die Raute nach links, verringert sich der Verlaufsanteil der Farbe zur Linken, ziehen Sie sie nach rechts, erhöht er sich. Zu diesem Zweck können Sie auch das Feld *Position* für die ausgewählte Raute verwenden.

Sie können auch Verläufe mit Volltonfarben erstellen. Die Volltonfarben werden jedoch in CMYK-Verläufe umgerechnet.

Nachdem Sie Ihrem Objekt – das kann auch ein Text sein – einen Verlauf zugewiesen haben, können Sie seinen Winkel, seinen Typ und seine Verteilung noch über das Bedienfeld *Farbe* → *Verlauf* ändern.

Mehrere Objekte mit einem durchgehenden Verlauf füllen

Wenn Sie im Bedienfeld *Farbfelder* einen Verlauf definieren und ihn mit einem Klick auf eine Reihe von ausgewählten Objekten anwenden, wird der Verlauf jedem Objekt einzeln zugewiesen. Dieses Verhalten gilt auch für Objektgruppen. So schaffen Sie es, einer Reihe von Objekten einen Verlauf zuzuweisen:

1 Wählen Sie alle Objekte aus, die Sie mit dem Verlauf versehen möchten.

2 Wählen Sie das Verlaufsfarbfeld-Werkzeug in der Werkzeugleiste.

3 Ziehen Sie mit dem Werkzeug über die Objekte. Je nachdem, wo Sie mit dem Ziehen beginnen und aufhören und welchen Winkel die gezogene Linie hat, werden die Verlaufslänge und der Verlaufswinkel individuell eingestellt.

Wussten Sie, dass Sie in InDesign auch den Mittelpunkt eines zugewiesenen radialen Verlaufs verschieben können? Dazu lassen Sie das Objekt mit dem Verlauf markiert und wählen das Verlaufsfarbfeld-Werkzeug. Klicken Sie im Objekt auf die Stelle, an der sich der neue Verlaufsmittelpunkt befinden soll.

Mit derselben Technik versehen Sie mehrere Objekte mit einer durchgehenden weichen Verlaufskante, also einem Verlauf von deckend
nach transparent. Hierzu verwenden Sie das Weiche-Verlaufskante-
Werkzeug, das Sie ebenso im Werkzeugbedienfeld finden wie das Verlaufsfarbfeld-Werkzeug. Einziger Unterschied: Bevor Sie das Werkzeug auf die Objekte anwenden können, müssen Sie sie gruppieren,
was beim Verlaufsfarbfeld-Werkzeug nicht notwendig ist.

Abbildung 3.31 Wenn Sie mehrere
Objekte über das Farbfelder-Bedienfeld mit einem Verlauf versehen,
wird dieser auf jedes Objekt einzeln
angewandt.

3.4 Grafiken importieren

Pixelbilder verlieren an Qualität, wenn sie in InDesign nachträglich
skaliert werden. Aus diesem Grund sollten Sie Ihre Bilder möglichst so
vorbereiten, dass sie die passende Pixelanzahl für das geplante Layout
und den geplanten Verwendungszweck haben.

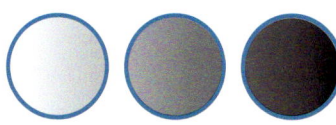

Abbildung 3.32 Ziehen Sie
hingegen mit dem Verlaufsfarbfeld-
Werkzeug über die markierten
Objekte, erhalten diese einen
gemeinsamen Verlauf.

Die richtige Bildgröße wählen

Achten Sie darauf, dass Sie Ihre Bilder nicht kleiner skalieren als zirka
70 % ihrer Originalgröße und nicht größer als zirka 140 % (eine zur
Ausgabetechnik passende Auflösung vorausgesetzt).

▶ Bei Bildern für den Bildschirm genügt eine geringe Pixelanzahl.
Ein Mehr bringt keine bessere Qualität, sondern belegt nur unnötig
Speicherplatz. Da Monitore nicht in der Lage sind, eine höhere
Auflösung darzustellen – ein Monitorpixel entspricht immer einem
Bildpixel –, würden höher aufgelöste Bilder bei fehlender expliziter
Angabe der Bildabmessungen z.B. im Internet vergrößert darge-
stellt. Bei Bildschirmmedien, besonders den Online-Medien im
Internet, steht der Speicherbedarf im Vordergrund. Ein Bild, das
viel Speicherplatz benötigt, braucht eine lange Ladezeit, bis es am
Bildschirm angezeigt wird.

▶ Im Offset-Druck erhalten Sie bei einer Auflösung von 300 dpi eine
qualitativ hochwertige Wiedergabe. Bei allen Angaben wird vorausgesetzt, dass das Bild in 1:1-Größe reproduziert wird.

▶ Für Bilder, die auf einem Laserdrucker mit einer Leistung von 300
dpi gedruckt werden sollen, erzielen Sie meist bereits mit 150 dpi
eine gute Qualität.

▶ Ein Laserdrucker mit einer Auflösung von 600 dpi hingegen benötigt mindestens eine Bildauflösung von 220 dpi.

Im Gegensatz zur Offsetdruckmaschine, die Graustufen lediglich in
Form von größeren oder kleineren Druckpunkten simuliert, arbei-

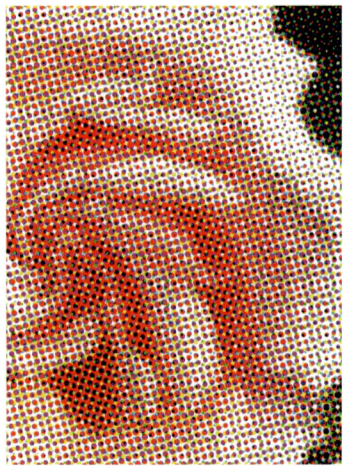

Abbildung 3.33 Oben: das Original-bild; unten: die gerasterte Version.

ten Schwarzweiß-Laserdrucker sowie Farbtintenstrahldrucker mit dem sogenannten Halbtonverfahren zur Erzeugung von Farbe. Dies erklärt, warum die Bildauflösung deutlich unter der möglichen Druckerauflösung liegen darf: Ein Schwarzweiß-Laserdrucker kann beispielsweise nur mit schwarzer Tinte drucken. Damit daraus 256 Grautöne entstehen, teilt er jedes druckbare Pixel in eine Matrix aus 16 x 16 Punkten (= 256 Punkte). Je nach Grauwert des Pixels wird dann nur eine bestimmte Anzahl Punkte gedruckt. Weil jedes Pixel eines Bilds in Wirklichkeit auf 16 x 16 Punkten dargestellt werden muss, reduziert sich natürlich die »echte« Ausgabeauflösung des Druckers entsprechend. Allzu gering sollte die Auflösung trotzdem nicht sein, weil die 16 x 16-Matrix natürlich feiner berechnet werden kann, wenn mehr Pixel dazu zur Verfügung stehen.

Bei Farbdruckern (ausgenommen sind Thermosublimationsdrucker) ist für jede einzelne Farbe eine der oben beschriebenen Matrizen vorhanden. Die Farbdeckung wird hier zusätzlich durch einen kleinen Versatz verbessert.

Eine Formel hilft Ihnen dabei, die benötigte Auflösung anhand der Endabmessungen des zu reproduzierenden Bilds zu berechnen:

Höhe des digitalisierten Bilds/Höhe der Vorlage x benötigte Auflösung für den Drucker bzw. das Ausgabegerät = Scanauflösung

Ein Beispiel: Sie haben eine Vorlage mit einer Größe von 14 x 14 cm. Dieses Bild wollen Sie auf einem Tintenstrahldrucker mit einer Auflösung von 170 dpi drucken. Die Kantenlänge des Bilds soll im Ausdruck 21 x 21 cm betragen. Berechnen Sie die Auflösung für das Bild anhand der obigen Formel folgendermaßen:

21 cm/14 cm * 170 dpi = 255 dpi

Bisher sind wir lediglich von der benötigten Auflösung ausgegangen. Wenn Ihre Arbeit professionell gedruckt oder ein Kleinbild-Dia daraus angefertigt werden soll, spielen aber noch weitere Faktoren eine wichtige Rolle.

Die Rasterweite

Bei der Reproduktion von Bildern, beispielsweise im Offsetdruckverfahren, werden diese zunächst in ein Raster zerlegt. Dies ist notwendig, da im Hoch-, Flach- und Durchdruckverfahren keine Aufhellung oder Abdunklung von Farben möglich ist.

Es lassen sich vielmehr nur zwei Alternativen realisieren: entweder der Vollton der Druckfarbe oder die farbfreie Fläche. Zwischenstufen werden durch unterschiedlich große Rasterelemente vorgetäuscht, das sogenannte Halbtonraster. Dunkle Farben werden in große Punkte umgewandelt, helle in kleine. Je nachdem welche Rasterweite, auch Rasterfrequenz genannt, verwendet wird, sind die Rasterzellen größer oder kleiner. Die Rasterweite bestimmt die Anzahl der Punktreihen, die für die Reproduktion verwendet werden, daher wird diese üblicherweise in lpi (lines per Inch = Linien pro Zoll) angegeben.

Häufig wird die Rasterweite auch in Linien pro Zentimeter angegeben. Für die Umrechnung von Linien pro Zoll in Linien pro Zentimeter verwenden Sie die folgende Formel:

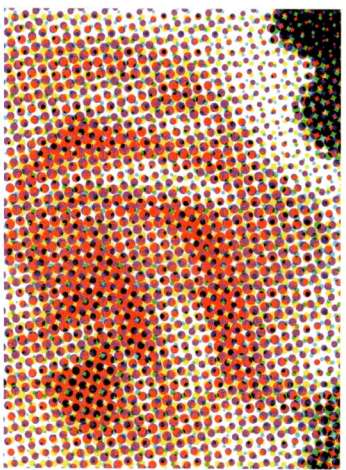

Linien pro Zoll/2,54 = Linien pro Zentimeter

Bei einer feinen Rasterweite, z.B. 150 lpi, sind die Punkte klein und die Wiedergabequalität ist hervorragend. Bei einer groben Rasterweite, beispielsweise 60 lpi, erhalten Sie große Punkte und dementsprechend eine schlechtere Reproduktionsqualität. Feine Rasterweiten erfordern Belichtungsgeräte mit hoher Auflösung und ein sehr gutes Druckpapier. Für geringwertiges Papier, wie zum Beispiel Zeitungspapier, verwenden Sie niedrige Rasterweiten.

Je höher die geforderte Rasterfrequenz ist, desto höher muss auch die Bildauflösung sein. Erkundigen Sie sich bei Ihrem Dienstleister, welche Rasterweite gefordert wird. Weiter hinten erfahren Sie, wie Sie anhand der benötigten Rasterweite die Scanauflösung berechnen können.

Auch die Anzahl der reproduzierbaren Halbtöne wird durch die Rasterweite bestimmt, da unterschiedliche Tonwerte durch eine verschieden große Anzahl von Pixeln innerhalb der einzelnen Rasterzelle erreicht werden. Je geringer die Rasterfrequenz ist, desto weniger Halbtöne können dargestellt werden. Um die Anzahl der darstellbaren Halbtöne auszurechnen, verwenden Sie die folgende Formel:

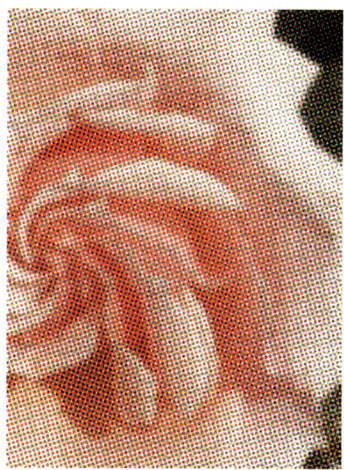

Abbildung 3.34 Das obere Bild hat eine geringere Rasterfrequenz als das untere.

Reproduzierbare Halbtöne = (Auflösung des Druckers/Rasterweite)² + 1

Normalerweise werden Rasterweiten im Bereich zwischen 20 und 80 Linien pro Zentimeter verwendet. Für Zeitungen ist beispielsweise eine Rasterweite von 24 Linien pro Zentimeter (60 lpi) üblich, für Kunstdruckpapier eine Rasterweite von 54 Linien pro Zentimeter (135 lpi). Die folgende Tabelle zeigt Ihnen, welche Rasterweiten man für welchen Bedruckstoff üblicherweise verwendet.

Rasterweite (lpi)	Rasterweite (Linien/cm)	Verwendung
60	24	Zeitung, raue Oberfläche
75	30	Zeitung, glatte Oberfläche
85	34	Zeitung, satinierte Oberfläche
100	40	Zeitung, Illustrationsdruck, maschinenglatt und satiniert
120	48	Naturpapier, Kunstdruckpapier, gut satiniert
135	54	Normales Kunstdruckpapier, gut satiniert
150	60	Bestes Kunstdruckpapier, gut satiniert
200	80	Besonders hochwertige Drucksachen, gut satiniert

Der Qualitätsfaktor

Auch der sogenannte Qualitätsfaktor ist von Bedeutung für Ihre Bilder, damit Sie die richtige Auflösung berechnen können. Dabei ist zu berücksichtigen, dass im Druck die einzelnen Rasterpunkte in einem bestimmten Winkel angeordnet werden und dass jeder Rasterpunkt mindestens ein Pixel enthalten muss.

Nun kann es beim Scannen natürlich durchaus passieren, dass beim Zerlegen des Bilds in Pixel die Rasterpunkte nicht genau »getroffen« werden. Daher sollte jeder Rasterpunkt mehrere Pixel enthalten. Je nachdem, wie viele Pixel pro Rasterpunkt verwendet werden können, wird der Qualitätsfaktor bestimmt. Dieser liegt beim Drucken normalerweise zwischen 1 und 2. Einen Qualitätsfaktor von 1,4 bis 1,5 können Sie für Bilder mit geringer Schärfe, zum Beispiel für Wolkentexturen, und für eine mittlere Qualität verwenden. Hohe Qualitätsfaktoren von zirka 2 eignen sich für Bilder mit starken Konturen, die in hoher Qualität ausgegeben werden sollen. Strichvorlagen benötigen einen noch höheren Qualitätsfaktor von 3 bis 4. Nachfolgend eine Tabelle, die Ihnen empfohlene Qualitätsfaktoren und die zugehörigen Auflösungen für verschiedene Einsatzgebiete zeigt.

Qualitätsfaktor	Zeitung (85 lpi)	Magazin (133 lpi)	Buchdruck (150 lpi)
1	85 dpi	133 dpi	150 dpi
1,4	119 dpi	186 dpi	210 dpi
1,5	128 dpi	200 dpi	225 dpi
2,0	170 dpi	266 dpi	300 dpi

Anhand aller genannten Kriterien berechnen Sie jetzt die optimale Auflösung für Ihren Scan. Bedienen Sie sich dazu der folgenden Formel:

Scanauflösung für Halbtonbilder = Rasterweite in lpi x Qualitätsfaktor x Vergrößerungsfaktor.

Wieder ein Beispiel: Sie möchten ein Bild auf maschinenglattem Papier mit 100 lpi reproduzieren. Die Vorlage hat eine Kantenlänge von 23 x 17 cm. Der Qualitätsfaktor soll 2 sein. Die Zielbreite des Bilds soll 12 cm sein. Stellen Sie also folgende Berechnung an:

$$100 \; lpi \; * \; 2 \; * \; (12/23) = 104 \; dpi$$

104 dpi müssten demnach genügen, um das Bild in zufriedenstellender Qualität zu digitalisieren. Erhalten Sie ein bereits digitalisiertes Bild, rechnen Sie es am besten in Photoshop über die Befehlsfolge *Bild → Bildgröße* auf das benötigte Ausgabeformat herunter. Die Neuberechnung schalten Sie dazu am besten ganz aus. Bei diesem Vorgehen ändert sich nicht die Gesamtpixelanzahl, sondern die vorhandenen Pixel werden lediglich auf der neuen Strecke neu verteilt. Dadurch wird verhindert, dass durch Interpolation Pixel hinzugefügt oder entfernt werden. Falls die Dateigröße nicht erheblich ist, ist dies die sicherste Methode gegen Qualitätsverlust durch Interpolation.

Beim Vergrößern müssen Sie abwägen, ob Sie die Neuberechnung aktivieren. Ist die Ausgangsauflösung ausreichend, geben Sie die neuen Maße ohne Neuberechnung ein. Wenn die Ausgangsauflösung nicht ausreicht, kommen Sie um das Hinzufügen von Bildpixeln nicht herum. Aktivieren Sie dann in Photoshop die Neuberechnung mit der Interpolationsmethode *Bikubisch* und wirken Sie der dadurch entstandenen Weichzeichnung mit *Filter → Scharfzeichnungsfilter → Unscharf maskieren* entgegen.

3.5 Grafiken ins Layout einsetzen

Es gibt verschiedene Möglichkeiten, eine Grafik in den vorbereiteten Rahmen zu setzen. Der übliche Weg, der auch am meisten Features bietet, führt über *Datei → Platzieren*. Diese Technik bietet den Vorteil, dass Sie den Import der Grafik je nach Dateiformat genau steuern können.

1 Bei aktiviertem Grafikrahmen wählen Sie *Datei → Platzieren* oder `Strg`/`⌘` + `D`. Suchen Sie die gewünschte Grafikdatei heraus. Klicken Sie das Kontrollkästchen *Importoptionen anzeigen* an, damit Sie im nächsten Schritt die verschiedenen Importoptionen festlegen können. Auf diese gehen wir genauer ab Seite 181 ein.

Abbildung 3.35 Auch in einem offenen Pfad …

Abbildung 3.36 … können Sie eine Grafikdatei platzieren.

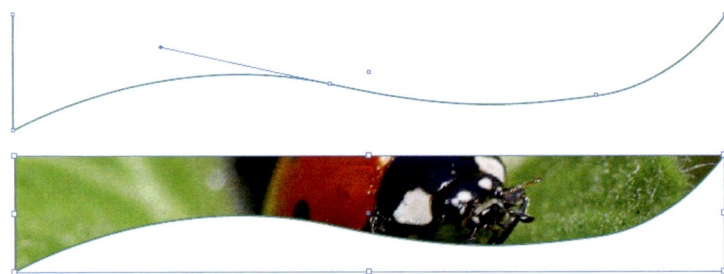

2 Das Kontrollkästchen *Ausgewähltes Objekt ersetzen* aktivieren Sie, wenn der ausgewählte Rahmen bereits eine Grafik enthält und Sie diesen Inhalt mit der neuen Grafikdatei ersetzen möchten. Die Grafik wird mit 100%-Skalierung in den Rahmen eingefügt. Ist der Rahmen kleiner als die Grafik, erscheint diese standardmäßig rechts und/oder unten abgeschnitten.

Alternativ platzieren Sie eine Grafik, ohne zuvor einen Rahmen auszuwählen:

1 Vergewissern Sie sich, dass in Ihrem Dokument nichts ausgewählt ist. Wählen Sie wieder *Datei/Platzieren* und suchen Sie die gewünschte Grafik heraus. Nachdem Sie mit der Schaltfläche *Öffnen* bestätigt haben, erscheint der Mauszeiger in Form eines Pinsel-Symbols und eine Miniatur der Grafik oder des Bilds. Sie haben nun verschiedene Möglichkeiten:

2 Klicken Sie an eine freie Stelle der Seite, um einen rechteckigen Grafikrahmen in der Originalgröße der importierten Grafik zu erstellen und diese gleich in den Rahmen einzufügen.

Oder Sie ziehen einen Rahmen auf. Dieser erhält automatisch die Proportionen des geladenen Bilds. Sobald Sie die Maustaste loslassen, wird die Grafik in diesen eingefügt. Möchten Sie die Proportionen des Rahmens selbst frei bestimmen, halten Sie beim Aufziehen des Rahmens die ⇧-Taste gedrückt.

Eine Grafik in ihren Rahmen einpassen

Nur selten passt eine importierte Grafik genau in den vorbereiteten Rahmen. Wie Sie gesehen haben, wird die Grafik in 100%-Skalierung in der linken oberen Ecke des Grafikrahmens platziert. Bei Bedarf geben Sie der Grafik jedoch exakt die Größe ihres Rahmens. Klicken Sie die Grafik dazu mit dem Auswahl- oder Direktauswahl-Werkzeug an und wählen Sie *Objekt → Anpassen → Inhalt an Rahmen anpassen*. Weitere Optionen in diesem Menü sind:

▶ *Inhalt zentrieren:* Der Inhalt wird im Rahmen horizontal und vertikal zentriert, ohne dass eine Größenänderung stattfindet.

▶ *Inhalt proportional anpassen:* Die Abmessungen des Rahmeninhalts werden so geändert, dass er in seinen Rahmen passt. Dabei werden die Proportionen aber beibehalten, sodass Leerflächen im Rahmen entstehen können.

Abbildung 3.37 Das Bild ...

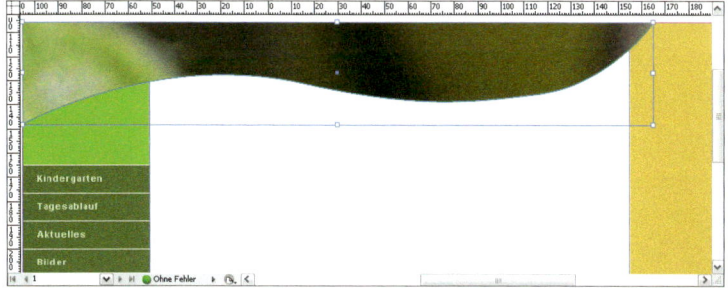

Abbildung 3.38 ... wird zunächst in Originalgröße in den Rahmen eingefügt.

Abbildung 3.39 Mit *Inhalt proportional anpassen* skaliert InDesign das Bild so herunter, dass es vollständig in den Rahmen passt. Der Rahmen ist zum Teil ungefüllt.

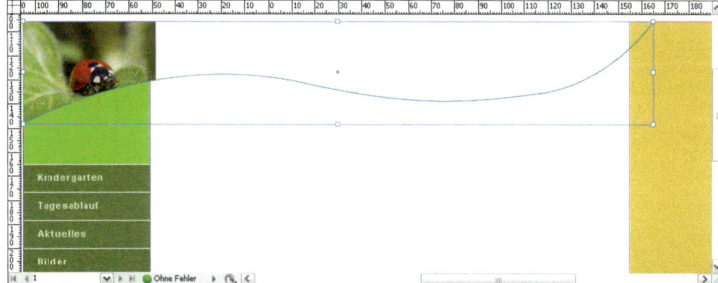

Abbildung 3.40 Der Befehl *Inhalt an Rahmen anpassen* ist in diesem Fall ebenfalls keine Lösung. Das Bild wird ungeachtet seiner Proportionen in den Rahmen gezwungen.

Abbildung 3.41 Mit *Rahmen proportional füllen* erzielen Sie hingegen das gewünschte Ergebnis.

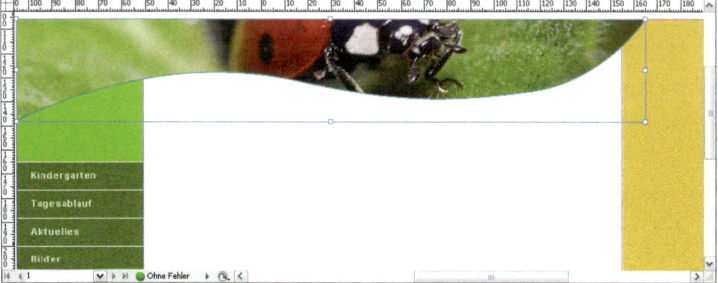

▶ *Rahmen proportional füllen:* Das Objekt wird so vergrößert, dass der Rahmen keine Leerfläche mehr enthält. Das Objekt behält seine Proportionen, sodass Teile von ihm eventuell abgeschnitten werden.

Eine Grafikdatei per Drag & Drop importieren

Auch per Drag & Drop lässt sich eine Grafik in Ihr InDesign-Dokument einfügen. Diese Methode hat allerdings den Nachteil, dass Sie keine Importoptionen festlegen können.

1 Zeigen Sie den Finder bzw. Windows Explorer oder Adobe Bridge mit der gewünschten Grafikdatei an. Ziehen Sie die Datei mit gedrückter Maustaste in Ihr InDesign-Dokument.

NEU in CS5 ▶

2 Klicken Sie, um die Grafik in einen neuen Rahmen einzufügen, oder lassen Sie die Maustaste auf einem bestehenden Rahmen los, um das Bild in diesen einzusetzen. Die Grafik wird in ihrer tatsächlichen Größe eingefügt.

Oder Sie öffnen die Grafik in Ihrem Bildbearbeitungs-/Zeichenprogramm, wählen sie dort aus und ziehen sie in das InDesign-Dokument bzw. kopieren sie mit Strg / ⌘ + C und fügen sie in InDesign mit Strg / ⌘ + V ein. Bei der zuletzt genannten Methode erhalten Sie in InDesign häufig ein unbefriedigendes Ergebnis, da die Grafik nicht unbedingt in voller Auflösung importiert wird.

Mehrere Grafikdateien platzieren und ihre Größe anpassen

Auch mehrere Grafikdateien können Sie in einem Zug platzieren und ihnen dabei sogar gleich die richtige Größe verleihen. Das bedeutet, dass sie automatisch korrekt in die zuvor vorbereiteten Rahmen eingepasst werden.

1 Markieren Sie dazu alle Grafikrahmen, die Sie mit Bildern füllen möchten, und wählen Sie *Objekt → Anpassen → Rahmeneinpassungsoptionen*.

NEU in CS5 ▶

2 Aktivieren Sie das Kontrollkästchen *Automatisch einpassen*, damit sich bei einer Änderung der Rahmengröße auch die Größe des enthaltenen Bilds automatisch den nachfolgend festgelegten Einstellungen anpasst.

3 Aus dem Pop-up-Menü *Einpassen* wählen Sie den entsprechenden Eintrag, beispielsweise *Rahmen proportional füllen*, wenn die Bil-

der den Rahmen vollständig ausfüllen und dabei korrekt proportioniert bleiben sollen.

4 Sollen die Bilder zudem automatisch um einen bestimmten Wert beschnitten werden, geben Sie für jede Kante den entsprechenden Beschnittbetrag ein.

5 Ändern Sie gegebenenfalls den Bezugspunkt über das Schaubild in der Mitte des Dialogfelds und bestätigen Sie mit *OK*.

Setzen Sie den Bezugspunkt in die Mitte, werden alle geladenen Bilder mittig platziert.

6 Lassen Sie die Bildrahmen ausgewählt und wählen Sie *Datei →Platzieren*.

7 Markieren Sie alle Bilder, die Sie in die Rahmen einfügen möchten, und klicken Sie auf *Öffnen*.

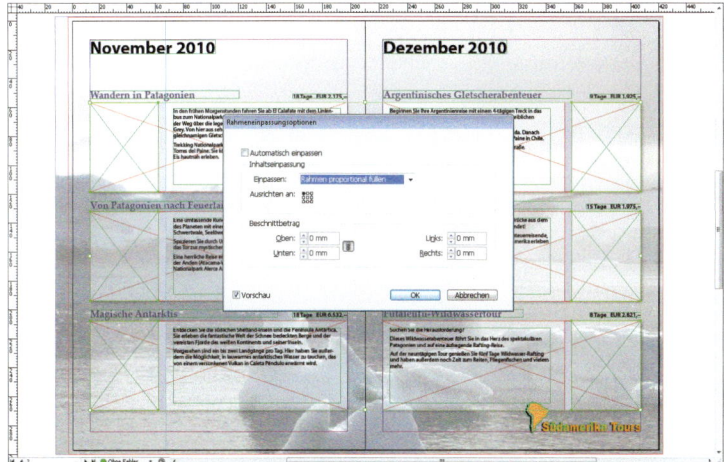

Abbildung 3.42 Bei ausgewählten Grafikrahmen wurde das Dialogfeld *Rahmeneinpassungsoptionen* geöffnet.

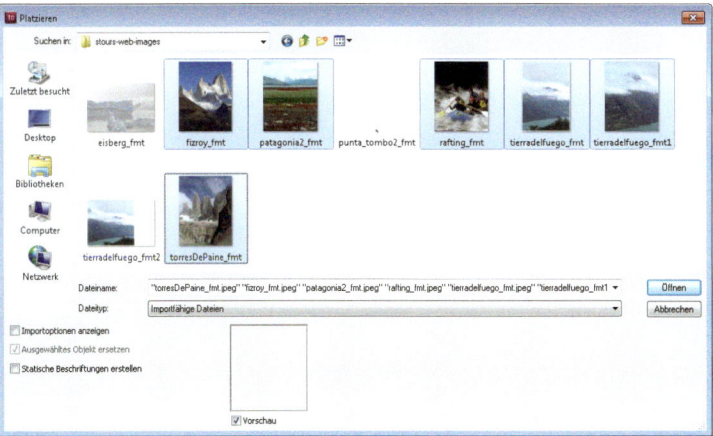

Abbildung 3.43 Markieren Sie alle Bilder, die Sie einfügen möchten.

Haben Sie zwischendrin ein Bild versehentlich im falschen Rahmen platziert, wählen Sie *Bearbeiten →Rückgängig* (Strg / ⌘ + Z).

Abbildung 3.44 Die am Cursor hängenden Grafiken erscheinen bereits vor dem Platzieren im Bedienfeld *Verknüpfungen*.

Abbildung 3.45 Die Bilder wurden in die Rahmen eingefügt und automatisch skaliert.

Übrigens können Sie den Cursor mit den geladenen Bildern auch »nachfüllen«. Das heißt, dass Sie das Dialogfeld *Platzieren* erneut öffnen, während noch Grafiken am Cursor hängen, und weitere Dateien auswählen.
Außerdem können Sie verschiedene Elementtypen in den Cursor laden – beispielsweise Text- und Bilddateien.

NEU in CS5 ▶

8 Das erste Bild hängt am Mauszeiger. Zusätzlich sehen Sie eine eingeklammerte Zahl, die Ihnen mitteilt, wie viele Bilder Sie ausgewählt haben.

9 Klicken Sie in den Rahmen, in den Sie das erste Bild einfügen möchten. Das nächste Bild erscheint am Mauszeiger. Klicken Sie erneut in den für dieses Bild vorbereiteten Grafikrahmen. Fahren Sie so fort, bis Sie alle Bilder eingefügt haben. Sie werden automatisch auf die richtige Größe skaliert.

Beachten Sie auch das Verknüpfungsbedienfeld, wenn Sie mehrere Grafiken geladen haben. Die geladenen Grafiken erscheinen an oberster Stelle des Bedienfelds, und zwar in der Reihenfolge, in der sie beim Klicken platziert werden. Die erste Grafik trägt den Vermerk *VE*. Dies steht für *Vorderstes Element*. Nutzen Sie die ↑ - und die ↓ -Taste auf Ihrer Tastatur, um die Einfügereihe der geladenen Grafiken schnell zu ändern.

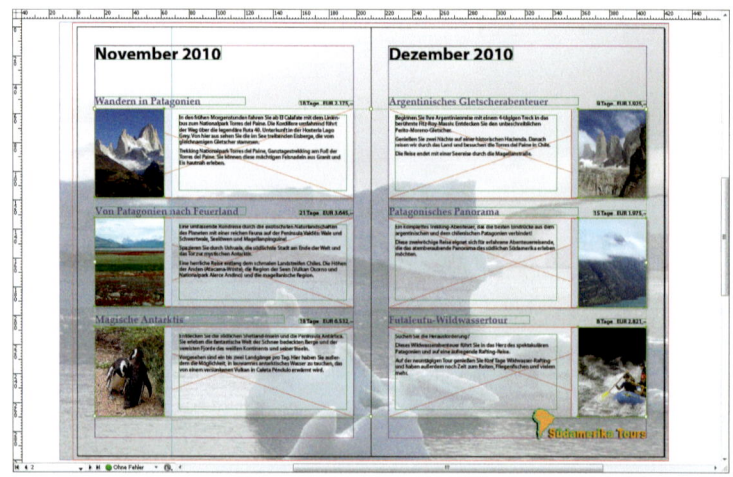

Grafiken im Raster platzieren

Möchten Sie mehrere Grafiken in ein regelmäßiges Raster laden und haben Sie noch keine Rahmen vorbereitet, bietet InDesign Ihnen mit der Version CS5 eine sehr praktische Möglichkeit:

1 Wählen Sie über *Datei* → *Platzieren* alle gewünschten Bilder aus und klicken Sie auf *Öffnen*.

2 Klicken Sie in Ihr Layout und ziehen Sie einen Rahmen auf, der bestimmt, an welcher Stelle das Raster erzeugt werden soll. Geben Sie die Maustaste noch nicht frei.

3 Drücken Sie nun die ⬆ - bzw. die ⬇ - und die ⬅ - bzw. ➡ - Tasten, bis die Zeilen- und Spaltenanzahl des Rasters Ihren Wünschen entspricht. Dann lassen Sie die Maustaste los. Die Bilder werden geladen und automatisch in das Raster eingepasst.

Abbildung 3.46 Links: Ziehen Sie das Raster auf. Rechts: Nach dem Freigeben der Maustaste werden die Bilder eingefügt.

Ein neues Raster aus mehreren Rahmen oder Formen zeichnen

Mit dieser Funktion können Sie auch Formen oder Rahmen, die Sie nicht mit Grafiken füllen möchten, in regelmäßigen Rastern anordnen:

1 Wählen Sie das gewünschte Rahmenwerkzeug.

2 Klicken und ziehen Sie, um den Rahmen aufzuziehen.

3 Lassen Sie die Maustaste gedrückt und drücken Sie die ➡ - und die ⬆ -Tasten, um die Form zu teilen und neue Zeilen und Spalten zu erzeugen.

4 Geben Sie die Maustaste frei, um das Raster fertigzustellen.

Abbildung 3.47 Auch zum regelmäßigen Anordnen von identischen Grafikobjekten können Sie die neue Funktion nutzen.

3.6 Besonderheiten verschiedener Grafikdateiformate

Illustrator-Dateien

In InDesign lassen sich eine große Anzahl Grafikformate importieren. Vektorgrafiken ab Illustrator 5.5 können Sie direkt in Ihr Layout einfügen. Die Objekte, vorausgesetzt, sie sind nicht zu komplex, werden als bearbeitbare Rahmen in InDesign eingefügt, wobei sogar Transparenzen erhalten bleiben. Sehr komplexe Vektoren importiert InDesign als EPS.

Können Sie die Gruppierung einer platzierten Illustrator-Datei nicht aufheben? Dann müssen Sie in Illustrator eine Option umstellen: Wählen Sie *Bearbeiten → Voreinstellungen → Dateien verarbeiten* und Zwischenablage. Aktivieren Sie das Kontrollkästchen *AICB* und klicken Sie auf *OK*. Speichern Sie Ihr AI-Dokument erneut und fügen Sie es in InDesign ein. Jetzt sollte alles klappen.

Obwohl die Zeichenwerkzeuge von Adobe Illustrator und InDesign einander sehr ähnlich sind, sind diejenigen von Illustrator deutlich leistungsfähiger. In vielen Fällen ist es daher besser, wenn Sie eine bestimmte Vektorillustration oder einen Rahmen in Illustrator anfertigen und anschließend in InDesign einfügen.

Dieser Austausch geht ganz einfach und unkompliziert vonstatten. Wählen Sie die entsprechenden Objekte in Illustrator aus und ziehen Sie sie mit gedrückter Maustaste in Ihr InDesign-Dokument. Auch mit *Bearbeiten → Kopieren* und *Bearbeiten → Einfügen* ($\boxed{\text{Strg}}$/$\boxed{\math{\cmd}}$ + $\boxed{\text{C}}$ und $\boxed{\text{Strg}}$/$\boxed{\math{\cmd}}$ + $\boxed{\text{V}}$) können Sie arbeiten. Die Illustrator-Vektorobjekte erscheinen in InDesign als Gruppe von Rahmen. Um sie zu bearbeiten, zerlegen Sie sie mit *Objekt → Gruppierung aufheben* in ihre Einzelobjekte. Auch mit *Datei → Platzieren* lassen sich Illustrator-Grafiken einfügen.

Da Sie in Illustrator ab der Version CS4 mit mehreren Zeichenflächen arbeiten können, finden Sie unter der Vorschau der Importoptionen die Möglichkeit, die gewünschte Zeichenfläche zum Platzieren anzusteuern.

EPS-Dateien

Da PostScript-Dateien auf »normalem« Wege am Bildschirm nicht angezeigt werden können, erstellen die meisten Anwendungen beim EPS-Export ein Vorschaubild im Bitmap-Format. Dieses erscheint dann im InDesign-Layout, sobald Sie die EPS-Datei platziert haben. Möchten Sie ein solches Dokument nun auf einem nicht postscriptfähigen Drucker ausgeben, gibt dieser lediglich das qualitativ geringwertigere Vorschaubild aus statt der eigentlichen EPS-Datei.

EPS war bis vor kurzem das Standardformat für den Transfer von Bildern und vor allem von Vektordaten zwischen Grafik- und DTP-Anwendungen. Sämtliche professionellen Programme auf diesem Sektor unterstützen den Import von EPS-Dateien. EPS-Dateien können sowohl Vektor- als auch Pixelgrafiken enthalten. EPS-Dateien, die Vektorgrafiken enthalten, können Sie in InDesign beliebig skalieren, ohne einen Qualitätsverlust zu erleiden. In EPS-Dateien enthaltene Pixelgrafiken hingegen sind nicht verlustfrei zu skalieren.

Wenn Sie in Photoshop oder Illustrator eine Grafik mit Volltonfarben gestaltet und als EPS exportiert haben, wird diese Farbe beim Platzieren der EPS-Datei in InDesign korrekt übernommen. Sie können dies im Bedienfeld *Farbe → Farbfelder* überprüfen. Hier wird ein entsprechendes Vollton-Farbfeld angezeigt.

Abbildung 3.48 Diese in InDesign importierte Anzeige im EPS-Format verwendet zwei Volltonfarben, die im Bedienfeld *Farbfelder* angezeigt werden.

Beim Platzieren von EPS-Dateien können Sie verschiedene Importoptionen festlegen. Wählen Sie *Datei* → *Platzieren* und aktivieren Sie im folgenden Dialogfeld das Kontrollkästchen *Importoptionen anzeigen*, bevor Sie auf *Öffnen* klicken.

▶ Das Kontrollkästchen *Photoshop-Beschneidungspfad anwenden* benötigen Sie, wenn Sie das Bild in Photoshop mittels eines Beschneidungspfads freigestellt haben. Weitere Informationen zu diesem Thema erhalten Sie ab Seite 210.

▶ In der Gruppe *Proxyerstellung* entscheiden Sie, ob die im EPS vorhandene Pixelvorschau für die Anzeige des Bilds verwendet werden soll oder ob InDesign selbst eine Vorschau erstellen soll. Das bessere Ergebnis erhalten Sie mit dem Kontrollkästchen *PostScript in Pixelbild umwandeln*. Allerdings ist die Bildschirmanzeige bei aktivierter Option *Tiff- oder Pict-Vorschau verwenden* deutlich schneller.

Beim Exportieren von EPS-Dateien aus Photoshop sollten Sie möglichst stets die TIFF- und nicht die PICT-Vorschau wählen. Der Grund: Gelegentlich zeigt InDesign nach dem Import einer EPS-Datei das Vorschaubild nicht mit den üblichen 72 dpi, sondern nur mit 36 dpi an, wenn Sie die PICT-Vorschau gewählt haben.

DCS-EPS-Dateien

DCS (Desktop Color Separation) ist eine Entwicklung der Firma Quark, die es Anwendungen wie Photoshop ermöglichen sollte, vorseparierte Dateien zu erzeugen, die dann in QuarkXPress eingefügt werden können. Bei der CMYK-Ausgabe konnten kaum Probleme auftauchen. Da die Dateien schon separiert waren, konnte der RIP bei der Ausgabe keine Bildumrechnung mehr vornehmen.

InDesign ist in der Lage, DCS-Dateien zu platzieren. Beachten Sie jedoch, dass eine Composite-CMYK-Ausgabe oder InRIP-Separation der DCS-Dateien (vgl. **Kapitel 8**) nicht möglich ist – auch nicht als Composite-PDF. InDesign teilt Ihnen dies durch eine Warnmeldung mit. Dokumente mit platzierten DCS-Dateien müssen Sie als Separationen ausgeben. Auch Transparenzen und platzierte DCS-Dateien vertragen sich nicht. Da Workflows heutzutage immer mehr auf die Ausgabe und den Transport von Composite-PDFs abgestimmt werden, ist das Platzieren von DCS-Dateien nicht mehr besonders zeitgemäß.

PDF-Dateien

Lange Zeit exportierte man EPS-Dateien aus Seitenlayoutprogrammen, um Seitenelemente oder ganze Seiten in anderen Dokumenten wiederzuverwenden – etwa um eine bestimmte Anzeige in verschiedenen Größen in unterschiedliche Layouts montieren zu können – und importierte sie dann wieder in die verschiedenen Dokumente.

In der Praxis stellt jedoch die Platzierung von PDF-Dateien im Layout die bessere Lösung dar (diese Möglichkeit wird nur noch durch das Platzieren von InDesign-Dateien übertroffen).

Die Vorteile von PDF- gegenüber EPS-Dateien

▶ PDF-Dokumente sind kleiner als EPS-Dateien. Da der PostScript-Code nicht geparsed werden muss, läuft der Import von PDF-Dokumenten schneller und reibungsloser als der von EPS-Dateien.

▶ Der PDF-Export aus InDesign ist sehr schnell und ergibt – die richtigen Einstellungen vorausgesetzt – eine qualitativ hochwertige und druckfertige Datei.

▶ Das Exportieren und Importieren von Transparenzen (vgl. auch **Kapitel 7 und 8**) verläuft reibungslos.

▶ Die PDF-Datei kann jederzeit ohne Vorbereitungen in Adobe Acrobat zu Kontrollzwecken betrachtet werden.

Wie Sie eine PDF-Datei für die Druckvorstufe und für andere Zwecke aus Ihrem InDesign-Dokument erzeugen, erfahren Sie in den Kapiteln 8 und 9.

Ein PDF-Dokument setzen Sie mit dem Befehl *Datei* → *Platzieren* in Ihr Layout ein. Achten Sie auch hier darauf, dass das Kontrollkästchen *Importoptionen anzeigen* aktiviert ist, und klicken Sie auf *Öffnen*.

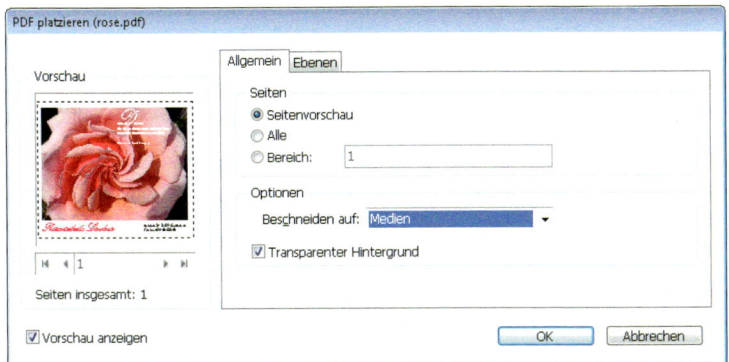

▶ Bei mehrseitigen PDF-Dokumenten wählen Sie über die Steuerelemente unter der Vorschau, welche Seite Sie platzieren möchten.

▶ Im Pop-up-Menü *Beschneiden auf* geben Sie an, welche Begrenzungen für die platzierte Datei gelten sollen – das Endformat, das Endformat mit Beschnittzugabe, das Endformat mit Anschnitt oder nur die in der PDF-Datei vorhandenen Objekte. Links in der Vorschau sehen Sie jeweils die Wirkung Ihrer Auswahl.

▶ Aktivieren Sie das Kontrollkästchen *Transparenter Hintergrund*, haben Sie später die praktische Möglichkeit, das PDF-Objekt mit einem anderen Hintergrund in Form eines Rahmens mit einer Flächenfarbe oder dergleichen zu hinterlegen.

▶ Das Register *Ebenen* verwenden Sie, wenn Sie nur einzelne Ebenen einer entsprechend ausgestatteten PDF-Datei importieren möchten. Mehr zu diesem Thema erfahren Sie im nächsten Abschnitt, denn auch bei Photoshop-PSD-Bildern können Sie einzelne Ebenen platzieren.

Sie können auch mehrseitige PDF-Dokumente platzieren: Wählen Sie *Fenster → Hilfsprogramme → Skripte*. Öffnen Sie in diesem Bedienfeld den Ordner *Anwendung/Samples* und dann einen der Unterordner mit den Skriptsprachen (in beiden Ordnern sind dieselben Skripte enthalten). Doppelklicken Sie auf das Skript *PlaceMultipagePDF*. Es folgt kein Dialogfeld, sondern InDesign erzeugt für jede Seite des PDF-Dokuments automatisch eine neue Seite.

Photoshop-PSD-Dateien

Eines der besten Dateiformate für Bitmap-Daten, die Sie in InDesign platzieren möchten, ist das native Photoshop-PSD-Format. Der Austausch zwischen diesen beiden Anwendungen geht besonders elegant und reibungslos vonstatten. In den folgenden Kapiteln erhalten Sie einige Beispiele dafür, etwa wie Sie mit Ebenenmasken stufenlose Transparenzverläufe in Ihrem Layout gestalten. Hier erfahren Sie auch Details über die Importoptionen.

Auch ICC-Farbprofile können in Photoshop-Dateien eingebettet sein und InDesign kann bei aktiviertem Farbmanagement diese Farbinformationen verwenden. Ab Seite 336 erfahren Sie mehr darüber.

Abbildung 3.50 Links: Im Register *Ebenen* der Importoptionen für die Photoshop-Datei legen Sie fest, welche Ebenen in InDesign angezeigt werden sollen. Rechts: Nur zwei der vier Ebenen der PSD-Datei werden in InDesign angezeigt.

▶ Zudem legen Sie gegebenenfalls fest, welche Ebenen der Photoshop-Datei sichtbar sein sollen, wenn das Bild in InDesign importiert wird. Dazu verwenden Sie das Register *Ebenen* des Dialogfelds *Bildimportoptionen*.

▶ Vor den Ebenen, die in InDesign nicht angezeigt werden sollen, deaktivieren Sie das Augen-Symbol mit einem Klick. Vor den Ebenen, die angezeigt werden sollen, lassen Sie das Augen-Symbol aktiviert.

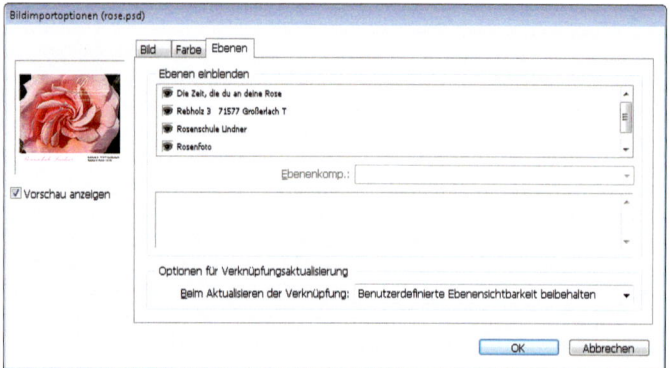 

▶ Im Pop-up-Menü *Beim Aktualisieren der Verknüpfung* bestimmen Sie, was passieren soll, wenn Sie das PSD-Bild in Photoshop ändern und anschließend in InDesign aktualisieren. Der Eintrag *Benutzerdefinierte Ebenensichtbarkeit von Photoshop verwenden* sorgt dafür, dass die Ebenensichtbarkeit aus dem PSD-Bild übernommen wird. Der Eintrag *Benutzerdefinierte Ebenensichtbarkeit beibehalten* lässt eine eventuell in Photoshop veränderte Ebenensichtbarkeit unberücksichtigt und verwendet die von Ihnen in InDesign vorgenommenen Einstellungen.

Haben Sie in der Photoshop-PSD-Datei mit Volltonfarben gearbeitet, übernimmt InDesign diese beim Import korrekt und führt sie im Bedienfeld *Farbe* → *Farbfelder* auf.

Möchten Sie die Ebenensichtbarkeit der bereits platzierten PSD-Datei ändern, markieren Sie sie und wählen Sie anschließend den Befehl *Objekt* → *Objektebenenoptionen*. Das nun angezeigte Dialogfeld gleicht dem oben besprochenen Register *Ebenen*. Bestimmen Sie hier, welche Ebenen Sie einblenden/ausblenden möchten, und weisen Sie die Änderungen mit *OK* zu.

TIFF-Dateien

Das TIFF-Format ist für Dateien, die gedruckt werden sollen, das am weitesten verbreitete Format, vor allem, weil es sehr flexibel ist. Denn TIFF unterstützt CMYK-, RGB-, Graustufen-, LAB-indizierte und Schwarzweißbilder sowie Alpha- und Schmuckfarbenkanäle. Von fast allen Mal-, Bildbearbeitungs- und Seitenlayoutprogrammen wird es unterstützt. Auch fast alle Desktop-Scanner können TIFF-Bilder produzieren.

Beim Platzieren von TIFF-Bildern mit Schmuckfarben verhält es sich wie bei PSD. InDesign übernimmt diese und zeigt sie im Bedienfeld *Farbfelder* an.

Für die Druckvorstufe weniger geeignete Dateiformate	
Dateiformat	**Erläuterung**
BMP	BMP ist ein typisches Windows-Pixelbildformat und wird für bestimmte Aufgabenbereiche wie das Speichern von Desktop-Hintergründen verwendet. Es unterstützt kein CMYK und ist damit nur eingeschränkt für die professionelle Druckvorstufe geeignet. Wenn Sie BMP-Daten erhalten, sollten Sie sie in Photoshop in das PSD- oder TIFF-Format konvertieren.
PICT	PICT ist das traditionelle, heute aber nur noch wenig gebräuchliche Macintosh-Bildformat. Bilder lassen sich in diesem Format sehr gut komprimieren, besonders wenn sie große einfarbige Flächen aufweisen. Auch PICT-Bilder eignen sich weniger für die professionelle Druckvorstufe.
GIF	Das GIF-Format ist eines der im Internet gebräuchlichsten Kompressionsformate. Es komprimiert Dateien sehr stark, hat aber den Nachteil, dass höchstens 256 Farben verwendet werden können. Dafür unterstützt es Transparenzen und sogar Animationen. GIF-Bilder sollten Sie ausschließlich für Layouts verwenden, die für die Betrachtung am Bildschirm gedacht sind.
WMF	Das WMF- und das EMF-Format sind typische Windows-Grafikformate, die vorzugsweise in semiprofessionellen Anwendungen verwendet werden. WMF- und EMF-Grafiken können sowohl Bitmap- als auch Vektordaten enthalten. Verwenden Sie diese Dateiformate nur für Arbeiten, die auf normalen Bürodruckern oder für die Betrachtung am Bildschirm ausgegeben werden sollen. Für die Ausgabe auf Satzbelichtungsgeräten und anderen hochauflösenden Ausgabegeräten eignen sie sich durch ihre schlechte Kurvenwiedergabe weniger.
PNG	Das PNG-Format (sprich: Ping) wird ebenfalls vor allem für Webgrafiken verwendet. Das PNG-Format vereint die Vorteile von GIF und JPEG ohne deren Nachteile. Transparenzen sind möglich, die Kompression kann ohne Qualitätsverluste erfolgen. Echtfarben sind möglich. Ein weiterer Vorteil des PNG-Formats ist, dass es lizenzfrei ist. Moderne Browser unterstützen dieses Format – allerdings nach wie vor nicht mit allen Features. Ältere Browser haben teilweise Probleme mit der PNG-Darstellung. Farbige PNG-Bilder sind immer RGB-Bilder, sodass sie nicht separiert werden können. Graustufen-PNGs können Sie auch für den Druck auf hochauflösenden Geräten verwenden.

Da die JPEG-Kompression mit Qualitätsverlusten einhergeht, sollten Sie JPEG stets als Exportformat verwenden. Mit anderen Worten: Sie sollten Ihr Bild erst dann als JPEG-Datei speichern, wenn Sie sämtliche Bearbeitungen daran abgeschlossen haben. Denn jede erneute Speicherung bedeutet auch einen erneuten Detailverlust. Jedes Mal, wenn Sie eine JPEG-Datei öffnen, bearbeiten und erneut speichern, wird die Bildqualität schlechter – selbst bei maximaler Qualität. Deshalb sollten Sie stets eine Originaldatei im Photoshop- oder TIFF-Format bereithalten und diese bearbeiten.

Besonders problematisch ist dies bei Digitalkameras. Viele Geräte speichern die Bilder im JPEG-Format. Um das Problem zu reduzieren, speichern Sie das Bild erst in einem verlustfreien Format, zum Beispiel PSD, und bearbeiten es dann. Erst zum Schluss komprimieren Sie es in eine JPEG-Datei.

Diese Komprimierung wird dennoch zu einem erneuten Qualitätsverlust führen. Um diesen möglichst gering zu halten, stellen Sie die Kompression möglichst niedrig ein.

JPEG-Dateien

Das JPEG-Format wird üblicherweise für die Darstellung von Fotos und anderen Halbtonbildern im Internet verwendet. Die Kompressionsrate ist ebenfalls relativ hoch, aber verlustbehaftet. Dafür komprimiert es im Echtfarbenmodus. Es unterstützt CMYK, RGB und Graustufenbilder.

Die meisten Digitalkamerabilder erhalten Sie im JPEG-Format. Wenn Sie JPEG-Bilder in Layouts, die für den professionellen Druck bestimmt sind, verwenden möchten, müssen Sie darauf achten, dass die Bilder mit 100%-Qualität, also ohne Verluste, gespeichert sind. Nur solche JPEGs sind druckvorstufentauglich. Für einen reibungslosen Workflow mit JPEGs sollten Sie sich mit Ihrem Dienstleister besprechen.

3.7 Grafiken im Text verankern

Beim Mengensatz bedeutet es eine große Zeitersparnis, wenn Sie Abbildungen, die in der Hauptspalte sitzen sollen, direkt in den Textrahmen einfügen. Wenn Sie dann nämlich den Text erweitern oder etwas aus ihm herauslöschen, wandern die Grafiken im Layout mit und Sie müssen sie nicht neu platzieren, um sie der veränderten Textlänge anzupassen.

In InDesign CS5 lassen sich Objekte im Text verankern. Der Vorteil ist, dass ein solches verankertes Objekt fest mit der Stelle verbunden ist, an der sich der zugehörige »Anker« befindet. Mit Verankerungen fügen Sie beispielsweise Grafiken direkt in den Text ein, positionieren Elemente in Marginalspalten und vieles mehr. Dieses Verhalten lässt sich schließlich in einem Objektformat (siehe **Kapitel 5**) speichern, sodass Sie es schnell und bequem jederzeit zuweisen können.

Die verankerten Objekte werden (je nach Einstellung) mit »ihrer« Textstelle nach unten bzw. auf die nächste Seite oder in den nächsten Rahmen verschoben, wenn Sie vor dieser Textstelle etwas einfügen. Wenn Sie den Textrahmen, in dem sie verankert sind, drehen oder neigen, wird diese Transformation standardmäßig auch dem verankerten Objekt zugewiesen.

1 Positionieren Sie den Cursor an der Stelle, an der Sie die Grafik einfügen möchten.
2 Verankern Sie die gewünschte Grafik anschließend mit *Datei → Platzieren* an der Stelle der Einfügemarke.

Abbildung 3.51 In InDesign lassen sich Bilder auch direkt in den Text einfügen – ein unschätzbarer Vorteil beim Mengensatz.

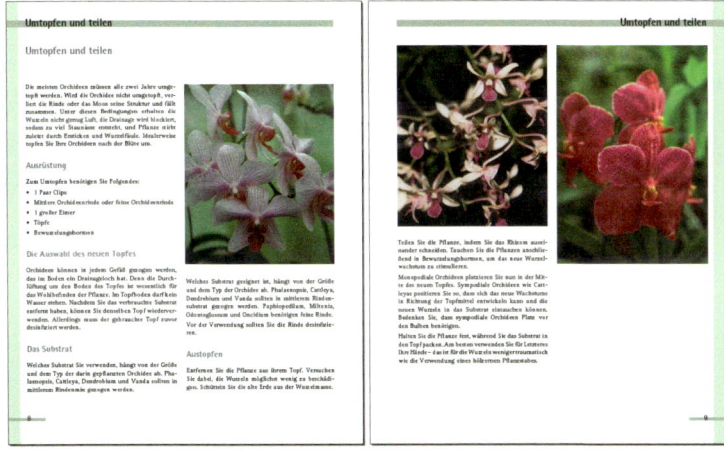

Abbildung 3.52 Ändert man etwas am Text – hier wurden ein paar Absätze gelöscht – verschieben sich die eingefügten Bilder mit.

Das Objekt wird auf der Grundlinie des Textes eingefügt und erhält denselben Zeilenabstand. Falls Sie einen fixen Zeilenabstand angegeben haben, wird die Grafik deshalb nach oben ragen und Teile des Textes verdecken. In diesem Fall entfernen Sie beispielsweise den Zeilenabstand über das Feld *Zeilenabstand* des Bedienfelds *Zeichen*, nachdem Sie es wie ein Textzeichen ausgewählt haben. Auch sonst können Sie die verankerte Grafik wie ein Schriftzeichen formatieren und sie erhält stets die Absatzformatierungen des Absatzes, in den sie eingefügt ist.

Wenn Sie den verankerten Grafikrahmen als solchen bearbeiten möchten, um beispielsweise seine Form und Größe zu ändern, wählen Sie ihn mit dem Auswahlwerkzeug oder dem Direktauswahl-Werkzeug statt mit dem Textwerkzeug aus.

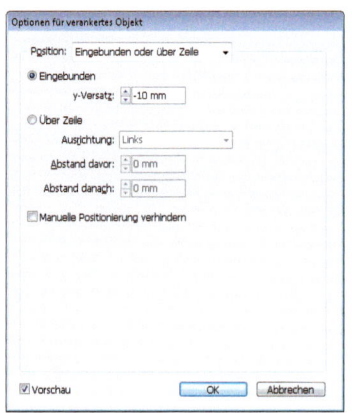

Abbildung 3.53 Im Dialogfeld
Optionen für verankertes Objekt
bestimmen Sie, wo das Objekt positioniert werden soll.

Verankerte Objekte aus dem Textfluss herausnehmen

Das verankerte Objekt muss sich nicht unbedingt im Textfluss befinden. Für die Gestaltung etwa von Marginalbildern können Sie es auch
aus diesem herausnehmen.

1 Klicken Sie das in den Text eingefügte Objekt mit dem Auswahl-
werkzeug an und wählen Sie den Befehl *Objekt* → *Verankertes
Objekt* → *Optionen* (der Befehl *Verankertes Objekt* ist auch im
Kontextmenü des Rahmens verfügbar).

2 Im folgenden Dialogfeld nehmen Sie die gewünschten Einstellungen für die Positionierung des verankerten Objekts vor und weisen
diese mit einem Klick auf *OK* zu.

Damit Sie die Verankerungsstellen leichter identifizieren können,
zeigen Sie den Anker mit *Schrift* → *Verborgene Zeichen einblenden*
($\boxed{\text{Strg}}$/$\boxed{\text{⌘}}$ + $\boxed{\text{Alt}}$ + $\boxed{\text{I}}$) an. Zusätzlich können Sie das Objekt mit
der Verankerungsstelle visuell verbinden, indem Sie das Objekt ankli-
cken und anschließend *Ansicht* → *Extras* → *Textverkettungen einblenden* wählen. Wenn Sie das verankerte Objekt mit dem Auswahlwerkzeug anklicken, dann beispielsweise ausschneiden und an anderer
Stelle einfügen, gehen seine Verankerungseigenschaften verloren.

Die Optionen des Dialogfelds

Im oberen Pop-up-Menü des Dialogfelds legen Sie zunächst fest, ob
das Objekt *Eingebunden* oder *Über Zeile* oder *Benutzerdefiniert* positioniert werden soll.

▶ *Eingebunden* bedeutet, dass das Objekt an der Grundlinie der Textzeile, in die es eingefügt wird, ausgerichtet wird. Es steht mit dem
Text in der Zeile.

▶ *Über Zeile* bedeutet, dass das Objekt über der Textzeile, in die es
eingefügt wird, ausgerichtet wird.

Diese beiden Optionen verwenden Sie beispielsweise für Abbildungen
innerhalb der Textspalte. *Benutzerdefiniert* verwenden Sie für mitlau-
fende Abbildungen in der Marginalspalte.

Eingebunden oder Über Zeile

Haben Sie die Option *Eingebunden* aktiviert, damit das Objekt mit
dem Text auf der Grundlinie steht, ändern Sie bei Bedarf den *Y-Versatz* – mit anderen Worten, wie weit es über bzw. unter der Grundli-

nie stehen soll. Statt über das Dialogfeld lässt sich das eingebundene Objekt auch mit der Maus nach oben oder unten schieben. Bei aktiviertem Optionsfeld *Über Zeile* gibt es mehr Einstellmöglichkeiten.

▶ Bestimmen Sie, ob das Objekt in der Textspalte *Links, Rechts* oder *Zentriert* ausgerichtet werden soll.

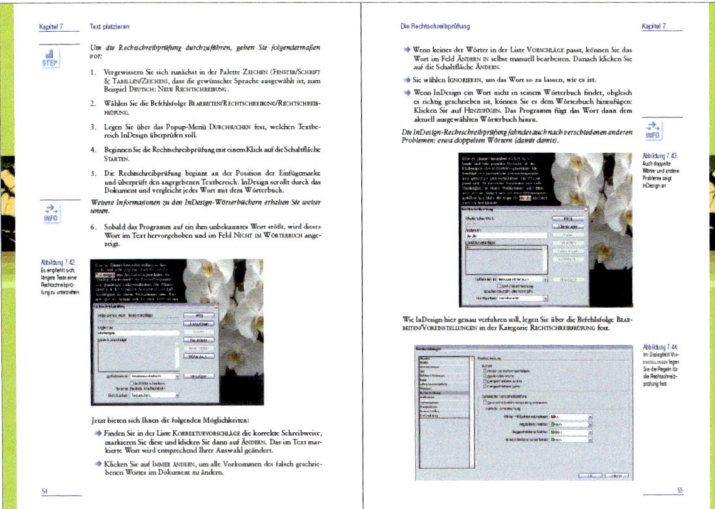

Abbildung 3.54 Diese Bilder sind *Nicht am Bund* ausgerichtet.

▶ Im selben Pop-up-Menü *Ausrichtung* finden Sie auch noch die Optionen *Am Bund* und *Nicht am Bund*. Mit dem zuerst genannten Eintrag werden die Objekte auf ungeraden Seiten linksbündig ausgerichtet, auf geraden Seiten rechtsbündig (jeweils zum Bund hin). Wählen Sie *Nicht am Bund*, verhält es sich gerade umgekehrt. Objekte auf ungeraden Seiten werden rechtsbündig ausgerichtet, Objekte auf geraden Seiten linksbündig.

▶ Der letzte Eintrag *Textausrichtung* bewirkt, dass die Textausrichtung des Absatzes, in den das Objekt eingebunden ist, übernommen wird.

▶ Über die Felder *Abstand davor* und *Abstand danach* geben Sie an, wie groß der Abstand zwischen Objekt und vorheriger Textzeile einerseits sowie der Textzeile, in der das Objekt verankert ist, andererseits sein soll. Auch hier können Sie sowohl positive als auch negative Werte angeben (Letztere bis zur Objekthöhe).

▶ *Benutzerdefiniert:* Wie oben erwähnt, ist das benutzerdefinierte Positionieren besonders geeignet für Bilder und andere Objekte, die Sie außerhalb des Textrahmens positionieren möchten und die trotzdem mit dem zugehörigen Text verschoben werden sollen

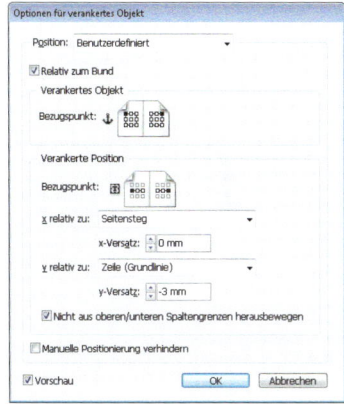

Abbildung 3.55 Die benutzerdefinierte Positionierung verwenden Sie vor allem für Objekte in der Marginalspalte (wie beispielsweise im vorliegenden Buch).

– also etwa Marginalien in Fachpublikationen. Gerade bei benutzerdefinierter Positionierung empfiehlt sich die Aktivierung des Kontrollkästchens *Vorschau* am unteren Rand des Dialogfelds.

▶ Auch beim benutzerdefinierten Positionieren haben Sie die Möglichkeit, die Verankerung *Relativ zum Bund* festzulegen, hier in Form eines Kontrollkästchens. Damit sorgen Sie bei einem spiegelbildlich angeordneten Satzspiegel dafür, dass das verankerte Objekt immer korrekt in der Marginalspalte positioniert bleibt, auch wenn es sich durch Einfügen oder Löschen von Text auf die nächste oder vorherige Seite verschiebt.

▶ Im Schaubild *Verankertes Objekt – Bezugspunkt* legen Sie mit einem Klick fest, wo der Referenzpunkt des verankerten Objekts liegen soll. Dieser wird als schwarzes Quadrat dargestellt. Am Referenzpunkt richtet InDesign das Objekt aus.

▶ Im Schaubild *Verankerte Position – Bezugspunkt* wählen Sie hingegen, wie das Objekt an dem im nächsten Schritt ausgewählten Seitenelement ausgerichtet werden soll.

▶ Aus dem Pop-up-Menü *x relativ zu* wählen Sie das Element, an dem das verankerte Objekt horizontal ausgewählt werden soll – etwa *Seitenrand* oder *Textrahmen*.

▶ Analog dazu wählen Sie aus dem Pop-up-Menü *y relativ zu* das Seitenelement, an dem das Objekt in der Vertikalen ausgerichtet werden soll – etwa *Zeile (Grundlinie)*, um das Objekt an der Grundlinie der Textzeile, in der es verankert ist, auszurichten.

Mit den y-Einträgen *Relativ zu Seitensteg, Textrahmen, Spaltenrand* und *Seitenkante* erzeugen Sie ein verankertes Objekt, das seine Position behält, solange sich der zugehörige Text auf derselben Seite bzw. in derselben Spalte oder in demselben Textrahmen befindet. Erst wenn dieser Text in die nächste Seite, Spalte oder in den nächsten Textrahmen umgebrochen wird, positioniert sich das verankerte Objekt ebenfalls dort. Wählen Sie einen der Zeileneinträge, wandert das Objekt mit der zugehörigen Textzeile mit.

▶ Für das Feintuning geben Sie einen positiven oder negativen *x-Versatz* und/oder *y-Versatz* an, um das Objekt um den angegebenen Wert in der Horizontalen und/oder Vertikalen zu verschieben.

▶ Damit Ihr Satzspiegel nicht nach oben oder unten überschritten wird, aktivieren Sie das Kontrollkästchen *Nicht aus oberen/unteren Spaltengrenzen herausbewegen*.

Die Verankerung aufheben

Ein verankertes Objekt lässt sich nachträglich wieder aus dem Text-fluss herausnehmen. Markieren Sie dazu das Objekt mit dem Aus-wahlwerkzeug und wählen Sie den Befehl *Objekt → Verankertes Objekt → Lösen*. Es ist nun unabhängig von dem Text, in dem es verankert war, und wird nicht mehr mit diesem verschoben.

3.8   Die Bilddarstellung steuern

Auf der einfachsten Ebene steuern Sie die Anzeige Ihres Dokuments und der darin enthaltenen Bilder über die Befehlsfolge *Ansicht → Anzeigeleistung*. Sie haben die Wahl zwischen den drei Befehlen *Schnelle Anzeige*, *Normale Anzeige* und *Anzeige mit hoher Qualität*. Diese Einstellung hat keine Auswirkungen auf die Ausgabeauflösung des Dokuments beim Export oder im Druck, sondern nur auf die Bildschirmdarstellung.

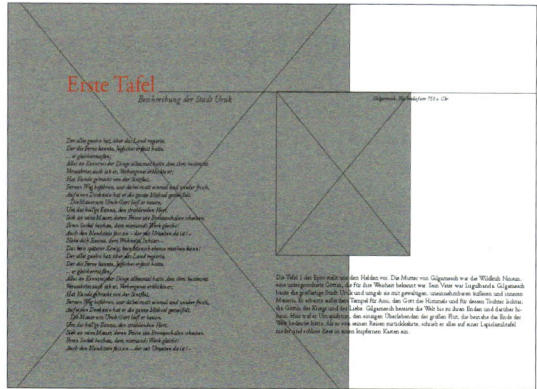 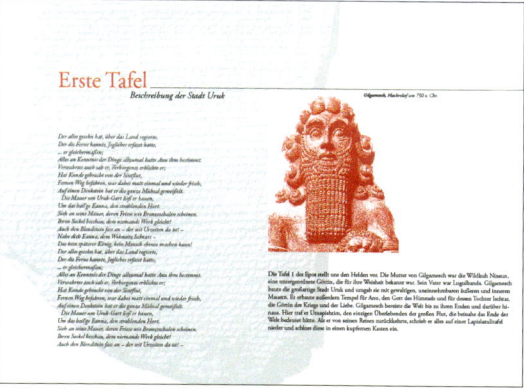

Um das richtige Gleichgewicht zwischen Darstellungsqualität und -geschwindigkeit zu finden, können Sie jedoch auch noch im Dia-logfeld *Bearbeiten → Voreinstellungen → Anzeigeleistung* festlegen, in welcher Qualität Pixel- und Vektorgrafiken sowie Transparenzen dargestellt werden.

Abbildung 3.56 Links: Die schnelle Ansicht stellt Pixel- und Vektorgrafiken als graue Fläche dar und sichert so eine schnelle Darstellung auch vieler Abbildungen oder Transparenzeffekte. Rechts: Die normale Ansicht zeigt die Bilder in niedriger Auflösung.

- ▶ Wählen Sie in der Gruppe *Optionen*, welche der drei oben vorge-stellten Ansichten standardmäßig eingestellt sein soll.
- ▶ Aktivieren Sie das Kontrollkästchen *Objektspezifische Ansichtsein-stellungen beibehalten*, wenn Sie – wie nachfolgend beschrieben – imstande bleiben möchten, ausgewählten Grafiken in Ihren Do-kumenten individuelle Einstellungen zuzuweisen.

- In der Gruppe *Anzeigeeinstellungen anpassen* wählen Sie aus den Optionsfeldern diejenige Gruppe, die Sie danach individuell anpassen möchten.
- Stellen Sie darunter über die Regler die Qualität ein, in der die einzelnen Grafiktypen dargestellt werden sollen.
- Bei aktiviertem Kontrollkästchen *Kantenglättung aktivieren* werden Texte, Flächen und Konturen mit Anti-Aliasing versehen.

Mit *Proxy* ist eine Bildauflösung von 72 dpi gemeint.

4 Clematis Violetta
Violette blüht, wenn der Sommer seinen Höhepunkt erreicht, und zwar an Ranken, die im selben Jahr gebildet wurden. Geben Sie dieser Clematis ein Plätzchen zum Süden und schützen Sie den Fuß im Winter vor Frost.
Nur € 9,95,-
4 Clematis Violetta
Violette blüht, wenn der Sommer seinen Höhepunkt erreicht, und zwar an Ranken, die im selben Jahr gebildet wurden. Geben Sie dieser Clematis ein Plätzchen zum Süden und schützen Sie den Fuß im Winter vor Frost.
Nur € 9,95,-

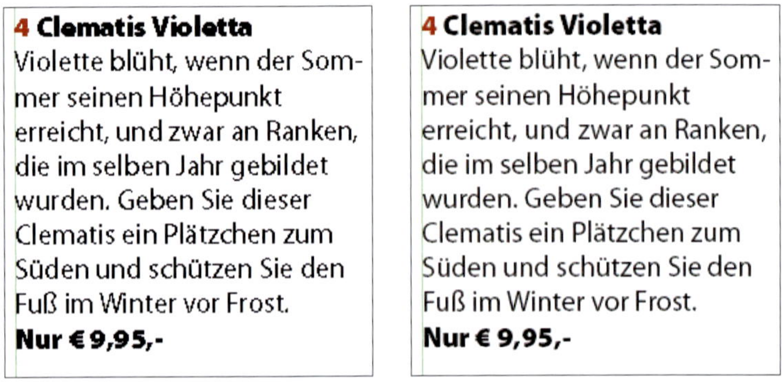

Abbildung 3.57 Links: Text ohne Anti-Aliasing; rechts: Text mit Anti-Aliasing

Über das Eingabefeld *Text ausgrauen unter* bestimmen Sie, bis zu welchem Schriftgrad Text in Form von grauen Zeilenbändern dargestellt werden soll.

Erste Tafel
Beschreibung der Stadt Uruk

Abbildung 3.58 Standardmäßig werden bei einer Zoomstufe von 50 % Texte unter 7 Punkt nur noch in Form von grauen Balken wiedergegeben.

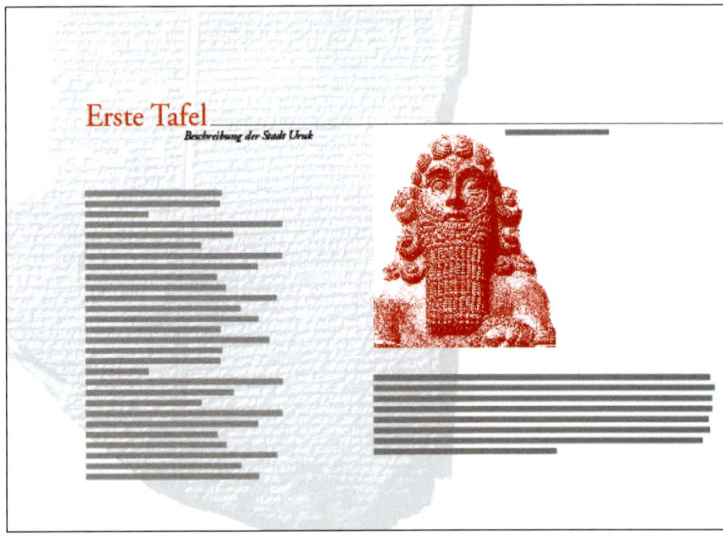

Mit einem Klick auf die Schaltfläche *Standards verwenden* stellen Sie die jeweiligen Grundeinstellungen wieder her.

Die Darstellung einzelner Bilder steuern

Nehmen wir an, Sie haben aus dem Menü *Ansicht* → *Anzeigeleistung* die Einstellung *Normale Anzeige* gewählt. Nun möchten Sie aber ein bestimmtes Bild oder eine bestimmte Transparenz in Ihrem Dokument genauer in Augenschein nehmen. In diesem Fall haben Sie die Möglichkeit, dieses unabhängig von der gerade gewählten Ansicht in besserer Qualität darzustellen. Damit das funktioniert, muss – wie oben beschrieben – in der Kategorie *Anzeigeoptionen* des Dialogfelds *Voreinstellungen* das Kontrollkästchen *Objektspezifische Ansichtseinstellungen beibehalten* aktiviert sein.

1 Wählen Sie die betreffende Grafik aus.
2 Öffnen Sie das Kontextmenü auf der Grafik und wählen Sie *Anzeigeoptionen*.
3 Wählen Sie den gewünschten Anzeigemodus für Ihr Bild.

Achten Sie darauf, dass Sie das Bild vor dem Öffnen des Kontextmenüs tatsächlich mit dem *Auswahl-* oder dem *Direktauswahl-*Werkzeug angeklickt haben. Wählen Sie nichts aus, gilt die gewählte Anzeigeoption nämlich für das gesamte Dokument.

3.9 Verknüpfungen bearbeiten

InDesign bindet platzierte Bilder in der Grundeinstellung nicht fest in das Dokument ein, sondern legt eine Verknüpfung vom Dokument zur Bilddatei an. Im Layout sehen Sie lediglich eine Voransicht des Bilds.

Die Verknüpfung enthält den Pfad zum Ablageort der Bilddatei. Sobald Sie das Dokument dann drucken oder exportieren, verwendet InDesign die Originalbilddatei. Aus diesem Zusammenhang ergibt sich, dass Sie bei der Weitergabe eines InDesign-Dokuments oder beim Verschieben in einen anderen Ordner auf Ihrem Datenträger die Bilder mitliefern müssen, damit InDesign sie wiederfinden kann.

Bilder mit einer geringen Dateigröße bis zu 48 KByte werden in InDesign nicht verknüpft, sondern gleich in das Layout eingebettet. Solche Grafiken werden im Bedienfeld *Verknüpfungen* erst gar nicht aufgeführt.

Sämtliche Bildverknüpfungen in Ihrem Dokument, aber auch verknüpfte Text-, PDF- und INDD-Dateien, werden im Bedienfeld *Verknüpfungen* (Befehlsfolge *Fenster* → *Verknüpfungen*) angezeigt und verwaltet. Das Bedienfeld zeigt Ihnen auf einen Blick, ob die Verknüpfungen in Ihrem Dokument in Ordnung sind.

▶ Möchten Sie schnell feststellen, wie der Dateiname eines bestimmten Bilds lautet, klicken Sie dieses einfach im Layout an. Im Bedienfeld *Verknüpfungen* wird der Bildname umgehend hervorgehoben.

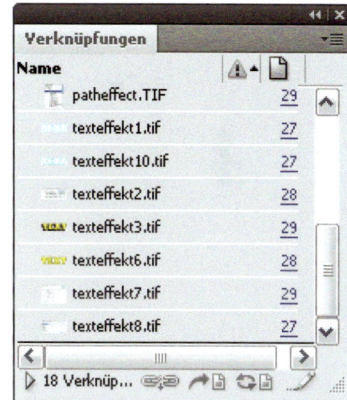

Abbildung 3.59 Sämtliche Verknüpfungen im Dokument zeigt das Verknüpfungsbedienfeld.

Standardmäßig ist das Bedienfeld *Verknüpfungen* nach der Seitenzahl sortiert. Sie können das ändern, indem Sie auf den entsprechenden Spaltenkopf klicken. Ein erneuter Klick auf denselben Spaltenkopf sortiert die Verknüpfungen in umgekehrter Richtung. In den Bedienfeldoptionen, auf die Sie über das Bedienfeldmenü zugreifen, legen Sie fest, welche Spalten im Bedienfeld *Verknüpfungen* angezeigt werden.

▶ Wird eine Datei im Dokument mehrmals verwendet, erscheint vor ihrem Namen im Bedienfeld *Verknüpfungen* ein kleines Dreieck-Symbol ▷ und nach dem Namen steht eine Zahl, die Ihnen mitteilt, wie oft die Verknüpfung im Dokument vorkommt. Klicken Sie dieses an, um die Liste der Vorkommen dieser Datei im Dokument anzuzeigen. Auch wenn Sie eine InDesign- oder EPS-Datei mit verknüpften Bildern platziert haben, wird diese mit einem solchen Dreieck-Symbol dargestellt. Mit einem Klick darauf gibt das Bedienfeld die Namen der verknüpften Bilder frei.

▶ Ein gelbes Warndreieck ⚠ teilt Ihnen mit, dass das Bild zwar am angegebenen Ort vorhanden ist, in der Zwischenzeit aber geändert wurde, ohne dass es im InDesign-Dokument aktualisiert wurde. Das Vorschaubild zeigt demnach noch den alten Stand. Außerdem kann es sein, dass bei einem geänderten Bild, das mehrmals im Dokument vorkommt, nur einige Vorkommen (Instanzen) aktualisiert wurden. Dann erscheint dasselbe Warndreieck vor dem übergeordneten Eintrag im Bedienfeld, nur dass darunter noch zwei schwarze Winkel dargestellt werden ⚠.

▶ Eine fehlende Verknüpfung erkennen Sie am Fragezeichen-Symbol auf rotem Hintergrund ❓. Wenn Sie eine solche Verknüpfung drucken, verwendet InDesign nur die Vorschauauflösung; akzeptabel ist dies bei Bildschirmfotos und anderen von vornherein niedrig aufgelösten Bildern. Verknüpfungen zu hoch aufgelösten Bildern sollten Sie vor der Ausgabe unbedingt reparieren (mehr darüber auf der nächsten Seite).

▶ Ein eingebettetes Bild (siehe auch Seite 198) erkennen Sie an seinem speziellen Symbol 🖼.

▶ Am Ende der Zeile jedes Bildnamens sehen Sie, auf welcher Seite Ihres Dokuments das Bild platziert wurde. Ein Bild, das Sie auf der Montagefläche abgelegt haben, erhält keinen Seitennamen, sondern die Bezeichnung *MF*, ein Bild auf der Musterseite erhält die Bezeichnung *MP*, ein Bild im Übersatztext die Bezeichnung *UE* und ein Bild im verborgenen Text die Bezeichnung *VT*. Weiterhin gibt es das Symbol *VE*. Dieses kennzeichnet das erste Bild, das im Platzierungscursor »hängt«, also noch nicht platziert wurde.

Bilder im Layout auffinden

Ein Klick auf ein Bild im Layout genügt, um seinen Namen im Bedienfeld *Verknüpfungen* hervorzuheben. Umgekehrt können Sie im Bedienfeld *Verknüpfungen* ein bestimmtes Bild auswählen und dann auf die zugehörige Seitenzahl oder Bezeichnung (z. B. *MF* oder *MP*)

Leider behält das Programm beim Klick auf die Schaltfläche *Gehe zu Verknüpfung* die aktuelle Zoomeinstellung nicht bei, sondern stellt das Bild in einer größeren Ansicht dar.

bzw. auf die Schaltfläche *Gehe zu Verknüpfung* klicken. InDesign springt sofort zur Seite mit diesem Bild und zeigt es an.

Geänderte Bilder im Layout aktualisieren

InDesign zeigt Ihnen im Bedienfeld *Verknüpfungen* neben einer Datei, die Sie seit ihrer letzten Platzierung im Layout verändert haben, ein gelbes Warndreieck. Wenn Sie ein Dokument mit einer solchen veränderten Grafik öffnen, sehen Sie übrigens schon dabei eine Warnung. Dasselbe gilt für fehlende Verknüpfungen, die InDesign beim Öffnen des Dokuments feststellt. Um eine Verknüpfung mit einer geänderten Datei im Bedienfeld *Verknüpfungen* auf den neuesten Stand zu bringen, gehen Sie folgendermaßen vor:

1 Wählen Sie das Bild mit dem Warndreieck ⚠ im Bedienfeld *Verknüpfungen* aus.
2 Klicken Sie am unteren Rand des Bedienfelds auf die Schaltfläche *Verknüpfung aktualisieren*.
3 Das Bild wird im Layout aktualisiert.

Bilder neu verknüpfen

Zeigt InDesign Ihnen im Bedienfeld neben einem Bild ein rotes Fragezeichen ❓, kann das Programm diese Datei nicht an der durch die Verknüpfung angegebenen Stelle finden.

1 Wählen Sie das Bild mit dem Fragezeichen aus (Sie können auch ein von InDesign einwandfrei identifiziertes Bild auswählen, um es mit einer neuen Verknüpfung zu versehen und es damit auch im Layout auszutauschen). Klicken Sie auf *Erneut verknüpfen*.
2 Wählen Sie die Bilddatei aus und bestätigen Sie mit *Öffnen*. Das Fragezeichen-Symbol verschwindet. Dies signalisiert, dass die Bildverknüpfung nun korrekt ist.

Oft kommt es vor, dass Sie zum Layouten niedrig aufgelöste JPEG-Bilder verwendet haben und diese später durch die hoch aufgelösten PSD-Dateien mit demselben Dateinamen ersetzen möchten. In diesem Fall öffnen Sie das Bedienfeldmenü und wählen *Dateierweiterung erneut verknüpfen*. Wichtig ist nur, dass sich beide Bildversionen in demselben Ordner befinden.

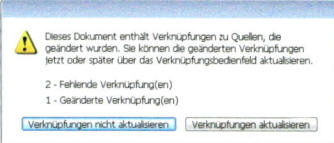

Abbildung 3.60 Ein Dokument mit fehlenden und geänderten Verknüpfungen wird geöffnet.

Möchten Sie alle geänderten Verknüpfungen gleichzeitig aktualisieren, klicken Sie mit gedrückter Alt-Taste auf die Schaltfläche *Verknüpfung aktualisieren*.

Im Bedarfsfall reparieren Sie alle fehlenden Verknüpfungen auf einmal, indem Sie sie mit gedrückter ⇧- bzw. Strg-Taste auswählen und dann auf die Schaltfläche *Erneut verknüpfen* klicken.

Abbildung 3.61 Das Verknüpfungsbedienfeld lässt sich um die Verknüpfungsinformationen erweitern.

NEU in CS5 ▶

Auch die Metadaten einer
verknüpften Bilddatei lassen sich
über das Bedienfeld *Verknüpfungen*
einsehen. Markieren Sie dazu die
entsprechende Verknüpfung und
wählen Sie aus dem Bedienfeldmenü den Befehl *Hilfsprogramme →
XMP-Dateiinformationen*.

Die Verknüpfungsinformationen

Ein schneller Weg, Bilddateien zu überprüfen, ist ein Blick in den unteren Bereich des Bedienfelds *Verknüpfungen*. InDesign zeigt Ihnen in diesem Bereich die wichtigsten Informationen über das ausgewählte Bild. Über das Dreieck-Symbol neben der Verknüpfungsanzahl lässt sich dieser Teil des Bedienfelds hinzu- und wegschalten. Über die Schaltflächen *Nächste Verknüpfung in der Liste auswählen* ▶ und *Vorherige Verknüpfung in der Liste auswählen* ◀ blättern Sie durch die im Bedienfeld aufgeführten Bilder und zeigen für jedes das Dialogfeld *Verknüpfungsinformationen* an.

Bilder aus InDesign im Bildbearbeitungsprogramm öffnen

Sehr praktisch ist auch die Möglichkeit, Bilder direkt aus InDesign heraus im Bildbearbeitungsprogramm zu öffnen. Damit erübrigt sich das oft ermüdende Aufsuchen des Bilds im Explorer/Finder. – Sie bleiben einfach in InDesign, starten von hier aus Ihre Bildbearbeitungsanwendung, bearbeiten und speichern das Bild und aktualisieren es in InDesign. So geht es:

1   Wählen Sie das Bild oder auch mehrere Bilder im Bedienfeld *Verknüpfungen* aus und klicken Sie auf das Symbol *Original bearbeiten* 🖉.

2   Das Bild wird im entsprechenden Editor geöffnet – das ist dasjenige Programm, das auf Ihrem Rechner dem Dateityp als Standardbearbeitungsprogramm zugewiesen ist, also das Programm, das startet, wenn Sie das Bild mit einem Doppelklick im Explorer oder Finder öffnen.

Sie können den Editor für ein verknüpftes Bild übrigens auch starten, indem Sie mit dem Auswahlwerkzeug und gedrückter Alt-Taste einen Doppelklick auf das Bild im Layout bzw. auf seinen Namen im Verknüpfungsbedienfeld ausführen oder indem Sie aus dem Kontextmenü des Bilds den Befehl *Original bearbeiten* wählen.

Sie sind aber nicht an die Wahl Ihres Betriebssystems gebunden. Statt des Befehls *Original bearbeiten* können Sie auch *Bearbeiten mit* und dann das gewünschte Bearbeitungsprogramm wählen. Wird dieses nicht direkt im Untermenü aufgeführt, klicken Sie hier auf *Andere* und wählen das Programm aus.

Bilder einbetten

In der Grundeinstellung werden wie erläutert sämtliche Bilder, bis auf Dateien mit einer Dateigröße von höchstens 48 KByte, lediglich mit

Ihrem Dokument verknüpft. Der Vorteil sind geringe Dateigrößen Ihrer Arbeitsdatei und damit eine hohe Bearbeitungsgeschwindigkeit. Ein Nachteil der Arbeit mit verknüpften Dateien ist, dass Sie bei der Weitergabe Ihrer Arbeit an den Dienstleister sicherstellen müssen, dass Sie alle verknüpften Bilddaten mitliefern. InDesign hilft Ihnen dabei ein wenig. Bevor Sie Ihre fertige Arbeit zum Dienstleister geben, sollten Sie den Befehl *Datei → Verpacken* wählen. Dann erstellt InDesign einen eigenen Ordner mit allen für den Druckauftrag benötigten Dateien einschließlich Bildern. Informieren Sie sich über dieses Feature in **Kapitel 8**.

Falls Sie die Bilder in Ihr Dokument lieber fest einbetten möchten, sodass es gleichgültig ist, ob Sie sie auf Ihrer Festplatte verschieben oder löschen, können Sie auch das tun. Allerdings erhalten Sie dann je nach verwendetem Bildmaterial eine relativ große Layoutdatei.

Um ein Bild fest in das Layout einzubetten, öffnen Sie das Bedienfeldmenü ▾≡ des Bedienfelds *Verknüpfungen* und wählen Sie den Befehl *Datei einbetten*. Im Bedienfeld erscheint neben der Seitenzahl des Bilds ein kleines Einbettungs-Symbol. Um die Einbettung wieder aufzuheben, wählen Sie aus dem Bedienfeldmenü ▾≡ den Befehl *Einbettung der Datei aufheben*. Im folgenden Dialogfeld klicken Sie auf *Ja*, um die Verknüpfung wiederherzustellen.

3.10 Grafiken transformieren und ausrichten

◀ NEU in CS5

Rahmen oder Grafik transformieren?

Sie haben die Wahl: Sie können entweder den Grafikrahmen mitsamt der darin enthaltenen Grafik transformieren oder nur die Grafik innerhalb des Rahmens, wobei dieser unverändert bleibt.

▶ Damit Sie eine Grafik in ihrem Rahmen frei skalieren und positionieren können, verwenden Sie das neue Inhaltsauswahlwerkzeug. Dieses wird automatisch aktiviert, wenn Sie bei aktiviertem Auswahlwerkzeug auf ein Bild zeigen. Das Bild wird dann von einer Ringform überlagert. Klicken Sie den Ring direkt an. Bei gedrehten Bildern verfügt das Zentrum des Inhaltsauswahlwerkzeugs außerdem über eine Linie, die den Drehwinkel darstellt. Klicken Sie den Ring an, wird die Grafik innerhalb des Rahmens ausgewählt, der Rahmen selbst aber nicht. Der Mauszeiger wird zu einer Hand. Nun können Sie alle Transformationsmöglichkeiten auf die Grafik innerhalb des Rahmens anwenden.

Abbildung 3.62 Klicken Sie den Inhaltsauswahlring an, transformieren Sie die Grafik unabhängig von ihrem Rahmen.

▶ Möchten Sie den Rahmen mitsamt seinem Inhalt transformieren, klicken Sie mit dem Auswahlwerkzeug außerhalb des ringförmigen Auswahlwerkzeugs.

▶ Haben Sie den Rahmeninhalt ausgewählt und möchten Sie nun den Rahmen selbst markieren, drücken Sie die [Esc]-Taste oder führen Sie einen Doppelklick aus.

Sollte das neue Inhaltsauswahl-werkzeug Sie stören, wählen Sie Ansicht → Extras → Inhaltsauswahl-werkzeug ausblenden.

Verwenden Sie für exakte Transformierungen die entsprechenden Felder zum Skalieren, Drehen, Verbiegen und Spiegeln im Steuerungs-bedienfeld oder die entsprechenden Schaltflächen im Werkzeugbe-dienfeld.

Sie können im Steuerungsbedienfeld zwischen einer propor-tionalen und einer nicht proportionalen Skalierung wählen. Bei der proportionalen Skalierung müssen Sie nur in eines der beiden zusammengehörenden Felder einen Wert eingeben, der andere wird automatisch angepasst.

Abbildung 3.63 Schnelle und exakte Transformierungen führen Sie über das Steuerungsbedienfeld durch.

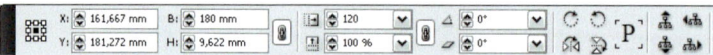

▶ Für eine proportionale Skalierung schließen Sie das Ketten-Symbol neben den Feldern mit einem Klick.

▶ Für eine nicht proportionale Skalierung öffnen Sie das Ketten-Symbol mit einem Mausklick.

Beachten Sie den Unterschied zwischen den Feldern *B* und *H* und den rechts danebenliegenden Feldern *x-Skalierung* und *y-Skalierung* bezüglich der Skalierung von Bildern. Wenn Sie einen Bildrahmen mit dem Auswahlwerkzeug anklicken, in die Felder *B* und *H* einen geänderten Wert eingeben und dann die [↵]-Taste drücken, wird nur der Rahmen des Bilds skaliert. Die enthaltene Grafik behält ihre Abmessungen bei.

Standardmäßig bewegt sich der Inhalt mit seinem Rahmen, wenn dieser an eine andere Stelle gezogen wird. Allerdings lässt sich der Grafikrahmen auch unabhängig von dem enthaltenen Bild transfor-mieren. Klicken Sie mit dem Direkt-auswahl-Werkzeug auf den Rand des Grafikrahmens. In der Mitte sehen Sie den Zentrierungspunkt in Form eines ausgefüllten Quadrats. Ziehen Sie dieses in die gewünschte Richtung, um den Rahmen zu verschieben, die enthaltene Grafik aber an ihrer Position zu belassen.

Möchten Sie ein Bild mitsamt seinem Rahmen auf eine bestimmte Breite und/oder Höhe skalieren, klicken Sie in das Feld *x-Skalierung* bzw. *y-Skalierung* rechts neben den Feldern für die Änderung von Breite und Höhe. Geben Sie hier die gewünschten Werte ein, gefolgt von der Maßeinheit (zum Beispiel mm). Betätigen Sie die [↵]-Taste, um die Änderung zuzuweisen.

Objekte intuitiv drehen

Statt über das Eingabefeld im Steuerungsbedienfeld können Sie ein markiertes Element auch intuitiv drehen: Positionieren Sie den Maus-zeiger bei gewähltem Auswahlwerkzeug außerhalb des markierten

Rahmens oder Rahmeninhalts in der Nähe eines Eckgriffs. Sobald der Mauszeiger zu einem gebogenen Doppelpfeil wird, ziehen Sie, um das Element zu drehen. Bei diesem Vorgang zeigt InDesign Ihnen einen kleinen Textrahmen neben Ihrem Mauszeiger, der Ihnen den exakten Drehwinkel zeigt.

NEU in CS5

Intelligentes Transformieren

Neben den in **Kapitel 1** vorgestellten magnetischen Hilfslinien gibt es noch die Funktion »Intelligentes Transformieren«, die Ihnen die Arbeit in diesem Bereich deutlich erleichtert:

▶ Ziehen Sie ein Element in Richtung eines anderen Objekts, rastet das gezogene Element an der Mitte und den Kanten des anderen Objekts ein. Visuell unterstützt wird diese Funktion von den magnetischen Hilfslinien.

▶ Beim Verschieben, Skalieren oder Drehen zeigt sich am Cursor ein graues Feld mit der neuen Position, den neuen Abmessungen oder dem neuen Drehwinkel des Objekts. Diese neue Funktion nennt sich »Intelligenter Cursor«. Falls der intelligente Cursor Sie stört, schalten Sie ihn über das Kontrollkästchen *Transformationswerte anzeigen* im Dialogfeld *Voreinstellungen → Benutzeroberfläche* aus.

▶ Wenn Sie zuvor schon ein anderes Objekt gedreht haben, rastet das neu gedrehte Objekt an dessen Drehwinkel ein und sowohl auf diesem als auch auf dem zuvor gedrehten Objekt wird der entsprechende Drehwinkel dargestellt. So wird es ganz einfach, Objekte mit demselben Drehwinkel zu versehen. Analog funktioniert das Skalieren von mehreren Objekten: Auch hier rastet das zweite Objekt entsprechend der Skalierung des ersten Objekts ein. Anhand eines grünen Pfeils können Sie entscheiden, ob Sie sich nach der vertikalen oder der horizontalen Skalierung des ersten Objekts richten möchten.

Abbildung 3.64 Das neu gedrehte Objekt rastet am Drehwinkel des zuvor gedrehten Objekts ein.

Die Transformation wiederholen

Statt über die intelligenten Funktionen können Sie die an einem Objekt vorgenommene Transformation auch über einen Menübefehl an einem oder mehreren Objekten wiederholen. Mit dieser zeitsparenden Methode sorgen Sie beispielsweise dafür, dass bestimmte Objekte in einem Zug um denselben Wert gedreht und skaliert werden:

Nehmen Sie an einem der Objekte die gewünschten Transformationen vor. Wählen Sie dann die anderen Objekte aus, an denen Sie die Transformationen ebenfalls vornehmen möchten. Wählen Sie den Befehl *Objekt* → *Erneut transformieren*. Aus dem Untermenü wählen Sie den gewünschten Eintrag, um die Transformationen sofort zuzuweisen.

▶ Mit *Erneut transformieren* wird nur die zuletzt vorgenommene Transformierung den ausgewählten Objekten zugewiesen. Die Objekte werden dabei wie gruppiert behandelt.

▶ *Erneut transformieren – Einzeln* wirkt wie der zuletzt genannte Befehl mit dem Unterschied, dass jedes der ausgewählten Objekte einzeln transformiert wird.

▶ Mit *Erneut transformieren – Abfolge* und *Erneut transformieren – Abfolge, Einzeln* weisen Sie alle nacheinander am ersten Objekt vorgenommenen Transformierungen zu.

Gruppierte Rahmen bearbeiten

Um eine Gruppierung wieder aufzuheben, wählen Sie *Objekt* →*Gruppierung aufheben* oder die Tastenkombination Strg/⌘+ ⇧ + G .

Wenn Sie eine Reihe von Objekten gestaltet haben, deren Positionen zueinander nicht mehr verändert werden sollen, ist es sinnvoll, diese zu gruppieren. Sie verhalten sich anschließend wie ein einziges Objekt und können z.B. miteinander verschoben und kopiert werden.

1 Wählen Sie durch Mausklicks mit gehaltener ⇧ -Taste alle Objekte aus, die Sie zu einer Gruppe zusammenfassen möchten.

2 Wählen Sie die Befehlsfolge *Objekt* → *Gruppieren* bzw. betätigen Sie die Tastenkombination Strg/⌘+ G .

3 Dass eine neue Gruppe entstanden ist, sehen Sie an dem gemeinsamen Begrenzungsrahmen, der die gruppierten Objekte umgibt.

Diese Gruppe können Sie nun als Ganzes bearbeiten, sie beispielsweise verschieben, Farbänderungen vornehmen, skalieren oder drehen.

Wenn Sie ein einzelnes Objekt in der Gruppe ändern möchten, ohne die Gruppierung wieder aufzuheben, führen Sie einfach einen Doppelklick darauf aus. Nun können Sie dieses Objekt beliebig transformieren. Ein Doppelklick auf die Kante des ausgewählten Elements bringt Sie in den „normalen" Modus zurück, in dem Sie nur die Gruppe selbst bearbeiten können.

Mehrere ausgewählte Elemente transformieren

Allerdings ist es in der Version CS5 nicht mehr notwendig, Elemente zu einer Gruppe zusammenzufassen, um sie gemeinsam zu transformieren:

1 Klicken Sie die Elemente, die Sie transformieren möchten, einfach mit dem Auswahlwerkzeug und gedrückter ⟨⇧⟩-Taste nacheinander an. Sie erhalten einen gemeinsamen Transformationsrahmen.

2 Nehmen Sie die gewünschte Transformierung vor.

Objekte ausrichten

Über das Bedienfeld *Fenster → Objekt und Layout → Ausrichten,* das Bedienfeld *Steuerung* bzw. über die neuen intelligenten Mausfunktionen bietet InDesign Ihnen die Möglichkeit, ausgewählte Objekte in einer regelmäßigen Reihe auszurichten. Sie können beispielsweise dafür sorgen, dass die Oberkanten der Objekte alle in der gleichen Höhe abschließen oder die Objekte aneinander oder an der Seitengeometrie ausrichten. Im Bedienfeld *Steuerung* werden die entsprechenden Schaltflächen sichtbar, sobald Sie ein Objekt oder mehrere Objekte mit dem Auswahlwerkzeug markiert haben.

Allerdings finden Sie hier nur eine Auswahl der am häufigsten benötigten Ausrichtungsschaltflächen, während das Bedienfeld *Ausrichten* Ihnen alle Möglichkeiten bietet.

Über das Pop-up-Menü im Bedienfeld *Objekt und Layout → Ausrichten* bzw. über die entsprechende Schaltfläche im Bedienfeld Steuerung legen Sie fest, ob Sie die markierten Elemente in sich (*An Auswahl ausrichten*), an den Seitenrändern (*An Stegen ausrichten*), an der Seitenkante (*an Seite ausrichten*) oder am Druckbogen ausrichten möchten.

Besonders praktisch für viele Aufgaben ist die Möglichkeit, den Abstand zwischen zwei Objekten mit einem Klick zu definieren. Dies bietet sich zum Beispiel an, wenn Bildbeschriftungen stets den gleichen Abstand zum zugehörigen Bild haben sollen:

1 Nachdem Sie die Objekte ausgewählt und sich vergewissert haben, dass im Bedienfeld *Ausrichten* die Option *An Auswahl ausrichten* ausgewählt ist, aktivieren Sie das Kontrollkästchen *Abstand verwenden.* In das zugehörige Feld geben Sie den gewünschten Abstand zwischen den Objekten ein.

2 Klicken Sie auf *Zwischenraum vertikal verteilen* bzw. *Zwischenraum horizontal verteilen.*

Zum regelmäßigen Verteilen von Objekten eignet sich auch die Funktion »Intelligente Abstände«, die allerdings nur innerhalb der Layoutseite funktioniert:

1 Ordnen Sie zuerst zwei Objekte nebeneinander an.

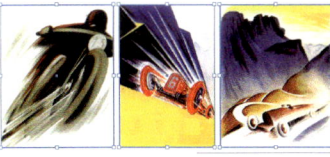

Abbildung 3.65 Die oben noch frei angeordneten Objekte wurden auf der unteren Abbildung ausgerichtet und regelmäßig verteilt.

Abbildung 3.66 Im Bedienfeld *Ausrichten* lassen sich die markierten Objekte mit einem bestimmten Abstand zueinander versehen.

2 Wenn Sie dann ein drittes Objekt mit der Maus daneben ziehen, zeigt InDesign Ihnen Abstandspfeile zwischen dem ersten und dem zweiten sowie zwischen dem zweiten und dem dritten Objekt, sobald sich beide Abstände gleichen.

Abbildung 3.67 Auch mit der Maus lassen sich Objekte in InDesign CS5 mit regelmäßigen Abständen ausrichten.

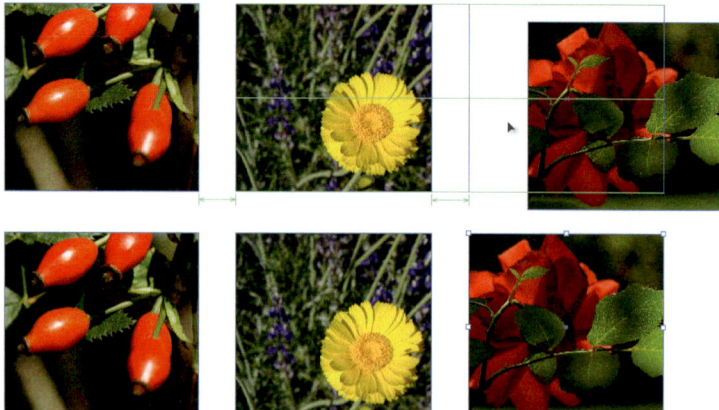

NEU in CS5 ▶

Die Abstände von im Raster platzierten Objekten ändern

Mit dem neuen Lückenwerkzeug (Taste U) im Werkzeugbedienfeld können Sie schnell die Abstände zwischen Objekten auf dem Druckbogen ändern.

Wenn Sie bei aktiviertem Lückenwerkzeug mit der Maus über Ihr Layout fahren, hebt das Lückenwerkzeug automatisch bearbeitbare Lücken an der Cursorposition durch eine graue Hinterlegung und einen Pfeil hervor. Dies funktioniert auch innerhalb von Objektgruppen. Um die Größe einer hervorgehobenen Lücke zu ändern, klicken und ziehen Sie einfach mit der Maus. Nur die Position der Lücke wird geändert, das heißt, dass die angrenzenden Rahmen automatisch neu skaliert werden.

Die Lücke selbst skalieren

Bei der zuvor geschilderten Vorgehensweise bleibt die Breite der Lücke konstant. Die Lücke wird lediglich verschoben. Möchten Sie stattdessen die Breite der Lücke ändern, halten Sie die Strg/⌘-Taste gedrückt, während Sie klicken und ziehen.

Abbildung 3.68 Mit dem neuen Lückenwerkzeug ändern Sie intuitiv die Position von Abständen und die Größe der angrenzenden Objekte.

Angrenzende Objekte gemeinsam verschieben

Sie können auch die [Alt]-Taste verwenden, wenn Sie mit dem Lückenwerkzeug arbeiten. Dann können Sie sowohl die Lücke als auch die angrenzenden Objekte gemeinsam verschieben. Dies ist eine sehr schnelle und intuitive Möglichkeit, mehrere Objekte gleichzeitig zu verschieben, ohne sie zuvor auszuwählen.

3.11 Grafikrahmen mit Skripten ändern

Der Funktionsumfang von InDesign lässt sich fast unbegrenzt durch AppleScript-, JavaScript- oder VBA/VBScript erweitern. Sie können dadurch unter anderem die Bearbeitungsmöglichkeiten von Rahmen weiter automatisieren und verbessern.

Wo finden Sie einsatzbereite Skripte?

Eine gute Quelle für vorgefertigte, nützliche Skripte ist InDesign CS5 selbst. Sie finden diese im Bedienfeld *Hilfsprogramme* → *Skripte* jeweils in doppelter Ausführung – unter Windows als JavaScript- und VBScript-Versionen, am Mac als JavaScript- und AppleScript-Versionen. Die Funktion der Skripte ist jeweils identisch. Öffnen Sie im Bedienfeld die Gruppe *Anwendung* → *Samples*. Ein Doppelklick auf den Skriptnamen startet die Anwendung des Skripts, meist mit einem Dialogfeld zur Eingabe eigener Werte.

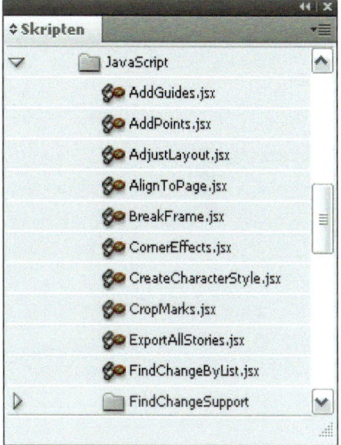

Abbildung 3.69 Das Bedienfeld *Skripte* enthält von vornherein eine Reihe nützlicher und interessanter Skripte.

Abbildung 3.70   Die vorgefertigten Skripte *MakeGrid.jsx* und *Neon. jsx* versehen Ihr Objekt mit einem leuchtenden Rahmen in einer wählbaren Farbe und kachteln es in einer wählbaren Anzahl.

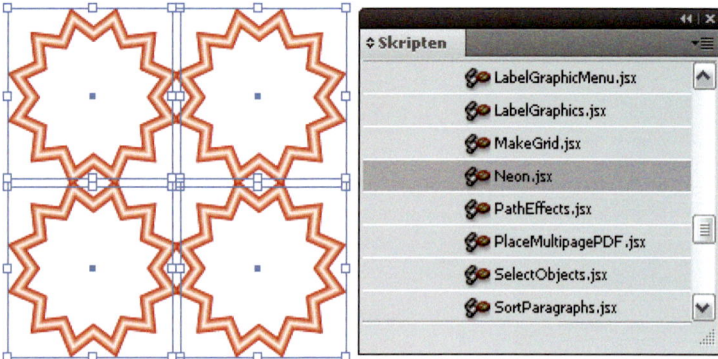

Unter anderem sind die folgenden Skripte vorhanden:

▶ *AddGuides*: Dieses Skript erstellt Hilfslinien um die ausgewählten Objekte.

▶ *AddPoints*: Dieses Skript fügt dem ausgewählten Pfad Knotenpunkte hinzu. (Um den Effekt zu sehen, wählen Sie den Pfad mit dem Werkzeug *Direktauswahl* aus, bevor Sie das Skript mit einem Doppelklick darauf anwenden.)

▶ *AdjustLayout:* Versetzt die Objekte im angegebenen Seitenbereich um den eingegebenen Wert. Dabei können die Werte für die geraden und die ungeraden Seiten unterschiedlich sein.

▶ *CropMarks* versieht die ausgewählten Objekte mit Schneidemarken.

▶ *ImageCatalog* fügt alle Bilder eines bestimmten Ordners in ein neues Dokument ein.

▶ *MakeGrid* kachelt die ausgewählten Objekte regelmäßig.

Abbildung 3.71   *CropMarks* versieht das bzw. die ausgewählten Objekte mit Schneidemarken – gut für Visitenkarten und Ähnliches.

▶ *Neon* versieht die ausgewählten Objekte mit einem Überblendeffekt.

▶ *PathEffects* versetzt die Punkte des ausgewählten Pfads auf unterschiedliche Art. Das Ergebnis sind verschiedenartige, kreative Effekte (siehe Abbildungen 3.74).

▶ *PlaceMultipagePDF* platziert alle Seiten eines ausgewählten PDFs im Dokument.

▶ *SelectObjects* wählt alle Objekte eines bestimmten Typs auf dem aktuellen Druckbogen aus.

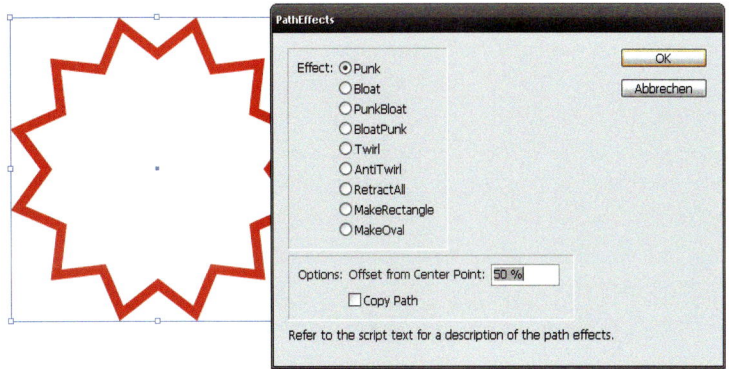

Abbildung 3.72 Im Dialogfeld des Skripts *PathEffects* bestimmen Sie, auf welche Weise die Punkte des gewählten Pfads versetzt werden sollen.

Abbildung 3.73 Das Ergebnis sind verschiedene regelmäßige Verzerrungen.

Skripte aus dem Internet

Auch im Internet finden Sie kostenlose und kostenpflichtige Skripte für InDesign, die Sie herunterladen und nutzen können. Sie müssen diese fertigen Skripte nur noch an die entsprechende Stelle auf Ihrer Festplatte kopieren und dann ausführen:

1 Laden Sie die Skriptdatei aus dem Web auf Ihre Festplatte herunter bzw. kopieren Sie sie von der DVD auf Ihre Festplatte.

2 Kopieren Sie sie in den Unterordner *Scripts\Scripts Panel\Samples\ JavaScript* Ihres InDesign-CS5-Programmordners, wenn es sich um ein JavaScript handelt, in den Ordner *Scripts\Scripts Panel\ Samples\VBScript*, wenn es sich um ein VBScript handelt.

Gehen Sie anschließend folgendermaßen vor:

1 Wählen Sie *Fenster → Hilfsprogramme → Skripten*.

2 Das Bedienfeld *Skripten* erscheint. Es zeigt das soeben kopierte Skript an.

3 Führen Sie einen Doppelklick auf das gewünschte Skript aus.

4 InDesign führt die darin enthaltenen Anweisungen aus.

Damit ältere VB-, VBA- und AppleScript-Skripte in der Version CS5 auch noch funktionieren, müssen Sie sie häufig ein klein wenig abändern, genauer gesagt: Sie müssen explizit mitteilen, dass diese Skripte sich auf InDesign CS5 beziehen sollen.

Öffnen Sie Ihr VB- oder VBA-Skript in Ihrem Texteditor, beispielsweise dem Windows Editor. Sehen Sie nach, ob die Zeile `Set myInDesign …` vorhanden ist. Am Ende dieser Zeile sehen Sie die Versionsbezeichnung, für die dieses Skript erstellt wurde, beispielsweise *CS3* bei einem Skript, das für InDesign CS3 geschrieben wurde. Ändern Sie diese Bezeichnung in *CS5*. Dieser Schritt ist deshalb wichtig, weil das Skript sonst versuchen würde, die angegebene, ältere InDesign-Version zu öffnen und die Befehle in dieser Version auszuführen.

Übrigens müssen Sie Ihre Skripte nicht im Skriptordner speichern. Sie können sich vielmehr an einer beliebigen Stelle auf Ihrem Rechner befinden. Ein solches Skript können Sie aber nicht aus InDesign heraus aufrufen. Sie müssen es vielmehr aus dem Explorer oder Finder heraus mit einem Doppelklick öffnen. Daraufhin wird InDesign CS5 aktiviert und führt die im Skript notierten Anweisungen aus.

Von der Website des Adobe StudioExchange (*http://share.studio. adobe.com/default.asp*) können Sie sich sehr viele Skripte herunterladen. Findige JavaScript-, AppleScript- und VB-Programmierer haben diese Skripte programmiert und stellen sie der Allgemeinheit zur Verfügung. Weil diese Skripte von sehr unterschiedlicher Qualität sind, sollten Sie sie immer zuerst an Testdokumenten ausprobieren und nicht an Ihren kostbaren Originalsatzdateien!

Grafiken lassen sich in InDesign auf besonders vielfältige Weise gestalten. Dieses Kapitel zeigt Ihnen, wie Sie InDesign-Effekte anwenden, wie Sie mit Beschneidungspfaden und Alphakanälen arbeiten und Volltonfarben einsetzen.

4.1 Die rechteckigen Bildbegrenzungen durchbrechen

Pixelgrafiken sind stets rechteckig. Nun möchten Sie aber ein Motiv mit einem einfarbigen Hintergrund in das Layout einfügen. Und zwar so, dass es sich nahtlos in den Hintergrund einfügt, auch wenn dieser eine ganz andere Farbe oder sogar einen Farbverlauf hat. Auf normalem Weg ist das nicht möglich. Selbst wenn Sie das Motiv in Photoshop freistellen, behält das Bild doch seine rechteckigen Konturen. InDesign bietet Ihnen verschiedene Möglichkeiten, dieses Problem anzugehen.

Beschneidungspfade

Die einfachste Lösung ist ein sogenannter Beschneidungspfad, manchmal auch Freistellpfad genannt. Wenn Sie einen Bildabschnitt verbergen möchten, zum Beispiel den Hintergrund, erstellen Sie Beschneidungspfade, um die unerwünschten Elemente zu verstecken. Es handelt sich dabei um einen Vektorpfad, der bestimmte Bildbereiche maskiert. Grundsätzlich haben Sie zwei Möglichkeiten:

Wenn Sie eingebettete Pfade verwenden möchten, sollten Sie die Grafikformate EPS, TIFF, PICT, PNG oder PSD verwenden. Denn diese unterstützen mindestens eines dieser Features oder gleich beide.

▶ Eingebettete Pfade
▶ InDesign bietet eine eigene Möglichkeit, auf einfache Weise sogenannte Beschneidungspfade zu erstellen.

Die besten Ergebnisse erzielen Sie mit Vektorpfaden, wenn die Kanten des Bilds einen hohen Kontrast zwischen Vorder- und Hintergrund aufweisen. Beide Möglichkeiten eignen sich vor allem für grafische Elemente mit ausgeprägten Konturen, weniger für fotografische Motive mit weichen Kanten. Denn Pfade – ob sie nun in Photoshop oder in InDesign erzeugt wurden – wirken trotz größter Sorgfalt immer etwas scherenschnittartig.

Beschneidungspfade aus Bildern mit einfarbigem oder transparentem Hintergrund erstellen

Die folgende Abbildung zeigt Ihnen ein im Bildbearbeitungsprogramm bereits freigestelltes Bild mit weißem Hintergrund. Hier kann ein Beschneidungspfad problemlos verwendet werden. Dasselbe gilt auch für Bilder mit transparentem Hintergrund.

Abbildung 4.1 Bei klar konturierten Objekten auf einfarbigem Hintergrund können Sie es mit einem Beschneidungspfad versuchen.

1 Wählen Sie eine möglichst gute Bilddarstellung: *Ansicht → Anzeigeleistung → Anzeige mit hoher Qualität.*

2 Markieren Sie den Rahmen mit der Grafik und wählen Sie *Objekt → Beschneidungspfad → Optionen.*

Abbildung 4.2 Im Dialogfeld *Beschneidungspfad* stellen Sie ein, welche Bereiche des Bilds maskiert werden sollen.

3 Im folgenden Dialogfeld wählen Sie aus dem Pop-up-Menü *Art* den Eintrag *Kanten suchen*, damit InDesign einen Beschneidungspfad um sämtliche farbigen Pixel legt und somit die weißen Pixel ausblendet.

4 Aktivieren Sie das Kontrollkästchen *Vorschau*, um die Auswirkungen Ihrer Einstellungen überprüfen zu können.

5 Sollten Sie mit den vorgegebenen Einstellungen kein exaktes Ergebnis erzielen können, passen Sie den *Schwellenwert* an. Sie können über den Regler Werte zwischen 0 und 255 einstellen. Dieser Wert bestimmt, wie hoch der Farbwert (RGB) eines Pixels sein kann, damit InDesign ihn noch als zur Hintergrundfarbe gehörig betrachtet. Noch genauer wird der Pfad durch die Justierung des *Toleranz*-Reglers. Dieser legt fest, wie ähnlich der Helligkeitswert eines Pixels dem Grenzwert sein darf, damit es nicht von der Maske verdeckt wird.

6   Falls dennoch einige unerwünschte Pixel am Rand verbleiben, geben Sie einen *inneren Rahmenversatz* an. Es genügt hier meist ein minimaler Wert, um den der Pfad dann nach innen versetzt wird, zum Beispiel 0,1. Korrigieren Sie mit diesem Regler – vorsichtig eingesetzt – einen zu »pixelig« geratenen Beschneidungspfad.

7   *Innenkanten einschließen* aktivieren Sie, wenn Ihr Objekt geschlossene Innenbereiche aufweist, deren Weiß ebenfalls in den Beschneidungspfad eingeschlossen werden soll.

8   Nur wenn Sie das Kontrollkästchen *Hochauflösungsbild verwenden* aktiviert lassen, erhalten Sie einen exakten Beschneidungspfad, da dieser sonst aufgrund des Vorschaubilds in InDesign berechnet wird.

9   Sobald Sie ein zufriedenstellendes Ergebnis erzielt haben (Sie können es nachträglich noch anpassen), bestätigen Sie das Dialogfeld mit *OK*.

Falls die Genauigkeit des Beschneidungspfads trotzdem noch zu wünschen übrig lässt, er also irreguläre Kanten aufweist, verwenden Sie das Direktauswahl- und eventuell noch das Zeichenstift-Werkzeug, um seine Punkte zu bearbeiten.

Da es sich um einen Vektorpfad handelt, können Sie ihn sogar über die Befehlsfolge *Objekt → Schlagschatten* mit einem weichen Schatten oder – ebenfalls über das Menü *Objekt* – mit einer *Weichen Kante* versehen. Letzteres ist gut geeignet, wenn die Kanten zu hart ausgefallen sind.

Abbildung 4.3 Mit einem Schlagschatten wirkt die Integration in den Hintergrund realistischer.

Die folgende Abbildung zeigt Ihnen: Wenn Sie ein solches Bild im Bedienfeld *Konturenführung* mit der Option *Konturenführung um Objekt herum* ausstatten, zieht InDesign für das Umfließen nicht die rechteckigen Rahmenformen heran, sondern die Form des Beschneidungspfads.

Abbildung 4.4 InDesign umfließt nicht den Bildrahmen, sondern den Beschneidungspfad.

Die exaktere Variante: den Beschneidungspfad in Photoshop vorbereiten

Bei weniger klaren Vorder-/Hintergrundverhältnissen, aber trotzdem ausgeprägten Konturen, erzielen Sie mit der geschilderten Vorgehensweise weniger gute bis unbrauchbare Ergebnisse. Daher sollten Sie den Beschneidungspfad in diesem Fall in Photoshop vorbereiten.

1 Wählen Sie das Objekt in Photoshop mit einem geeigneten Auswahlwerkzeug sorgfältig aus.

2 Öffnen Sie mit *Fenster* → *Pfade* das Bedienfeld *Pfade* und klicken Sie auf die Schaltfläche *Arbeitspfad aus Auswahl erstellen*.

3 Wandeln Sie den Arbeitspfad in einen regulären Pfad um, indem Sie ihn auf die Schaltfläche *Neuen Pfad erstellen* am unteren Rand des Bedienfelds *Pfade* ziehen.

4 Öffnen Sie das Bedienfeldmenü ▾☰ und wählen Sie den Befehl *Beschneidungspfad*.

5 Im folgenden Dialogfeld öffnen Sie das Pop-up-Menü *Pfad* und wählen Sie Ihren Pfad aus.

6 Geben Sie im Feld *Kurvennäherung* überhaupt keinen Wert an, wird das Bild in der Ausgabegerät-Standardeinstellung ausgegeben. Diese Option ist in den meisten Fällen zu empfehlen. Alternativ geben Sie einen Wert zwischen 0,2 und 100 ein. Dieser

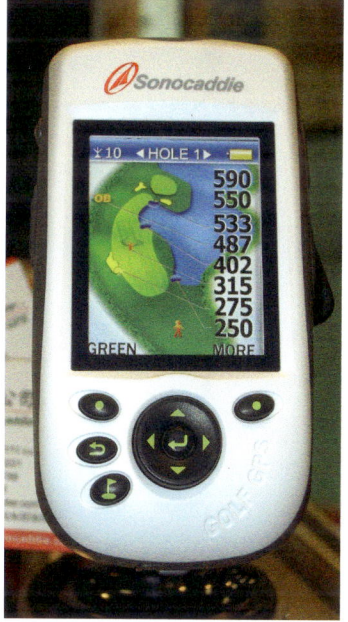

Abbildung 4.5 Bei Bildern wie diesem hat es keinen Sinn, in InDesign eine Freistellung via Beschneidungspfad zu versehen. Sie müssen hier in Photoshop die entsprechende Vorarbeit leisten (Foto: Rico Shen).

bestimmt, auf welche Weise die Kurve vom Ausgabegerät berechnet werden soll. Bei einem niedrigen Wert setzt sich die Kurve aus vielen geraden Linien zusammen und wirkt glatter und genauer. Bei einem hohen Wert erhalten Sie eine grobe Kurve.

7 Bestätigen Sie mit *OK*. Dass ein Beschneidungspfad erzeugt wurde, erkennen Sie an der Konturschrift im Bedienfeld *Pfade* (auch wenn der Pfad im Bedienfeld nicht markiert ist).

8 Speichern Sie Ihr Bild als Photoshop-PSD- oder als TIFF-Datei.

Nun platzieren Sie das Bild in InDesign. Sie sehen, dass das Programm den Beschneidungspfad selbst bemerkt und das Bild freistellt.

Abbildung 4.6 InDesign stellt das Bild mit dem eingebetteten Pfad selbstständig frei. Wie die Abbildung zeigt, kann auch der eingebettete Pfad nachträglich bearbeitet werden.

Alphakanäle verwenden

Alphakanäle sind Bitmap-Masken mit Transparenz. Sie weisen sowohl transparente als auch undurchsichtige Bereiche auf. Mit einem Alphakanal speichern Sie eine Auswahl in Ihrem Bild als Graustufenmaske. Üblicherweise werden Alphakanäle im Photo- oder Video-Compositing verwendet. InDesign erzeugt bei Bedarf einen Beschneidungspfad aus den im Bild gespeicherten Alphakanalinformationen.

Damit die Alphakanalinformationen beim Einsetzen des Bilds in InDesign verfügbar sind, speichern Sie Ihr Bild in Photoshop in einem der folgenden Dateiformate:

▶ Adobe Photoshop (PSD)
▶ Adobe Acrobat (PDF)
▶ TIFF

1   Wählen Sie sorgfältig den Bildbereich aus, der in InDesign sichtbar sein soll.

2   Speichern Sie die fertige Auswahl als Alphakanal 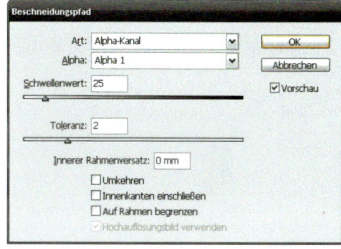, indem Sie im Bedienfeld *Kanäle* auf die Schaltfläche *Auswahl als Kanal speichern* klicken.

3   Speichern Sie das Bild im TIFF-, PSD- oder einem anderen geeigneten Format (siehe oben).

4   Platzieren Sie das Bild im Layout.

5   Wählen Sie *Objekt → Beschneidungspfad → Optionen*.

6   Aus dem Pop-up-Menü *Art* des folgenden Dialogfelds wählen Sie den Eintrag *Alpha-Kanal*, aus dem Pop-up-Menü *Alpha* den vorhin erzeugten Alphakanal.

Legen Sie die übrigen Einstellungen fest. Wenn Sie mit Alphakanälen arbeiten, sollten Sie mit einem geringen Grenzwert beginnen.

Die geschilderte Vorgehensweise bietet keinen wirklichen Vorteil gegenüber der Arbeit mit eingebetteten Pfaden, weil auch der Alphakanal in InDesign als Vektorpfad angelegt wird. Möchten Sie echte Halbtransparenzen und weiche Auswahlkanten aus Photoshop in InDesign importieren, müssen Sie Ebenenmasken verwenden, wie im nächsten Abschnitt beschrieben.

Abbildung 4.7 Wählen Sie aus dem Pop-up-Menü *Art* den Eintrag *Alpha-Kanal* und darunter den in Photoshop erstellten Alphakanal.

Bilder mit Ebenenmasken im Layout platzieren

Bei manchen Bildern – wie dem nachfolgend gezeigten – ist ein Vektorpfad keine geeignete Lösung. Zumindest die feinen Blätter der Palme ließen sich damit nicht befriedigend freistellen. Hier ist eine etwas intensivere Arbeit im Bildbearbeitungsprogramm gefragt, die der Fotograf oder Bildbearbeiter in Ihrem Workflow für Sie vornehmen sollte, falls Sie selbst kein Photoshop-Profi sind.

Eine Ebenenmaske ist ein sogenannter Alphakanal, der wie eine Schablone wirkt, mit der Sie Teile einer Ebene abdecken. Der Vorteil dieser Vorgehensweise ist, dass die Ebenenpixel durch die Bearbeitung der Ebenenmaske nicht verändert werden. Sie können also frei experimentieren, ohne befürchten zu müssen, dass Sie den Inhalt der Ebene zerstören könnten. Die Ebenenmaske wird als Graustufenbild angelegt.

Nachdem der Ebene eine Maske zugewiesen wurde, können Sie bei Bedarf in der Ebenenmaske die Sichtbarkeit der Ebene verändern. Dazu ist beispielsweise das Verlaufswerkzeug gut geeignet, da Sie damit eine Verlaufstransparenz des Ebeneninhalts erstellen können. Der Bildbereich auf der Ebene scheint dadurch stufenlos in den Bildbereich der anderen Ebenen überzugehen.

Abbildung 4.8 Hier wäre ein Vektor-pfad keine geeignete Lösung.

In der Miniatur der Ebenenmaske stellen dabei schwarze Flächen die transparenten Ebenenbereiche dar, weiße Flächen die sichtbaren Bereiche der Ebene. Graue Farben signalisieren eine Halbtransparenz. Je heller das Grau ist, desto höher ist auch die Transparenz.

1   Öffnen Sie das Bild in Photoshop.

2   Da Sie Ebenenmasken nicht auf die Hintergrundebene, sondern nur auf eine »normale« Ebene anwenden können, konvertieren Sie die Hintergrundebene mit einem Doppelklick auf ihr Symbol im Ebenenbedienfeld in eine normale Ebene.

3   Wählen Sie das Motiv sorgfältig aus. Verwenden Sie dazu in Photoshop CS5 am besten das Schnellauswahlwerkzeug 🖌. Das Schnellauswahlwerkzeug finden Sie im Photoshop-Werkzeugbedienfeld in demselben Fach wie das Zauberstab-Werkzeug. Sie klicken mit diesem Werkzeug in den auszuwählenden Bereich und bewegen die Auswahl anschließend vorsichtig in verschiedene Richtungen. Sie sehen, wie Photoshop die Auswahl dynamisch anpasst. Das Programm sucht aufgrund der Farbe und des Kontrasts des mit der Maus überfahrenen Bereichs selbstständig nach Konturen und nimmt die Pixel innerhalb dieser Konturen in die Auswahl auf. Für die Feinarbeit zoomen Sie sich weiter in das Bild hinein und klicken auf die Stellen, die Sie in die Auswahl aufnehmen möchten.

4   Stellen Sie fest, dass Sie zu viel ausgewählt haben, lassen Sie die Maustaste los, halten Sie sie dann erneut gedrückt und drücken Sie zusätzlich die ⎇Alt-Taste. Fahren Sie über den Bereich, den Sie wieder aus der Auswahl entfernen möchten. Haben Sie den Eindruck, dass das Schnellauswahlwerkzeug zu grob arbeitet, verringern Sie über das entsprechende Pop-up-Menü in der Optionenleiste die Pinselgröße. Im vorliegenden Beispiel wählen Sie mit dieser Technik den gesamten Himmel aus. Wenn noch nicht alle Details und Feinheiten in die Auswahl aufgenommen sind, macht das zunächst nichts aus.

5   Kehren Sie die Auswahl mit ⎈Strg/⌘ + D um.

6   Anschließend verfeinern Sie die Auswahl. Klicken Sie in der Optionenleiste des Schnellauswahlwerkzeugs auf die Schaltfläche *Kante verbessern*. Im oberen Bereich des Dialogfelds legen Sie über das Pop-up-Menü fest, wie Ihr Bild angezeigt werden soll.

7   Aktivieren Sie das Kontrollkästchen *Smart-Radius*, um die Auswahl vollautomatisch zu verbessern. Diese Funktion sucht selbstständig nach Kantenübergängen und passt die Auswahl entsprechend ihrer Charakteristika an dieser Stelle an. Ziehen Sie den

Radius-Regler langsam nach rechts, um die Breite des dabei abge-
suchten Bereichs einzustellen. Lassen Sie die Maustaste los, sobald
sich die Auswahl deutlich verbessert hat.

Abbildung 4.9 Wählen Sie das Motiv
sorgfältig aus und verbessern Sie die
Auswahl im Dialogfeld *Kante verbessern*. Die neu erstellte Ebenenmaske
spiegelt die Auswahl wider.

8 Achten Sie darauf, dass das Radius-verbessern-Werkzeug – die
Schaltfläche links neben dem Bereich *Kantenerkennung* – aktiviert ist. Malen Sie nun über die Kanten, an denen Sie weitere
Details in die Auswahl aufnehmen möchten. Im Beispiel wurden
etwa die feinen Fiederblätter der Palme nicht komplett von der
Auswahl erfasst. Übermalen Sie diese mit dem Pinsel. Jedes Mal,
wenn Sie die Maustaste freigeben, sehen Sie das Ergebnis sofort.
Mit der Tastenkombination ⌷Strg⌷/⌷⌘⌷ + ⌷Z⌷ können Sie dieses
gegebenenfalls unmittelbar danach wieder zurücknehmen. Die
Werkzeuggröße ändern Sie mit den Tasten ⌷#⌷ (vergrößern) bzw.
⌷ö⌷ (verkleinern).

9 Möchten Sie die durch den Regler *Radius* oder das Radius-verbessern-Werkzeug vorgenommenen Veränderungen an bestimmten
Stellen wieder rückgängig machen (also nicht zum Objekt gehö-
rige Elemente wieder entfernen), wählen Sie das Verfeinerungen-
löschen-Werkzeug. Dieses erreichen Sie, wenn Sie die Maustaste
auf dem Radius-Verbessern-Werkzeug gedrückt halten.

10 Wenn Sie mit Ihren Überarbeitungen fertig sind, wählen Sie im
Bereich *Ausgabe* im unteren Teil des Dialogfelds die Option *Neue
Ebene* und klicken Sie auf *OK*.

11 Ziehen Sie die Ebenenminiatur der Hintergrundebene auf das Papierkorb-Symbol im Ebenenbedienfeld, um die Hintergrundebene zu löschen. Nur noch das freigestellte Motiv ist übrig.

Abbildung 4.10 Löschen Sie die Hintergrundebene, sodass nur noch das freigestellte Motiv übrig ist.

12 Speichern Sie das Bild anschließend als Photoshop-PSD-Datei.

Nun können Sie das Bild in das InDesign-Layout einfügen. Wie Sie sehen, werden die Transparenzen vollständig übernommen. Bevor Sie Ihre Layouts mit Transparenzen, Ebenenmodi, weichen Schatten oder weichen Kanten ausgeben, sollten Sie **Kapitel 8** lesen. Denn bei der Ausgabe von Transparenzen gilt es, einiges zu beachten.

Abbildung 4.11 Das in Photoshop freigestellte Bild fügt sich nahtlos in den Hintergrund ein.

4.2 Duplex-Bilder in InDesign

Duplex-Bilder (oder Triplex-, Quadruplex-Bilder mit drei bzw. vier Farben) verwenden Sie beispielsweise für zweifarbige Drucke mit Volltonfarben, wenn neben Schwarz eine Akzentfarbe bzw. Sonderfarbe verwendet werden soll. Durch Duplex werden Graustufenbilder mit einer oder mehreren Farben ergänzt. So kann man einem Graustufenbild eine warme oder kühle Tönung verleihen. Bei dieser Technik entsteht ein Bild mit einer Farbtönung. Das Bild wirkt plastischer. Außerdem können Sie mit derselben Technik auch den gestalterischen Ausdruck eines Duplex-Bilds simulieren und es dann in CMYK-Farbe ausgeben. Die Verwendung von Sonderfarben sollten Sie stets mit Ihrer Druckerei absprechen.

Duplex-Bilder in Photoshop erzeugen

Die erste Technik, wenn Sie Duplex-Bilder in InDesign verwenden möchten, ist die Vorbereitung in Photoshop.

1 Wandeln Sie das Bild in Photoshop mit *Bild → Modus → Graustufen* in Graustufen um.

2 Wählen Sie dann *Bild → Modus → Duplex*.

3 Achten Sie darauf, dass im folgenden Dialogfeld das Kontrollkästchen *Vorschau* aktiviert ist, damit Sie sich gleich ein Bild von Ihren Einstellungen machen können.

4 Im Pop-up-Menü *Art* wählen Sie, ob Sie ein Simplex- (Eintrag *Einfarbig*), ein Duplex-, Triplex- oder Quadruplex-Bild erstellen möchten. Damit bestimmen Sie, wie viele Farben in dem Bild verwendet werden sollen.

5 Darunter bestimmen Sie in den Farbfeldern, welche Farben verwendet werden sollen. Klicken Sie dazu das Farbfeld mit der entsprechenden Druckfarbe an.

Für Duplex-Bilder benötigen Sie ein Graustufenbild mit möglichst optimaler Tonwertverteilung. Daher sollten Sie in Photoshop CS5 das Bild gegebenenfalls zunächst in RGB konvertieren und dann den Befehl *Bild → Korrekturen → Schwarzweiß* wählen, bevor Sie das Dokument mit *Bild → Modus → Graustufen* endgültig in Graustufen konvertieren.
Denn mit diesem Befehl kann das Programm Ihnen die besten Konvertierungseinstellungen für das individuelle Bild vorschlagen. Klicken Sie dazu im Dialogfeld des Befehls auf die Schaltfläche *Auto*. Auf der Grundlage dieser Einstellungen können Sie anschließend eine Feinabstimmung vornehmen.

Abbildung 4.12 Über das Dialogfeld *Duplex-Optionen* legen Sie fest, welche Farben im Bild verwendet werden sollen.

6 Im daraufhin angezeigten Dialogfeld klicken Sie auf die Schaltfläche *Farbbibliotheken* und wählen aus dem oberen Pop-up-Menü *Buch* die gewünschte Volltonfarbsammlung aus.

7 Wählen Sie die gewünschte Farbe. Klicken Sie auf *OK*, um wieder in das Dialogfeld *Duplex-Optionen* zu gelangen. Im Farbfeld sehen Sie die ausgewählte Druckfarbe und im Textfeld ihren Namen.

Beachten Sie bitte Folgendes: Möchten Sie gesättigte Farben im Druckergebnis erzielen, müssen die dunklen Farben vor den hellen gedruckt werden. Diese Reihenfolge bestimmen Sie bereits im Dialogfeld *Duplex-Optionen*, indem Sie im obersten Farbfeld die dunkelste Farbe festlegen und dann, absteigend, die hellste Farbe unten.

Links neben dem Farbfeld sehen Sie ein weiteres Feld mit der Duplexkurve. Diese bestimmt, wie die Druckfarbe in den Lichtern und Tiefen des Bilds verteilt werden soll. Jeder Graustufe im Bild wird ein prozentualer Druckfarbenwert zugeordnet. Ist die Linie diagonal, sind die Werte gleich und die Druckfarbe wird gleichmäßig verteilt.

Die Duplex-Kanäle bearbeiten

Klicken Sie auf das Feld links neben dem Farbfeld, um das Dialogfeld *Duplexkurve* zu öffnen. Im linken Bereich des Dialogfelds sehen Sie nun die Duplexkurve, die standardmäßig gerade und diagonal durch das Gitter verläuft. Die Geradheit der Linie signalisiert, dass momentan der Graustufenwert jedes Pixels denselben Prozentwert der Druckfarbe erhält. So bekommt beispielsweise ein 30%-Grau im Druck einen 30%-igen Punkt der Druckfarbe zugeordnet. Ein volles 100%-Schwarz enthält auch einen 100%-igen Punkt der Druckfarbe. Sie können die Duplexkurve nun verändern:

1 Klicken Sie einen der Punkte im Gitter an.
2 Ziehen Sie ihn an eine andere Stelle. Ziehen Sie beispielsweise die Duplexkurve der Tiefen nach unten und die der Lichter nach oben, um die Farbverteilung zu verbessern.
3 Sofern Sie im Dialogfeld *Duplex-Optionen* das Kontrollkästchen *Vorschau* angeklickt hatten, sehen Sie die Auswirkungen gleich am Bild.

Alternativ geben Sie Werte für den Prozentsatz der Druckfarbe in die Textfelder ein. Auf diese Weise fügen Sie den vorgegebenen Punkten im Diagramm weitere Punkte hinzu.

Das Gitter ist in 10 mal 10 Felder unterteilt. Auf der horizontalen Achse sind von links nach rechts die Lichter des Bilds bis zu den Tiefen dargestellt. Sie können das auch an dem Verlaufsbalken unter dem Gitter ablesen. Auf der vertikalen Achse des Gitters ist die Dichte der Druckfarbe dargestellt. Nach oben hin nimmt die Dichte zu.

Entscheiden Sie sich, die Kurve direkt im Diagramm zu verändern, sehen Sie, wie sich die Werte in den Eingabefeldern entsprechend ändern. Dasselbe gilt für den umgekehrten Fall. Geben Sie in die Eingabefelder Werte ein, wird die Kurve des Diagramms neu berechnet. Außerdem werden weitere Punkte hinzugefügt, sobald Sie Werte in leere Felder eingeben.

Die Werte in den Textfeldern geben den Prozentsatz der Druckfarbe an, der zum Drucken des entsprechenden Grauwerts verwendet wird. Geben Sie beispielsweise in das Textfeld *50 %* den Wert *70* ein, so wird im Druck ein 70 % großer Punkt für die 50%-igen Mitteltöne verwendet.

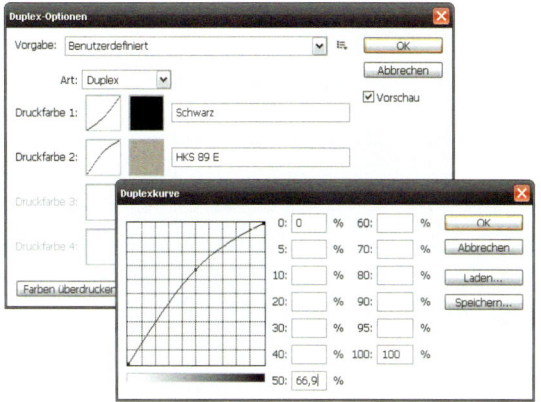

Abbildung 4.13 Die Duplexkurve kann bei Bedarf manuell verändert werden. Die Bearbeitung (unten) hat die Tiefen und Lichter gegenüber dem Original (oben) deutlich herausgearbeitet.

Das Duplex-Bild in InDesign platzieren

Das fertige Duplex-Bild speichern Sie als *Photoshop EPS*. In InDesign wählen Sie dann *Datei → Platzieren*, um die EPS-Datei einzufügen.

Speichern Sie Ihre Arbeit und betrachten Sie das Bedienfeld *Farbfelder*. InDesign hat hier ein neues Farbfeld mit den von Ihnen in Photoshop festgelegten Volltonfarben hinzugefügt.

Abbildung 4.14 Beim Import des Duplex-Bilds wird die HKS-Farbe korrekt übernommen.

Schwarzweiß- und Graustufenbilder einfärben

Auch direkt in InDesign können Sie zweifarbige Bilder erstellen, bei Bedarf mit Volltonfarben. Allerdings fehlen hier die Einstellmöglichkeiten für die einzelnen Farbkanäle.

1. Speichern Sie das Bild in Ihrem Bildbearbeitungsprogramm als Graustufenbild oder 1-Bit-Bild (Schwarzweißbild).
2. Erstellen Sie einen Grafikrahmen und füllen Sie ihn mit der gewünschten Farbe – diese Farbe wird das Weiß im Graustufen- bzw. Schwarzweißbild ersetzen. Die Abmessungen des Rahmens sind momentan noch nicht entscheidend, da Sie sie anschließend verändern können.
3. Klicken Sie in den Rahmen und wählen Sie *Datei* → *Platzieren*. Fügen Sie das vorbereitete Graustufenbild in den Rahmen ein. Die Hintergrundfarbe des Rahmens ersetzt das Weiß des Bilds.
4. Wählen Sie *Objekt* → *Anpassen* → *Rahmen an Inhalt anpassen*, um die Abmessungen des Rahmens an die des Bilds anzugleichen.
5. Neben den ursprünglich weißen können Sie nun auch noch die schwarzen Partien des Bilds einfärben. Wählen Sie das Bild mit dem Direktauswahl-Werkzeug aus.
6. Versehen Sie den Rahmen über das Farbfelder- oder das Farbe-bedienfeld mit einer Flächenfarbe, die dann den schwarzen Partien des Bilds zugewiesen wird.

Abbildung 4.15 Damit das nebenstehend beschriebene Verfahren funktioniert, benötigen Sie ein Graustufen- oder Schwarzweißbild.

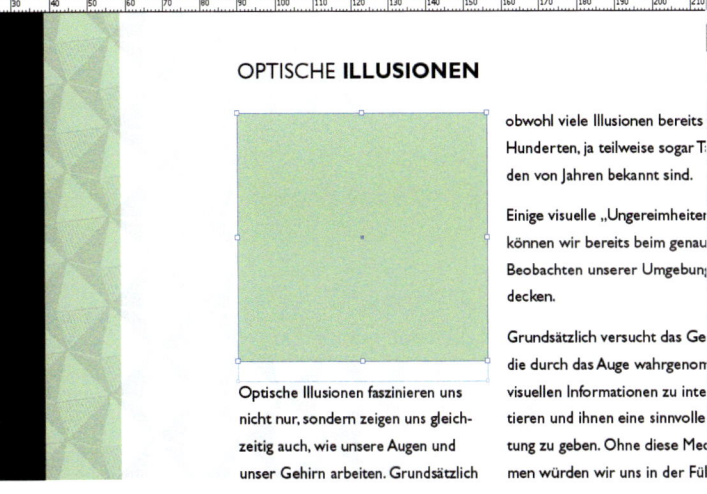

Abbildung 4.16 Erstellen Sie einen Grafikrahmen mit der entsprechenden Hintergrundfarbe.

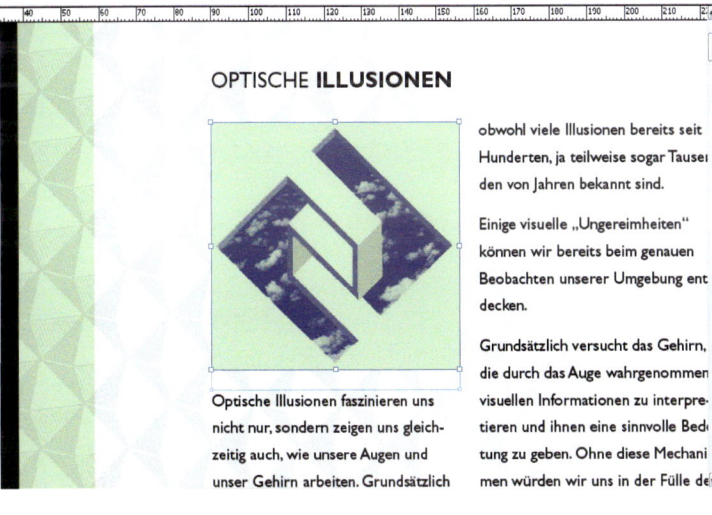

Abbildung 4.17 Mit einem kleinen Kunstgriff erstellen Sie auch in InDesign direkt Zweitonbilder.

Durch wenige Klicks lässt sich das Bild mit dieser Technik neu einfärben. Möchten Sie das Bild wieder in Graustufen darstellen, wählen Sie als Vorder- und als Hintergrundfarbe *[Keine]*. Wenn Sie in den so vorbereiteten Rahmen anschließend ein anderes Graustufen- oder Schwarzweißbild einfügen, das bisherige Bild also ersetzen, erhält das neue Bild ebenfalls die ausgewählten Farben.

4.3 Objekttransparenzen und -effekte

InDesign weist Ihren Objekten völlig problemlos und flexibel weiche Schatten, weiche Kanten, plastische und ähnliche Effekte zu. Sie verwenden dazu das Bedienfeld *Effekte* oder den Menübefehl *Objekt* →

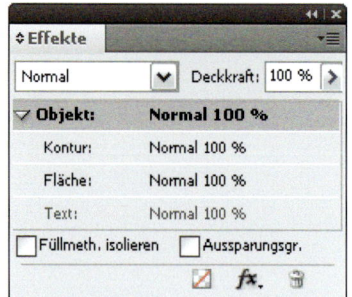

Abbildung 4.18 Kontur und Fläche des markierten Objekts besitzen noch keine Transparenzen und keine Effekte.

Abbildung 4.19 Umriss und Text des Rahmens haben eine Deckkraft von 100 %, die Fläche des Rahmens hat nur 40 % Deckkraft.

Soll das gesamte Objekt denselben Effekt erhalten, markieren Sie im Effektebedienfeld *Objekt*.

Effekte. Diese Effekte lassen sich getrennt auf Kontur, Fläche und Text des Objekts anwenden. So ist es beispielsweise möglich, ein Objekt mit einer teiltransparenten Fläche und einer deckenden Kontur zu erzeugen.

1 Wählen Sie dazu im Bedienfeld *Effekte* das gewünschte Rahmenelement aus, bevor Sie einen Effekt zuweisen.

2 Um das gewählte Element mit einem Effekt zu versehen, führen Sie im Bedienfeld einen Doppelklick auf das Element aus oder klicken Sie am unteren Bedienfeldrand auf das *fx*-Symbol *fx* und wählen aus dem Menü den gewünschten Effekt.

3 Das folgende Dialogfeld ist Ihnen sicherlich vertraut, wenn Sie auch mit Photoshop arbeiten.

4 Zur Auswahl stehen die Effekte *Schlagschatten, Schatten nach innen, Schein nach außen, Schein nach innen, Abgeflachte Kante und Relief, Glanz, einfache weiche Kante, direktionale Weiche Kante* und *Weiche Verlaufskante*.

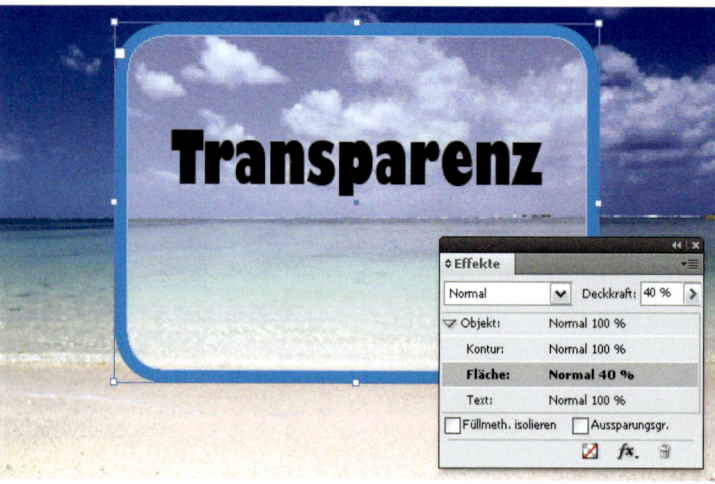

5 Aktivieren Sie das Kontrollkästchen *Vorschau*, damit Sie die Wirkung des ausgewählten Effekts gleich beurteilen können.

6 Klicken Sie auf die gewünschte Kategorie im linken Bereich und justieren Sie den Effekt über den rechten Bereich.

Falls Sie in Ihrem Layout mehrere Objekte mit Relief-, Schlagschattenoder anderen Effekten mit einer ausgerichteten Lichtquelle erzeugen möchten, sollten Sie *Globales Licht verwenden* aktivieren. Dann müssen Sie sich nicht um die Einstellung des Beleuchtungseinfalls kümmern, weil dieser automatisch angepasst wird.

Schlagschatten

Schattenwürfe sind beliebte grafische Hilfsmittel. Ob auf Zeitschriften-titeln oder in Prospekten – die weichen Schatten sind allgegenwärtig. Um ein Objekt mit einem weichen Schatten zu versehen, gehen Sie folgendermaßen vor:

1   Wählen Sie das gewünschte Objekt aus und führen Sie im Bedienfeld *Objekte* einen Doppelklick darauf aus.

2   Im folgenden Dialogfeld aktivieren Sie dann die Kategorie *Schlagschatten*.

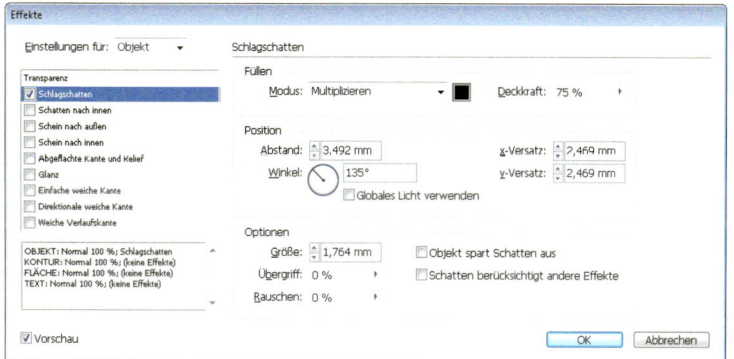

Abbildung 4.20 Im Dialogfeld *Effekte* aktivieren Sie zunächst die Kategorie *Schlagschatten*, um an die verschiedenen Einstellmöglichkeiten zu gelangen.

3   Wählen Sie aus dem Pop-up-Menü den gewünschten Modus. Diese Füllmodi werden weiter hinten genauer beleuchtet. Der zugewiesene Füllmodus beschreibt, wie der Farbauftrag – in diesem Fall der weiche Schlagschatten – mit dem Untergrund – hier den Objekten, auf die der Schatten fällt – verrechnet wird. Der am besten geeignete Modus für einen Schatten ist *Multiplizieren*.

4   Verändern Sie die *Deckkraft*, bis Sie einen für Ihren Zweck geeigneten Wert gefunden haben. Auf hellen Untergründen verwenden Sie nur leichte Schatten, die eine Deckkraft von zirka 25 bis 50 % haben. Auf dunklen Untergründen dürfen es durchaus auch einmal 90 % sein.

5   Über die Felder *x-Versatz* und *y-Versatz* legen Sie den Abstand zwischen Objekt und Schattenkante fest. Auch negative Werte können Sie hier eingeben, um die Richtung des Schattenfalls zu steuern.

6   Zum Weichzeichnen der Schattenkante verwenden Sie das gleichnamige Eingabefeld. Je höher der eingegebene Wert, desto diffuser wirkt der Schatten.

Abbildung 4.21 Das Schriftzeichen der Symbolschriftart erhielt einen Schatten mit einer Störung.

Diese weichen Schatten sind für Layouts im Retro-Look weniger geeignet. Hier verwenden Sie besser die herkömmliche Methode. Erstellen Sie das gewünschte Objekt, lassen Sie es ausgewählt und wählen Sie *Bearbeiten → Duplizieren und versetzt einfügen*. Als *Horizontalen* und *Vertikalen Versatz* geben Sie den gewünschten Versatz des Schattens gegenüber dem Vordergrundobjekt ein. Nachdem Sie mit *OK* bestätigt haben, müssen Sie das Vordergrundobjekt nur noch entsprechend formatieren. Probieren Sie auch einmal, in das Dialogfeld *Duplizieren und versetzt einfügen* eine ganze Reihe von Duplikaten mit einem sehr geringen Versatz einzugeben und dem letzten (oben liegenden) Duplikat dann eine andere Farbe zu geben.

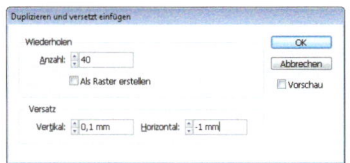

Abbildung 4.22 Oben: Schatten-effekte im Retro-Look erzeugen Sie mit dem Dialogfeld *Duplizieren und versetzt einfügen*. Sie können auch mehrere Duplikate mit einem sehr geringen Versatz eingeben. Rechts: Das Ergebnis ist ein 3D-Effekt im Retro-Look.

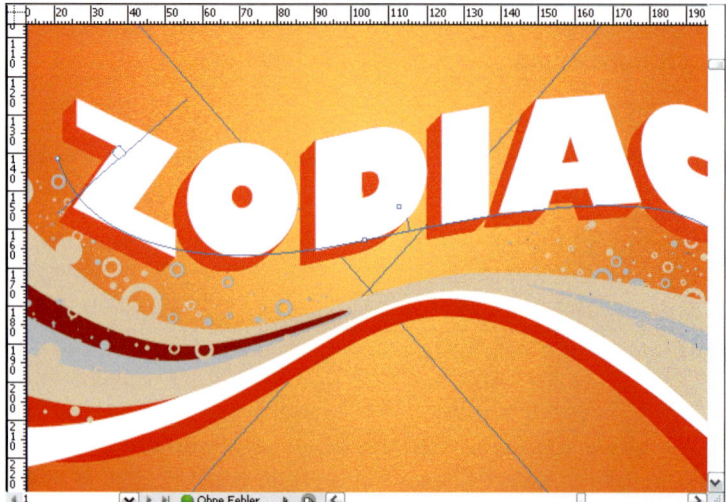

Abbildung 4.23 Legen Sie einen in Pfade konvertierten Text über einen rechteckigen Rahmen.

Abbildung 4.24 Unterlegen Sie zum Schluss eventuell eine Grafik oder eine Flächenfüllung.

Schlagschatten nach innen

Auch nach innen kann ein Schatten weisen. Sie erhalten dann eine Art Stanzeffekt.

1 Erstellen Sie einen rechteckigen Rahmen, den Sie mit einer beliebigen Flächenfarbe füllen.
2 Legen Sie einen weiteren Rahmen darüber. (Es kann sich auch um einen Text handeln, den Sie anschließend mit *Schrift → In Pfade umwandeln* in Vektoren konvertieren.)
3 Wählen Sie beide Objekte aus und wählen Sie *Objekt → Pathfinder → Überlappung ausschließen*.
4 Wenden Sie auf das kombinierte Objekt einen Schlagschatten an.

Hinterlegen Sie das Ganze nun noch mit einem weiteren rechteckigen Rahmen, in dem Sie eine Grafik platzieren oder den Sie mit einer Flächenfarbe füllen.

Transparenzen und Füllmethoden

Sämtliche Layoutobjekte – einschließlich importierte Texte und Pixelgrafiken – können Sie mit Transparenzen und Transparenzverläufen versehen. Bilder verschmelzen miteinander, überlappende Bereiche gehen transparent ineinander über und vieles mehr.

Für transparente Effekte bietet InDesign Ihnen mehrere Techniken, die Sie auch miteinander kombinieren können:

▶ Durch die Herabsetzung der Deckkraft eines Objekts im Vordergrund lassen Sie dahinterliegende Objekte durchscheinen.

▶ Durch das Anwenden einer Füllmethode auf das Vordergrundobjekt legen Sie fest, wie dieses mit den darunterliegenden Objekten verrechnet wird. Auf diese Weise erzielen Sie interessante Überblendeffekte.

▶ Mit den Kategorien *Einfache weiche Kante*, *Direktionale weiche Kante* und *Weiche Verlaufskante* im bereits gezeigten Dialogfeld *Effekte* versehen Sie Ihre Objekte mit verschiedenen Transparenzverläufen, die Sie aber Ihren Wünschen entsprechend einrichten können.

Falls Sie Photoshop- oder Illustrator-Anwender sind, kennen Sie diese Techniken bestimmt. Der einzige Unterschied zur Anwendung von Transparenzen und Füllmethoden liegt darin, dass diese Effekte in InDesign nicht auf eine Ebene angewandt werden, sondern auf einzelne Objekte.

Die Transparenz eines Objekts einstellen

Damit das ausgewählte Objekt transparent wird, geben Sie in das Feld *Deckkraft* in der Steuerungsleiste einen Prozentwert unter hundert ein. Je weiter Sie die Deckkraft herabsetzen, desto transparenter wird das Objekt. Mit dieser Vorgehensweise erhalten alle Bestandteile des Objekts dieselbe Transparenz. Möchten Sie die Transparenz für Fläche und Kontur gesondert festlegen, klicken Sie im Bedienfeld *Effekte* auf *Fläche* bzw. auf *Kontur*. Handelt es sich um einen Textrahmen, können Sie hier zudem noch den *Text* gesondert mit einer Transparenz versehen.

Wenn Sie ein Objekt mit einer Transparenz oder einem Effekt, der eine Transparenz erzeugt, versehen haben, kann InDesign im Bedienfeld *Seiten* ein Symbol ☐ neben dem entsprechenden Druckbogen anzeigen. Um diese Funktion zu aktivieren bzw. zu deaktivieren, öffnen Sie das Bedienfeldmenü des Seitenbedienfelds und wählen den Befehl *Bedienfeldoptionen*. Unter *Symbole* aktivieren bzw. deaktivieren Sie nun das Kontrollkästchen *Transparenz*.

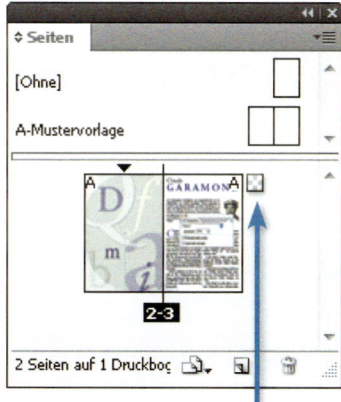

Abbildung 4.25 Das Transparenz-Symbol im Seitenbedienfeld wurde eingeschaltet.

Abbildung 4.26 An diesen beiden übereinander platzierten Pixelbildern (die oben liegende Hand besitzt eine Deckkraft von 100 %) probieren wir verschiedene Füllmodi aus.

Abbildung 4.27 Obere Reihe links: *Multiplizieren*. Obere Reihe rechts: *Negativ multiplizieren*. Mittlere Reihe links: *Ineinanderkopieren*. Mittlere Reihe rechts: *Weiches Licht*. Untere Reihe links: *Farbig nachbelichten*. Untere Reihe rechts: *Farbig abwedeln*.

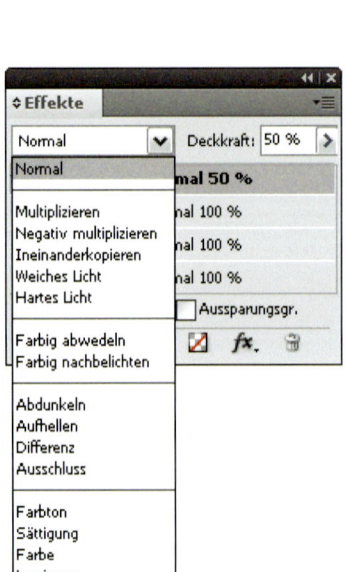

Zu weit sollten Sie die Deckkraft eines Objekts nicht herabsetzen. Im Offsetdruck verschwinden Objekte mit Tonwerten bis zu etwa 6 bis 7 %. Passen Sie besonders auf, wenn Sie ohnehin helle Objekte noch mit Transparenzen versehen möchten.

Eine Füllmethode auf ein Objekt anwenden

Durch das Anwenden einer Füllmethode auf ein Objekt im Vordergrund erzeugen Sie teilweise hochinteressante Effekte, die eher an ein Bildbearbeitungs- oder Grafikprogramm als an eine Layoutanwen-

Abbildung 4.28 InDesign bietet Ihnen im Großen und Ganzen dieselben Füllmethoden wie Photoshop (nur ein paar weniger).

dung denken lassen. Wie sich die einzelnen Füllmethoden auswirken, hängt stark von Art und Farbe der miteinander verrechneten Objekte ab.

Nachdem Sie das Objekt markiert haben, legen Sie im Bedienfeld *Effekte* fest, welchen Teil des Objekts Sie mit der Füllmethode versehen möchten. Wählen Sie anschließend aus dem Pop-up-Menü *Füllmethode* den gewünschten Überblendmodus.

Die gezeigte Abbildungsreihe soll Ihnen vor allem vor Augen führen, wie viele Kombinationen möglich sind. Je nach Art der beiden übereinandergelegten Objekte können die Ergebnisse stark von den hier gezeigten abweichen.

Beachten Sie bitte, dass die Darstellung von Transparenzen viel Rechenleistung von Ihrem Computer fordert. Nutzen Sie gegebenenfalls die verschiedenen Darstellungsqualitäten, die Sie über die Befehlsfolge *Ansicht* → *Anzeigeoptionen* einstellen können.

Füllmethoden isolieren

Im unteren Bereich des Bedienfelds *Transparenz* finden Sie das Kontrollkästchen *Füllmethode isolieren*.

Dieses Kontrollkästchen ist nur interessant, wenn Sie eine Füllmethode auf eine Objektgruppe anwenden. Es muss über den Befehl *Optionen einblenden* im Bedienfeldmenü sichtbar gemacht sein. Denn dann wird nicht die Objektgruppe mit dem darunterliegenden Objekt verrechnet, sondern die Elemente der Gruppe selbst. Das darunterliegende, nicht zur Gruppe gehörende Objekt bleibt unverändert.

Aussparungsgruppe

Wenn Sie zwei oder mehr Objekte mit Transparenzen und Effekten versehen und sie dann gruppiert haben, erreichen Sie mit dem Kontrollkästchen *Aussparungsgruppe*, dass Objekte innerhalb der Gruppe ausgespart werden. Nur die Gruppe als Ganzes hat gegenüber dem Hintergrund den Transparenzeffekt.

Weiche Kanten

InDesign bietet Ihnen drei Arten von Transparenzverläufen – das heißt Verläufen, die von einer deckenden Farbe bis zu einer teilweisen oder vollständigen Transparenz reichen. Der wichtigste dieser Effekte ist sicherlich die *Weiche Verlaufskante*, denn damit können Sie nun direkt in InDesign Bilder oder Grafiken langsam in den Hintergrund

Abbildung 4.29 Diesem aus zwei gruppierten Einzelelementen bestehenden Pfeil wurde eine durchgehende Verlaufskante zugewiesen. Die Einzelelemente sind mit einer Transparenz versehen. Das Kontrollkästchen *Aussparungsgruppe* ist hier noch deaktiviert.

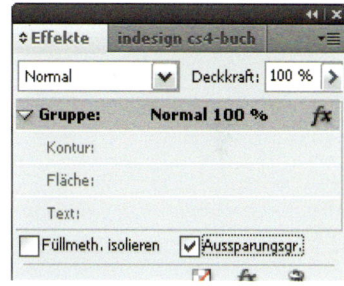

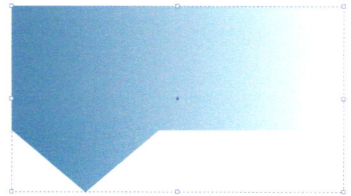

Abbildung 4.30 Die Lösung: Das Kontrollkästchen *Aussparungsgruppe* ist aktiviert worden.

überblenden, ohne zuvor einen Photoshop-Alphakanal erzeugen zu müssen. Wie bei den zuvor besprochenen Effekten – *Schlagschatten* und *Abgeflachte Kante und Relief* – können Sie auch die weiche Verlaufskante über das Bedienfeld *Effekte* entweder dem gesamten *Objekt* oder nur seiner *Fläche* oder *Kontur* bzw. dem eventuell enthaltenen *Text* zuweisen. Doppelklicken Sie im Bedienfeld auf das entsprechende Element, um das bekannte Dialogfeld *Effekte* zu öffnen.

Mit einem Klick auf die Kategorie *Weiche Verlaufskante* gelangen Sie an die Einstellmöglichkeiten für diesen Effekt. Sie kontrollieren hier den Typ des Verlaufs und wie schnell er nach transparent verläuft.

▶ Anhand des Verlaufsbalkens im oberen rechten Bereich des Dialogfelds ändern Sie den aktuellen Transparenzübergang. Die Markierungen zeigen dabei den Transparenzgrad, der an einer bestimmten Stelle verwendet wird. In der Grundeinstellung sehen Sie auf dem Verlaufsbalken einen stufenlosen linearen Transparenzverlauf, der von vollständig deckend (schwarze Farbmarke, links) bis vollständig transparent (weiße Farbmarke, rechts) reicht. Diese Marken können Sie verschieben, um die Transparenzverteilung zu ändern. Alternativ klicken Sie eine Marke an und geben ihre Position in das zugehörige Feld ein.

▶ Um den Marken einen anderen Transparenzgrad als die standardmäßigen 0 % bzw. 100 % zuzuweisen, klicken Sie eine Marke an und geben die Deckkraft für diese Marke in das darunterliegende Feld ein.

▶ Sie können auch weitere Transparenzmarken einfügen. Zeigen Sie unterhalb des Verlaufsbalkens auf eine freie Fläche zwischen den Marken und klicken Sie. Damit legen Sie eine neue Marke an, für die Sie die Transparenz wieder im Feld *Deckkraft* angeben können.

▶ Unter *Optionen* wählen Sie zwischen linearen und radialen Transparenzverläufen. Über das Feld *Winkel* oder das Schaubild links daneben legen Sie den Verlaufswinkel fest.

Um eine Marke aus dem Verlauf zu löschen, markieren Sie sie am Verlaufsbalken und ziehen sie mit gedrückter Maustaste nach unten.

Abbildung 4.31 Je dunkler der Regler, desto deckender ist das Objekt an dieser Position.

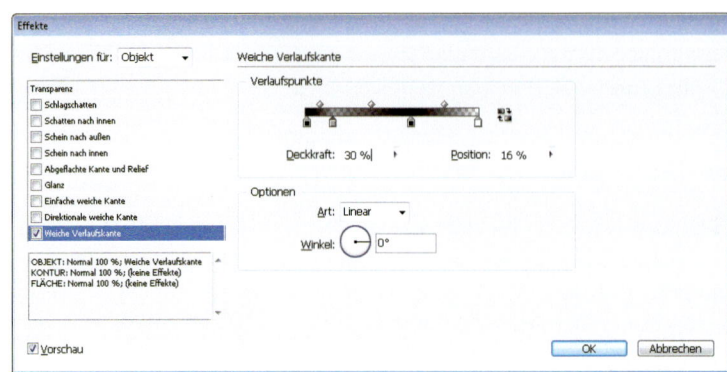

Bei der *Direktionalen weichen Kante* arbeiten Sie nicht mit einem Verlaufsregler, sondern stellen den Transparenzverlauf bei Bedarf für alle vier Kanten gesondert ein. Am wenigsten Einstellmöglichkeiten bietet die *Einfache weiche Kante*. Hier geben Sie einen einzigen, für alle vier Kanten identischen Wert ein.

Klicken Sie auf das Ketten-Symbol, damit Sie für die einzelnen Kanten unterschiedliche Werte eingeben können.

 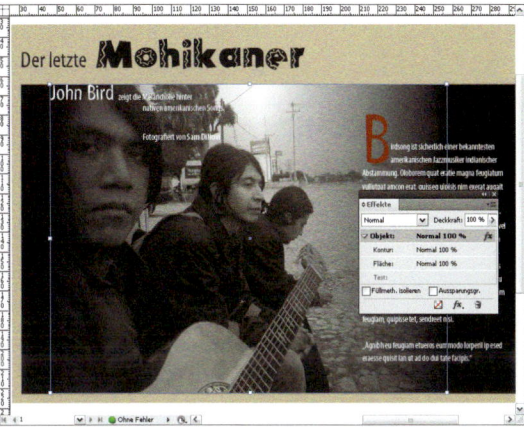

Abbildung 4.32 Links: Die rechte und die linke Kante des platzierten Bilds sollen weich in den Hintergrund ausgeblendet werden. Rechts: Nun integriert sich das Foto nahtlos in den schwarzen Hintergrundrahmen.

Effekte und Transparenzen in einem Objektformat speichern

Einmal gestaltete Objekteffekte speichern Sie am besten in einem Objektformat, wenn Sie sie häufiger benötigen. Dann können Sie sie künftig allen weiteren Objekten mit einem einzigen Klick zuweisen. Natürlich funktioniert diese Technik auch mit »normal« gestalteten Objekten, die Sie beispielsweise mit einer bestimmten Konturart und -farbe versehen haben.

1 Markieren Sie das gestaltete Objekt. Im Bedienfeld *Objektformate* klicken Sie auf die Schaltfläche *Neuen Stil erstellen* am unteren Rand des Bedienfelds. Wenn Sie beim Klick auf das Symbol *Neuen Stil erstellen* gleich das Dialogfeld anzeigen möchten, halten Sie zusätzlich die Tastenkombination Alt + ⇧ gedrückt. Hier benennen Sie Ihr neues Objektformat, versehen es mit einer Tastenkombination und definieren seine Formatierungsmerkmale.

2 Das neue Objektformat trägt im Bedienfeld den Namen *Objektformat 1*.

3 Doppelklicken Sie auf das neue Format und geben Sie in das Feld *Formatname* einen beschreibenden Namen ein.

4 Sehr praktisch ist die Möglichkeit, ein bestehendes Objektformat als Grundlage für ein anderes Objekt zu verwenden. Durch solche

**Falls Sie nicht zufrieden sind, können Sie die Formatierung jetzt noch ändern, indem Sie im linken Bereich des Dialogfelds die gewünschte Kategorie wählen. Sie haben hier sämtliche Möglichkeiten zur Formatierung, die InDesign Ihnen bietet.
Gegebenenfalls deaktivieren Sie die Kontrollkästchen vor den Kategorien, die im Objektformat nicht enthalten sein sollen, das heißt, deren Merkmale durch das Zuweisen des Stils an einem bestimmten Objekt nicht geändert werden sollen.**

Um Ihre Objektformate von einem auf ein anderes Objekt zu übertragen, können Sie das *Pipette*-Werkzeug ✐ verwenden: Wählen Sie das gewünschte Objekt aus und klicken Sie dann mit dem *Pipette*-Werkzeug auf das Objekt mit dem Effekt. Anschließend klicken Sie gegebenenfalls auf weitere Objekte, die Sie mit dem Effekt versehen möchten. Wenn Sie mehrere Objekte mit dem Effekt ausstatten möchten, sind Sie schneller, wenn Sie das mit dem Effekt ausgestattete Objekt auswählen und im Bedienfeld *Effekte* das *fx*-Symbol nacheinander auf die gewünschten Objekte ziehen.

Abhängigkeiten können Sie die Objektformate Ihres Dokuments so geschickt hierarchisch gestalten, dass sich die Elemente beim Anlegen quasi von selbst formatieren. Wählen Sie dazu aus dem Menü *Basiert auf* im Dialogfeld *Objektstiloptionen* den entsprechenden Stil aus.

5 Bei Bedarf versehen Sie den Stil mit einer Tastenkombination, mit der Sie die Formatvorlage später zuweisen können. Klicken Sie dazu in das Feld *Tastaturbefehl*. Am Mac drücken Sie eine der Tasten ⎇Alt oder ⇧ und dazu eine der Ziffertasten auf dem numerischen Block Ihrer Tastatur. Unter Windows schalten Sie die Num-Taste ein und drücken dann eine der Tasten Strg, Alt oder ⇧ und ebenfalls eine Ziffertaste auf dem Num-Block.

6 Überprüfen Sie im Bereich *Formateinstellungen* die Formatierungsmerkmale der neuen Formatvorlage. Klicken Sie auf *OK*.

7 Mit einem Klick weisen Sie den Elementen Ihres Layouts den vordefinierten Effekt zu.

Um eine einwandfreie Zuweisung des Objektstils und die gleichzeitige Löschung sämtlicher vorheriger Formatierungen zu erzielen, halten Sie beim Anklicken der gewünschten Formatvorlage im Bedienfeld zusätzlich die Alt-Taste gedrückt. Mit diesem Befehl wird das reine Objektformat zugewiesen. Wenn Sie ein Objektformat nachträglich bearbeiten, das heißt, wenn Sie die Elemente in Ihrem Layout schon mit den Objektstilen formatiert haben, ändert sich das Aussehen der Elemente anschließend entsprechend. Das ist der große Vorteil von Objektstilen: Mit wenigen Handgriffen passen Sie die Gestaltung Ihres Layouts an geänderte Vorgaben an.

Objektformate, die Sie noch in weiteren Dokumenten benötigen, können Sie sehr schnell in jedes beliebige Dokument übertragen.

1 Öffnen Sie das Dokument, in das Sie die Stile eines bestehenden Dokuments importieren möchten.

2 Öffnen Sie das Bedienfeldmenü ▾≡ des Bedienfelds *Objektformate*.

3 Wählen Sie den Befehl *Objektformate laden*.

4 Wählen Sie das Dokument aus, das die gewünschten Stile enthält.

5 Die Objektformate erscheinen im Bedienfeld Ihres aktuellen Dokuments und sind damit einsatzbereit.

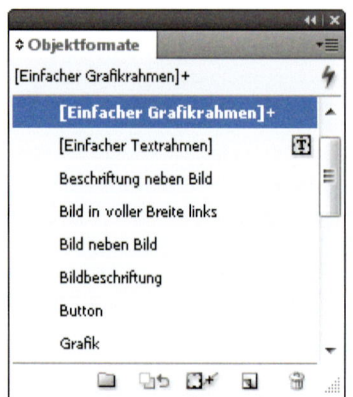

Abbildung 4.33 Häufig benötigte Formatierungen speichern Sie am besten als Objektformat.

Im Bedienfeld gibt es sowohl für Grafik- als auch für Textrahmen jeweils einen Standardstil. Wenn Sie in InDesign einen neuen Grafik- oder Textrahmen erstellen, erhält dieser den jeweiligen Standardstil. Die Standardstile ändern Sie genauso wie selbst erstellte Objektformate mit einem Doppelklick auf den Stilnamen im Bedienfeld.

Der Umgang mit Dokumenten, in denen viele Hundert Elemente platziert werden müssen, gehört zum „täglichen Brot" vieler Setzer. InDesign ist in diesem Bereich besonders leistungsfähig. Dieses Kapitel zeigt Ihnen alle wichtigen Rationalisierungsmöglichkeiten.

5.1 Formate richtig einsetzen

Für die Farben Ihres Dokuments gilt dasselbe wie für die nachfolgend erläuterten Text- und Objektformate. Wenn Sie umfangreiche Werke mit immer wiederkehrenden Elementen gestalten, sollten Sie die Farben nicht über das Bedienfeld _Farbe_ bzw. einen Doppelklick auf das Kontur- und Flächenfarbfeld in der Werkzeugleiste zuweisen, sondern über das Bedienfeld _Farbfelder_.

Das gute, ausgewogene Erscheinungsbild eines Dokuments basiert maßgeblich auf der Anordnung des Textes auf den Seiten, der Form der Absätze, der Formatierung der Buchstaben und dem Gebrauch von Linien und Rahmen. Alle diese Elemente sind Formatierungsmerkmale, die Sie während der Arbeit mit InDesign definieren.

Genauso wichtig sind Lesbarkeit und Einheitlichkeit Ihres Dokuments. Wenn das Erscheinungsbild Ihres Dokuments seinem Inhalt entspricht, ist es für den Leser einfacher, die enthaltenen Informationen aufzunehmen.

InDesign stellt Ihnen Werkzeuge zur Verfügung, mit denen sich die Formatierung Ihres Dokuments sehr einfach gestaltet: Absatz- und Zeichenformate. Sie sparen damit eine Menge Zeit, auch dann, wenn sich einzelne Formatierungsvorgaben für Ihr Dokument nachträglich noch ändern sollten.

Was sind Zeichen- und Absatzformate?

Ein Format ist ein Satz von Formatierungsanweisungen, der unter einem eindeutigen Namen gespeichert ist und unter diesem jederzeit abgerufen werden kann. Alle Texte, denen Sie dasselbe Zeichen- oder Absatzformat zuweisen, werden exakt identisch formatiert. Wenn Sie an einem Format eine Änderung vornehmen, wird gleichzeitig das Aussehen aller Texte, die damit formatiert sind, neu definiert.

Im vorigen Kapitel haben Sie bereits die Objektformate kennengelernt. Zeichen- und Absatzformate sind das auf Texte bezogene Äquivalent dazu. Sie können die verschiedensten Formatierungsmerkmale beinhalten, zum Beispiel:

▶ Schriftart, -grad und -schnitt
▶ Absatzausrichtung
▶ Zeilen- und Absatzabstände
▶ Einzüge und Tabulatoren
▶ Grundlinienraster (mehr darüber auf der folgenden Seite)

Es gibt es zwei verschiedene Arten von Formaten für die Gestaltung von Texten:

▶ _Absatzformate_ werden stets dem gesamten Absatz, in dem die Einfügemarke steht, zugewiesen. Dieser Formattyp enthält neben Definitionen der Schriftart eventuell auch Tabstopps, Einzüge und sonstige Absatzformatierungen.

▸ *Zeichenformate* werden der ausgewählten Textpassage zugewiesen. Dieser Formattyp kann beispielsweise Definitionen des Schriftgrads und Schriftschnitts enthalten. Mit einem Zeichenformat lassen sich bestimmte Wörter oder auch einzelne Buchstaben in einem Absatz mit einer eigenen Schriftformatierung gestalten, auch wenn dem Absatz selbst ein Absatzformat zugewiesen wurde.

Nehmen wir als Beispiel ein Computerbuch wie das vorliegende. Hier werden etwa Überschriften, Aufzählungen und Bildunterschriften mit Absatzformaten formatiert, Menübefehle und Tastenkombinationen hingegen mit Zeichenformaten.

5.2 Absatzformate erzeugen

Sie können Absatzformate von Grund auf neu erstellen. Praktischer finden wir es allerdings, sich zunächst ein Textmuster anzufertigen und dieses dann in ein Absatzformat zu konvertieren.

Beispiel: Ein registerhaltiges Absatzformat erzeugen

Falls Sie die Texte und Abbildungen Ihres Buchs am Grundlinienraster ausrichten möchten, sollten Sie dieses einrichten und aktivieren, sobald Sie Zeilenabstand und Schriftgröße des Grundtextes für Ihr Buch festgelegt haben. Mit dem Grundlinienraster stellen Sie die Registerhaltigkeit des Grundtextes sicher, das heißt, dass er in sämtlichen Textspalten auf denselben Grundlinien steht, und zwar auf jeder Seite des Dokuments.

   Dies ist neben der optischen Harmonie vor allem deshalb wichtig, da der Widerdruck – die Rückseite der gedruckten Buchseite – bei vielen Papieren durch den Schöndruck auf der Vorderseite hindurchschimmert. Die fehlende Registerhaltigkeit stört dann das harmonische Bild der Zeilenbänder.

   Sie richten das Grundlinienraster stets so ein, dass es denselben Zeilenabstand aufweist wie die Absätze des Grundtextes Ihres Dokuments. Das Grundlinienraster, das Sie mit *Ansicht → Raster & Hilfslinien → Grundlinienraster einblenden* bzw. der Tastenkombination Strg/⌘ + Alt + ß anzeigen, lässt Ihr Dokument aussehen wie ein Blatt aus einem linierten Notizblock. Dieses horizontale Raster bestimmt den Zeilenabstand des Fließtextes, indem seine Grundlinien daran ausgerichtet werden.

Abbildung 5.1 Oben: Hier fehlt die Registerhaltigkeit. Die Rückseite schimmert durch und die Textzeilen stören das Erscheinungsbild der Vorderseite. Unten: Hier ist die Registerhaltigkeit gewahrt. Der durchschimmernde Widerdruck stört längst nicht so sehr.

Es ist genauso möglich, ohne Grundlinienraster zu layouten. In Büchern kann die Verwendung des Grundlinienrasters aber sehr hilfreich sein und ein sauberes Erscheinungsbild der Seiten unterstützen.

In der Grundeinstellung wird das Grundlinienraster nur dann eingeblendet, wenn die Ansicht des Dokuments mindestens auf 75 % gezoomt ist. Das ist durchaus sinnvoll, da Ihnen das Grundlinienraster bei kleinerer Ansicht den Blick auf das Layout verstellen würde. Bei Bedarf ändern Sie diese Einstellung trotzdem, indem Sie *Bearbeiten* → *Voreinstellungen* → *Raster* wählen und in das Feld *Anzeigeschwellenwert* einen anderen Prozentsatz eingeben.

Abbildung 5.2 Über die Voreinstellungen ändern Sie unter anderem den Anzeigeschwellenwert für das Grundlinienraster.

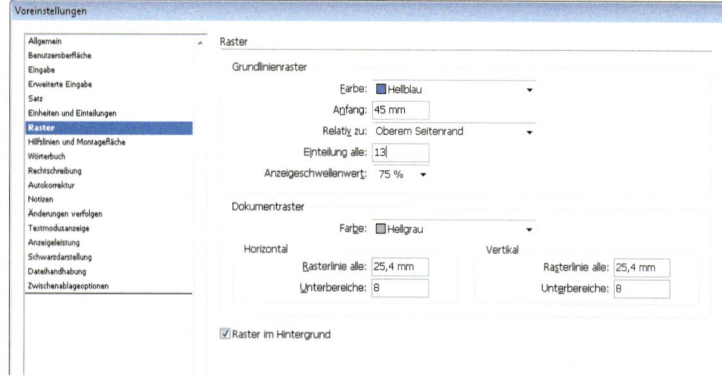

Bevor Sie Ihren Text am Grundlinienraster ausrichten können, müssen Sie ein paar Dinge überprüfen.

1 Wählen Sie *Layout* → *Stege und Spalten*.
2 Betrachten Sie den eingestellten oberen Rand.
3 Klicken Sie in einen Absatz des Grundtextes und betrachten Sie den Zeilenabstand im *Zeichen*-Modus.

Abbildung 5.3 Maßgeblich für die Einrichtung des Grundlinienrasters ist die Einstellung für den oberen Rand.

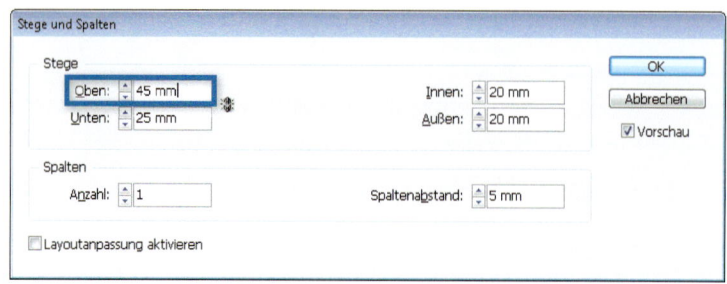

Abbildung 5.4 Ebenso wichtig ist der Zeilenabstand des Grundtextes.

Anhand dieser Werte richten Sie nun das Grundlinienraster ein.

4 Wählen Sie *Bearbeiten* → *Voreinstellungen* → *Raster*.

5 Im Bereich *Grundlinienraster* des folgenden Dialogfelds geben Sie in das Feld *Anfang* den Wert des oberen Seitenrands ein – im Beispiel 45 mm.

6 In das Feld *Einteilung alle* geben Sie den Zeilenabstandswert ein. In unserem Beispiel sind es *13pt*. Schließen Sie das Dialogfeld mit *OK*.

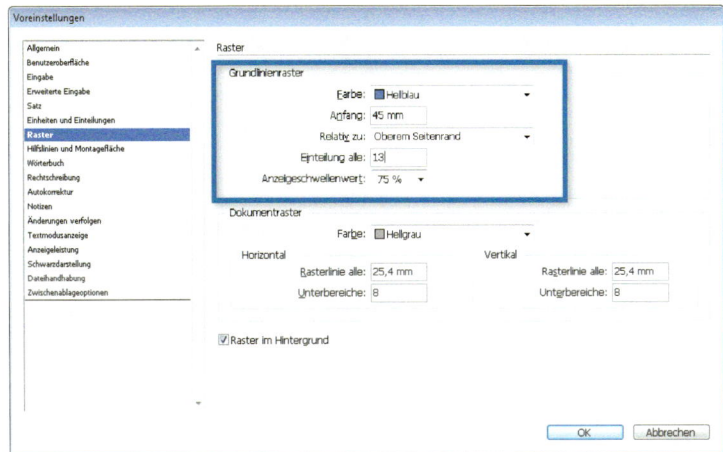

Abbildung 5.5 Als *Anfang* geben Sie den oberen Seitenrand ein, als *Einteilung alle* den Zeilenabstand des Grundtextes.

Zeigen Sie das Grundlinienraster über *Ansicht* → *Raster & Hilfslinien* → *Grundlinienraster einblenden* an. Ihr Dokument erinnert nun an einen Notizblock, sobald Sie es über den in den Voreinstellungen angegebenen Anzeigeschwellenwert zoomen.

Abbildung 5.6 Das Grundlinienraster wird zwar im Dokument angezeigt, doch noch ist der Text nicht daran ausgerichtet.

Den Text am Grundlinienraster ausrichten

Bereiten Sie einen Musterabsatz für den Grundtext vor. Klicken Sie mit dem Textwerkzeug hinein und klicken Sie anschließend im *Absatz*-Modus des Steuerungsbedienfelds auf die Schaltfläche *An Grundlinienraster ausrichten*. Die Grundlinien der Schriftzeichen liegen nun auf dem Grundlinienraster.

Abbildung 5.7 Nun ist der Text auf dem Grundlinienraster ausgerichtet.

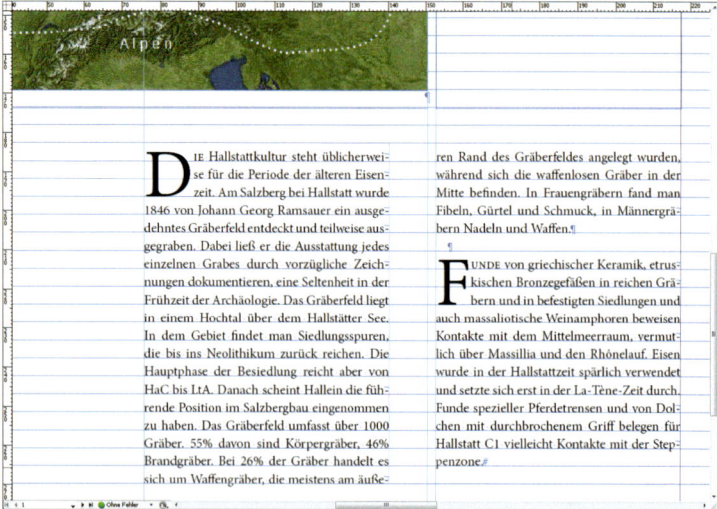

Beachten Sie, dass InDesign trotz Ihrer manuellen Absatzabstandseinstellung stets das Grundlinienraster für die Abstände zwischen Absätzen verwendet – notfalls ein Vielfaches vom Grundlinienrasterabstand. Haben Sie beispielsweise ein Grundlinienraster von 13 Punkt eingestellt und legen Sie einen Absatzabstand von 18 Punkt fest, erhöht InDesign diesen automatisch auf 26. Möchten Sie diese Eigenschaft für bestimmte Absätze (zum Beispiel Überschriften) deaktivieren, schalten Sie die Ausrichtung am Grundlinienraster über das Symbol *Nicht am Grundlinienraster ausrichten* im *Absatz*-Modus des Steuerungsbedienfelds aus.

Das Grundlinienraster für einzelne Textrahmen einstellen

In manchen Fällen sollen nur einzelne Textrahmen mit einem Grundlinienraster versehen werden oder das Grundlinienraster mancher Textrahmen soll vom Grundlinienraster des Haupttexts abweichen.

1 Wählen Sie den gewünschten Textrahmen aus oder klicken Sie hinein und wählen Sie den Befehl *Objekt → Textrahmenoptionen*.

2 Zeigen Sie das Register *Grundlinienoptionen* an. Aktivieren Sie das Kontrollkästchen *Benutzerdefiniertes Grundlinienraster verwenden*.

3 Nehmen Sie die Einstellungen vor wie im vorigen Abschnitt beschrieben.

Wenn Sie wissen möchten, wie viele Zeilen Ihnen nach dem Einrichten des Grundlinienrasters auf der Seite zur Verfügung stehen, wählen Sie *Bearbeiten → Voreinstellungen → Einheiten & Einteilungen*. Wählen Sie aus dem Pop-up-Menü *Vertikal* den Wert *Benutzerdefiniert* und geben Sie dahinter die Weite des Grundlinienrasters in Punkt ein – für Manuskriptberechnungen eine sehr praktische Funktion.

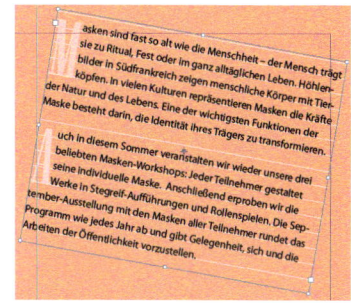

Abbildung 5.8 Einer der Vorteile des Grundlinienrasters im Textrahmen: Beim Drehen des Rahmens geht das Raster mit.

Den Grundlinientext als Absatzformat speichern

Nehmen Sie die übrigen Zeichen- und Absatzformatierungen vor, die den Grundtext Ihres Buchs auszeichnen sollen. Anschließend speichern Sie diese Merkmale in einem Absatzformat:

1 Lassen Sie die Einfügemarke im Absatz stehen und wählen Sie *Schrift → Absatzformate.*

2 Am unteren Rand des angezeigten Bedienfelds klicken Sie auf das Symbol *Neues Format erstellen*. Das neue Format wird automatisch mit der Bezeichnung *Absatzformat 1* versehen, wenn Sie zuvor noch keine Absatzformate eingefügt haben.

3 Doppelklicken Sie anschließend auf das neue Format, um das Dialogfeld *Absatzformatoptionen* zu öffnen.

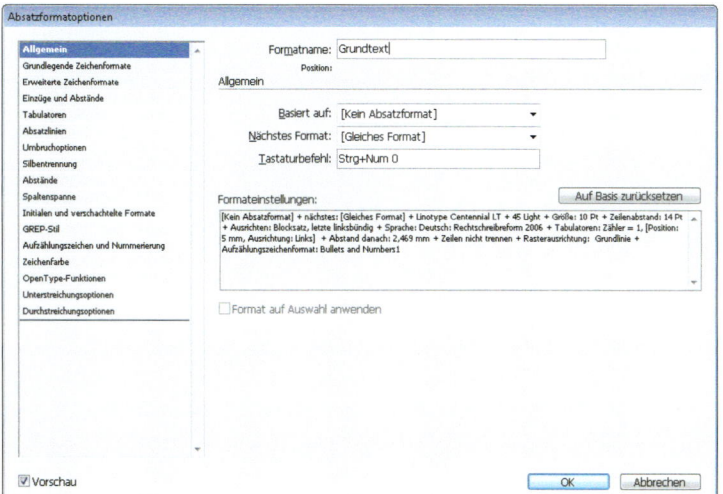

Abbildung 5.9 Im Dialogfeld *Absatzformatoptionen* bestimmen Sie die Merkmale Ihres neuen Absatzformats.

Wenn Sie beim Klick auf das Symbol *Neues Format erstellen* gleich das Dialogfeld anzeigen möchten, halten Sie zusätzlich die Tastenkombination Alt + ⇧ gedrückt. Hier können Sie Ihr neues Format benennen, es mit einer Tastenkombination versehen und die Formatierungsmerkmale einstellen.

Abbildung 5.10 Das neue Format erscheint mit seinem korrekten Namen im Bedienfeld *Absatzformate*. Es kann nun jedem markierten Absatz mit einem Klick zugewiesen werden.

Lange Dokumente enthalten unter Umständen Dutzende von unterschiedlichen Formaten, wodurch das Bedienfeld extrem unübersichtlich werden kann. Eine große Hilfe sind Formatgruppen. Eine Formatgruppe erzeugen Sie über das Symbol 🗀 am unteren Bedienfeldrand. Anschließend ziehen Sie mit gedrückter Maustaste die gewünschten Stile in die neue Formatgruppe. Mit dem Pfeilsymbol ▷ lässt sich der Inhalt der Formatgruppe expandieren und wieder ausblenden.

4 Geben Sie in das Feld *Formatname* einen passenden Namen ein.

5 Bei Bedarf versehen Sie das Format mit einer Tastenkombination, mit der Sie es später zuweisen können. Klicken Sie dazu in das Feld *Tastaturbefehl*. Am Mac drücken Sie eine der Tasten Alt oder ⇧ und dazu eine der Zifferntasten auf dem numerischen Block Ihrer Tastatur. Unter Windows schalten Sie die Num -Taste ein und drücken dann eine der Tasten Strg , Alt oder ⇧ sowie ebenfalls eine Zifferntaste auf dem numerischen Block.

6 Überprüfen Sie im Bereich *Formateinstellungen* die Formatierungsmerkmale des neuen Formats.

7 Falls Sie nicht zufrieden sind, können Sie die Formatierung jetzt noch ändern, indem Sie im linken Bereich des Dialogfelds die gewünschte Kategorie wählen. Sie haben hier sämtliche Möglichkeiten zur Absatz- und Zeichenformatierung, die InDesign Ihnen bietet.

8 Sobald alles stimmt, bestätigen Sie das Dialogfeld mit *OK*.

Nun müssen Sie nur noch die entsprechenden Absätze markieren und ihnen das neue Format mit einem Klick auf seinen Namen im Bedienfeld *Absatzformate* zuweisen. Wenn Sie nach dem letzten mit dem Absatzformat formatierten Absatz die ↵ -Taste drücken und weitere Texte eingeben, sind diese automatisch mit dem Absatzformat ausgestattet und werden am Grundlinienraster ausgerichtet.

Ein Absatzformat von Grund auf neu erstellen

Nicht immer möchten Sie zuerst einen Absatz gestalten und auf dessen Grundlage das Format definieren. Vielleicht bekommen Sie einen Styleguide, nach dem Sie arbeiten müssen. In diesem Fall ist es eventuell einfacher, die Formate von Grund auf neu anhand der enthaltenen Vorgaben zu definieren.

1 Sorgen Sie dafür, dass in Ihrem Dokument nichts ausgewählt ist.

2 Klicken Sie im Bedienfeld *Absatzformate* auf das Symbol *Neues Format erstellen* und öffnen Sie die Optionen mit einem Doppelklick.

3 Im Dialogfeld *Absatzformatoptionen* geben Sie dem neuen Format einen Namen und nehmen Sie die entsprechenden Einstellungen vor. Bestätigen Sie mit *OK*, um das Format zu definieren.

Aufeinander basierende Formate erstellen

Es gibt die sehr praktische Möglichkeit, ein bestehendes Format als Grundlage für ein anderes zu verwenden. Durch solche Abhängigkeiten können Sie die Formate Ihres Dokuments so geschickt hierarchisch gestalten, dass sich die Absätze bei der Texteingabe direkt in InDesign quasi von selbst formatieren.

Mit importierten Textformaten funktioniert diese Technik allerdings nicht. Nehmen wir etwa an, Sie möchten die Absätze des Grundtextes durch Erstzeileneinzüge kennzeichnen. Der erste Absatz im Textrahmen und der erste Absatz nach einer Überschrift, einem Bild oder einer Aufzählung soll von diesem Erstzeileneinzug ausgenommen sein.

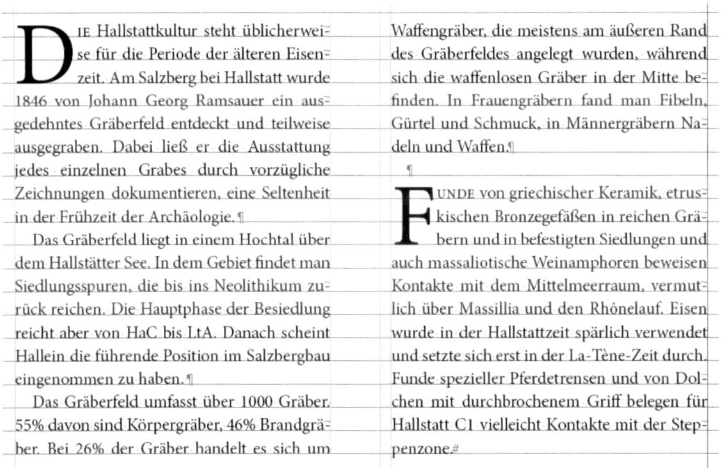

DIE Hallstattkultur steht üblicherweise für die Periode der älteren Eisenzeit. Am Salzberg bei Hallstatt wurde 1846 von Johann Georg Ramsauer ein ausgedehntes Gräberfeld entdeckt und teilweise ausgegraben. Dabei ließ er die Ausstattung jedes einzelnen Grabes durch vorzügliche Zeichnungen dokumentieren, eine Seltenheit in der Frühzeit der Archäologie. ¶

Das Gräberfeld liegt in einem Hochtal über dem Hallstätter See. In dem Gebiet findet man Siedlungsspuren, die bis ins Neolithikum zurück reichen. Die Hauptphase der Besiedlung reicht aber von HaC bis LtA. Danach scheint Hallein die führende Position im Salzbergbau eingenommen zu haben. ¶

Das Gräberfeld umfasst über 1000 Gräber, 55% davon sind Körpergräber, 46% Brandgräber. Bei 26% der Gräber handelt es sich um Waffengräber, die meistens am äußeren Rand des Gräberfeldes angelegt wurden, während sich die waffenlosen Gräber in der Mitte befinden. In Frauengräbern fand man Fibeln, Gürtel und Schmuck, in Männergräbern Nadeln und Waffen. ¶

FUNDE von griechischer Keramik, etruskischen Bronzegefäßen in reichen Gräbern und in befestigten Siedlungen und auch massaliotische Weinamphoren beweisen Kontakte mit dem Mittelmeerraum, vermutlich über Massilia und den Rhônelauf. Eisen wurde in der Hallstattzeit spärlich verwendet und setzte sich erst in der La-Tène-Zeit durch. Funde spezieller Pferdetrensen und von Dolchen mit durchbrochenem Griff belegen für Hallstatt C1 vielleicht Kontakte mit der Steppenzone. #

Abbildung 5.11 Der erste Absatz des Textrahmens soll im Gegensatz zu den Folgeabsätzen keinen Erstzeileneinzug erhalten.

Demnach benötigen Sie zwei Absatzformate für den Textkörper:

1. Erstellen Sie zunächst ein Format für den Textkörper ohne Einzüge. Geben Sie ihm den Namen *Grundtext*.
2. Achten Sie darauf, dass Sie in Ihrem Dokument nichts markiert haben, und klicken Sie am unteren Rand des Bedienfelds *Absatzformate* auf *Neues Format erstellen*.
3. Doppelklicken Sie auf den neuen Stil und geben Sie ihm den Namen *Grundtext Einzug*.
4. Öffnen Sie das Pop-up-Menü *Basiert auf* und wählen Sie das Format *Grundtext*.

In der Kategorienliste wählen Sie dann *Einzüge und Abstände* und legen den gewünschten Erstzeileneinzug fest.

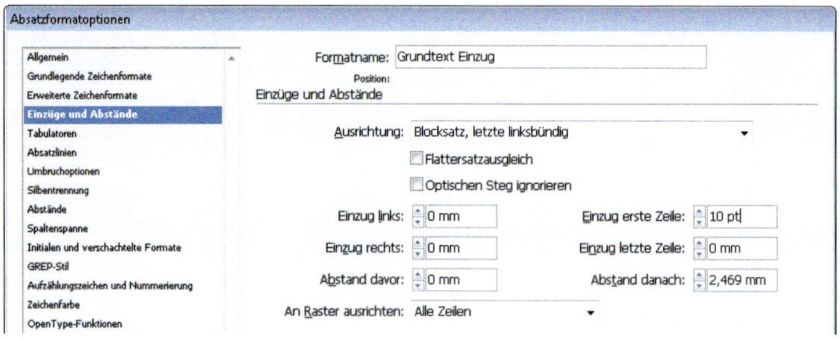

Abbildung 5.12 Erstzeileneinzüge legen Sie in der Kategorie *Einzüge und Abstände* fest.

Bevor Sie mit *OK* bestätigen, überprüfen Sie die Auswirkungen dieser Arbeitsschritte noch einmal, indem Sie auf die Kategorie *Allgemein* klicken. Im Abschnitt *Formateinstellungen* finden Sie eine Beschreibung der Formateigenschaften. Wenn Sie sich entschließen, dem Format *Grundtext* eine andere Schriftart zuzuweisen, ändert sich das Format *Grundtext Einzug* gleich mit. Es ändern sich alle Parameter, die in beiden Formaten übereinstimmen. Nur die abweichenden bleiben unverändert.

Abbildung 5.13 In dem Abschnitt *Formateinstellungen* finden Sie die Eigenschaften Ihres Formats aufgelistet.

Mit der Schaltfläche *Auf Basis zurücksetzen* löschen Sie alle Formatierungen des untergeordneten Formats (im Beispiel *Grundtext Einzug*). Zurück bleiben die Formatierungen des übergeordneten Formats (im Beispiel *Grundtext*).

Das Folgeformat festlegen

Zusätzlich können Sie auch ein Folgeformat bestimmen. Um bei unserem Beispiel zu bleiben: Nach dem Absatz, der auf dem Format *Grundtext* beruht, also keinen Erstzeileneinzug aufweist, soll ein Absatz mit dem Format *Grundtext Einzug* folgen. Aus diesem Grund verknüpfen Sie nun das Format *Grundtext* so mit dem Format *Grundtext Einzug*, dass beim Drücken der ⏎-Taste nach einem *Grundtext*-Absatz automatisch das Format *Grundtext Einzug* aktiviert wird.

1 Doppelklicken Sie im Bedienfeld *Absatzformate* auf das vorher angelegte Format *Grundtext*.

2 Öffnen Sie das Pop-up-Menü *Nächstes Format* und wählen Sie das Format *Grundtext Einzug*.

Auch dies funktioniert nur, wenn Sie den Text direkt in InDesign eingeben. Bei importiertem Text müssen Sie die Absatzformate manuell zuweisen.

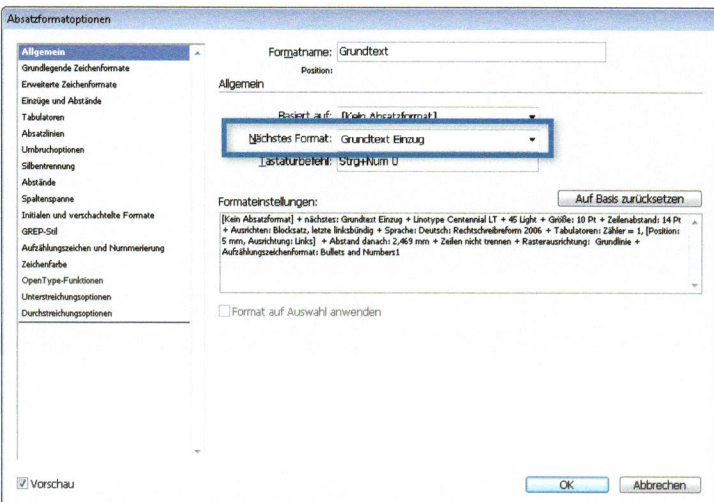

Abbildung 5.14 Die Auswahl eines Folgeformats ist bei der Texterfassung sehr nützlich.

Wenn Sie jetzt den Absatz mit der Formatierung *Grundtext* durch Drücken der ⏎-Taste abschließen, erhält der folgende Absatz automatisch die Formatierung *Grundtext Einzug*.

Mehrere Absätze in einem Zug formatieren

Wenn Sie konsequent mit dieser Funktion gearbeitet haben, also grundsätzlich aufeinanderfolgenden Formaten ein Folgeformat zugewiesen haben, können Sie diese sogar in einem Zug zuweisen – beispielsweise eine Überschrift, den darauffolgenden Untertitel und den Fließtext.

1 Wählen Sie die Absätze aus, die Sie mit den Formaten ausstatten möchten. In der folgenden Abbildung sollen beispielsweise die nummerierten Zeilen mit dem Format *Beschreibung* formatiert werden, die darauffolgenden Absätze mit dem Format *BestNrPreis*. *BestNrPreis* wurde aus diesem Grund als Folgeformat für *Beschreibung* definiert.

2 Öffnen Sie im Bedienfeld *Absatzformate* das Kontextmenü auf dem ersten Format (im Beispiel *Beschreibung*).

3 Wählen Sie *[Formatname]* und dann *Nächstes Format anwenden.*

Was hier anhand von zwei Formaten demonstriert wurde, klappt auch mit mehreren aufeinanderfolgenden Formaten!

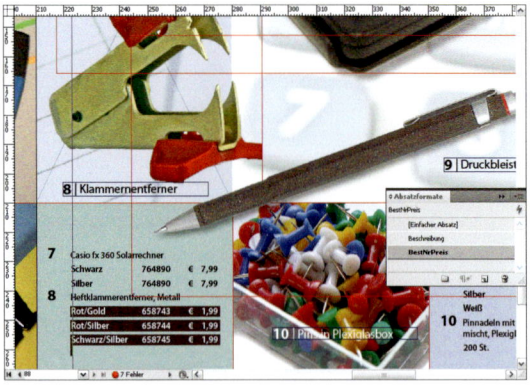
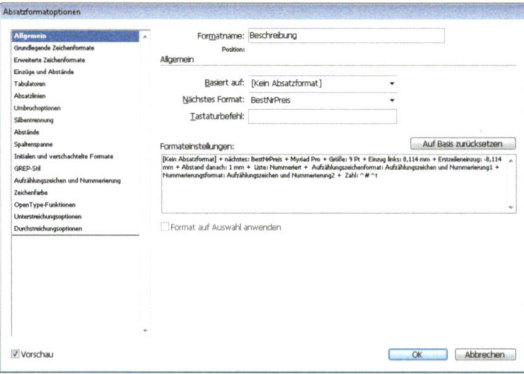

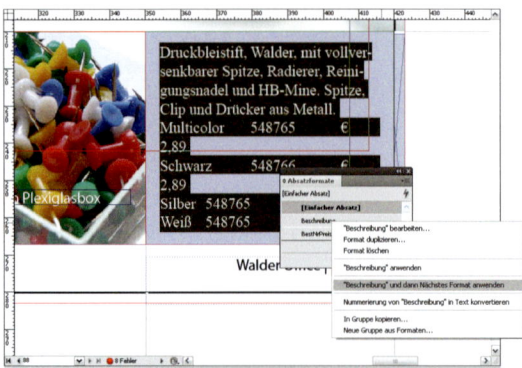
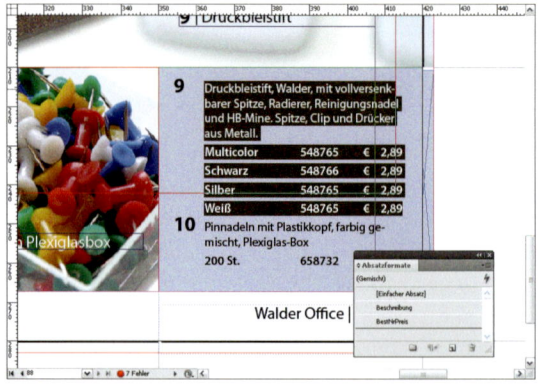

Abbildung 5.15 Obere Reihe: Für das folgende Beispiel wurde dem Absatzformat *Beschreibung* das Folgeformat *BestNrPreis* zugewiesen. Untere Reihe links: Der Absatz mit der Beschreibung und der Absatz mit dem entsprechenden Preis wurden ausgewählt und die aufeinanderfolgenden Formate wurden zugewiesen. Rechts: Das Ergebnis sind zwei korrekt formatierte Absätze.

Zeichenformate erstellen

Wir haben mit den Absatzformaten begonnen, weil Sie diese im InDesign-Alltag besonders häufig benötigen. Ganz ähnlich erstellen Sie auch Zeichenformate, die Sie ausgewählten Textpassagen zuweisen. Es handelt sich dabei um Formatierungsmuster, die nicht gleich für ganze Absätze, sondern nur für markierte Zeichen gelten.

Ein Zeichenformat kann alle möglichen Formatierungsmerkmale enthalten. Es wirkt sich also auf Merkmale wie Schriftart und -größe, Schriftschnitt oder -farbe aus. Damit lassen sich Zeichen in einem Absatz mit einer eigenen Schriftart gestalten, auch wenn dem Absatz selbst ein Absatzformat zugewiesen wurde. Eventuell bereits zugewiesene Absatzformate bleiben davon unberührt.

Bei automatischem Zeilenabstand kann ein versehentlich in einer abweichenden Schriftgröße formatiertes Zeichenformat den Zeilenabstand der Zeile verändern. Wenn dies nur Abweichungen von einem Punkt betrifft, kann es bei der Korrektur mitunter unbemerkt bleiben und erst im Druck auffallen.

1   Formatieren Sie Ihren Text entsprechend und markieren Sie die Textpassage, die als Grundlage für das neue Zeichenformat dienen soll.

2   Wählen Sie *Schrift* → *Zeichenformate*.

3   Im Bedienfeld *Zeichenformate* klicken Sie auf *Neues Format erstellen* . InDesign zeigt das neue Format unter dem Namen *Zeichenformat 1* im Bedienfeld.

4   Doppelklicken Sie auf das Format, um das Dialogfeld *Zeichenformatoptionen* zu öffnen.

Überprüfen Sie – wie bei den Absatzformaten beschrieben – die Formatierungsmerkmale und ändern Sie sie gegebenenfalls. Bestätigen Sie mit *OK*.

Rechts haben Sie gesehen, dass Sie einem Zeichenformat nicht unbedingt eine eigene Schriftart zuweisen müssen. Wenn das Zeichenformat mit keiner eigenen Schriftart versehen ist, bleibt die Schriftart des mit dem Zeichenformat formatierten Texts unverändert.

Etwas gefährlich ist diese Vorgehensweise schon: Wenn Sie nur einen Schriftschnitt auswählen, zum Beispiel Italic, und der Absatz, in dem sich der mit diesem Zeichenformat formatierte Text befindet, in einer Schrift formatiert ist, die keine Kursive kennt, erhalten Sie die Markierung für eine fehlende Schrift (siehe auch **Kapitel 2**). Denn im Gegensatz zu vielen semiprofessionellen Programmen generiert InDesign keine unechten Kursive und andere Pseudo-Schriftschnitte, die lediglich aus schräggestellten oder verdickten Buchstaben o.Ä. bestehen.

Ein Konflikt kann auftreten, wenn Sie einen bereits formatierten Text mit einem Format versehen möchten. Dann erzielen Sie durch das Zuweisen des Formats eventuell nicht das gewünschte Aussehen. In einem solchen Fall sehen Sie vor dem Namen des Formats im Bedienfeld ein Pluszeichen. Dasselbe passiert übrigens auch, wenn Sie die Gestaltung eines mit einem Format versehenen Textes nachträglich manuell verändern.

Walnusslikör

Zutaten ——————
für 2 Flaschen mit 1 l Inhalt

ʚ϶

8 grüne Walnüsse
7 Gewürznelken
1 Zimstange
½ l 70%iger Weingeist
400 g Zucker

Abbildung 5.16 Die gesamte Zutatenliste – einschließlich des Worts »Zutaten« – ist mit dem Absatzformat *Zutaten* formatiert. Das Zeichenformat hat keine eigene Schriftart erhalten, sondern lediglich den Schnitt *Bold*.

Walnusslikör

Zutaten
für 2 Flaschen mit 1 l Inhalt

ʚ϶

8 grüne Walnüsse
7 Gewürznelken
1 Zimstange
½ l 70%iger Weingeist
400 g Zucker

Abbildung 5.17 Nachdem die Schriftfarbe des Absatzformats geändert wurde, wird auch die des Worts »Zutaten« angepasst.

Abbildung 5.18 Nachdem Sie die gewünschten Zeichen ausgewählt haben, erstellen Sie das Format mit einem Klick auf die Schaltfläche *Neues Format erstellen.*

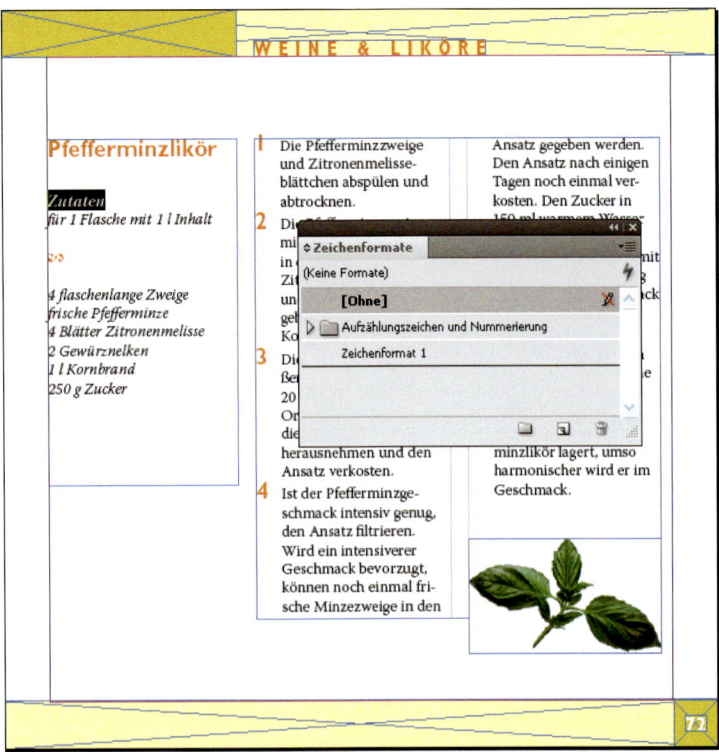

Abbildung 5.19 Im Dialogfeld *Neues Zeichenformat* bzw. *Zeichenformatoptionen* definieren Sie Ihr neues Format genauer.

Auch hier können Sie beim Klick auf die Schaltfläche *Neues Format erstellen* zusätzlich die Tastenkombination Alt + ⇧ gedrückt halten, um gleich das Dialogfeld *Zeichenformatoptionen* zu öffnen.

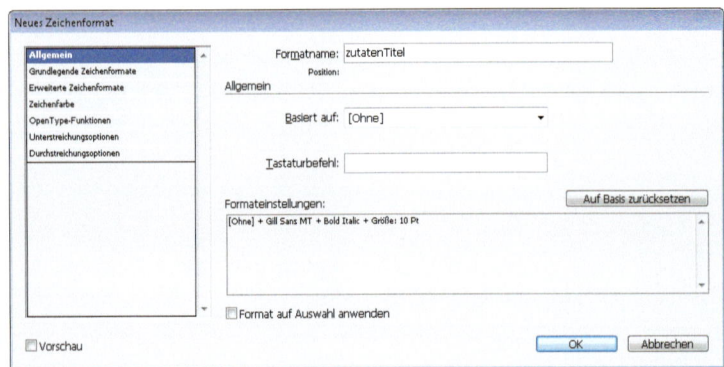

Um eine einwandfreie Zuweisung der Formatvorlage und die gleichzeitige Löschung sämtlicher vorheriger Formatierungen zu erzielen, halten Sie beim Anklicken der gewünschten Formatvorlage im Bedienfeld zusätzlich die Alt-Taste gedrückt. Die Zuweisung Ihrer Formate lässt sich übrigens im Textmodus (vgl. auch **Kapitel 2**) besonders gut überprüfen.

Ein Format schnell anwenden

Eine besonders benutzerfreundliche Funktion ist das Bedienfeld *Schnell anwenden*. Denn hier finden Sie alle Zeichen- und Absatzformate sowie Objektformate des aktuellen Dokuments in einer Liste vereint. Sie öffnen diese Liste mit dem Befehl *Bearbeiten → Schnell anwenden* (Tastenkombination `Strg`/`⌘` + `↵`) oder einem Klick auf das Blitz-Symbol ⚡ am rechten Rand des Steuerungsbedienfelds.

Geben Sie nun einfach die ersten Buchstaben des gewünschten Formats bzw. Stils ein, um in der Liste zu den entsprechenden Einträgen zu navigieren. Mit einem Klick wenden Sie das Format bzw. den Stil an. Im Bedienfeld *Schnell anwenden* sind nicht nur Formate und Objektformate, sondern auch Menübefehle abrufbar.

Ein Format beim Löschen durch ein anderes Format ersetzen

InDesign CS5 bietet eine sehr praktische Funktion, mit der Sie Absatz- und Zeichenformate beim Löschen ersetzen können. Markieren Sie das Format, das Sie entfernen möchten, und klicken Sie am unteren Rand auf die Schaltfläche *Ausgewählte Formate löschen*.

Falls dieses Format in Ihrem Dokument im Einsatz ist, haben Sie nun die Möglichkeit, das gelöschte Format durch ein anderes vorhandenes Format zu ersetzen. Die bisher mit dem gelöschten Format versehenen Texte erhalten ebenfalls das neue Format zugewiesen.

Formate zwischen Dokumenten austauschen

Formate erscheinen nur in den Formatbedienfeldern desjenigen Dokuments, in dem Sie sie erstellt haben. Fertige Formate, die Sie noch in weiteren Dokumenten benötigen, können Sie jedoch sehr schnell in jedes beliebige Dokument übertragen. Das funktioniert sowohl mit Zeichen- als auch mit Absatzformaten.

1 Öffnen Sie das Dokument, in das Sie die Stile eines bestehenden Dokuments importieren möchten.
2 Öffnen Sie das Bedienfeldmenü ▾≡ *Absatzformate* bzw. *Zeichenformate* und wählen Sie den Befehl *Absatzformate laden* bzw. *Zeichenformate laden*.
3 Wählen Sie das Dokument aus, das die gewünschten Formate enthält, und aktivieren Sie die Formate, die Sie in das Dokument importieren möchten. Klicken Sie auf *OK*.
4 Die Formate erscheinen im Bedienfeld Ihres aktuellen Dokuments und sind damit einsatzbereit.

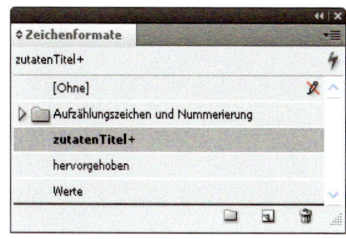

Abbildung 5.20 Dem ausgewählten Text sind offenbar außer dem Format *zutatenTitel* noch andere Formate zugewiesen, wie Sie an dem Pluszeichen erkennen.

Auf den ersten Blick erkennen Sie nicht, worin die Abweichungen bestehen. Sie können sich dies jedoch anzeigen lassen, indem Sie im Bedienfeld mit der Maus auf das Format zeigen.

Fast genauso häufig kommt folgender Fall vor. Sie haben beispielsweise eine Serie von Dokumenten angefertigt, die alle mit denselben Formaten gestaltet sind. Als Grundtext haben Sie *Times* verwendet. Nun möchten Sie aber für alle Dokumente *Warnock Pro* statt *Times* verwenden. Auch hier lässt sich die Formatersetzung sinnvoll verwenden:

1 Öffnen Sie eines der Dokumente.
2 Doppelklicken Sie im entsprechenden Formatbedienfeld auf das Format, das Sie ändern möchten.
3 Wählen Sie die neuen Formatierungseinstellungen aus und bestätigen Sie mit *OK*. Speichern Sie das Dokument.
4 Öffnen Sie eines der anderen Dokumente und wählen Sie aus dem Bedienfeldmenü ▼≡ des entsprechenden Formatbedienfelds den Befehl *Absatzformate laden* bzw. *Zeichenformate laden*.

Abbildung 5.21 Lösen Sie den Konflikt durch Auswahl des Eintrags *Autom. umbenennen.*

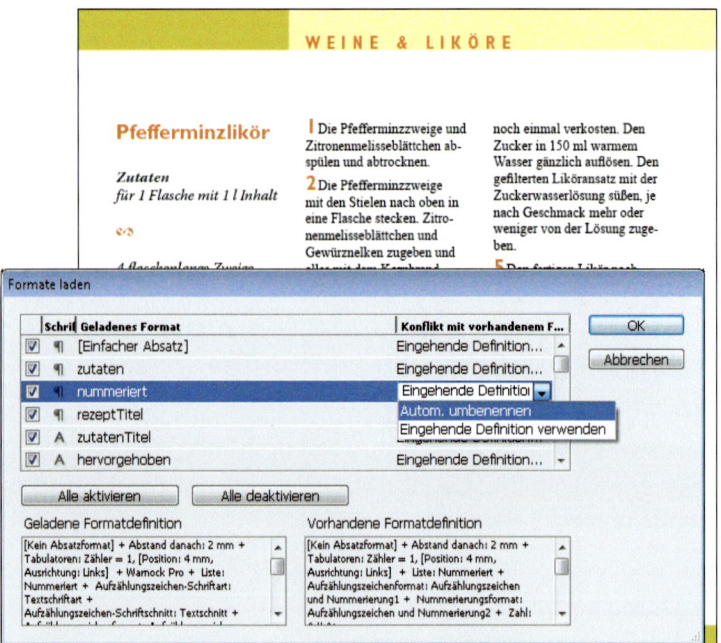

5 Im folgenden Dialogfeld aktivieren Sie die Formatvorlage, die Sie importieren möchten. In der Spalte *Konflikte mit vorhandenen Formaten* weist InDesign Sie darauf hin, dass im Zieldokument bereits ein Format mit diesem Namen, aber anderen Formatierungseinstellungen besteht.
6 Mit dem Standardeintrag *Eingehende Definition verwenden* würde der Import des aktualisierten Formats fehlschlagen. InDesign

würde weiterhin die Formatdefinition des Zieldokuments verwenden. Wählen Sie deshalb den Eintrag *Autom. umbenennen*.

7 Sie erhalten im Formatbedienfeld daraufhin ein Duplikat des Formats mit dem Namen *[Formatname] Kopie*. Diese Kopie entspricht den im Quelldokument angelegten Formatdefinitionen. Verwenden Sie diese Kopie entweder direkt zur Neuformatierung oder löschen Sie das bestehende Format und ersetzen Sie es dabei durch die Kopie.

Auch beim Import von Formaten aus Textverarbeitungsprogrammen wie Microsoft Word stehen Ihnen die beschriebenen Möglichkeiten zur Behebung von Konflikten zwischen im InDesign-Dokument vorhandenen und im importierten Word-Dokument vorhandenen Formaten zur Verfügung.

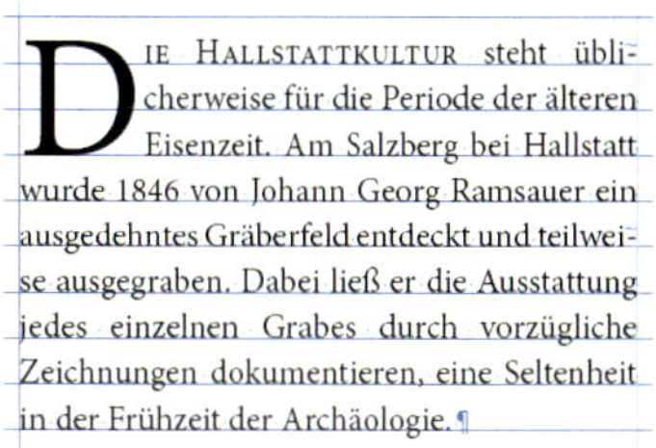

Abbildung 5.22 Formatieren Sie sich einen Probeabsatz. Wenn Sie unserem Beispiel folgen möchten, mit einer Initiale und den ersten zwei Wörtern in Kapitälchen.

Verschachtelte Formate

Unter »verschachtelten Formaten« versteht InDesign Formate, die beispielsweise die ersten Wörter eines Absatzes in einer anderen Schriftart formatieren als den Rest dieses Absatzes.

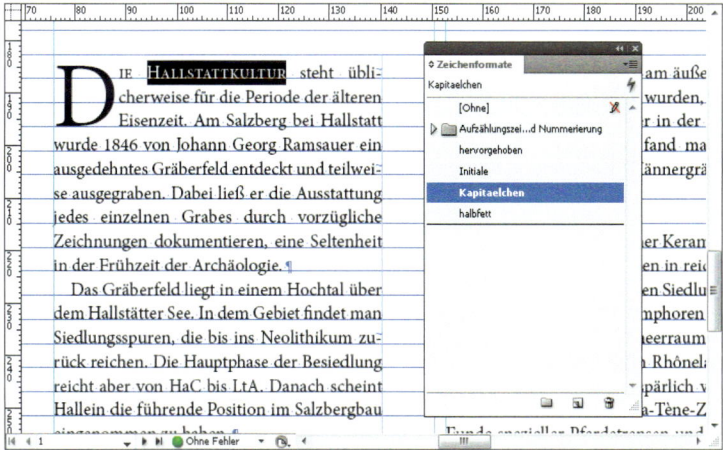

Abbildung 5.23 Erstellen Sie ein Format für den Initialbuchstaben und eines für die in Kapitälchen formatierten Zeichen am Beginn des Absatzes.

Am einfachsten ist es, wenn Sie zunächst einen Absatz als Vorlage formatieren. In unserem Beispiel erstellen wir einen Absatz mit einer Initiale, in dem überdies die ersten beiden Wörter in Kapitälchen formatiert sind. Diese Formatierung – Initiale und die ersten beiden Wörter in Kapitälchen – soll anschließend so in Formate gespeichert werden, dass sie mit einem Klick auf beliebige Absätze übertragen werden kann.

Eine Initiale erhalten Sie, wenn Sie in den entsprechenden Absatz klicken und anschließend im *Absatz*-Modus des Steuerungsbedienfelds in das Feld *Initialhöhe* ‡A einen entsprechenden Wert eingeben. Ist die Initiale optisch zu weit vom linken Rand entfernt, öffnen Sie das Bedienfeldmenü des Steuerungsbedienfelds und wählen Sie *Initialen und verschachtelte Formate*.

Ist die Initiale optisch zu weit vom linken Rand entfernt, aktivieren Sie das Kontrollkästchen *Linke Kante ausrichten*. Die Initiale erhält dann den Abstand zur linken Textrahmenkante, den auch ein normaler Buchstabe erhalten würde.

Ragt die Initiale in die darunterstehende Zeile, aktivieren Sie das Kontrollkästchen *Skalierung für Unterlängen*. Die Initiale wird so verkleinert, dass sich ein optisch einwandfreies Bild ergibt.

Nachdem Sie den Absatz formatiert haben, wählen Sie den Initialbuchstaben aus und rufen im Bedienfeldmenü ▾☰ des Bedienfelds *Zeichenformate* den Befehl *Neues Zeichenformat* auf. Geben Sie dem neuen Format einen passenden Namen – im Beispiel *Initiale* – und bestätigen Sie mit *OK*.

Wählen Sie eines der drei in Kapitälchen gesetzten Wörter aus und erstellen Sie daraus auf die gleiche Weise ein weiteres Zeichenformat. Nach diesen Vorbereitungen erstellen Sie das verschachtelte Format.

1 Klicken Sie in den Absatz und wählen Sie aus dem Bedienfeldmenü ▾☰ des Bedienfelds *Absatzformate* den Befehl *Neues Absatzformat*.

2 Geben Sie dem neuen Format einen passenden Namen. Im Beispiel heißt es *Textkoerper*.

3 Im Bedienfeld *Absatzformatoptionen* aktivieren Sie die Kategorie *Initialen und verschachtelte Formate*.

4 Legen Sie im Feld *Zeilen* fest, wie viele Zeilen die Initiale hoch sein soll. Daneben wählen Sie das vorhin definierte Zeichenformat *Initiale* aus.

5 Klicken Sie anschließend auf die Schaltfläche *Neues verschachteltes Format*. Öffnen Sie das Pop-up-Menü *[Ohne]*, um das zugehörige Pop-up-Menü darzustellen. Aus diesem wählen Sie das Zeichenformat, das Sie für die Formatierung der ersten drei Wörter in Kapitälchen erstellt haben.

6 Aus dem nächsten Pop-up-Menü wählen Sie *bis* und rechts daneben geben Sie *2 Wörter* ein, da die ersten zwei Wörter des Absatzes in Kapitälchen formatiert werden sollen. Bestätigen Sie mit *OK*.

Probieren Sie es aus: Stellen Sie die Einfügemarke in einen nicht formatierten Absatz und weisen Sie ihm Ihr neues Absatzformat zu. InDesign weist nicht nur die Formatierung dieses Formats zu, sondern auch die darin verschachtelte Initiale und die beiden Wörter in Kapitälchen.

Verschachtelte Zeilenformate

Mit verschachtelten Zeilenformaten legen Sie fest, auf wie viele Zeilen eines Absatzes ein bestimmtes Zeichenformat angewandt werden soll.

Im Beispiel soll die erste Zeile jedes Absatzes automatisch in Verdana, fett formatiert werden. Diese erste Zeile enthält die Objektbezeichnung und ist in diesem Fall durch einen Zeilenumbruch (Strg / ⌘ + ↵) vom Rest des Absatzes mit der Objektbeschreibung getrennt.

Kleineres Geschäftshaus in bester Lage
Bei diesem Objekt handelt es sich um ein modernes, dreigeschossiges Büro- und Geschäftshaus mit repräsentativer Glasfassade, Personenaufzug und hauseigener Tiefgarage. In unmittelbarer Nähe befinden sich das Notariat, Grundbuchamt, Copy-Shop, Cafeteria, Polizei, Bahnhof und vieles andere. Die Autobahn ist in zirka fünf Minuten zu erreichen.¶

Gewerbegebäude mit 16.000 m²
Dieses Objekt befindet sich in guter und zentraler Lage, die eine schnelle An- und Abfahrt für alle PKW und LKW gewährleistet. Das Grundstück umfasst zirka 16.000 m². Davon sind 10.000 m² asphaltierte Hoffläche. Eine moderne Raumausstattung und flexible Aufteilung ist vorhanden. Das Grundstück ist nicht komplett baulich ausgenutzt, so daß zusätzliche Büro-, Lager- oder Serviceflächen errichtet werden können. Der Gesamtgebäudekomplex ist komplett umfahrbar, jede Halle verfügt über zwei große Torzufahrten ohne Rampen. Das angebotene Objekt verfügt über eine eigene Abwasserneutralisation, das Brauchwasser wird aus der öffentlichen Wasserversorgung bzw. aus eigenen Quellen entnommen.¶

1 Weisen Sie den Absätzen das gewünschte Absatzformat zu.

2 Erzeugen Sie ein Zeichenformat mit den Formatierungseigenschaften für die erste Zeile. Im Beispiel erhält es den Namen *Objektbeschreibung.*

3 Doppelklicken Sie im Bedienfeld *Absatzformate* auf das den Absätzen zugewiesene Absatzformat.

4 In der Kategorie *Initialen und verschachtelte Formate* klicken Sie auf *Neues Zeilenformat.* Aus dem Pop-up-Menü *Ohne* wählen Sie das zuvor angelegte Zeichenformat aus.

5 In das Feld für die Zeilenanzahl geben Sie den gewünschten Wert ein, im Beispiel *1.* Klicken Sie auf *OK.*

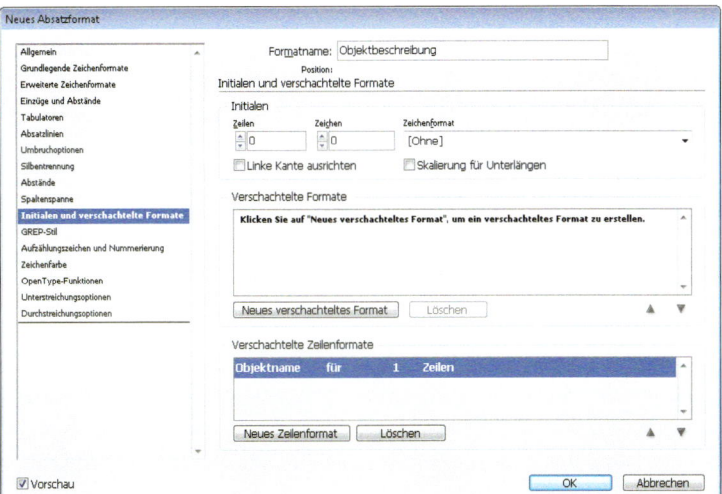

Abbildung 5.24 Dieses verschachtelte Zeilenformat weist der ersten Zeile der entsprechenden Absätze das Zeichenformat *Objektbeschreibung* zu.

Kleineres Geschäftshaus in bester Lage
Bei diesem Objekt handelt es sich um ein modernes, dreigeschossiges Büro- und Geschäftshaus mit repräsentativer Glasfassade, Personenaufzug und hauseigener Tiefgarage. In unmittelbarer Nähe befinden sich das Notariat, Grundbuchamt, Copy-Shop, Cafeteria, Polizei, Bahnhof und vieles andere. Die Autobahn ist in zirka fünf Minuten zu erreichen.

Gewerbegebäude mit 16.000 m²
Dieses Objekt befindet sich in guter und zentraler Lage, die eine schnelle An- und Abfahrt für alle PKW und LKW gewährleistet. Das Grundstück umfasst zirka 16.000 m². Davon sind 10.000 m² asphaltierte Hoffläche. Eine moderne Raumausstattung und flexible Aufteilung ist vorhanden. Das Grundstück ist nicht komplett baulich ausgenutzt, so daß zusätzliche Büro-, Lager- oder Serviceflächen errichtet werden können. Der Gesamtgebäudekomplex ist komplett umfahrbar, jede Halle verfügt über zwei große Torzufahrten ohne Rampen. Das angebotene Objekt verfügt über eine eigene Abwasserneutralisation, das Brauchwasser wird aus der öffentlichen Wasserversorgung bzw. aus eigenen Quellen entnommen.

Abbildung 5.25 Das Absatzformat mit dem Zeilenformat wurde zugewiesen.

Ein Schritt weiter – verschachtelte Formatschleifen

Ein absolutes High-End-Feature ist die Möglichkeit, verschachtelte Formate in einer Schleife zu wiederholen.

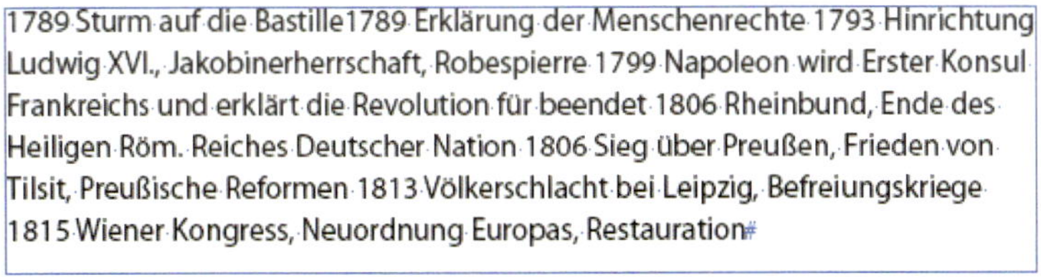

1789 Sturm auf die Bastille 1789 Erklärung der Menschenrechte 1793 Hinrichtung Ludwig XVI., Jakobinerherrschaft, Robespierre 1799 Napoleon wird Erster Konsul Frankreichs und erklärt die Revolution für beendet 1806 Rheinbund, Ende des Heiligen Röm. Reiches Deutscher Nation 1806 Sieg über Preußen, Frieden von Tilsit, Preußische Reformen 1813 Völkerschlacht bei Leipzig, Befreiungskriege 1815 Wiener Kongress, Neuordnung Europas, Restauration

Abbildung 5.26 Alle Zahlen sollen automatisch rot und fett formatiert werden.

Im Beispiel verwenden wir als Wechselzeichen Ziffern und Buchstaben. Weiterhin sind auch Zeichen wie Tabstopps, im Text eingebundene Grafiken und Geviertzeichen verfügbar. Alternativ geben Sie Ihr eigenes Wechselzeichen direkt in das Feld ein.

1   Erzeugen Sie zunächst ein Zeichenformat mit den Formatierungseigenschaften für die Zahlen. Im Beispiel erhält es den Namen *Zahlen*.

2   Anschließend erzeugen Sie ein neues Absatzformat, in dem Sie das verschachtelte Format anlegen.

3   In der Kategorie *Initialen und verschachtelte Formate* des Dialogfelds *Absatzformatoptionen* klicken Sie auf die Schaltfläche *Neues verschachteltes Format*. In diesem ersten verschachtelten Format legen Sie fest, wie der Text zwischen zwei Zahlen formatiert werden soll. Im ersten Pop-up-Menü lassen Sie *[Ohne]* stehen, weil dieser Text kein Zeichenformat erhalten soll. Aus dem nächsten Pop-up-Menü wählen Sie *bis*, geben in das nächste Feld *1* ein und wählen aus dem letzten Pop-up-Menü das entsprechende Wechselzeichen *Ziffern*. Damit definieren Sie, dass die Formatierung *[Ohne]* bis zur nächsten Ziffer beibehalten werden soll.

4   Klicken Sie erneut auf die Schaltfläche *Neues verschachteltes Format*. Legen Sie hier fest, wie die Zahlen formatiert werden sollen. Wählen Sie aus dem ersten Pop-up-Menü das vorhin definierte Zeichenformat *Zahlen*, dann wieder *bis, 1* und schließlich wählen Sie als Wechselzeichen *Buchstaben*. Im Klartext wird der Text ab der ersten Ziffer bis zum nächsten Buchstaben mit dem Zeichenformat *Zahlen* formatiert.

5   Bis hierhin gleicht die Vorgehensweise dem im vorigen Abschnitt geschilderten Verfahren. Nun kommt die neue, leistungsfähige Funktion ins Spiel. Legen Sie ein drittes verschachteltes Format an und wählen Sie aus dem ersten Pop-up-Menü den Eintrag *[Wiederholen]*. Damit richten Sie die Schleife ein. Geben Sie in der dritten Spalte an, wie viele Formate wiederholt werden sollen, im Beispiel *2*.

In Katalogen, Zeitschriften oder anderen Druckwerken, in denen sich ein Formatierungsschema standardisieren lässt, sind verschachtelte Formate ein ungemein wertvolles Hilfsmittel.

Das einzige Manko ist, dass Sie auch in InDesign CS5 den automatischen Wechsel nur zwischen Zeichenformaten und Zeilenformaten vollziehen können. Hier schafft das Plug-in SmartStyles von Woodwing Abhilfe. Mit diesem sind auch automatische Wechsel zwischen Absatzformaten, Rahmen- und Tabellenattributen möglich.

Abbildung 5.27 Dank der verschachtelten Formate hat sich der Absatz quasi selbst formatiert.

1789 Sturm auf die Bastille **1789** Erklärung der Menschenrechte **1793** Hinrichtung Ludwig XVI., Jakobinerherrschaft, Robespierre **1799** Napoleon wird Erster Konsul Frankreichs und erklärt die Revolution für beendet **1806** Rheinbund, Ende des Heiligen Röm. Reiches Deutscher Nation **1806** Sieg über Preußen, Frieden von Tilsit, Preußische Reformen **1813** Völkerschlacht bei Leipzig, Befreiungskriege **1815** Wiener Kongress, Neuordnung Europas, Restauration#

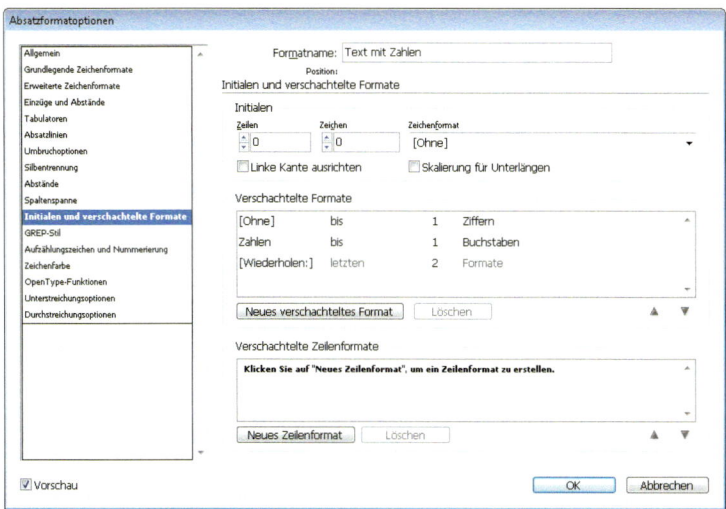

Abbildung 5.28 So legen Sie die verschachtelten Formate für das Beispiel an.

Die verschachtelten Formate werden nun automatisch bis zum Ende des Absatzes wiederholt.

Überschriften und Bildbeschriftungen nummerieren

Die Absatzformate sind auch der Schlüssel zur Möglichkeit, Überschriften, Bildbeschriftungen, Tabellenbeschriftungen und andere Elemente automatisch durchzunummerieren.

Diese Funktion kann Ihnen gegebenenfalls viele Stunden Arbeit ersparen, besonders, wenn nachträglich Überschriften gelöscht bzw. eingefügt werden müssen. Im Beispiel sollen sowohl die Überschriften als auch die Bildbeschriftungen eines Buchkapitels automatisch durchnummeriert werden.

1 Wählen Sie *Layout → Nummerierungs- und Abschnittsoptionen*. Falls es sich um das erste Kapitel des Buchs handelt, achten Sie darauf, dass das Optionsfeld *Kapitelnummerierung beginnen bei* aktiviert ist und geben Sie *1* ein.

2 Wiederholen Sie diesen Vorgang für die übrigen Kapitel des Buchs.

3 Aktivieren Sie dann wieder das erste Dokument (**Kapitel 1**) und wählen Sie *Schrift → Aufzählungs- und nummerierte Listen → Listen definieren*. Klicken Sie auf *Neu*. Geben Sie einen Namen für die Liste zur Überschriftenformatierung ein – im Beispiel *Überschriften*. Achten Sie auf die aktivierten Kontrollkästchen *Nummerierung über Textabschnitte hinweg fortführen* sowie *Nummerierung von vorherigem Dokument im Buch fortführen*. Das erste Kontrollkästchen sorgt dafür, dass die Nummerierung auch fortgeführt

Wenn Sie, wie es sich für Bücher empfiehlt, mit der Buchfunktion arbeiten, öffnen Sie das Dialogfeld bei geöffnetem Buchbedienfeld. Sie haben dann Zugriff auf das Optionsfeld *Ab vorherigem Dokument im Buch fortführen*, das Sie ab dem zweiten Kapiteldokument aktivieren können, statt die Kapitelnummer manuell einzugeben.

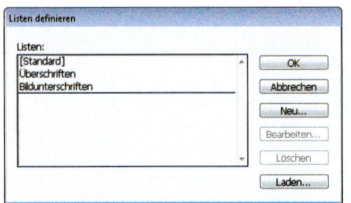

Abbildung 5.29 Definieren Sie für jedes Element, das Sie nummerieren möchten, eine Liste.

wird, wenn sich die Elemente in nicht miteinander verketteten Textrahmen befinden. Klicken Sie auf *OK*.

4 Auf die gleiche Weise definieren Sie nun eine Liste für die Bildbeschriftungen. Geben Sie ihr den Namen *Bildunterschriften*.

5 Sie haben nun zwei Listen definiert, die unabhängig voneinander nummeriert werden können. Klicken Sie auf *OK*.

6 Öffnen Sie das Bedienfeld *Absatzformate* und doppelklicken Sie auf das Absatzformat für die Überschriftenebene 1.

7 Zeigen Sie die Kategorie *Aufzählungszeichen und Nummerierung* an. Als *Listentyp* wählen Sie *Zahlen*.

8 Darunter wählen Sie die zuvor definierte Liste *Überschriften* aus und vergewissern sich, dass rechts daneben die *Ebene 1* angegeben ist.

9 Im Feld *Zahl* definieren Sie das Erscheinungsbild der Nummer. Klicken Sie auf den Pfeil rechts vom Pop-up-Menü und wählen Sie *Zahlenplatzhalter einfügen* → *Kapitelnummer*. (Sie könnten die so erzeugten Sonderzeichen übrigens auch von Hand eintippen.)

10 Anschließend wählen Sie über den Pfeil neben dem Pop-up-Menü *Sonderzeichen* → *Tabstopp*, damit die Kapitelnummer ordnungsgemäß von der Überschrift abgesetzt ist.

11 Falls Sie für die Zahlen zuvor ein bestimmtes Zeichenformat erzeugt haben, können Sie dieses nun über das Pop-up-Menü *Zeichenformat* auswählen. Mit dieser Funktion haben Sie etwa die Möglichkeit, die Zahl farbig und/oder in einer anderen Schriftart als den Rest der Überschrift zu gestalten.

12 In der Gruppe *Position von Aufzählungszeichen/Nummerierung* geben Sie die Werte für den hängenden Einzug, also für den Abstand von der Überschrift zur Kapitelnummer an.

13 Klicken Sie auf *OK*. Die Hauptüberschrift des Kapitels ist damit korrekt formatiert.

14 Doppelklicken Sie im Bedienfeld *Absatzformate* auf das Format für die nächste Überschriftenebene.

15 Auch hier wählen Sie den Listentyp *Zahlen* sowie die vorhin definierte Liste *Überschriften*. Als *Ebene* geben Sie dieses Mal *2* ein.

16 Wieder definieren Sie im Feld *Anzahl* das Erscheinungsbild der Nummer. Für die Überschrift der Ebene 2 geben Sie ^H.^#^t ein:

▶ ^H. ist die Kapitelnummer, gefolgt von einem Punkt,

▶ ^# ist die Nummer der aktuellen Ebene und

▶ ^t ist das darauffolgende Tabulatorzeichen.

17 Legen Sie gegebenenfalls den Einzug fest und klicken Sie auf *OK*.

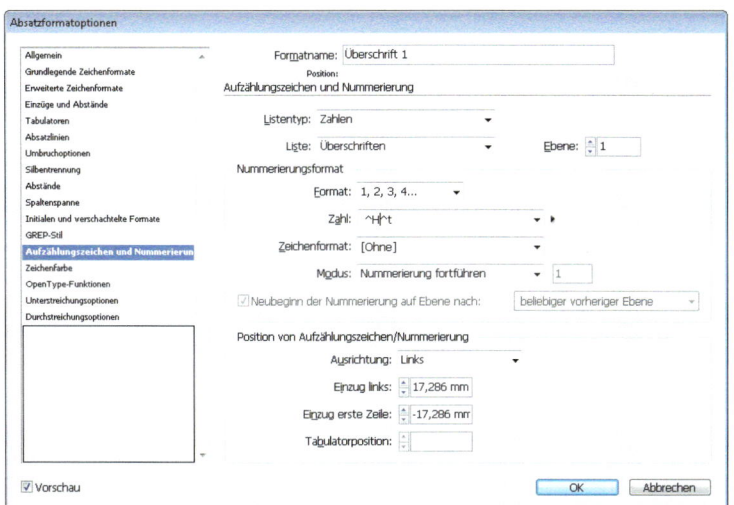

Abbildung 5.30 So definieren Sie das Format für die Kapitelnummer.

Abbildung 5.31 Die Haupt-überschrift des Kapitels ist korrekt formatiert.

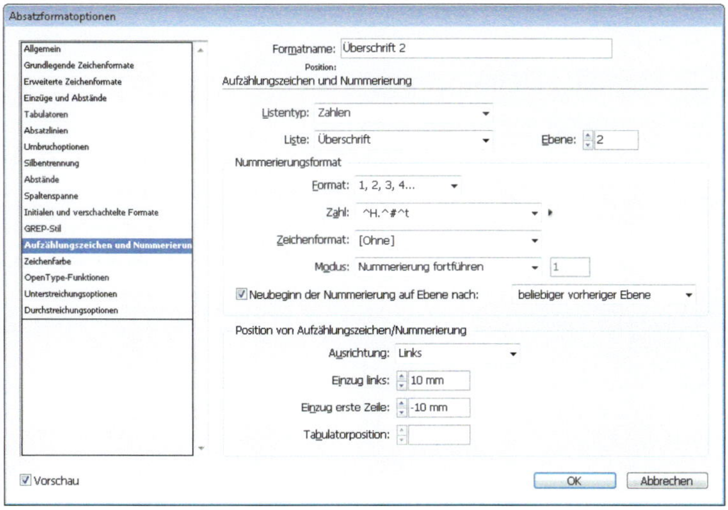

Abbildung 5.32 Auch die Über-schriftenebene 2 ist nun korrekt nummeriert.

Abbildung 5.33 Die Überschrift der Ebene 2 ist ebenfalls fertig formatiert.

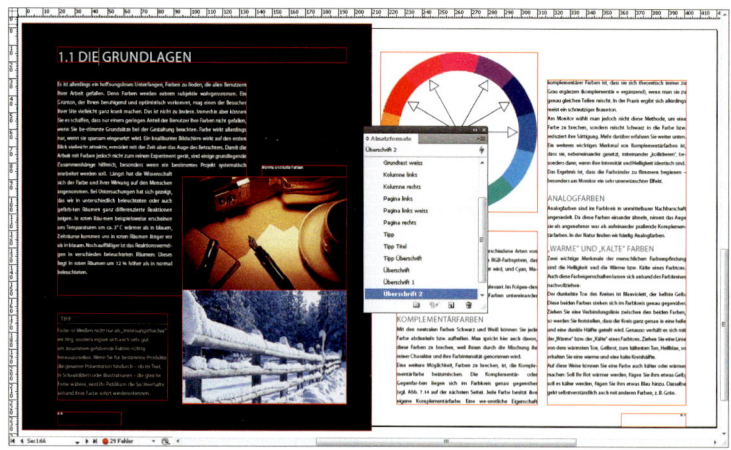

Nach diesem Schema formatieren Sie alle Überschriftenebenen. Die Überschriftenebene 3 würde beispielsweise folgendermaßen aussehen:

Abbildung 5.34 Die Formatierung der Überschriftenebene 3.

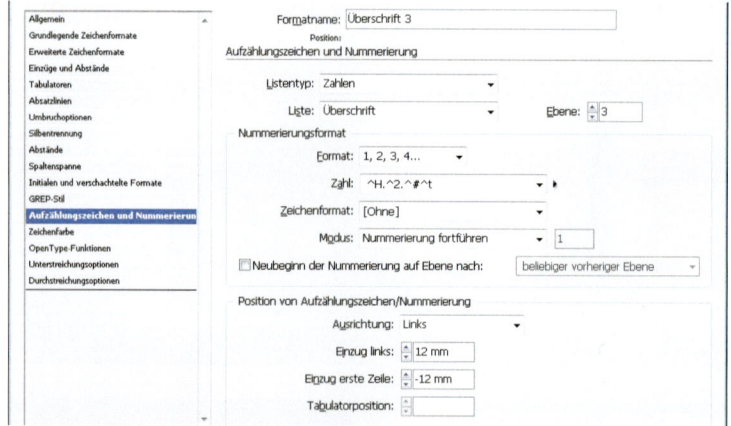

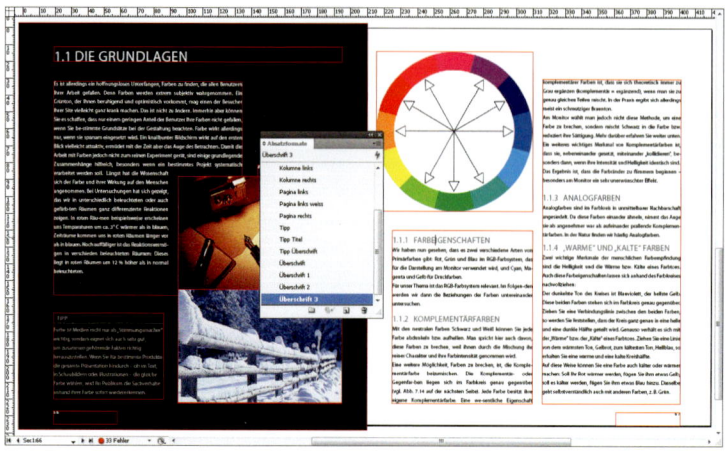

Nun zur automatischen Nummerierung der Bildbeschriftungen.

1 Doppelklicken Sie im Bedienfeld *Absatzformate* auf das Format, das Sie zur Formatierung der Bildbeschriftungen verwendet haben.

2 In der Kategorie *Aufzählungszeichen und Nummerierung* wählen Sie als Listentyp *Zahlen* und anschließend die zuvor für die Bildbeschriftungen angelegte Liste aus. In das Feld *Zahl* geben Sie Folgendes ein:

Abbildung ^H.^#^>

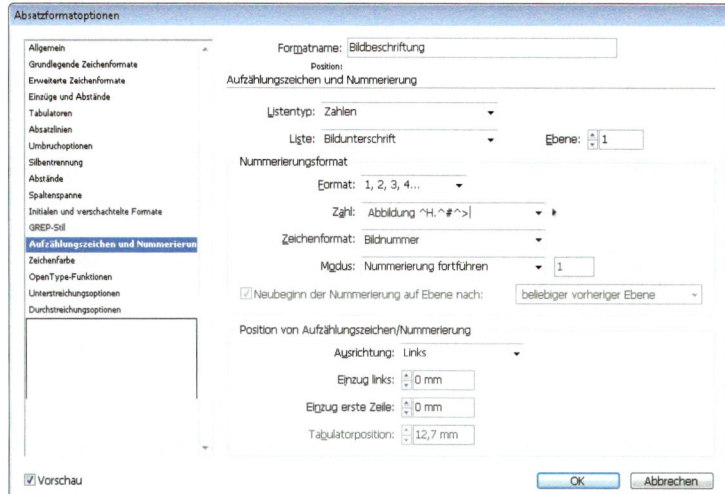

Abbildung 5.35 Anlegen des Formats für die Bildbeschriftungen.

Das bedeutet: Zuerst fügt InDesign das Wort »Abbildung« ein, gefolgt von der Kapitelnummer mit darauffolgendem Punkt (^H.), dann die Ebenennummer (^#) und schließlich ein Halbgeviert (^>). Diese Zeile können Sie entweder über den Pfeil ▶ zusammenklicken oder direkt eingeben.

5.3 Marginalien zeitsparend mit Objektformaten setzen

Gerade haben Sie gesehen, wie Sie mit Absatzformaten arbeiten. **Kapitel 4** hat Sie über die Verwendung von Objektformaten informiert. Mit einer Kombination beider Methoden gestalten Sie schnell und rationell Marginalien, wie sie nicht nur in Fach- und Sachbüchern, sondern auch in Katalogen und Zeitschriften häufig verwendet werden.

Objektverankerung

Der Schlüssel dazu ist die Objektverankerung. Ein verankertes Objekt ist fest mit der Stelle verbunden, an der sich der zugehörige »Anker« befindet. Mit Verankerungen fügen Sie beispielsweise Grafiken direkt in den Text ein. Das Besondere daran: Die verankerten Objekte werden (je nach Einstellung) mit »ihrer« Textstelle nach unten bzw. auf die nächste Seite bzw. in den nächsten Rahmen verschoben, wenn Sie vor dieser Textstelle etwas einfügen. Wenn Sie den Textrahmen, in dem sie verankert sind, drehen oder neigen, wird diese Transformation standardmäßig auch dem verankerten Objekt zugewiesen.

Abbildung 5.36 Die blauen Headlines und die zugehörigen Fotos wurden direkt in die beiden verbundenen Textrahmen eingefügt. Neben jeder Headline soll eine Bildbeschreibung gezeigt werden.

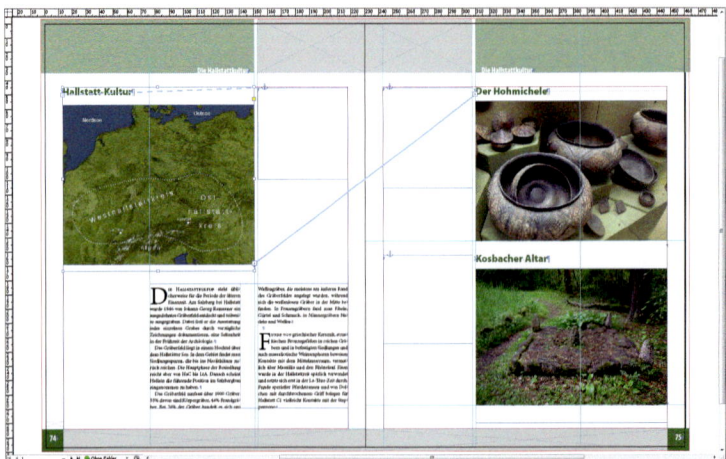

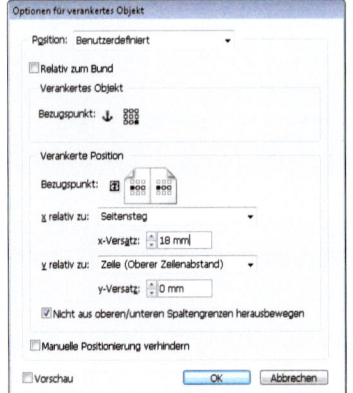

Abbildung 5.37 Im Dialogfeld *Optionen für verankertes Objekt* bestimmen Sie, wo das Objekt positioniert werden soll.

1 Erzeugen Sie zunächst einen Rahmen mit der Breite der Marginalie und geben Sie in diesen den gewünschten Text ein. Formatieren Sie den Text und speichern Sie die Formatierung in einem Absatzformat.

2 Wählen Sie den Rahmen mit dem Auswahlwerkzeug aus und schneiden Sie ihn mit `Strg`/`⌘` + `X` aus.

3 Klicken Sie im Haupttextrahmen an den Anfang des Absatzes, neben dem die Marginalie ausgerichtet werden soll. Betätigen Sie die Tastenkombination `Strg`/`⌘` + `V`, um den Marginaltextrahmen einzufügen.

4 Klicken Sie das in den Text eingefügte Objekt mit dem Auswahlwerkzeug an und wählen Sie *Objekt → Verankertes Objekt → Optionen* (der Befehl *Verankertes Objekt* ist auch im Kontextmenü des Rahmens verfügbar).

5 Im folgenden Dialogfeld aktivieren Sie das Kontrollkästchen *Vorschau* und wählen als *Position Benutzerdefiniert*.

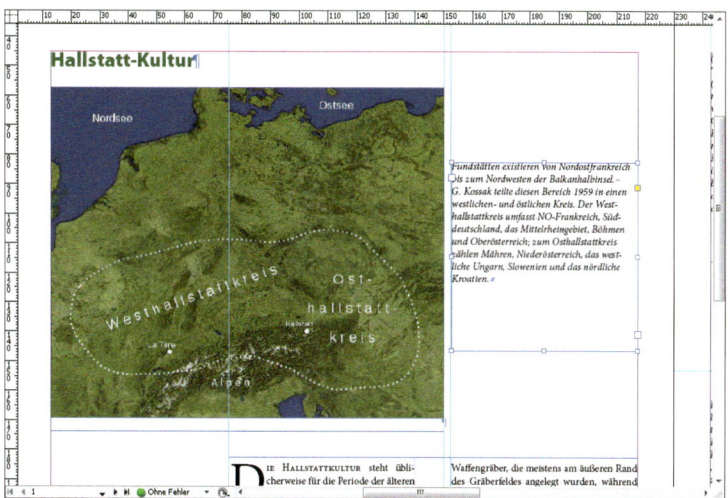

Abbildung 5.38 Erzeugen Sie zuerst einen Textrahmen in der gewünschten Breite. Seine genaue Platzierung ist momentan gleichgültig.

Eingebunden im Pop-up-Menü *Position* bedeutet, dass das Objekt an der Grundlinie der Textzeile, in die es eingefügt wird, ausgerichtet wird. Es steht mit dem Text in der Zeile. *Über Zeile* bedeutet, dass das Objekt über der Textzeile, in die es eingefügt wird, ausgerichtet wird. Diese beiden Optionen verwenden Sie etwa für Abbildungen innerhalb der Textspalte. Haben Sie das Optionsfeld *Eingebunden* aktiviert, damit das Objekt mit dem Text auf der Grundlinie steht, ändern Sie bei Bedarf den *Y-Versatz* – mit anderen Worten, wie weit es über bzw. unter der Grundlinie stehen soll. Statt über das Dialogfeld lässt sich das eingebundene Objekt auch mit der Maus nach oben oder unten schieben.

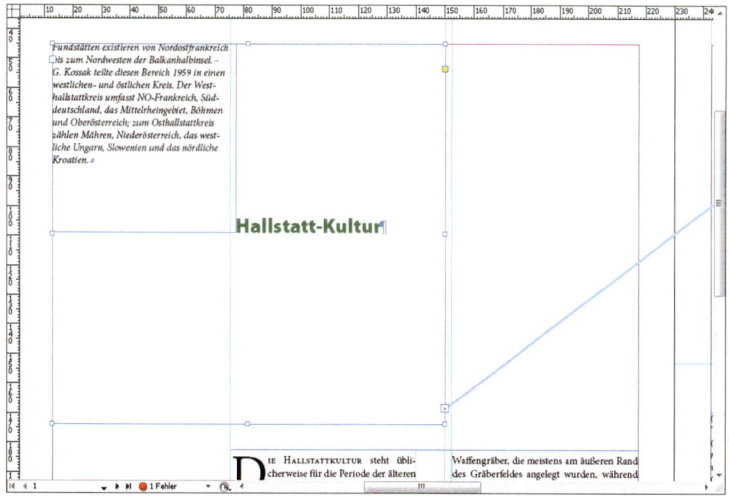

Abbildung 5.39 Der ausgeschnittene Rahmen wurde in den Textfluss eingefügt.

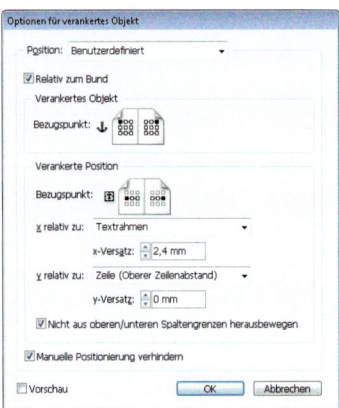

Abbildung 5.40 Die benutzerdefinierte Positionierung verwenden Sie vor allem für Objekte in der Marginalspalte von Büchern.

6 Zurück zu *Benutzerdefiniert*. Aktivieren Sie das Kontrollkästchen *Relativ zum Bund*, damit das verankerte Objekt bei einem spiegelbildlich angeordneten Satzspiegel immer korrekt in der Marginalspalte positioniert bleibt, auch wenn es sich durch Einfügen oder Löschen von Text auf die nächste oder vorherige Seite verschiebt.

7 In der Positionsdarstellung *Verankertes Objekt – Bezugspunkt* legen Sie mit einem Klick fest, wo der Referenzpunkt des verankerten Objekts liegen soll. Dieser wird als schwarzes Quadrat dargestellt. An diesem Referenzpunkt richtet InDesign das Objekt aus. In dem Schaubild *Verankerte Position – Bezugspunkt* wählen Sie hingegen, wie das Objekt an dem im nächsten Schritt ausgewählten Seitenelement ausgerichtet werden soll. In unserem Beispiel klicken wir auf das innere Quadrat, weil sich die Randspalte in unserem Layout innen befindet.

8 Aus dem Pop-up-Menü *x relativ zu* wählen Sie das Element, an dem das verankerte Objekt horizontal ausgewählt werden soll. Im Fall einer Marginalie wählen Sie *Textrahmen*.

9 Analog dazu wählen Sie aus dem Pop-up-Menü *y relativ zu* das Seitenelement, an dem das Objekt in der Vertikalen ausgerichtet werden soll. Hier wählen Sie *Zeile (Großbuchstabenhöhe)*, damit die Oberkante der Marginalie mit der Oberkante des Textes in der Hauptspalte abschließt.

Mit den y-Einträgen *Relativ zu Seitensteg, Textrahmen, Spaltenrand* und *Seitenkante* erzeugen Sie ein verankertes Objekt, das seine Position behält, solange sich der zugehörige Text auf derselben Seite bzw. in derselben Spalte oder in demselben Textrahmen befindet. Erst wenn dieser Text in die nächste Seite, die nächste Spalte oder den nächsten Textrahmen umbrochen wird, positioniert sich das verankerte Objekt ebenfalls dort. Wählen Sie einen der Zeileneinträge, wandert das Objekt mit der zugehörigen Textzeile mit.

▶ In das Feld *X-Versatz* geben Sie den Wert des Zwischenraums zwischen Haupt- und Marginalspalte ein.

▶ Damit Ihr Satzspiegel nicht nach oben oder unten überschritten wird, aktivieren Sie das Kontrollkästchen *Nicht aus oberen/unteren Spaltengrenzen herausbewegen*. Und damit die Position der Marginalie nicht versehentlich geändert werden kann, aktivieren Sie auch noch das Kontrollkästchen *Manuelle Positionierung verhindern*.

Klicken Sie nun auf *OK*. Die erste Marginalie ist damit korrekt positioniert.

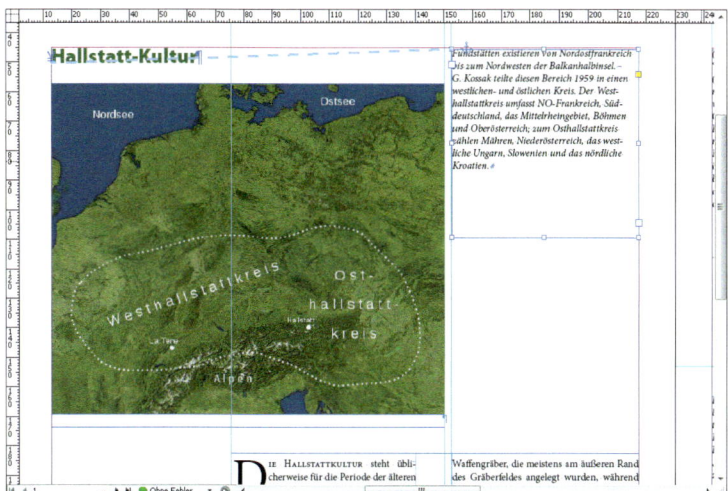

Abbildung 5.41 Die erste Marginalie wurde positioniert.

Damit Sie die Verankerungsstellen leichter identifizieren können, zeigen Sie den Anker mit dem Befehl *Schrift* → *Verborgene Zeichen einblenden* (Strg/⌘ + Alt + I) an. Zusätzlich können Sie das Objekt mit der Verankerungsstelle visuell verbinden, indem Sie das Objekt anklicken und anschließend *Ansicht* → *Extras* → *Textverkettungen einblenden* wählen.

Wenn Sie das verankerte Objekt mit dem Auswahlwerkzeug anklicken, dann beispielsweise ausschneiden und an anderer Stelle einfügen, gehen seine Verankerungseigenschaften verloren.

Ein verankertes Objekt lässt sich nachträglich wieder aus dem Textfluss herausnehmen. Wählen Sie einfach den Befehl *Objekt* → *Verankertes Objekt* → *Lösen*. Es ist nun unabhängig von dem Text, in dem es verankert ist, und wird nicht mehr mit diesem verschoben.

Die Verankerung in einem Objektformat speichern

Zeigen Sie nun das Bedienfeld *Objektformate* an (Strg/⌘ + F7). Markieren Sie den verankerten Textrahmen mit dem Auswahlwerkzeug und klicken Sie am unteren Rand des Bedienfelds auf das Symbol *Neues Objektformat erstellen*. Öffnen Sie das Objektformat mit einem Doppelklick und geben Sie im Dialogfeld *Objektformatoptionen* einen passenden Namen ein. Klicken Sie auf *OK*.

Um weitere Marginalien zu erzeugen, geben Sie den entsprechenden Text in einen neuen Rahmen ein. Fügen Sie diesen wie eingangs beschrieben am Anfang des Bezugsabsatzes ein und klicken im Bedienfeld *Objekstile* auf den neuen Stil. Das im Stil gespeicherte Absatzformat und die Positionierung werden dem Textrahmen zugewiesen.

Abbildung 5.42 Mit dem neuen Objektformat lassen sich alle Marginalien schnell und komfortabel positionieren.

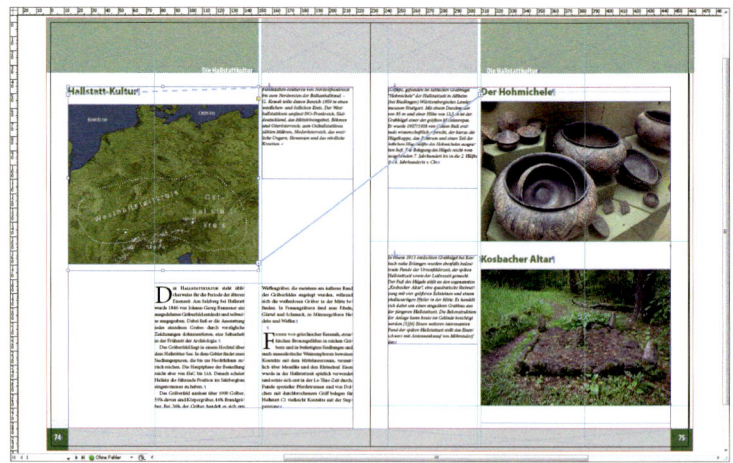

5.4 Formate beim Textimport korrekt übernehmen

Viele Texte und Tabellen liegen in Form von Excel-Tabellen und Word-Dokumenten vor und Sie müssen sie anschließend in Ihr Dokument importieren. Es wichtig, dass im Word-Dokument eventuell vorhandene Formatvorlagen richtig in InDesign-Formate konvertiert werden, damit sich der Nachbearbeitungsbedarf in Grenzen hält.

1   Klicken Sie in den vorbereiteten Textrahmen und wählen Sie *Datei → Platzieren*. Um Kontrolle über die Formatierung des eingefügten Textes zu erhalten, wählen Sie die vorbereitete Datei aus und aktivieren das Kontrollkästchen *Importoptionen anzeigen.*

2   Bestätigen Sie das Dialogfeld mit *OK*. Nun bestimmen Sie, wie Sie mit den einzelnen Formatierungen des Originaldokuments verfahren möchten. Sie können hier entscheiden, welche Formatierungen Sie übernehmen möchten und welche nicht.

3   Kommt es zu Konflikten (die im Word-Dokument vorhandenen Formatvorlagen haben bereits Entsprechungen im InDesign-Dokument), entscheiden Sie, ob Sie die Word-Formatvorlagen verwenden möchten oder ob die entsprechenden InDesign-Formate verwendet werden sollen.

4   Über die Option *Formatimport anpassen* lassen sich sogar einzelne Word-Formatvorlagen durch ausgewählte InDesign-Formate ersetzen. Bei Bedarf speichern Sie Ihre Einstellungen als Vorgabe. Beim nächsten Mal rufen Sie diese dann über das Pop-up-Menü *Vorgabe* am Kopf des Dialogfelds ab. Bestätigen Sie mit *OK*. Der Text wird eingefügt – je nach Ihren Angaben mit den korrekten Formatierungen.

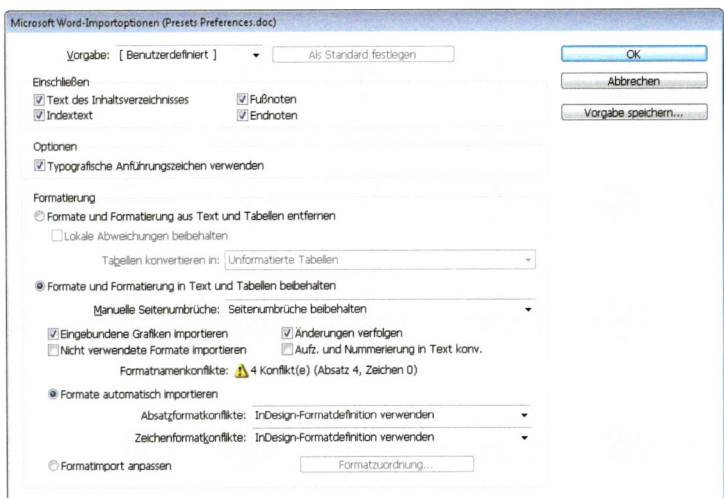

Abbildung 5.43 Im Dialogfeld *Importoptionen* bestimmen Sie, welche Formatierungen übernommen werden sollen.

5.5 Das Layout mit Ebenen unterschiedlichen Anforderungen anpassen

Die Arbeit mit Ebenen in InDesign bietet verschiedene Vorteile, die von der besseren Performance beim Layouten bis hin zur Gestaltung mehrsprachiger Dokumente reichen.

Das Ebenenprinzip von InDesign unterscheidet sich deutlich von dem von Photoshop. Sie können Ebenen weder mit Füllmethoden noch mit Ebenenmasken versehen. Das Grundprinzip der Ebenen ist einfach – sie funktionieren wie ein Satz Overheadfolien, die Sie übereinanderlegen, um das Gesamtbild zu erhalten. Wenn Sie allerdings ein Objekt auf einer InDesign-Ebene mit einer Transparenz versehen, scheinen die Objekte in den darunterliegenden Ebenen nicht durch dieses transparente Objekt hindurch.

Die Verwendung von Ebenen

Gut geeignet sind Ebenen etwa dann, wenn Sie ein Dokument – zum Beispiel eine Gebrauchsanleitung, ein Datenblatt oder dergleichen – gleich in mehreren Sprachen setzen müssen. Dann könnten Sie eine eigene Ebene für jede Sprache anlegen, wobei Sie sämtliche Abbildungen, Logos und andere Elemente, die in jeder Sprachversion enthalten sein sollen, wiederum auf eine eigene Ebene legen.

Allerdings müssten Sie dann auch bei der Ausgabe des Dokuments darauf achten, dass immer nur die richtigen Ebenen ausgegeben werden. Prinzipiell gibt InDesign aber sowieso nur die momentan angezeigten Ebenen aus – sowohl beim Druck als auch beim Export. Am Ende des Kapitels gibt es noch einige Informationen dazu.

▶ Für jede der drei Sprachen wurde eine eigene Ebene angelegt.

▶ Sämtliche Elemente, die auf jeder Ebene sichtbar sein sollen, befinden sich auf der Ebene *Bild*.

Abbildung 5.44 Links oben: Für die deutsche Dokumentversion sind lediglich die Ebenen *Allgemeine Elemente* und *Deutsch* eingeblendet. Rechts oben: Für die französischsprachige Version sind die Ebenen *Allgemeine Elemente* und *Französisch* eingeblendet. Links unten: Auf der Ebene *Allgemeine Elemente* befinden sich alle Elemente, die in jeder Version benötigt werden. Rechts unten : So sieht das Dokument aus, wenn alle Ebenen eingeblendet sind.

Auch bei sehr komplexen einsprachigen Dokumenten mit vielen Bildern (zum Beispiel Katalogen) kann die Arbeit mit Ebenen sehr hilfreich sein. Während Sie die Texte des Dokuments bearbeiten, können Sie dann beispielsweise die Produktfotos ausblenden, um den Grafikprozessor zu entlasten und damit eine schnellere Arbeitsgeschwindigkeit zu erzielen.

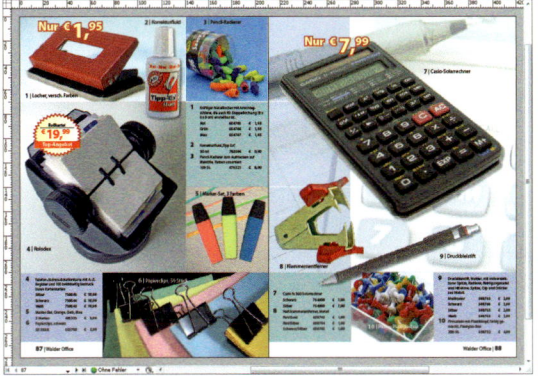 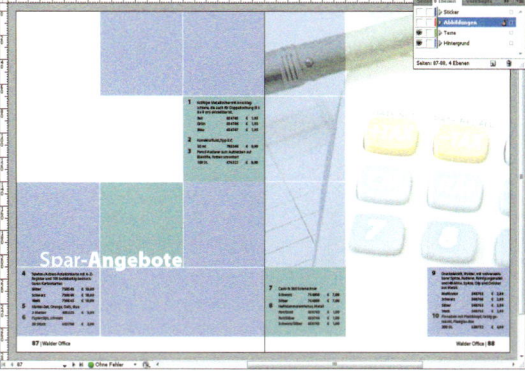

Auch bei vielen übereinanderlagernden Objekten bietet sich die Arbeit mit Ebenen an. Die Auswahl einzelner Elemente wird Ihnen dann viel leichter fallen. Oder Sie entwerfen ein Dokument mit mehreren alternativen Hintergrundbildern. Mit ein paar Klicks lässt sich die Wirkung der unterschiedlichen Varianten am Bildschirm vergleichen.

Abbildung 5.45 Auch bei einem umfangreichen Katalog wie diesem könnte der Einsatz von Ebenen sinnvoll sein, um den Grafikprozessor während der Arbeit an den Texten zu entlasten.

Das Ebenenbedienfeld

Für die Arbeit mit Ebenen benötigen Sie das gleichnamige Bedienfeld, das über das Menü *Fenster* abrufbar ist. Ein neues InDesign-Dokument besteht zunächst einmal aus einer einzigen Ebene mit dem Namen *Ebene 1*. Vor diesem Ebenennamen sehen Sie einen blauen Balken. Dessen Farbe bestimmt auch die Farbe der im Layout angezeigten Text-, Grafik- und sonstigen Rahmen.

Doppelklicken Sie auf den Ebenennamen. Im folgenden Dialogfeld können Sie die Ebenenfarbe (und damit die Rahmenfarbe der auf dieser Ebene platzierten Layoutelemente) ändern. Zudem bietet Ihnen das Dialogfeld *Ebenenoptionen* die folgenden Möglichkeiten:

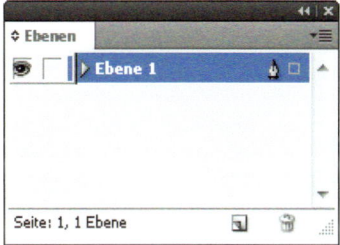

Abbildung 5.46 Jedes neue Dokument weist eine einzige Ebene mit dem Namen *Ebene 1* auf.

▶ Über das Eingabefeld versehen Sie Ihre Ebene gegebenenfalls mit einem sinnvollen Namen.
▶ Deaktivieren Sie das Kontrollkästchen *Ebene einblenden*, wird die Ebene unsichtbar und auch das Drucken dieser Ebene wird deaktiviert.

▶ Das aktivierte Kontrollkästchen *Ebene sperren* bedeutet, dass Sie die Ebene nicht mehr bearbeiten können.

▶ Über die beiden *Hilfslinien*-Kontrollkästchen blenden Sie die Hilfslinien auf dieser Ebene ein oder aus bzw. schützen sie vor Änderungen.

▶ Bei aktiviertem Kontrollkästchen *Konturenführung bei ausgeblendeter Ebene unterdrücken* verdrängen Objekte mit aktivierter Konturenführung, die auf dieser Ebene liegen, den Text nicht, wenn diese Ebene ausgeblendet ist.

Ebenen erstellen

So erstellen Sie eine neue Ebene in Ihrem Dokument:

1 Klicken Sie im Bedienfeld *Ebenen* auf das Symbol an ihrem unteren Rand ⬚. Die neue Ebene wird an oberster Stelle angelegt und erhält den Namen *Ebene*, gefolgt von einer fortlaufenden Nummer.

2 Mit einem Doppelklick auf diesen Namen öffnen Sie das oben erläuterte Dialogfeld. Legen Sie hier die gewünschten Optionen fest.

Mit einem Klick auf das Papierkorb-Symbol ⬚ löschen Sie ausgewählte Ebenen mitsamt den darin enthaltenen Objekten.

Mit einem einfachen Klick gelangen Sie von einer Ebene in die andere. Die Objekte, die Sie im Layout anlegen, werden immer in der gerade aktiven Ebene erstellt.

Stapelordnung und Ebenen

Objekte auf im Bedienfeld weiter oben angezeigten Ebenen werden stets über Objekten auf weiter hinten angezeigten Ebenen platziert. Zum Ändern der Stapelreihenfolge von Objekten in verschiedenen Ebenen können Sie die Befehle des Menübefehls *Objekt → Anordnen* nicht verwenden, sie sind in diesem Zusammenhang wirkungslos. Hier müssen Sie vielmehr über die Ebenen-Stapelordnung gehen: Ziehen Sie die Ebene mit den Objekten, die Sie im Vordergrund Ihres Layouts platzieren möchten, einfach im Bedienfeld *Ebenen* nach oben. Aber auch einzelne Layoutrahmen lassen sich zwischen Ebenen verschieben:

1 Wählen Sie den betreffenden Rahmen im Layout aus.

2 Im Bedienfeld *Ebenen* wird automatisch die Ebene, in der er sich befindet, markiert. Rechts vom Stift-Symbol der markierten Ebene erscheint ein kleines Quadrat in der Ebenenfarbe.

3 Dieses kleine Quadrat ziehen Sie nun mit gedrückter Maustaste auf den Namen der Ebene, in die das Objekt eingefügt werden soll.

Hilfslinien und Ebenen

Hilfslinien sind nicht dem Dokument selbst, sondern der aktuellen Ebene zugeordnet. Das bedeutet in der Praxis, dass Hilfslinien auf einer ausgeblendeten Ebene im Dokument ebenfalls nicht mehr sichtbar sind. Das hat sowohl Vor- als auch Nachteile. Zum einen können Sie Hilfslinien auf mehreren Ebenen anlegen und somit auch nur die jeweils benötigten Hilfslinien anzeigen. Durch diese Vorgehensweise halten Sie Ihr Layout übersichtlich.

Andererseits sollten Sie daran denken, dass Sie bei der Arbeit im Dokument immer benötigte Hilfslinien – also gleichgültig, welche Ebenen Sie gerade ausgeblendet haben – auf einer eigenen Hilfslinienebene erstellen sollten. Beachten Sie in diesem Fall, dass Sie den verschiedenen Hilfslinienebenen gut voneinander unterscheidbare Farben geben. Dann arbeiten Sie beim Ein- und Ausblenden der gerade gebrauchten Hilfslinien rascher.

Die Spalten- und Randhilfslinien und das Grundlinienraster gehören zum Dokument. Das heißt, dass sie immer sichtbar sind, gleichgültig, welche Ebenen gerade ausgeblendet sind.

Ebenen sperren und ausblenden

Oben haben wir erwähnt, dass es eine schnellere Möglichkeit gibt, Ebenen ein- und auszublenden sowie zu sperren, als Kontrollkästchen im Dialogfeld *Ebenenoptionen*. Verwenden Sie dazu die beiden quadratischen Felder vor dem Ebenennamen:

▶ Über das linke Feld ▢ blenden Sie die jeweilige Ebene mit einem Klick aus und wieder ein. Eine eingeblendete Ebene erkennen Sie am Augen-Symbol im Kästchen 👁.

▶ Über das rechte Feld schützen Sie die Ebene vor Bearbeitungen und entsperren sie auch wieder. Eine gesperrte Ebene erkennen Sie am Schloss-Symbol 🔒.

Ebenen reduzieren

Bei Bedarf fügen Sie mehrere Ebenen zu einer einzigen zusammen, beispielsweise dann, wenn Sie mit dem Layouten fertig sind. Gehen Sie folgendermaßen vor:

1 Wählen Sie die gewünschten Ebenen mit gedrückter `Strg`/`⌘`-Taste aus.

2 Öffnen Sie das Bedienfeldmenü ▾☰ des Bedienfelds *Ebenen* und wählen Sie den Befehl *Auf eine Ebene reduzieren*.

Layoutobjekte im Ebenenbedienfeld anzeigen und organisieren

Wenn Sie im Bedienfeld *Ebenen* auf das Dreieck ▷ vor einem Ebenennamen klicken, werden die Elemente auf dieser Ebene einzeln aufgeführt. Um ein Element im Layout über das Ebenenbedienfeld zu markieren, klicken Sie auf das kleine Quadrat hinter dem Elementnamen. Es wird daraufhin in der Ebenenfarbe angezeigt und das Element wird im Layout ausgewählt.

Abbildung 5.47 Hier ist nur die *Ebene 1* eingeblendet. Die Layoutrahmen sind rot. Der Ebeneninhalt wurde über das Dreieck expandiert, sodass die einzelnen Layoutelemente auf dieser Ebene aufgelistet sind. Die Elemente tragen zunächst generische Namen, die Sie aber ändern können.

Wenn Sie das Element umgekehrt im Layout markieren, wird es auch im Ebenenbedienfeld ausgewählt (das zugehörige Quadrat wird in der Ebenenfarbe angezeigt).

Es empfiehlt sich, gerade bei Layouts mit vielen Elementen die generischen Namen in etwas Sinnvolleres zu ändern:

Am Mac müssen Sie leider viermal auf den Ebenennamen klicken, bis er überschreibbar ist!

1 Klicken Sie den gewünschten Elementnamen im Ebenenbedienfeld an oder wählen Sie das Element im Layout aus.

2 Klicken Sie erneut auf den Elementnamen.

3 Überschreiben Sie ihn und bestätigen Sie mit der ⏎-Taste.

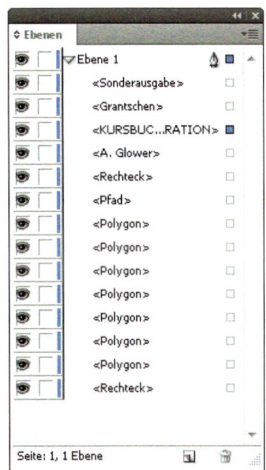

Abbildung 5.48 Der Buchtitel wurde über das Ebenenbedienfeld mit einem Klick auf das kleine Quadrat rechts vom Ebenennamen ausgewählt.

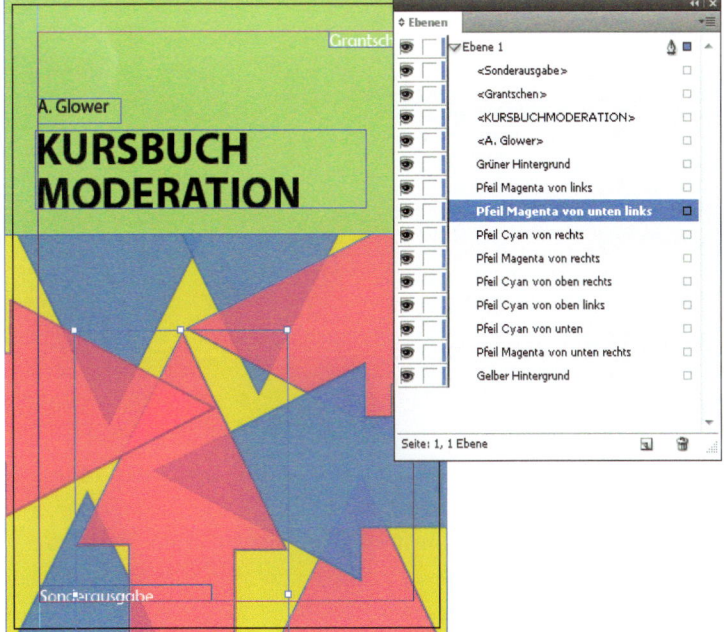

Abbildung 5.49 Die Layoutelemente wurden mit aussagekräftigeren Namen versehen.

Die Elementliste spiegelt auch die Stapelordnung der enthaltenen Objekte wider. Die Elemente lassen sich im Ebenenbedienfeld mit gedrückter Maustaste nach oben bzw. unten ziehen, um die Stapelordnung zu ändern.

Abbildung 5.50 Die Stapelordnung Ihres Layouts lässt sich schnell ändern, indem Sie die Elemente im Ebenenbedienfeld mit gedrückter Maustaste nach oben oder unten ziehen.

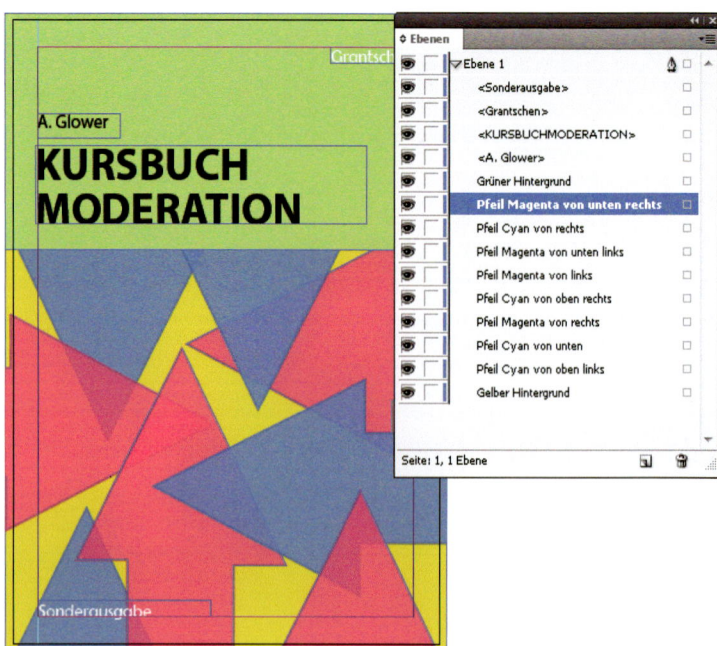

Objektgruppen erstellen

Die Gruppierung von Objekten lässt sich ebenfalls schnell über das Ebenenbedienfeld vornehmen:

1 Klicken Sie die gewünschten Elemente im Ebenenbedienfeld mit gedrückter ⇧-Taste (aufeinanderfolgende Elemente) bzw. mit gedrückter Strg/⌘-Taste (nicht aufeinanderfolgende Elemente) an.

2 Klicken Sie mit der rechten Maustaste bzw. mit gedrückter Ctrl-Taste. Wählen Sie *Element(e) auswählen* aus dem Kontextmenü.

3 Drücken Sie die Tastenkombination Strg/⌘ + G. Geben Sie der Objektgruppe anschließend gegebenenfalls einen aussagekräftigen Namen, indem Sie sie zweimal (am Mac: viermal) anklicken und den generischen Namen überschreiben.

Abbildung 5.51 Für die Pfeile auf dem Buchcover wurde eine eigene Objektgruppe erstellt.

Anschließend ist es ein Leichtes, einzelne Elemente der Gruppe im Layout auszuwählen, indem Sie einfach auf das zugehörige Quadrat im Ebenenbedienfeld klicken.

Möchten Sie nachträglich ein Element in eine Gruppe einfügen, ziehen Sie es einfach im Ebenenbedienfeld mit gedrückter Maustaste in die Gruppe.

Einzelne Objekte oder Gruppen ausblenden und sperren

Auf Seite 267 haben Sie gesehen, wie Sie einzelne Ebenen ein- und ausblenden. Dasselbe ist auch mit den Layoutobjekten und -gruppen innerhalb einer Ebene möglich. Verwenden Sie dazu einfach das Auge bzw. das Schloss in der ersten bzw. zweiten Bedienfeldspalte.

Gesperrte Objekte lassen sich im Layout nicht mehr bearbeiten. So sind beispielsweise die Zeichen eines gesperrten Textrahmens nicht veränderbar.

Die Ausgabe von Dokumenten mit Ebenen

InDesign gibt beim Drucken (vgl. **Kapitel 8**) nur die momentan eingeblendeten Ebenen aus. Dasselbe gilt für die Ausgabe als PDF-Dokument. Falls Sie Ihrem Dienstleister »offene« InDesign-Dokumente statt PostScript-Dateien liefern, müssen Sie aufpassen und Ihre Produktionspartner darüber informieren, dass Sie mit Ebenen gearbeitet haben und dass an der Ebenenein-/-ausblendung in diesem Dokument nichts geändert werden darf.

5.6   Bedingter Text

Die vorhergehenden Abschnitte haben Ihnen gezeigt, wie Sie mit Ebenen und der Datenzusammenführung unterschiedliche Versionen eines Dokuments erstellen können. Eine besonders komfortable Funktion ist der neue bedingte Text. Dieser eignet sich beispielsweise, wenn InDesign einen von zwei verschiedenen Sätzen in Ihr Dokument einfügen soll, je nachdem, welche Bedingung erfüllt ist. Das Feature funktioniert nur mit Text (und mit im Text verankerten Objekten wie beispielsweise Grafiken – weisen Sie die Bedingung in diesem Fall der Ankermarke zu). Für frei im Layout platzierte Grafiken, die in manchen Fällen angezeigt werden sollen, in anderen nicht, wählen Sie die im vorigen Abschnitt besprochene Ebenentechnik.

In unserem Beispiel liegt der abgebildete Text in der originalen lateinischen Version und außerdem in einer deutschen Übersetzung vor. Zuerst erzeugen Sie die benötigten Bedingungen für das aktuelle Dokument:

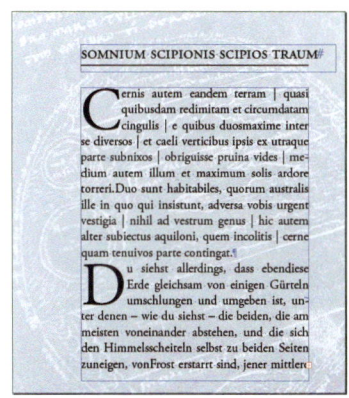

Abbildung 5.52 Das Dokument enthält sowohl eine lateinische als auch eine deutsche Textversion.

1 Öffnen Sie das Bedienfeld *Fenster* → *Schrift und Tabellen* → *Bedingter Text*.

2 Aus dem Bedienfeldmenü wählen Sie den Befehl *Neue Bedingung*. Geben Sie einen aussagekräftigen Namen ein.

3 Entscheiden Sie darunter, wie der Text, dem Sie die Bedingung zuweisen, dargestellt werden soll. Sie können sich hier entweder für eine Unterstreichungsart oder für eine Art Markereffekt entscheiden. Wählen Sie auch eine passende Farbe für die Unterstreichung oder Markierung aus. Schließen Sie das Dialogfeld mit einem Klick auf *OK*.

4 Erzeugen Sie alle Bedingungen, die Sie für Ihr Dokument benötigen. Für unser Beispiel brauchen wir die Bedingung *Lateinisch*, die den Originaltext anzeigt, und eine Bedingung *Deutsch*, die die deutsche Übersetzung anzeigt.

Nun weisen Sie die Bedingungen zu:

1 Markieren Sie den Text, den Sie mit einer der Bedingungen versehen möchten.

2 Aktivieren Sie im Bedienfeld *Bedingungen* das Kontrollkästchen vor der entsprechenden Bedingung.

Nach diesen Vorbereitungen können Sie die mit den Bedingungen versehenen Textteile aus- und wieder einblenden, indem Sie das Augen-Symbol vor dem entsprechenden Bedingungs-Tag deaktivieren bzw. wieder aktivieren – analog zum Ein- und Ausblenden von Ebenen. Der mit dem deaktivierten Bedingungs-Tag versehene Text wird ausgeblendet.

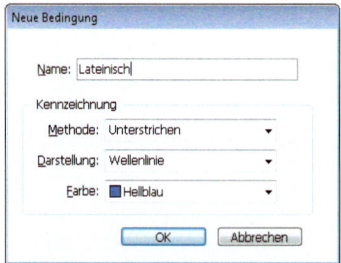

Abbildung 5.53 Geben Sie der Bedingung einen aussagekräftigen Namen.

Abbildung 5.54 Die Bedingungen für den lateinischen und den deutschen Text wurden zugewiesen. Beachten Sie, dass das Leerzeichen nach der lateinischen Überschrift ebenfalls als *Lateinisch* gekennzeichnet wurde. Sonst würde die deutsche Überschrift mit einem Leerzeichen beginnen, sobald der lateinische Text ausgeblendet wird.

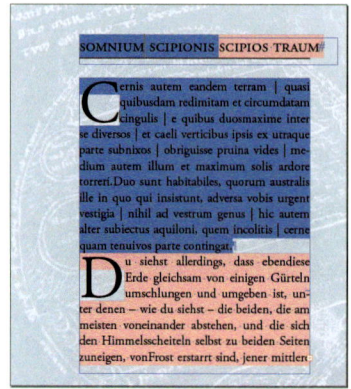

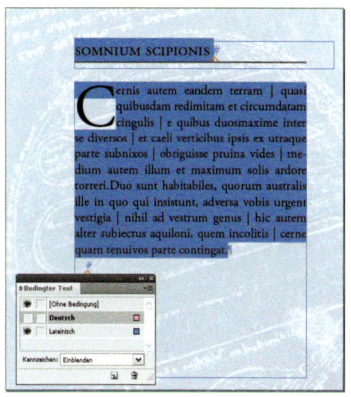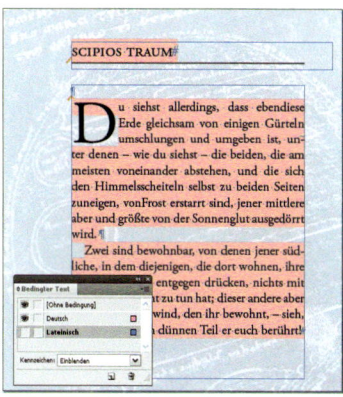

Abbildung 5.55 Wenn Sie das Augen-Symbol vor der Bedingung Deutsch ausblenden, wird nur noch der lateinische Text angezeigt (links). Im Druck erscheinen die farbigen Hinterlegungen nicht.

Bedingungssätze verwenden

Das gezeigte Beispiel ist sehr einfach. Dokumente mit Bedingungen können aber sehr viel komplexer werden. Dann empfiehlt sich die Arbeit mit Bedingungssätzen. In einem Bedingungssatz speichern Sie die Sichtbarkeitseinstellungen für sämtliche definierten Bedingungen. Mit der Auswahl eines Bedingungssatzes können Sie dann die Darstellung Ihres Dokuments blitzschnell ändern. Nachdem Sie die gewünschten Bedingungen erzeugt und angewandt haben, achten Sie darauf, dass die Optionen des Bedienfelds *Bedingter Text* eingeblendet sind (wie immer lassen sich diese über das Bedienfeldmenü hinzuschalten). Dann wählen Sie im Pop-up-Menü *Satz* den Eintrag *Neuen Satz erstellen*. Wählen Sie einen passenden Namen und bestätigen Sie mit *OK*. Erstellen Sie bei Bedarf weitere Bedingungssätze mit anderen Anzeigekonstellationen. Wenn Sie nun den entsprechenden Satz auswählen, wird das Dokument wie definiert angezeigt.

Bedingungen austauschen

Für die Arbeit im Team lassen sich Bedingungen problemlos austauschen. Um die in einem anderen Dokument definierten Bedingungen bzw. Bedingungssätze zu laden, wählen Sie aus dem Bedienfeldmenü den Eintrag *Bedingungen laden* bzw. *Bedingungen und Bedingungssätze laden*.

Beim Durchsuchen von Texten können Sie nach mit Bedingungen versehenen Texten suchen und den Fundstellen eine andere Bedingung zuweisen. Wenn Sie im Dialogfeld *Suchen/Ersetzen* auf die *Suchattribut*-Symbole klicken, finden Sie hier die Kategorie *Bedingungen*. Hier können Sie die gewünschten Bedingungen auswählen.

5.7 Texte und Layoutobjekte suchen und ersetzen

Bei der Arbeit an längeren Dokumenten müssen Sie oft nach einem bestimmten Begriff, einer Textpassage oder einem Abschnitt suchen, um dort Bearbeitungen durchzuführen. Dazu bietet InDesign Ihnen eine leistungsfähige Suchfunktion, mit der Sie gezielt nach Zeichenfolgen und anderen Elementen im Dokument suchen können.

Eine Suche nach einer bestimmten Zeichenfolge durchführen

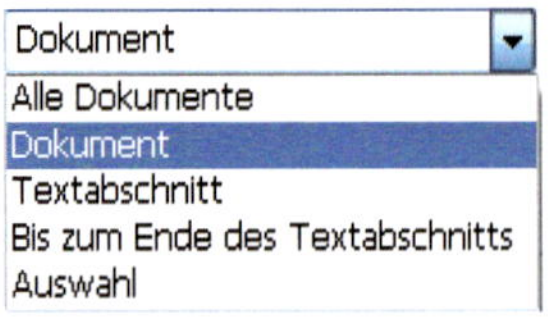

Abbildung 5.56 Im Pop-up-Menü *Durchsuchen* bestimmen Sie, welchen Teil Ihres Dokuments Sie durchsuchen möchten.

Wählen Sie *Bearbeiten* → *Suchen/Ersetzen* `Strg`/`⌘` + `F` und geben Sie im Register *Text* die gesuchte Zeichenfolge ein. Alternativ kopieren Sie diese aus dem Dokument und fügen sie mit `Strg`/`⌘` + `V` in das Feld *Suchen nach* ein. Das Feld *Ändern in* nimmt die Zeichenfolge auf, in die Sie das Gesuchte ändern möchten.

Möchten Sie nur einen bestimmten Abschnitt durchsuchen, klicken Sie diesen im Dokument an und wählen Sie aus dem Pop-up-Menü *Durchsuchen* den Eintrag *Textabschnitt*.

▶ Aktivieren Sie die Schaltfläche *Ganzes Wort* 🗎, betrachtet InDesign die von Ihnen eingegebene Zeichenkette als einzelnes Wort. Suchen Sie beispielsweise ohne weitere Angaben nach dem Wort *Symbol*, würde InDesign bei *nicht aktiviertem* Kontrollkästchen auch die Wörter *Symbole* sowie *symbolisch* finden. Bei aktivierter Funktion *Ganzes Wort* hingegen hält InDesign tatsächlich nur nach dem Wort *Symbol* Ausschau.

▶ Aktivieren Sie die Schaltfläche *Groß-/Kleinschreibung* 🗛, veranlassen Sie InDesign, während der Suche auf die Groß-/Kleinschreibweise der gesuchten Zeichen zu achten. So könnten Sie beispielsweise die veraltete Schreibweise *im allgemeinen* bei aktiviertem Kontrollkästchen durch die richtige Schreibweise *im Allgemeinen* ersetzen.

▶ Über die anderen Schaltflächen können Sie zusätzlich *Ebenen*, *Fußnoten*, *Musterseiten* sowie *gesperrte Ebenen* und *Textabschnitte* durchsuchen.

Wenn Sie alles eingerichtet haben, starten Sie den Suchvorgang mit *Suchen*. InDesign geht das Dokument bzw. die ausgewählten Elemente durch und findet das erste Vorkommen der gesuchten Zeichenfolge, die daraufhin im Text hervorgehoben wird.

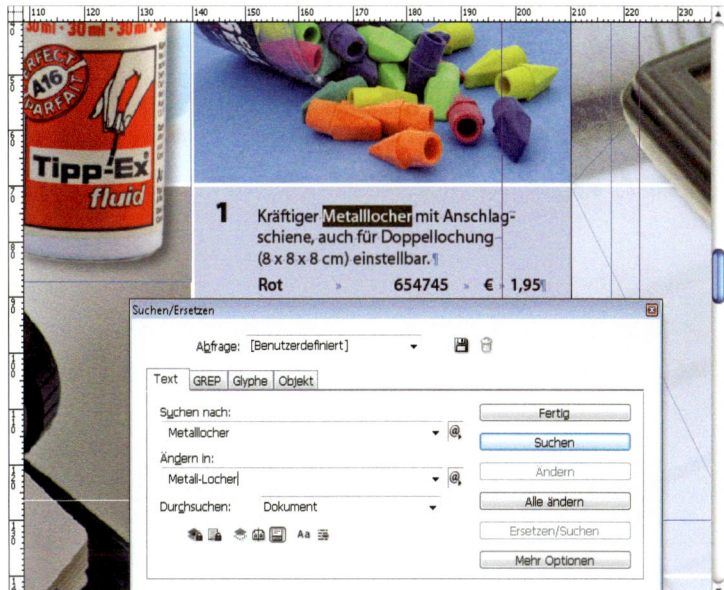

Abbildung 5.57 Der gefundene Begriff wird im Text markiert.

Während der Suchprozedur bleibt das Dialogfeld geöffnet und Sie können parallel an Ihrem Dokument arbeiten. Um den Suchvorgang fortzuführen, also die nächste Stelle mit der gesuchten Zeichenfolge zu finden, klicken Sie auf *Weitersuchen.*

▶ Nachdem Sie die gesuchte Zeichenfolge gefunden haben, können Sie diese durch eine andere Zeichenfolge ersetzen, indem Sie auf *Ändern* klicken. Soll InDesign nach dem Ändern gleich nach dem nächsten Vorkommen des Begriffs suchen, klicken Sie stattdessen auf *Ersetzen/Suchen.*

▶ Möchten Sie die gesuchte Zeichenfolge durchgehend im ganzen Dokument ersetzen, können Sie den Vorgang beschleunigen, indem Sie auf die Schaltfläche *Alle ändern* klicken. Dann führt InDesign die ganze Prozedur automatisch durch, ohne dass Sie bei jeder Stelle die *Ändern* bzw. die *Ersetzen/Suchen*-Schaltfläche betätigen müssen.

Gezielte Suche nach Formatierungen

Die erweiterten Suchfunktionen des Registers *Text* können für viele Aufgaben sehr hilfreich sein. Klicken Sie dazu auf *Mehr Optionen,* um das Dialogfeld nach unten zu erweitern. InDesign bietet Ihnen nicht nur die Möglichkeit, nach Zeichenfolgen zu suchen, sondern Sie können auch gezielt nach Formatierungen, wie Unterstrichen, Fett, und nach Schriftarten suchen. Dabei können Sie sowohl nach einem Wort in einer bestimmen Formatierung oder aber nur nach einer bestimmten Formatierung suchen.

Ein Beispiel dafür wäre: Sie haben ein bestimmtes Wort im gesamten Dokument kursiv formatiert und entscheiden danach, dass es doch eher fett gedruckt werden sollte. Oder aber Sie möchten in einem Text alle in der Schriftart *Myriad Pro* und der Schriftgröße *14pt* formatierten Absätze mit der Formatvorlage *Überschrift 1* formatieren:

1 Klicken Sie im erweiterten Zustand des Dialogfelds *Suchen/Ersetzen* neben *Format suchen* auf das Lupen-Symbol. Das Dialogfeld *Formateinstellungen suchen* wird geöffnet.

2 Wählen Sie beispielsweise die Kategorie *Grundlegende Zeichenformate*, können Sie Schriftart, Auszeichnungen, Schriftgröße, Laufweite usw. auswählen.

3 Weiterhin enthält der untere Bereich der Kategorie *Grundlegende Zeichenformate* verschiedene Kontrollkästchen. Mit diesen bestimmen Sie weitere Formatierungsmerkmale des gesuchten Textes. Hier kann jedes Kontrollkästchen drei verschiedene Zustände annehmen:

   ▶ ☑ *Aktiviert* (Häkchen): Der gesuchte Text muss die aktivierte Formatierung aufweisen.
   ▶ ◼ *Kästchen*: Die Formatierung ist unbedeutend für die Suche.
   ▶ ☐ *Deaktiviert*: Der gesuchte Text darf die gewünschte Formatierung nicht aufweisen.

Beachten Sie auch: Wenn Sie in einem der Felder keine Eingabe vornehmen, also zum Beispiel keine Größe bestimmen, jedoch festlegen, dass der zu suchende Text in der Schrift *Myriad Pro* formatiert sein soll, findet InDesign alle Textteile in der Schriftart *Myriad Pro*, ungeachtet des Schriftschnitts.

Wenn Sie im Feld *Suchen nach* des Dialogfelds *Suchen/Ersetzen* keine Angabe machen, findet InDesign alle Zeichenfolgen, auf die Ihre Auswahlkriterien zutreffen. Wenn Sie hingegen eine Zeichenfolge eingegeben haben, werden nur diejenigen Zeichenfolgen, auf die zusätzlich die angegebenen Formatmerkmale zutreffen, gefunden.

Sonderzeichen und Glyphen ersetzen

Auch Sonderzeichen können Sie suchen und ersetzen, beispielsweise Geviert- durch Halbgeviertstriche. Hier werden für die Suche verschiedene Steuerzeichen eingesetzt, die Sie über die Pop-up-Menüs der Schaltflächen *Sonderzeichen für Suche* @ und *Sonderzeichen für Ersetzung* @ komfortabel auswählen können.

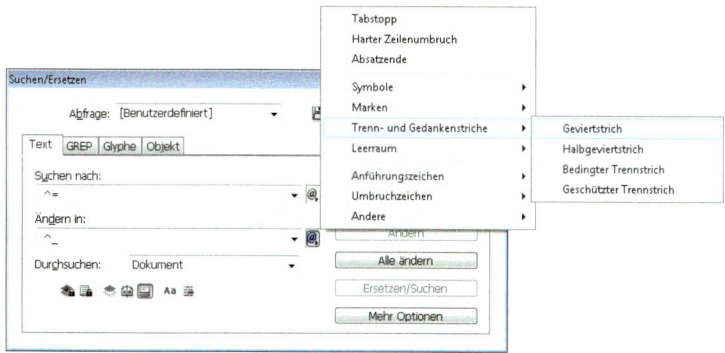

Abbildung 5.58 Über die Schaltflächen *Sonderzeichen für Suche* und *Sonderzeichen für Ersetzung* ersetzen Sie beispielsweise Geviert- durch Halbgeviertstriche.

Wenn Ihnen die Zeichen einmal vertraut sind, können Sie sie auch direkt in die Felder *Suchen nach* und *Ändern in* eingeben.

In einem langen Text, der mehrfach den Namen »Meier« enthält, ist dieser Name auf verschiedene Arten falsch geschrieben worden – einmal »Meyer«, dann wieder »Maier«. Mit Sonderzeichen lässt sich dieser Fehler ohne langwieriges Suchen und Herumprobieren schnell beheben. Die Namen »Meier« und »Mayer« beginnen stets mit dem Buchstaben »M« und enden mit der Buchstabenkombination »er«. Dazwischen stehen stets zwei Buchstaben, die jedoch nicht festgelegt sind. Geben Sie in das Feld Suchen nach ein »M« ein und klicken Sie auf die Schaltfläche *Sonderzeichen für Suche* @. Wählen Sie *Platzhalter → Beliebiger Buchstabe*. Wiederholen Sie diesen Vorgang für den zweiten nicht festgelegten Buchstaben. Geben Sie anschließend in das Feld *Suchen nach* »er« ein. Geben Sie in das Feld *Ändern in* die korrekte Schreibweise »Meier« ein und führen Sie den Ersetzungsvorgang durch.

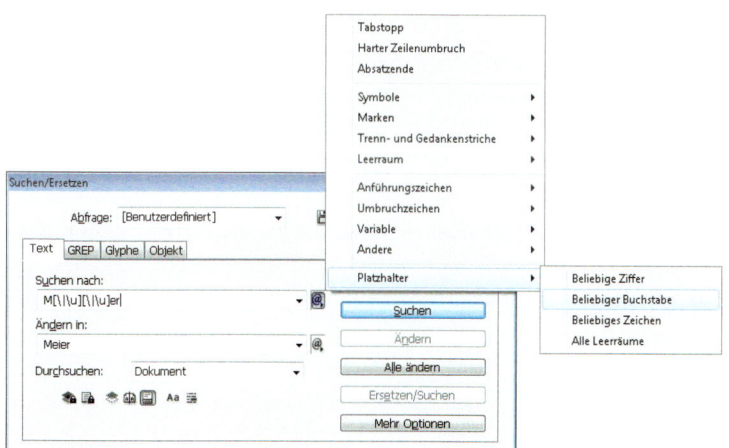

Abbildung 5.59 Die Steuerzeichen lassen sich auch mit normalen Buchstaben kombinieren.

Arbeiten Sie mit dem Register *Glyphen* des Dialogfelds *Suchen/ Ersetzen*, wenn Sie ein bestimmtes Zeichen durch eine andere Glyphe ersetzen möchten. Im oberen Bereich definieren Sie die Glyphe, nach der Sie suchen möchten, im unteren Bereich wählen Sie die Glyphe aus, durch die Sie die Fundstellen ersetzen möchten. In der folgenden Abbildung soll in einem aus Word importierten Text das Asterisk durch ein korrektes Multiplikationszeichen ersetzt werden:

Abbildung 5.60 Im Register *Glyphe* des Dialogfelds *Suchen/Ersetzen* können Sie nach Sonderzeichen suchen und diese ersetzen.

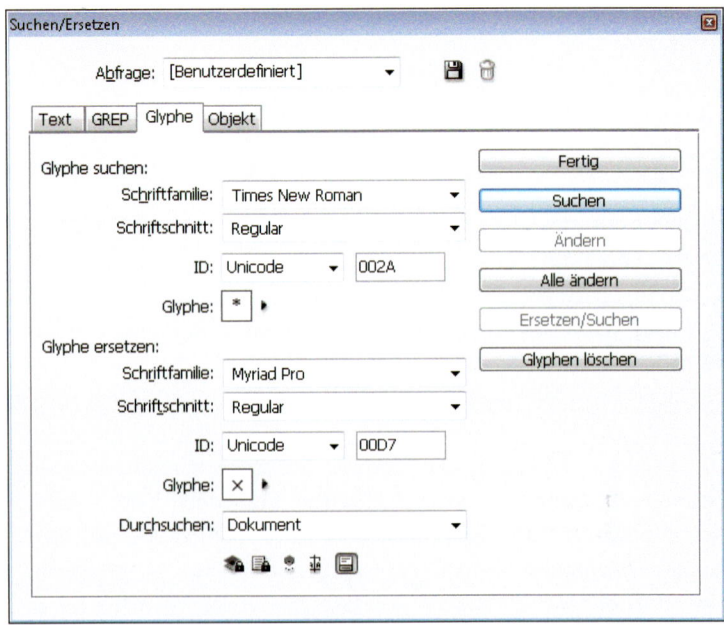

GREP ist ursprünglich ein UNIX-Tool, um in Dateien nach bestimmten Mustern zu suchen.

Eine Suche mit GREP durchführen

Bis hierhin ist alles noch ziemlich einfach. Wenn Sie die richtige Zeichenfolge für Ihre Suche eingeben, haben Sie schon ein recht leistungsfähiges Werkzeug in der Hand. Richtig interessant wird es aber, wenn Sie spezielle Suchfunktionen wünschen. Diese stehen Ihnen offen, wenn Sie im Dialogfeld *Suchen/Ersetzen* das Register *GREP* aktivieren. Im Register *GREP* des Dialogfelds *Suchen/Ersetzen* suchen Sie mit Hilfe von »regulären Ausdrücken« nach bestimmten Textmustern. So wäre eine GREP-Suche beispielsweise geeignet, um alle E-Mail-Adressen in einem Dokument aufzuspüren und sie blau und unterstrichen zu formatieren. Die regulären Ausdrücke können Sie entweder direkt in das Feld *Suchen nach* eingeben oder über die Schaltflächen *Sonderzeichen für Suche* 🔍 und *Sonderzeichen für Ersetzung* 🔍 aus den Menüs auswählen.

[-]	Zeichenklasse	Die Suche nach € [1-3],-- findet € 1,--, € 2,--, € 3,--, nicht aber € 4,--. Die Suche nach [F-H]alle findet Falle, Galle und Halle, aber nicht Kalle.
\\<	Wortbeginn	Die angegebene Zeichenkette muss am Wortanfang stehen, um gefunden zu werden. Beispiel: \\<wer findet werden, aber nicht Ingwer.
\\>	Wortende	Funktioniert wie vorher, nur mit dem Wortende statt dem Wortanfang. versorgung\\> findet Wasserversorgung, aber nicht Versorgungslücke.
[]	Zeichenliste	Hiermit werden Textstellen gefunden, die an der angegebenen Position eines der Zeichen in der Liste enthalten. Beispiel: H[au]nd findet sowohl Hand als auch Hund.
{n}	Zeichen genau n-mal	Das Zeichen vor dem Operator muss genau n-mal vorkommen. Beispiel: Mit \\<\\u{2} finden Sie alle Vorkommen eines doppelten Großbuchstabens am Wortanfang (zum Beispiel ZEichen), wie es durch schnelles Tippen häufig vorkommt: \\< ist das Zeichen für den Wortbeginn (siehe oben) \\u (ist das Zeichen für einen Großbuchstaben)
{n;m}	Zeichen n bis m mal	Das Zeichen vor dem Operator muss n-mal bis m-mal vorkommen. Beispiel: Mit € 10{1,5} finden Sie € 10, € 100, € 1000 und € 100000.

Zwei praktische Fälle

Nehmen wir einmal an, Sie haben für Ihre Firma eine Dokumentation für ein Softwareprogramm gesetzt. Darin kommen viele Bezeichnungen von Symbolleisten vor. Diese sind in der Form *Format-Symbolleiste* oder *Standard-Symbolleiste* eingegeben.

Nun sollen alle Symbolleistenbezeichnungen in die Form *Symbolleiste Format* oder *Symbolleiste Standard* geändert werden. Was ist zu tun? Überlegen Sie, welche Gemeinsamkeiten alle Symbolleistenbezeichnungen haben – das Wort *Symbolleiste* natürlich. Geben Sie dieses zuerst sowohl in die *Suchen nach*- als auch in die *Ändern in*-Zeile ein. Eine weitere Gemeinsamkeit, die allerdings nur beim Suchen auftritt und nicht beim Ersetzen, ist der Bindestrich. Geben Sie diesen im Feld *Suchen nach* vor dem Wort *Symbolleiste* ein. Der Rest der Suchabfrage ist variabel. Sie stellen ihn deshalb aus Ausdrücken zusammen.

Wie lässt sich das Wort vor dem Bindestrich kennzeichnen? Sie wissen, dass es sich um ein einzelnes Wort handelt, also um eine Zeichenfolge, die ausschließlich aus Buchstaben besteht und nicht durch Leerzeichen oder ähnliche Zeichen durchbrochen ist. Geben Sie deshalb vor dem Bindestrich im Feld *Suchen nach* [\\l\\u] ein, gefolgt von einem Pluszeichen. Die ganze Anweisung im Feld *Suchen nach* lautet: [\\l\\u]+-Symbolleiste

GREP-Ersetzungen in InDesign lassen sich im GREPTutor simulieren/anzeigen (englischsprachig): *www.rorohiko.com/greptutor/ GrepTutor.html.*

▶ [\l\u] ist das Platzhalterzeichen für einen beliebigen Buchstaben. Sie finden es auch über das Untermenü *Platzhalter* der Schaltflächen *Sonderzeichen für Suche* @.

▶ Das Pluszeichen ist das Wiederholungszeichen für *Ein oder mehrere Male*. Sie finden es auch über das Untermenü *Wiederholung* der Schaltflächen *Sonderzeichen für Suche* @.

Weitere Beispiele und Anleitungen zur Verwendung von GREP bietet Ihnen Adobe auf *www.adobe.com/ go/learn_id_grep_de*.
Eine gute Referenz zu den regulären Ausdrücken finden Sie auf *www.regular-expressions.info/*.

Im Klartext lautet die Anweisung also: Suche eine Zeichenfolge, die mit einem oder mehreren Buchstaben beginnt, gefolgt von einem Bindestrich und dem Wort *Symbolleiste*. Wenn Sie auf *Suchen* klicken, findet InDesign die erste Symbolleistenbezeichnung nach diesem Muster. Allerdings benötigen Sie den gefundenen Symbolleistennamen für den späteren Ersetzungsvorgang. Aus diesem Grund müssen Sie ihn in Klammern setzen, damit er für die Ersetzung gespeichert wird.

Nun zum Feld *Ändern in*. Geben Sie hier nach dem Wort *Symbolleiste* den Ausdruck *$1* ein. Dieser lässt sich auch über die Schaltfläche *Sonderzeichen für Ersetzung* @ aus dem Untermenü *Gefunden* auswählen. Der Befehl lautet *1 Stelle gefunden*. Sie fügen damit das, was InDesign durch die im Feld *Suchen nach* in Klammern gesetzte Suchabfrage gefunden hat, an dieser Stelle ein.

Abbildung 5.61 Die Suchabfrage ist fertig.

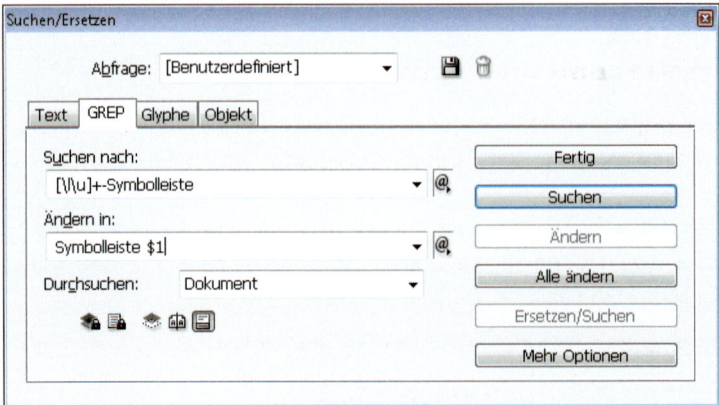

Ein weiteres Beispiel: Sie erhalten ein Dokument, in dem sämtliche Bilder mit Bildunterschriften versehen sind. Diese Bildunterschriften sollen entfernt werden. Für die Bildunterschriften wurde kein Absatzformat verwendet, sodass Sie nicht nach Formaten suchen können. Dafür beginnen alle Bildunterschriften mit dem Wort »Bild«, gefolgt von einer laufenden Nummer und einem Doppelpunkt.

Verwenden Sie die folgende GREP-Abfrage: ^.*(Bild \d+:).*$. Das Feld *Ändern in* lassen Sie leer, damit der Inhalt der gefundenen Absätze gelöscht wird.

- ▶ \d ist der Platzhalter für eine beliebige Ziffer.
- ▶ + bedeutet, dass die Ziffer einmal oder mehrfach an dieser Stelle erscheinen kann.
- ▶ Der Punkt (.) ist der Platzhalter für ein beliebiges Zeichen.
- ▶ * bedeutet, dass das vorangehende Zeichen (im Beispiel der Punkt) nullmal oder mehrere Male an dieser Stelle erscheinen muss.
- ▶ Und $ ist der Platzhalter für das Absatzende.

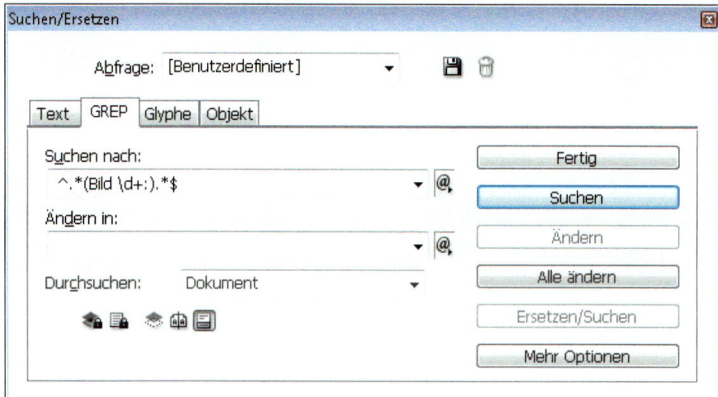

Abbildung 5.62 Mit dieser GREP-Abfrage finden Sie alle Absätze, die die Zeichenfolge *Bild [Nummer]:* enthalten.

Objekteigenschaften suchen und ändern

Das Register *Objekt* verwenden Sie, wenn Sie bestimmte Objekteigenschaften lokalisieren und ersetzen möchten. In einem Katalog sind einige Bilder fälschlicherweise mit einem 2-Punkt- statt mit einem 1-Punkt-Rahmen versehen worden. Um dies im gesamten Katalog schnell zu reparieren, klicken Sie neben dem Bereich *Objektformat suchen* auf die Schaltfläche *Suchattribute angeben* 🔍.

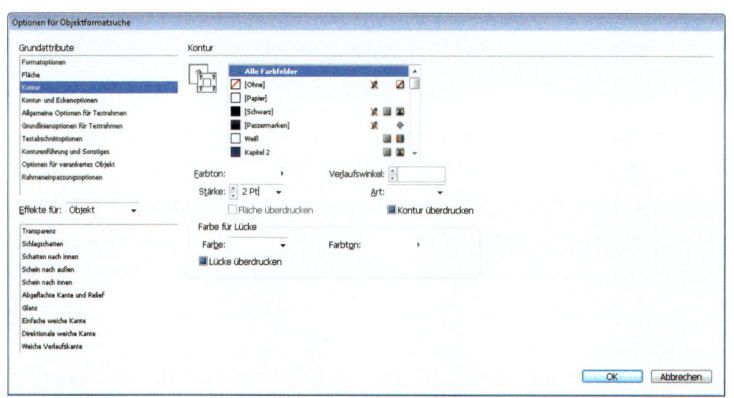

Abbildung 5.63 Auch nach bestimmten Objekteigenschaften können Sie suchen.

Abbildung 5.64 Hier sollen alle 2pt-Konturen durch 1pt-Konturen ersetzt werden.

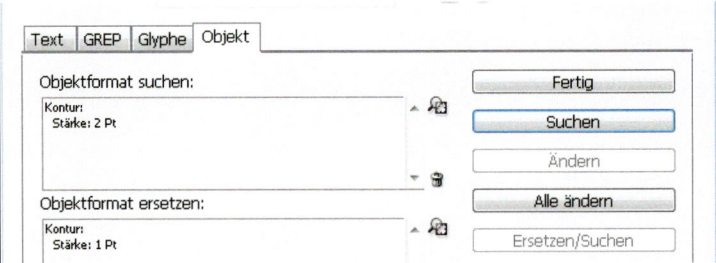

Aktivieren Sie die Kategorie *Kontur* und geben Sie in das Feld *Stärke 2 pt* ein. Bestätigen Sie mit *OK*. Klicken Sie neben dem Bereich *Objektformat ersetzen* auf *Änderungsattribute angeben*. Definieren Sie die *Stärke 1 pt*. Klicken Sie auf *OK*. Vergewissern Sie sich, dass im Pop-up-Menü *Durchsuchen Dokument* ausgewählt ist. Aus dem Pop-up-Menü *Art* wählen Sie *Grafikrahmen*, damit keine anderen Rahmentypen in den Ersetzungsvorgang einbezogen werden.

Abfragen erzeugen

Wenn Sie einen mehr oder weniger komplizierten Such-/Ersetzungsvorgang zusammengestellt haben und diesen auch später noch verwenden möchten, speichern Sie ihn am besten als Abfrage. Die Suche lässt sich dann komfortabel über das Pop-up-Menü *Abfrage* im oberen Bereich sämtlicher Register des *Suchen/Ersetzen*-Dialogfelds abrufen.

Klicken Sie auf die Schaltfläche *Abfrage speichern*, vergeben Sie einen Namen und klicken Sie auf *OK*. Aber auch bereits vordefinierte Abfragen sind im Pop-up-Menü *Abfrage* zu finden, zum Beispiel zum Ändern von Formaten für Telefonnummern, für Zeichensetzungsformate oder zum Lokalisieren von Objekten mit Schlagschatten.

5.8 Vorgegebene Elemente praktisch organisieren und verwalten

Wenn Sie schon einmal Kataloge oder Anzeigen mit Sonderangeboten gesetzt haben, wissen Sie, wie mühselig diese Arbeit sein kann. Etwas komfortabler wird es, wenn sie sämtliche immer wiederkehrenden Elemente wie Abbildungen, Textkästen, Datentabellen und Logos an einem zentralen Ort aufbewahren und dann bei Bedarf einfach in das Dokument ziehen.

Mit den Bibliotheken bietet InDesign hier eine ideale Lösung. Die verschiedensten Objekttypen lassen sich in Bibliotheken verwalten –

ob es sich nun um Textrahmen, Bilder, Vektorgrafiken, Tabellen oder sogar Hilfslinien und ganze Seiten handelt.

Abbildung 5.65 Der Satz von solchen Prospekten mit vielen kleinen Elementen kann recht zeitraubend und auch frustrierend sein, wenn der Kunde immer wieder Änderungen wünscht, …

Eine Bibliothek ist eine spezielle Dateiart mit der Endung *.indl*. Bibliotheken werden als Bedienfelder angezeigt und enthalten Miniaturbilder oder die Namen der Objekte.

Eine Bibliothek aufbauen

Erstellen Sie eine Seite mit sämtlichen in einem bestimmten Projekt häufig wiederkehrenden Elementen und wählen Sie *Datei → Neu → Bibliothek*. Im folgenden Dialogfeld wählen Sie Dateipfad und Dateiname. Der gewählte Dateiname wird später im Register des Bedienfelds *Bibliothek* als Name angezeigt. Bestätigen Sie mit *Speichern*. Die neue Bibliothek wird als Bedienfeld angezeigt.

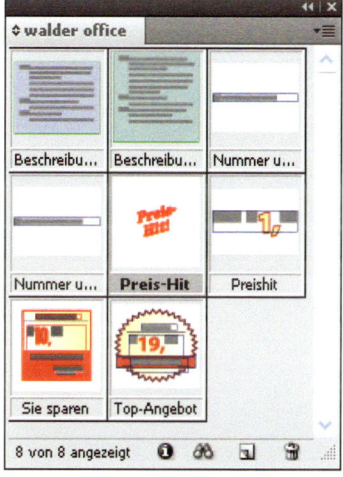

Abbildung 5.66 … doch Sie können sich die Arbeit mit Bibliotheken, die sämtliche wiederkehrenden Elemente enthalten, vereinfachen.

Objekte zur Bibliothek hinzufügen

Das Hinzufügen von Elementen zur Bibliothek ist denkbar einfach. Ziehen Sie sie einfach aus dem Dokument in das Bedienfeld *Bibliothek*. Alternativ markieren Sie die gewünschten Objekte und klicken Sie am unteren Rand des Bedienfelds *Bibliothek* auf das Symbol *Neues Bibliothekselement* . Auch über das Bedienfeldmenü fügen Sie ausgewählte Objekte hinzu. Hier haben Sie zusätzlich die Möglichkeit, mit dem Befehl *Elemente auf Seite … hinzufügen* sowie *Elemente auf Seite … als separate Objekte hinzufügen* sämtliche Objekte auf der Seite in die gerade aktive Bibliothek aufzunehmen.

Die in die Bibliothek gezogenen Objekte haben nichts mehr mit den Objekten im Ursprungsdokument zu tun. Sie sind nicht mehr mit ihnen verknüpft. Bestehende Verknüpfungen werden aber nicht aufgehoben.

Hilfslinien in der Bibliothek speichern

Selbst einen Satz Hilfslinien können Sie in einer Bibliothek speichern. Das kann sinnvoll sein, wenn Sie ein komplexes Raster erstellt haben, das Sie in verschiedenen Dokumenten benötigen.

Achten Sie darauf, dass das Auswahlrechteck keine Layoutelemente schneidet, da sonst diese statt der Hilfslinien ausgewählt werden. Die gleichzeitige Auswahl von Hilfslinien und Layoutobjekten in InDesign ist nicht möglich.

1 Wählen Sie das Hilfslinienraster aus, indem Sie mit dem Auswahlwerkzeug ▐ ein Rechteck darum aufziehen (es genügt, wenn das Rechteck alle Hilfslinien schneidet, sie müssen nicht komplett darin enthalten sein).

2 Wählen Sie aus dem Bedienfeldmenü ▾≣ Ihres Bibliotheksbedienfelds den Eintrag *Objekt hinzufügen* oder klicken Sie auf das Symbol *Neues Bibliothekselement* ▭.

Sie können auch ganze InDesign-Seiten in Ihr Layout einfügen. Diese platzierten INDD-Dateien können Sie ebenfalls in die Bibliothek ziehen.

Objektinformationen anlegen

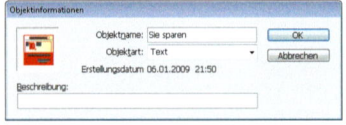

Abbildung 5.67 Für jedes Element in der Bibliothek können Sie Name und Beschreibung einstellen.

Zu jedem Bibliotheksobjekt fügen Sie sinnvollerweise einen Namen und eine Beschreibung hinzu. Doppelklicken Sie in der Bibliothek auf das gewünschte Objekt. Das Pop-up-Menü zum Einstellen der Objektart können Sie getrost ignorieren. InDesign findet die jeweiligen Objektart selbst heraus und stellt sie korrekt ein. Bereits beim Erstellen eines Bibliotheksobjekts können Sie dieses Dialogfeld aufrufen, indem Sie beim Hinzufügen die ⎡Alt⎤-Taste gedrückt halten.

Bibliotheken öffnen und schließen

Das Bedienfeld einer momentan nicht benötigten Bibliothek können Sie schließen und dann bei Bedarf mit der Befehlsfolge *Datei → Öffnen* wieder auf den Bildschirm holen. InDesign-Bibliotheken haben die Dateiendung *.indl* und lassen sich unter dem Dateityp *InDesign* öffnen.

Ein Element aus der Bibliothek in das Dokument einfügen

Um ein Objekt in einer angezeigten Bibliothek zu verwenden, ziehen Sie dieses einfach aus dem Bibliotheksbedienfeld auf die entsprechende Seite. Alternativ klicken Sie das gewünschte Element in der Bibliothek an und wählen aus dem Bedienfeldmenü ▾≣ den Befehl *Objekt(e) platzieren*.

Ein Element aus der Bibliothek löschen

Benötigen Sie ein Bibliothekselement nicht mehr, wählen Sie es aus und klicken auf das Papierkorb-Symbol ⌦ am rechten unteren Rand des Bedienfelds. Die im Dokument platzierten Elemente werden davon nicht beeinflusst.

Ein Element in eine andere Bibliothek kopieren

Bei Bedarf stellen Sie Ihre Bibliotheken neu zusammen, indem Sie Elemente zwischen ihnen austauschen: Zeigen Sie die benötigten Bibliotheken an und ziehen Sie eine davon an ihrem Register aus der Bedienfeldgruppe. Ordnen Sie beide Bedienfelder nebeneinander an. Nun können Sie die Elemente per Drag & Drop zwischen den Bibliotheken austauschen. Mit gedrückter ⎇Alt-/⌘-Taste kopieren Sie die Elemente nicht zwischen den Bibliotheken, sondern Sie verschieben sie gleich.

Objekte suchen und sortieren

Manche Bibliotheken werden recht umfangreich. InDesign versorgt Sie aus diesem Grund mit komfortablen Funktionen zum Sortieren und Durchsuchen der Bibliothekselemente.

▶ Möchten Sie alle Objekte der Bibliothek in alphabetischer Reihenfolge anzeigen, wählen Sie aus dem Bedienfeldmenü ▾☰ den Befehl *Listenansicht.*

▶ Mit dem Befehl *Miniaturansicht* oder *Große Miniaturansicht* zeigen Sie die Vorschaubilder wieder an.

Die Sortierreihenfolge ändern

Eine weitere Möglichkeit, sich einen Überblick über die Elemente der Bibliothek zu verschaffen, ist das Ändern der Sortierreihenfolge. Wählen Sie aus dem Bedienfeldmenü ▾☰ den Befehl *Objekte sortieren* und klicken Sie auf das gewünschte Sortierkriterium.

Nur Objekte mit bestimmten Kriterien anzeigen

Am unteren Rand des Bedienfelds *Bibliothek* sehen Sie ein Fernglas-Symbol 🔍. Dieses eröffnet Ihnen recht interessante Suchmöglichkeiten. Statt die gesamte Bibliothek durchzublättern, werden nur Objekte angezeigt, auf die bestimmte Kriterien zutreffen.

1 Mit den beiden Optionsfeldern bestimmen Sie, ob Sie die ganze Bibliothek durchsuchen möchten oder nur die zurzeit angezeigten Elemente (dies ist nur dann relevant, wenn Sie die Elemente bereits durch eine Untergruppe gefiltert haben und die Suche nun verfeinern möchten).

2 Unter *Parameter* geben Sie die Vergleichskriterien an. Möchten Sie beispielsweise nur Elemente anzeigen, die Sie nach dem 4. Januar 2009 erstellt haben, wählen Sie aus dem ersten Pop-up-Menü den Eintrag *Erstellungsdatum,* aus dem nächsten *Grösser als* und in das Eingabefeld rechts davon geben Sie *04.01.2009* ein. Somit filtert InDesign alle Elemente, die Sie nach dem 04.01.2009 erstellt haben, heraus.

Über die Schaltfläche *Mehr Optionen* legen Sie bis zu fünf Bedingungen fest, die sämtlich zutreffen müssen, damit die entsprechenden Elemente herausgefiltert werden. Nach einem Klick auf *OK* stellt InDesign das Suchergebnis – eine sogenannte Untergruppe – im Bedienfeld dar. Mit dem Befehl *Alle einblenden* aus dem Bedienfeldmenü ▾☰ erhalten Sie wieder alle Bibliothekselemente.

Abbildung 5.68 Hier werden alle Elemente herausgefiltert, die sowohl ein Bild sind als auch nach dem 01.01.2010 erstellt wurden.

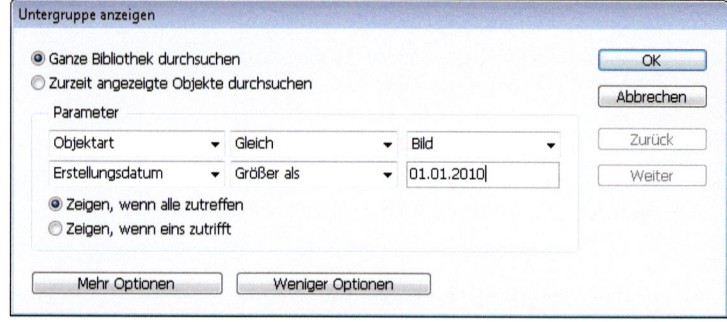

Ob Sie Snippets oder Bibliothekselemente verwenden möchten, ist mehr oder weniger Geschmackssache. Snippets sind allerdings praktischer, wenn Sie gerne mit Adobe Bridge arbeiten, zum Beispiel per Skript automatische Bildunterschriften hinzufügen möchten usw. Bibliotheken sind eigenständige Dateien und lassen sich deshalb leicht auf andere Computer übertragen und an andere InDesign-Anwender weitergeben.

5.9 Die Alternative: Snippets und Bridge

Eine Alternative zur Arbeit mit Bibliotheken sind die Snippets, die Sie in Adobe Bridge ablegen können. Als Besitzer der gesamten Creative Suite profitieren Sie besonders von der Adobe Bridge, denn diese verbindet sämtliche Programme der Suite. Sie können damit die Dokumente auf Ihrem Computer oder im Netzwerk nicht nur betrachten, sondern auch verwalten. Sie müssen das Programm nicht extra erwerben, es ist ein Bestand der Programme der Creative Suite. Dieses Programm, das Sie auch unabhängig von InDesign bzw. den Programmen der Creative Suite aufrufen können, ist mehr als ein bloßer Dateibrowser. Es eignet sich unter anderem zur effektiven Verwaltung der verschiedensten Elemente, die Sie für das Gestalten von Druck- und Bildschirmmedien mit der Creative Suite benötigen.

Sie starten das Programm mit einem Klick auf das Bridge-Symbol am oberen Bildschirmrand oder über den Befehl *Datei → Bridge durchsuchen*.

Abbildung 5.69
So sieht Adobe Bridge in der Standardeinstellung aus.

Adobe Bridge kann auf einem Rechner mit geringer Leistungsstärke recht schleppend arbeiten. Normalerweise greift der Bridge-Cache auf die Festplatte mit dem Betriebssystem zu. Sollte diese relativ voll sein, verwenden Sie besser ein anderes, leeres Laufwerk: Wählen Sie in Bridge *Bearbeiten/ Bridge → Voreinstellungen → Cache*. Geben Sie als *Cache-Speicherort* einen Pfad auf einem anderen Laufwerk mit viel freiem Speicher an.

Im linken oberen Bereich finden Sie das Arbeitsplatz-Symbol, das Ihnen auf einen Klick den Inhalt Ihrer Datenträger zeigt. Damit navigieren Sie wie im Windows Explorer bzw. im Mac-Finder.

▶ Sobald Sie einen Ordner mit Bilddateien geöffnet haben, erscheint im großen Inhaltsfenster der Bildinhalt dieses Ordners. Klicken Sie hier ein Bild an, erscheint im rechten oberen Bereich eine Vorschau, im Register *Metadaten* sehen Sie eine Bildbeschreibung.

▶ Möchten Sie den Vorschaubereich schnell maximieren, klicken Sie im oberen Bereich des Bridge-Fensters auf *Filmstreifen*. Dieser dient speziell zum schnellen Vergleich von Bildern und Grafiken. Dadurch wird das Vorschaufenster im oberen Bereich von Bridge angeordnet, das Inhaltsfenster im unteren Bereich.

▶ Klicken Sie in dieser Ansicht ein Bild an, wird es mit der Lupe auf 100 Prozent gezoomt.

Abbildung 5.70 Ein Teil des Bilds wird mit der Lupe untersucht. Bild: Kristine Kamm

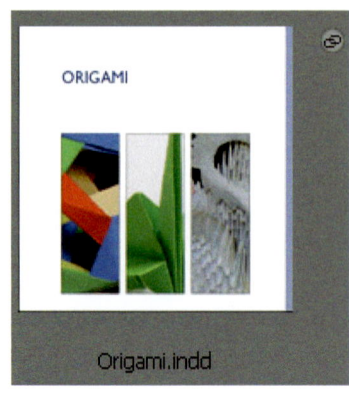

Abbildung 5.71 Klicken Sie das Ketten-Symbol mit der rechten Maustaste bzw. mit gedrückter `Ctrl`-Taste an und wählen Sie *Verknüpfte Dateien anzeigen*.

NEU in CS5 ▶

Sie können mit Adobe Bridge nicht nur Ihre InDesign-Dateien betrachten und verwalten, sondern auch Bilddateien, AI- und PDF-Dateien. Bei PDF- und InDesign-Dateien blättern Sie im Vorschaubereich einer markierten Datei auch durch die einzelnen Seiten.

Wie viele Vorschauseiten Ihres InDesign-Dokuments in Bridge angezeigt werden, hängt von Ihren InDesign-Voreinstellungen ab:

1 Wählen Sie *Bearbeiten → Voreinstellungen → Dateihandhabung.*

2 Standardmäßig ist das Kontrollkästchen *Vorschaubilder immer mit Dokumenten speichern* bereits aktiviert. Darunter legen Sie fest, wie viele Seiten als Vorschau gespeichert werden sollen und in welcher Größe.

Beachten Sie: Je mehr Vorschauseiten Sie speichern und je besser deren Qualität ist, desto länger dauert das Speichern Ihrer InDesign-Datei.

Im Inhaltsbereich weisen InDesign-Dateien ein kleines Ketten-Symbol auf. Klicken Sie dieses Symbol mit der rechten Maustaste bzw. mit gedrückter `Ctrl`-Taste an und wählen Sie *Verknüpfte Dateien anzeigen*. Dann werden im Inhaltsbereich von Bridge alle Bilddateien, die im Dokument verwendet werden, angezeigt.

Diese Funktion kann sehr praktisch sein, wenn Sie beispielsweise ein Bild suchen und sich nicht erinnern können, wo es gespeichert ist, aber wissen, dass Sie es in einem bestimmten InDesign-Dokument platziert haben.

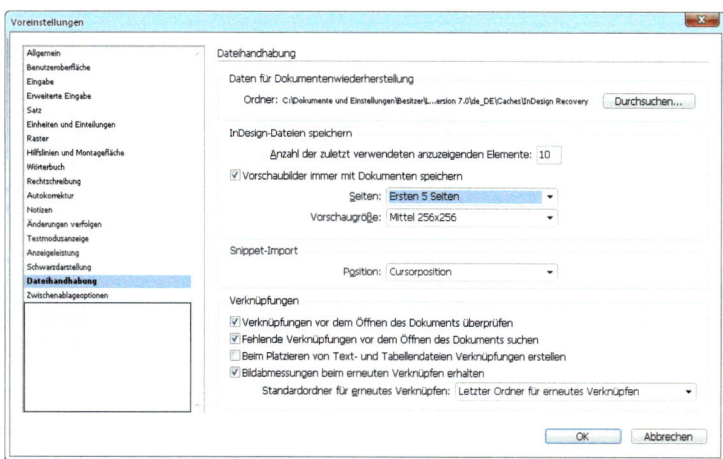

Abbildung 5.72 In den Voreinstellungen entscheiden Sie, wie viele Vorschauseiten für Adobe Bridge Sie mit dem Dokument speichern möchten.

Dateien aus Bridge in InDesign öffnen bzw. einfügen

Mit einem Doppelklick öffnen Sie die jeweilige Datei in der ihr zugeordneten Anwendung – PSD-Dateien beispielsweise in Photoshop, INDD-Dateien in InDesign.

Aber auch das Platzieren von Bilddateien in einem InDesign-Dokument ist über Adobe Bridge möglich. Ziehen Sie die Dateien einfach mit gedrückter Maustaste aus dem Bridge- in das InDesign-Fenster. Sie erleichtern sich diese Aufgabe, indem Sie die gewünschten Bilder oder Grafiken auswählen und dann am rechten oberen Rand des Bridge-Fensters auf das Symbol *In Kompaktmodus wechseln* klicken. Anschließend ziehen Sie die ausgewählten Bilder mit gedrückter Maustaste in das InDesign-Fenster. Alternativ wählen Sie *Datei* → *Platzieren* → *In InDesign*. Auch hier können Sie – wie auf Seite 178 beschrieben – mehrere Dateien in einem Zug im Layout platzieren.

Snippets in Bridge erzeugen

Auch der umgekehrte Weg ist möglich und bietet eine echte Alternative zur Arbeit mit Bibliotheken:

1 Zeigen Sie in Bridge den Ordner an, in dem Sie Snippets – also einzelne Layoutelement, die Sie immer wieder benötigen – ablegen möchten.

2 Wählen Sie ein oder mehrere Element(e) in Ihrem InDesign-Layout aus.

3 Ziehen Sie das oder die Element(e) mit gedrückter Maustaste in das Bridge-Inhaltsfenster.

Sie können sogar entscheiden, ob das Objekt an der Position, an der Sie es ursprünglich in InDesign erzeugt hatten, statt an der Position des Mauszeigers (Cursorposition) platziert werden soll. Dazu wählen Sie *Bearbeiten → Voreinstellungen*. In der Kategorie *Dateihandhabung* aktivieren Sie bei *Position* das Optionsfeld *Ursprüngliche Position*.

Abbildung 5.73 Die linken und rechten Bereiche wurden ausgeblendet.

Das so erzeugte Snippet hat dieselben positiven Eigenschaften wie ein Bibliotheksobjekt. Die Position der darin enthaltenen Objekte bleibt relativ zueinander bestehen, wenn Sie das Snippet aus Bridge wieder in ein InDesign-Layout ziehen. Alternativ fügen Sie das Snippet mit *Datei → Platzieren* (Strg/⌘ + D) ein.

Mit Adobe Bridge arbeiten

Bei Bedarf blenden Sie die linken oder rechten Teilfenster des Bridge-Fensters aus. Führen Sie dazu einen Doppelklick auf den senkrechten Trennbalken zwischen Vorschaubereich und Teilfenstern aus. Damit maximieren Sie den zentralen Inhaltsbereich. Alternativ drücken Sie einfach die ⇆-Taste.

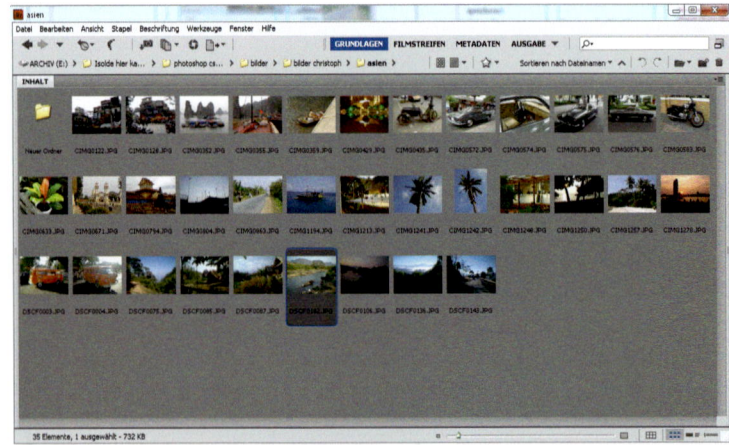

Mit einem weiteren Doppelklick auf den linken oder rechten Balken am Fensterrand oder einem weiteren Druck auf die Tab-Taste blenden Sie die Teilfenster wieder ein.

Die Balken lassen sich auch frei nach links oder rechts ziehen, um die einzelnen Fensterbereiche zu vergrößern oder zu verkleinern. Über das Menü *Fenster* lassen sich die Teilfenster einzeln ein- oder ausblenden. Über ihre Register können Sie die Fenster greifen und auf dem Bildschirm umherziehen bzw. an anderer Stelle anordnen.

Darstellungsgröße der Bilder oder Grafiken ändern

Die Größe und Darstellungsweise der Miniaturen im Hauptinhaltsbereich von Bridge lässt sich verändern. Am schnellsten regulieren Sie die Darstellungsgröße der Miniaturen über den Regler am unteren Fensterrand.

Abbildung 5.74 Über den Regler am unteren Fensterrand ändern Sie die Darstellungsgröße der Vorschaubilder.

Bilder und Grafiken in Stapeln anordnen

Wenn Sie eine ganze Serie eines bestimmten Motivs geschossen haben, können Sie alle zugehörigen Bilder in einem Stapel anordnen und sich dadurch wieder Platz auf dem Bildschirm verschaffen.

1. Wählen Sie die gewünschten Bilder und Grafiken mit gedrückter `Strg`/`⌘`-Taste aus.
2. Wählen Sie *Stapel → Als Stapel gruppieren*.
3. Die Bilder werden nicht mehr nebeneinander, sondern hintereinander dargestellt.
4. Bridge zeigt Ihnen, wie viele Bilder und Grafiken sich im Stapel befinden. Klicken Sie auf diese Zahl, um die gestapelten Dateien nebeneinander anzuzeigen.
5. Mit einem weiteren Klick auf die Zahl werden die Dateien wieder gestapelt.

Um den Stapel aufzulösen, wählen Sie *Stapel → Aus Stapelgruppierung lösen*.

Abbildung 5.75 Fünf Bilder wurden in einem Stapel gruppiert.

Dateien in Unterordnern anzeigen

Haben Sie Ihre Bilder und Grafiken in vielen Unterordnern gespeichert? Die Suche nach einem bestimmten Bild könnte recht aufwendig werden, wenn Sie jeden Unterordner einzeln durchforsten müssten.

Das Problem lässt sich ganz leicht lösen, indem Sie am Ende des Ordnerpfads unter der Symbolleiste auf das kleine Pfeil-Symbol ❯ klicken. Aus dem angezeigten Menü wählen Sie jetzt *Objekte in Unterordnern anzeigen*. Bei umfangreichen Bildsammlungen kann es sein, dass Bridge eine Weile arbeitet, bevor alle Bilder und Grafiken im Inhaltsfenster angezeigt werden. Den Fortschritt erkennen Sie in der Statuszeile des Bridge-Fensters.

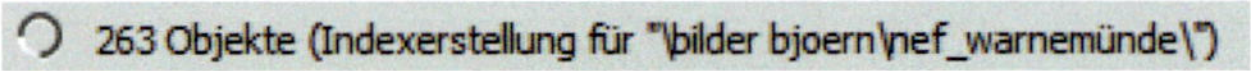

Abbildung 5.76 Den Fortschritt erkennen Sie in der Statuszeile des Bridge-Fensters.

⟳ 263 Objekte (Indexerstellung für "\bilder bjoern\nef_warnemünde\")

Nun können Sie das gewünschte Bild viel leichter ausfindig machen, indem Sie beispielsweise die auf Seite 297 erläuterte Filterfunktion nutzen. Möchten Sie den Vorgang rückgängig machen und die Ordnerstruktur wieder wie vorher anzeigen, klicken Sie am Ende des Ordnerpfads auf das durchgestrichene Kreis-Symbol ⊘.

Dateien organisieren

Wenn sich auf Ihrer Festplatte viele Digitalfotos und sonstige Dateien angesammelt haben, kann es schwierig werden, den Überblick zu behalten und ein bestimmtes Bild schnell zu finden. Hier leistet Adobe Bridge mit seinen vielfältigen Möglichkeiten zur Organisation von Bildern und anderen Dateien hervorragende Dienste.

Schneller Zugriff: Favoriten anlegen

Häufig benötigte Bilder und Ordner legen Sie am besten als Favoriten ab:

1 Steuern Sie den Ordner mit den gewünschten Bildern an. Sein Inhalt wird im Inhaltsbereich im Zentrum des Bridge-Fensters dargestellt.
2 Aktivieren Sie den *Favoriten*-Bereich, der sich standardmäßig im linken oberen Teil des Bridge-Fensters befindet. Hier können Sie alle Fotos sammeln, auf die Sie schnellen Zugriff ohne langes Umhersuchen benötigen.
3 Markieren Sie das gewünschte Bild und ziehen Sie es aus dem Inhaltsbereich in den *Favoriten*-Bereich. Auch ganze Ordner können Sie hierhin ziehen. Alternativ führen Sie einen Rechtsklick auf den Ordner bzw. das Bild aus und wählen aus dem Kontextmenü den Befehl *Zu Favoriten hinzufügen*.

Bilder und Grafiken mit Sammlungen organisieren

Eine weitere Möglichkeit zur Organisation Ihrer Fotos sind die Sammlungen.

1 Navigieren Sie in Bridge zu dem Ordner, der die gewünschten Bilder und Grafiken enthält.
2 Der Inhalt des Ordners wird im Hauptbereich von Bridge angezeigt.

3 Markieren Sie alle Bilder und Grafiken, die Sie in die Sammlung aufnehmen möchten, mit gedrückter `Strg`/`⌘`-Taste.

4 Im linken unteren Bereich des Bridge-Fensters aktivieren Sie das *Sammlungen*-Register. Falls dieses gerade nicht sichtbar ist, aktivieren Sie den Befehl *Fenster → Sammlungen-Fenster*.

5 Klicken Sie am unteren Rand des *Sammlungen*-Registers auf das Symbol *Neue Sammlung* ⊞. Beantworten Sie die Frage mit *Ja* und geben Sie der neuen Sammlung einen passenden Namen. Bestätigen Sie mit der `↵`-Taste.

Von nun an können Sie die in der neuen Sammlung enthaltenen Bilder und Grafiken schnell auffinden und in Photoshop öffnen. Klicken Sie einfach auf einen Sammlungen-Ordner, um die enthaltenen Bilder im Inhaltsbereich anzuzeigen.

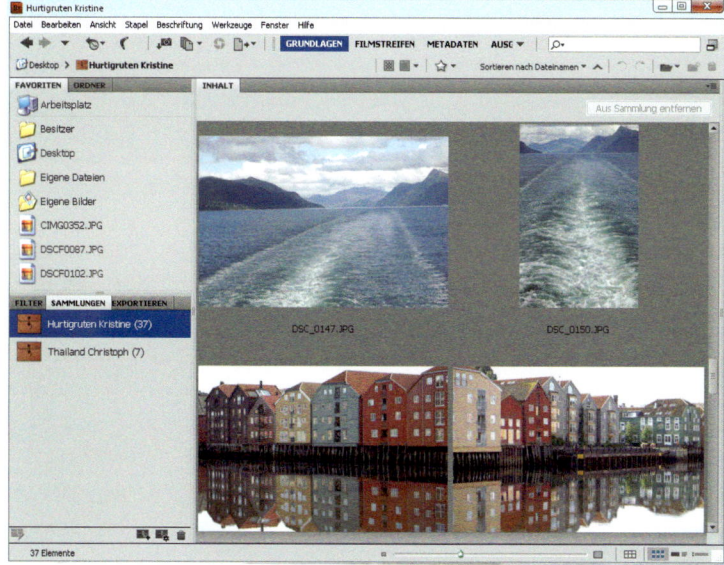

Abbildung 5.77 Der Inhalt der Sammlung Hurtigruten Kristine wird im Inhaltsbereich von Bridge angezeigt.

Wenn Sie neue Bilder und Grafiken in diese Sammlung aufnehmen möchten, aktivieren Sie zunächst das Register *Ordner* im linken oberen Bereich des Bridge-Fensters und steuern Sie die Bilder an. Wählen Sie sie mit gedrückter `Strg`/`⌘`-Taste im Inhaltsbereich von Bridge aus. Ziehen Sie die markierten Bilder auf das Sammlungs-Symbol.

Genau wie die Favoriten verbleiben auch die Bilder in einer Sammlung an ihrem ursprünglichen Platz auf der Festplatte.

Smart-Sammlungen anlegen

Eine Smart-Sammlung ist eine intelligente Variante der Sammlung. Sie geben bestimmte Kriterien an, die zutreffen müssen, damit die Bilder in die Sammlung aufgenommen werden. Sobald neue Bilder und Grafiken hinzukommen, auf die diese Kriterien ebenfalls zutreffen, werden sie automatisch in die Smart-Sammlung integriert.

1 Klicken Sie am unteren Rand des *Sammlungen*-Bereichs auf das Symbol *Neue Smart-Sammlung.* In der folgenden Dialogbox geben Sie Ihre Suchkriterien ein und klicken Sie auf *Speichern.*

2 In der nächsten Dialogbox wählen Sie den Ordner, den Sie durchsuchen möchten. Gegebenenfalls aktivieren Sie das Kontrollkästchen, um die Unterordner in die Suche mit einzuschließen.

3 Wenn Sie das Kontrollkästchen *Nicht-indizierte Dateien einschließen (eventuell langsam)* aktivieren, durchsucht Adobe Bridge auch diejenigen Dateien, die noch nicht in dem im Hintergrund angelegten Index enthalten sind. Nur so können Sie gewährleisten, dass Bridge wirklich alle Dateien durchsucht, auch wenn die Suche sich durch das aktivierte Kontrollkästchen verlangsamen kann.

Abbildung 5.78 Hier nehmen Sie alle Bilder mit dem Stichwort Asien und einer Bewertung von mindestens 4 Sternen in die Sammlung auf.

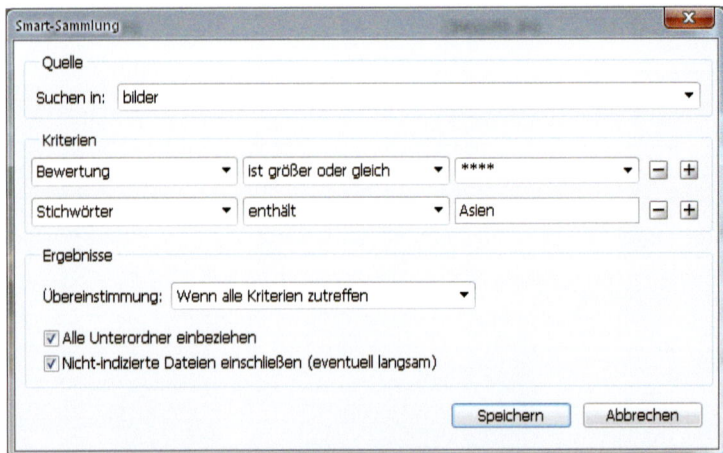

4 Unter *Kriterien* legen Sie fest, was Sie genau suchen.

5 Unter *Ergebnisse* entscheiden Sie, ob Sie eine UND- oder eine ODER-Verknüpfung nutzen möchten. Eine UND-Verknüpfung *(Wenn alle Kriterien zutreffen)* findet nur diejenigen Dateien, auf die alle angegebenen Kriterien zutreffen. Bei einer ODER-Verknüpfung *(Wenn ein Kriterium zutrifft)* genügt es, wenn eines der angegebenen Kriterien zutrifft.

6 Klicken Sie auf *Speichern*, um die Smart-Sammlung zu erstellen. Sie wird ebenfalls im *Sammlungen*-Bereich angezeigt.

Bilder und Grafiken mit Stichwörtern versehen

In Bridge können Sie zu jedem Bild thematische Stichwörter eingeben. Gerade wenn Sie sehr viele Digitalfotos auf Ihrem Datenträger haben, ist Ihnen dies garantiert eine große Hilfe, wenn Sie später Bilder zu einem bestimmten Thema suchen. Aber auch wenn Sie Ihre Bilder bei Online-Agenturen wie etwa istockphoto zum Verkauf anbieten oder sie in Photosharing-Sites wie Flickr oder Fotocommunity präsentieren möchten, sind die Stichwörter in Bridge praktisch, weil Sie die Bilder auf den Sites dann nicht mehr gesondert verschlagworten müssen. Standardmäßig finden Sie das Register *Stichwörter* in der rechten unteren Ecke des Bridge-Fensters. Sollte es hier nicht angezeigt werden, wählen Sie *Fenster → Stichwörter-Fenster*.

Wie Sie sehen, enthält das Bedienfeld bereits einige vordefinierte Stichwortkategorien wie *Ereignisse, Orte* und *Personen*. Sie sind nicht auf diese Kategorien beschränkt, sondern können über das Plus-Symbol am unteren Rand des Stichwörter-Bereichs eigene Kategorien anlegen. Achten Sie dabei darauf, dass Sie gerade kein Stichwort in einer Unterkategorie markiert haben. Denn sonst fügen Sie keine neue Kategorie hinzu, sondern ein neues Stichwort in dieser Unterkategorie.

Um die angelegten Stichwörter zuzuweisen, aktivieren Sie die Kontrollkästchen vor ihren Namen. Sie können auch mehrere Bilder und Grafiken gleichzeitig mit gedrückter ⇧- bzw. Strg/⌘-Taste auswählen und diese mit denselben Stichwörtern versehen.

Falls Sie keine Überkategorien benötigen, können Sie die Stichwörter auch direkt im nachfolgend beschriebenen Bereich *IPTC-Core* des Registers *Metadaten* eingeben, jeweils durch ein Semikolon oder Komma getrennt. Die Stichwörter erscheinen dann im *Stichwörter*-Bereich unter der Kategorie *Andere Stichwörter*.

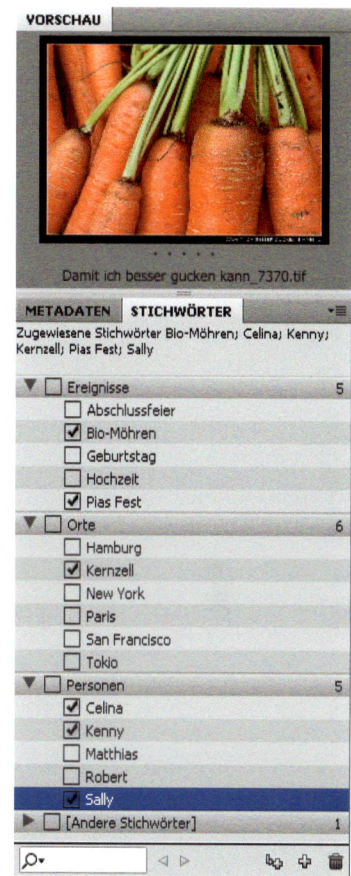

Abbildung 5.79 Stichwörter sind eine gute Hilfe beim späteren Wiederauffinden Ihrer Bilder.

Abbildung 5.80 Wenn Sie größere Mengen von Stichwörtern eingeben möchten, bietet sich der IPTC-Core-Bereich des Metadaten-Registers an.

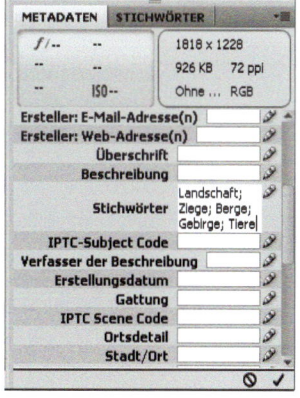
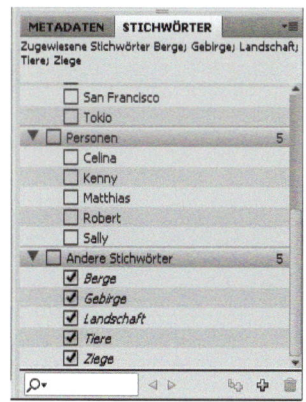

Je detaillierter Sie Ihre Bilder durch Schlüsselwörter katalogisieren, desto leichter wird es, sie gegebenenfalls zu finden, ohne alle Fotos einzeln durchsehen zu müssen.

Bilder und Grafiken mit Copyright-Hinweisen versehen

Im Register *Metadaten* finden Sie den Bereich *IPTC-Core* mit dem Feld *Copyrightvermerk*. Wählen Sie die gewünschte Bilddatei aus, klicken Sie in dieses Feld und geben Sie den Namen des Urheberrechtsinhabers ein. Füllen Sie gegebenenfalls auch die übrigen Felder aus und bestätigen Sie Ihre Eingaben mit einem Klick auf die häkchenförmige *Anwenden*-Schaltfläche ✔ in der rechten unteren Ecke.

Abbildung 5.81 Kameradaten und Raw-Entwicklungsparameter werden automatisch eingelesen.

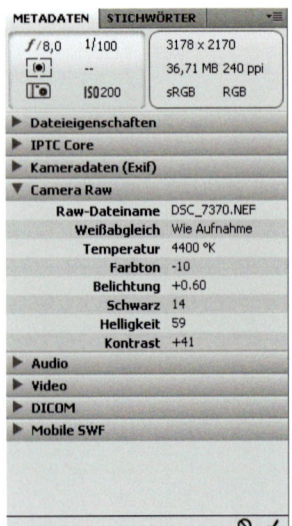

Bilder und Grafiken bewerten

Jedes Bild kann eine Bewertung in Form von einem bis fünf Sternen sowie farbige Markierungen erhalten. Nutzen Sie diese Möglichkeit beispielsweise, um Bilder und Grafiken für ein bestimmtes Projekt blau zu kennzeichnen und die für ein anderes Projekt grün.

▶ Um ein Bild (oder auch mehrere Bilder) zu bewerten oder zu markieren, wählen Sie es aus (mehrere Bilder wie immer mit gedrückter Strg/⌘- bzw. ⇧-Taste) und öffnen Sie das Menü *Beschriftung*. Wählen Sie die gewünschte Bewertung von * bis *****.

▶ Schneller geht es mit Tastenkombinationen. In der Grundeinstellung verwenden Sie die Tastenkombination ⌜Strg⌟/⌜⌘⌟ + ⌜1⌟ bis ⌜Strg⌟/⌜⌘⌟ + ⌜5⌟ für die Bewertungen und die Tastenkombination ⌜Strg⌟/⌜⌘⌟ + ⌜.⌟ bzw. ⌜Strg⌟/⌜⌘⌟ + ⌜.⌟, um die Wertung schrittweise zu erhöhen bzw. schrittweise zu verringern. Auch für die verschiedenen Markierungsarten gibt es Tastenkombinationen:

- ▶ ⌜Strg⌟/⌜⌘⌟ + ⌜6⌟: Auswählen
- ▶ ⌜Strg⌟/⌜⌘⌟ + ⌜7⌟: Zweite Wahl
- ▶ ⌜Strg⌟/⌜⌘⌟ + ⌜8⌟: Genehmigt
- ▶ ⌜Strg⌟/⌜⌘⌟ + ⌜9⌟: Betrachtung

▶ Weitere Alternative: Unter jedem markierten Bild zeigt sich eine Reihe aus fünf Punkten. Klicken Sie auf die gewünschte Punktanzahl, weist Bridge dem Bild die entsprechende Bewertung zu.

Über *Bearbeiten → Voreinstellungen → Beschriftungen* können Sie die Tastenkombinationen so ändern, dass sie ohne ⌜Strg⌟/⌜⌘⌟-Taste abrufbar sind. In dieser Voreinstellungskategorie können Sie auch die Bewertungseinträge selbst frei einstellen.

Abbildung 5.82 Bei Bedarf markieren Sie mehrere Bilder und weisen ihnen gleichzeitig dieselbe Wertung zu.

Bilder und Grafiken filtern

Anschließend können Sie Ihre Bilder und Grafiken gemäß den Bewertungen und Markierungen filtern. Und mindestens ebenso wichtig – auch nach Ihren Stichwörtern lassen sich Bilder filtern. So finden Sie schnell Bilder zu einem bestimmten Thema.

Das *Filter*-Register zeigt grundsätzlich die Informationen aller momentan im Inhaltsbereich angezeigten Bilder und Grafiken. Sie sehen neben jedem Eintrag, wie viele passende Dateien im Inhaltsbereich vorhanden sind.

1 Wählen Sie im linken Teilfenster unter *Filter* das gewünschte Kriterium aus (zum Beispiel *Dateityp*, *Stichwörter* oder *Wertungen*).

2 Setzen Sie anschließend mit einem Klick einen Haken vor der Eigenschaft, nach der Sie filtern möchten. Adobe Bridge zeigt nur noch diejenigen Bilder und Grafiken an, auf die die gewählte Eigenschaft zutrifft. Selbstverständlich lassen sich die verschiedenen Kriterien und Eigenschaften dabei kombinieren.

Abbildung 5.83 Alle Bilder mit dem Stichwort Steine werden im Inhaltsfenster angezeigt.

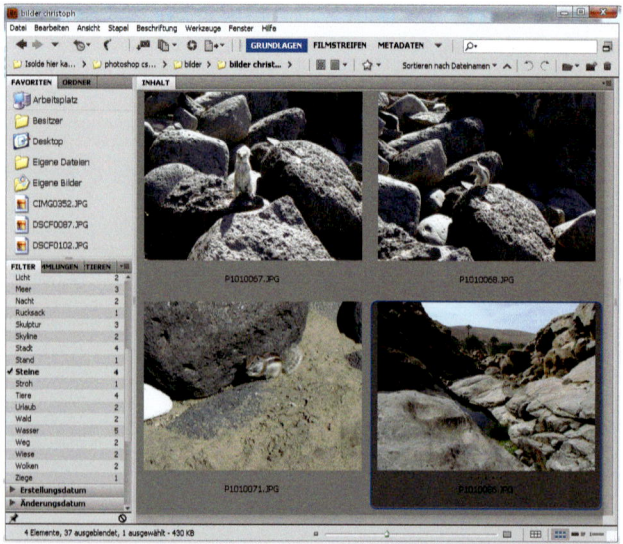

Sie können auch alle Bilder ab einer bestimmten Wertung anzeigen. Möchten Sie etwa alle Bilder mit mindestens drei Sternen auswählen, klicken Sie unter *Wertungen* mit gedrückter ⇧-Taste auf ∗∗∗. Daraufhin zeigt Bridge Ihnen alle Bilder mit drei, vier oder fünf Sternen im Inhaltsbereich.

Die Filter lassen sich miteinander kombinieren. So können Sie beispielsweise zuerst nach Bildern mit einer Fünf-Sterne-Bewertung filtern, indem Sie – falls noch nicht geschehen – den Bereich *Bewertungen* mit einem Klick auf das Dreieck-Symbol ▶ expandieren und dann auf ∗∗∗∗∗ klicken (sofern diese Bewertung für eines oder mehrere der im Inhaltsbereich vorhandenen Bilder und Grafiken vergeben wurde). Anschließend können Sie alle Fünf-Sterne-Bilder mit einem bestimmten Stichwort anzeigen lassen, indem Sie den Bereich *Stichwörter* gegebenenfalls expandieren und das gewünschte Stichwort anklicken. Im Inhaltsbereich werden jetzt nur noch Fünf-Sterne-Bilder mit dem angeklickten Stichwort dargestellt. Klicken Sie nun noch ein weiteres Stichwort an, werden auch die Fünf-Sterne-Bilder mit diesem Stichwort gezeigt usw.

Bilder und Grafiken suchen

Auch eine Suchfunktion bietet Adobe Bridge. Für eine schnelle, einfache Suche verwenden Sie das durch ein Lupen-Symbol gekennzeichnete Suchfeld in der oberen rechten Ecke von Adobe Bridge. Hier geben Sie Ihre Suchbegriffe ein und drücken die ⏎-Taste. Bridge zeigt Ihnen die gefundenen Bilder und Grafiken im Inhaltsbereich. Komplexere Suchfunktionen führen Sie über den Befehl *Bearbeiten → Suchen* (Strg/⌘ + F) durch. Hier können Sie Dateien unter Verwendung von UND- und ODER-Verknüpfungen nach mehreren Kriterien suchen.

1 Wählen Sie *Bearbeiten → Suchen* bzw. drücken Sie Strg/⌘ + F.

2 In der folgenden Dialogbox wählen Sie den Ordner, den Sie durchsuchen möchten. Gegebenenfalls aktivieren Sie das Kontrollkästchen zum Einschließen der Unterordner in die Suche.

3 Unter *Kritierien* legen Sie fest, was Sie genau suchen. In der folgenden Abbildung wurde beispielsweise zunächst nach JPEG-Dateien gesucht. Dann wurde mit der Plus-Schaltfläche ein weiteres Kriterium hinzugefügt und die Option *Stichwörter* ausgewählt. Schließlich wurde noch ein Kritierium – die Bewertung – hinzugefügt.

4 Unter *Ergebnisse* entscheiden Sie, ob Sie eine UND- oder eine ODER-Verknüpfung nutzen möchten. Eine UND-Verknüpfung *(Wenn alle Kriterien zutreffen)* findet nur diejenigen Dateien, auf die alle angegebenen Kriterien zutreffen. Bei einer ODER-Verknüpfung *(Wenn ein Kriterium zutrifft)* genügt es, wenn eines der angegebenen Kriterien zutrifft. Wir suchen hier also zum Beispiel nach JPEG- oder nach TIF-Dateien.

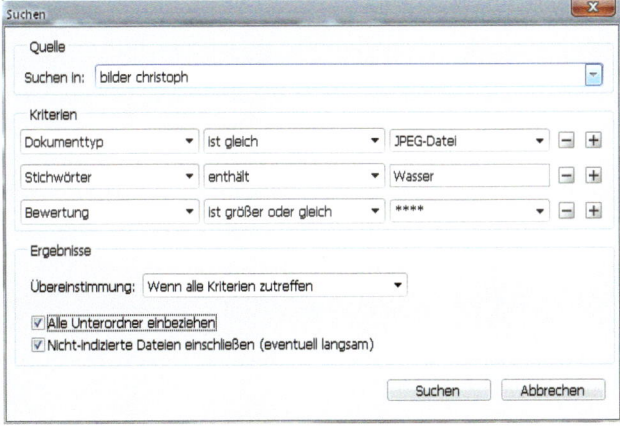

Abbildung 5.84 Hier wird nach allen JPEG-Bildern mit dem Stichwort Wasser und einer Bewertung von mindestens 4 Sternen gesucht.

Die Mini Bridge

Eine neue, wichtige CS5-Funktion ist die Mini Bridge. Wählen Sie in InDesign *Fenster* → *Mini Bridge*. Die Mini Bridge öffnet sich als Bedienfeld direkt in InDesign, sodass Sie nicht von einem Programm in das andere wechseln müssen, um Ihre Dateien zu finden.

Abbildung 5.85 Links: Direkt nach dem Starten der Mini Bridge klicken Sie auf das Symbol *Dateien durchsuchen*.
Rechts: Nun können Sie navigieren wie in der „großen" Bridge.

 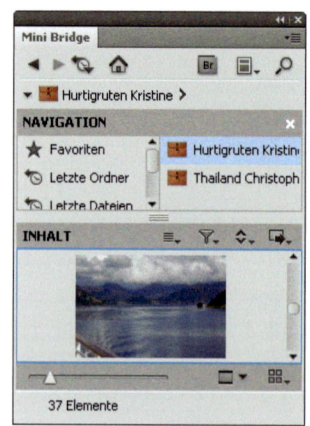

Neben der neuen Mini Bridge gibt es auch in CS5 noch den Kompaktmodus von Adobe Bridge. Sie aktivieren ihn mit der Schaltfläche *In Kompaktmodus wechseln* in der rechten oberen Ecke des Bridge-Fensters. Sie erhalten damit ein kompaktes Bridge-Fenster, das sich immer im Vordergrund befindet.

Nach dem ersten Starten der Mini Bridge klicken Sie auf die Schaltfläche *Dateien durchsuchen*, wenn die „große" Bridge gerade nicht geöffnet ist. Die Mini Bridge nimmt jetzt Kontakt mit Adobe Bridge auf. Nun können Sie genauso navigieren wie in der „großen" Bridge.

In der Grundeinstellung ist das Mini-Bridge-Bedienfeld recht klein und dadurch unübersichtlich. Es bietet sich deshalb an, die Mini Bridge am unteren Bildschirmrand anzudocken. Der Inhaltsbereich wird als Filmstreifen angezeigt.

Bilder und Grafiken voranzeigen

Bevor Sie ein Bild aus der Mini Bridge heraus in Photoshop öffnen, können Sie es begutachten, indem Sie es anklicken und die Leertaste drücken. Damit zeigen Sie das Foto im Vollbildmodus an. Wenn Sie nun klicken, stellen Sie das Bild in 100%-Ansicht dar. Mit der [Esc]-Taste gelangen Sie zurück zur Mini Bridge. Klicken Sie in der Mini-Bridge-Symbolleiste auf das Bridge-Symbol ▣, wird das markierte Bild in der großen Bridge geöffnet.

▸ Um das Aussehen der Mini Bridge anzupassen, öffnen Sie das Bedienfeldmenü und wählen Sie *Einstellungen*. Klicken Sie auf das Symbol *Einstellungen*. Nun können Sie die Helligkeit der Benutzeroberfläche sowie des Bildhintergrunds einstellen.

▶ Per Drag & Drop ziehen Sie die Vorschaubilder frei im Bridge-Fenster umher und ordnen sie so neu an. Auch die Größe und Darstellungsweise der Miniaturen im Hauptinhaltsbereich von Bridge lässt sich verändern. Am schnellsten regulieren Sie die Darstellungsgröße der Miniaturen über den Regler am unteren Fensterrand.

▶ Bei Bedarf blenden Sie die linken Teilfenster des Bridge-Fensters aus. Führen Sie dazu einen Doppelklick auf den senkrechten Trennbalken zwischen Vorschaubereich und Teilfenstern aus. Damit maximieren Sie den Ansichtsbereich für die Vorschaubilder. Mit einem weiteren Doppelklick auf den linken Bridge-Fensterrand blenden Sie die Teilfenster wieder ein.

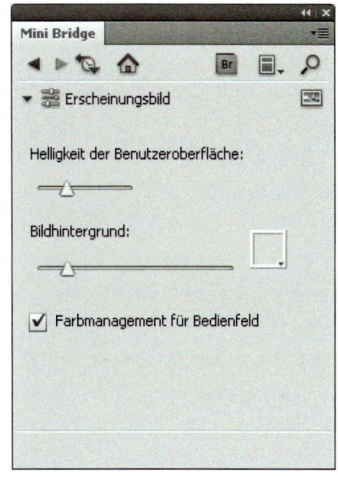

Abbildung 5.86 Hier stellen Sie das Aussehen der Mini Bridge ein.

5.10 Zusammenarbeit mit anderen Workflow-Mitgliedern

Gerade wenn – wie es heute immer häufiger vorkommt – die Zeitfenster für die Produktion enger werden, müssen Sie vielleicht noch recht spät in der Layoutphase eng mit Autoren, Übersetzern oder Lektoren zusammenarbeiten.

Texte verknüpfen

In der Grundeinstellung werden importierte Texte fest in das Layout eingebettet. Sie können den Text stattdessen aber auch lediglich verknüpfen. Der größte Vorteil dieser Vorgehensweise ist, dass Sie den Text dann jederzeit in der Ursprungsanwendung ändern und speichern und anschließend in InDesign aktualisieren können. Dies ist besonders komfortabel, wenn Sie mit Autoren zusammenarbeiten, die ihre Texte auch nachträglich noch in Word ändern möchten.

1 Wählen Sie *Bearbeiten* → *Voreinstellungen* → *Dateihandhabung.* Aktivieren Sie das Kontrollkästchen *Beim Platzieren von Text- und Tabellendateien Verknüpfungen erstellen.*

2 Importieren Sie Ihren Text auf die beschriebene Weise.

3 Zeigen Sie das Bedienfeld *Verknüpfungen* an. Die Textverknüpfung wird hier aufgeführt.

Wenn Sie den Text nun im Ursprungsdokument geändert und anschließend gespeichert haben, erscheint im Bedienfeld *Verknüpfungen* neben dem Dokumentnamen ein gelbes Warndreieck. Mit einem Klick auf die Schaltfläche *Verknüpfungen aktualisieren* im Bedienfeld *Verknüpfungen* bringen Sie den Text auf den neuesten Stand.

Wenn Sie im Pop-up-Menü *Standardordner für erneutes Verknüpfen* den Eintrag *Letzter Ordner für erneutes Verknüpfen* stehen lassen, wird beim Klick auf die Schaltfläche *Erneut verknüpfen* im Verknüpfungsbedienfeld wie in den Version CS3 und 4 der zuletzt verwendete Ordner angezeigt. Wählen Sie hingegen *Ursprünglicher Ordner für erneutes Verknüpfen,* wird wie bis zur Version CS2 der ursprüngliche Speicherort der verknüpften Datei angezeigt.

InDesign-Dokumente verknüpfen

Nicht nur einzelne Texte, sondern auch ganze InDesign-Dokumente können Sie mit Ihrem Dokument verknüpfen. Mit dieser Vorgehensweise sind Sie nicht nur für schnelle Änderungen gerüstet, sondern Sie erzeugen auch auf unkomplizierte Weise unterschiedliche Layoutversionen. In Zeitschriften können vorgefertigte Artikel problemlos ausgetauscht werden.

Abbildung 5.87 Die linke Seite dieser Prospektdoppelseite soll als Anzeige in ein Zeitschriftenlayout integriert werden.

1. Wählen Sie *Datei* → *Platzieren* und aktivieren Sie das Kontrollkästchen *Importoptionen anzeigen*. Wählen Sie das gewünschte InDesign-Dokument und klicken Sie auf *Platzieren*.
2. Legen Sie über den Regler unter der Vorschau fest, welche Seiten Sie platzieren möchten (wenn Sie hier mehrere Seiten wählen, »hängen« diese nacheinander am Mauszeiger, analog zum Platzieren von mehreren Bildern). Unter *Optionen* bestimmen Sie, ob und wie das Dokument beschnitten werden soll.
3. Klicken Sie auf *OK*, um das InDesign-Dokument wie ein normales Bild zu importieren.

Sogar Verschachtelungen sind möglich. Sie können auch InDesign-Dateien platzieren, in denen wiederum InDesign-Dateien platziert sind.

Müssen Sie anschließend etwas im platzierten Dokument ändern, öffnen Sie das Kontextmenü darauf und wählen Sie *Original bearbeiten*.

Die andere Möglichkeit ist, das platzierte Dokument direkt in InDesign zu öffnen und es zu ändern. Wenn Sie dann die Datei öffnen, in die Sie das nun geänderte Dokument eingebunden haben, fragt InDesign Sie wie üblich, ob Sie die Verknüpfungen aktualisieren möchten.

Abbildung 5.88 Die Anzeige ist wie eine normale Grafik oder PDF/ EPS-Datei in das Layout importiert worden. Das Bedienfeld *Verknüpfungen* zeigt neben der InDesign-Datei selbst auch die im Layout der Anzeige verwendeten Bilder.

Die Online-Textverarbeitung Buzzword nutzen

Einen Schritt weiter gehen Sie, wenn die beteiligten Autoren ihre Texte in Adobe Buzzword vorbereiten. Dies ist eine kostenlose Textverarbeitung auf Acrobat.com (*www.acrobat.com*). Sie ist für jedermann verfügbar. Voraussetzung ist lediglich eine ebenfalls kostenlose Adobe-ID, die Sie direkt in Acrobat.com anlegen können.

Buzzword ist Flash-basiert und enthält alle Funktionen eines normalen Textverarbeitungsprogramms, zum Beispiel unterschiedliche Schriften und Textstile, Farben, Absatzformate, die Möglichkeit, Bilder einzufügen und Tabellen zu erstellen usw.

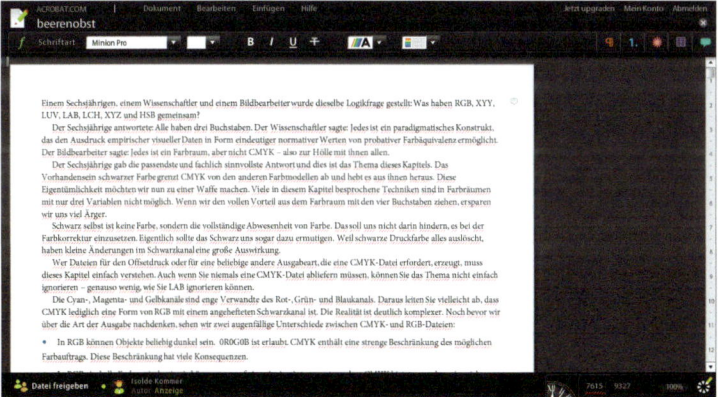

Abbildung 5.89 Ein Textdokument in Adobe Buzzword

Sobald der Autor die Arbeiten am Dokument abgeschlossen hat, kann er es für Sie freigeben. Dazu klickt er am linken unteren Rand von Adobe Buzzword auf das Symbol *Datei freigeben*. Nun kann er die Datei in seinen freigegebenen Arbeitsbereich verschieben oder er kann sie direkt an Sie persönlich freigeben.

Eine solche freigegebene Buzzword-Datei können Sie direkt in Ihr InDesign-Layout einfügen. Wenn der Autor Änderungen am Text vornimmt, können Sie ihn über das Verknüpfungsbedienfeld aktualisieren, sodass auf diese Weise ein kleines CMS (Content Management System) entsteht.

Dateien aus Buzzword platzieren

1 Wählen Sie *Datei* → *Aus Buzzword platzieren*.

2 Falls noch nicht geschehen, melden Sie sich mit Ihrer Adobe ID an.

3 Im folgenden Dialogfeld werden alle Dokumente angezeigt, auf die Sie über Ihren Buzzword-Ordner Zugriff haben.

4 Aktivieren Sie das Kontrollkästchen *Importoptionen anzeigen*.

5 Aktivieren Sie außerdem das Kontrollkästchen *Mit Dokument verknüpfen*. Nur dann können Sie das Dokument bequem über Ihr Verknüpfungsbedienfeld aktualisieren, wenn der Autor es in Buzzword geändert hat.

6 Klicken Sie auf *OK*, damit InDesign die ausgewählte Datei herunterlädt.

7 Sie erhalten das Dialogfeld *Buzzword-Importoptionen*. Nehmen Sie die gewünschten Einstellungen vor und klicken Sie auf *OK*.

8 InDesign zeigt Ihnen den geladenen Platzierungscursor. Klicken Sie an die gewünschte Stelle, um den Text dort einzufügen. Alternativ halten Sie die ⇧-Taste gedrückt, während Sie Ihren Textrahmen aufziehen. Nun erzeugen Sie automatisch die benötigte Anzahl Seiten, sodass der Text vollständig angezeigt wird.

Verknüpfte Buzzword-Dateien aktualisieren

Da Sie beim Import das Kontrollkästchen *Mit Dokument verknüpfen* aktiviert haben, sehen Sie im Verknüpfungsbedienfeld ein gelbes Warndreieck, sobald der Autor in Buzzword Änderungen am Dokument vorgenommen hat. Doppelklicken Sie auf das gelbe Dreieck, um den Text auf den neuesten Stand zu bringen.

In diesem Kapitel geht es um eine Reihe praktischer Automatisierungen, die Ihnen besonders willkommen sein werden, wenn Sie Bücher oder andere längere, strukturierte Dokumente wie etwa wissenschaftliche Arbeiten gestalten. Denn diese seitenstarken Dokumente erfordern ein besonderes Management, damit sie rationell gesetzt werden können.

6.1 Automatisierungen durch Textvariablen

Wie Sie auf die herkömmliche Weise Seitenzahlen über das Dialogfeld *Layout → Nummerierungs- und Abschnittsoptionen* in Ihr Dokument einfügen, haben Sie bereits in Kapitel 1 erfahren.

Eine willkommene Funktion für Buchgestalter ist die Möglichkeit, mit Textvariablen zu arbeiten. Damit lassen sich neben Seitenzahlen, Dateinamen, dem aktuellen Datum und ähnlichen Angaben auch auf sehr komfortable Weise lebende Kolumnentitel gestalten.

Zum Beispiel: Kolumnentitel

Bei einem lebenden Kolumnentitel, wie er vor allem in Fach- und Sachbüchern verwendet wird, findet man in der Kolumne der linken (geradzahligen) Seite meist die Kapitelangabe, in der rechten (ungeraden) Kolumne Informationen zum Seiteninhalt – häufig die letzte Hauptüberschrift.

Abbildung 6.1 Lebende Kolumnentitel werden vor allem in Fach- und Sachbüchern verwendet.

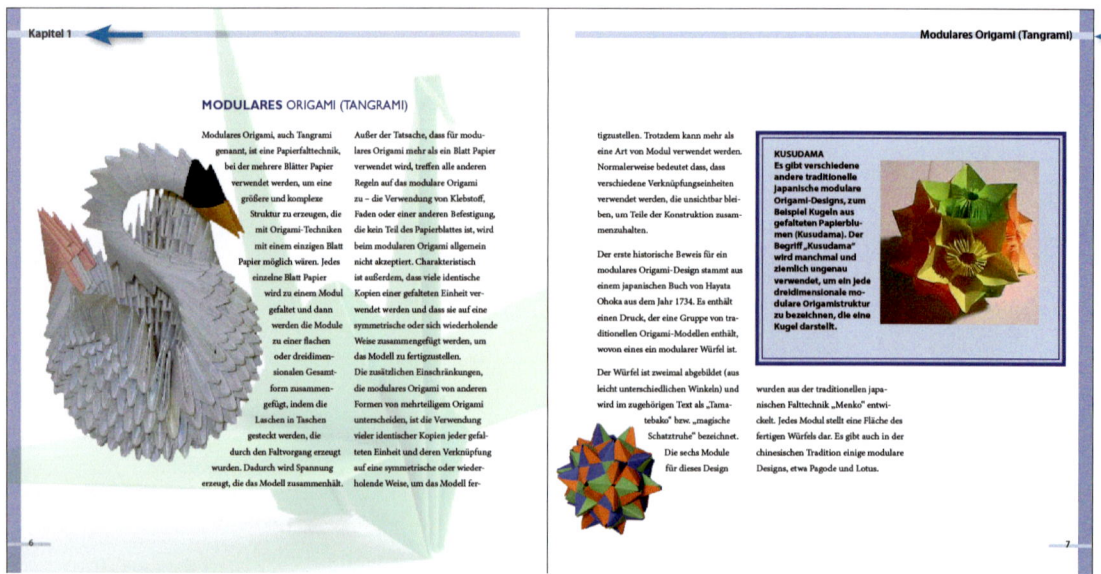

So gestalten Sie einen lebenden Kolumnentitel, der jeweils die letzte Überschrift der Ebene 2 anzeigt:

1 Im Bedienfeld *Seiten* öffnen Sie mit einem Doppelklick die Musterseiten.

2 Zeigen Sie die rechte Musterseite an.

3 Ziehen Sie an der Stelle, an der Sie den lebenden Kolumnentitel einfügen möchten, einen Textrahmen auf.

4 Wählen Sie *Schrift → Textvariablen → Definieren*. Im folgenden Dialogfeld klicken Sie auf *Neu*.

5 Nachdem Sie einen aussagekräftigen Namen vergeben haben, wählen Sie als *Art* den Eintrag *Lebender Kolumnentitel (Absatzformat)*.

6 Aus dem Pop-up-Menü *Format* wählen Sie das Überschriftformat, mit dem Sie die Überschrift der Ebene 2 formatiert haben.

7 Aus dem Pop-up-Menü *Verwenden* wählen Sie *Letztes auf Seite*.

8 Klicken Sie auf *OK*, auf *Einfügen* und auf *Fertig*.

9 Das Steuerzeichen für den lebenden Kolumnentitel wird an der Stelle der Einfügemarke eingefügt.

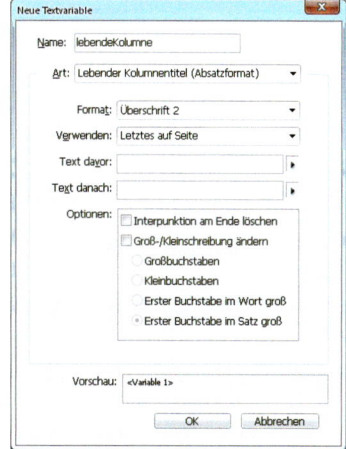

Abbildung 6.2 So definieren Sie eine lebende Kolumne.

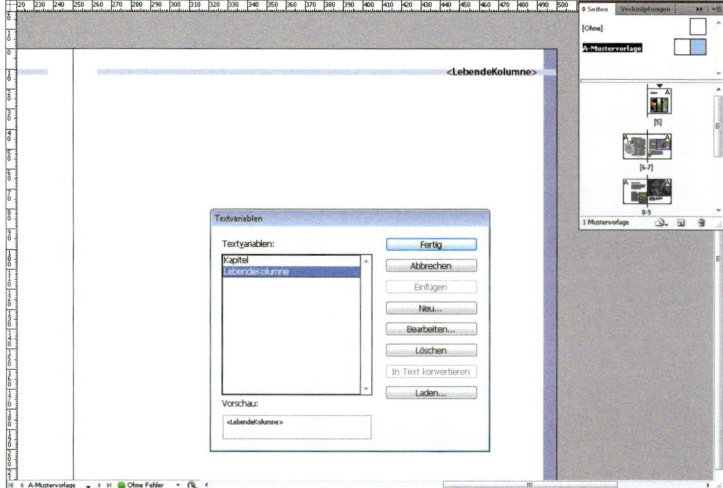

Abbildung 6.3 In die Musterseite wird ein Steuerzeichen für den Kolumnentitel eingefügt.

Auf der linken Seite soll die Kapitelnummer nach dem Wort »Kapitel« erscheinen:

1 Zeigen Sie die linke Musterseite an und geben Sie in die Kolumne *Kapitel* und ein Leerzeichen ein.

2 Wählen Sie *Schrift → Textvariablen → Definieren*. Klicken Sie auf *Neu*.

3 Geben Sie einen passenden Namen ein und wählen Sie als *Art* *Kapitelnummer*.

4 Als *Text davor* geben Sie *Kapitel* sowie ein Leerzeichen ein.

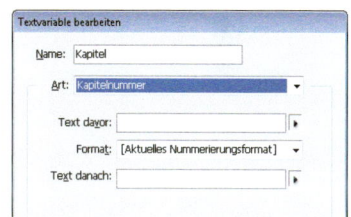

Abbildung 6.4 Die Definition der Kapitelnummer

Klicken Sie auf *OK*, auf *Einfügen* und auf *Fertig*. Die Kapitelnummer wird bereits in der Musterseite richtig angezeigt.

Abbildung 6.5 Die Kapitelnummer wird bereits in der Musterseite angezeigt.

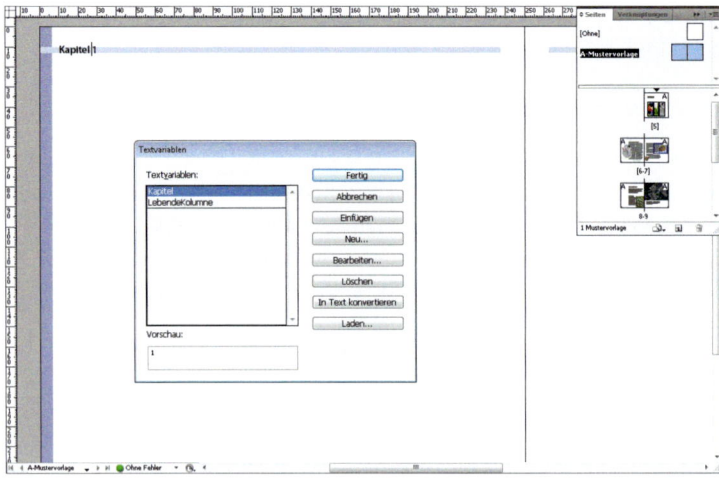

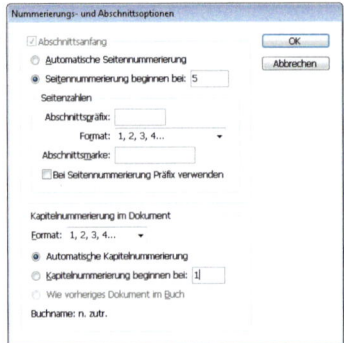

Abbildung 6.6 Vergewissern Sie sich, dass die Kapitelnummer stimmt.

Sollte in der Kolumne die falsche Kapitelnummer erscheinen, überprüfen Sie, ob Ihr Dokument richtig nummeriert ist. Schließen Sie die Musterseite und wählen Sie *Layout → Nummerierungs- & Abschnittsoptionen*. Im unteren Teil des Dialogfelds geben Sie die richtige Kapitelnummer ein. Schließen Sie die Musterseite.

6.2 Beschriftungen

Die neuen Metadatenbeschriftungen bieten Ihnen die Möglichkeit, auf Metadaten von Bildern zuzugreifen und diese in Ihr Layout einzufügen. Ein typisches Beispiel wären Copyright-Informationen zu im Layout verwendeten Bildern.

Damit das Ganze funktioniert, müssen die platzierten Dateien mit den entsprechenden Metadaten versehen sein. Im vorigen Kapitel haben Sie bereits erfahren, was Metadaten sind und wie Sie Ihre Dateien in Bridge mit Metadaten versehen.

InDesign kennt noch weitere Metadaten, beispielsweise den Speicherort des Bilds und ob es Transparenzen enthält. Auch solche Informationen können Sie in die Metadaten-Beschriftung integrieren.

© <KeineDatenvonVerknüpfung>

Abbildung 6.7 Copyright-Informationen können bequem über Metadatenbeschriftungen realisiert werden.

Beschriftungen in InDesign einfügen

Nachdem Sie sich vergewissert haben, dass die platzierten Bilder mit den entsprechenden Metadaten versehen sind, fügen Sie die Beschriftungen in InDesign ein.

1 Wählen Sie *Objekt* → *Beschriftungen* → *Beschriftung einrichten*.

2 Im Bereich *Metadatenbeschriftung* bestimmen Sie, welche Informationen in der Bildunterschrift stehen sollen. Im Beispiel soll dies die Copyright-Information sein. *Davor* und *danach* fügen Sie bei Bedarf einen Text Ihrer Wahl ein.

3 Mit einem Klick auf die Plus-Schaltfläche im rechten Dialogfeldbereich können Sie weitere Metadaten hinzufügen. Im Dialogfeld erscheint daraufhin eine neue Zeile, aus der Sie die gewünschte Metadatenart auswählen können, im Beispiel das von der Kamera gelieferte Aufnahmedatum.

4 Im Bereich *Position und Format* bestimmen Sie, wie Ihre Bildunterschrift aussehen soll. Wählen Sie die gewünschte *Ausrichtung* (Copyright-Informationen werden häufig gestürzt am rechten Bildrand angebracht) und ändern Sie im Feld *Versatz* ggf. den Abstand zwischen Bild und Beschriftung. Weiterhin können Sie ein *Absatzformat* für die Beschriftung bestimmen und die Bildunterschrift auf einer eigenen *Ebene* einrichten bzw. die *Beschriftung mit Bild gruppieren*.

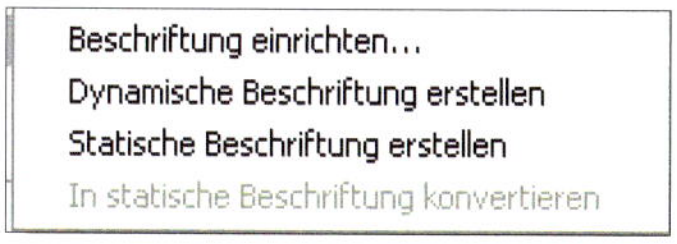

Abbildung 6.8 Das Menü Objekt → Beschriftungen

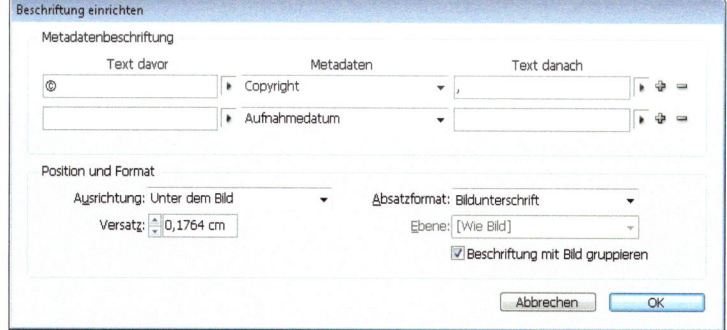

Abbildung 6.9 Die Beschriftung einrichten

5 Bestätigen Sie das Dialogfeld mit *OK*.

Jetzt markieren Sie die Bilder, die Sie mit der Beschriftung versehen möchten, und öffnen das Menü *Objekt* → *Beschriftungen*. Sie haben nun die Wahl zwischen einer statischen und einer dynamischen Beschriftung. Die zuletzt genannte wird aktualisiert, sobald Sie die Bildverknüpfung ändern, bei der statischen Beschriftung ist das nicht möglich. Wählen Sie den gewünschten Befehl, um die Beschriftung an der im Dialogfeld definierten Stelle einzufügen.

Im Dialogfeld *Datei* → *Platzieren* finden Sie ebenfalls die Möglichkeit, eine statische Beschriftung für das platzierte Bild zu erstellen.

Abbildung 6.10 Die Beschriftung
wurde eingefügt.

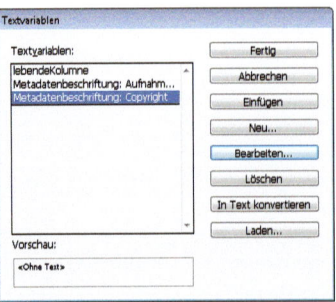

Abbildung 6.11 Die Beschriftung
wurde eingefügt.

▶ Achten Sie darauf, dass sich der Bild- und der Beschriftungstextrahmen überlappen bzw. berühren. Ist dies nicht der Fall, erhalten Sie statt der Beschriftung den Text *<Keine überschneidende Ver­knüpfung>*. Ziehen Sie den Textrahmen auf das Bild, sodass die Beschriftung korrekt angezeigt wird.

▶ Benötigen Sie in Ihrem Dokument verschiedene Arten von Beschriftungen, gehen Sie über das Dialogfeld *Schrift* ➞ *Textvariablen* ➞ *Definieren*. Die bereits für das Dokument definierten Beschriftungen werden hier aufgelistet, und zwar jede im Dialogfeld *Beschriftung einrichten* erzeugte Zeile als eigene Textvariable. Zum Einfügen einer Beschriftung über das Menü *Schrift* ➞ *Textvariablen* erzeugen Sie einen Textrahmen und positionieren Sie ihn so, dass er das entsprechende Bild berührt oder überlappt. Klicken Sie mit dem Textwerkzeug in den Textrahmen und wählen Sie *Schrift* ➞ *Textvariablen* ➞ *Einfügen*. Fügen Sie die gewünschte Textvariable an der Stelle der Einfügemarke ein. Leider ist diese Möglichkeit nicht ganz so komfortabel, weil die verschiedenen Ausrichtungsmöglichkeiten usw. hier natürlich wegfallen. Sie müssen diese manuell einstellen.

6.3 Fußnoten

Seit langem werden Fußnoten in wissenschaftlichen Abhandlungen verwendet, um zusätzliche Informationen über ein Thema oder einen Verweis anzubringen. Mit Fußnoten können Sie es vermeiden, den Fließtext mit allen notwendigen Informationen vollstopfen zu müssen. Stattdessen fügen Sie zusätzliche Bemerkungen als Fußnotentext ein. Da es für jede Fußnote im Text einen Verweis gibt, ist es einfach, diese zusätzlichen Informationen im Bedarfsfall aufzufinden.

Gleichgültig, ob Sie Fußnoten bereits während der Texteingabe oder erst nachträglich einfügen, ob Sie in der richtigen Reihenfolge vorgehen oder immer wieder einmal eine Fußnote einschieben: Die Fußnotennummer wird stets sofort aktualisiert und der Text wird in der richtigen Reihenfolge eingereiht. Für die Länge von Fußnoten gibt es keine Vorschriften. Falls Sie sehr viele oder sehr lange Fußnoten verwenden, setzt InDesign CS5 diese auf der Folgeseite fort.

Im vorigen Kapitel haben Sie bereits gesehen, dass Fußnoten aus Word-Dokumenten korrekt in InDesign umgesetzt werden. Sie können anschließend genauso bearbeitet werden wie direkt in InDesign eingegebene Fußnoten. Fußnoten sind in InDesign CS5 recht schnell erstellt:

1 Klicken Sie zunächst hinter das Wort, das Sie mit der Fußnote ausstatten möchten.

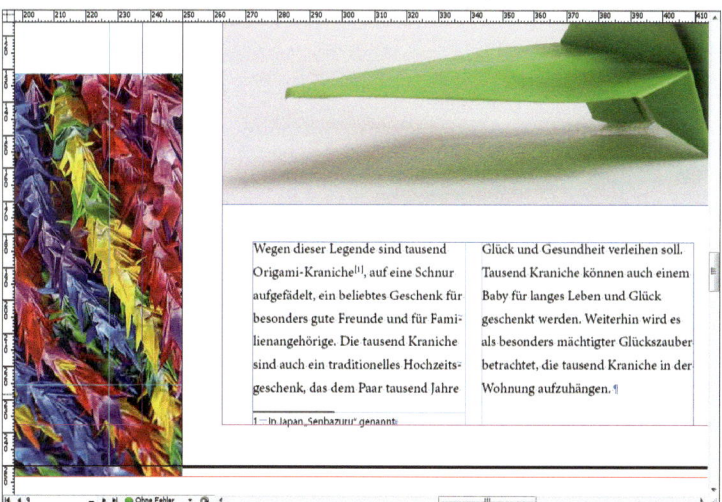

Abbildung 6.12 Klicken Sie hinter das Wort, das die Fußnote erläutern soll und erstellen Sie die Fußnote mit *Schrift → Fußnote einfügen*.

2 Wählen Sie *Schrift → Fußnote einfügen*. InDesign fügt am Fuß der Seite eine waagerechte Linie und darunter die entsprechende Fußnotennummer ein. Geben Sie dahinter den Fußnotentext ein.

3 Fügen Sie bei Bedarf weitere Fußnoten ein. Mit *Schrift → Gehe zu Fußnotenverweis* navigieren Sie dabei jeweils vom Fußnotentext zurück zum aktuellen Fußnotenverweis im Text.

Haben Sie sich einmal geirrt und möchten Sie eine Fußnote löschen, wählen Sie die Fußnotennummer aus und entfernen diese. Der Fußnotentext wird ebenfalls gelöscht. Zum Löschen einer Fußnote wählen Sie die Fußnotenverweisnummer im Text aus und drücken die ⟵ -

Taste oder die [Entf]-Taste. Wenn Sie lediglich den Fußnotentext löschen, bleiben die Fußnotenverweisnummer und die Fußnotenstruktur erhalten.

Beachten Sie, dass durch die Fußnoten der Textrahmen nicht nach unten erweitert wird. Vielmehr dehnt sich der Fußnotenbereich mit jeder neuen Fußnote weiter nach oben aus. Wenn Sie sehr viele oder sehr lange Fußnoten auf einer Seite erstellen, sodass der Fußnotenbereich die Zeile mit dem letzten Fußnotenverweis erreicht, werden die Fußnoten in den nächsten Textrahmen umbrochen.

Fußnoten gestalten

Um die Fußnoten zu gestalten, wählen Sie *Schrift → Optionen für Dokumentfußnoten*. Das Dialogfeld bietet Ihnen Formatierungsmöglichkeiten, die grundsätzlich für alle Fußnoten auf sämtlichen Dokumentseiten gelten (auch wenn Sie nur eine davon ausgewählt haben).

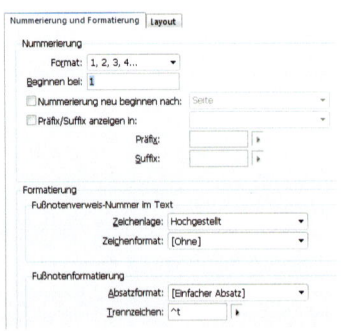

Abbildung 6.13 Zur Gestaltung von Fußnoten verwenden Sie das Dialogfeld *Fußnotenoptionen*.

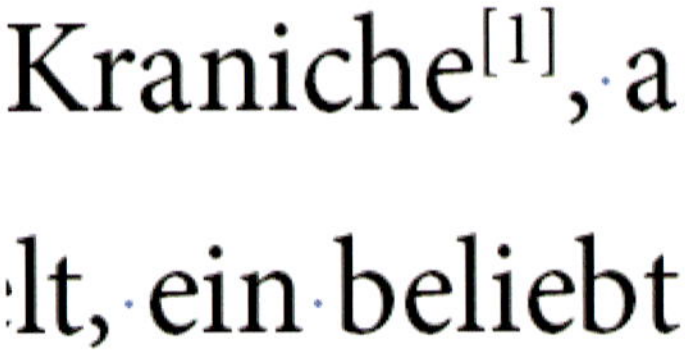

Kraniche[1], a

lt, ein beliebt

Abbildung 6.14 Dieses Fußnotenzeichen verfügt über ein Präfix – [– und ein Suffix –].

1. Beginnen wir auf der Registerkarte *Nummerierung und Formatierung*. Hier finden Sie Optionen, die die Formatierung des Fußnotentextes und des Fußnotenzeichens betreffen.

2. Stellen Sie im oberen Bereich die Nummerierung ein. Neben verschiedenen Zahlenformaten können Sie hier auch Symbole wie *, **, ***, **** aussuchen.

3. Außerdem bestimmen Sie über die Option *Beginnen bei*, mit welcher Nummer die Fußnotennummerierung beginnen soll. Darunter legen Sie fest, ob die Nummerierung auf jeder Seite, in jedem Textabschnitt oder auf jedem Druckbogen neu beginnen soll.

4. Sie versehen Fußnotenzeichen bzw. Fußnotentext im Bedarfsfall mit *Präfixen* oder *Suffixen*. Es kann sich dabei auch um Leerzeichen handeln, um mehr Abstand zwischen Text und Fußnotenzeichen zu gewinnen. Sie bestimmen die Hochstellung (*Zeichenlage*) des Fußnotenzeichens und versehen es gegebenenfalls mit einer Zeichenformatvorlage.

Für den Fußnotentext können Sie analog dazu eine Absatzformatvorlage verwenden. Als *Trennzeichen* ist standardmäßig ein Tabstopp (^t) eingestellt. Möchten Sie stattdessen etwa ein Geviert verwenden, geben Sie ^m ein. Die folgende Tabelle zeigt Ihnen die wichtigsten Sonderzeichen:

Trennzeichen	
Geviert-Leerzeichen	^m
1/2-Geviert-Leerzeichen	^>
Ausgleichsleerzeichen	^f
1/24-Geviert-Leerzeichen	^|
Geschütztes Leerzeichen	^s
1/8-Geviert-Leerzeichen	^<
Ziffernleerzeichen	^/
Interpunktionsleerzeichen	^.
Tabulatorzeichen	^t

Im Register *Layout* bestimmen Sie das Layout des Fußnotenbereichs.

1 Regeln Sie hier den *Mindestabstand* zwischen Textkörperende und Fußnotenbereich, den *Abstand zwischen Fußnoten* sowie den Abstand zwischen Fußnotentrennlinie und erster Fußnotenzeile (*Versatz*).

2 Aktivieren Sie das Kontrollkästchen *Fußnoten des Textabschnitts-endes am Textende platzieren*, erscheinen die Fußnoten in der letzten Textspalte nicht am unteren Rahmenrand, sondern gleich nach dem Text.

3 Bei aktiviertem Kontrollkästchen *Geteilte Fußnoten zulassen* werden sehr lange Fußnoten, die den letzten Fußnotenverweis erreichen, in der nächsten Spalte weitergeführt.

4 Im unteren Bereich des Dialogfelds bestimmen Sie Design und Stand der Linie, die Fußnotenbereich und Textkörper voneinander trennt.

Abbildung 6.15 Im Register *Layout* bestimmen Sie Abstände und Linieneigenschaften für alle Fußnotenbereiche.

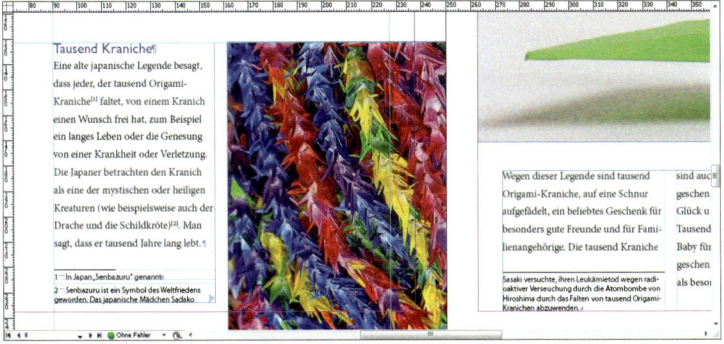

Abbildung 6.16 Weil der Textrahmen nicht lang genug ist, wird die Fußnote geteilt, sobald sie auf Höhe der Zeile mit dem letzten Fußnotenzeichen angekommen ist.

6.4 Querverweise

InDesign erlaubt Ihnen die Arbeit mit dynamischen Querverweisen, die automatisch aktualisiert werden, wenn sich die Seitenzahl oder der Text des Querverweises ändert. Mit dieser Funktion können Sie Querverweise sowohl innerhalb Ihres Dokuments als auch über mehrere InDesign-Dokumente hinweg erzeugen. Die Schaltzentrale ist das Bedienfeld *Hyperlinks* (*Fenster → Interaktiv → Hyperlinks*). Jeder Querverweis besteht aus zwei Elementen: dem Querverweis selbst und dem Querverweisziel.

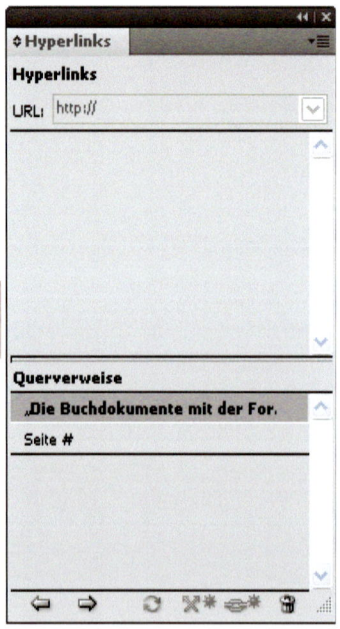

Abbildung 6.17 Jeder Querverweis besteht aus dem Querverweis selbst und dem Querverweisziel.

Einen Querverweis auf einen Absatz erzeugen

Um einen Querverweis auf einen Absatz, zum Beispiel eine Überschrift, zu erzeugen, gehen Sie folgendermaßen vor:

1 Möchten Sie auf ein anderes als das aktuelle Dokument verweisen, öffnen Sie dieses. Klicken Sie an die Stelle, an der Sie den Querverweis einfügen möchten.

2 Klicken Sie am unteren Rand des Hyperlinkbedienfelds auf das Symbol *Neuen Querverweis erstellen* ✖✱.

3 Im folgenden Dialogfeld wählen Sie aus dem Pop-up-Menü *Verknüpfen mit* die Option *Absatz* und aus dem Pop-up-Menü *Dokument* das gewünschte Dokument.

4 Aus der Liste der Formatvorlagen wählen Sie das Absatzformat des Absatzes, auf den Sie verweisen möchten. In der rechten Liste erscheinen daraufhin die Anfänge aller mit diesem Format formatierten Absätze.

5 Klicken Sie auf den gewünschten Absatz.

6 In der Gruppe Querverweisformat legen Sie den Wortlaut des Querverweistextes fest, etwa »siehe Seite 47« oder »mehr darüber im Abschnitt ›Maurits Cornelis Escher‹ auf Seite 47« usw. InDesign hält dazu einige vordefinierte Querverweisformate bereit.

7 Unter *Darstellung* legen Sie fest, wie der Querverweis aussehen soll. Für normalen Fließtext wählen Sie als *Art* üblicherweise *Unsichtbares Rechteck*. Während der Arbeit kann es jedoch ganz sinnvoll sein, sich die Querverweise als *Sichtbares Rechteck* anzeigen zu lassen. Dann dürfen Sie allerdings nicht vergessen, diese Darstellungsform vor der Ausgabe wieder auszuschalten (mehr darüber weiter hinten in diesem Abschnitt).

8 Klicken Sie auf *OK*, um den Querverweis zu erzeugen.

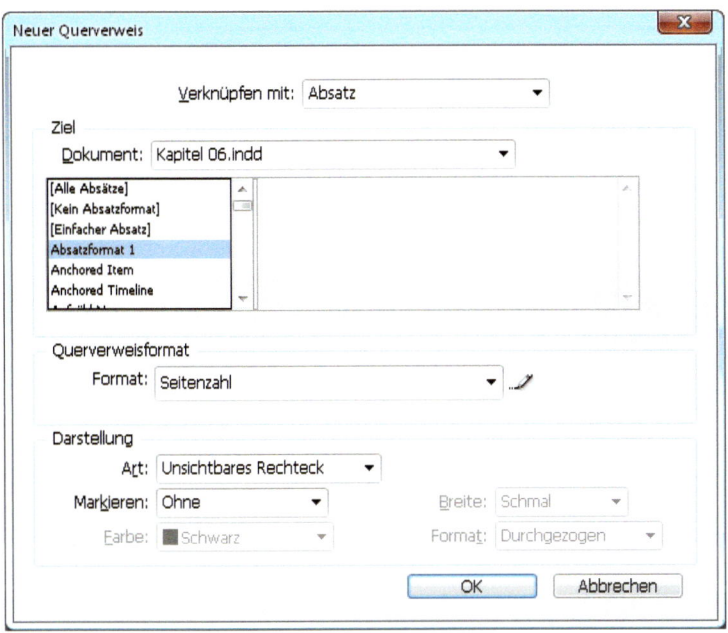

Abbildung 6.18 Im Dialogfeld *Neuer Querverweis* definieren Sie Ihren Querverweis.

Einen Querverweis auf ein Querverweisziel erzeugen

Etwas mehr Vorarbeiten erfordert die Variante, bei der Sie zunächst ein Querverweisziel erzeugen und erst dann den eigentlichen Querverweis erstellen. Dafür ist das Erstellen des eigentlichen Querverweises dann übersichtlicher, weil Sie sich nicht durch eine Liste mit Dutzenden von Absätzen kämpfen, sondern nur aus den von Ihnen erstellten Textankern wählen müssen.

1 Klicken Sie zuerst an die Stelle, auf die Sie verweisen möchten.
2 Öffnen Sie das Bedienfeldmenü des Hyperlinkbedienfelds und wählen Sie *Neues Hyperlinkziel*. Geben Sie einen passenden Namen ein und klicken Sie auf *OK*.
3 Nun navigieren Sie zu der Stelle, an der Sie den Querverweis einfügen möchten, und klicken Sie am unteren Rand des Hyperlinkbedienfelds auf das Symbol *Neuen Querverweis erstellen*.
4 Im Pop-up-Menü *Verknüpfen mit* wählen Sie dieses Mal *Textanker*. Wählen Sie das gewünschte Dokument und den soeben erzeugten Textanker aus.
5 Legen Sie Querverweisformat und Darstellung fest und klicken Sie auf *OK*.

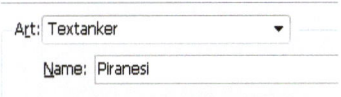

Abbildung 6.19 Versehen Sie das Hyperlinkziel mit einem passenden Namen.

Abbildung 6.20 So erstellen Sie einen Querverweis auf einen Textanker.

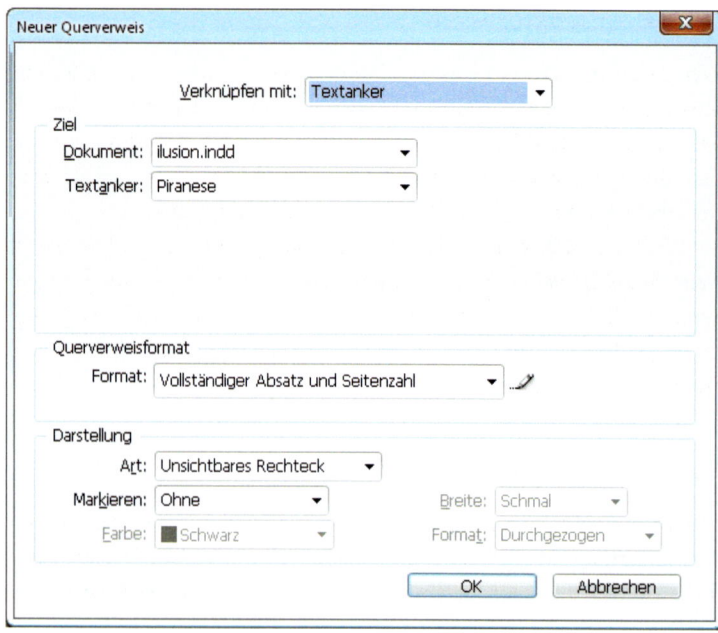

Querverweise ansteuern

Wenn Sie eine größere Anzahl Querverweise erzeugt haben, ist es praktisch, dass Sie diese direkt über das Bedienfeld *Hyperlinks* ansteuern können, statt Ihr Buch durchzublättern und nach Querverweisen Ausschau zu halten. Aber nicht nur die Querverweise, sondern auch die Querverweisziele lassen sich über das Bedienfeld ansteuern.

▶ Um den Querverweis selbst anzusteuern, wählen Sie diesen im Bedienfeld *Hyperlinks* aus und klicken dann auf das Symbol *Gehe zur Quelle des ausgewählten Querverweises oder Hyperlinks* ⬅.

▶ Um ein Querverweisziel anzusteuern, klicken Sie stattdessen auf das Symbol *Gehe zum Ziel des ausgewählten Querverweises oder Hyperlinks* ➡.

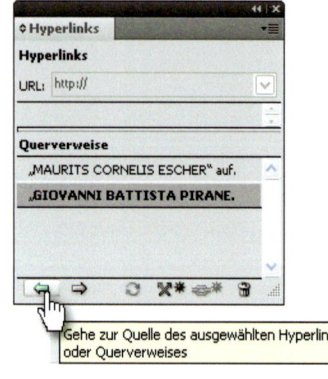

Abbildung 6.21 So steuern Sie einen Querverweis an.

Querverweise bearbeiten

Mit einem Doppelklick bearbeiten Sie den markierten Querverweis. Sie erhalten das Dialogfeld *Querverweis bearbeiten*, das dem Dialogfeld *Neuer Querverweis* gleicht. Hier können Sie beispielsweise zu Kontrollzwecken sichtbar formatierte Querverweise vor der Ausgabe wieder unsichtbar machen, indem Sie als *Art Unsichtbares Rechteck* wählen.

Querverweise aktualisieren

Wenn sich das Querverweisziel ändert, beispielsweise die Seitenzahl oder der Absatztext, erhalten Sie neben dem entsprechenden Querverweis im Bedienfeld *Hyperlinks* ein gelbes Warndreieck. Markieren Sie den Querverweis mit dem Warndreieck und klicken Sie am unteren Bedienfeldrand auf das Symbol *Querverweise aktualisieren*.

Wird die Überschrift oder die Datei, auf die der Querverweis verweist, gelöscht, sehen Sie neben dem Querverweis ein rotes Flaggen-Symbol. Führen Sie einen Doppelklick auf diesen Querverweis aus. Im folgenden Dialogfeld *Querverweis bearbeiten* können Sie ein neues Querverweisziel auswählen.

Selbst in platzierten InDesign-Dateien werden geänderte Querverweise erkannt.

Eigene Querverweisformate erzeugen

Wie erwähnt, bietet Ihnen InDesign bereits einige vordefinierte Querverweisformate. Prinzipiell sind Sie aber völlig frei in der Gestaltung Ihres Querverweises. Legen Sie dazu eigene Querverweisformate an:

1 Wählen Sie aus dem Hyperlinkbedienfeldmenü den Befehl *Querverweisformate definieren*. Sie sehen hier zunächst die vordefinierten Formate.

2 Klicken Sie auf das Pluszeichen, um ein neues Format zu erstellen, und legen Sie dieses über das Feld *Definition* fest. Mit einem Klick auf das Plus-Symbol neben dem Feld erhalten Sie die möglichen Variablen, die mit einem Klick in das Feld *Definition* übernommen werden. Auch Sonderzeichen können Sie einfügen. Diese erreichen Sie über das @-Symbol.

Wie andere Formate, zum Beispiel Absatzformate, können Sie auch Querverweisformate zwischen den Dokumenten austauschen. Dazu öffnen Sie das Dokument, in das Sie die Querverweisformate aus einem anderen Dokument übernehmen möchten. Aus dem Hyperlinkbedienfeldmenü wählen Sie nun *Querverweisformate laden*. Wählen Sie das Dokument, dessen Querverweisformate Sie übernehmen möchten, und klicken Sie auf *Öffnen*.

Auch über die Synchronisierungsfunktion des Buchbedienfelds können Sie die Querverweise von Buchdokumenten miteinander abgleichen. Mehr über die Synchronisierungsfunktion erfahren Sie im Abschnitt »Die Buchdokumente mit der Formatquelle synchronisieren« ab Seite 322.

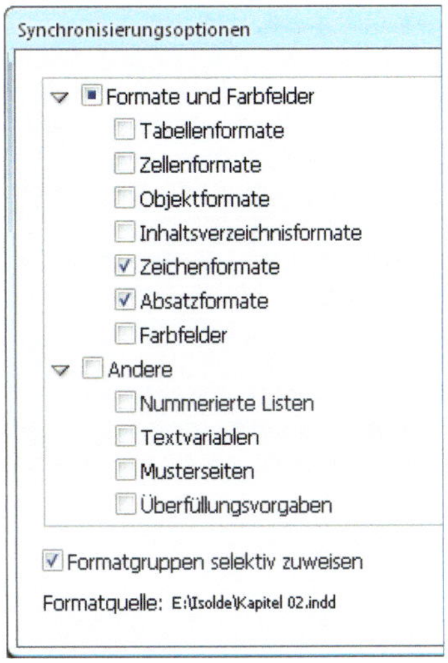

Achtung: Enthält das Zieldokument bereits Querverweisformate mit demselben Namen, werden diese ohne Nachfrage mit den Querverweisformaten aus dem Quelldokument überschrieben!

Abbildung 6.22 Auch Querverweise können Sie synchronisieren.

6.5 Die Buchfunktion nutzen

Wenn Sie ein Handbuch, eine wissenschaftliche Arbeit, einen Katalog oder dergleichen erstellen, teilen Sie Ihr umfangreiches Werk vielleicht in mehrere Dokumente auf. Sie speichern diese Dokumente einzeln und öffnen immer nur den Textteil (etwa das Kapitel), an dem Sie gerade arbeiten. Auf diese Weise gewährleisten Sie eine schnelle Bearbeitung. Der Nachteil dieser Vorgehensweise ist unter anderem, dass es etwas mühsam ist, ein automatisiertes Inhaltsverzeichnis, durchgehende Seitenzahlen oder einen Komplettindex für das Gesamtwerk zu erstellen. Auch wenn Sie ein Absatz- oder Zeichenformat ändern müssen, ist es lästig, dies in jedem einzelnen Dokument zu tun.

Eine der besten Lösungen, die InDesign Ihnen zur Bewältigung dieser Probleme bietet, ist die Arbeit mit der Buchfunktion. Unter einem Buch versteht InDesign eine umfassende Datei mit der Endung *.indb*. Der Inhalt dieser Datei besteht lediglich aus Verweisen auf die zum Gesamtdokument gehörenden Dateien, z.B. sämtliche Einzelkapitel eines Handbuchs. Besonders praktisch an dieser Technik ist, dass Sie die einzelnen Dokumente sowohl einzeln als auch in ihrer Gesamtheit über die Buchdatei paginieren oder umstellen können. Dazu müssen Sie nur die *.indb*-Datei laden, die sehr wenig Speicher benötigt.

Ein Buch kann über 100 Dokumente enthalten. Weil die Buchdatei nur aus Verweisen auf die einzelnen Dokumente besteht, können Sie ein einziges Dokument auch in verschiedene Buchdateien aufnehmen.

Abbildung 6.23 Die Buchdatei hat eine sehr geringe Dateigröße, weil sie nur aus Verweisen auf die einzelnen Dokumente des Buchs besteht. Aus diesem Grund können Sie ein einziges Dokument auch in verschiedene Buchdateien aufnehmen.

Gleichgültig, ob die Einzelkapitel Ihres Buchs schon vorliegen oder ob diese erst gestaltet werden müssen – am besten arbeiten Sie von Anfang an mit der Buchfunktion.

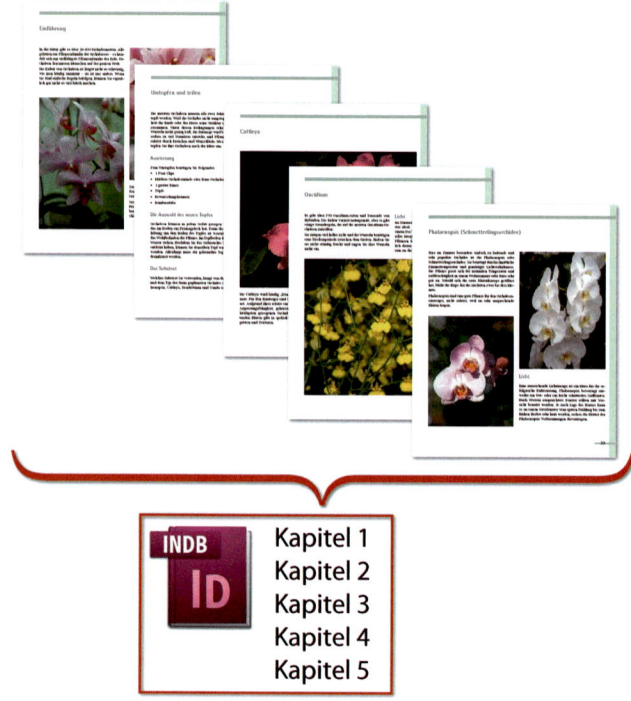

Ein Buch erstellen

Um mehrere Dateien zu einem Buch zusammenzufassen, gehen Sie prinzipiell folgendermaßen vor:

1 Wählen Sie *Datei* → *Neu* → *Buch*. Geben Sie dem Buch einen Namen und wählen Sie einen Ablageort.

2 Nachdem Sie mit *Speichern/Sichern* bestätigt haben, zeigt InDesign auf dem Bildschirm das Bedienfeld *Buch* an. Dieses noch leere Bedienfeld enthält als Registernamen den soeben vergebenen Buchnamen.

3 Fügen Sie über das Symbol *Dokumente hinzufügen* ⊞ sämtliche Dokumente zum Bedienfeld hinzu, die Sie in Ihr Buch aufnehmen möchten. Wie üblich, nehmen Sie mit der ⧗- bzw. der `Strg`/ `⌘`-Taste eine Mehrfachauswahl vor. Falls die Buchkapitel mit einer älteren InDesign-Version bearbeitet wurden, werden diese in das CS5-Format umgewandelt und müssen anschließend neu gesichert werden (Sie erhalten jeweils eine entsprechende Aufforderung).

Abbildung 6.24 Bei Bedarf fügen Sie mehrere Dokumente in einem Zug zum Buchbedienfeld hinzu.

4 Wenn Sie mit der Schaltfläche *Öffnen* bestätigen, erscheinen die Bücher in der ausgewählten Reihenfolge im Bedienfeld.

Die einzelnen Kapitel werden nun gemäß ihrem Seitenumfang und ihrer Reihenfolge automatisch paginiert (es ist dabei gleichgültig, ob in den Einzelkapiteln schon Pagina-Marken vorhanden sind oder nicht) – auf jeden Fall, wenn Sie bezüglich der Paginierung in den einzelnen Dokumenten bisher noch nichts unternommen hatten. In der Grundeinstellung beginnt das erste Dokument mit der Seitennummer 1.

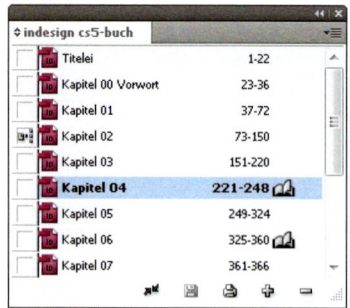

Abbildung 6.25 Alle ausgewählten Dokumente wurden in das Buchbedienfeld aufgenommen.

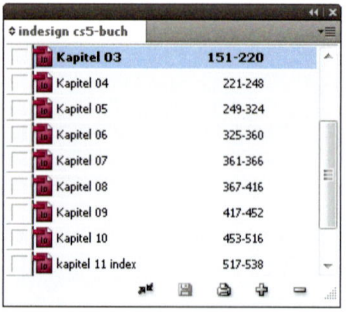

Abbildung 6.26 Per Drag & Drop bringen Sie die Kapitel in die richtige Reihenfolge.

Die Buchdateien organisieren

Bei Bedarf ändern Sie die Reihenfolge der Kapitel per Drag & Drop. Die Seitennummerierung ändert sich dann entsprechend – und zwar sowohl im Buchbedienfeld als auch in den automatischen Seitenzahlen, die Sie auf der Musterseite definiert haben. Über die Schaltfläche *Dokumente entfernen* ▬ entfernen Sie im Bedienfeld ausgewählte Dokumente gegebenenfalls wieder. Dabei werden nur die Buchliste und die Pagina aktualisiert. Der Datei auf der Festplatte geschieht nichts.

Durch einen Doppelklick auf ein Dokument-Symbol im Bedienfeld öffnet sich die entsprechende Datei. Welche Buchdokumente gerade geöffnet sind, zeigt das Bedienfeld Ihnen am Buch-Symbol in der Zeile des jeweiligen Dokuments. Einzelne Bücher speichern Sie über das Bedienfeldmenü mit dem Befehl *Buch speichern* bzw. – wenn Sie eine Kopie anfertigen möchten – *Buch speichern unter*. Der Befehl *Buch speichern* sichert lediglich die Buchdatei selbst und nicht die einzelnen Buchdokumente.

Ein Buchdokument, das Sie bearbeitet und gespeichert haben, ohne das Buchbedienfeld geöffnet zu haben, oder bei dem Sie die Paginierung geändert haben, erhält im Buchbedienfeld ein gelbes Warndreieck ⚠. Buchdokumente, die die Buchdatei nicht finden kann – die Sie also etwa auf der Festplatte verschoben, umbenannt oder ganz gelöscht haben –, erhalten ein Fragezeichen-Symbol ❓. Ein solches Dokument klicken Sie im Bedienfeld an und wählen aus dem Kontextmenü den Befehl *Dokument ersetzen*. Im folgenden Dialogfeld suchen Sie das Dokument heraus.

Die Seitennummerierung

Für das so zusammengefasste Buch bearbeiten Sie bei Bedarf die durchgängige Seitennummerierung. Wie Sie gesehen haben, beginnt in der Grundeinstellung die Seitennummerierung in dem im Buchbedienfeld an erster Stelle angezeigten Dokument mit der Seitenzahl 1. Beim Ändern der Reihenfolge der Dokumente im Buchbedienfeld werden die Seitenzahlen der Teildokumente entsprechend angepasst.

Wählen Sie aus dem Bedienfeldmenü den Befehl *Seitennummerierungsoptionen für Buch*. Im folgenden Dialogfeld lassen Sie das Kontrollkästchen *Seitenzahlen und Abschnittsnummerierung automatisch aktualisieren* aktiviert, wenn die Buchdateien automatisch durchnummeriert werden sollen.

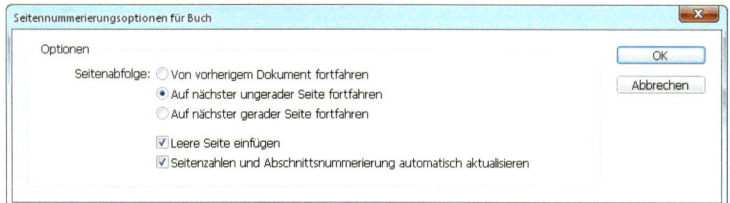

Abbildung 6.27 Das Dialogfeld *Seitennummerierungsoptionen für Buch* hilft Ihnen bei der durchgängigen Paginierung der Buchdokumente.

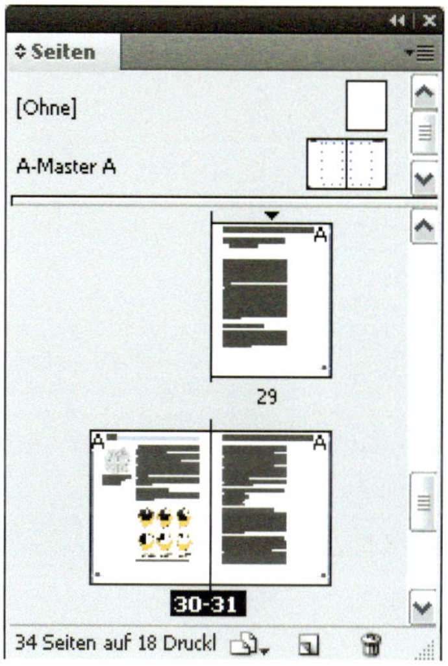

Vakatseiten

In Büchern beginnen Kapitel für gewöhnlich auf einer ungeraden (rechten) Seite, sodass die davorliegende gerade (linke) Seite gelegentlich leer bleibt, falls das vorhergehende Kapitel auf einer ungeraden Seite endet.

Damit Sie sich darum nicht kümmern und eventuell manuell Vakatseiten (leere Seiten) zwischen den einzelnen Kapiteln einfügen müssen, bestimmen Sie über die Optionsfeldergruppe *Seitenabfolge*, wie die Nummerierung beim Wechsel von einem zum anderen Dokument fortgeführt werden soll.

[Abbildung 6.28 - Seiten-Bedienfeld]

Abbildung 6.28 Buchkapitel beginnen normalerweise auf einer ungeraden Seite.

▶ Bei aktiviertem Optionsfeld *Von vorherigem Dokument fortfahren* hängt InDesign die Kapitel einfach ohne Vakatseiten aneinander, gleichgültig, ob sie dann auf einer geraden oder einer ungeraden Seite fortgeführt werden. Bei doppelseitigem Layout mit spiegelbildlich angeordnetem Satzspiegel kann es dabei natürlich zu entsprechenden Layoutfehlern kommen, sodass Sie diese Option hier nicht wählen sollten.

▶ Entscheiden Sie sich für das Optionsfeld *Auf nächster ungerader Seite fortfahren*, wenn Sie das in Büchern übliche, oben geschilderte Layout mit Kapitelanfängen ausschließlich auf ungeraden Seiten benötigen.

▶ *Auf nächster gerader Seite fortfahren* funktioniert genau umgekehrt. Die Kapitel beginnen stets auf geraden Seiten. Diese Funktion wird beispielsweise verwendet, wenn der Kapitelaufmacher doppelseitig gestaltet ist.

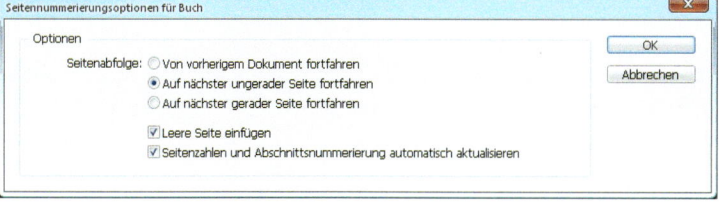

Abbildung 6.29 Hier beginnt jedes Kapitel auf einer ungeraden Seite und im Bedarfsfall werden automatisch Vakatseiten eingefügt.

Die Seitennummerierung für ein einzelnes Dokument ändern

Möchten Sie die Seitennummerierung für ein einzelnes Dokument abändern, doppelklicken Sie im Buchbedienfeld auf die Seitennummern des entsprechenden Dokuments. Im folgenden Dialogfeld aktivieren Sie das Optionsfeld *Seitennummerierung beginnen bei* und nehmen in der Gruppe *Seitenzahlen* Ihre Einstellungen vor. Bei regulären Kapiteln lassen Sie am besten das Optionsfeld *Automatische Seitennummerierung* aktiviert, damit sie im Stil der übrigen Kapitel fortlaufend nummeriert werden.

Soll ein Dokument hingegen anders als die übrigen Dokumente formatiert werden – möglich wäre das beispielsweise bei Anhängen oder Inhaltsverzeichnissen – aktivieren Sie das Kontrollkästchen *Seitennummerierung beginnen bei* und geben hier ein, bei welcher Ziffer die Nummerierung beginnen soll (verwenden Sie unbesorgt eine arabische Ziffer, auch wenn Sie gleich im Anschluss ein anderes Zahlenformat wählen werden).

Aus dem Pop-up-Menü *Format* wählen Sie ein Zahlenformat. Sie können sich etwa für große oder kleine lateinische Ziffern und dergleichen entscheiden. Bei Bedarf fügen Sie über das Eingabefeld *Abschnittsmarke* die Kapitelnummer o. Ä. ein.

Die Formatquelle

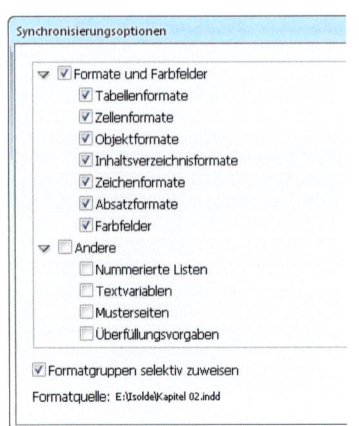

Alle Dokumente der Buchdatei sollten sich dieselben Zeichen-, Absatz- und Objektformate sowie dieselben Farbfelder teilen. Erst dann ist ein wirklich komfortables Arbeiten mit dem Buch gewährleistet. Wenn Sie beispielsweise eine Formatvorlage aktualisieren, greift diese Änderung im gesamten Buch. In diesem Zusammenhang ist die sogenannte *Formatquelle* wichtig. Es handelt sich dabei um eines der Dokumente in der Buchdatei, und zwar dasjenige, welches Sie als Erstes importiert haben. Sie erkennen die Formatquelle an dem kleinen Symbol 🖫 neben dem Dokument-Symbol.

Das als Formatquelle verwendete Dokument können Sie jederzeit ändern, indem Sie einfach in das Kästchen links neben einem anderen Dokument-Symbol klicken. Nun werden die Formatvorlagen und Farbfelder aus diesem Dokument entnommen.

Abbildung 6.30 Bei der Synchronisierung gleicht InDesign unter anderem Formate, Farben, Variablen und Musterseiten der einzelnen Dokumente miteinander ab.

Die Buchdokumente mit der Formatquelle synchronisieren

Damit alle Dokumente des Buchs mit den Formaten, Objektstilen und Farbdefinitionen der Formatquelle ausgestattet werden, »synchronisieren« Sie sie mit der Formatquelle.

Wählen Sie die entsprechenden Dokumente im Buchbedienfeld aus (die Dokumente müssen nicht geöffnet sein) und klicken Sie anschließend auf das Symbol *Formate und Farbfelder mit Formatquelle synchronisieren* am unteren Rand des Bedienfelds. Die Formate, Objektformate und Farbfelder aus der Formatquelle werden nun in sämtliche Dokumente des Buchs übernommen. Sind die Elemente in den Dokumenten bereits vorhanden, werden Sie gemäß den Definitionen in der Formatquelle aktualisiert.

Sie können hier aber auch genauer differenzieren. Wählen Sie aus dem Bedienfeldmenü den Befehl *Synchronisierungsoptionen*, um das gleichnamige Dialogfeld zu öffnen. Legen Sie mithilfe der Kontrollkästchen fest, welche Features aus der Formatquelle übertragen werden sollen und welche nicht.

Nehmen wir an, Ihre Formatquelle enthält ein Absatzformat mit dem Namen *Grundtext*. Es befindet sich in der Formatgruppe *Formate für Fließtext*. Auch in einem der zu synchronisierenden Dokumente befindet sich ein Absatzformat mit dem Namen Grundtext, jedoch ist es in keiner Formatgruppe untergebracht und seine Definitionen weichen vom Format *Grundtext* in der Formatquelle ab. Aktivieren Sie das Kontrollkästchen *Formatgruppen selektiv zuweisen* im unteren Bereich des Dialogfelds *Synchronisierungsoptionen*. Dann ersetzt InDesign beim Synchronisieren das Absatzformat *Grundtext* korrekt mit dem Absatzformat aus der Formatquelle, statt ein zusätzliches Absatzformat anzulegen. Das Absatzformat *Grundtext* befindet sich anschließend in der neu angelegten Gruppe *Formate für Fließtext*.

6.6 Inhaltsverzeichnisse und Indizes

Damit der Leser Ihres Buchs sich schnell in Ihrem Werk zurechtfindet, sollten Sie es sowohl mit einem Inhalts- als auch einem Stichwortverzeichnis bzw. Index versehen. Solche Arbeiten lassen sich in InDesign problemlos und schnell erledigen. Auch nachträgliche Überarbeitungen dieser Verzeichnisse bereiten keine Schwierigkeiten.

Ein Inhaltsverzeichnis erstellen

Mit der Inhaltsverzeichnisfunktion erstellen Sie automatisch ein komplettes, übersichtlich gestaltetes Inhaltsverzeichnis. Für die Zusammenstellung des Inhaltsverzeichnisses werden üblicherweise die Überschriften des Dokuments verwendet. Damit diese Arbeit zu einem Kinderspiel wird, treffen Sie zunächst einige Vorbereitungen.

☑ Formatgruppen selektiv zuweisen

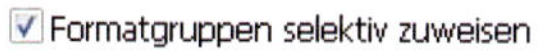

Abbildung 6.31 Bei aktiviertem Kontrollkästchen *Formatgruppen selektiv zuweisen* gleicht InDesign beim Synchronisieren auch Formate in Formatgruppen miteinander ab.

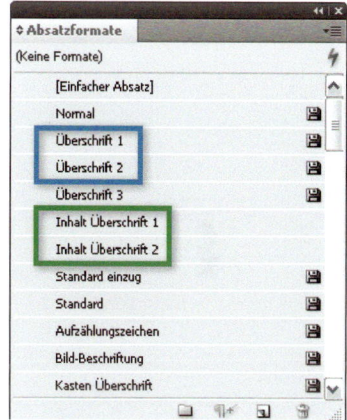

Abbildung 6.32 Neben den *Überschrift*-Formatvorlagen zur Formatierung der Überschriften im Dokument sind nun auch *Inhalt*-Formatvorlagen zur Formatierung der Inhaltsverzeichniseinträge erstellt. *Inhalt Überschrift 1* entspricht dem Inhaltsverzeichniseintrag für mit der Formatvorlage *Überschrift 1* formatierte Absätze.

Vorbereitungen: Absatzformate zuweisen

Formatieren Sie Ihr Dokument bzw. dessen Überschriften komplett mit Absatzformaten, wie in **Kapitel 5** beschrieben.

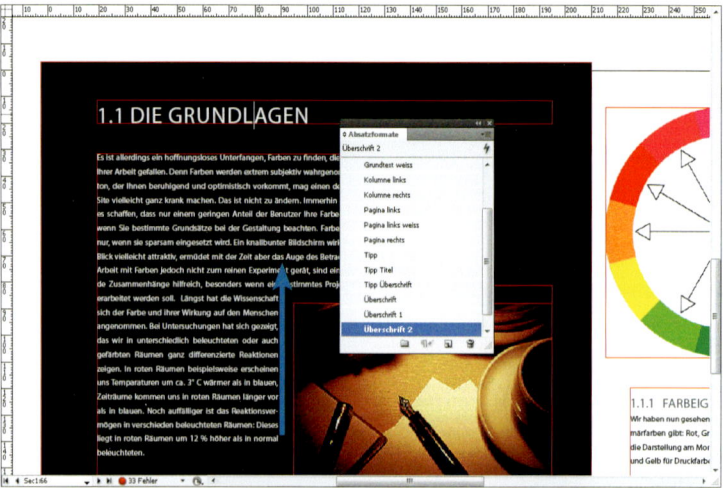

Abbildung 6.33 Vergewissern Sie sich, dass Sie für alle Überschriften Absatzformatvorlagen verwendet haben.

Im abgebildeten Beispiel etwa verwenden wir zwei Überschriftebenen – das Format *Überschrift 1* für die Kapitelüberschrift und das Format *Überschrift 2* für die nachgeordnete Überschriftebene.

Absatzformate für das Inhaltsverzeichnis erstellen

In den meisten Fällen sollen die Inhaltsverzeichniseinträge anders formatiert werden als die Überschriften im Text. Daher legen Sie nun auch für die Inhaltsverzeichniseinträge Formatvorlagen an. Diese Formate für die Verzeichniseinträge sollten Sie mit entsprechenden Tabstopps für die Seitenzahlen versehen. Setzen Sie zwischen die Verzeichniseinträge und die Seitenzahlen zur leichteren Orientierung Füllzeichen – Punkte sind hierfür bestens geeignet. Auch dies legen Sie gleich für die Formate fest. Der Vorteil dieser Vorgehensweise ist unter anderem, dass Sie dem einmal erstellten Inhaltsverzeichnis gegebenenfalls sehr schnell ein neues Aussehen verleihen können, indem Sie einfach die verwendeten Formatvorlagen abändern.

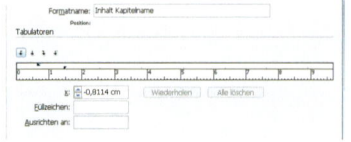

Abbildung 6.34 Es empfiehlt sich, für die Formate der Verzeichniseinträge gleich Tabstopps mit dem entsprechenden Füllzeichen anzulegen.

Ein neues Dokument für das Inhaltsverzeichnis erstellen

Erzeugen Sie ein neues Dokument für das Inhaltsverzeichnis und speichern Sie es. Fügen Sie es der Buchdatei hinzu und ziehen Sie es an die erste Stelle. Passen Sie die Paginierung gegebenenfalls an.

Vergewissern Sie sich, dass Sie als Formatquelle das Dokument mit den Absatzformaten für die Verzeichniseinträge gewählt haben. Dann synchronisieren Sie sämtliche Buchdokumente, um sicherzustellen, dass auch wirklich alle Dokumente dieselben Formatvorlagen verwenden.

Das Layout des Inhaltsverzeichnisses festlegen

Legen Sie nun fest, wie das Inhaltsverzeichnis aussehen soll:

1 Wählen Sie *Layout* → *Inhaltsverzeichnis*.

2 Im folgenden Dialogfeld geben Sie den Titel für das Inhaltsverzeichnis ein und wählen die Formatvorlage, mit der dieser Titel formatiert werden soll.

3 Im Feld *Andere Formate* wählen Sie die Formatvorlagen, mit denen Absätze formatiert sein müssen, damit sie in das Inhaltsverzeichnis aufgenommen werden, und klicken jeweils auf die Schaltfläche *Hinzufügen*. So nehmen Sie sie in das Feld *Absatzformate einschließen* auf.

Sie sehen, dass die Formatvorlagen in der Reihenfolge des Hinzufügens untereinander eingerückt werden. Dies stellt auch die Hierarchie des fertigen Inhaltsverzeichnisses dar. Gegebenenfalls platzieren Sie die Einträge per Drag & Drop um. Alternativ klicken Sie auf die Schaltfläche *Mehr Optionen* und nehmen die hierarchische Sortierung der Formatvorlagen über das Eingabefeld *Stufe* vor – die *1* steht für die oberste Überschriftebene, die *2* für die nächste.

4 Legen Sie fest, welche Formatvorlagen zur Formatierung der Inhaltsverzeichniseinträge verwendet werden sollen. Im Abschnitt »Absatzformate für das Inhaltsverzeichnis erstellen« dieses Kapitels haben Sie diese ja bereits angelegt. Wählen Sie den ersten Eintrag in der Liste *Absatzformate einschließen* aus und wählen Sie anschließend aus dem Pop-up-Menü *Eingabeformat* in der Gruppe *Format* die entsprechende Formatvorlage.

5 Die Schaltfläche *Mehr Optionen* schaltet weitere Einstellmöglichkeiten hinzu. Neben der erwähnten Möglichkeit der hierarchischen Umsortierung der Formatvorlagen legen Sie hier beispielsweise auch fest, an welcher Stelle die Seitenzahlen positioniert und ob sie gegebenenfalls auch mit einer Formatvorlage formatiert werden sollen.

Abbildung 6.35 Erstellen Sie ein neues Dokument für das Inhaltsverzeichnis und fügen Sie es über die Schaltfläche *Dokumente hinzufügen* Ihrem Buch hinzu.

Wichtig ist nun, dass Sie das Kontrollkästchen *Buchdokumente einschließen* aktivieren, damit InDesign tatsächlich ein Gesamtinhaltsverzeichnis für das komplette Buch erstellt.

Abbildung 6.36 Aktivieren Sie das Kontrollkästchen *Buchdokumente einschließen*, um ein Gesamtinhaltsverzeichnis für Ihr Buch zu erstellen.

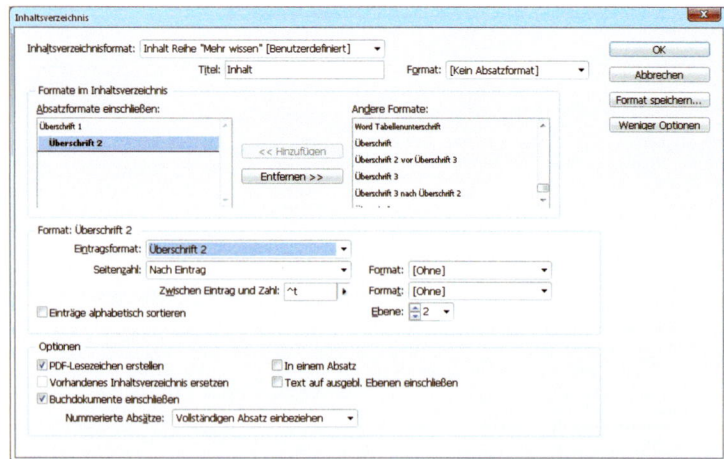

Mehr zum Export bildschirmtauglicher PDF-Dokumente aus InDesign erfahren Sie in **Kapitel 9**.

6 Aktivieren Sie das Kontrollkästchen *PDF-Lesezeichen erstellen*, wenn Sie ein Dokument für die Anzeige am Bildschirm planen. Dann werden sämtliche Inhaltsverzeichniseinträge im fertig exportierten PDF-Dokument zu Lesezeichen, mit deren Hilfe der Benutzer im Dokument navigieren kann.

7 Sobald Sie mit *OK* bestätigen, überprüft InDesign alle Dokumente des Buchs und stellt das Inhaltsverzeichnis zusammen.

Mit einem Klick fügen Sie es in das noch geöffnete Inhaltsverzeichnisdokument ein.

Das Inhaltsverzeichnis aktualisieren

Bei Bedarf lässt sich das Inhaltsverzeichnis jederzeit aktualisieren, wenn Sie die Überschriften in Dokumenten geändert haben. Dazu wählen Sie die Befehlsfolge *Layout → Inhaltsverzeichnis aktualisieren*. Ein Dialogfeld informiert Sie über die Aktualisierung des Inhaltsverzeichnisses.

Ein Inhaltsverzeichnisformat erstellen

Wenn Sie immer dasselbe Buchdesign layouten, erstellen Sie Inhaltsverzeichnisformate, die Sie anschließend für beliebig viele Dokumente verwenden können.

Wählen Sie dazu die Befehlsfolge *Layout* → *Inhaltsverzeichnisformate*. Im folgenden Dialogfeld klicken Sie auf die Schaltfläche *Neu* und geben dem neuen Format einen Namen. Das Dialogfeld *Inhaltsverzeichnisformat* kommt Ihnen bekannt vor – es gleicht dem zuvor besprochenen Dialogfeld *Inhaltsverzeichnis*. Nehmen Sie die entsprechenden Einstellungen vor und bestätigen Sie mit *OK*. Falls Sie bereits ein fertiges Inhaltsverzeichnis erstellt haben, das Ihnen gefällt, ist der folgende Weg wahrscheinlich der geeignetere:

1 Öffnen Sie das Dokument mit dem Inhaltsverzeichnis und wählen Sie *Layout* → *Inhaltsverzeichnis*.
2 Kontrollieren Sie noch einmal, ob alle Optionen korrekt eingestellt sind, und klicken Sie dann auf die Schaltfläche *Format speichern*.
3 Speichern Sie das Format unter einem aussagekräftigen Namen.

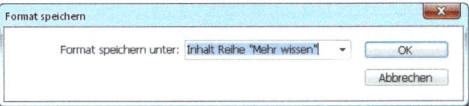

Abbildung 6.37 Geben Sie dem Format einen aussagekräftigen Namen.

Von nun an ist es für alle InDesign-Dokumente verfügbar und kann über das Pop-up-Menü *Inhaltsverzeichnisformat* des Dialogfelds *Inhaltsverzeichnis* bzw. über das Dialogfeld *Inhaltsverzeichnisformate* mit der Befehlsfolge *Layout* → *Inhaltsverzeichnisformate* abgerufen werden.

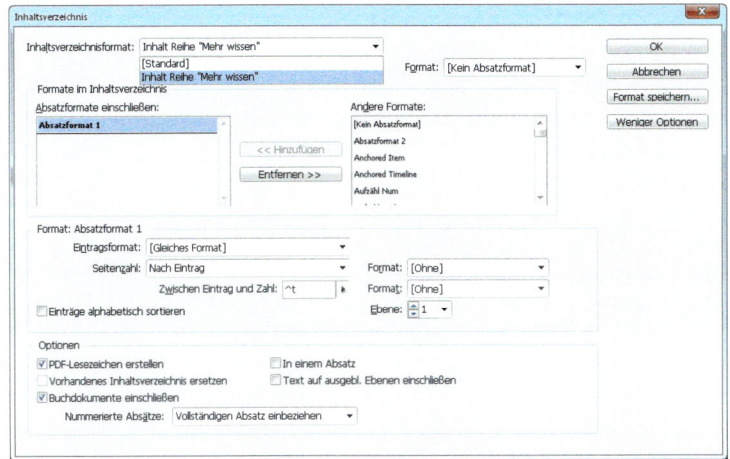

Abbildung 6.38 Das neue Format lässt sich über das Pop-up-Menü *Inhaltsverzeichnisformat* buchübergreifend abrufen.

Indizes erstellen

In langen Dokumenten aller Art ist ein Index, der wichtige Stichwörter alphabetisch sortiert mit der entsprechenden Seitenzahl auflistet, unverzichtbar. Dies gilt besonders für Fachliteratur.

Abbildung 6.39 Ein Index sollte in keiner Fachpublikation fehlen.

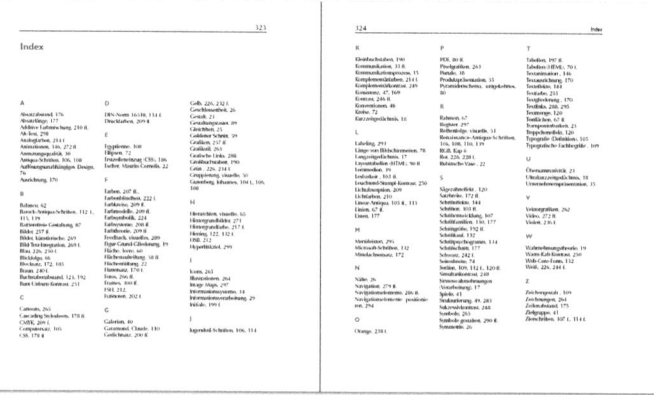

In InDesign erstellen Sie sowohl einfach gegliederte als auch wissenschaftliche Indizes mit Hierarchien und Querverweisen.

Mit dem Bedienfeld Index arbeiten

Abbildung 6.40 Zu Beginn ist das Bedienfeld *Index* noch leer.

Zum Zusammenstellen der Indexeinträge benötigen Sie das Bedienfeld *Index*. Öffnen Sie dieses mit *Fenster → Schrift & Tabellen → Index*.

Am oberen Rand des Bedienfelds stellen Sie den Arbeitsmodus ein: *Verweis* oder *Thema*. Im Allgemeinen arbeiten Sie bei aktiviertem Kontrollkästchen *Verweis*, um normale Indexeinträge zu erstellen. Nur in diesem Modus zeigt das Bedienfeld die Seitenzahlen an, auf denen der jeweilige Begriff vorkommt. Im Modus *Thema* bearbeiten Sie die Einträge dagegen thematisch (manche Anwender finden es praktisch, zunächst im Modus *Thema* die Themen anzulegen und später im Modus *Verweis* zu arbeiten, weil es ihnen dann leichter fällt, einen konsistenten Index zu erzeugen).

Die Indexeinträge definieren

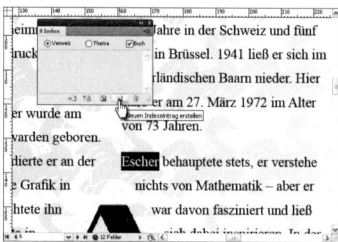

Abbildung 6.41 Um einen neuen Indexeintrag zu erstellen, markieren Sie den entsprechenden Begriff im Text und klicken Sie anschließend auf die Schaltfläche *Neuen Indexeintrag erstellen*.

Aktivieren Sie zunächst im Bedienfeld *Index* das Kontrollkästchen *Buch*. Dann berücksichtigt InDesign automatisch sämtliche Buchdokumente für den Index. Nachdem Sie den Modus *Verweis* aktiviert haben, wählen Sie das Wort aus, das Sie indizieren möchten, und klicken Sie am unteren Rand des Bedienfelds *Index* auf das Symbol *Neuen Indexeintrag erstellen* .

Im Dialogfeld *Neuer Seitenverweis* sehen Sie das ausgewählte Wort im Feld 1 der Themenstufen. Möchten Sie einen mehrgliedrigen Index wie in Fachbüchern erstellen, können Sie jetzt noch einen oder auch mehrere Untereinträge festlegen, die Sie in die Felder *Themenstufen* eingeben.

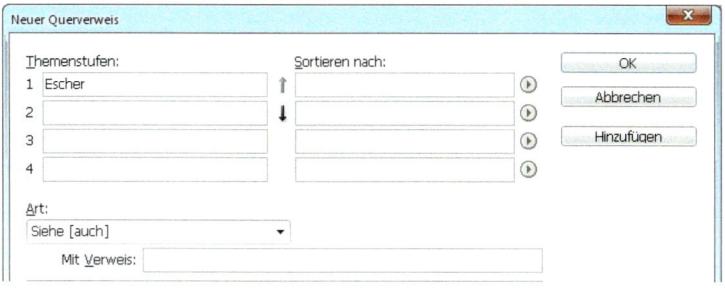

Abbildung 6.42 Das Feld 1 der Themenstufen stellt stets den Haupteintrag dar.

Auch wenn Sie bereits einen Eintrag mit Untereintrag erstellt haben, können Sie diesem weitere Untereinträge hinzufügen. Geben Sie dazu im Dialogfeld *Neuer Seitenverweis* in das Feld 1 erneut den Haupteintrag ein und darunter den neuen Untereintrag.

Weitere Optionen für Indexeinträge

Für professionelle Indizes wie z.B. in Fachbüchern stellt InDesign noch weitere Optionen zur Verfügung.

▶ Soll sich der Indexeintrag nur auf die aktuelle Seite beziehen, lassen Sie im Pop-up-Menü *Art* den Eintrag *Aktuelle Seite* stehen.

▶ Häufig sieht man in Indizes, dass ganze Seitenbereiche angegeben werden, z.B. *Drahtmodelle; 104-116.* Für diese Darstellungsweise bietet InDesign gleich eine ganze Reihe von Optionen, die Sie allesamt im Pop-up-Menü *Art* finden. *Bis Dokumentende* weitet den Seitenbereich beispielsweise von der Auswahl bis zum Ende des Dokuments aus.

▶ Querverweise gehören ebenfalls zu einem guten Index. Nehmen wir an, in Ihrem Dokument verwenden Sie den Begriff *Dinosaurier,* dann sollten Sie auch einen Querverweis von dem Begriff *Saurier* einfügen, da die Leser im Index vielleicht eher nach diesem Wort suchen werden. Dazu wählen Sie im Pop-up-Menü unter den verschiedenen *Siehe auch*-Einträgen.

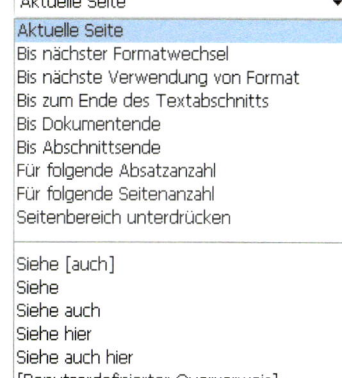

Abbildung 6.43 Im oberen Abschnitt des Pop-up-Menüs finden Sie die Einträge für Verweise auf Seitenbereiche, im unteren Abschnitt die Einträge für Querverweise.

Abbildung 6.44 Erst durch *Siehe*-Querverweise erhält ein Stichwortverzeichnis die notwendige Komplexität.

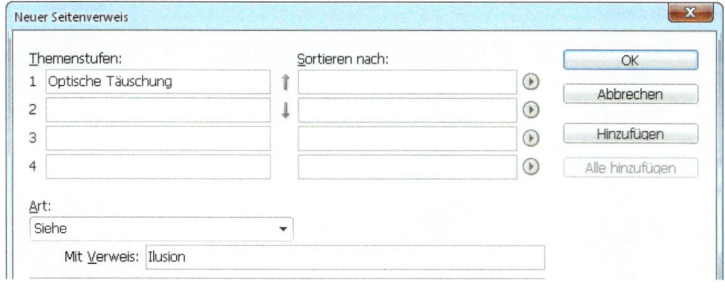

Klicken Sie auf *OK*, um den Indexeintrag in das Bedienfeld einzufügen. Im Bedienfeld *Index* erscheint eine alphabetische Liste und der gerade hinzugefügte Eintrag wird – gegebenenfalls mit seiner Seitenzahl – unter dem richtigen Buchstaben einsortiert.

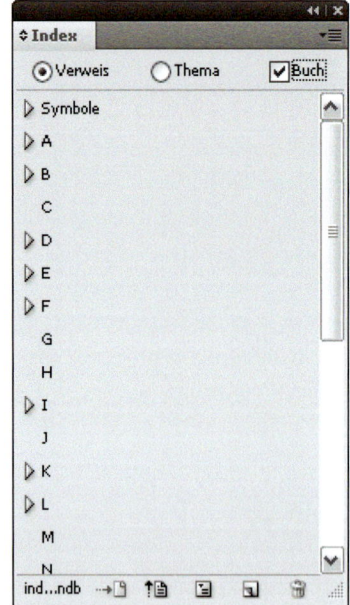

Abbildung 6.45 Zur besseren Übersicht lassen sich die Einträge im Bedienfeld *Index* expandieren und wieder einklappen.

Beachten Sie, dass InDesign einerseits die Groß-/Kleinschreibung berücksichtigt, andererseits nur ganze Wörter aufnimmt. Haben Sie *Löwe* ausgewählt, werden beispielsweise *Löwenzahn* oder *Löwen* nicht aufgenommen.

Über die grauen Pfeile ▽ klappen Sie Einträge und Buchstaben auf die gewohnte Weise ein und expandieren sie wieder. Fügen Sie auf diese Weise sämtliche Indexeinträge hinzu.

Für einfache Indexeinträge mit Seitenverweis und ohne weitere Optionen können Sie übrigens auch die Tastenkombination ⇧ + Strg/⌘ + Alt + ö betätigen. Dann öffnet InDesign das Dialogfeld gar nicht erst, sondern fügt den Indexeintrag direkt dem Bedienfeld hinzu. Mit ⇧ + Strg/⌘ + Alt + ä erzeugen Sie auf dieselbe Weise einen Indexeintrag für Eigennamen. Markieren Sie beispielsweise die beiden Wörter *Henry Miller* und betätigen die genannte Tastenkombination, erhalten Sie den Indexeintrag *Miller, Henry.*

Alle Vorkommen eines bestimmten Suchbegriffs zum Index hinzufügen

InDesign bietet Ihnen eine besonders praktische Funktion, die Ihnen eine Menge Arbeit erspart. Bei Bedarf fügen Sie alle Vorkommen eines bestimmten Suchbegriffs im Buch oder Einzeldokument zum Index hinzu. Wählen Sie hier nur ausgesprochene Fachbegriffe, da bei der Verwendung von Wörtern, die sehr häufig vorkommen, der Index unter Umständen unübersichtlich erscheint.

1 Wählen Sie den entsprechenden Suchbegriff im Dokument aus.
2 Im Bedienfeld *Index* klicken Sie auf das Symbol *Neuen Indexeintrag erstellen* .
3 Klicken Sie im Dialogfeld auf die Schaltfläche *Alle hinzufügen*. InDesign durchsucht das gesamte Dokument bzw. sämtliche Buchdateien und legt jedes Mal, wenn es eine Entsprechung für den ausgewählten Text findet, einen weiteren Indexeintrag fest.

Bei dieser Vorgehensweise kann es zu Dopplungen kommen. InDesign setzt an einer Stelle, an der Sie bereits manuell einen Indexeintrag definiert haben, einen weiteren Indexeintrag. Im fertigen Index wirkt sich das aber nicht aus, InDesign erstellt nur einen einzigen Verweis auf dieselbe Seite.

Den Index erzeugen

Generieren Sie nun den Index. Legen Sie am besten ein neues Indexdokument dafür an, das sich üblicherweise am Ende des Buchbedienfelds befinden sollte. Möchten Sie ein Einzeldokument indizieren, bereiten Sie am Schluss des Dokuments eine leere Seite vor.

1 Klicken Sie im Bedienfeld *Index* auf das Symbol *Index generieren* . Diesen Befehl finden Sie auch im Bedienfeldmenü.
2 Geben Sie im oberen Bereich des Dialogfelds den Titel für den Index ein und weisen Sie ihm eine Formatvorlage zu. Falls Sie ein Buch erstellt haben, aktivieren Sie das Kontrollkästchen *Buchdokumente einschließen*.
3 Schalten Sie über die Schaltfläche *Mehr Optionen* weitere Auswahlmöglichkeiten hinzu. Der Eintrag *Verschachtelt* im Pop-up-Menü darunter sorgt dafür, dass Sie einen wissenschaftlichen Index mit Untereinträgen erstellen. In diesem Fall wählen Sie über den Bereich *Stufenformat* die Formatvorlagen für die verschiedenen Einrückungen aus. Wählen Sie hingegen *In einem Absatz* aus dem Pop-up-Menü, werden mehrgliedrige Einträge so formatiert, wie es die nebenstehende Abbildung zeigt.

Weitere Formatierungen nehmen Sie über die Gruppen *Stufenformat* und *Indexformat* vor.

- In der Gruppe *Stufenformat* wählen Sie für die Indexeinträge der einzelnen Stufen separate Absatzformate, wenn Sie selbst gestaltete Formatvorlagen einsetzen möchten. InDesign bietet Ihnen auch automatisch generierte Formatvorlagen mit den *Indexstufen 1* bis *4*.
- Auch in der Gruppe *Indexformat* gibt InDesign automatische Formatvorlagen vor, die Sie bei Bedarf über die Pop-up-Menüs durch eigene Formate austauschen.

Das Kontrollkästchen *Indexabschnittsüberschriften einschließen* aktivieren Sie, damit InDesign vor jedem neuen alphabetischen Abschnitt den entsprechenden Buchstaben einfügt.

Perspektivraster 9
Präzision 22
Projektion
  axonometrische 6
  parallele isometrische 7
Projektionstechniken 4
  parallele 4

Abbildung 6.46 Ein Beispiel für einen verschachtelten Index

Perspektivraster 9
Präzision 22
Projektion; axonometrische 6;
parallele isometrische 7
Projektionstechniken 4;
parallele 4

Abbildung 6.47 Dieser Index wurde mit der Option *In einem Absatz* erstellt.

Index
Achsen
optische 3
Anordnung 56
Architektonische Modelle 12
Architektur 4
Bézier-Zeichnungen 19
Bézierkurve 45, 51
Breitengrade 15
Darstellung
perspektivische 3
Drahtmodelle 9, 14
dreidimensional 12
Duplikat 46
Duplizieren 12, 13, 14, 15, 16
Eckstreben 13
Ellipse 49
Ellipsen 19
Extrusion 4
Knotenpunkte 27, 28, 31, 33, 34
verschieben 34
Knotentyp 35
Kugeln 14
Kurven
geschlossene 21
zeichnen 21
Kurvenkrümmung 24
Kurvenpunkt 21
Kurvenstücke 27
Kurvenverformung 35
Kurvenverlauf 28
Kurve spiegeln 46
Maschenfüllung 40
interaktive 37
Maschenfüllungen 31
Messer 50
Millimeterpapier 10
Modelle

Index
A
Achsen
optische 3
Anordnung 56
Architektonische Modelle 12
Architektur 4
B
Bézier-Zeichnungen 19
Bézierkurve 45, 51
Breitengrade 15
D
Darstellung
perspektivische 3
Drahtmodelle 9, 14
Grifflinie 24, 28
Gummituch 11
H
Hintergrund 6
Hüllenformen 11
Hüllenfunktion 10
Hüllenknoten 11
I
Illusion 3, 52
Illustrationsstil 31
Illustrationstechniken 45
Inversion
optische 6
Isometrische Projektion 7
K
Kippbild 6

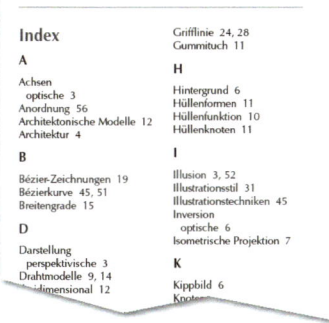

Abbildung 6.48 Ein Index ohne Indexabschnittsüberschriften (links) ist zwar platzsparender, aber nicht so übersichtlich wie ein Index mit Abschnittsüberschriften (rechts).

Aktivieren Sie zusätzlich das Kontrollkästchen *Leere Indexabschnitte einschließen*, wenn Sie auch Buchstaben ohne Indexeinträge mit einer Indexüberschrift ausstatten möchten.

Abbildung 6.49 Bei aktivierter Option *Leere Indexabschnitte einschließen* fügt InDesign auch für Buchstaben ohne Indexeinträge Abschnittsüberschriften hinzu.

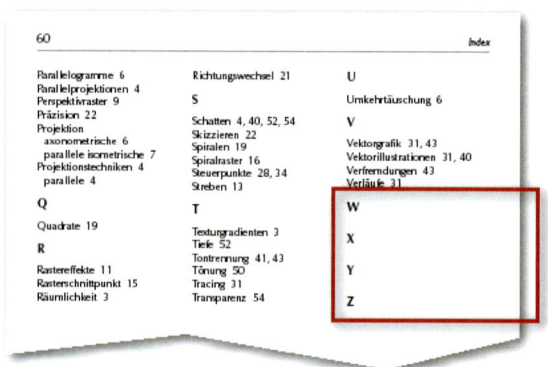

In der Gruppe *Eintragstrennzeichen* geben Sie die Zeichen an, durch die Sie die einzelnen Stufen trennen möchten. Neben Zeichen wie Kommata und Strichpunkten können Sie hier auch verschiedene Geviertabstände und -striche verwenden. Wählen Sie diese entweder über die jeweiligen Pop-up-Menüs aus oder geben Sie das entsprechende Sonderzeichen direkt in die Eingabefelder ein. Die Tabelle unten informiert Sie über die hier möglichen Sonderzeichen.

Erstellen Sie den Index anschließend mit einem Klick auf die Schaltfläche *OK*. Fügen Sie den Index mit einem Klick in einen vorhandenen Textrahmen ein oder erstellen Sie einen neuen Textrahmen mit einem Mausklick oder durch Klicken und Ziehen.

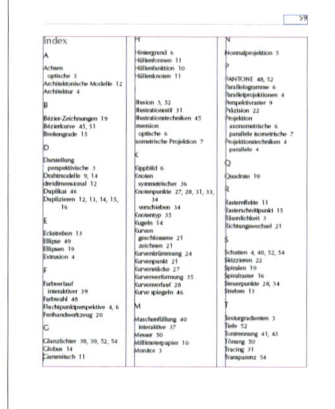

Abbildung 6.50 Der Index wurde in einen dreispaltigen Textrahmen eingefügt.

Sie können Indizes beim Export als bildschirmtaugliche PDF-Dokumente auch mit Hyperlinks versehen, indem Sie im PDF-Export-Dialogfeld die Option *Hyperlinks* aktivieren. Mehr über den Export von InDesign-Dokumenten als bildschirmtaugliche PDF-Dateien erfahren Sie in Kapitel 9.

Sonderzeichen	Eintragskennzeichen
^8	Aufzählungszeichen
^p	Absatzende
^n	Harter Zeilenumbruch
^t	Tabulatorzeichen
^h	Ende des verschachtelten Formats
^_	Geviertstrich
^m	Geviertleerzeichen
^=	Halbgeviertstrich
^>	Halbgeviertleerzeichen
^f	Ausgleichsleerzeichen
^|	1/24-Geviertleerzeichen
^s	Geschütztes Leerzeichen
^<	Achtelgeviertleerzeichen
^-	Bedingter Bindestrich
^~	Geschützter Trennstrich

Indizes aktualisieren

Mitunter kommt es vor, dass Sie die Indexeinträge nachträglich erweitern oder verändern möchten. Öffnen Sie das besprochene Dialogfeld neu und achten Sie darauf, dass das Kontrollkästchen *Vorhandenen Index ersetzen* aktiviert ist.

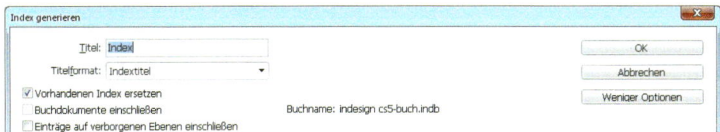

Abbildung 6.51 Das aktivierte Kontrollkästchen *Vorhandenen Index ersetzen* gewährleistet, dass der bestehende Index aktualisiert wird.

Damit werden neue Indexeinträge hinzugefügt, gelöschte entfernt und die Seitenzahlen aktualisiert.

Mehrere Indizes erzeugen

Eigentlich können Sie in InDesign nur einen einzigen Index erzeugen. Recht häufig benötigen Sie aber nicht nur ein Sachregister, sondern beispielsweise auch noch ein Personenregister. Hier wird ein Workaround notwendig:

1 Öffnen Sie das Dokument oder die Buchdatei, die Sie mit dem Index versehen möchten.
2 Falls Sie an einer Buchdatei arbeiten, aktivieren Sie im Bedienfeld *Index* das Kontrollkästchen *Buch*.
3 Beginnen Sie mit dem Sachregister. Markieren Sie im Text das erste Wort, das Sie in den Index aufnehmen möchten.
4 Klicken Sie am unteren Rand des Bedienfelds auf *Neuen Indexeintrag erstellen* .
5 Im folgenden Dialogfeld klicken Sie auf den Abwärtspfeil, damit das markierte Wort auf der *Themenstufe 2* erscheint.
6 In das Feld *Themenstufe 1* geben Sie *Hauptregister* ein.
7 Falls Sie einen zweistufigen Index benötigen, können Sie in das Feld *Themenstufe 3* noch einen Untereintrag eingeben.

Fügen Sie auf dieselbe Weise alle übrigen Stichwörter für den Hauptindex ein. Nun folgt das Personenregister. Hier geben Sie in das Feld *Themenstufe 1* jeweils *Personenregister* ein, in das Feld *Themenstufe 2* den Personennamen selbst.

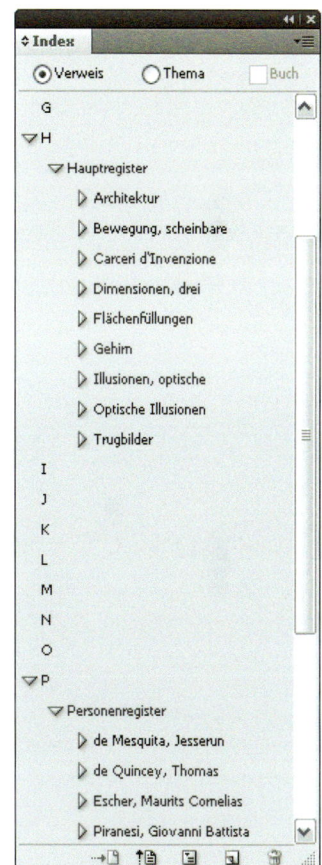

Abbildung 6.52 Erzeugen Sie einen Haupteintrag für das Hauptregister und einen für das Personenregister.

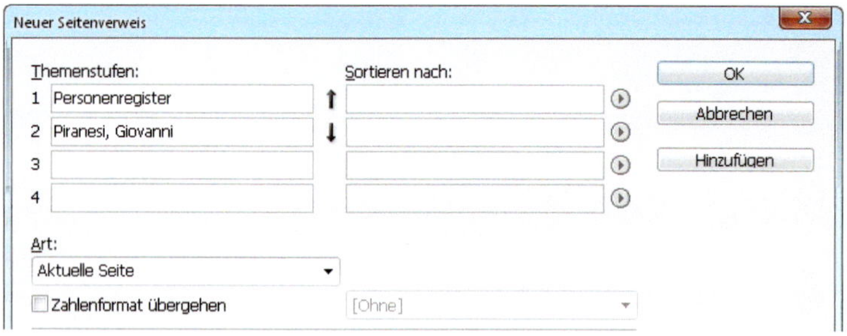

Wenn Sie fertig sind, darf das Bedienfeld *Index* als Haupteinträge lediglich die Bezeichnungen der gewünschten Register enthalten. Erzeugen Sie jetzt den Index. Die Stichwörter sind nun in der richtigen alphabetischen Sortierung unter den einzelnen Registern gesammelt.

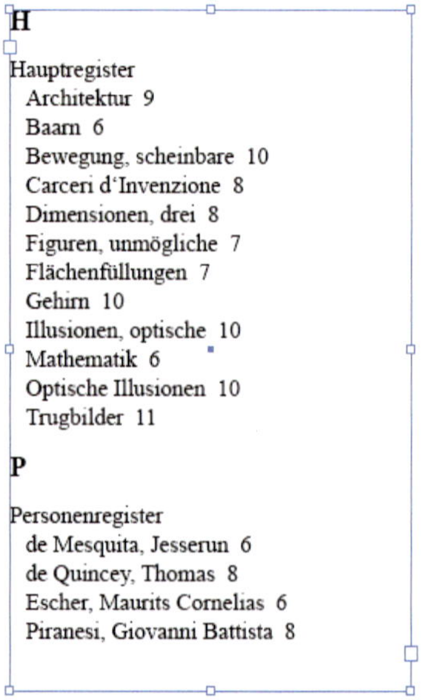

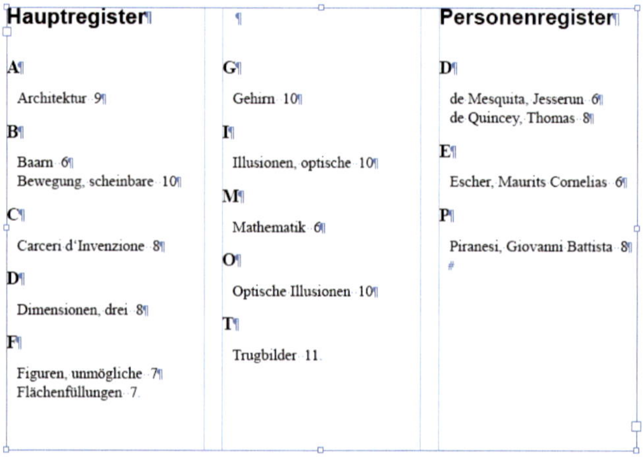

Abbildung 6.53 Links: Der Gesamtindex wurde erstellt. Rechts: Die Indexzahlen und Überschriften wurden manuell eingefügt.

Sie müssen daraus jetzt nur noch zwei einzelne Indizes erzeugen: Löschen Sie die Registerbuchstaben, formatieren Sie die Wörter *Hauptregister* und *Personenregister* als Indexüberschriften und fügen Sie an den entsprechenden Stellen neue Registerbuchstaben ein.

6.7   Drucken und Exportieren von Büchern

Nicht nur die Paginierung und Formatierung von Büchern ist komfortabel, sondern auch der Druck bzw. Export. Das Buchbedienfeld bietet Ihnen Funktionen zum Preflight, Verpacken, Exportieren und Drucken von Büchern, sodass Sie alle Dokumente Ihres Buchs bei Bedarf gleichzeitig diesbezüglich verarbeiten können. Verwenden Sie dazu die dritte Befehlsgruppe im Bedienfeldmenü ▤. Details über Preflight, Export und Druck erfahren Sie ab **Kapitel 8**.

7

InDesign bietet Ihnen eine Vielfalt von Ausgabemethoden – zum Beispiel HTML, PDF, Flash und die letztendlich wichtigste Methode: den Druck. Vor der eigentlichen Ausgabe bereiten Sie alle zugehörigen Dateien und das Dokument für eine beliebige Ausgabeart vor – vom Schwarzweiß-Laserdruck bis zum mehrfarbigen Druck auf einer Offsetdruckmaschine.

7.1 Farbmanagement

Wenn Sie ohne weitere Vorkehrungen Bilder mit unterschiedlichen Profilen in InDesign platzieren und das Dokument dann ausgeben, kann es bei der Druckausgabe sehr leicht zu ärgerlichen Farbabweichungen kommen. Aus diesem Grund ist es wichtig, auf dem eigenen Rechner ein korrektes Farbmanagement einzurichten.

Warum Farbmanagement?

Ein einfaches Beispiel: Vierfarbige Drucksachen werden im CMYK-Farbraum ausgegeben. Für die Anzeige desselben Layouts am Monitor sowie für die Erfassung der enthaltenen Abbildungen per Scanner oder Digitalkamera verwenden Sie hingegen den RGB-Farbraum. So kann es zu einem bekannten Phänomen kommen: Sie erstellen am Bildschirm eine Grafik in leuchtenden Farben. Sie drucken sie aus oder lassen sie im Offsetdruck reproduzieren. Doch der Druck entspricht überhaupt nicht Ihren Vorstellungen. Besonders Blau- und Grüntöne wirken am Bildschirm oft viel lebhafter und leichter als im Druck. Somit ist es schwer vorauszusagen, welche Farben Sie im Druck tatsächlich erhalten. Die Bildschirmfarben haben in vielen Programmen nicht viel mit den Farben im Druck zu tun. Auch ist es so gut wie sicher, dass die Farben ein und desselben Layouts im Bogenoffset auf gestrichenem Papier ganz anders herauskommen als im Zeitungsdruck.

Profile

Es gibt jedoch die Möglichkeit, das Farbverhalten der einzelnen Ausgabebedingungen genau zu charakterisieren, und zwar mit einem »farblichen Fingerabdruck«, einem sogenannten Geräteprofil. Dieses Profil beschreibt die Beschaffenheit eines Geräts genau. Profile sind kleine Dateien, die beschreiben, wie ein bestimmtes Gerät Farbe reproduziert. Fast immer sind dies ICC-Profile, die auf einem durch das International Color Consortium (ICC) festgelegten plattformübergreifenden Standard beruhen. Die Algorithmen zur Umrechnung auf die Geräteeigenschaften sind in den CMM (Color-Matching-Modulen) gespeichert. Der Sinn eines CMM besteht darin, Farben so abzustimmen, dass sie beim Wechsel von einem Gerätefarbraum in einen anderen möglichst exakt erhalten bleiben.

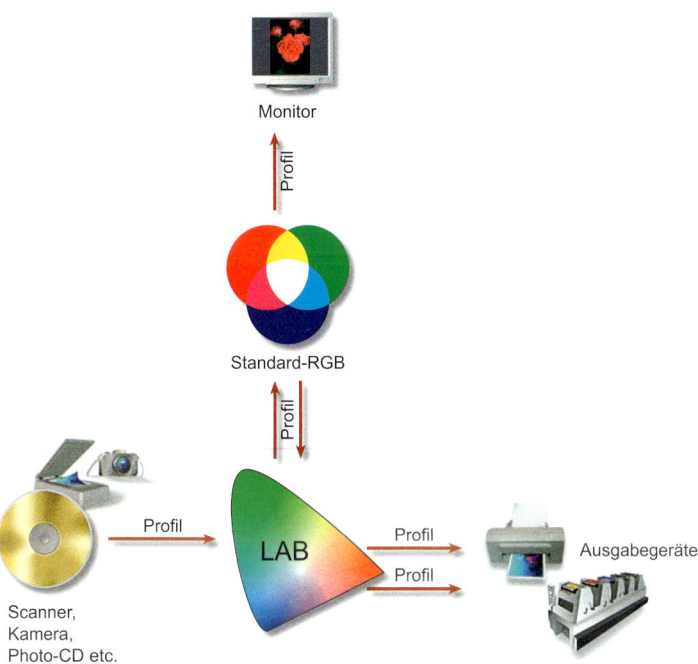

Abbildung 7.1 Überblick über die Abläufe beim Farbmanagement.

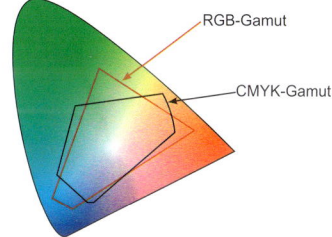

Rendering Intents

Die Bedeutung der Profile liegt darin, dass mit ihnen die genaue Farbwiedergabe für jeden einzelnen Bestandteil des Systems sichergestellt werden kann. Während die Daten von Gerät zu Gerät weitergegeben werden, verändern sich die Farbinformationen. Die Digitalkamera sieht die Farben anders als der Bildschirm, auf dem RIP werden die Informationen wieder verändert und beim Druck kommen noch Parameter wie Punktzuwachs und anderes hinzu. Wenn Sie ein Layout für eine bestimmte Ausgabebedingung aufbereiten möchten, geschieht dies mithilfe der Profile aller an der Produktion beteiligten Geräte. Hier greift das Farbmanagementsystem (Color Management System = CMS) ein. Es übersetzt die Farben vom Farbraum des einen Geräts in einen geräteunabhängigen Farbraum, meist CIE L*a*b. Von hier aus »mappt« das CMS die Farbinformationen in den Farbraum des anderen Geräts. Es ist gleichgültig, ob eine RGB-zu-CMYK-Transformierung oder eine RGB-zu-RGB-Transformierung stattfindet. Der Vorgang läuft immer gleich ab. Ziel ist es, dass die Farben auf allen beteiligten Geräten so identisch wie möglich aussehen.

Abbildung 7.2 Die schuhsohlenförmige Fläche ist der CIE-Gamut in der xy-Darstellung. Er stellt die Gesamtheit aller vom menschlichen Auge unterscheidbaren Farben dar und von ihm ist das vorhin erwähnte LAB-Farbsystem abgeleitet Dem Normfarbsystem LAB liegt kein Ausgabegerät zugrunde, sondern es basiert auf der Farbwahrnehmung des menschlichen Auges. Die Vorteile sind, dass das LAB-Farbsystem geräteneutral und standardisiert ist sowie alle sichtbaren Farben umfasst – also auch sämtliche CMYK- und RGB-Farben. Diesen Farbraum verwenden daher viele Programme zur internen Farbumrechnung.

Auf welche Weise die beschriebene Transformierung stattfindet, legen Sie in der Übertragungsmethode, dem sogenannten Rendering Intent (auch Renderpriorität oder Wiedergabeziel) fest. Ziel ist es immer, dass so wenig Farbverschiebungen und Tonwertabrisse wie möglich entstehen. Hier gibt es keine allgemeingültige Methode gibt, vielmehr muss von Fall zu Fall bzw. je nach Grafiktyp (Fotos, Illustrationen usw.) entschieden werden. Daher haben Sie in einem Programm wie InDesign die Wahl zwischen vier verschiedenen Renderprioritäten, die vom International Color Consortium (ICC) festgelegt wurden: *Perzeptiv, Sättigung, Relativ Farbmetrisch* und *Absolut Farbmetrisch*.

▶ *Perzeptiv:* Diese für Fotos gut geeignete Renderpriorität erhält das optische Verhältnis zwischen den Farben auf bestmögliche Weise. Die Farbwerte können sich bei der Konvertierung ändern.

▶ *Sättigung:* Diese Renderpriorität versucht, gesättigte Farben zu erzielen. Die Farbgenauigkeit ist dabei untergeordnet.

▶ *Relativ farbmetrisch:* Diese Renderpriorität vergleicht den Weißpunkt des Quellfarbraums mit dem des Zielfarbraums und verschiebt die Farben entsprechend. Die Farbtreue ist besser als bei der Renderpriorität Perzeptiv.

▶ *Absolut farbmetrisch:* Innerhalb des Zielfarbraums gelegene Farben bleiben unverändert. Farben außerhalb des Farbumfangs werden beschnitten. Die Weiß- und Schwarzpunkte werden nicht berücksichtigt. Eine möglichst hohe Farbtreue wird angestrebt, auch wenn dies auf Kosten der Farbbeziehungen geschieht.

In der Praxis sind die beiden Prioritäten *Perzeptiv* und *Relativ Farbmetrisch* wichtig. Fast immer wird *Perzeptiv* bei RGB-zu-CMYK-, *Relativ Farbmetrisch* für CMYK-zu-CMYK-Workflows benutzt. *Absolut Farbmetrisch* findet sich noch oft bei der Proof-Druckausgabe.

Farbmanagement im Produktionsprozess

Ein korrekt eingerichteter Workflow mit den richtigen ICC-kompatiblen Profilen auf allen Ausgabegeräten kann zwar nicht alle, aber doch sehr viele Farbprobleme beheben. Ein solches Farbmanagement koordiniert die Farbdarstellung bereits auf Betriebssystemebene, damit die Farben im gesamten Produktionsprozess auf jedem Ausgabegerät korrekt dargestellt werden. Eine ICC-taugliche Anwendung (wie etwa InDesign oder Photoshop) verknüpft die Profile so, dass eine exakte Umrechnung der Farben zwischen verschiedenen Farbräumen möglich ist, zum Beispiel dem eines bestimmten Monitors und dem eines bestimmten Druckers. Das Ergebnis ist eine möglichst hohe Farb-

Der beschriebene Workflow funktioniert nur, wenn alle beteiligten Geräte am Farbmanagementprozess teilnehmen. Heutzutage achtet man aber eher darauf, dass nicht jedes Gerät für sich exakt profiliert ist. Entscheidend ist heute eher, dass sich alle Geräte gemäß gängigen Industriestandards möglichst identisch verhalten. Nur dann ist Farbmanagement in einer Anwendung wie InDesign für Gestalter auch sinnvoll zu handeln. Ein eigenes Profil für jede Druckerei, mit der man zusammenarbeitet, ist sicher nicht erstrebenswert. Zudem ist auch ein perfekt eingerichtetes Farbmanagement keine hundertprozentige Garantie für absolut exakte und konsistente Farbe. Jeder Monitor altert, Druckfarben und Papier können variieren. Es gibt viele Fehlerquellen, Schwankungen und Abweichungen.

übereinstimmung in der Farbdarstellung dieser beiden Geräte. In den Farbmanagement-Einstellungen legen Sie unter anderem Standardfarbprofile fest, die mit dem RGB- und CMYK-Farbmodell verknüpft sind und »Arbeitsfarbräume« genannt werden. Dies gewährleistet eine hohe Farbtreue unter typischen Ausgabebedingungen. Eine wichtige Eigenschaft von ICC-Profilen ist, dass Sie sie in Bilder einbetten können. Wenn ein solches Bild mit einem eingebetteten Profil auf einem anderen Computer geöffnet wird, »weiß« die entsprechende ICC-fähige Anwendung, wie die Farben für den Monitor und Drucker dieses Computers umgerechnet werden müssen. In einem sicheren Workflow werden Sie Ihre Bilder in den Arbeitsfarbraum Ihres Programms umrechnen und dieses Profil einbetten. Im Produktionsprozess werden ICC-Profile z. B. folgendermaßen eingesetzt:

1 In der Druckerei wird ein Profil für die verwendete Drucktechnik und das verwendete Papier eingerichtet.
2 Dieses wird an sämtliche an der Produktion Beteiligte weitergegeben, unter anderem an Sie als Gestalter.
3 Sie können das Profil für Ihre Arbeit mit InDesign verwenden.

Wenn die benötigten Profile vorhanden sind, müssen Sie InDesign noch mit ihnen bekannt machen. Nur dann kann das Programm die Farben richtig umrechnen.

Farbmanagement in der Creative Suite

Damit alles gut klappt, benötigen Sie zuerst ein passendes Profil. Besser geeignet als die mit der Creative Suite ausgelieferten sind die Profile der ECI, die Sie sich kostenlos von *www.eci.org* herunterladen können. Sie finden auf dieser Website den Link *Downloads*, der Sie zur Seite mit den ICC-Profilen der ECI führt (Dieser Punkt erscheint relativ weit unten auf der Website). Für den Vierfarb-Bogenoffsetdruck auf glänzendem und auf matt gestrichenem Papier gibt es hier das Profilset *ECI_Offset_2008*, für RGB-Anwendungen das Profil *eciRGB_v2.icc*. Laden Sie sich beide Profilsets herunter.

▶ Unter Windows entpacken Sie das Archiv nun und klicken anschließend mit der rechten Maustaste auf das erste Profil. Wählen Sie *Profil installieren*. Wiederholen Sie diesen Vorgang mit den übrigen Profilen. Verfahren Sie analog mit *ECI-RGB v2_icc*.

▶ Am Macintosh-Rechner entpacken Sie das Archiv ebenfalls und legen beide Profile in den Ordner *Library\Application Support\Adobe\Color\Profiles\Recommended*.

Wenn Sie ein Farbmanagement einrichten möchten, sollten Sie auch die hoch auflösende Bildschirmdarstellung verwenden, um die Farben möglichst genau anzuzeigen. Die hohe Auflösung stellen Sie über *Ansicht → Anzeigeleistung → Anzeige mit hoher Qualität* ein.

Als Nächstes nehmen Sie die Farbeinstellungen in Photoshop vor. Starten Sie Photoshop neu und wählen Sie *Bearbeiten* → *Farbeinstellungen*. Für hochwertige RGB-Bilder eignet sich das zuvor installierte Profil *eciRGB_v2*. Aus dem Pop-up-Menü *CMYK* des Bereichs *Arbeitsfarbräume* wählen Sie das Profil *ISO Coated v2 (ECI)*.

Nun müssen Sie entscheiden, ob Sie ein vollständiges Farbmanagement einstellen möchten. Dabei werden alle Farben erst beim Druck in den Ausgabefarbraum umgerechnet. Wir gehen nachfolgend von einem vollständigen Farbmanagement aus und empfehlen für den Bogen-Offsetdruck die folgende Vorgehensweise:

1 Wählen Sie im Dialogfeld *Farbeinstellungen* unter *Farbmanagement-Richtlinien* jeweils den Eintrag *Eingebettete Profile beibehalten*.

Abbildung 7.3 Farbeinstellungen in Photoshop.

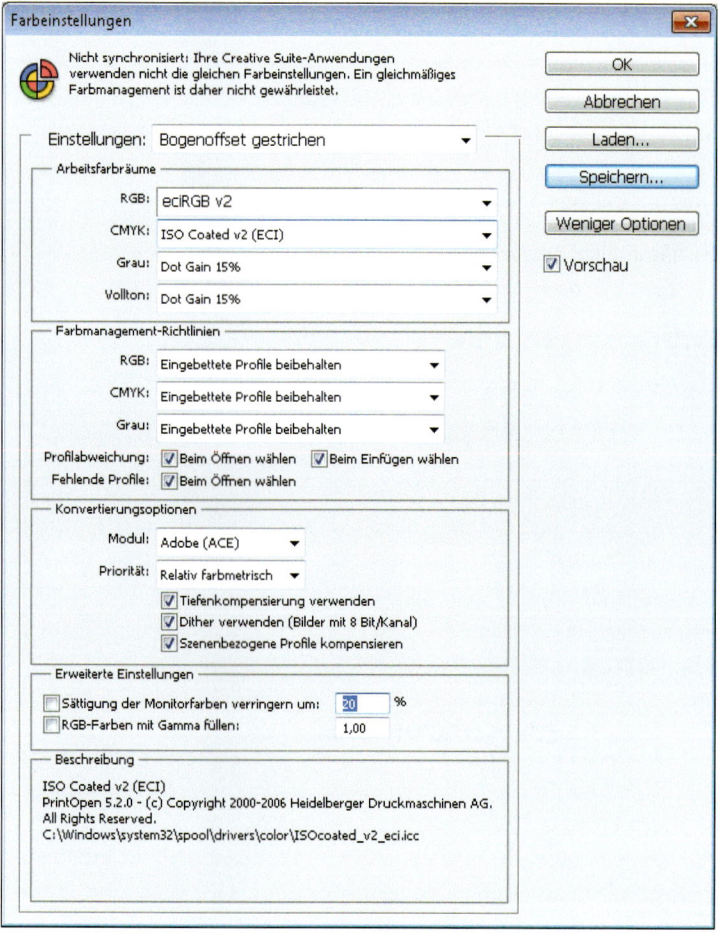

2 Aktivieren Sie zudem alle drei Kontrollkästchen zu Profilabweichungen und fehlenden Profilen. Nur dann erhalten Sie Warnmeldungen, wenn Sie Dateien mit abweichendem Profil in Ihrer Creative Suite öffnen oder in ein Dokument einfügen.

3 Falls das Dialogfeld hier endet, klicken Sie nun auf die Schaltfläche *Mehr Optionen*. Die restlichen Einstellmöglichkeiten werden angezeigt. Hier vergewissern Sie sich, dass das Modul *Adobe (ACE)* mit der Priorität *Relativ farbmetrisch* aktiviert ist. Zudem sollte das Kontrollkästchen *Tiefenkompensierung verwenden* aktiviert sein.

4 Legen Sie Ihre Farbeinstellungen nun unter einem eigenen Namen ab. Dazu klicken Sie auf *Speichern* und tippen einen passenden Namen ein. Bestätigen Sie mit *Speichern*, geben Sie optional einen Kommentar ein und klicken Sie auf *OK*.

Als Nächstes öffnen Sie Adobe Bridge, zum Beispiel mit einem Klick auf das Bridge-Symbol 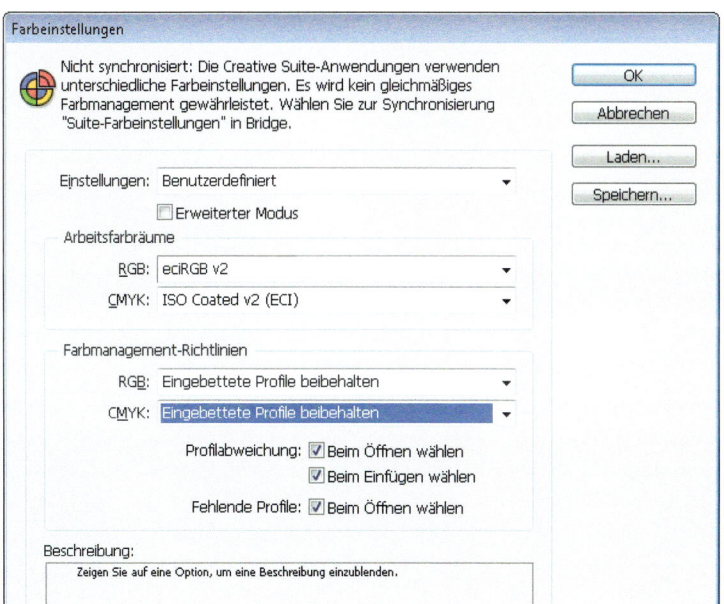 in der Anwendungsleiste. Hier wählen Sie *Bearbeiten* → *Creative-Suite-Farbeinstellungen*. Klicken Sie auf das von Ihnen erstellte Profil und bestätigen Sie mit *Anwenden*. Nun haben alle Creative-Suite-Anwendungen dieselben Farbeinstellungen, sie sind synchronisiert. In InDesign sollten Sie die Farbeinstellungen für unseren Beispiel-Workflow allerdings ein wenig anpassen:

1 Nachdem Sie alle InDesign-Dokumente geschlossen haben, wählen Sie *Bearbeiten* → *Farbeinstellungen*.

Abbildung 7.4 Farbeinstellungen in InDesign. Durch die in unserem Beispiel-Workflow vorgenommene Änderung ist das »Synchronisiert«-Symbol wieder durch das »Nicht synchronisiert«-Symbol ersetzt worden.

Wenn Sie hier *Werte erhalten (verknüpfte Profile ignorieren)* wählen, gewährleisten Sie einen sicheren CMYK-Workflow. Das heißt, dass die Farbwerte von CMYK-Farben beim Platzieren von Bildern unverändert übernommen werden.

Möchten Sie beim sicheren CMYK-Workflow gleich einen ganzen Schwung Bilder in Photoshop in das richtige Profil konvertieren, öffnen Sie ein beliebiges Testbild mit dem falschen Profil. Öffnen Sie dann das Aktionsbedienfeld und klicken Sie am unteren Palettenrand auf das Symbol *Neue Aktion erstellen*. Geben Sie einen passenden Namen ein und klicken Sie auf *Aufzeichnen*. Alles, was Sie von nun an in Photoshop tun, wird in der Aktion gespeichert. Wählen Sie *Bearbeiten* → *In Profil umwandeln* und verfahren Sie wie nebenstehend beschrieben. Danach klicken Sie am unteren Rand des Aktionsbedienfelds auf das Symbol *Ausführen/Aufzeichnung beenden*. Wählen Sie jetzt *Datei* → *Automatisieren* → *Stapelverarbeitung*. Normalerweise ist die gerade aufgezeichnete Aktion im Pop-up-Menü *Aktion* jetzt bereits ausgewählt. Als *Quelle* wählen Sie *Ordner* und darunter wählen Sie das Verzeichnis aus, in dem sich die Bilder für Ihr Layout befinden. Aktivieren Sie gegebenenfalls auch das Kontrollkästchen *Alle Unterordner einschließen*. Starten Sie die Stapelverarbeitung mit einem Klick auf *OK*.

2 Trotz der Synchronisierung sehen Sie hier für CMYK die von der Photoshop-Originaleinstellung abweichende Option *Werte erhalten (verknüpfte Profile ignorieren)*. Dadurch wandelt InDesign platzierte Bilder mit abweichendem Profil bei der Ausgabe nicht in das festgelegte Ausgabeprofil, also beispielsweise *ISO Coated v2 (ECI)*, um. Weil wir in unserem Beispiel ein vollständiges Farbmanagement einrichten möchten, bei dem InDesign alle Farben automatisch in das gewünschte Profil konvertiert, ändern Sie die Option in *Eingebettete Profile beibehalten*. Klicken Sie auf *Speichern* und überschreiben Sie die vorhandene Einstellung.

Öffnen Sie nun in InDesign ein Dokument mit abweichenden Einstellungen, erhalten Sie entsprechende Warnmeldungen. Entscheiden Sie sich dafür, das Dokument an die aktuellen Farbeinstellungen anzupassen. Wenn Sie RGB- oder CMYK-Pixelbilder in Ihr InDesign-Layout einfügen, werden diese ungeachtet ihres Farbmodus und ihres Farbprofils erst bei der Ausgabe in den von Ihnen eingestellten Ausgabefarbraum konvertiert. Dieses sogenannte produktionsneutrale Verfahren ist zwar sehr praktisch, kann jedoch zu CMYK-zu-CMYK-Konvertierungen und damit unter Umständen zu Farbverschiebungen führen. Aus diesem Grund sollten Sie hier auf jeden Fall ausreichende Proofs bzw. Probedrucke vorsehen.

Falls Ihnen das vollständig aktivierte Farbmanagement zu riskant ist, bietet sich der althergebrachte, sichere CMYK-Workflow an. Dabei bearbeiten Sie die Bilder zuerst in Photoshop und konvertieren sie dann mit *Bearbeiten* → *In Profil konvertieren* bzw. *In Profil umwandeln* in das Ausgabeprofil, in unserem Fall *ISO Coated v2 (ECI)*. Diese Vorgehensweise bietet Ihnen eine bessere Kontrolle über die Farbumwandlung, als wenn diese erst bei der Ausgabe der Dateien vorgenommen würde. Achten Sie darauf, dass in den Konvertierungsoptionen als Modul *Adobe (ACE)* mit der Option *Relativ farbmetrisch* aktiviert ist, und dass auch *Tiefenkompensierung verwenden* aktiviert ist.

Der Vorteil ist, dass Sie, ausreichende Sichtkontrolle in Photoshop vorausgesetzt, stets auf der sicheren Seite sind. Nachteilig ist, dass der Arbeitsablauf viel mehr Zeit erfordert als das vollständig aktivierte Farbmanagement. Der Zeitaufwand steigert sich noch, wenn das InDesign-Dokument in unterschiedlichen Ausgabeverfahren gedruckt werden soll, weil Sie die Bilder dann jedes Mal neu bearbeiten müssen. Für den sicheren CMYK-Workflow wählen Sie in den *Farbeinstellungen* aus dem Pop-up-Menü *CMYK* die Option *Werte beibehalten (Verknüpfte Profile ignorieren)*. Damit vermeiden Sie CMYK-zu-CMYK-Konvertierungen.

7.2 Einen Preflight durchführen

Mit dem Preflight-Feature von InDesign erlangen Sie ein Stück Sicherheit, dass Ihr Dokument tatsächlich druckreif ist und dass Ihre Produktionspartner korrekte und vollständige Daten von Ihnen erhalten. Beispielsweise stellt es sicher, dass alle notwendigen Grafik- und Schriftdateien verfügbar sind. Typische Fehler wie fehlende Schriften oder nicht korrekt in CMYK umgewandelte Bilder gehören damit der Vergangenheit an.

Auch wenn die Preflight-Funktion Ihnen keine absolute Garantie für eine reibungslose Belichtung bzw. einen reibungslosen Druck geben kann, ist sie doch eine sinnvolle Unterstützung bei der Druckvorbereitung. Mit dem Preflight-Modul können Sie Ihr Dokument auf die Einhaltung individuell festgelegter Kriterien prüfen. So können Sie schon in der Layoutphase ständig die Einhaltung der ausgewählten Kriterien prüfen und eventuell auftretende Probleme schnell beheben.

Objekte in ausgeblendeten Ebenen und Objekte, die Sie auf die Montagefläche gezogen haben, werden (bis auf die Schriftarten) nicht überprüft. Als Ergebnis der Prüfung erhalten Sie auf Wunsch einen Bericht im PDF- oder Textformat.

Preflight-Kriterien angeben

Zuerst geben Sie Kriterien an, nach denen InDesign Ihr Dokument prüfen soll. Dazu verwenden Sie das Bedienfeld *Preflight* (*Fenster → Ausgabe → Preflight*). Achten Sie darauf, dass das Kontrollkästchen *Ein* aktiviert ist. Nur dann findet während der Layoutarbeit eine ständige Preflight-Prüfung statt.

Eventuelle Fehler gemäß dem ausgewählten Prüfprofil werden Ihnen dann am unteren Dokumentfensterrand angezeigt. Die Art des Fehlers zeigt InDesign Ihnen in der Liste *Fehler* des Preflightbedienfelds. Wenn Sie einen Fehlereintrag über die kleinen Pfeil-Symbole ▷ ganz aufklappen, gelangen Sie zur Seitenzahl, auf der sich der Fehler befindet. Mit einem Klick auf die Seitenzahl navigieren Sie an die entsprechende Problemstelle.

Ein Klick auf das Dreieck-Symbol ▷ vor Informationen blendet den unteren Teil des Bedienfelds ein, in dem Sie Informationen zum markierten Fehler und entsprechende Lösungsvorschläge erhalten. Das standardmäßig ausgewählte Grundprofil prüft Ihr Dokument auf fehlende oder geänderte Verknüpfungen sowie auf Übersatztext und fehlende Schriftarten. Sie können diese Definitionen einsehen, wenn Sie aus dem Preflightbedienfeldmenü bei ausgewähltem Profil *[Grundprofil]* den Befehl *Profile definieren* wählen. Wenn Ihnen diese Prüfungen nicht ausreichen, erzeugen Sie eine eigene Profildefinition:

1 Wählen Sie aus dem Preflightbedienfeldmenü den Befehl *Profile definieren*.

Abbildung 7.5 Im Bedienfeld *Preflight* wird die Art des Fehlers angezeigt – in diesem Fall fehlende Verknüpfungen.

Abbildung 7.6 Die Definition des Grundprofils.

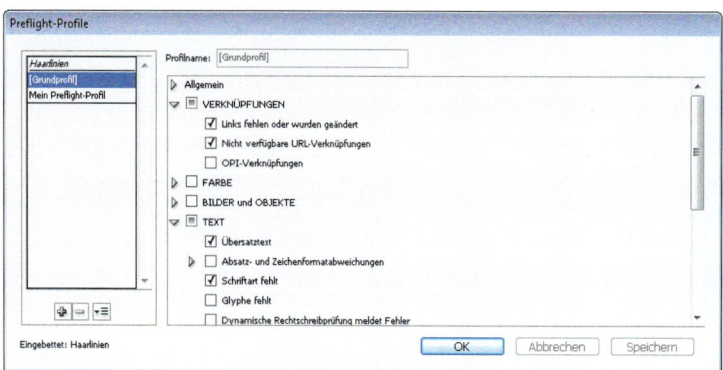

Beachten Sie, dass der Preflight keine Textfehler in ausgeblendetem bedingtem Text finden kann. Deshalb sollten Sie vor dem Preflight alle Bedingungen einblenden (mehr über die Funktion »Bedingter Text« erfahren Sie in **Kapitel 6**). Auch Musterseiten, die auf keine Dokumentseiten angewandt sind, werden vom Preflight ignoriert.

2 Klicken Sie am linken unteren Dialogfeldrand auf das Symbol *Neues Preflight-Profil*.

3 Geben Sie einen passenden Profilnamen ein.

4 Öffnen in der Liste rechts den Bereich *Allgemein* mit einem Klick auf das Dreieck-Symbol ▷ und geben Sie eine ausführliche Beschreibung ein, damit Sie den Funktionsbereich des Profils auch später noch einwandfrei zuordnen können.

5 Darunter aktivieren Sie alle gewünschten Kontrollkästchen in den verschiedenen Bereichen. Mehr über einzelne Optionen erfahren Sie ab Seite 351. Klicken Sie auf *OK*.

Das neue Profil wird nicht automatisch aktiviert. Sie müssen es erst aus der Profilliste rechts im Preflightbedienfeld auswählen.

Das Arbeitsprofil definieren

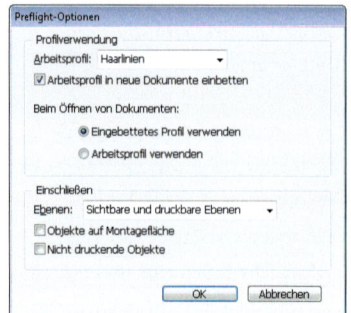

Abbildung 7.7 Legen Sie bei Bedarf ein neues Arbeitsprofil fest.

Standardmäßig wird als sogenanntes Arbeitsprofil das *[Grundprofil]* verwendet. Nach diesem Arbeitsprofil erfolgt die Preflight-Prüfung, wenn Sie nichts anderes eingestellt haben. Möchten Sie ein selbst definiertes Profil als Arbeitsprofil verwenden, wählen Sie *Preflight-Optionen* aus dem Preflightbedienfeldmenü und das gewünschte *Arbeitsprofil* aus.

Möchten Sie dieses Profil gleich in neu erstellte Dokumente einbetten, aktivieren Sie das Kontrollkästchen *Arbeitsprofil in neue Dokumente einbetten* (mit dem *[Grundprofil]* funktioniert dies jedoch nicht).

In der Gruppe *Beim Öffnen von Dokumenten* legen Sie fest, ob Sie neue Dokumente mit ihren eingebetteten Preflight-Profilen oder mit dem von Ihnen erstellten Arbeitsprofil definieren möchten. In der Gruppe *Einschließen* können Sie bestimmte Elemente in die Preflight-Prüfung ein- oder davon ausschließen.

Preflight-Profile einbetten

In der Grundeinstellung werden selbst erstellte Preflight-Profile nur in der Arbeitsumgebung gespeichert. Wenn Sie dann ein Dokument weitergeben, sind die definierten Profile nicht mehr verfügbar. Dies ändern Sie, indem Sie die Profile in das Dokument einbetten.

1 Wählen Sie im Preflightbedienfeldmenü das gewünschte Profil.
2 Klicken Sie rechts daneben auf das Symbol *Klicken, um das gewählte Profil einzubetten.*

Weitere Vorkehrungen sind nicht nötig. Das Profil wird automatisch mit dem Dokument weitergegeben.

Profile als Arbeitsvorgabe nutzen

Außerdem können Sie ein Profil auch als gesonderte Datei weitergeben, indem Sie wieder im Dialogfeld *Preflight-Profile* auf das Symbol *Preflight-Profilmenü* klicken und den Befehl *Profile exportieren* wählen. Mit *Profil laden* lässt sich ein solches Profil auf einem anderen System laden. Dies können Sie sehr vorteilhaft nutzen, wenn Sie sicherstellen möchten, dass alle Team-Mitglieder dieselben Vorgaben bezüglich verschiedener Parameter wie Seitenumfang, Beschnittzugabe, Farben usw. verwenden.

Erstellen Sie eine InDesign-CS5-Vorlage und integrieren Sie in diese ein entsprechendes Preflight-Profil. Hier legen Sie alle wichtigen Parameter fest, zum Beispiel im Bereich *Dokument* die Seitenanzahl und die *Beschnittzugabe*.

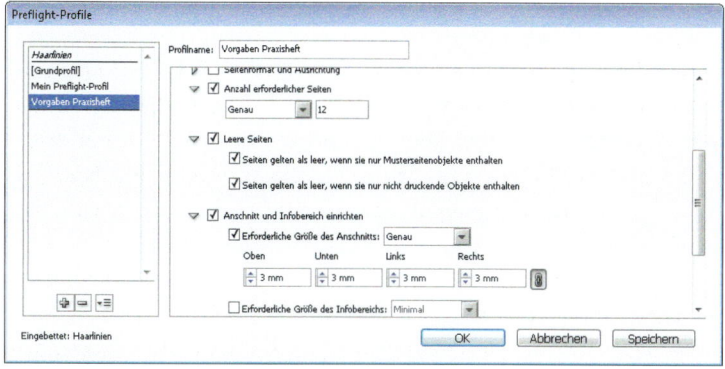

Abbildung 7.8 Auch Parameter wie Seitenanzahl und Beschnittzugabe können Sie in ein Preflight-Profil aufnehmen.

Das abgebildete Preflight-Profil moniert auch leere Seiten (Kontrollkästchen *Leere Seiten*). Dies ist besonders praktisch. Mit einem Klick auf die Seitenzahl im Preflightbedienfeld springt InDesign direkt zu der leeren Seite, die nun gefüllt werden kann.

Einen Preflight für ein Buch durchführen

Auch für alle zu einem Buch zusammengefassten Dokumente können Sie einen Preflight durchführen. Wählen Sie dazu aus dem Bedienfeldmenü ▾≡ des Buchs den Befehl *Preflight für Buch*. Im folgenden

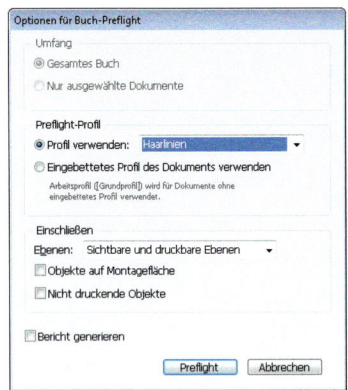

Abbildung 7.9 In diesem Dialogfeld definieren Sie den Buch-Preflight.

Abbildung 7.10 Der rote Punkt signalisiert Preflight-Fehler, der grüne Punkt sagt aus, dass der Preflight bestanden wurde.

Abbildung 7.11 Auch geschützte Schriftarten können Sie mit dem Preflight finden.

Dialogfeld aktivieren Sie das obere Pop-up-Menü und wählen das gewünschte Profil. Alternativ aktivieren Sie das Kontrollkästchen *Eingebettetes Profil des Dokuments verwenden*, damit für jedes einzelne Buchdokument das entsprechende eingebettete Profil verwendet wird. Klicken Sie dann auf die Schaltfläche *Preflight*.

InDesign prüft alle Dokumente. Im Buchbedienfeld sehen Sie anschließend neben jedem Buch-Dokument einen Punkt. Ist dieser rot, ist das Dokument beim Preflight »durchgefallen«, ist er grün, hat es den Preflight bestanden.

7.3 Text kontrollieren

Bevor Sie Ihr Dokument in die Produktion geben, sollten Sie einige Dinge kontrollieren, die Sie auch ganz oder teilweise über den InDesign-CS5-Preflight erledigen können. Dazu gehört beispielsweise, ob alle Schriftarten im Dokument vorhanden sind.

Schriftarten prüfen

In der Grundeinstellung prüft der Preflight Ihr Dokument auf fehlende Schriftarten. Wenn Sie ein neues Profil erstellen, finden Sie die entsprechende Option *Schriftart fehlt* in der Rubrik *Text* des Dialogfelds *Preflight-Profile*. Wird ein Fehler gefunden, expandieren Sie im Preflightbedienfeld den Eintrag *TEXT*, dann den Eintrag *Fehlende Schriftart* und schließlich den Namen der Schriftart.

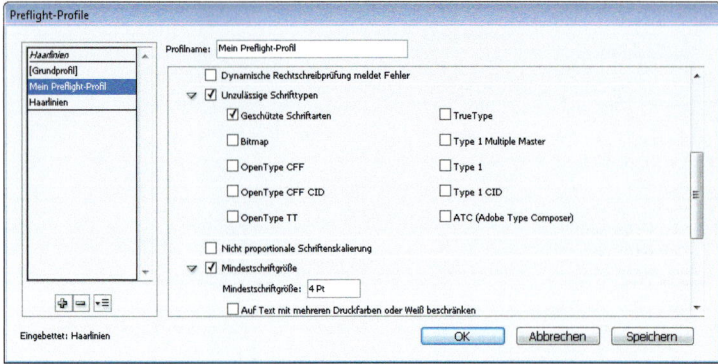

Nun werden Ihnen die Seitenzahlen angezeigt, auf denen die Schrift fehlt. Mit einem Klick steuern Sie die entsprechenden Seiten und Textpassagen an.

Außer fehlenden Schriften können Sie über den Eintrag *Text* im Dialogfeld *Preflight-Profile* noch eine Anzahl weiterer Textprobleme ausfindig machen, zum Beispiel *geschützte Schriftarten*. Geschützte Schriften können aufgrund bestimmter Einbettungs-Flags nicht in PostScript- oder PDF-Dokumente eingebettet werden. Die Einbettung einer TrueType- oder OpenType-Schrift in ein PostScript- oder PDF-Dokument funktioniert nur, wenn der Schrifthersteller sie zum Einbetten freigibt. Dafür sind die Einbettungs-Flags verantwortlich. Es gibt die folgenden Flags:

▶ *Restricted License embedding:* Die Schrift darf überhaupt nicht eingebettet werden.

▶ *Print and preview embedding:* Die Schrift darf nur für den Ausdruck sowie die Darstellung am Bildschirm eingebettet werden.

▶ *Editable embedding:* Die eingebettete Schrift darf bearbeitet werden.

▶ *Installable embedding:* Die eingebettete Schrift darf extrahiert und auf dem Rechner installiert werden.

Neben technischen Aspekten müssen Sie bei der Fonteinbettung auch rechtliche Gesichtspunkte beachten. Wenn Sie eine Schrift kaufen, erwerben Sie für gewöhnlich nur ein begrenztes Nutzungsrecht an ihr. Es sei denn, die Schrift wurde exklusiv für Sie gestaltet. Die Rechtslage ist mit der beim Kauf von Software vergleichbar. Wie hier gibt es beim Kauf von Schriften Lizenzbedingungen. Ebenso wenig wie Software, dürfen Sie Schriften kopieren und weitergeben – eigentlich auch nicht an Ihren Druckdienstleister.

Fehlende Schriften ersetzen

Meldet der Preflight Ihnen das Fehlen von Schriften, wählen Sie den Befehl *Schrift* → *Schriftart suchen*. Im folgenden Dialogfeld lokalisieren Sie auf Ihrem System fehlende Schriften und ersetzen diese gegebenenfalls durch andere Fonts. Die fehlenden Schriften werden an oberster Stelle der Liste mit einem vorangestellten Ausrufezeichen-Symbol ⚠ angezeigt.

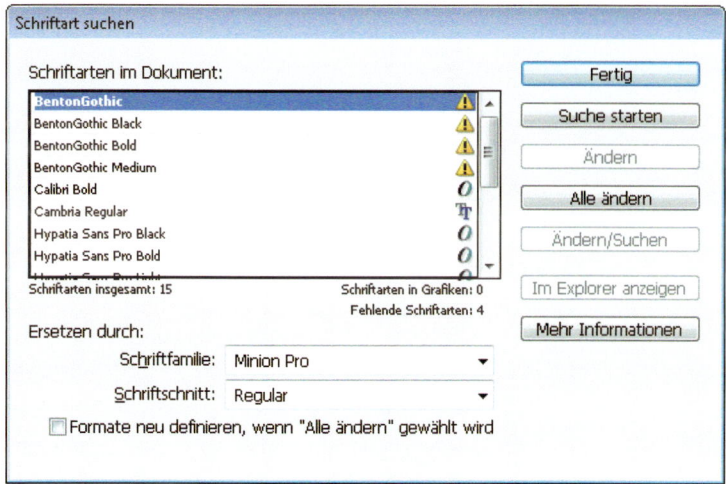

Abbildung 7.12 Die Schriftersetzung lässt sich über den Befehl *Schriftart suchen* vornehmen.

1 Markieren Sie eine der fehlenden Schriftarten und klicken Sie auf *Suche starten.* InDesign zeigt Ihnen das erste Vorkommen der fehlenden Schrift im Dokument.

2 Wählen Sie aus den Pop-up-Menüs *Schriftfamilie* und *Schriftschnitt* die Schrift, die Sie statt des fehlenden Fonts verwenden möchten.

3 Klicken Sie auf *Ändern* (wenn Sie nur die Schrift der aktuellen Fundstelle austauschen möchten) bzw. auf *Alle ändern*, um die Schrift im gesamten Dokument auszutauschen.

Manchmal taucht in diesem Dialogfeld ein eigenartiges Problem auf, das aber schnell erklärt ist. Obwohl Sie diese Schriftart überhaupt nicht bewusst in Ihrem Layout verwenden, spürt InDesign in Ihrem Dokument die Times auf und versieht sie mit einem gelben Warndreieck. Der Fehler kommt zustande, wenn Sie in Ihrem Layout einen normalen Rechteckrahmen-, Ellipsen- oder Polygonrahmen aufgezogen und versehentlich mit dem Textwerkzeug hineingeklickt haben. InDesign betrachtet den Rahmen nun als Textrahmen und verwendet für ihn automatisch die Schriftart Times. Bei der Ausgabe kann dies zu Problemen führen. Lösen Sie das Problem folgendermaßen:

1 Klicken Sie im Dialogfeld *Schriftart suchen* auf die Schaltfläche *Mehr Informationen.*

2 Klicken Sie auf die *Times* und dann auf die Schaltfläche *Suche starten.* InDesign bringt Sie auf die Seite mit dem versehentlich umgewandelten Rahmen. Die Einfügemarke steht ebenfalls in diesem Rahmen. Schließen Sie das Dialogfeld *Schriftart Suchen* mit *Fertig.*

3 Klicken Sie den Rahmen mit dem Auswahlwerkzeug ⬧ an und öffnen Sie das Kontextmenü. Wählen Sie *Inhalt* → *Grafik* oder *Inhalt* → *Nicht zugewiesen.*

Abbildung 7.13 Bei deaktiviertem Kontrollkästchen *Textwerkzeug wandelt Rahmen in Textrahmen um* in den *Eingabe*-Voreinstellungen erledigt sich das oben beschriebene Problem.

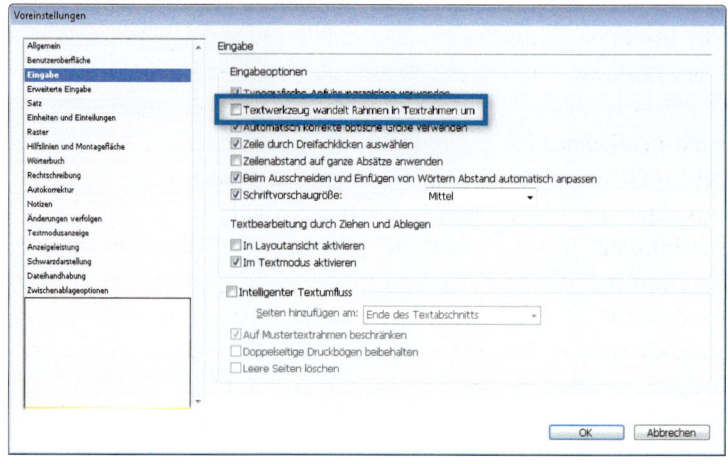

Das Problem der versehentlichen Umwandlung in einen Textrahmen können Sie übrigens schon im Vorfeld beheben. Wählen Sie dazu *Bearbeiten* → *Voreinstellungen* → *Eingabe* und deaktivieren Sie das Kontrollkästchen *Textwerkzeug wandelt Rahmen in Textrahmen um*.

Rechtschreibfehler

Wenn Sie im Preflight-Profil im Bereich *Text* das Kontrollkästchen *Dynamische Rechtschreibprüfung meldet Fehler* aktiviert haben, sehen Sie im Preflight-Fenster, ob Ihr Dokument noch Rechtschreibfehler enthält. Allerdings muss dazu der Befehl *Bearbeiten* → *Rechtschreibprüfung* → *Dynamische Rechtschreibprüfung* aktiviert (mit einem Häkchen versehen) sein.

Leider liefert Ihnen das Preflightbedienfeld in diesem Fall keinen Link auf die Seitenzahl des Fehlers, sodass Sie die Rechtschreibfehler dann doch mit einer regulären Rechtschreibprüfung beheben müssen.

Abweichungen von Absatz- bzw. Zeichenformaten

Sehr hilfreich ist das Kontrollkästchen *Absatz- und Zeichenformatabweichungen* im Bereich *Text*. Hiermit prüfen Sie, ob Absatz- oder Zeichenformate mit manuellen Formatierungen überschrieben worden sind. Mit einem Klick auf die jeweilige Seitenzahl im Preflightbedienfeld steuern Sie die Abweichung direkt an.

7.4 Verknüpfungen kontrollieren

Das standardmäßig aktivierte Grundprofil überprüft bei eingeschaltetem Preflight laufend, ob in Ihrem Dokument Verknüpfungen fehlen. Wie beschrieben, erhalten Sie am unteren Bedienfeldrand eine rote Warnmeldung, wenn die Preflight-Funktion Fehler findet.

Ob es sich dabei um fehlende oder nicht aktuelle Verknüpfungen handelt, erkennen Sie im Preflightbedienfeld. Mit einem Klick auf die Seitenzahl einer fehlerhaften Verknüpfung gelangen Sie direkt zur verknüpften Datei. Klicken Sie jetzt noch auf das Dreieck-Symbol vor Informationen, erweitert InDesign das Preflightbedienfeld und Sie können ablesen, ob die Verknüpfung fehlt oder nur aktualisiert werden muss. Zur Reparatur der Verknüpfungen benötigen Sie jedoch nach wie vor das Verknüpfungsbedienfeld, das in diesem Zusammenhang sogar praktischer ist als der Preflight. Denn im Verknüpfungsbedienfeld sehen Sie auf einen Blick, ob alle Bilder ordnungsgemäß

Abbildung 7.14 Preflight kann auch fehlende Verknüpfungen finden.

verknüpft sind. Klicken Sie auf die Spalte mit dem Ausrufezeichen, damit eventuelle Probleme ganz oben in der Bedienfeldliste angezeigt werden.

Abbildung 7.15 Die Probleme – zwei fehlende Bilder – werden an erster Stelle angezeigt.

▶ Sollte InDesign Ihnen neben einem Bildnamen ein rotes Fragezeichen ❓ zeigen, bedeutet dies, dass das Originalbild am angegebenen Speicherort nicht gefunden wurde. Vielleicht haben Sie es versehentlich auf Ihrer Festplatte verschoben.

▶ Ein gelbes Warndreieck ⚠ teilt Ihnen mit, dass das Bild zwar am angegebenen Ort vorhanden ist, in der Zwischenzeit aber – beispielsweise in Photoshop – geändert wurde, ohne dass es im InDesign-Dokument aktualisiert wurde. Das Vorschaubild zeigt demnach noch den alten Stand.

▶ Am Ende der Zeile jedes Bildnamens sehen Sie, auf welcher Seite Ihres Dokuments das Bild platziert wurde. Ein Bild, das Sie auf der Montagefläche abgelegt haben, erhält keinen Seitennamen, sondern die Bezeichnung *MF*.

Haben Sie ein solches Bildproblem ausgemacht, können Sie es im Bedienfeld *Verknüpfungen* anklicken und dann am unteren Bedienfeldrand auf das Symbol *Gehe zu Verknüpfung* klicken. InDesign springt sofort zur Seite mit diesem Bild und zeigt es an. Das Programm behält dabei allerdings die aktuelle Zoomeinstellung nicht bei, sondern versucht, das Bild möglichst groß und zentriert darzustellen.

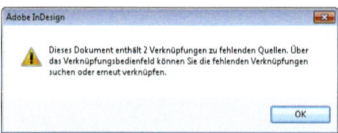

Abbildung 7.16 Bereits beim Öffnen des Dokuments zeigt InDesign Ihnen Verknüpfungsprobleme.

Falls das neu verknüpfte Bild größer ist als das bisherige, kann es sein, dass es nicht mehr in den Rahmen passt und daher beschnitten wird. In diesem Fall können Sie es mit dem Kontextmenübefehl *Anpassen* → *Inhalt proportional anpassen* auf die richtige Größe bringen.

Geänderte Bilder im Layout aktualisieren

Wie oben bereits erwähnt, zeigt InDesign im Bedienfeld *Verknüpfungen* neben einer Datei, die seit ihrer letzten Platzierung im Layout verändert wurde, ein gelbes Warndreieck ⚠. Öffnen Sie ein Dokument mit einer solchen veränderten Grafik, zeigt InDesign Ihnen schon dabei eine Warnung. Dasselbe gilt für fehlende Verknüpfungen, die InDesign beim Öffnen des Dokuments feststellt.

Um eine Verknüpfung mit einer geänderten Datei im Bedienfeld *Verknüpfungen* auf den neuesten Stand zu bringen, gehen Sie folgendermaßen vor:

1 Wählen Sie das Bild mit Warndreieck im Bedienfeld *Verknüpfungen* aus.

2 Klicken Sie am unteren Rand des Bedienfelds auf die Schaltfläche *Verknüpfung aktualisieren*.

3 Das Bild wird im Layout aktualisiert.

Fehlende Bilder neu verknüpfen

Zeigt InDesign Ihnen im Bedienfeld neben einem Bild ein rotes Fragezeichen ●, kann das Programm diese Datei nicht an der durch die Verknüpfung angegebenen Stelle finden. Hier verwenden Sie die Schaltfläche *Erneut verknüpfen* 🔗 am unteren Rand des Bedienfelds. Wählen Sie die Bilddatei aus und bestätigen Sie mit *Öffnen*. Das Fragezeichen-Symbol verschwindet. Dies signalisiert, dass die Bildverknüpfung nun korrekt ist.

Im Bedarfsfall reparieren Sie alle fehlenden Verknüpfungen auf einmal, indem Sie die Schaltfläche *Erneut verknüpfen* mit gedrückter ⌈Alt⌉-Taste anklicken. Findet InDesign im Verzeichnis weitere Bilder, die zu im Dokument fehlenden Verknüpfungen gehören, repariert InDesign diese automatisch.

7.5 Bildauflösungen kontrollieren

Aber nicht nur die korrekte Verknüpfung, sondern auch eine ausreichende Auflösung der im Dokument platzierten Pixelbilder ist wichtig (mehr zum Thema »Bildauflösung« erfahren Sie in **Kapitel 3**).

Soll InDesign Ihnen bereits während der Layoutphase mitteilen, ob Ihr Dokument Bilder mit zu niedriger oder auch zu hoher Auflösung enthält, aktivieren Sie im Bereich *Bilder und Objekte* des Dialogfelds *Preflight-Profile* das Kontrollkästchen *Bildauflösung*. Expandieren Sie den Eintrag über das Dreieck-Symbol und geben Sie in die Eingabefelder die gewünschten Mindest- und ggf. auch Höchstwerte ein.

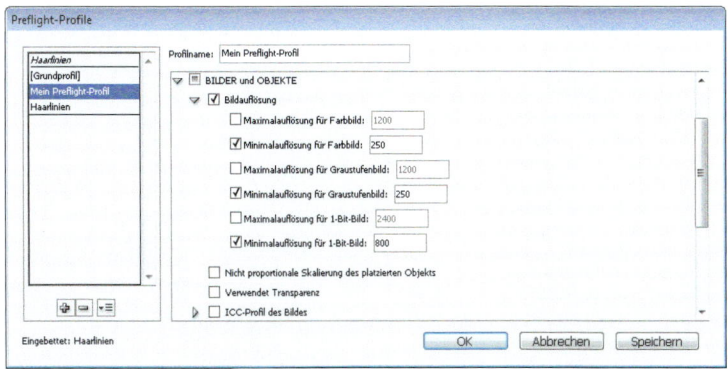

Abbildung 7.17 Legen Sie im Bereich *Auflösung* die gewünschte Minimal- und Maximalauflösung für die unterschiedlichen Grafiktypen fest.

7.6 Linienstärken kontrollieren

Eine typische Fehlerquelle bei Dateien, die im Offsetdruck ausgegeben werden sollen, sind zu dünne Konturen und Linien. Solche Striche sind im Druckergebnis gegebenenfalls kaum oder gar nicht mehr zu erkennen bzw. sie brechen aus, das heißt, dass sie nicht als durchgehende Linie gedruckt werden. Eine Linie sollte deshalb immer min-

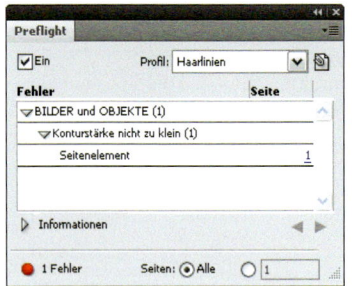

Abbildung 7.18 Im Dokument wurde eine zu dünne Kontur gefunden.

Abbildung 7.19 Über die Mindestkonturstärke machen Sie Haarlinien ausfindig.

destens 0,3pt breit sein. Dieses Problem können Sie über den Preflight ausfindig machen und auch beheben.

1 Im Dialogfeld *Preflight-Profile* navigieren Sie zum Bereich *Bilder und Objekte* und expandieren diesen gegebenenfalls.

2 Aktivieren Sie das Kontrollkästchen *Mindestkonturstärke*.

3 Expandieren Sie auch diesen Eintrag und geben Sie in das Feld den gewünschten Mindestwert ein.

4 Klicken Sie auf *OK*.

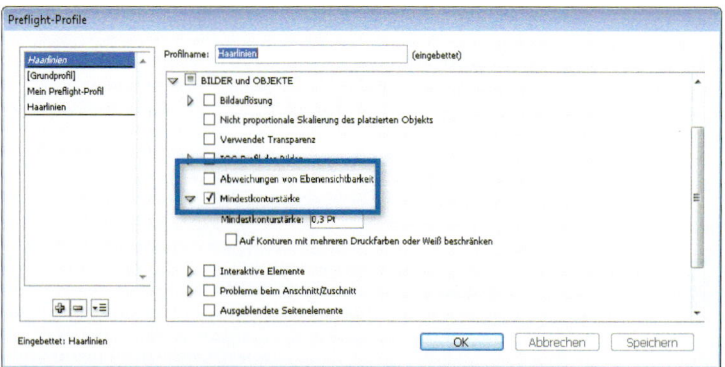

Wählen Sie das Profil nun aus, um Ihr Dokument auf das Haarlinienproblem zu untersuchen. Falls InDesign eine zu dünne Linie findet, erhalten Sie die Fehlermeldung *Konturstärke nicht zu klein*. Diese müsste natürlich eigentlich »Konturstärke zu klein« lauten.

7.7 Verwendete Farben kontrollieren

Für den Vierfarb-Offsetdruck sollten alle Farben als Prozessfarben definiert sein. Im Bedienfeld *Farbfelder* (Taste F5) sind solche Farben durch ein kleines Vierfarb-Symbol gekennzeichnet.

Ist hier eine Volltonfarbe aufgelistet, obwohl Sie im Prozess-Vierfarbdruck ausgeben möchten, sollten Sie dies vor der Ausgabe korrigieren. Ob Sie RGB-Farben vor der Ausgabe in CMYK umrechnen oder dies während der Ausgabe vom Farbmanagementsystem übernehmen lassen möchten, hängt von Ihrem Farbmanagement-Workflow ab.

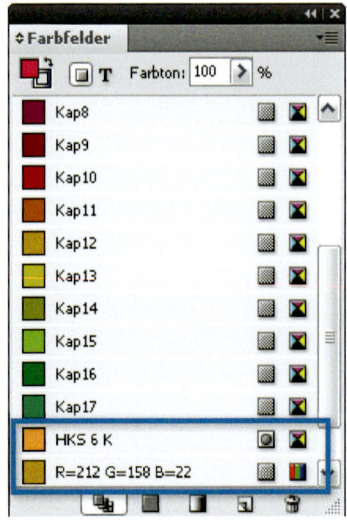

Abbildung 7.20 Das Bedienfeld *Farbfelder* zeigt: Im Layout werden eine RGB- und eine Volltonfarbe verwendet, obwohl das Dokument in Vierfarb-Prozessfarben ausgegeben werden soll.

1 Zeigen Sie das Bedienfeld *Farbfelder* an. Hier werden alle für das Dokument definierten Farben angezeigt. Welche davon im Layout verwendet werden, stellen Sie fest, indem Sie das Bedienfeldmenü ⬛ öffnen und den Befehl *Alle nicht verwendeten auswählen* wäh-

len. Alle Farben, die in Ihrem Layout nicht verwendet werden, werden markiert und lassen sich mit einem Klick auf das Papierkorb-Symbol gefahrlos löschen.

2 Die im Bedienfeld verbleibenden Farben werden allesamt im InDesign-Dokument verwendet.

Das InDesign-Preflight-Modul kann Ihnen nicht erwünschte Farben anzeigen. Aktivieren Sie dazu das Kontrollkästchen *Unzulässige Farbräume und -modi* in der Kategorie *FARBE*. Klicken Sie hier die unerwünschten Farben an.

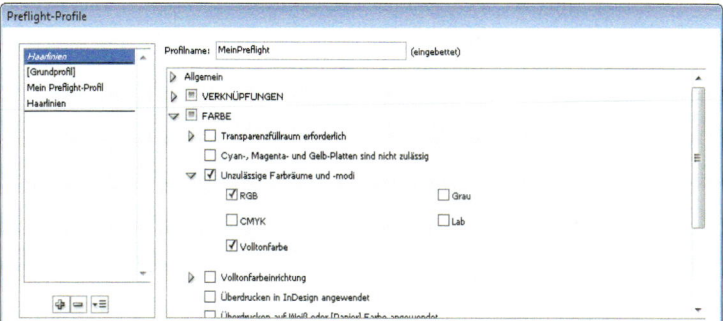

Abbildung 7.21 Preflight kann Ihnen unerwünschte Farben anzeigen.

Zur Reparatur der Farben haben Sie zwei Möglichkeiten:

▶ Zum einen können Sie die Volltonfarbe automatisch in ihre CMYK-Entsprechung umrechnen lassen.

▶ Oder Sie ersetzen die Farbe durch einen manuell definierten CMYK-Wert (bei Volltonfarben ist diese Methode vorzuziehen, weil Sie dann eine bessere Kontrolle haben).

Die Farbe von InDesign umrechnen lassen

Zur automatischen Umrechnung der Farbe öffnen Sie das Bedienfeldmenü ▾☰ des Bedienfelds *Farbfelder*. Wählen Sie den Befehl *Druckfarben-Manager*.

Aktivieren Sie das Kontrollkästchen *Alle Volltonfarben in Prozessfarben umwandeln* und klicken Sie auf *OK*.

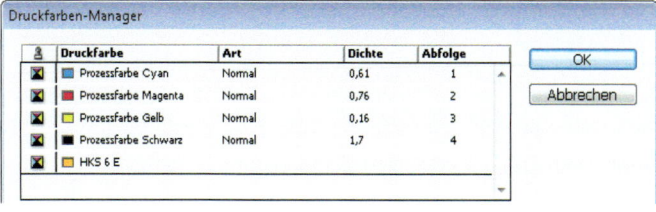

Abbildung 7.22 Im Druckfarben-Manager wird die zusätzliche Volltonfarbe angezeigt.

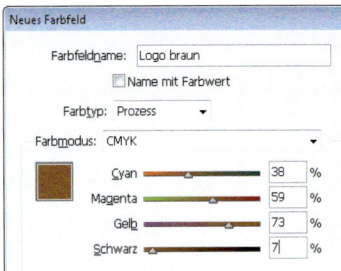

Abbildung 7.23 Passen Sie die CMYK-Werte gegebenenfalls an.

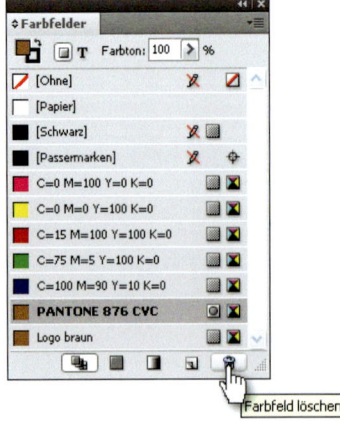

Abbildung 7.24 Im Bedienfeld *Farbfelder* löschen Sie das Vollton-Farbfeld.

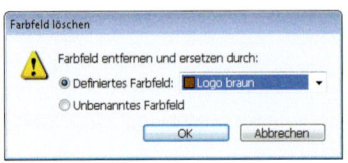

Abbildung 7.25 Löschen Sie die Volltonfarbe und ersetzen Sie sie durch die neue Prozessfarbe.

Die Volltonfarbe manuell ersetzen

Sicherer ist es jedoch, die Volltonfarbe auf die folgende Weise in eine Prozessfarbe umzuwandeln, da Sie hier eine bessere Kontrolle haben:

1 Markieren Sie die unerwünschte Volltonfarbe im Bedienfeld *Farbfelder* und klicken Sie auf die Schaltfläche *Neues Farbfeld*.

2 Die folgende Meldung bestätigen Sie mit *Ja*.

3 Führen Sie einen Doppelklick auf das neue Vollton-Farbfeld aus.

4 Aus dem Pop-up-Menü *Farbtyp* wählen Sie *Prozess*.

5 InDesign versucht, die Volltonfarbe bestmöglich in ihre CMYK-Werte umzurechnen. Passen Sie gegebenenfalls die CMYK-Werte noch an.

6 Im Feld *Farbfeldname* vergeben Sie einen passenden Namen oder wählen die Option *Name mit Farbwert* und bestätigen mit *OK*.

Nun löschen Sie das Vollton-Farbfeld und ersetzen die Farbe aller Objekte, die momentan diese Farbe aufweisen, durch die neue Prozessfarbe:

1 Klicken Sie im Bedienfeld *Farbfelder* die Volltonfarbe an.

2 Klicken Sie auf das Papierkorb-Symbol am unteren Rand des Bedienfelds.

3 Im folgenden Dialogfeld wählen Sie die soeben definierte Prozessfarbe aus und bestätigen sie mit *OK*.

7.8 Proofen

Wenn Sie Ihren Monitor richtig kalibriert und das Farbmanagement für Ihr Dokument korrekt eingerichtet haben, macht es auch Sinn, einen sogenannten Softproof (= Monitorproof) anzuzeigen, bevor Sie Ihre Dateien an Ihren Produktionspartner weitergeben.

Beachten Sie, dass der Softproof nicht so genau ist wie ein Andruck, da hier mehrere Kriterien eine Rolle spielen, zum Beispiel die Kalibrierung des Monitors und auch die Lichtverhältnisse an Ihrem Arbeitsplatz. Der Softproof ist nicht besonders zuverlässig, wenn ein Monitor nicht richtig kalibriert ist. Farbstiche und falsche Graustufen könnten das Ergebnis sein und dem Softproof seinen Nutzen nehmen. Wenn Sie ICC-Profile für Ihren Monitor verwenden, werden die Farben genauer angezeigt. Auch bei korrekt eingerichtetem Farbmanagement wird Ihr Softproof nicht farbecht sein, aber Sie erhalten wenigstens einen Eindruck von Leuchtkraft und Sättigung der Farben.

Einen Softproof anzeigen

Bevor Sie einen Softproof anzeigen, vergewissern Sie sich noch einmal, dass Sie die richtigen Farbmanagement-Einstellungen vorgenommen haben.

1 Wählen Sie dann *Ansicht* → *Proof einrichten* → *Benutzerdefiniert*.

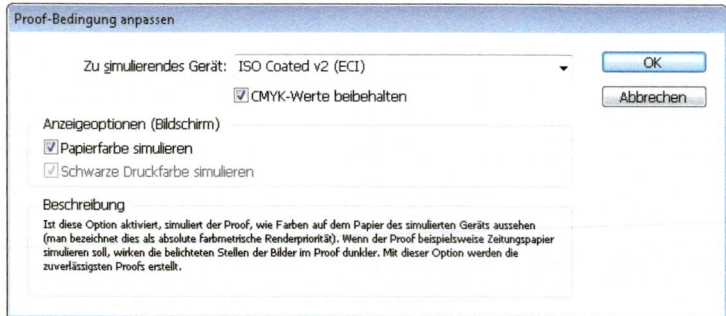

Abbildung 7.26 Im Dialogfeld *Proof-Bedingung anpassen* lässt sich unter anderem die Farbe des Bedruckstoffs beim Proofen berücksichtigen.

2 Im Pop-up-Menü *Zu simulierendes Gerät* wählen Sie aus, welches Farbprofil für den Druck verwendet werden soll.

3 Mit dem Kontrollkästchen *Papierfarbe simulieren* simulieren Sie die Farbe des Druckpapiers, das durch das Dokumentprofil definiert ist. Sie werden gleich feststellen, dass die Lichter Ihrer Bil-
der dunkler werden, weil das Papier nicht so hell strahlt wie der Monitor. Bei manchen Profilen, die etwa für die Monitorausgabe bestimmt sind, ist das Kontrollkästchen deaktiviert.

4 Das Kontrollkästchen *Schwarze Druckfarbe simulieren* simuliert die schwarze Druckfarbe auf dem Monitor. Sie bekommen damit einen Eindruck, wie die schwarze Druckfarbe aussehen wird. Denn Schwarz erscheint auf dem Bildschirm stets viel tiefer als später im Druck. Dies gilt besonders für mattes Papier.

5 Bestätigen Sie mit *OK* und aktivieren Sie *Ansicht* → *Farbproof*, um den Softproof auf dem Bildschirm anzuzeigen.

Möchten Sie den Proof wieder ausschalten, deaktivieren Sie im Menü *Ansicht* den Befehl *Farbproof*.

Hardproof

Auch einen Hardproof können Sie mit InDesign erstellen, selbst auf einem gewöhnlichen Tintenstrahldrucker ohne PostScript-Fähigkeit. Sie verwenden dazu das Dialogfeld *Drucken*.

Ein solcher Proof kann an einen hochqualitativen Farbproof nicht heranreichen, kommt dem endgültigen Auflagendruck aber trotzdem näher als eine normale Druckausgabe. Voraussetzung ist, dass Sie über ein gutes ICC-Profil für Ihren Drucker verfügen.

1 Wählen Sie *Bearbeiten* → *Farbeinstellungen* und vergewissern Sie sich, dass das Farbmanagement korrekt eingerichtet ist.

2 Wählen Sie *Ansicht* → *Proof einrichten* → *Benutzerdefiniert* und nehmen Sie die gewünschten Einstellungen vor.

3 Wählen Sie *Datei* → *Drucken*.

4 In der Kategorie *Farbmanagement* aktivieren Sie in der Gruppe *Drucken* das Optionsfeld *Proof*.

5 Als *Druckerprofil* wählen Sie das ICC-Profil Ihres Druckers.

6 Die Priorität stellen Sie auf *Absolut farbmetrisch*.

7.9 Den Farbauftrag messen

Auch den Farbauftrag auf dem Papier können Sie über das Bedienfeld *Separationsvorschau* prüfen. Wenn Sie zu viel Farbe definieren – die maximale Menge ist von Druckmaschine zu Druckmaschine unterschiedlich – kann das Papier aneinanderkleben, wellen oder gar die Druckmaschine stoppen. Bis vor kurzem galt ein Farbauftrag von 350 % noch als akzeptabel, mittlerweile geht man eher von einem maximalen Farbauftrag von 300 % (mit Unbuntaufbau) aus.

1 Nachdem Sie sich in der Druckerei nach dem maximalen Farbauftrag erkundigt haben, wählen Sie *Fenster* → *Ausgabe* → *Separationsvorschau*.

2 Aus dem Pop-up-Menü *Ansicht* wählen Sie *Farbauftrag* und daneben den maximal möglichen Farbauftrag.

Gehen Sie Ihr Dokument durch, vor allem die eingefügten Bilder. Alle Elemente werden in Graustufen dargestellt. Nur die Stellen, an denen der Farbauftrag über dem von Ihnen festgelegten Prozentsatz liegt, werden rot hervorgehoben. Nun wissen Sie, welche Bilder Sie gegebenenfalls noch bearbeiten müssen, um einen zu hohen Gesamtfarbauftrag zu vermeiden.

Abbildung 7.27 Auf den roten Partien ist der Farbauftrag zu hoch.

7.10 Überfüllen

Überfüllungen werden notwendig, wenn farbige Objekte aneinandergrenzen oder sich überlappen. Nur mit Überfüllungen können leichte Ungenauigkeiten, die durch die Eigenschaften der Offsetdruckfarben einerseits und die Arbeitsweise der Druckmaschine andererseits fast unausweichlich sind, ausgeglichen werden.

Ihr Farbtintenstrahldrucker druckt die gesamte Farbe in einem Arbeitsgang auf das Papier. Im Vierfarb-Offsetdruck hingegen läuft jedes Blatt entlang von mindestens vier Druckzylindern der Maschine – für jede der Farben Cyan, Magenta, Gelb und Schwarz einzeln. Auf Ein- und Zweifarbmaschinen wird kaum noch gedruckt. Hierbei entstehen technisch bedingt leichte Ungenauigkeiten. Die Bögen werden mit rasanter Geschwindigkeit verarbeitet und sind dabei einem ungeheuren Druck ausgesetzt. Dadurch kann es passieren, dass sich ein Bogen minimal verschiebt.

Dies genügt schon, um das Papierweiß an den Farbrändern sichtbar werden zu lassen. Auch wenn diese »Blitzer« nur minimal sind: Das menschliche Auge nimmt sie wahr.

Solche »Blitzer« sind deshalb möglich, weil Offsetdruckfarben nicht vollständig deckend, sondern lasierend sind. Wenn Sie zwei Offsetdruckfarben in hundertprozentiger Intensität übereinanderlegen, verändert sich der Ton der obenliegenden Farbe, weil die untere hineingemischt wird. Deshalb wird bei übereinanderliegenden Objekten die Form des obenliegenden Objekts aus dem unteren ausgespart. Durch dieses Verfahren erscheint bei Passungenauigkeiten sehr schnell die Aussparung im untenliegenden Objekt als »Blitzer« an der Kante des obenliegenden Objekts.

Schwarz ist die einzige Farbe, die InDesign in der Grundeinstellung nicht ausspart. InDesign überdruckt schwarze Druckfarben standardmäßig. Meistens ist das auch angebracht, um ein schönes, sattes Schwarz zu erzielen.

Falls Ihr Dienstleister Sie bittet, *Schwarz überdrucken* auszuschalten, wählen Sie *Bearbeiten* → *Voreinstellungen* und zeigen die Kategorie *Schwarzdarstellung* an. Deaktivieren Sie hier das Kontrollkästchen *Farbfeld [Schwarz] 100 % überdrucken*.

Um dem Problem der Passungenauigkeiten entgegenzuwirken, arbeiten Sie mit Überfüllungen. Während Sie früher Überfüllungen mühevoll manuell vornehmen oder sich auf Drittprogramme Ihres Dienstleisters verlassen mussten, richten Sie die Überfüllungen nun direkt in InDesign ein. Aber auch hier kommt es für ein gutes Ergebnis auf die richtigen Einstellungen an.

Beim Überfüllen werden die kleinen Verschiebungen in der Druckmaschine kompensiert, indem entlang der Farbkanten aufeinandertreffender Objekte kleine Bereiche von überlappenden Farben gedruckt werden. Wenn sich dann eine Farbe leicht verschiebt, wird kein papierweißer Zwischenraum zwischen den verschiedenfarbigen Objekten sichtbar. Wenn die Überfüllung korrekt ausgeführt wird – was InDesign automatisch für Sie erledigen kann –, ist die leichte Farbüberlappung im fertigen Druckerzeugnis nicht sichtbar.

Abbildung 7.28 Die Libelle wurde auf einem blauen Hintergrund platziert.

Abbildung 7.29 Für den Offsetdruck wird die Libellenform aus der blauen Fläche ausgespart.

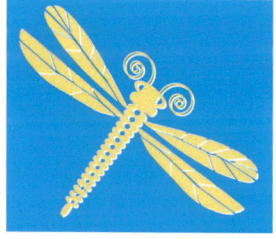

Abbildung 7.30 Durch Verschiebungen während der Druckdurchläufe kann es rasch zu »Blitzern« kommen.

▶ Pixelbilder, die Überfüllungen benötigen, speichern Sie am besten im PSD- oder TIFF-Format.

▶ Mit im Layout platzierten EPS-Vektorgrafiken funktioniert die integrierte Überfüllung nicht, mit Vektor-PDFs sowie direkt in InDesign erstellten Vektorformen hingegen schon.

▶ Die Überfüllung von InDesign-Text funktioniert problemlos. Allerdings ist zu berücksichtigen, dass schlecht überfüllter Text mehr auffällt als eine schlechte Überfüllung anderer Elemente. Zu große Überfüllungen wirken sich besonders bei Serifenschriften in kleinen Graden unschön aus. Hier ist also etwas Vorsicht angebracht. Allerdings überfüllt InDesign Buchstaben nur so weit, wie sie in angrenzende Objekte hineinragen.

▶ Auch InDesign-Elemente, die Sie auf einer EPS-Vektorgrafik platziert haben, können mit der normalen InDesign-Überfüllungsfunktion nicht überfüllt werden.

Wann sind Überfüllungen überflüssig?

Es gibt verschiedene Techniken, um das Problem mit den Passungenauigkeiten zu lösen. Sie können beispielsweise schon bei der Farbgestaltung Ihres Layouts darauf achten, dass keine unterschiedlichen Farbkanten zu dicht aufeinandertreffen. Solange sich genügend Abstand zwischen den verschiedenfarbigen Elementen befindet, fällt eine Passungenauigkeit normalerweise nicht auf.

Wenn Sie ausschließlich Prozessfarben verwenden, können Sie in vielen Fällen auf eine Überfüllung verzichten. Sie sollten allerdings darauf achten, dass angrenzende Farben bestimmte Farbanteile gemeinsam verwenden. Denn dann werden bei Passungenauigkeiten die Lücken mit dem gemeinsamen Farbanteil (und zwar dem geringeren Prozentsatz) gefüllt statt mit dem Papierweiß. In sehr vielen Fällen ist das kaum zu sehen und fällt in jedem Fall weniger auf als weiße Blitzer.

Das Überfüllen von Dokumenten in Volltonfarben ist hingegen immer angebracht. Aber auch hier sollten Sie nicht auf eigene Faust vorgehen, sondern in der Druckerei entsprechende Erkundigungen über die für Ihr individuelles Dokument geforderten Überfüllungsparameter einholen. Besonders wichtig ist die Absprache mit Ihrer Druckerei dann, wenn Sie Lacke, metallische oder sonstige Sonderdruckfarben verwenden möchten.

Überfüllungsmethoden

In der Grundeinstellung werden Ihre InDesign-Dokumente mit der internen Standard-Überfüllungseinstellung überfüllt. Wenn Sie von Ihrer Druckerei keine anderen Anweisungen erhalten, sollten Sie diese Einstellung so belassen – denn ebenso wie das Farbmanagement ist die Überfüllung ein Bereich, der viele Fehlerquellen birgt.

InDesign nimmt Ihnen die Entscheidung für die eine oder andere Option durch diverse Voreinstellungen weitestgehend ab. Nach der Auswahl einer Überfüllungsvorgabe analysiert InDesign die in der entsprechenden Seite enthaltenen Objekte und berechnet die Überfüllungen entsprechend der aufeinandertreffenden Objektfarben. Auch platzierte Bilder werden dabei berücksichtigt.

Die Standardüberfüllungseinstellungen können Sie über *Fenster → Ausgabe → Überfüllungsvorgaben* kontrollieren. Dasselbe Bedienfeld verwenden Sie auch, wenn Sie eigene Überfüllungseinstellungen erzeugen und anwenden möchten. InDesign erzeugt solche Überfüllungen jedoch nur, wenn Sie Separationen ausgeben. Drucken

Sie hingegen einen Composite-Proof, also eine Gesamtfarbdatei, auf Ihrem Drucker oder geben Sie Ihr Dokument als Composite-PDF aus, werden die integrierten Überfüllungseinstellungen von InDesign nicht angewandt. Wenn Sie Ihre Composite-Datei an die Druckerei weiterleiten, wird die Überfüllung bei der Separation von der Software der Druckerei vorgenommen und die integrierten Überfüllungseinstellungen werden nicht berücksichtigt.

Mit Überfüllungsvorgaben arbeiten

InDesign enthält eine Standard-Überfüllungsvorgabe, die in den meisten Fällen gut funktioniert. Fragen Sie Ihren Druckdienstleister, ob Sie Überfüllungen einstellen sollen und, wenn ja, ob er mit den Standard-Überfüllungsvorgaben von InDesign einverstanden ist. Je nach Papiertyp, Druckfarbenauftrag und Druckmaschine können auch andere Einstellungen nötig werden. Die Parameter der Standard-Überfüllungsvorgabe sehen Sie folgendermaßen ein:

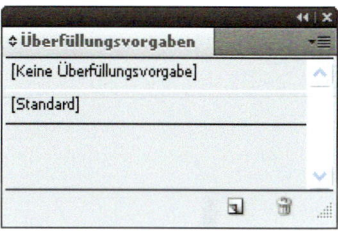

1 Wählen Sie *Fenster → Ausgabe → Überfüllungsvorgaben*. Das angezeigte Bedienfeld enthält zunächst nur zwei Einträge: *[Keine Überfüllungsvorgabe]* und *[Standard]*.

Abbildung 7.31 Das Bedienfeld *Überfüllungsvorgaben* enthält zunächst lediglich zwei Einträge.

2 Ein Doppelklick auf den Eintrag *Standard* bringt Sie in das Dialogfeld *Überfüllungsvorgabeoptionen ändern*. Hier sehen Sie die Eigenschaften des Standard-Überfüllungsformats. Ändern sollten Sie es jedoch nicht, denn InDesign überschreibt es kurzerhand ohne Nachfrage. Wie Sie ein eigenes Überfüllungsformat anlegen, erfahren Sie im folgenden Abschnitt.

Das Standard-Überfüllungsformat sollten Sie nicht überschreiben.

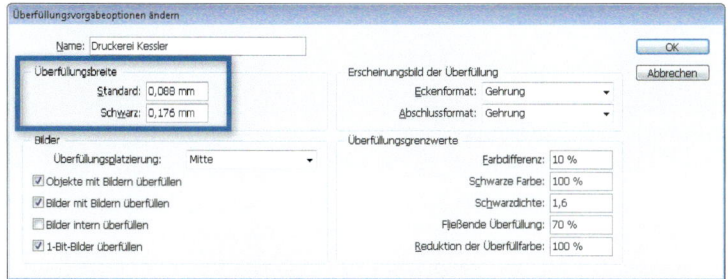

Ein eigenes Überfüllungsformat definieren

Sprechen Sie sich mit Ihrer Druckerei ab, ob dieses Standard-Überfüllungsformat für Ihren Auftrag geeignet ist. Falls Ihr Druckdienstleister

Abbildung 7.32 Bei der InDesign-internen Überfüllung ist der höchstmögliche Wert für die Überfüllung (sowohl für *Standard* als auch für *Schwarz*) 2,822 mm (4 Punkt).

Etwas tückisch ist unter Umständen das Überfüllen von PDF-Dokumenten, die später in einem Layout platziert werden sollen. Denn beim Skalieren verändert sich die Überfüllungsbreite mit. Achten Sie daher darauf, dass PDF-Dokumente gleich in der Zielgröße exportiert werden.

Ihnen empfiehlt, ein eigenes Überfüllungsformat nach seinen Vorgaben zu erstellen, verfahren Sie folgendermaßen:

1 Klicken Sie am unteren Rand des Bedienfelds *Überfüllungsvorgaben* auf das Symbol *Neue Überfüllungsvorgabe erstellen* ⬛.

2 Das neue Format wird im Bedienfeld angelegt. Doppelklicken Sie auf den Standardnamen *Überfüllungsvorgabe 1,* um das bereits bekannte Dialogfeld *Überfüllungsvorgabeoptionen ändern* zu öffnen.

3 Vergeben Sie einen aussagekräftigen Namen und nehmen Sie, wie oben erläutert, die erforderlichen Einstellungen vor.

4 Bestätigen Sie mit *OK,* um das neue Format zu speichern.

Dokumentseiten mit einem Überfüllungsformat versehen

Bei Bedarf statten Sie jede einzelne Seite Ihres Dokuments mit einem anderen Überfüllungsformat aus. So können Sie zum Beispiel die Überfüllung für bestimmte Seiten ausschalten, um die Ausgabe des Dokuments zu beschleunigen, etwa wenn diese Seiten nur schwarzen Text oder keine überlappenden Objekte enthalten. Bei der Zuweisung der Überfüllungsvorgaben empfiehlt sich allerdings besondere Vorsicht:

1 Öffnen Sie das Bedienfeldmenü ▾≡ des Bedienfelds *Überfüllungsvorgaben* und wählen Sie *Überfüllungsvorgaben zuweisen.*

2 Im Dialogfeld *Überfüllungsvorgaben zuweisen* wählen Sie aus, welchen Seiten Sie ein bestimmtes Format zuweisen möchten.

Eine kontinuierliche Folge von Seiten geben Sie z.B. in der Form 2-7 an. Eine unterbrochene Folge von Seiten geben Sie hingegen in der Form 4,9,3 an.

Beachten Sie, dass die Verarbeitungsdauer Ihres Druckauftrags mit der Anzahl der Seiten, für die Sie Überfüllungen festgelegt haben, steigt. Nutzen Sie deshalb die Möglichkeit, nur bestimmte Seiten zu überfüllen, und lassen Sie Seiten, die ausschließlich Text auf weißem Grund oder ähnlich unkritische Bereiche enthalten, weg.

3 Im Pop-up-Menü *Überfüllungsvorgabe* wählen Sie die Vorgabe aus, die Sie den angegebenen Seiten zuweisen möchten. Möchten Sie die Überfüllung für die angegebenen Seiten ganz deaktivieren, wählen Sie aus dem Pop-up-Menü den Eintrag *[Keine Überfüllungsvorgabe].*

4 Klicken Sie auf die Schaltfläche *Zuweisen,* um die ausgewählte Überfüllungsvorgabe auf die Seiten anzuwenden.

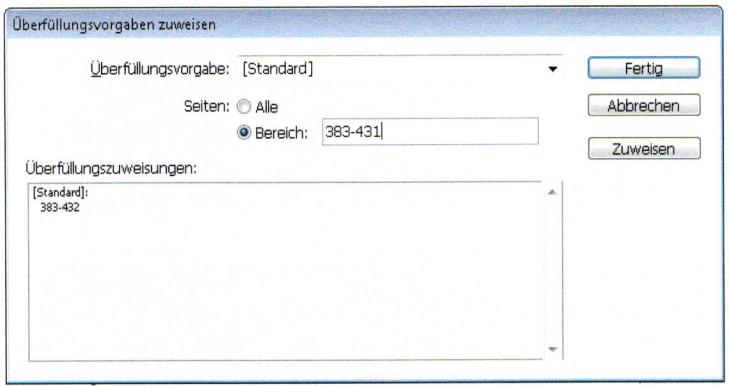

Abbildung 7.33 Überfüllungsvorgaben weisen Sie den Seiten Ihres
Dokuments einzeln zu.

In der Liste *Überfüllungszuwei-
sungen* sehen Sie stets, welche
Vorgaben Sie welchen Seiten zugewiesen haben.

5 Fahren Sie so fort, bis Sie allen Seiten Ihres Dokuments die jeweils
notwendige Überfüllungsvorgabe zugewiesen haben.

6 Danach verlassen Sie das Dialogfeld *Überfüllungsvorgaben zuweisen* mit einem Klick auf die Schaltfläche *Fertig*.

Überfüllungsvorgaben importieren

Im Bedarfsfall importieren Sie Überfüllungsvorgaben aus anderen
Dokumenten, dann ist es nicht nötig, diese neu anzulegen. Verwenden Sie dazu im Bedienfeldmenü ▾≡ den Befehl *Überfüllungsvorgaben
laden*.

Überfüllungseinstellungen für Lacke und sonstige Sonder-
druckfarben

Bei allen automatischen Überfüllungsmethoden wird die Über-
füllungsfarbe gemäß der Druckfarben der angrenzenden Objekte
festgelegt. Normalerweise werden hellere in dunklere Druckfarben
ausgedehnt. InDesign entscheidet anhand der neutralen Dichtewerte
der einzelnen Objekte, welche Druckfarben heller oder dunkler sind.
Bei Vollton-, RGB- oder LAB-Farben rechnet InDesign die Farben zur
Bestimmung der neutralen Dichte intern in CMYK um. Normalerweise funktioniert dieser Ansatz sehr gut. In manchen Fällen sollten
Sie die Schwarzdichtewerte aber dennoch bearbeiten, zum Beispiel bei
Lacken, Metallic- und sonstigen Sonderfarben.

1 Öffnen Sie das Bedienfeldmenü ▾≡ des Farbfelderbedienfelds und
wählen Sie *Druckfarben-Manager*.

2 Wählen Sie die Druckfarbe, die Sie bearbeiten möchten und öffnen
Sie das Pop-up-Menü *Art*. Wählen Sie die gewünschte Option.

Mit diesen Optionen teilen Sie dem Überfüllungssystem mit, dass eine bestimmte Druckfarbe, beispielsweise ein Lack, eine Metallic- oder Pastellfarbe, nicht den üblichen Überfüllungsregeln entspricht.

Soll eine Farbe beim Überfüllen komplett ignoriert werden – ein Beispiel wären nicht transparente Metallic-Farben –, wählen Sie *Deckend ignorieren.*

▶ Für Prozess- und die meisten Volltonfarben lassen Sie den Eintrag *Normal* aktiviert.

▶ Für Lacke und sehr helle Volltonfarben wählen Sie den Eintrag *Transparent.*

▶ Für sehr deckende Druckfarben wie Metallic-Farben wählen Sie den Eintrag *Deckend.*

Haben Sie im Pop-up-Menü Art *Normal* gewählt, geben Sie in das Feld *Neutrale Dichte* einen Wert ein. Damit lässt sich definieren, auf welche Weise diese Druckfarben einander überfüllen sollen:

▶ Weil ein Lack stets die hellste Druckfarbe sein sollte, setzen Sie seinen Neutraldichtewert auf *0,* damit er auf jeden Fall in angrenzende Objekte überfüllt wird.

▶ Pastellvolltonfarben sind sehr hell und sollten ähnlich wie die gerade beschriebenen Lacke behandelt werden. Eine *Neutrale Dichte* von *0,15* dürfte passend sein.

Abbildung 7.34 Die Metallic-Farbe wurde auf *Deckend* gesetzt.

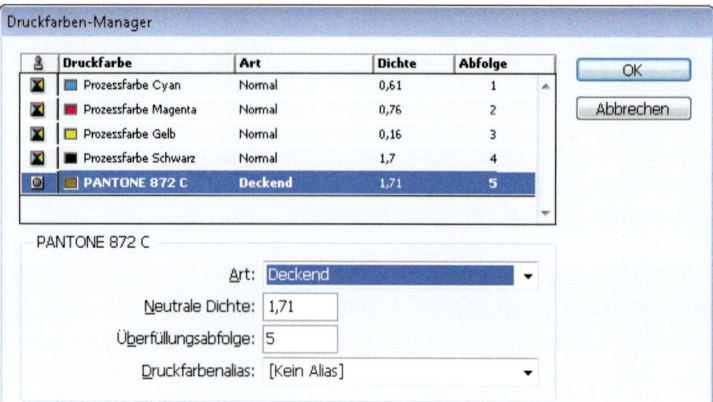

Farben mit Aufhellern decken ebenfalls stärker als andere Druckfarben und sind sehr hell. Deshalb sollten normalerweise alle anderen Druckfarben in die fluoreszierende Farbe ausgedehnt werden. Setzen Sie die Schwarzdichte der fluoreszierenden Farbe deshalb auf einen hohen Wert, zum Beispiel auf *1,6.*

▶ Metallic-Volltonfarben decken stärker als andere Druckfarben und sind auch etwas reflektierend. Wenn Sie eine Metallic-Farbe in einen angrenzenden Bereich einer anderen Farbe überfüllen, wird die Überfüllung höchstwahrscheinlich offensichtlich. Aus diesem Grund sollten Sie die *Neutrale Dichte* der Metallic-Druckfarbe auf mindestens *1,71,* also über den Wert der schwarzen Druckfarbe, setzen. Dann wird die Metallic-Farbe als dunkelste Druckfarbe auf der Seite betrachtet und alle anderen Druckfarben werden in die Metallic-Farbe ausgedehnt.

Das Dokument mit den Überfüllungen ausgeben

Nachdem Sie den einzelnen Seiten Ihres Dokuments die entsprechenden Überfüllungsvorgaben zugewiesen haben, müssen Sie diese bei der Ausgabe noch aktivieren. Zwar erhalten Dokumente automatisch die Überfüllungsvorgabe *Standard*, mit ausgegeben wird diese Überfüllung jedoch nur, wenn Sie dies explizit angeben.

1 Wählen Sie *Datei* → *Drucken* und Ihren PostScript-Druckertreiber aus (vgl. auch **Kapitel 8**).

2 Zeigen Sie die Kategorie *Ausgabe* an. Da Sie Überfüllungen wie gesagt nur in Separationen und nicht in Composite-Dateien ausgeben können, wählen Sie aus dem Pop-up-Menü *Farbe* einen der Einträge *Separationen* oder *In-RIP-Separationen*.

3 Wählen Sie für eine Überfüllung mit der internen InDesign-Überfüllungs-Engine aus dem Pop-up-Menü *Überfüllung* den Eintrag *Anwendungsintegriert* (bzw. *Adobe In-RIP* für eine Adobe In-RIP-Überfüllung). Sie aktivieren damit die im Abschnitt »Dokumentseiten mit einem Überfüllungsformat ausstatten« zugewiesenen Überfüllungseinstellungen.

Viele Dienstleister ziehen es in der Praxis vor, Überfüllungen erst am Ende des Workflows zuzuweisen – zum Beispiel mit Trapping-Software wie Trapwise. In diesem Fall liefern Sie PostScript- oder PDF-Dokumente ohne Überfüllungen.
Denn das eigenmächtige Erstellen von Überfüllungen kann zu vielen Schwierigkeiten und damit zu Folgekosten führen, wenn es nicht korrekt durchgeführt wird und der Dienstleister die Überfüllungen nachträglich reparieren und den Film dann erneut ausgeben muss. Wenn Sie sich für Überfüllungen entscheiden, muss Ihr Dienstleister das auf jeden Fall wissen!

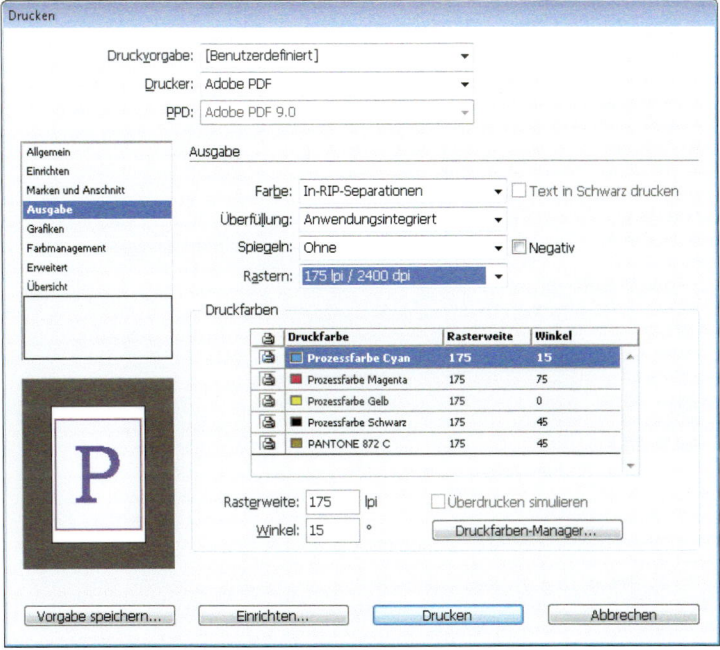

Abbildung 7.35 Überfüllungen können Sie lediglich mit Separationen ausgeben.

4 Wenn an dieser Stelle alle Fragen mit Ihrem Druckereibetrieb geklärt sind, bestätigen Sie mit *Speichern* bzw. mit *Drucken*.

Überfüllungen am Bildschirm betrachten

In einem Workflow mit Adobe Acrobat haben Sie auch den Vorteil, dass Sie die Überfüllungen direkt am Bildschirm begutachten können. Dazu erstellen Sie ein In-RIP-separiertes PDF-Dokument, das Sie in Adobe Acrobat anzeigen. Bei einer In-RIP-Separation handelt es sich um eine PostScript-Composite-Datei mit einigen zusätzlichen Befehlen, die den RIP anweisen, aus jeder Seite die entsprechende Anzahl Auszüge, basierend auf den verwendeten Druckfarben, zu erstellen.

1 Weisen Sie die entsprechenden Überfüllungen zu und wählen Sie *Datei → Drucken.*
2 Wählen Sie als Drucker *PostScript-Datei* und als PPD den Acrobat Distiller oder eine Adobe-PDF-Version von 7.0 bis 9.0.
3 In der Kategorie *Ausgabe* wählen Sie im Pop-up-Menü *Farbe* den Eintrag *In-RIP-Separationen* und als Überfüllung *Anwendungsintegriert.*

Abbildung 7.36 So erzeugen Sie eine Voransicht Ihrer Überfüllungen.

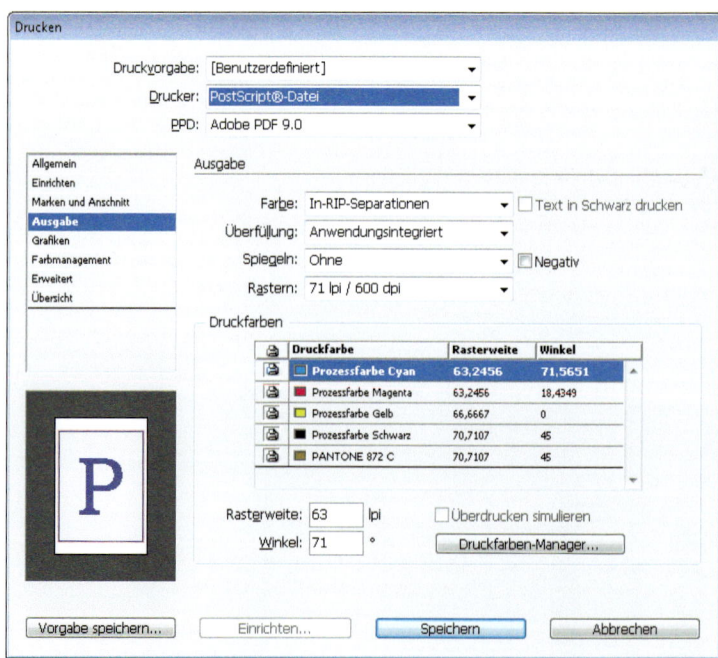

Über den PDF-Direktexport können Sie keine Überfüllungen aus InDesign erstellen.

4 Klicken Sie auf *Speichern* und erstellen Sie anschließend über den Distiller aus der erzeugten PostScript-Datei ein PDF-Dokument.
5 Beurteilen Sie die Überfüllungen in Acrobat.

7.11 Farben überdrucken

Bei übereinanderliegenden Objekten spart InDesign die Form des obenliegenden Objekts aus dem unteren aus. Das ist deshalb notwendig, weil Offsetdruckfarben lasierend, das heißt nicht vollständig deckend sind. Ohne die beschriebene Aussparung würde es zu fehlerhaften Mischfarben kommen, wo die beiden Farben übereinanderliegen. Eine Ausnahme von dieser Regel sind hundertprozentig schwarze Texte oder in InDesign erstellte Objekte. Diese *überdruckt* InDesign in der Grundeinstellung. Das bedeutet, dass die Form des obenliegenden schwarzen Objekts nicht aus dem unteren Objekt ausgespart wird.

Damit ein schwarzes Objekt tatsächlich überdruckt, weisen Sie ihm die Farbe *[Schwarz]* aus dem Farbfelderbedienfeld zu. Bevor die leistungsfähigen Optionen zum Überfüllen entwickelt wurden, verwendete man das Überdrucken häufig für manuelle Überfüllungen, was mittlerweile fast unnötig ist. Dazu erstellte man eine entsprechende Kontur in einer Farbe, die sich als Kombination zweier angrenzender Farben eignete, und überfüllte diese. Durch Überdrucken können Sie aber auch interessante Farbüberlagerungen aus den beiden übereinandergedruckten Farben erzielen.

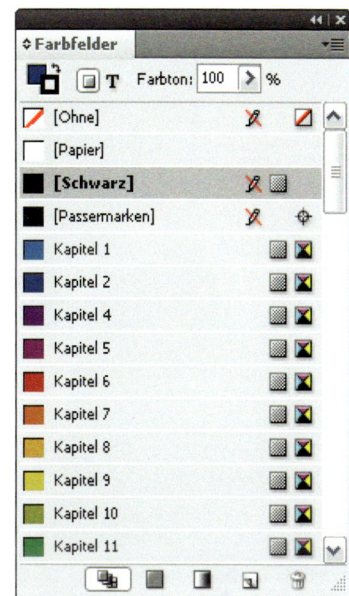

Abbildung 7.37 Für ein überdruckendes schwarzes Objekt wählen Sie die Farbe *[Schwarz]* aus dem Bedienfeld *Farbfelder*.

Objekte überdrucken

InDesign bietet Ihnen mit dem Bedienfeld *Attribute* die Möglichkeit, die Voreinstellungen für das Überdrucken für einzelne Objekte zu ändern. Gehen Sie folgendermaßen vor:

1 Öffnen Sie das Bedienfeld *Fenster → Ausgabe → Attribute*. Wählen Sie das Objekt aus, das Sie überdrucken möchten, und aktivieren Sie das Kontrollkästchen *Fläche überdrucken*.

2 Bei mit einem Umriss versehenen Objekten können Sie auch die Kontur *überdrucken*.

3 Wählen Sie *Fenster → Ausgabe → Separationsvorschau*.

4 Wählen Sie aus dem Pop-up-Menü *Ansicht* den Eintrag *Separationen* und vergewissern Sie sich, dass *CMYK* aktiviert ist.

Direkt im Layout wird das Überdruckergebnis natürlich nicht dargestellt, da die Objekte auf dem Bildschirm – anders als im Druck – vollständig deckend sind. Um das Überdruckergebnis zu betrachten, verwenden Sie das Bedienfeld *Separationsvorschau*.

Schwarz

Das gerade erwähnte, stets auf *Überdrucken* gesetzte Standardschwarz mit dem Namen *[Schwarz]* besteht aus 0 % der Cyan-, Magenta- und Gelbdruckfarbe und 100 % der schwarzen Druckfarbe. Im Dialogfeld Voreinstellungen (*Bearbeiten → Voreinstellungen → Schwarzdarstellung*) trägt diese Farbe den Namen »Schwarz 100 %«.

Abbildung 7.38 Weil 100 %-K-Schwarz immer auf *Überdrucken* gesetzt ist, die schwarze Druckfarbe aber nicht zu 100 % deckend ist, kann es bei Überlappungen zu deutlichen Farbunterschieden kommen.

In der Druckpraxis ist eine hundertprozentig schwarze Druckfarbe nicht besonders schwarz. Vielmehr ergibt sich im Offset-Druck ein sehr dunkles Grau. Um dieses Problem zu lösen, mengt man dem Schwarz Anteile der übrigen Druckfarben bei. Das Ergebnis ist ein sogenanntes Tiefschwarz. Ein solches Schwarz wirkt stets dunkler und gesättigter als eines, das über das [Schwarz]-Farbfeld des Farbfelder-bedienfelds definiert wird.

Ein typisches Einsatzgebiet für Tiefschwarz sind große, einfarbig schwarze Flächen, denn diese würden mit normalem 100%-Schwarz (0 C, 0 M, 0 Y, 100 K) nicht nur dunkelgrau wirken, sondern es würde auch die Gefahr bestehen, dass sie im Druck wolkig oder streifig herauskommen. Bei einem Tiefschwarz tritt dieses Problem nicht mehr auf. Auch im Digitaldruck wird wegen der Gefahr, dass das Schwarz wolkig oder streifig wirkt, häufig zu einem Tiefschwarz statt einem 100%-Schwarz geraten.

Auch wenn farbige Objekte ein schwarzes Objekt überlappen und auf *Überdrucken* gesetzt sind, sollten Sie statt des normalen 100%-Schwarz ein Tiefschwarz verwenden. Bei der Verwendung eines normalen 100%-Schwarz käme es im Druck zu Farbunterschieden zwischen den überlappenden und den nicht überlappenden schwarzen Bereichen (wie in der linken Abbildung gezeigt).

Sehr kleine schwarze Bereiche, wie kleine Texte, sollten Sie nicht als Tiefschwarz definieren. Kommt es auf der Druckmaschine zu Registerproblemen, werden die einzelnen Farben also nicht exakt aufeinandergedruckt, erscheinen die Cyan-, Magenta- oder Gelbkomponenten, aus denen Sie das Tiefschwarz aufgebaut haben, vielleicht minimal außerhalb der Zeichenkonturen. Selbstverständlich kann dies bei jedem Schriftgrad passieren. Am auffälligsten ist es aber bei kleinen Größen.

Verschiedene Tiefschwarzvarianten

- Eine klassische Mischung für Tiefschwarz wäre beispielsweise 100 K und maximal 70 C. Hier sollte kein Cyanstich im fertigen Druckergebnis auszumachen sein (bei der Ausgabe auf einem Tintenstrahl- oder Farblaserdrucker könnte dies hingegen schon passieren).
- Aber auch andere Mischungen mit zusätzlichem Magenta- und Gelbanteil sind möglich.
- Eine weitere typische Kombination enthält Prozentsätze aller vier Druckfarben, z.B. 60 C, 50 M, 50 Y, 100 K. Oder Sie definieren ein »warmes Schwarz« (z.B. 0 C, 60 M, 30 C, 100 K).

Zu beachten ist lediglich, dass das Ink-Limit (der maximale Farbauf-trag) für den jeweiligen Bedruckstoff nicht überschritten wird. Beim erwähnten »warmen Schwarz« etwa beträgt der Gesamtfarbauftrag 60 M + 30 Y + 100 K = 190.

Beim dreidimensionalen Körpersiebdruck kann es durch einen zu hohen Farbauftrag sehr schnell zum Abblättern oder zum Schmieren der Farbe kommen. Im Offset-Druck kann ein zu hoher Gesamtauftrag zu Trocknungsproblemen und Ähnlichem führen. Ein typisches Ink-Limit im Farb-Offset-Druck ist 300 % (bis vor kurzem noch 350 %).

Abbildung 7.39 Links: *[Schwarz]*; rechts: Tiefschwarz mit 70 C, 100 K.

Die Schwarzdarstellung ändern

In der Grundeinstellung erscheinen von Ihnen definierte Schwarzva-rianten am Monitor und im Druck auf einem nicht Postscript-fähigen Drucker identisch. Der Monitor zeigt beide Varianten als das dun-kelste Schwarz, das er darstellen kann: 0 % Rot, 0 % Grün, 0 % Blau.

Diese Tatsache hat schon häufig Ärger verursacht, weil Schwarz-probleme erst nach der endgültigen Ausgabe wahrgenommen wurden.

InDesign gibt Ihnen aber ab der Version CS2 die Möglichkeit, diese Unterschiede zwischen hundertprozentigem [Schwarz] und dem von Ihnen definierten Tiefschwarz am Monitor und beim Tintenstrahldruck zu visualisieren. Diese Einstellungen ändern lediglich das Erscheinungs-bild Ihres Dokuments. Die tatsächlichen Farbwerte bleiben unverändert.

1   Wählen Sie *Bearbeiten → Voreinstellungen → Schwarzdarstellung*. Aus der Liste *Am Bildschirm* wählen Sie *Alle Schwarztöne korrekt anzeigen*. Schwarze Farben mit 100 % Schwarz werden dann am Bildschirm als dunkles Grau angezeigt.
2   Aus der Liste *Beim Druck/Export* wählen Sie *Alle Schwarztöne kor-rekt ausgeben*. Wenn Sie nun auf einem Nicht-Postscript-Drucker drucken oder in ein RGB-Dateiformat ausgeben, wird reines CMYK-Schwarz mit den im Dokument verwendeten Farbwerten ausgegeben.

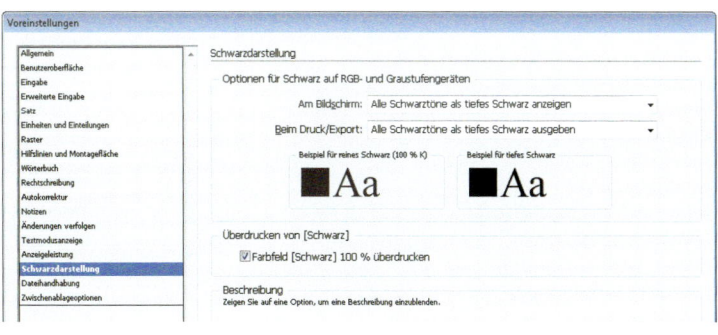

Abbildung 7.40 Die verschiedenen Schwarzvarianten lassen sich auch am Bildschirm und auf Nicht-Post-Script-Druckern ausgeben.

7.12 Dateien mit Transparenzen ausgeben

Ein weiteres wichtiges Thema, mit dem Sie sich vor der endgültigen Ausgabe beschäftigen sollten, sind Transparenzen. Transparenzen erhalten Sie, wenn Sie Ihren Objekten Effekte wie Schlagschatten oder weiche Kanten zuweisen. Aber auch beim Import von Illustrator-Grafiken mit Gaußschem Weichzeichner oder Photoshop-Bildern mit einer Ebenenmaske können sich Transparenzen in Ihr Dokument »schleichen«. So kontrollieren Sie, ob Ihr Dokument Transparenzen enthält:

Wenn Sie mit Transparenzen in Ihren InDesign-Dokumenten arbeiten, sollten Sie Ihre Produktionspartner auf jeden Fall auf diesen Umstand hinweisen, damit sie die Daten entsprechend verarbeiten können.

1 Wählen Sie *Fenster → Ausgabe → Reduzierungsvorschau*.

2 Dieses Bedienfeld bietet Ihnen Gelegenheit, im Dokument transparente Bereiche ausfindig zu machen. Die Dokumentteile können rot hinterlegt dargestellt werden, der Rest wird in Graustufen dargestellt. Wählen Sie aus dem Pop-up-Menü den Eintrag *Transparente Objekte*, um alle Objekte mit transparenten Bereichen vollständig zu markieren – auch Bilder mit Alphakanälen.

Abbildung 7.41 Objekte mit Transparenzen ...

Abbildung 7.42 ... druckt normales PostScript einfach deckend übereinander.

Die meisten Ausgabegeräte wie RIPs und Drucker arbeiten immer noch mit PostScript, der Standardseitenbeschreibungssprache der Druckindustrie. Diese Sprache kennt keine Transparenzen. Objekte mit Transparenzen werden stattdessen einfach deckend übereinandergedruckt. Möchten Sie dennoch ein Layout mit transparenten Objekten ausgeben, ist ein Trick notwendig: die sogenannte Transparenzreduzierung (englisch *Transparency Flattening*).

Im optimalen Fall kann das Ausgabesystem mit Transparenzen umgehen, z.B. RIPs mit einem Adobe CPSI-Interpreter ab Version 3015 sowie Harlequin ScriptWorks ab Version 6. Seit 2006 stellt Adobe Herstellern wie Agfa und Heidelberg die PDF Print Engine zur Verfügung. Diese versteht sich auf Transparenzen. Solche Systeme können die vor der Ausgabe stets notwendige Transparenzreduzierung selbst vornehmen. Aber auch die einfache Tatsache, dass das System Ihres Produktionspartners mit einer Adobe CPSI Version 3015 oder höher arbeitet, ist noch keine Garantie für eine reibungslose Verarbeitung von PDF-Daten mit Transparenz. Nicht nur der RIP selbst muss die Anforderungen erfüllen, sondern auch das vorgeschaltete Workflow-System. Kann dieses keine Transparenzen verarbeiten, kommt es ebenfalls zu Problemen.

Wenn Sie Ihr Dokument mit Transparenzen als PDF-Datei exportieren möchten, sollten Sie sich deshalb zuerst bei Ihren Produktionspartnern erkundigen, ob deren Geräte mit Transparenzen zurechtkommen. Ist dies der Fall, können Sie Ihre Datei als PDF ab Version

1.4 ausgeben. Dann lassen sich die Transparenzen voll editieren. Ein weiterer günstiger Effekt ist, dass die PDF-Dateien meist deutlich kleiner sind, da Vektorobjekte mit Transparenzen nicht mehr in speicherplatzintensive Rasterbilder umgewandelt werden müssen.

Erst PDF/X-4 erlaubt Transparenzen. Wenn Sie jedoch, wie in Europa nach wie vor üblich, eine PDF/X-3-Datei erzeugen möchten, müssen Sie bei der Erstellung immer eine Transparenzreduzierung durchführen. Mehr über das Thema PDF/X erfahren Sie auch auf Seite 389.

Der richtige Umgang mit Transparenzen

Am sichersten ist es, wenn Sie die Transparenzen in Ihrem Dokument vor der Ausgabe herausrechnen. Transparente werden in deckende Objekte umgewandelt, ohne dass sich deren Aussehen verändert. Das Ergebnis wirkt nach wie vor transparent. Die Objekte sind es in Wirklichkeit aber nicht, sondern werden entsprechend den Transparenzanteilen zerlegt.

InDesign erledigt diese Aufgabe mehr oder weniger automatisch für Sie. In einem aus InDesign gedruckten oder als PDF, SVG oder EPS exportierten Dokument werden die Transparenzen »reduziert«. Man spricht auch von »Flattening«. Das bedeutet, dass Indesign transparente Elemente in mehrere Teile zerlegt, wobei das Programm einige als Vektorobjekte belässt, während es andere aufrastert.

Sie müssen nur die geeigneten Einstellungen vornehmen. Dann erhalten Sie normalerweise ein einwandfreies Ergebnis. Um diese Einstellungen geht es im nächsten Abschnitt.

Transparenzreduzierung und Objekttypen im Einzelnen

Wie InDesign Ihr Dokument umrechnet, hängt stark vom Typ der enthaltenen Objekte ab. Je komplexer Ihr Dokument aufgebaut ist, d.h., je verschiedenartiger die überlappenden Bereiche sind, desto mehr Komplikationen sind besonders bei der Druckausgabe einer hoch auflösenden Datei möglich.

▶ Ganz ohne Komplikationen bewerkstelligt InDesign die Transparenzreduzierung von überlappenden Vektorobjekten mit einer Flächenfarbe.

▶ Übereinandergelegte Pixelbilder mit Transparenzen bereiten InDesign ebenfalls keine Schwierigkeiten, selbst wenn die Pixelbilder unterschiedliche Auflösungen haben. Je nach ausgewähltem

Abbildung 7.43 Oben: Unkompliziert sind übereinanderlagernde Pixelbilder. Unten: Bei überlagernden Vektor- und Pixelbildern können Sie Einfluss auf die Umrechnung nehmen.

Transparenzreduzierungsformat – mehr darüber weiter hinten – verrechnet InDesign die sich überlagernden Bilder zu einem neuen Einzelbild.

▶ Interessant wird es bei einer Kombination aus Vektor- und Pixelgrafiken, zum Beispiel einem Vektorobjekt, das auf einem Hintergrund in Form einer Pixelgrafik liegt. Hier kann die Umrechnung sehr unterschiedlich ausfallen – Vektorobjekte können als solche erhalten bleiben oder in Pixelgrafiken umgewandelt werden. An den Kanten zwischen Vektor- und Pixeldaten kommt es gelegentlich zu Darstellungsfehlern. Wie die Umrechnung erfolgt und Sie das genannte Problem vermeiden, legen Sie über das im folgenden Abschnitt besprochene Transparenzreduzierungsformat fest.

Der Transparenzfüllraum

Bei der Erstellung von Dokumenten für den professionellen Druck wählen Sie zunächst *Bearbeiten* → *Transparenzfüllraum* und vergewissern sich, dass der Eintrag *Dokument-CMYK* ausgewählt ist. Wenn InDesign bei der Transparenzreduzierung Objekte aufrastern muss, stellen Sie damit sicher, dass die resultierenden Bitmap-Objekte im CMYK-Modus aufgerastert werden. Möchten Sie Dokumente für Bildschirmpräsentationen bzw. das World Wide Web erstellen, ist der Eintrag *Dokument-RGB* richtig.

Ein vordefiniertes Transparenzreduzierungsformat anwenden

Für viele Zwecke reichen die drei internen *Transparenzreduzierungsformate* von InDesign aus. Mit diesen Transparenzreduzierungsformaten optimieren Sie die Art, wie InDesign transparente Elemente ausgibt. In der Grundeinstellung verwendet InDesign das Transparenzreduzierungsformat *Mittlere Auflösung*, das für die Ausgabe auf einem Belichtungsgerät jedoch in den meisten Fällen keine ausreichende Qualität erzeugt. Um ein anderes Transparenzreduzierungsformat einzustellen, gehen Sie folgendermaßen vor:

1 Wählen Sie *Datei* → *Drucken* oder *Datei* → *Exportieren*, je nachdem, ob Sie eine PostScript-Datei, eine PDF- oder eine EPS-Datei benötigen. Falls Sie ein Buch erstellt haben, wählen Sie aus dem Bedienfeldmenü ▾☰ des Buchs *Buch drucken* bzw. *Buch in PDF exportieren*.

2 In der Kategorie *Erweitert* des Druck- oder Export-Dialogfelds wählen Sie aus dem Pop-up-Menü im Bereich *Transparenzreduzie-*

rung eines der vordefinierten Transparenzreduzierungsformate: *Niedrige Auflösung, Mittlere Auflösung* oder *Hohe Auflösung.*

3 Drucken oder exportieren Sie das Dokument bzw. das Buch mit einem Klick auf die entsprechende Schaltfläche.

Soll das Dokument auf einem hoch auflösenden Gerät wie einem Belichter ausgegeben werden oder möchten Sie beispielsweise hochwertige Farbproofs auf Thermosublimationsdruckern erstellen, wählen Sie die Voreinstellung *Hohe Auflösung.* Möchten Sie Ihr Werk hingegen selbst auf Ihrem PostScript-Farbdrucker drucken, wählen Sie den Eintrag *Mittlere Auflösung.* Für die Ausgabe als SVG-Datei für die Bildschirmansicht oder für Probedrucke auf Laserdruckern wählen Sie die niedrige Auflösung.

Das Transparenzreduzierungsformat kontrollieren und nachbearbeiten

Kontrollieren Sie das Ergebnis in Zusammenarbeit mit Ihrem Dienstleister. Falls es nicht die erforderliche Qualität hat – diese beispielsweise für ein hoch auflösendes Ausgabegerät nicht ausreicht –, bearbeiten Sie die vordefinierten Einstellungen in Absprache mit dem Dienstleister und speichern sie unter einem anderen Namen an einem beliebigen Speicherplatz auf Ihrer Festplatte.

Die Einstellung geben Sie an den Dienstleister weiter. Dieser kann das Format dann wiederum im Dialogfeld *Drucken* unter *Erweitert* auswählen und damit bei der Ausgabe auf Ihr Dokument anwenden. Wenn Sie eines der vordefinierten Transparenzreduzierungsformate bearbeiten möchten, gehen Sie folgendermaßen vor:

1 Wählen Sie *Bearbeiten → Transparenzreduzierungsvorgaben* und klicken Sie auf den Stil, der am ehesten Ihren Anforderungen entspricht. Klicken Sie auf die Schaltfläche *Neu*, um das Dialogfeld *Transparenzreduzierungsformat* anzuzeigen.

2 Geben Sie dem neuen Format einen passenden Namen, zum Beispiel den Namen des Belichtungsgeräts. Nehmen Sie die benötigten Einstellungen vor.

Mit der Reduzierungsvorschau arbeiten

Im Bedienfeld *Reduzierungsvorschau* wählen Sie nun die von Ihnen für die aktuelle Arbeit benötigte Transparenzreduzierungsvorgabe. Aktivieren Sie eventuell noch das Kontrollkästchen *Autom. aktualisieren*, damit InDesign bei Änderungen die Anzeige umgehend aktualisiert.

Abbildung 7.44 Im Bereich *Transparenzreduzierung* wählen Sie aus einem der vordefinierten Formate.

Bei der hohen Auflösung behält InDesign mehr transparente Objekte als Vektorobjekte bei. Dadurch erhöhen sich Speicherbedarf und Druckdauer, weil InDesign mehr Objekte erstellen muss. Bei der mittleren und der niedrigen Auflösung rastert InDesign mehr Objekte, wodurch sich die Ausgabequalität unter Umständen verringert.

Um ein geeignetes Transparenzreduzierungsformat zu erhalten, sollten Sie sich mit Ihrem Produktionspartner verständigen. Ohne eine Reihe von ausgiebigen Tests sollten Sie selbst definierte Einstellungen auf jeden Fall nicht verwenden.

Beachten Sie bitte, dass die umgewandelten Schriften besonders in
kleinen Graden beim Betrachten
in Adobe Acrobat oder bei der
Ausgabe auf Bürodruckern etwas
stärker wirken. Im professionellen
Druck tritt dieses Problem nicht auf.
Ein Nachteil bei der Aktivierung des
Kontrollkästchens *Gesamten Text in
Pfade umwandeln* besteht in einer
längeren Verarbeitungsdauer.

Abbildung 7.45 Transparenzen und
Füllmethoden in Verbindung mit
Volltonfarben können im Druck zu
unerwarteten Ergebnissen führen –
hier die InDesign-Satzdatei …

Abbildung 7.46 … und hier das
Ausgabeergebnis in Acrobat.
Beachten Sie auch die Verfärbung
des Bereichs auf der orangeroten
Volltonfläche.

Falls Sie auf einzelnen Druckbögen gesonderte Reduzierungs-
vorgaben festgelegt haben, diese bei der Reduzierungsvorschau aber
nicht berücksichtigen möchten, aktivieren Sie das Kontrollkästchen
Abweich. für Druckbg. ignorieren. Danach bestimmen Sie, was die
Reduzierungsvorschau hervorheben soll.

▶ Bei ausgewähltem Eintrag *In Pixelbilder umgewandelte komplexe
Bereiche* markieren Sie alle Dokumentbereiche, die Sie gemäß dem
Regler *Pixelbild-Vektor-Abgleich* in Pixelbilder konvertieren.

▶ Wählen Sie den Eintrag *Transparente Objekte*, um alle Objekte mit
transparenten Bereichen vollständig zu markieren – auch Bilder mit
Alphakanälen.

▶ Der Eintrag *Alle betroffenen Objekte* markiert vollständig alle Objekte mit transparenten Bereichen und alle Objekte, die von transparenten Objekten überlagert werden.

▶ Mit *Betroffene Grafiken* markieren Sie nur im Layout platzierte
Grafiken, die transparent sind oder von transparenten Objekten
überlagert werden.

▶ Mit dem Eintrag *In Pfade umgewandelte Konturen* hinterlegen Sie
gemäß der Transparenzreduzierungsoption *Alle Konturen in Pfade
umwandeln* sämtliche Konturen, die InDesign in Pfade umwandelt.

▶ Mit dem Eintrag *In Pfade umgewandelter Text* markieren Sie alle
Texte, die in Pfade umgewandelt werden.

▶ Wählen Sie den Eintrag *Text und Konturen mit Pixelbildfüllung*,
sehen Sie alle Texte und Konturen, die InDesign nach dem Reduzieren mit einer Pixelbildfüllung versieht.

▶ Bei ausgewähltem Eintrag *Alle Pixelbildbereiche* markiert InDesign
sämtliche Objekte, die bei der Transparenzreduzierung in Pixeldaten konvertiert werden.

So verwenden Sie das neue Format

Beim Drucken oder Exportieren wählen Sie das neue Format nun in
der Kategorie *Erweitert* aus.

Volltonfarben

Probleme können entstehen, wenn Volltonfarben ins Spiel kommen,
zum Beispiel wenn ein Schlagschatten über ein Objekt mit einer
Volltonfarbe fällt. Da InDesign hier neue (Prozess-)Farben errechnen
muss, sind Farbsprünge am Übergang zwischen der Vollton- und der
neuen Farbe vorprogrammiert. Negativ wirkt sich das bei vierfarbse-
parierten PostScript-Dateien aus.

Zeigen Sie ein solches Dokument in Acrobat an, wird die Fläche unter dem Schlagschatten eventuell komplett ausgespart. Es handelt sich hierbei um ein Darstellungsproblem, das Sie in Acrobat auf die folgende Weise beheben können: Wählen Sie in Acrobat 8 oder 9 *Erweitert* → *Druckproduktion* → *Überdrucken-Vorschau*. Nun wird das Dokument korrekt angezeigt.

Bei der Ausgabe des Dokuments kann es zu Problemen kommen, sobald das Ausgabegerät mit den Überdrucken-Einstellungen nicht klarkommt. Fragen Sie Ihren Druckpartner, ob sein Belichtungsgerät bei der Ausgabe Schwierigkeiten bereiten kann. Am sichersten ist es stets, statt der Vollton- eine Prozessfarbe zu verwenden. Mit dem Druckfarben-Manager im Bedienfeldmenü ▾≡ des Farbfelderbedienfelds wandeln Sie Volltonfarben vor dem Export in die entsprechenden Prozessfarben um.

PDF-Dokumente mit transparenten Objekten erstellen

Wenn Sie Ihr Dokument mit Transparenzen als PDF-Datei exportieren möchten, sollten Sie sich zuerst bei Ihren Produktionspartnern erkundigen, ob deren Geräte mit den Acrobat-Versionen ab 5.0 bzw. 6.0 (PDF 1.4 bzw. 1.5) zurechtkommen. Dies ist vorteilhaft, da sich in diesen Versionen Transparenzen voll editieren lassen. In diesem Fall ist zu überlegen, ob Sie das Dokument als PDF ab der Version 1.4 exportieren. Dies hat auch den günstigen Effekt, dass die PDF-Dateien meist deutlich kleiner sind, da Vektorobjekte mit Transparenzen nicht mehr in rechenintensive Rasterbilder umgewandelt werden müssen.

Sollte ein Export in ein Format ab PDF 1.4 nicht möglich sein – wenn Sie also in das PDF-Format 1.3 exportieren müssen –, ist Vorsicht und genaue Kontrolle der transparenten Objekte angesagt, da InDesign die Transparenz des Dokuments dann automatisch reduziert. Bei PDFs für den Bildschirm aktivieren Sie in der Kategorie *Erweitert* des Dialogfelds *PDF exportieren* das Kontrollkästchen *Überdrucken simulieren*, damit die Transparenzen und Volltonfarben exakt dargestellt werden.

Für PDF-Dokumente, die ohne die Funktion *Überdrucken simulieren* exportiert wurden, können Sie übrigens in Adobe Acrobat eine Überdrucken-Vorschau einschalten (*Erweitert* → *Überdrucken-Vorschau*), um sich ein Bild vom Aussehen des gedruckten Dokuments zu machen.

Für den Vierfarbdruck muss dieses Kontrollkästchen deaktiviert bleiben, da Sie damit sämtliche Volltonfarben in die entsprechenden Prozessfarben umwandeln.

Das Format speichern und weitergeben

Wie erwähnt, sollten Sie Ihr eigenes Format Ihrem Dienstleister bzw. anderen am Workflow Beteiligten mitgeben, damit sie es bei der Ausgabe Ihres Dokuments verwenden können. Dazu benutzen Sie im Dialogfeld *Bearbeiten* → *Transparenzreduzierungsvorgaben* die Schaltfläche *Speichern*. Jetzt können Sie einen Dateinamen und Speicherort für die Vorgabe auswählen. Die Produktionspartner, denen Sie diese Vorgabe weitergegeben haben, klicken im Dialogfeld *Transparenzreduzierungsvorgaben* auf die Schaltfläche *Laden*, um Ihre Reduzierungsdatei mit der Endung *.flst* zu laden und einsetzen zu können.

Einzelne Druckbögen reduzieren

Falls an diesem Punkt des Workflows die Transparenzen im Dokument nicht wie beabsichtigt ausgegeben werden, wird Ihr Produktionspartner wahrscheinlich die Vorgaben für das Dokument zugunsten von Vorgaben für den einzelnen problematischen Druckbogen aufheben.

Das funktioniert folgendermaßen:

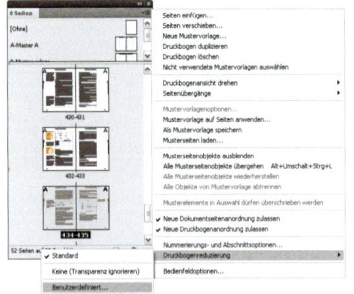

Abbildung 7.47 Für jeden Druckbogen lassen sich eigene Reduzierungseinstellungen festlegen.

1 Wählen Sie den betreffenden Druckbogen im Bedienfeld *Seiten* aus.

2 Aus dem Bedienfeldmenü ▾≡ wählen Sie *Druckbogenreduzierung → Keine (Transparenz ignorieren)*.

Eine andere Möglichkeit, die Einstellungen des Dokuments für einen einzelnen Druckbogen zu übergehen, ist der Befehl *Benutzerdefiniert.*

Mit diesem Befehl öffnen Sie das Dialogfeld *Benutzerdefinierte Druckbogen-Reduzierungseinstellungen*, das dem bekannten Dialogfeld *Transparenzreduzierungsvorgabe-Optionen* gleicht. Nachdem Sie die Einstellungen für einzelne Druckbögen geändert haben, müssen Sie sich im Druck- oder Exportdialog in der Kategorie *Erweitert* vergewissern, dass das Kontrollkästchen *Abweichende Einstellungen auf Druckbögen ignorieren* deaktiviert ist.

Die Reduzierungsvorschau

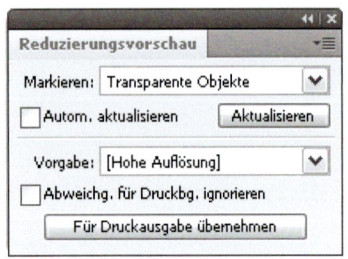

Abbildung 7.48 Das Bedienfeld *Reduzierungsvorschau* dient zum Überprüfen der Transparenzreduzierung Ihres Dokuments.

Das bereits erwähnte Bedienfeld *Reduzierungsvorschau (Fenster → Ausgabe → Reduzierungsvorschau)* bietet Ihnen Gelegenheit, im Dokument die Bereiche aufzuspüren, die von der Reduzierung betroffen sind. Diese Dokumentteile können rot hinterlegt dargestellt werden, der Rest des Dokuments wird in Graustufen dargestellt. Wenn Sie die Transparenzreduzierungseinstellungen ändern, ändert sich auch diese Anzeige. Das Bedienfeld *Reduzierungsvorschau* zeigt Bereiche an, die von der Transparenzreduzierung betroffen sind. Allerdings sehen Sie nicht die genaue Darstellung des Ergebnisses. Für spezielle Aufgaben, bei denen es auf eine solche Anzeige ankommt, verwenden Sie die *Überfüllungsvorschau,* mit der wir uns weiter oben in diesem Kapitel bereits beschäftigt haben.

In diesem Kapitel geht es um die Druckausgabe Ihrer InDesign-Dokumente. Das Gebiet umfasst nicht nur den Ausdruck auf einem gewöhnlichen Tintenstrahl- oder Laserdrucker, sondern auch die Ausgabe einer PDF- oder PostScript-Datei. In der Praxis geben Sie Ihr Dokument häufig als PostScript- oder als PDF-Datei aus und leiten es an den Dienstleister weiter. Auch dabei handelt es sich um einen Druckvorgang, nur dass der Druck in eine Datei umgeleitet wird.

8.1 Zwei Möglichkeiten

Mit dem zuerst genannten Befehl erzeugen Sie neben der eigenen, direkten Druckausgabe zunächst eine PostScript-Datei, die Sie anschließend über den Acrobat Distiller in ein PDF-Dokument umwandeln können.

Zur Ausgabe Ihres Dokuments haben Sie grundsätzlich zwei Möglichkeiten: *Datei → Drucken* oder *Datei → Exportieren* (oder auch *Datei → Adobe-PDF-Vorgaben*). Mit *Datei → Exportieren* erzeugen Sie die PDF-Datei ohne den Umweg über den Acrobat Distiller. Auch dieser Befehl ist für die Erzeugung von High-End-PDF-Dokumenten aus InDesign geeignet, da das Ergebnis des Exports qualitativ einwandfrei ist. Falls beim Generieren von PDF-Dateien über das *Exportieren*-Dialogfeld Probleme auftreten, bleibt die Möglichkeit, wie oben beschrieben über den Druckbefehl eine PostScript-Datei zu erstellen und aus dieser mithilfe des Acrobat Distiller ein PDF-Dokument zu erzeugen.

8.2 Die Ausgabe über den Befehl »Datei → Drucken«

InDesign CS5 gibt Ihnen die Möglichkeit, noch im Dialogfeld *Drucken* festzulegen, welche Ebenen ausgegeben werden sollen. Verwenden Sie dazu das Pop-up-Menü *Ebenen drucken* in der Kategorie *Allgemein*.

Im Prinzip stellt sich das Drucken in InDesign als sehr einfacher Vorgang dar, der sich kaum vom Drucken aus anderen Anwendungen heraus unterscheidet: Sie wählen *Datei → Drucken* (Strg / ⌘ + P), stellen die gewünschten Parameter ein und klicken auf *Drucken*. InDesign sendet den Druckjob mit den aktuellen Einstellungen an den gewählten Druckertreiber. Alle sichtbaren Ebenen werden mit ausgegeben. Der Druckdialog bietet Ihnen mit seinen acht Kategorien eine Menge Einstellungsmöglichkeiten, die wir nachfolgend erläutern.

Den Druckertreiber auswählen

Im Pop-up-Menü *Drucker* im oberen Bereich des Dialogfelds wählen Sie den gewünschten Druckertreiber – entweder den Ihres lokalen oder eines Netzwerkdruckers. Für die professionelle Ausgabe, beispielsweise im Offsetdruck, erstellen Sie über das Pop-up-Menü *Drucker* eine PostScript-Datei. Dann wird der Druck in eine Datei umgeleitet, die Sie Ihrem Dienstleister direkt zur Weiterverarbeitung übergeben können oder aus der Sie zu diesem Zweck zuvor über den Acrobat Distiller eine PDF-Datei erstellen.

Abbildung 8.1 Wenn Sie als Druckertreiber *Adobe PDF* wählen, sollten Sie zunächst Ihren Distiller entsprechend einrichten.

Oder Sie wählen als Druckertreiber direkt *Adobe PDF*. Dann wird eine PostScript-Datei erzeugt und anschließend vom Acrobat Distiller in ein PDF-Dokument umgewandelt. Möchten Sie so vorgehen, ist es wichtig, dass Sie zunächst den Acrobat Distiller öffnen und die gewünschte Voreinstellung auswählen, z. B. *PDF/X-3:2002*. Diese Einstellung verwendet InDesign, sobald Sie ein Dokument mit dem Druckertreiber *Adobe PDF 6.0 bis 9.0* ausgeben.

Mehr über PDF/X erfahren Sie weiter hinten in diesem Kapitel.

Geräteunabhängige und geräteabhängige PostScript-Dateien

Man unterscheidet zwischen geräteunabhängigen und geräteabhängigen PostScript-Dateien. Geräteunabhängige PostScript-Dateien sind immer Composite-CMYK, eventuell mit Volltonfarben. Sie haben den großen Vorteil, dass sie keinerlei Geräte- und Treiberinformationen enthalten, sodass sie auf jedem postscriptfähigen Gerät ausgegeben werden können. Wenn möglich, sollten Sie also geräteunabhängige PostScript-Dateien bevorzugen. In manchen Fällen ist das allerdings nicht möglich – bespielsweise, wenn spezielle Funktionen, Rasterformen oder Überfüllungen notwendig sind, die sich auf ein bestimmtes Ausgabegerät beziehen.

In diesem Fall erstellen Sie eine geräteabhängige PostScript-Datei, für die Sie allerdings die entsprechende PPD von Ihrem Druckdienstleister benötigen (mehr darüber im Anschluss). Auch hier wird der Druck in eine Datei umgeleitet. Diese PPD wählen Sie nach der korrekten Installation aus dem gleichnamigen Pop-up-Menü aus.

Geräteabhängige PostScript-Dateien können Sie nicht nur als Composite-Datei, sondern auch als Separationen ausgeben und mit Überfüllungen versehen. Mehr zu diesem Thema folgt im Anschluss.

Eine PPD – PostScript Printer Definition – ist eine Druckerbeschreibungsdatei für ein bestimmtes Ausgabegerät. Ein Druckertreiber generiert zunächst lediglich allgemeine PostScript-Befehle für die Ausgabe. Die PPD ergänzt diese um Informationen zum Verhalten Ihres Druckertreibers, z.B. zu Schriften, Papierformaten oder Auflösung. Vergewissern Sie sich, dass Sie die richtige PPD-Datei für Ihren Druckauftrag gewählt haben. Eventuell händigt Ihr Druckdienstleister Ihnen auch eine PPD für sein Ausgabegerät aus.

Beachten Sie bitte auch, dass InDesign keine PostScript-Level 1-Drucker unterstützt.

Allgemeine Einstellungen

Die grundlegenden Druckeinstellungen nehmen Sie in der Kategorie *Allgemein* vor. In der Gruppe *Seiten* legen Sie fest, welche Bereiche Ihres Dokuments Sie drucken möchten. Aktivieren Sie das Kontrollkästchen *Bereich*, wenn Sie selbst bestimmen möchten, welche Seiten Ihres Dokuments gedruckt werden sollen. Geben Sie die entsprechenden Seitenzahlen anschließend in das zugehörige Textfeld ein – und zwar entweder einen aufeinanderfolgenden Seitenbereich (in der Form *1-7* für die Seiten eins bis sieben) oder nicht aufeinanderfolgende Seiten (in der Form *1, 3, 7*).

Im Pop-up-Menü *Abfolge* wählen Sie den Eintrag *Alle Seiten*, damit InDesign sämtliche Seiten Ihres Dokuments ausgibt. Oder Sie

Wenn Sie im Pop-up-Menü Abfolge den Eintrag Alle Seiten wählen und das Kontrollkästchen Druckbögen aktivieren, wird jede Doppelseite auf ein einziges Blatt gedruckt.

entscheiden sich für die Einträge *Nur gerade Seiten* bzw. *Nur ungerade Seiten,* um eben nur gerade bzw. ungerade Seiten zu drucken. Diese beiden Optionen eignen sich beispielsweise sehr gut, wenn Sie Dokumente, die mit gegenüberliegenden Seiten eingerichtet wurden, in zwei Druckdurchgängen auf Ihrem Drucker ausgeben möchten.

Bei aktiviertem Kontrollkästchen *Musterseiten drucken* geben Sie nicht die Dokumentseiten, sondern die Musterseiten aus.

Im Feld *Exemplare* geben Sie an, in welcher Auflage Sie das Dokument drucken möchten. In der Gruppe *Optionen* bestimmen Sie, was Sie genau drucken möchten – neben dem eigentlichen Dokument beispielsweise auch nicht druckbare Objekte und Hilfslinien. Letzteres ist ideal für Kontrollzwecke.

Die Vorschau im rechten unteren Bereich – sie ist in jeder Kategorie des Dialogfelds sichtbar – zeigt Ihnen die Auswirkungen der jeweils eingestellten Optionen. Sie sehen hier vor allem, ob das Dokument auf das ausgewählte Format passt. Mit wiederholten Klicks auf die Vorschau wechseln Sie zwischen den drei Darstellungsweisen Standardansicht, Textansicht und Einzelblattansicht.

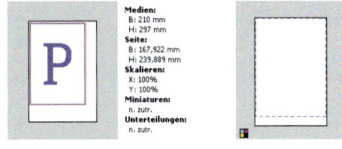

Abbildung 8.2 Mit wiederholten Klicks in den Vorschaubereich wechseln Sie zwischen Standardansicht (links), Textansicht (Mitte) und Einzelblattansicht (rechts).

Die Kategorie »Einrichten«

Abbildung 8.3 In der Kategorie *Einrichten* positionieren Sie das Layout unter anderem auf dem Ausgabemedium.

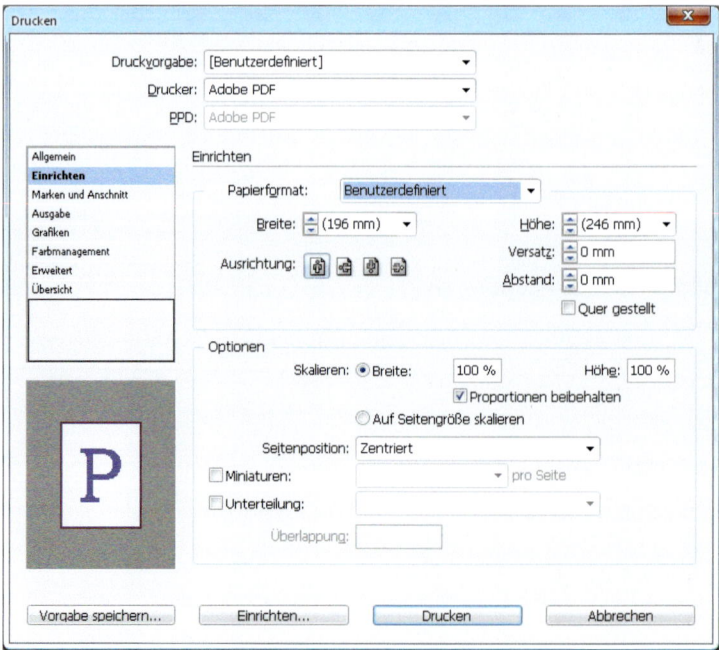

Normalerweise übernehmen Sie in der Kategorie *Einrichten* das von der PPD vorgegebene Papierformat, indem Sie den Eintrag *Durch Treiber definiert* wählen. Sie können das Papierformat für die Ausgabe aber auch selbst festlegen. Wählen Sie den Eintrag *Benutzerdefiniert*, wenn Sie nicht auf eines der vorgegebenen DIN-Formate zurückgreifen möchten, und geben Sie die Abmessungen in die zugehörigen Textfelder ein. In der Grundeinstellung übernimmt die Einstellung *Benutzerdefiniert* die Abmessungen des InDesign-Dokuments.

Besondere Vorsicht ist angebracht, wenn Sie Ihrem Dokument Beschnittzugaben und/oder Marken hinzufügen müssen (mehr darüber weiter hinten). Wählen Sie in diesem Fall, nachdem Sie die Beschnittzeichen in der Kategorie *Marken und Anschnitt* aktiviert haben, als Papierformat die Einstellung *Benutzerdefiniert* und ändern Sie in den Pop-up-Menüs für die *Breite* und *Höhe* nichts. So stellen Sie sicher, dass alle Marken sowie Anschnitt und Infobereich auf die Seite passen.

Abbildung 8.4 Die Vorschau zeigt es an: Hier sollen zwei Mal zwei Miniaturen auf eine Seite gedruckt werden.

Die Option *Miniaturen* verlangsamt die Ausgabe deutlich, besonders wenn Sie viele Bögen auf einer Seite unterbringen möchten.

Das Dokument für den Ausdruck skalieren

Nachdem Sie im Bedarfsfall die Ausrichtung gewählt haben, können Sie in der Gruppe *Optionen* noch eine Skalierung des Layouts vornehmen:

Aktivieren Sie das Optionsfeld *Miniaturen*, wenn Sie die Seiten eines mehrseitigen Dokuments verkleinert nebeneinander auf eine Seite drucken möchten. Diese Möglichkeit ist zum Beispiel sinnvoll, wenn Sie sich einen Überblick über den Inhalt eines Buchkapitels, eines Magazins oder dergleichen verschaffen möchten.

Marken und Anschnitt festlegen

Bevor Sie Ihr in eine PostScript- oder PDF-Datei gedrucktes Dokument abliefern, müssen Sie eventuell Marken hinzufügen. Mithilfe von Marken kann Ihr Dienstleister für den Proof die Farbdichte eines Films messen, Separationsfilme ausrichten und das Papier zuschneiden. Ob und welche Marken Sie hinzufügen müssen, erfragen Sie bei Ihrer Druckerei. Viele Dienstleister bevorzugen es, mit speziellen Programmen die Marken erst am Ende des Workflow selbst einzufügen.

Wie weiter oben in diesem Kapitel erwähnt, sollten Sie, wenn Sie Marken hinzufügen, als Papierformat *Benutzerdefiniert* wählen, damit die Marken auf das Ausgabeformat passen. Kontrollieren Sie vorsichtshalber in der Vorschau. Die Marken werden nicht in das Dokument selbst eingefügt, sondern nur in die PostScript-Ausgabe. Art und Stärke der Marken können Sie über die Felder im rechten Bereich selbst einstellen.

Anschnitt

Obwohl es vom layouttechnischen Gesichtspunkt her besser ist, wenn Sie den Anschnitt gleich beim Einrichten des Layouts berücksichtigen (vgl. auch **Kapitel 1**), können Sie ihn auch hier noch hinzugeben.

Beim Druck von Miniaturen können keine Marken und Anschnitte bearbeitet werden.

Abbildung 8.5
❶ Farbkontrollstreifen
❷ Anschnittsmarken
❸ Passermarken
❹ Schnittmarken
❺ Seiteninformation

Deaktivieren Sie dazu das Kontrollkästchen *Anschnittseinstellungen des Dokuments verwenden* und stellen Sie über die vier Eingabefelder für jede Seite die benötigten Beschnittzugaben ein. Häufig verwendet man an allen vier Seiten Beschnittzugaben von 3 mm.

Die Ausgabeeinstellungen

In der Kategorie *Ausgabe* bestimmen Sie vor allem die Separationseinstellungen, unter anderem aber auch zur Auswahl, ob Sie eine Composite-Ausgabe oder Separationen wünschen.

Im Pop-up-Menü *Farbe* bestimmen Sie, ob Sie Separationen oder Composite drucken möchten.

Composite- oder vorseparierte PostScript-Dateien?

Sie geben Ihre PostScript-Datei (oder PDF-Datei, mehr darüber weiter hinten) auf drei grundsätzliche Arten aus:

▶ Composite
▶ Separationen
▶ In-RIP-Separationen

Welche Möglichkeit geeignet ist, hängt von den verwendeten Farben und der von Ihrem Dienstleister verwendeten Software bzw. dem RIP ab. Vielen Dienstleistern mit moderner Ausstattung ist es lieber, wenn Sie eine unseparierte PDF- oder PostScript-Datei anliefern, statt einer separierten.

An den einzelnen Workflow-Stationen ist es häufig auch leichter, mit einer Composite-Datei zu arbeiten – gerade Beteiligte, die nicht unmittelbar in der Druckindustrie beschäftigt sind, können mit einer separierten PDF-Datei meist nicht allzu viel anfangen.

Vorseparierte Dateien

Eine vorseparierte PostScript-Datei enthält eine gesonderte Druckplatte für jede Dokumentfarbe. Ein normaler Druckjob in Prozessfarben hat vier Platten mit den Farbinformationen für jede CMYK-Farbe. Jede zusätzliche Volltonfarbe erfordert eine weitere Platte. Ein doppelseitiger Druckauftrag in CMYK-Farben erfordert also acht Platten. Wenn Sie aus der PostScript-Datei anschließend über den Distiller ein PDF-Dokument erstellen, können Sie in Adobe Acrobat die Platte für jede Druckfarbe betrachten (siehe Abbildungen unten).

Composite

Eine Composite-Datei enthält alle Farbinformationen auf einer einzigen Seite. Sie kann als Composite betrachtet oder gedruckt werden. Ihr Dienstleister erstellt in diesem Fall die Farbseparationen erst ganz am Ende des Workflows auf dem RIP.

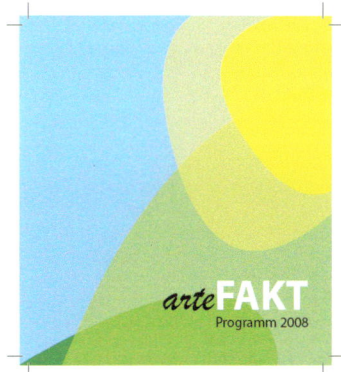

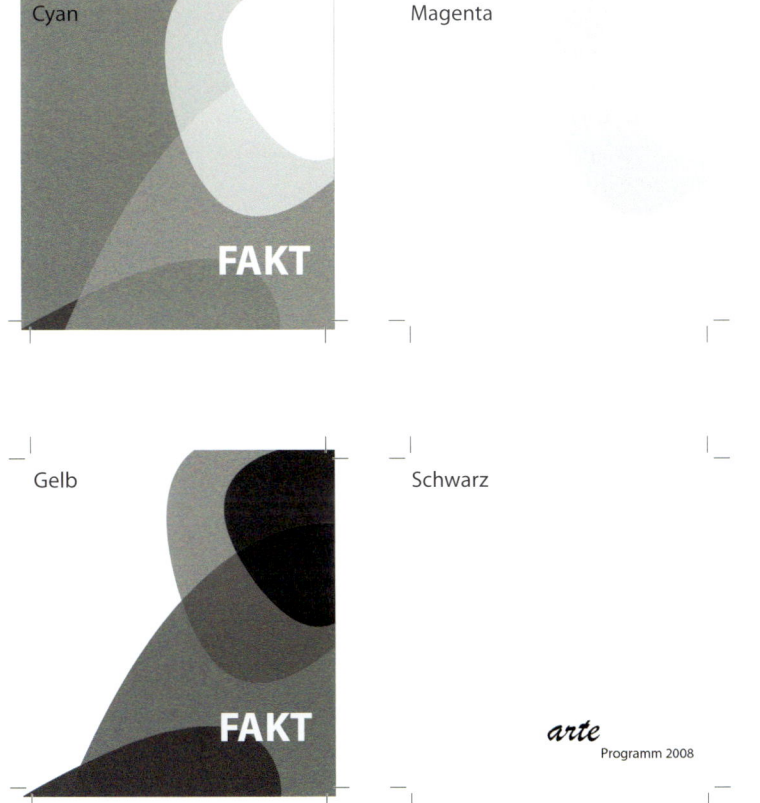

Abbildung 8.6 Links: Die vier farbseparierten Auszüge eines Druckjobs in CMYK-Prozessfarben. Oben: Anders die Composite-Datei: Hier werden alle Farben auf eine Seite gedruckt.

Auch wenn Sie Ihrem Dienstleister Composite-Dateien liefern müssen, sollten Sie vielleicht Farbseparationen zu Proof-Zwecken auf dem eigenen Drucker als PDF oder in der InDesign-eigenen Separationsvorschau erstellen. Dann können Sie sehen, ob Ihre Composite-Datei sich korrekt auf die gewünschte Anzahl Druckplatten separieren lässt.

Der Unterschied zwischen In-RIP-Separationen und Composite-CMYK

Vom Prinzip her gleichen sich Composite-CMYK-Dateien und In-RIP-Separationen. Jedoch enthält eine In-RIP-Separation zusätzliche Befehle, die den RIP anweisen, aus jeder Seite die entsprechende Anzahl Platten basierend auf den verwendeten Druckfarben zu erstellen. Für welche Option sollen Sie sich nun entscheiden? Fragen Sie nach, was Ihr Dienstleister bevorzugt. Denn alle Ausgabearten haben ihre Vorteile. Eine Composite-Datei ist kompakter als eine vorseparierte Datei – sie besteht aus weniger Seiten. Composite-Dateien können Sie und Ihr Dienstleister am Bildschirm betrachten, um sie zu überprüfen.

Manche Dokumente müssen aber zwingend vorsepariert werden, damit eine korrekte Arbeit mit ihnen möglich ist. Das trifft beispielsweise auf DCS-Bilder (vgl. auch **Kapitel 3**) und Duplex-Bilder zu.

Abbildung 8.7 Hier werden nur Prozessschwarz und die HKS-Farbe ausgegeben. Die übrigen drei Farben wurden deaktiviert.

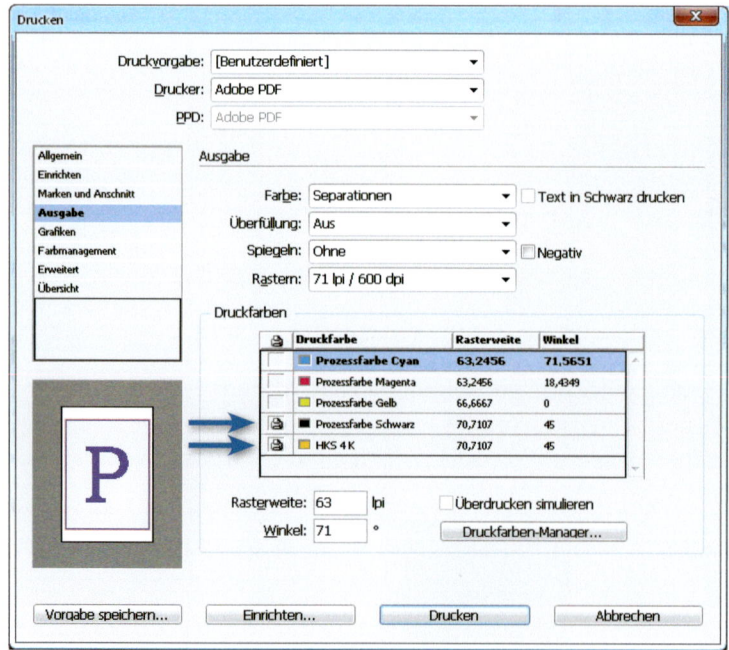

Die Druckfarben

Wenn Sie sich für Separationen oder In-RIP-Separationen entschieden haben, eröffnen sich Ihnen im Bereich *Druckfarben* verschiedene weitere Möglichkeiten.

So können Sie beispielsweise die Ausgabe der einzelnen Druck-platten steuern, sich etwa entscheiden, bestimmte Platten nicht mit auszugeben, indem Sie auf das Drucker-Symbol 🖨 vor der jeweiligen Farbe klicken.

Der Druckfarben-Manager

Mit einem Klick auf die Schaltfläche *Druckfarben-Manager* öffnen Sie ein Dialogfeld, in dem Sie die Ausgabe der Platten noch genauer steuern können.

Eine der wichtigsten Möglichkeiten im Druckfarben-Manager ist die Option, zwei Volltonfarben zu einer einzigen zusammenzufassen. Das kann beispielsweise interessant sein, wenn Sie in Ihrem Dokument etwa ein Duplex-Bild mit einer falsch benannten Volltonfarbe verwendet haben. Die korrekte Volltonfarbe ist im Dokument eben-falls vorhanden, z. B. in einer in InDesign erstellten Headline.

Ohne weitere Vorkehrungen würden jetzt fälschlicherweise zwei Volltonplatten statt einer ausgegeben.

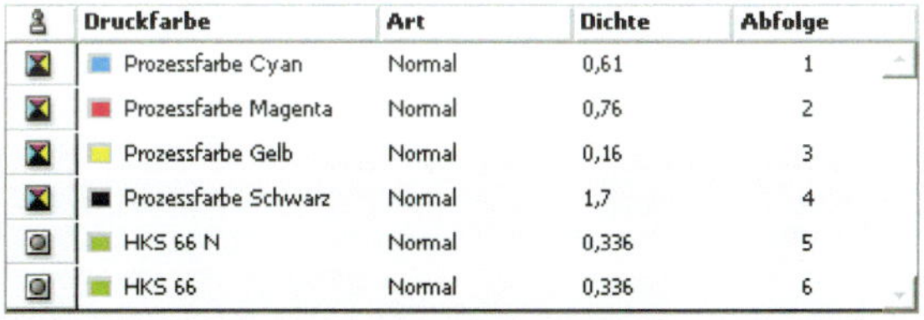

🖨	Druckfarbe	Art	Dichte	Abfolge
✖	🟦 Prozessfarbe Cyan	Normal	0,61	1
✖	🟥 Prozessfarbe Magenta	Normal	0,76	2
✖	🟨 Prozessfarbe Gelb	Normal	0,16	3
✖	⬛ Prozessfarbe Schwarz	Normal	1,7	4
◉	🟩 HKS 66 N	Normal	0,336	5
◉	🟩 HKS 66	Normal	0,336	6

Abbildung 8.8 Das Dokument enthält fälschlicherweise zwei Voll-tonfarben, wovon die eine, fehlerhaft benannte, aus einem platzierten Zweitonbild stammt.

Lösen Sie das Problem folgendermaßen:

1 Wählen Sie die falsch benannte Volltonfarbe aus.
2 Öffnen Sie das Pop-up-Menü *Druckfarbenalias* und wählen Sie den Namen der korrekten Volltonfarbe aus.
3 Nun erstellt InDesign für beide Volltonfarben nur eine Platte mit dem richtigen Namen.

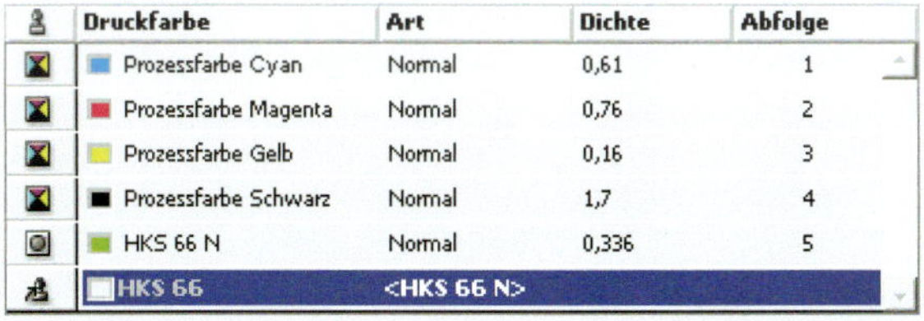

🖨	Druckfarbe	Art	Dichte	Abfolge
✖	🟦 Prozessfarbe Cyan	Normal	0,61	1
✖	🟥 Prozessfarbe Magenta	Normal	0,76	2
✖	🟨 Prozessfarbe Gelb	Normal	0,16	3
✖	⬛ Prozessfarbe Schwarz	Normal	1,7	4
◉	🟩 HKS 66 N	Normal	0,336	5
🖨	⬜ HKS 66	<HKS 66 N>		

Abbildung 8.9 Nachdem Sie der falsch benannten Volltonfarbe den Namen der richtigen Farbe als Alias zugewiesen haben, erstellt InDesign nur noch eine einzige Volltonplatte.

Am Dokument selbst ändert sich nichts. Nur bei der Druckausgabe werden die richtigen Farben verwendet.

Eine andere wichtige Möglichkeit in diesem Dialogfeld ist das Kontrollkästchen *Alle Volltonfarben in Prozessfarben umwandeln.* Verwenden Sie dieses beispielsweise, wenn im für den Vierfarbdruck bestimmten Dokument versehentlich eine Volltonfarbe verwendet wurde. Sicherer ist es jedoch, die Volltonfarbe schon im Layout in eine Prozessfarbe umzuwandeln, da Sie hier eine bessere Kontrolle haben.

Überfüllungen festlegen

Weiter oben in der Kategorie *Ausgabe* des Dialogfelds *Drucken* legen Sie über das Pop-up-Menü *Überfüllung* die Überfüllungseinstellungen für die Ausgabe fest. Über dieses Thema konnten Sie sich im vorigen Kapitel bereits informieren.

Spiegeln

Ob das Spiegeln des Dokuments notwendig ist oder nicht, erfragen Sie bei Ihrem Dienstleister. Dies ist von der verwendeten Druckmaschine abhängig, genauer gesagt davon, ob die Emulsionsschicht auf der Ober- oder der Unterseite liegt. Üblicher ist hierzulande die Verwendung von nicht gespiegelten Dokumenten.

Das Raster

Die von Ihnen ausgewählte PPD hält einige empfohlene Rasterweiten bereit. Die PPDs für Belichtungsgeräte bieten üblicherweise eine große Auswahl an vordefinierten Rasterweiten, die Sie aus dem Pop-up-Menü *Rastern* wählen. Hier eine Übersicht über gebräuchliche Rasterweiten:

Rasterweite (lpi)	Rasterweite (Linien/cm)	Verwendung
60	24	Zeitung, raue Oberfläche
75	30	Zeitung, glatte Oberfläche
85	34	Zeitung, satinierte Oberfläche
100	40	Zeitung, Illustrationsdruck, maschinenglatt und satiniert
120	48	Naturpapier, Kunstdruckpapier, gut satiniert
135	54	Normales Kunstdruckpapier, gut satiniert
150	60	Bestes Kunstdruckpapier, gut satiniert
200	80	Besonders hochwertige Drucksachen, gut satiniert

Die Rasterwinkel

Bei Vierfarbdrucken muss, wie bereits erwähnt, für jede der vier Druckfarben Cyan, Magenta, Gelb und Schwarz ein eigener Film und später eine eigene Druckplatte erstellt werden.

Würde man in der Farbreproduktion die Raster auf allen vier Filmen einheitlich winkeln, würden im Druck alle Rasterpunkte übereinanderliegen. Das würde sich auf die Farbmischung ungünstig auswirken. Außerdem müssten die einzelnen Druckformen äußerst exakt eingepasst werden, was praktisch unmöglich ist. Schon bei geringster Abweichung kommt ein geometrisches, changierendes Muster, das Moiré, ins Druckbild. Dieses Moiré muss durch Rasterdrehungen für die einzelnen Farben so gering gehalten werden, dass es optisch nicht mehr stört. Das ist bei der optimalen Winkeldifferenz von zirka 30° (je nach verwendeter Rasterweite) der Fall. Wenn eine Farbe, meist die auffälligste Hauptfarbe (Schwarz oder Magenta) auf 45° bzw. 135° gelegt wird, ergeben sich im Abstand von jeweils zirka 30° die beiden Stellungen zirka 15° und zirka 75°. Die Anfangsstellung von 0° wird meistens für die optisch hellste Farbe Gelb verwendet, der »schrägste« Winkel ist wegen der schlechteren Erfassbarkeit diagonaler Linien für die dunkelste Farbe reserviert.

In InDesign bzw. der PPD sind die Rasterwinkel schon entsprechend voreingestellt. Fragen Sie Ihren Dienstleister, ob er diese eingestellten Rasterwinkelungen empfiehlt.

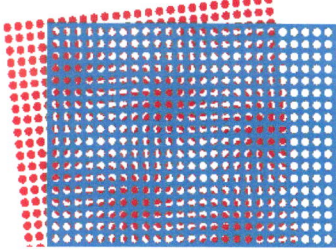

Abbildung 8.10 Moiré durch ungünstige Rasterwinkelung

Abbildung 8.11 Beispiele für Rasterwinkelungen im Vierfarbdruck bei 100 lpi; von links nach rechts: Cyan, Magenta, Gelb, Schwarz.

Rasterelemente gibt es in verschiedenen Formen: Kornstrukturen, Texturen (Gewebe), Linien, Wellen, Spirallinien, runde, elliptische und quadratische Punkte. In Standardabläufen sind ausschließlich Punktraster gebräuchlich, die eine gleichmäßige Gitterstruktur aufweisen und deren Mittelpunktabstände von Element zu Element konstant sind. Man nennt solche Raster »autotypisch«, da sie »selbstbildend« Halbtöne zerlegen.

Grafiken

Zeigen Sie die Kategorie *Grafiken* an, um festzulegen, wie Bilder und Schriften verarbeitet werden sollen.

In der Gruppe *Bilder* bestimmen Sie beispielsweise, dass für zeitsparende Probedrucke Bilder gar nicht oder nur in geringer Auflösung von 72 dpi (*Bildschirmversion*) gedruckt werden sollen. Oder Sie wählen die optimierte Abtastauflösung (*Auflösung reduzieren*), damit InDesign nicht mehr und nicht weniger Daten sendet als für das jeweilige Ausgabegerät für ein optimales Ergebnis nötig sind. Dann ist es gleichgültig, wie hoch die Auflösung der Bilder im Layout ist. Zum Beispiel erhält ein Laserdrucker im Konzeptdruckmodus nur so viele Daten, dass er die Bilder in der Auflösung 150 dpi drucken kann.

Abbildung 8.12 Werden nur wenige Zeichen einer bestimmten Schriftart im Dokument benötigt, lohnt sich die Bildung von Untergruppen.

Leider können Sie nicht jede Schrift in Ihr PDF-Dokument einbetten. Dies funktioniert nur, wenn der Schrifthersteller sie zum Einbetten freigibt.

Schriftarten

In der Gruppe *Schriftarten* legen Sie fest, ob InDesign nur Untergruppen der verwendeten Schriften (das heißt nur die tatsächlich verwendeten Zeichen einer bestimmten Schrift), die gesamten Schriften oder überhaupt keine Schrift einbetten soll.

Die Bildung von Untergruppen lohnt sich nur, wenn Sie von bestimmten Schriften nur wenige Buchstaben im Dokument verwenden. Sonst sollten Sie stets die gesamte Schrift einbetten. Lassen Sie das Kontrollkästchen *PPD-Schriftarten herunterladen* aktiviert, denn nur dann werden sämtliche Schriften, die im Dokument verwendet werden, noch einmal heruntergeladen. So stellen Sie sicher, dass es keine Schriftfehler gibt. Am Pop-up-Menü *PostScript* ändern Sie nichts, da InDesign dieses selbst anhand der PPD auswählt.

Farbmanagement

In der Kategorie *Farbmanagement* legen Sie fest, wie InDesign mit Ihren Dokumentfarben umgeht. Achten Sie darauf, dass für die endgültige Ausgabe in dieser Kategorie das Optionsfeld *Dokument* aktiviert ist. Normalerweise sollten Sie für die Ausgabe einer PostScript-Datei für Ihren Druckdienstleister unter *Farbhandhabung* den Eintrag *InDesign bestimmt Farben* wählen.

Erweiterte Einstellungen

Schließlich legen Sie unter *Erweitert* noch einige Optionen fest.

▶ Sie können über die Kontrollkästchen unter *OPI* bestimmen, dass bestimmte Grafiktypen nicht ausgegeben werden, sondern nur die zugehörigen OPI-Kommentare, damit das entsprechende hoch auflösende Bild auf dem OPI-Server gefunden wird. Dies ist für verknüpfte EPS-, PDF- und Bitmap-Daten möglich. Das Kontrollkästchen *OPI-Bildersetzung* sollten Sie normalerweise deaktiviert lassen, damit der OPI-Server die Bildersetzung korrekt durchführen kann.

▶ Wenn in Ihrem Dokument transparente Objekte enthalten sind (das gilt auch für Schlagschatten und weiche Kanten), müssen Sie diese *reduzieren* (siehe voriges Kapitel). Wählen Sie die passende Voreinstellung unter *Transparenzreduzierung*.

Übersicht

In der Kategorie *Übersicht* erhalten Sie noch einmal eine Zusammenfassung der von Ihnen vorgenommenen Druckeinstellungen. Sichern Sie diese bei Bedarf mit einem Klick auf die Schaltfläche *Übersicht speichern* im Textformat, um sie beispielsweise an Ihre Produktionspartner zu übermitteln.

Eigene Druckvorgaben erstellen

Mit einem Klick auf die Schaltfläche *Drucken* starten Sie den Druckauftrag. Oder Sie nutzen die Möglichkeit, mit Druckformaten zu arbeiten. Das ist eine sehr praktische Methode, beispielsweise um Druckaufträge für eine bestimmte Druckerei mit stets konsistenten Einstellungen abzuliefern. Denn dann müssen Sie künftig nur noch die selbst eingerichtete Druckvorgabe in der Liste *Druckvorgaben* im oberen Bereich des Dialogfelds *Drucken* bzw. über *Datei → Druckvorgaben* öffnen und können den Auftrag sofort starten, ohne noch irgendwelche Einstellungen vornehmen zu müssen.

1 Nachdem Sie alles nach Ihren Wünschen eingerichtet haben, klicken Sie auf die Schaltfläche *Vorgabe speichern*.
2 Es folgt ein kleines Dialogfeld. Hier müssen Sie lediglich einen Dateinamen vergeben und mit *OK* bestätigen.
3 Der neue Stil lässt sich von nun an im Menü *Datei → Druckvorgaben* abrufen.

Auf diese Weise legen Sie beliebig viele eigene Druckvorgaben mit speziellen Einstellungen an, um in Zukunft Zeit zu sparen. Der Austausch von Druckvorgaben zwischen allen im Workflow Beteiligten bietet sich an.

1 Wählen Sie *Datei → Druckvorgaben → Definieren*.
2 Wählen Sie die gewünschte Vorgabe und klicken Sie auf *Speichern*.
3 Geben Sie Dateiname und Speicherort an und bestätigen Sie erneut mit *Speichern*.

Mit einem Klick auf die Schaltfläche *Laden* in demselben Dialogfeld lassen sich Druckvorgaben, die Sie beispielsweise von Ihrem Dienstleister erhalten haben, laden.

8.3 Die PDF-Ausgabe über den Befehl »Datei → Exportieren«

Gehen Sie für den PDF-Export direkt aus InDesign so vor:

1 Öffnen Sie das Dokument, das Sie in eine PDF-Datei umwandeln möchten, und wählen Sie *Datei → Exportieren* (Strg /⌘ + E).

2 Im Dialogfeld *Exportieren* suchen Sie den gewünschten Ablageort heraus und vergeben einen Dateinamen. Achten Sie darauf, dass als *Dateityp Adobe PDF (Druck)* eingestellt ist.

3 Ein Klick auf *Speichern/Sichern* öffnet das Dialogfeld *PDF exportieren*. Wie Sie sehen, sind die hier angebotenen Optionen mit denen im Acrobat Distiller fast identisch.

Abbildung 8.13 In diesem Dialogfeld nehmen Sie die Einstellungen für den PDF-Export vor.

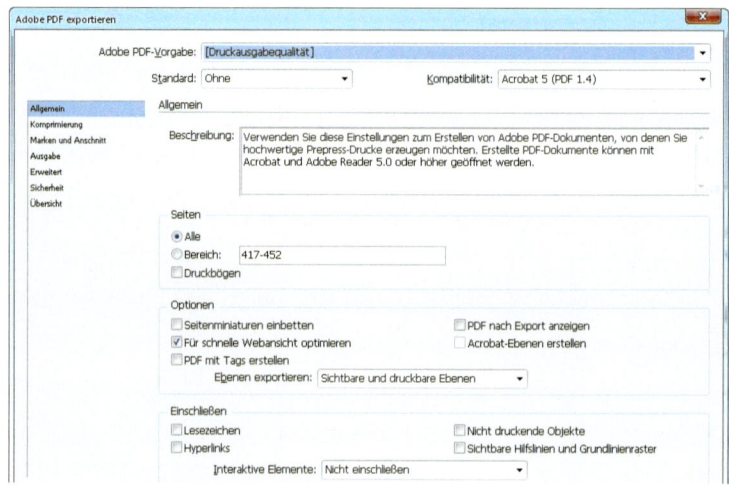

4 Nehmen Sie die gewünschten Einstellungen vor und klicken Sie auf *Exportieren*.

Der Export findet im Hintergrund statt; das heißt, dass Sie derweil am aktuellen oder an einem anderen Dokument weiterarbeiten können. Über das Bedienfeld *Fenster → Hilfsprogramme → Hintergrundaufgaben* können Sie dabei den Fortschritt des Exports kontrollieren.

Wenn Sie nacheinander mehrere Exportvorgänge starten, erscheinen diese ebenfalls im Bedienfeld, bis sie abgearbeitet sind.

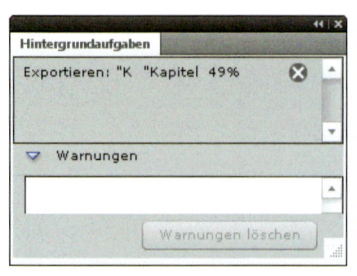

Abbildung 8.14 Im Bedienfeld *Hintergrundaufgaben* können Sie den Fortgang des Exports kontrollieren.

Die PDF-Exporteinstellungen

Nachfolgend beschäftigen wir uns mit den allgemeinen Einstellungen für den PDF-Export. Details zum Export von PDF-Dateien für das Internet (und auch von SWF- sowie XHTML-Dateien) erhalten Sie in **Kapitel 9.**

Am einfachsten ist es, wenn Sie aus dem Pop-up-Menü *Vorgabe* eine der vordefinierten Einstellungsdateien wählen. Diese eignen sich für die meisten üblichen Verwendungsgebiete wie zum Beispiel die Druckvorstufe (Einstellung *[Druckausgabequalität]*).

PDF/X

Wenn Sie Dokumente nach den PDF/X-Kriterien erstellen möchten, benötigen Sie das Pop-up-Menü *Standard*. Wählen Sie hier zwischen *PDF/X-1a*, *PDF/X-3* und *PDF/X-4*. Nachfolgend einige Regeln für PDF/X-konforme Dateien:

▶ Sämtliche verwendete Schriften müssen im Dokument eingebettet sein.

▶ Sämtliche Bilder müssen in voller Auflösung in die PDF-Datei eingebettet sein.

▶ Die PDF-Datei darf keine externen Referenzen wie z.B. OPI-Kommentare enthalten.

▶ Rastereinstellungen dürfen vorgenommen werden. In der Weiterverarbeitung der PDF/X-Datei müssen diese aber nicht verwendet werden.

▶ Es muss angegeben werden, ob die Datei überfüllt wurde oder nicht.

▶ Kommentare, Formularfelder, Schaltflächen und Verknüpfungen dürfen nicht innerhalb der druckbaren Seite angebracht werden.

▶ Es darf keine LZW-Kompression angewendet werden.

▶ Verschlüsselungen dürfen nicht verwendet werden.

Bis vor Kurzem waren nur PDF/X-1a und PDF/X-3 relevant. Mittlerweile ist PDF/X-4 offiziell als ISONorm 15930-7:2008 verfügbar. PDF/X-1a gilt seit Oktober 1999 als US-Standard für den digitalen Datenaustausch. In PDF/X-1a sind nur CMYK- und Spotfarben zugelassen, während Sie mit PDF/X-3 ein medienneutrales PDF/X definieren, das auch Lab- und Cal-RGB-Farbräume zulässt. Zudem können Sie in PDF/X-3 ICC-Profile einbinden. In Europa wird momentan meist noch PDF/X-3 verwendet.

Da das Dokument nach genau definierten Kriterien genormt wird und dies mit der Preflight-Funktion überprüft werden kann, erstellen Sie mit PDF/X PDF-Dokumente, welche die Anforderungen im Druckvorstufenbereich genau treffen.

Wenn Sie ein PDF/X-3-Dokument direkt aus InDesign exportieren möchten, wählen Sie aus dem Pop-up-Menü *Adobe PDF-Vorgabe* den Eintrag *[PDF/X-3:2002]*. Wie Sie sehen, wird als Kompatibilität automatisch *Acrobat 4.0 (PDF 1.3)* eingestellt, d. h., dass Transpa-

Bei PDF/X handelt es sich um ein ISO-standardisiertes Format für den professionellen Druck. Mit diesem Format gehen Sie sicher, dass Ihr PDF-Dokument bestimmten Kriterien entspricht, die ein korrektes Druckergebnis gewährleisten. Denn längst nicht jedes PDF-Dokument ist für die professionelle Druckvorstufe geeignet. Vielmehr müssen eine ganze Reihe von Voraussetzungen erfüllt sein, damit eine reibungslose, fehlerfreie Druckproduktion gewährleistet ist. Gerade die unglaubliche Vielseitigkeit von Adobe Acrobat und leider auch einander teilweise widersprechende Einstellungen sorgen dafür, dass dieses Ziel für viele Benutzer gar nicht so einfach zu erreichen ist. Aus diesem Grund wurden von der ISO-Kommission für die Grafische Industrie mehrere ISO-Normen mit den Minimalanforderungen, Einschränkungen und Voraussetzungen für geeignete Vorlagen für die digitale Druckvorstufe vorgelegt, die unter dem Begriff PDF/X zusammengefasst wurden. Die Grundlage für diese PDF/X-Normen ist die PDF-Spezifikation, die von Adobe veröffentlicht wurde.

Das Transparenzreduzierungsformat für den Export der Datei wählen Sie in der Kategorie *Erweitert* des Dialogfelds *Adobe PDF exportieren*.

renzen aus dem Dokument herausgerechnet werden. Deshalb ist es wichtig, dass Sie ein geeignetes Transparenzreduzierungsformat verwenden – entweder eines der vordefinierten Formate oder ein selbst erzeugtes (siehe voriges Kapitel).

PDF/X-4

Die folgenden Features, die ein Dokument durch die PDF/X-3-Prüfung fallen lassen würden, sind vom PDF/X-4-Standard erlaubt:

▶ Das Dokument darf Transparenzen enthalten.
▶ Die Farbdaten können nicht nur in RGB, Graustufen und CMYK, sondern auch in benannten Farben und Lab vorliegen.
▶ Es können 16-Bit-Bilddaten verwendet werden. Diese Funktion wird allerdings nach wie vor sehr selten verwendet und kann auf manchen RIPs Probleme bereiten.
▶ Das Dokument darf Ebenen enthalten.

Auf der anderen Seite gelten für PDF/X-4-Dateien die folgenden Einschränkungen:

▶ Alle Schriften müssen in die Datei eingebettet sein.
▶ OPI ist in PDF/X-4-Dateien nicht erlaubt. Alle Bilder müssen eingebettet sein.
▶ PDF/X-4-konforme Dateien dürfen keine Musik-, Filmdaten oder nicht druckbare Anmerkungen enthalten.
▶ Anmerkungen sollten sich außerhalb des Beschnitts befinden.
▶ Die Datei sollte keine Formulare oder JavaScript-Code enthalten.
▶ Nur eine begrenzte Anzahl von Kompressionsalgorithmen werden unterstützt; einer davon ist JPEG 2000.
▶ Verschlüsselung ist nicht erlaubt.
▶ Das Dokument darf keine Gradationskurven enthalten.

Unabhängig vom Transparenzthema ist PDF/X-4 wie alle PDF/X-Varianten keine Garantie für ein perfekt druckbares PDF-Dokument. PDF/X-4 schreibt Ihnen beispielsweise nicht vor, welche Auflösung ein Bild haben muss, damit es im Druck gut aussieht. Auch wenn Sie versehentlich niedrig aufgelöste Vorschaubilder von 72 dpi ausgegeben haben, können Sie ein valides PDF/X-4-Dokument erhalten. Und wenn Sie Haarlinien in Ihrem Dokument verwenden, ist dies für PDF/X-4 ebenfalls kein Grund zur Reklamation.

Das Besondere an PDF/X-4 ist, dass damit ein medienneutraler Workflow endlich Realität werden kann. Es müssen keine Transparenzen mehr reduziert werden, was immer die Gefahr von unkontrollierbaren Farbkonvertierungen in sich birgt. Die Transparenzreduzierung von PDF/X-4- Dokumenten wird vor der Ausgabe in Acrobat oder direkt im RIP durchgeführt. Allerdings bedeutet dieser Fortschritt nicht, dass damit alle Probleme gelöst sind. Im Grunde genommen gibt der InDesign-Anwender die Kontrolle über die Transparenzen ein Stück weit aus der Hand. Er muss darauf vertrauen, dass die im Druckvorstufenbetrieb eingesetzten Mitarbeiter und Programme ihr Handwerk, sprich die Verarbeitung von PDF/X-4-Dateien mit Transparenzen, beherrschen. PDF/X-4 bedeutet also nicht, dass es keine Probleme mehr mit Transparenzen geben wird. Sie sollten keineswegs unbesehen und ohne Absprache PDF/X-4-Dateien aus der Hand geben und annehmen, dass nun keine Fehler mehr passieren können.

Manche RIPs können nach wie vor keine Transparenzen handeln. PostScript, die traditionelle Sprache der RIPs, kennt keine Transparenzen. Seit 2006 stellt Adobe deshalb Herstellern wie Agfa und Heidelberg die PDF Print Engine zur Verfügung. Diese soll das Ende der PostScript-Ära einleiten und versteht sich auf Transparenzen. Halten Sie mit Ihrer Druckerei Rücksprache, ob diese entsprechend ausgerüstet ist und mit den Transparenzen in Ihren PDF/X-4-Dateien umgehen kann.

Eigene Einstellungssätze speichern

Finden Sie unter den vordefinierten Einträgen nicht das Geeignete für Ihre Zwecke, erstellen Sie eigene Einstellungssätze und speichern sie. Dazu nehmen Sie als Grundlage am besten die vorhandene Einstellung, die Ihren Anforderungen am ehesten entspricht, ändern sie entsprechend und klicken dann links unten im Dialogfeld auf die Schaltfläche *Vorgabe speichern*. Von nun an ist die neue Voreinstellung im Pop-up-Menü *Vorgabe* verfügbar und kann zur Erzeugung von PDF-Dokumenten verwendet werden.

Zum Speichern der geänderten Vorgabe wählen Sie *Datei → Adobe-PDF-Vorgaben → Definieren*. Im folgenden Dialogfeld wählen Sie die gewünschte Vorgabe aus und klicken auf die Schaltfläche *Speichern unter*.

Ihr Produktionspartner lädt die Vorgabe dann über dasselbe Dialogfeld mit einem Klick auf die Schaltfläche *Laden*. Nun kann er sie für Ihre Druckaufträge verwenden.

Bei Bedarf geben Sie die Vorgabe an Ihre Produktionspartner weiter. So wird zum Beispiel eine Druckerei oder ein anderer Produktionspartner eventuell eine eigene Vorgabendatei haben, die einen reibungslosen Workflow gewährleistet, und diese an Sie weitergeben, damit Sie Ihre Dateien korrekt abliefern.

Die Einstellungen in der Kategorie »Allgemein«

Über das aktivierte Kontrollkästchen *Druckbögen* bestimmen Sie, dass jeder Druckbogen (normalerweise ist das eine Doppelseite, wobei ein Druckbogen auch bis zu zehn Seiten umfassen kann) als einzelne PDF-Seite exportiert wird.

Über die Optionsfelder und das Kontrollkästchen der Gruppe *Seiten* bestimmen Sie, welche Seiten Ihres Dokuments in das PDF-Dokument aufgenommen werden sollen.

Abbildung 8.15 Bei aktiviertem Kontrollkästchen *Druckbögen* wird jeder InDesign-Druckbogen …

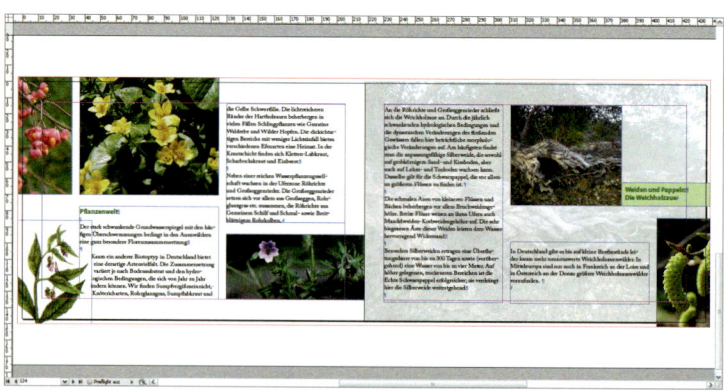

Abbildung 8.16 … im PDF-Dokument zu einer einzigen Seite.

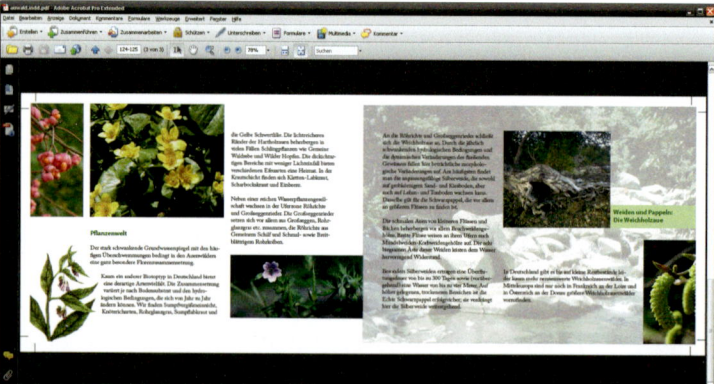

Einstellungen in der Kategorie »Komprimierung«

Diese Kategorie bestimmt die Komprimierung der Bilder in Ihrer PDF-Datei. Für jeden Bildtyp, also Farb-, Graustufen- und Schwarzweißbilder, enthält die Kategorie *Komprimierung* eine eigene Optionsgruppe. Sie finden in jeder Optionsgruppe in etwa dieselben Auswahlmöglichkeiten. Ausnahme: Die beste Kompression (nur bei einfarbigen Bildern) erzielen Sie mit der Einstellung *CCITT Group 4*. CCITT ist die Abkürzung von *Comité Consultatif International Télégraphique et Téléphonique*.

Die Neuberechnung

Falls die Bilder im InDesign-Dokument mit zu hoher Auflösung eingescannt oder wenn sie im Layout verkleinert wurden, erhalten Sie eine unnötig große PDF-Datei. In diesem Fall rechnen Sie die Bildauflösung in der Kategorie *Komprimierung* herunter. Sie können dazu im Pop-up-Menü *Neuberechnung* zwischen drei verschiedenen Methoden auswählen:

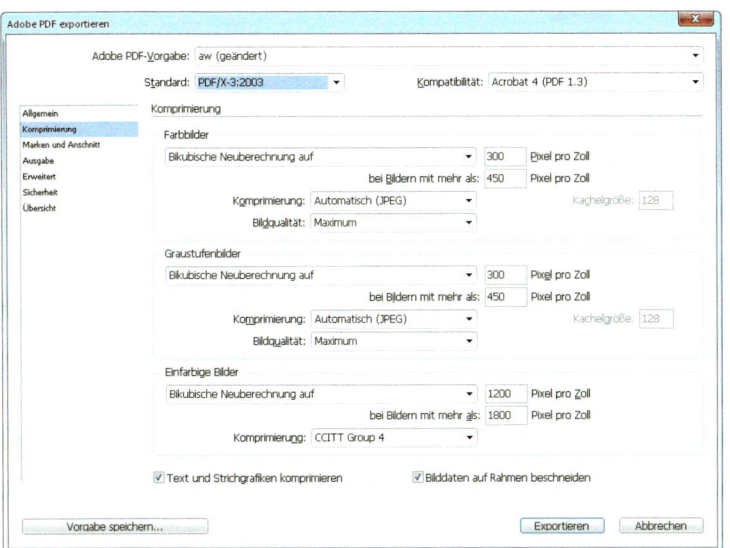

Abbildung 8.17 Die Kategorie *Komprimierung* ist für die Berechnung und Komprimierung der Grafiken in Ihrer PDF-Datei zuständig.

▶ Die Methoden *Durchschnittliche Neuberechnung auf* sowie *Subsampling auf* arbeiten relativ schnell. Das Ergebnis ist dafür von der Qualität her geringwertiger als bei der im nächsten Punkt erläuterten Methode *Bikubische Neuberechnung auf.*

▶ Bilder in Dokumenten für die professionelle Druckvorstufe sollten Sie immer mit der *Bikubischen Neuberechnung* herunterrechnen. InDesign verwendet einen gewichteten Mittelwert und erhält damit auch die Detailzeichnungen in den Bildern.

In das Eingabefeld neben dem Pop-up-Menü für die Neuberechnungsmethode geben Sie einen dpi-Wert ein, der der Idealauflösung für den Verwendungszweck des PDF-Dokuments entspricht: also beispielsweise 300 dpi für den Offsetdruck oder zirka 100 dpi für die Darstellung am Monitor. Auf diesen Wert werden die Bilder heruntergerechnet. In das Feld *bei Bildern mit mehr als* geben Sie ein, ab welcher Auflösung Bilder überhaupt heruntergerechnet werden sollen.

Die bikubische Neuberechnung bringt zwar ein gutes Ergebnis – noch besser ist es aber, wenn Sie schon von vornherein die richtige Bildauflösung einstellen. Bedenken Sie, dass jede bikubische Neuberechnung eine gewisse Weichzeichnung verursacht. Mehr zu diesem Thema lesen Sie auf Seite 175.

Das Kompressionsverfahren

Einer der größten Vorteile der PDF-Technologie ist, dass PDF-Dateien – gerade bei Seiten mit größerem Bildinhalt – um ein Vielfaches kleiner sind als PostScript-Dokumente. Diese geringe Dateigröße wird durch verschiedene Kompressionsmethoden erzielt, die Sie für die unterschiedlichen Grafiktypen in Ihrem Dokument im Pop-up-Menü *Komprimierung* festlegen.

Beachten Sie bitte, dass InDesign Graustufenbilder, die Sie in InDesign in Prozessfarben einge-färbt haben (vgl. Seite 222), mit den Farbbild-Komprimierungsein-stellungen komprimiert. Graustu-fenbilder, die Sie in Volltonfarben eingefärbt haben, komprimiert InDesign wie Graustufenbilder.

▶ Für Farb- und Graustufenbilder stellt InDesign Ihnen die Kompres-sionsverfahren *ZIP, JPEG* und *Automatisch (JPEG)* zur Verfügung. Bei der letzteren Option sucht InDesign sich automatisch die für das individuelle Bild beste Komprimierung heraus.

▶ Reine Schwarzweißbilder (1-Bit-Bilder) können Sie mit den Verfah-ren *CCITT Group 3, CCITT Group 4, Lauflänge (Run Length)* oder *ZIP* komprimieren.

ZIP-Komprimierung

Das ZIP-Kompressionsverfahren, das für alle drei Bildtypen verfügbar ist, bedient sich der LZW-Komprimierung. Diese wird als verlustfrei bezeichnet, praktisch sind aber im Druck leichte Farbunterschiede zwischen komprimierten und unkomprimierten Bildern erkennbar. Die ZIP-Komprimierung eignet sich vor allem für Dokumente, die in erster Linie flächige Bilder enthalten, weniger für Dokumente mit vielen fotografischen Darstellungen. Aus diesem Grund ist die ZIP-Komprimierung auch für reine 1-Bit-Bilder verfügbar. Hier funktio-niert die ZIP-Kompression ebenfalls gut, besonders bei 1-Bit-Bildern mit sich wiederholenden Mustern.

JPEG-Komprimierung

Die JPEG-Komprimierung geht mit Qualitätsverlusten einher. Dafür wird die Farbtiefe nicht reduziert, sondern es wird der gesamte TrueColor-Farbraum mit 16,7 Millionen Farben reserviert. Im Gegen-satz zur ZIP-Komprimierung gehen Bildinformationen verloren, die Sie nicht mehr wiederherstellen können. In guten Qualitätsstufen (weniger komprimiert) nimmt das Auge diesen Informationsverlust allerdings wenig bis gar nicht wahr. In niedrigeren Qualitätsstufen (stärker komprimiert) kann es zu groben Unschärfen und Fehlfarben kommen. Für die Kompression von Bildern mit scharfen Kanten ist JPEG ungeeignet. Hier sollten Sie eher den ZIP-Algorithmus verwen-den. Je weicher hingegen die Kanten sind, desto besser die Kompres-sion, sprich, desto kleiner wird das resultierende JPEG-Bild.

Haben Sie im Pop-up-Menü *Komprimierung* den Eintrag *JPEG* gewählt, können Sie im darunterliegenden Pop-up-Menü *Bildqualität* zwischen fünf Qualitäten von *Minimum* bis *Maximum* wählen. Je geringer die Bildqualität, desto kleiner wird das JPEG-Bild. Für hoch-wertige PDF-Dokumente, die für den Druck bestimmt sind, sollten Sie selbstverständlich eine gute bis sehr gute Bildqualität einstellen bzw. ausschließlich mit der ZIP-Methode komprimieren.

Komprimierung für einfarbige Bilder

Für Schwarzweißbilder bietet InDesign etwas andere Komprimierungsmöglichkeiten als für Farb- und Graustufenbilder. Bei Schwarzweißbildern müssen Sie in der Regel eine deutlich höhere Auflösung als bei Graustufen- und Farbbildern wählen, um ein gutes Ergebnis zu erzielen. Außerdem ist hier keine Verwendung der JPEG-Komprimierung möglich. Die JPEG-Komprimierung wäre aus den oben genannten Gründen für die scharfrandigen Strichgrafiken ungeeignet. Verwenden Sie stattdessen die Kompressionsarten *CCITT Group 3*, *CCITT Group 4*, *Lauflänge* sowie *ZIP*. Auch bei *Lauflänge* handelt es sich um eine verlustfreie Komprimierungsmethode. Sie ist für Bilder mit großen schwarzen oder weißen Flächen geeignet.

Komprimierung ausschalten

Nicht alle Dokumente enthalten ausschließlich gleichartige Farb- oder Graustufenbilder. In Dokumenten mit heterogener Bildzusammenstellung müssen Sie abwägen, welche Kompressionsmethode die beste ist. Wenn Sie gleichzeitig Farbfotos mit weichen Übergängen und farbige Grafiken mit harten Kanten und großen Flächen platziert haben, entsteht ein Konflikt. Ersteres ist eher für die Kompression als JPEG geeignet, Letzteres eher für die Komprimierung mit LZW.

Schalten Sie in solchen Fällen die Komprimierung der Bilder eventuell ganz aus. Hierbei vergrößert sich allerdings die Dateigröße. Bei der Ausgabe für den Druck ist die Qualität von höherer Bedeutung als die Dateigröße. Wenn Sie aber Dokumente für das Web erstellen, bietet es sich an, die Bilder vor dem Export in Photoshop manuell neu zu berechnen und zu komprimieren und dann erneut in Ihr Layout einzufügen.

Sonstige Optionen

Bei aktiviertem Kontrollkästchen *Text- und Strichgrafiken komprimieren* wendet InDesign für alle Texte und Strichgrafiken die ZIP-Komprimierung an. Dabei gibt es keine Qualitätsverluste.

Auch das Kontrollkästchen *Bilddaten auf Rahmen beschneiden* sollten Sie in den meisten Fällen aktiviert lassen. Denn nur dann werden Bilder, die größer sind als ihr Rahmen, auf diesen Rahmen zugeschnitten, was weitere Einsparungen bezüglich der Dateigröße ergibt. Allerdings ist dann die Nachbearbeitung des Bilds in Acrobat entsprechend eingeschränkt.

Einstellungen in der Kategorie »Marken und Anschnitt«

In der Kategorie *Marken und Anschnitt* legen Sie alle für den professionellen Druck wichtigen Optionen fest. Detaillierte Informationen zu diesem Thema haben Sie auf den Seiten 379 und 380 erhalten.

Einstellungen in der Kategorie »Ausgabe«

In der Gruppe *Farbe* der Kategorie *Ausgabe* geben Sie an, wie die Farben Ihres InDesign-Dokuments in PDF umgerechnet werden sollen.

In der Kategorie *Ausgabe* bestimmen Sie unter anderem, wie InDesign die Farben Ihres Dokuments exportieren soll.

Wenn Sie ein PDF/X-3-Dokument erzeugen möchten, sollten Sie die Einstellungen in dieser Kategorie nicht ändern. Wichtig ist vor allem, dass im Pop-up-Menü *Farbkonvertierung* der Eintrag *Keine Farbkonvertierung* ausgewählt ist. Das heißt, dass alle Farben unverändert beibehalten werden. Voraussetzung für ein gutes Ergebnis ist deshalb, dass Sie zuvor – wie im vorigen Kapitel erläutert – die in Ihrem Dokument verwendeten Farben geprüft und die Bilder im Bedarfsfall in Photoshop in das richtige Profil konvertiert haben. Sie können dies aber auch jetzt noch über die Schaltfläche *Druckfarben-Manager* nachholen.

Wenn Sie sich hingegen für vollständiges Farbmanagement entscheiden und die Farben in das im Pop-up-Menü *Ziel* festgelegte Zielprofil konvertieren möchten, können Sie die *Werte beibehalten*. Dann werden die Farben nur konvertiert, wenn ihre eingebetteten Profile sich vom Zielprofil unterscheiden. Farben ohne Profil werden überhaupt nicht umgewandelt. Das Pop-up-Menü *Ziel* ist nur aktiv, wenn Sie sich für eine Farbkonvertierung entschieden haben. Hier legen Sie fest, in welches Zielprofil die Farben konvertiert werden sollen. Die RGB-Optionen eignen sich nur für PDF-Dokumente, die für das Internet aufbereitet werden sollen. Für separierbare PDF-Dateien wählen Sie eine der CMYK-Optionen, beispielsweise *Europe ISO Coated FOGRA 27*.

Über das Pop-up-Menü *Berücksichtigung der Profile* wählen Sie normalerweise *Profile nicht einschließen*. Sonst würden Sie an jedes einzelne Objekt ein Farbprofil anhängen, was meist unerwünscht ist.

Als *Ausgabemethodenprofil* werden standardmäßig die im Farbmanagement ausgewählten Einstellungen verwendet. Belassen Sie diese Einstellungen.

Einstellungen in der Kategorie »Erweitert«

Ein wichtiger Grund für die weite Verbreitung des PDF-Formats ist die Tatsache, dass grafisches Erscheinungsbild und Layout inklusive aller typografischen Merkmale beibehalten werden können. Eine Voraussetzung dafür ist die Einbettung der verwendeten Schriften in die Quelldatei. Denn nur dann stehen die Original-Schriftinformationen zur Verfügung. In der Gruppe *Schriftarten* brauchen Sie nichts zu ändern. InDesign bettet die Schriften beim PDF-Export grundsätzlich ein.

Außerdem finden Sie in der Kategorie *Erweitert* das Kontrollkästchen *JDF*. Beim PDF-Export kann InDesign eine JDF-Datei (Job Definition Format) für Sie anlegen, also eine Informationsdatei mit Anweisungen für Ihren Dienstleister – vorausgesetzt, Sie haben mindestens Adobe Acrobat 7.0 auf Ihrem Rechner installiert. Die JDF-Datei und die verknüpften PDF-Dateien werden gemeinsam als Teil des JDF-Workflows versandt. Nachdem Sie das Kontrollkästchen *JDF-Datei mit Acrobat erstellen* aktiviert und die Datei exportiert haben, öffnet sich Acrobat mit dem Dialogfeld *JDF-Auftragsdefinition*. Achten Sie darauf, dass die korrekte JDF ausgewählt ist, und klicken Sie im oberen Bereich dieses Dialogfelds auf die Schaltfläche *Bearbeiten*. Nehmen Sie in den Registern die gewünschten Anpassungen vor und klicken Sie auf *OK*.

8.4   Broschüren und Booklets im Selbstdruck

Im Allgemeinen müssen Sie Ihre InDesign-Dokumente nicht selbst ausschießen, bevor Sie sie an die Druckerei liefern. Das würde auch kaum Sinn machen, weil das Ausschießschema je nach verwendetem Papier und anderen Parametern variiert. Die Druckerei übernimmt diese Aufgabe für Sie. Anders sieht es aus, wenn Sie auf Ihrem eigenen Tintenstrahldrucker Broschüren oder Booklets drucken möchten.

1   Wählen Sie *Datei → Broschüre drucken*.
2   Das Dialogfeld *Broschüre drucken* öffnet sich mit der Kategorie *Einrichten*. Sie sehen, dass Sie über das Pop-up-Menü *Broschürentyp* verschiedene Broschürenlayouts ausschießen können: *Rückenheftung in zwei Nutzen, Klebebindung in zwei Nutzen, Zwei, Drei* und *Vier Nutzen, fortlaufend*. Die *Rückenheftung mit zwei Nutzen*

Eine JDF-Datei beschreibt, was mit dem Druckjob geschehen soll. Diese Spezifikationen können bei der Produktion des Druckwerks verwendet werden. JDF-Dateien enthalten Daten wie beispielsweise Bedruckstoff- und Druckfarbenanforderungen, die Anordnung der Seiten, Auflage und Produktbeschreibungen. Weiterhin enthält die JDF-Datei bestimmte Informationen, die für die Erzeugung von Adobe PDF-Dateien für den Produktionsprozess notwendig sind. Dazu gehören die PDF-Konvertierungseinstellungen und Preflight-Profile.

eignet sich für mehrseitige Booklets aller Art. Wie Sie erkennen können, eignen sich die Funktionen nur für einfache Broschüren. Dafür gibt es ausgefeilte Funktionen wie den Seitenversatz, der die Tatsache ausgleicht, dass die inneren Seiten in einem dicken Booklet schmaler sein müssen als die äußeren. Der Befehl *Broschüre drucken* erzeugt kein neues Dokument, sondern der Ausschießvorgang ist ein Teil des Druckprozesses. Zur besseren Kontrolle lässt sich das Dokument jedoch jederzeit in eine PDF-Datei ausgeben.

Gehen wir davon aus, dass Sie eine achtseitige Broschüre mit Rückenheftung anfertigen möchten:

3   Wählen Sie den Eintrag *Rückenheftung in zwei Nutzen* aus dem Pop-up-Menü *Broschürentyp* und wählen Sie die Kategorie *Vorschau*.

4   Klicken Sie auf die Schaltfläche *Druckeinstellungen*. Das bekannte Dialogfeld *Drucken* öffnet sich. Wählen Sie den gewünschten Drucker. In der Kategorie *Einrichten* wählen Sie als *Druckvorgabe* den Eintrag *Benutzerdefiniert*. Fügen Sie gegebenenfalls über *Marken und Anschnitt* die gewünschten Schnitt- und sonstigen Marken hinzu.

5   Klicken Sie auf *OK*. In der Vorschau sehen Sie nun das Ausschießschema Ihrer Broschüre. Enthält Ihr Dokument eine ungerade Seitenzahl, fügt die Funktion *Broschüre drucken* automatisch eine Vakatseite hinzu.

6   Mit einem Klick auf *Drucken* geben Sie das Dokument aus. Die Seiten erscheinen in der richtigen Reihenfolge und müssen nur noch beschnitten, gefalzt und geheftet werden.

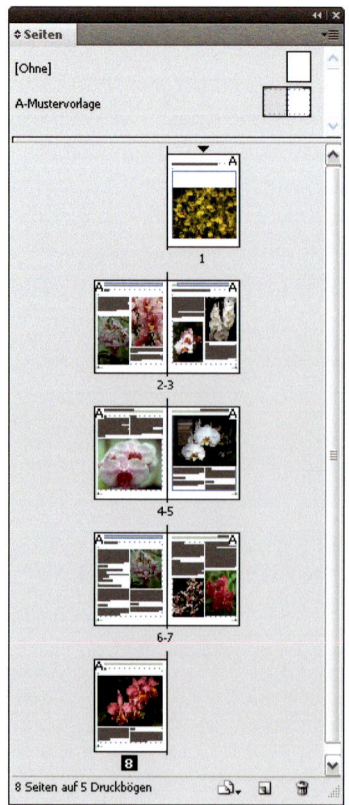

Abbildung 8.18 Das achtseitige Booklet wurde in acht Einzelseiten angelegt.

Abbildung 8.19 Seite 1 und Seite 8 müssen auf ein Blatt gedruckt werden, damit das fertige Booklet eine Rückenheftung erhalten kann.

Der Druck der Broschüre aus Acrobat

Wenn Sie im Dialogfeld *Broschüre drucken* auf die Schaltfläche *Druckeinstellungen* klicken, ist der Bereich *Seiten* deaktiviert. Dies stellt für den doppelseitigen Druck auf Ihrem Drucker scheinbar ein Hindernis dar. Sie können es aber ohne große Schwierigkeiten lösen, indem Sie das Dokument in eine PDF-Datei drucken. Dazu wählen Sie einfach als Drucker *Adobe PDF*. Dann wird Ihre Broschüre in ein PDF-Dokument gedruckt. In Adobe Acrobat wählen Sie anschließend *Datei → Drucken* und aus dem Pop-up-Menü *Drucken* in der Gruppe *Druckbereich* den Eintrag *Nur ungerade Seiten*.

Starten Sie nun den Ausdruck, wenden Sie anschließend das Papier und legen Sie es wieder in den Drucker ein. Drucken Sie erneut und wählen Sie dabei *Nur gerade Seiten*.

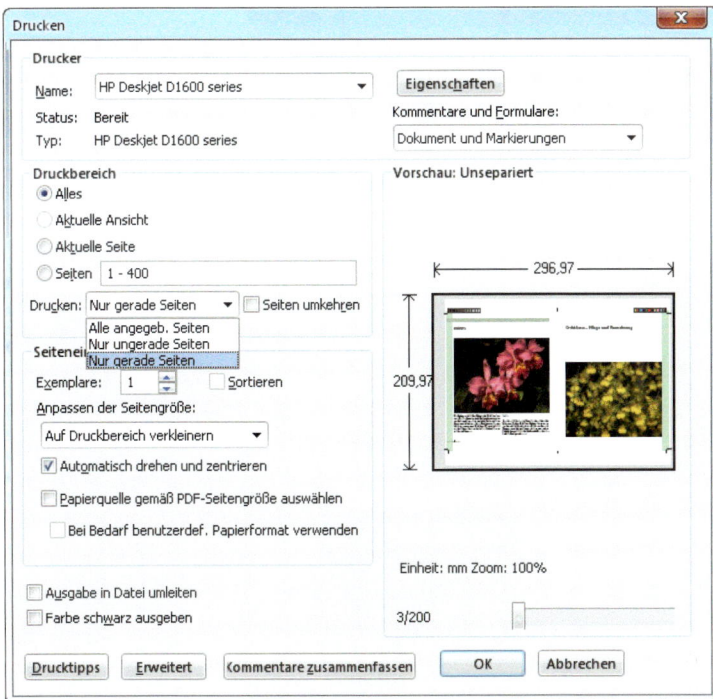

Abbildung 8.20 Auch in Acrobat bietet sich die Möglichkeit, die ungeraden und die geraden Seiten des Dokuments in zwei Durchgängen zu drucken.

Abbildung 8.21 Prospekt im Wickelfalz.

Ein Faltblatt im Wickelfalz ausschießen

Auch die häufig für kleinere Werbedrucksachen verwendeten Faltblätter können Sie mit der Funktion *Broschüre drucken* ausschießen. Damit der Druck eines Faltblatts im Wickelfalz richtig funktioniert, müssen Sie in InDesign die richtige Seitenanordnung wählen.

▶ Als Seite 1 Ihres InDesign-Dokuments gestalten Sie die Seite des Prospekts, die der Anwender nach dem Auffalten des Prospekts als Erstes zu Gesicht bekommt.

▶ Als Seite 2 gestalten Sie die Rückseite des gefalteten Prospekts.

▶ Als Seite 3 gestalten Sie die Vorderseite des gefalteten Prospekts.

▶ Die Seiten 4, 5 und 6 sind die Innenseiten des gefalteten Prospekts.

1 Nach diesen Vorbereitungen wählen Sie *Datei → Broschüre drucken*.

2 Als *Broschürentyp* wählen Sie *Drei Nutzen – Fortlaufend*.

3 Klicken Sie auf die Schaltfläche *Druckeinstellungen* und nehmen Sie die Druckeinstellungen wie beschrieben vor.

4 In der Kategorie *Vorschau* kontrollieren Sie, ob Ihr Dokument nun richtig angeordnet ist.

5 Bestätigen Sie schließlich mit *Drucken*.

Abbildung 8.22 Die Seiten 1 bis 3 des Prospekts

Abbildung 8.23 Die Seiten 4 bis 6

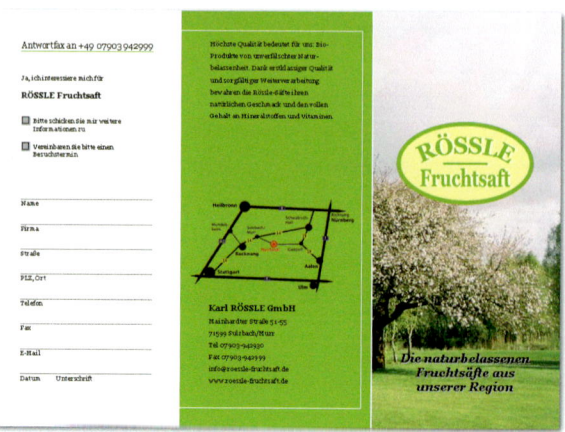

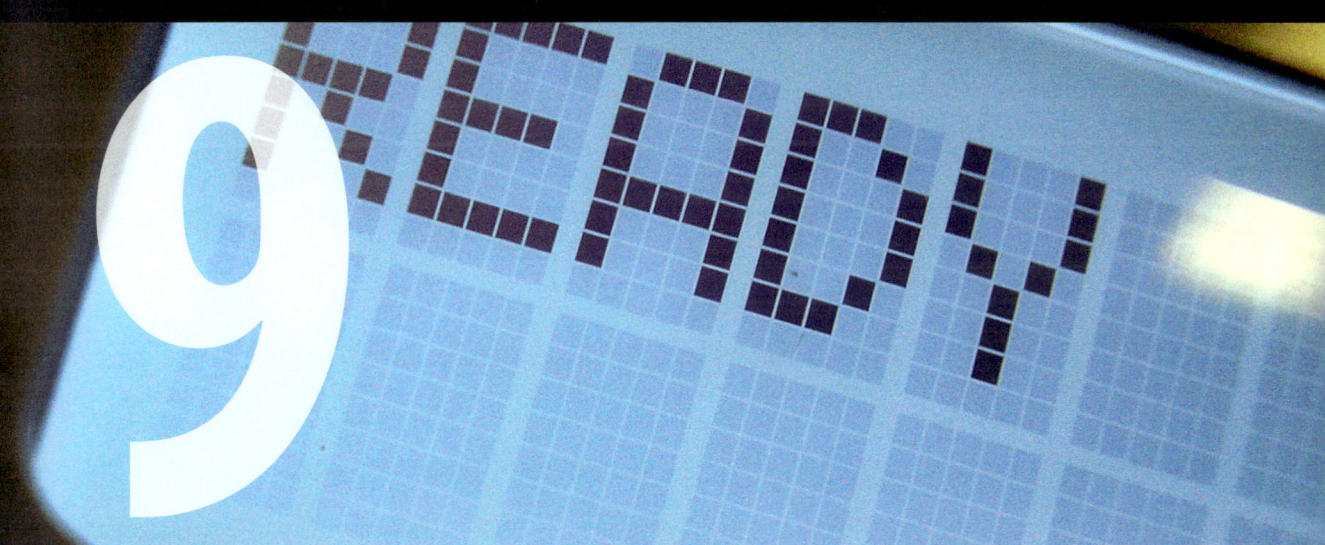

LAYOUTS FÜR DAS MULTIMEDIALE ZEITALTER

In diesem Kapitel erfahren Sie, wie Sie Ihre Satzarbeiten auch für das Web nutzen können. Es ist heutzutage wichtig, dass Sie sich in diesem Gebiet auskennen, etwa wenn ein bestimmter Artikel gleichzeitig in einer gedruckten Zeitschrift und auch als E-Book veröffentlicht wird.

9.1 Interaktive und multimediale E-Books gestalten

InDesign vereinfacht Ihnen den Export von Layouts in multimediale Formate mit vielfältigen Exportmöglichkeiten.

Die einzigen sinnvollen Möglichkeiten, InDesign-Dokumente in ein webtaugliches Format zu exportieren und dabei das Layout eins zu eins beizubehalten, sind der PDF- bzw. der SWF/FLA-Export. Anders als eine HTML-Datei gewährleisten PDF- und SWF-Dateien eine hundertprozentige Übereinstimmung mit dem Ursprungsdokument. Zudem bieten PDF und SWF zusätzliche Features, die mit HTML ebenfalls schwer zu verwirklichen sind. Der Anwender kann die Dokumente zoomen, Vektorgrafiken werden in bester Qualität dargestellt, Multimedia- und interaktive Elemente können integriert werden.

Der deutlichste Vorzug von PDF- und SWF-Dateien ist, dass Sie vorhandene Materialien – etwa Prospekte oder Kataloge – ohne großen Aufwand im Web veröffentlichen können. Sie layouten in InDesign ohne Einschränkungen und stellen die fertige Arbeit dann eins zu eins im WWW dar.

Wenn Sie viel mit Animationen arbeiten, können Sie den Arbeitsbereich *Interaktiv* nutzen. Wählen Sie dazu *Fenster → Arbeitsbereich → Interaktiv*. Am rechten Rand erhalten Sie nun eine Bedienfeldkonstellation, die sich ideal für die Arbeit mit Animationen und Medien eignet.

PDF-Export für Bildschirmdokumente

Wenn PDF-Dateien zu groß geraten, sind häufig nicht alle Kompressionsmöglichkeiten voll ausgeschöpft. Mit individuellen PDF-Einstellungen und einer Vorbereitung für die Veröffentlichung im Web lassen sich relativ kleine Dateien erstellen.

Damit Sie die Vorteile des starken Kompressionsalgorithmus voll ausschöpfen können, sollten Sie beim Layouten des für das Web bestimmten Dokuments alle Abbildungen überprüfen. Eventuell können große Grafiken verkleinert oder bestimmte Abbildungen herausgelassen werden. Auch die Wahl der Schriften ist wichtig. Hierbei sollten nicht zu viele unterschiedliche Schriften eingesetzt werden.

SWF-Filme erstellen

Für die Betrachtung von SWF-Dateien ist der kostenlose Flash Player oder das entsprechende Plug-in des Browsers notwendig. Dieses ist in modernen Browsern meist schon vorinstalliert.

Aus InDesign können Sie Dokumente fix und fertig als SWF-Datei exportieren. PDF-Dateien sind für längere Dokumente, etwa Bücher, die richtige Wahl. Das SWF-Format verwenden Sie für kürzere Präsentationen, die Sie eventuell noch mit Sounds und Animationen aufwerten.

9.2 Navigationsmöglichkeiten einrichten

Bevor wir zeigen, wie Sie aus Ihrem InDesign-Layout ein webtaugliches PDF- oder SWF-Dokument erzeugen, beschäftigen wir uns mit den erweiterten Möglichkeiten, in InDesign interaktive Dokumente zu erzeugen.

Eine umfangreichere PDF- oder SWF-Präsentation für den Bildschirm sollten Sie mit möglichst komfortablen Navigationsmöglichkeiten ausstatten. Denken Sie dabei an die Usability, verwenden Sie Strukturen, die vom Betrachter schnell nachvollzogen werden können. InDesign bietet Ihnen in diesem Zusammenhang verschiedene Möglichkeiten, wie zum Beispiel Hyperlinks, Schaltflächen und Lesezeichen.

Hyperlinks und Schaltflächen

In typischen längeren PDF- oder auch SWF-Dokumenten sollten Sie Elemente wie Inhalts-, Abbildungs- und Tabellenverzeichnisse, Web- und E-Mail-Adressen, Fuß- und Endnoten sowie den Index auf jeden Fall mit Hyperlinks versehen. Auch auf wichtige Informationsgrafiken (z.B. Anfahrtsskizzen), auf Überschriften und ähnliche Elemente sollten Sie Hyperlinks erstellen. Von der optischen Seite her ist es günstig, wenn die Hyperlinks im gesamten Dokument auf einen Blick als solche erkennbar sind. Konsistenz ist hier ebenso wichtig wie in jedem anderen Design-Bereich. Haben Sie sich beispielsweise entschieden, einen Hyperlinktext dunkelrot und kursiv darzustellen, sollten Sie diesen Stil im gesamten Dokument beibehalten.

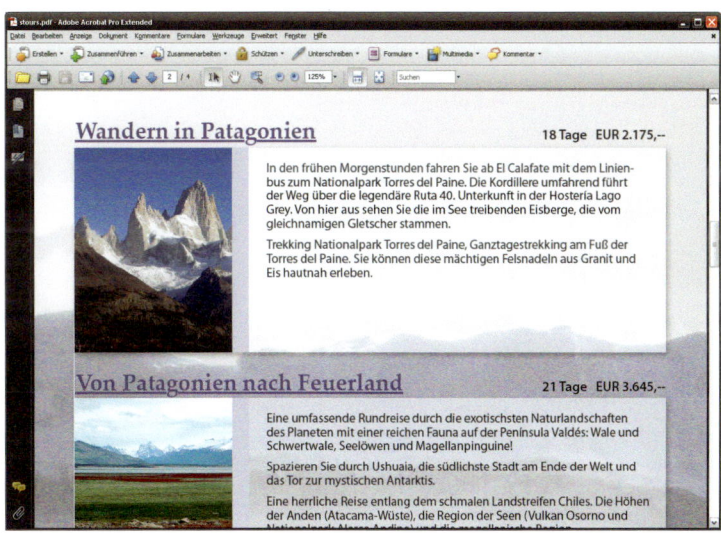

Abbildung 9.1 Blaue, unterstrichene Hyperlinks sind im Web zum Standard geworden.

So sieht der Anwender stets auf einen Blick, was eine Verknüpfung ist und was nicht. Andererseits sollten Sie Hyperlinks auch nicht so stark hervorheben, dass der Lesefluss gestört wird.

Unterstreichungen sind für Textverknüpfungen vom Usability-Standpunkt her absolut empfehlenswert, besonders wenn der Linktext noch blau formatiert ist. Selbst ein Einsteiger im World Wide Web begreift in kürzester Zeit, dass blauer unterstrichener Text anklickbar ist – diese Merkmale sind zum Standard geworden. Leider stören diese Auszeichnungen eventuell Ihre Gestaltung. Wägen Sie dies je nach Zielgruppe Ihres Webauftritts ab. Sehr übersichtlich ist es, wenn Sie für interne, auf Seiten im aktuellen Dokument verweisende Links und externe Links zwei unterschiedliche Farben wählen.

Hyperlinkziele anlegen

Eine Verknüpfung besteht aus dem aktiven (anklickbaren) Objekt und einem Sprungziel, den eigentlichen Hyperlink. Als Sprungziel wählen Sie eine Seite bzw. eine Stelle im aktuellen Dokument oder eine beliebige Adresse im weltweiten Netz. Als aktives Objekt verwenden Sie ein einzelnes Wort, mehrere Wörter, beliebige Textrahmen oder Grafiken. In InDesign selbst sind die Hyperlinks noch nicht aktiv. Sie werden es erst, wenn Sie Ihr Dokument als PDF- oder SWF-Datei exportieren oder ein daraus erzeugtes Dreamweaver-Paket weiterverarbeiten.

Bevor Sie Ihr Dokument mit Hyperlinks versehen, erstellen Sie am besten die entsprechenden Hyperlinkziele – das sind die Seiten oder auch Webadressen (URLs), die angesteuert werden sollen, wenn der Benutzer auf einen Hyperlink klickt. Ein Hyperlinkziel kann ein Textanker sein (das ist ein bestimmtes Wort oder ein Absatzanfang im Dokument), eine Seite im aktuellen Dokument oder auch eine URL, also eine eindeutige Adresse im Internet. Grundsätzlich gehen Sie zum Erstellen von Hyperlinkzielen folgendermaßen vor:

> Wenn Sie die richtigen PDF-Exporteinstellungen vornehmen (mehr darüber weiter hinten in diesem Kapitel) werden die Seitenzahlen der Indexeinträge Ihres Dokuments automatisch zu anklickbaren Hyperlinks.

1 Öffnen Sie das Bedienfeld *Hyperlinks (Fenster → Interaktiv → Hyperlinks)* und wählen Sie im Bedienfeldmenü 🎯 den Befehl *Neues Hyperlinkziel.*

2 Im angezeigten Dialogfeld *Neues Hyperlinkziel* wählen Sie einen Hyperlinkziel-Typ aus.

Hyperlinkziele zu einer Seite im aktuellen Dokument anlegen

Wir beginnen mit dem Erstellen eines Hyperlinkziels vom Typ *Seite.* Wählen Sie im obersten Pop-up-Menü die Art *Seite* aus. Im Feld *Seite* geben Sie die Seitenzahl ein, die Sie mit dem Hyperlink ansteuern möchten. Möchten Sie die gewählte Seitenzahl automatisch als Name des Hyperlinkziels bestimmen, aktivieren Sie das Kontrollkästchen *Name mit Seitenzahl*. Ansonsten geben Sie den gewünschten Namen selbst ein.

Abbildung 9.2 Bevor Sie Hyperlinks erstellen, definieren Sie am besten das Hyperlinkziel – hier eine bestimmte Seite im aktuellen Dokument.

Im Feld *Zoom-Einstellung* bestimmen Sie, in welcher Vergrößerungsstufe die angesteuerte Seite im fertigen PDF- oder SWF-Dokument dargestellt werden soll. Durch die Option, eine Zoomstufe anzugeben, eröffnen sich Ihnen interessante Möglichkeiten (Sie können bei einem Stadtplan beispielsweise einen Link auf ein Bilddetail anbringen).

Mit dem Eintrag *Fester Wert* zeigen Sie die aktuelle Vergrößerungsstufe und Seitenposition an. Mit dem Eintrag *Ansicht einpassen* wird der gesamte sichtbare Bereich der Seite, mit *In Fenster einpassen* die aktuelle Seite im Zielfenster dargestellt. *Breite einpassen* oder *Höhe einpassen* passt die Seite in der Breite bzw. in der Höhe in das Zielfenster ein. Mit *Sichtbaren Bereich einpassen* wird die Zielseite so vergrößert, dass ihre Ränder abgeschnitten werden. *Zoom übernehmen* bedeutet, dass die vom Anwender eingestellte Zoomstufe beibehalten wird.

Ein Hyperlinkziel zu einem Anker anlegen

Sprungziele müssen Sie nicht unbedingt durch eine feste Seitenzahl angeben. Das ist sogar eher unpraktisch, denn nach dem nachträglichen Löschen oder Einfügen von Seiten in Ihrem Dokument stimmen die Hyperlinks nicht mehr. Versehen Sie lieber eine bestimmte Position in Ihrem Dokument mit einem Namen und verwenden Sie diesen dann als Hyperlinkziel. Bevor Sie ein Hyperlinkziel zu einem benannten Ziel anlegen können, müssen Sie in Ihrem Dokument einen Textanker erstellen. Wählen Sie dazu die entsprechende Textpassage aus. Wählen Sie dann im Bedienfeldmenü ⊙ des Bedienfelds *Hyperlinks* den Befehl *Neues Hyperlinkziel*. Im Pop-up-Menü *Art* klicken Sie

Besonders vorteilhaft an benannten Zielen ist, dass Sie problemlos Seiten in einem Dokument hinzufügen oder löschen können, ohne dass sich die benannten Ziele ändern und damit die Hyperlinks zu ihnen ungültig würden.

auf den Eintrag *Textanker*. Kontrollieren Sie den Namen – der in der Grundeinstellung Ihrer Textauswahl entspricht – und korrigieren Sie ihn gegebenenfalls.

Abbildung 9.3 Einen Textanker erstellen Sie, indem Sie den gewünschten Text auswählen und dann im Dialogfeld *Neues Hyperlinkziel* den gewünschten Namen eingeben.

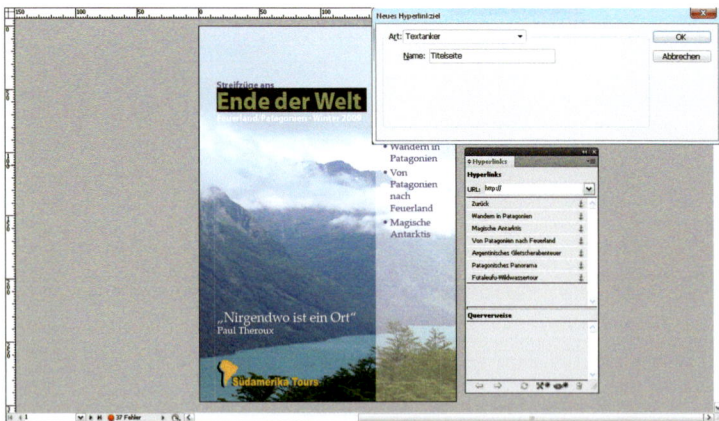

Abbildung 9.4 Für einen URL-Hyperlink geben Sie die gesamte Webadresse einschließlich *http://* ein. Dies ist besonders wichtig, da anders als bei Ihrem Browser das *http://* nicht automatisch hinzugefügt wird.

Ein Hyperlinkziel zu einer Adresse im Internet erstellen

Auch ein Hyperlinkziel zu einer Adresse im Internet können Sie einrichten. Das ist zum Beispiel in digitalen Katalogen und ähnlichen Dokumenten sehr praktisch, wenn Sie auf eine Webseite mit aktuellen Sonderangeboten oder Ähnliches verweisen möchten.

Bei einem Klick auf den damit ausgestatteten Link öffnet sich dann der Standardbrowser des Benutzers und steuert die angegebene URL an. Wählen Sie dazu aus dem Pop-up-Menü *Art* die Option *URL* und geben Sie in das Feld *URL* die vollständige Internetadresse ein. Vergeben Sie einen passenden Namen.

Hyperlinkziele bearbeiten

Die Hyperlinkziele werden nicht im Bedienfeld *Hyperlinks* angezeigt. Um ein Hyperlinkziel zu bearbeiten, wählen Sie aus dem Bedienfeldmenü 🔊 den Befehl *Hyperlinkzieloptionen*. Aus dem obersten Pop-up-Menü wählen Sie den Namen des Ziels, das Sie bearbeiten möchten. Nehmen Sie Ihre Änderungen vor und bestätigen Sie mit *OK*.

Hyperlinks definieren

Jetzt erstellen Sie die eigentlichen Hyperlinks. Sie können dazu Layoutrahmen, Grafiken oder auch einzelne Wörter verwenden:

1 Wählen Sie das Element aus, das als Hyperlink dienen soll.

2 Klicken Sie im Bedienfeld *Hyperlinks* auf das Symbol *Neuen Hyper-link erstellen* . Das Dialogfeld *Neuer Hyperlink* wird angezeigt.

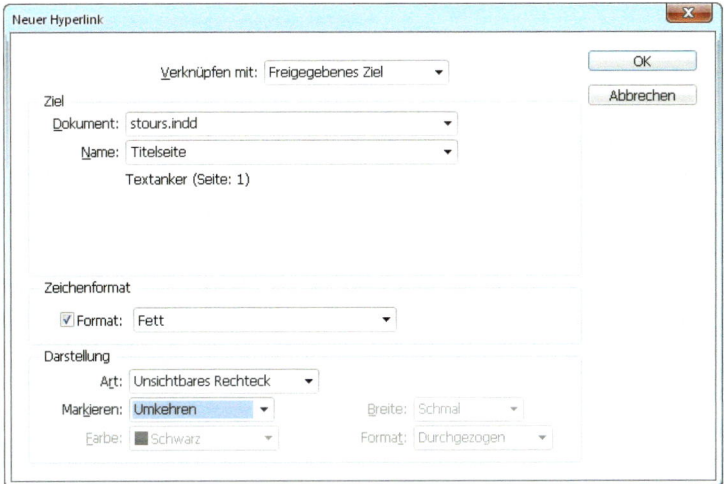

Abbildung 9.5 Im Dialogfeld *Neuer Hyperlink* legen Sie fest, was passieren soll, wenn der Benutzer auf den Link klickt.

3 Im Pop-up-Menü *Verknüpfen mit* wählen Sie, worauf der Hyper-link verweisen soll: auf eine *Seite* im aktuellen oder einem anderen InDesign-Dokument, eine *URL*, eine *Datei*, eine *E-Mail* oder einen *Textanker*. Bei ausgewählter Option *Freigegebenes Ziel* haben Sie im Pop-up-Menü *Name* Zugriff auf alle im ausgewählten Doku-ment angegebenen Ziele, ob dies nun zuvor definierte Textanker oder Webadressen sind (wie Sie Webadressen als URL-Hyperlinks definieren, erfahren Sie im nächsten Abschnitt). Wenn Sie auf ein Ziel in einem anderen Dokument verweisen möchten, müssen sich beide exportierten PDF- bzw. SWF-Dokumente in demselben Ordner befinden. Bei einem Hyperlink auf eine Datei können Sie eine beliebige Datei auswählen, zum Beispiel eine Excel-Tabelle. Sie wird bei einem Klick auf den Hyperlink im fertig exportier-ten Dokument in der verknüpften Anwendung, zum Beispiel Microsoft Excel, geöffnet.

4 Im Bereich *Ziel* definieren Sie den Hyperlink genauer. Denken Sie bei einem URL-Hyperlink daran, dass Sie für Webseiten *http://* voranstellen müssen. Für E-Mail-Adressen ist **kein** vorangestelltes *mailto://* mehr notwendig.

Hyperlinks automatisch aus URLs im Text generieren

Das Anlegen vieler manueller URL-Hyperlinks kann durchaus zeit-raubend sein. Erfreulicherweise bietet InDesign Ihnen ein Feature, mit dem Sie, schnell und ohne die Schreibweise zu kontrollieren, aus in Ihrem Dokument vorkommenden http-Adressen funktionierende Hyperlinks erstellen. Wählen Sie die Webadresse im Text aus und wählen Sie aus dem Bedienfeldmenü des Bedienfelds *Hyperlinks* den Befehl *Neuer Hyperlink aus URL*.

Das Aussehen des Hyperlinks definieren

In der Grundeinstellung werden Hyperlinks in Form eines dünnen, schwarzen Rechtecks um die Auswahl dargestellt. Dieses Aussehen können Sie jederzeit ändern. Verwenden Sie dazu den unteren Teil des Dialogfelds *Neuer Hyperlink*.

Mit *Ansicht → Extras → Hyperlinks aus-/einblenden* blenden Sie die Anzeige der Hyperlinks in Ihrem Dokument vorübergehend aus und wieder ein.

Sie haben die Wahl zwischen verschiedenen Farben, Rahmen- arten und -stärken. Eine weitere Möglichkeit ist, den Rahmen ganz auszublenden, was gerade in Fällen von Textlinks meist ein besseres Ergebnis bringt. In diesem Fall sollte der Hyperlinktext selbst aber beispielsweise farbig und/oder unterstrichen formatiert sein, damit er als solcher zu identifizieren ist.

Hyperlinks bearbeiten

Hyperlinks auf externe URLs aktua- lisieren Sie schnell, indem Sie aus dem Bedienfeldmenü den Befehl *Hyperlink aktualisieren* wählen.

Sämtliche Hyperlinks werden im Bedienfeld *Hyperlinks* angezeigt. Mit einem Doppelklick auf den Namen eines Hyperlinks öffnen Sie das Dialogfeld *Hyperlink bearbeiten*, das dem bereits bekannten Dialogfeld *Neuer Hyperlink* gleicht.

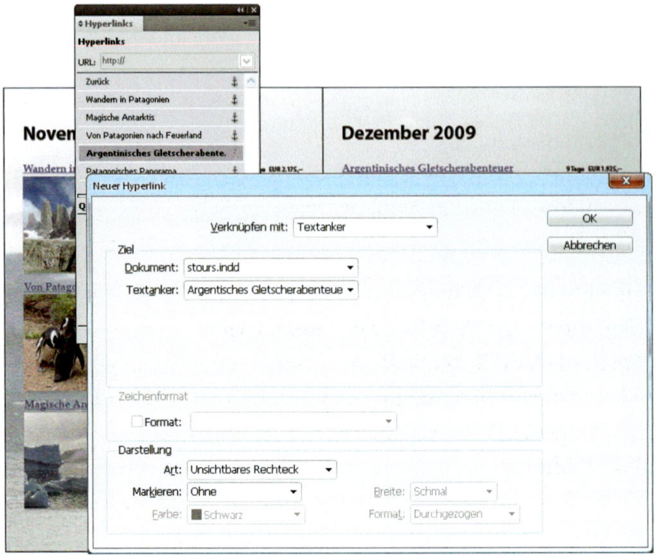

Abbildung 9.6 Im Dialogfeld *Hyper-linkoptionen* legen Sie fest, was passieren soll, wenn der Benutzer auf den Link klickt.

Die Hyperlinks in InDesign testen

Die so erstellten Hyperlinks können Sie nun direkt in InDesign testen. Wählen Sie einen Hyperlink im Bedienfeld aus und klicken Sie auf die Schaltfläche *Gehe zum Ziel des ausgewählten Hyperlinks oder Querverweises* ⬜. InDesign steuert das Hyperlinkziel an. Klicken Sie auf die Schaltfläche *Gehe zur Quelle des ausgewählten Hyperlinks oder Querverweises* ⬜, um zurück zum Quelldokument zu gelangen.

Einen angesteuerten URL-Hyperlink öffnet InDesign in dem auf Ihrem System definierten Standard-browser.

Schaltflächen

Statt Hyperlinks können Sie auch Schaltflächen verwenden. Der Vorteil von Schaltflächen gegenüber »normalen« Hyperlinks ist, dass Sie sie gegebenenfalls mit unterschiedlichem Mausverhalten versehen können, beispielsweise einer Farbänderung des Buttons, wenn dieser mit der Maus »berührt« oder angeklickt wird. Dieser Effekt wird als Rollover-Effekt bezeichnet. Zudem lassen sich Schaltflächen auch für das Abspielen von Medienclips verwenden (mehr darüber weiter hinten). So verwirklichen Sie auch anspruchsvolle Interaktionen in Ihren PDF- oder SWF-Dokumenten. Besonders praktisch ist es, wenn Sie die Schaltflächen zur allgemeinen Navigation 🐾 in Ihrem Dokument (beispielsweise *Vor, Zurück, Home*) auf der Musterseite Ihres Dokuments anbringen. Denn dann erscheinen sie im exportierten PDF- oder SWF-Dokument auf jeder Seite, die auf der entsprechenden Musterseite beruht.

1. Zeichnen Sie ein Objekt oder erstellen Sie ein solches in einem Bildbearbeitungsprogramm und importieren Sie es in Ihr InDesign-Dokument. Jedes InDesign-Objekt kann als Schaltfläche verwendet werden.
2. Lassen Sie das Objekt ausgewählt und wählen Sie *Objekt → Interaktiv → In Schaltfläche umwandeln*. Alternativ klicken Sie am unteren Rand des Schaltflächenbedienfelds (*Fenster → Interaktiv → Schaltflächen*) auf das Symbol *Objekt in Schaltfläche konvertieren* ⬜.

Außerdem enthält InDesign eine Bibliothek mit vordefinierten Schaltflächenelementen, die bereits mit Interaktivität ausgestattet sind. Öffnen Sie das Schaltflächenbedienfeldmenü und wählen Sie *Beispielschaltflächen*. Nun ziehen Sie die gewünschte Schaltfläche aus dieser Bibliothek mit gedrückter Maustaste in Ihr Dokument.

In diese Bibliothek können Sie auch Ihre eigenen Button-Kreationen aufnehmen, indem Sie sie mit gedrückter Maustaste aus dem Dokumentfenster in das Bibliotheksbedienfeld ziehen.

Die Schaltflächeneigenschaften definieren

▶ Im oberen Bereich des Schaltflächenbedienfelds geben Sie der Schaltfläche einen Namen.

▶ Im Bereich *Aktionen* bestimmen Sie, was geschehen soll, wenn der Benutzer auf den Button klickt (mehr darüber im nächsten Abschnitt).

Der Bereich »Aktionen« des Bedienfelds Schaltflächen

Wählen Sie im Pop-up-Menü *Ereignis* einen Auslöser – zum Beispiel das standardmäßig eingestellte Loslassen der Maustaste nach dem Klick. Klicken Sie darunter auf die Plus-Schaltfläche und weisen Sie die Aktion zu, die ausgelöst werden soll. Dies ist ein entscheidender Vorteil von Schaltflächen gegenüber Hyperlinks: Bei Letzteren gibt es keine Möglichkeit, verschiedene Auslöser zu definieren; die Aktion wird immer beim Loslassen der Maustaste nach einem Klick auf den Hyperlink ausgeführt. Bei Bedarf fügen Sie nun eine weitere Aktionen hinzu, indem Sie einen anderen Auslöser wählen – zum Beispiel *Bei Cursor darüber* – und eine entsprechende Aktion einstellen. Sogar ein und demselben Auslöser können Sie mehrere Aktionen zuweisen.

Die Ereignisse im Einzelnen	
Ereignis	**Erläuterung**
Bei Loslassen	Die Aktion wird ausgeführt, sobald der Anwender nach dem Klick die Maustaste freigibt. Dies ist die Standardeinstellung und auch das, was der Anwender üblicherweise von einem interaktiven System erwartet. Wie beispielsweise unter Windows oder Mac OS hat der Benutzer dann auch die Option, es sich noch einmal anders zu überlegen, indem er den Mauszeiger von dem Hyperlink herunterzieht, ohne die Maustaste freizugeben.
Bei Klicken	Die Aktion wird bereits ausgeführt, sobald der Anwender beim Klicken die Maustaste drückt (also bevor er sie freigibt). Vorsicht, dieser Auslöser kann den Anwender irritieren.
Bei Cursor darüber	Die Aktion wird ausgeführt, sobald der Benutzer auf den Button zeigt.
Bei Cursor weg	Die Aktion wird ausgeführt, sobald der Mauszeiger auf den Button zeigt und diesen dann wieder verlässt.
Feld aktivieren (PDF)	Die Aktion wird ausgeführt, sobald der Fokus durch eine Mausaktion oder mittels der Tabulatortaste auf den Button verschoben wird.
Feld deaktivieren (PDF)	Die Aktion wird ausgeführt, sobald der Fokus auf einen anderen Button verschoben wird.

Die Aktionen im Einzelnen

Diesen Auslösern können Sie unter anderem die folgenden Aktionen zuordnen:

Aktion	Erläuterung
Gehe zu Ziel	Das angegebene Lesezeichen bzw. der Hyperlinkanker im Dokument wird angesteuert.
Gehe zu erster, letzter, nächster, vorheriger Seite	Mit diesen Aktionen steuern Sie ein Ziel im aktuellen PDF-/SWF-Dokument an.
Gehe zu nächster, vorheriger Ansicht	Diese beiden Aktionen gleichen von der Funktion her den Vorwärts- und Zurück-Schaltflächen im Browser. Wie hier wird auch im PDF/SWF-Dokument die Schaltfläche *Gehe zu nächster Ansicht* erst freigegeben, wenn der Benutzer schon einmal auf die Schaltfläche *Gehe zu vorheriger Ansicht* geklickt hat.
Gehe zu URL	Diese Aktion verwenden Sie, um eine Seite im Internet im Browser zu öffnen.
Video	Mit dieser Aktion spielen Sie einen bestimmten Movieclip ab, stoppen ihn oder lassen ihn pausieren (mehr über Movieclips weiter hinten in diesem Kapitel).
Audio	Mit dieser Aktion spielen Sie eine bestimmte Audiodatei ab, stoppen sie oder lassen sie pausieren (auch über Audiodateien erfahren Sie mehr später in diesem Kapitel).
Ansichtszoom	Diese Aktion gibt Ihnen die Gelegenheit, eine Seite in einer bestimmten Zoomstufe und einem bestimmten Seitenlayout anzuzeigen.

Die Tab-Reihenfolge einrichten

Sie kennen es von den Dialogfeldern Ihres Betriebssystems: Mit der ⭾-Taste bzw. mit der Tastenkombination ⇧ + ⭾ navigieren Sie vorwärts bzw. rückwärts durch die einzelnen Elemente des Dialogfelds. Dasselbe ist auch mit Schaltflächen in PDF-Dokumenten möglich.

Zeigen Sie in InDesign die Seite mit den Buttons an und wählen Sie *Objekt → Interaktiv → Aktivierreihenfolge festlegen*. Ziehen Sie die im Dialogfeld aufgelisteten Buttons in die Reihenfolge, in der sie angesteuert werden sollen. Alternativ arbeiten Sie mit den Schaltflächen *Nach oben* und *Nach unten*.

Beachten Sie bitte, dass Sie die Aktivierreihenfolge für Schaltflächen in der Musterseite und auf der Montagefläche nicht festlegen können.

Das Erscheinungsbild der Schaltfläche einrichten

Sehr hilfreich ist es für den Anwender, wenn beim Zeigen auf eine Schaltfläche oder bei ihrem Anklicken »etwas passiert«, wenn sie also beispielsweise eine andere Farbe erhält oder eingedrückt erscheint. Jede Schaltfläche kann drei Zustände einnehmen:

> ▶ *Normal*, wenn sich kein Mauszeiger über der Schaltfläche befindet,
> ▶ *Cursor darüber*, wenn der Anwender den Mauszeiger auf der Schaltfläche positioniert, und
> ▶ *Klicken*, wenn der Anwender auf die Schaltfläche klickt.

In der Grundeinstellung befindet sich ein gezeichneter Button im Zustand *Normal*.

Möchten Sie weitere Erscheinungsbilder hinzufügen, verfahren Sie wie folgt:

1   Wählen Sie Ihre Schaltfläche aus und betrachten Sie das Bedienfeld *Schaltflächen*. Momentan wird hier nur der *Normal*-Zustand Ihrer Schaltfläche angezeigt (wenn nicht, zeigen Sie auf das Feld *Erscheinungsbild*).

2   Klicken Sie auf *Cursor darüber*, wird im Bedienfeld zunächst der *Cursor darüber*-Zustand hinzugefügt. Ein weiterer Klick auf das *Klicken* komplettiert die Schaltfläche mit dem *Klicken*-Zustand.

3   Gestalten Sie die einzelnen Erscheinungsbilder, indem Sie sie aktivieren und das Schaltflächenobjekt im Dokument jeweils umgestalten. Sie können hier beispielsweise mit den verschiedenen InDesign-Effekten wie *Schlagschatten* oder *Schein nach außen* arbeiten oder einfach Füllung und Umriss der einzelnen Schaltflächenzustände ändern.

4   Um den Schaltflächentext für die verschiedenen Zustände festzulegen, wählen Sie das gewünschte Erscheinungsbild im Bedienfeld aus, klicken mit dem Textwerkzeug T im Dokument in die Schaltfläche und geben den Text ein.

Abbildung 9.7 Durch einfaches Ändern der Schattierung lassen Sie einen gezeichneten Button eingedrückt erscheinen.

Abbildung 9.8 Mit den InDesign-Effekten weisen Sie Ihren Schaltflächen schnell unterschiedliche Zustände zu.

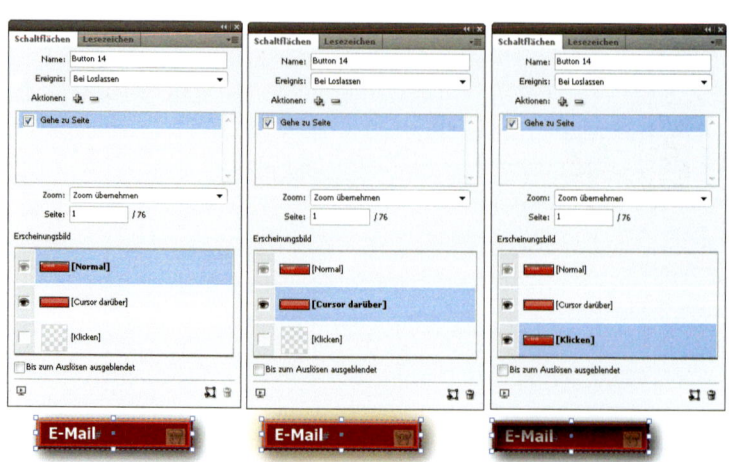

Das Bedienfeld Objektstatus nutzen

Mit dem neuen Objektstatusbedienfeld können Sie bis zu 20 unterschiedliche Ansichten eines Druckbogens oder Objekts erzeugen und diese durch Schaltflächen anzeigen. Eine ideale Lösung beispielsweise für Online-Bildergalerien und Ähnliches.

1 Platzieren Sie zuerst alle gewünschten Bilder – bis zu 20 – im Layout. Für ein optimales Ergebnis achten Sie darauf, dass alle Bilder identische Abmessungen haben.

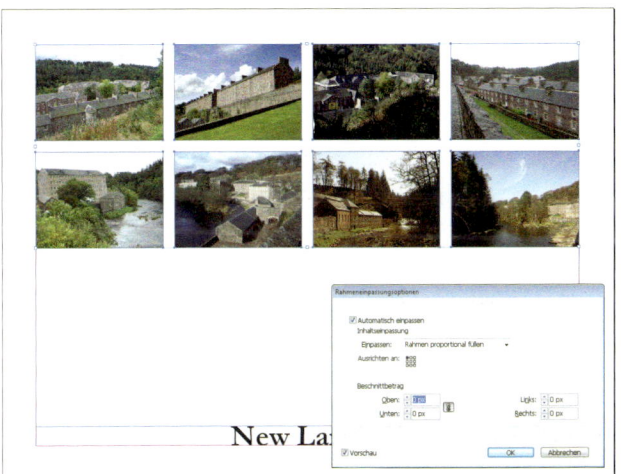

Abbildung 9.9 Die Fotos wurden mit der neuen Funktion im Raster platziert. Anschließend erhielten Sie die Rahmeneinpassungsoption *Rahmen proportional füllen* bei aktiviertem Kontrollkästchen *Automatisch einpassen*. Durch dieses Kontrollkästchen können die Rahmen ohne Schwierigkeiten mitsamt ihres Inhalts skaliert werden.

2 Wählen Sie alle Bilder aus und richten Sie sie über das Ausrichtenbedienfeld bzw. die entsprechenden Schaltflächen im Steuerungsbedienfeld so aus, dass sie vollständig übereinander liegen.

Abbildung 9.10 Die weiterhin markierten Fotos wurden über die Schaltflächen *Linke Kanten ausrichten* und *Obere Kanten ausrichten* im Steuerungsbedienfeld übereinandergelegt.

3 Achten Sie darauf, dass alle übereinanderliegenden Bilder noch ausgewählt sind. Wählen Sie *Fenster → Interaktiv → Objektstatus*.

4 Klicken Sie am unteren Bedienfeldrand auf das Symbol *Auswahl in Objekt mit mehreren Status umwandeln*. Damit konvertieren Sie jedes Einzelbild in einen eigenen Objektstatus.

Abbildung 9.11 Den Bildern wurde über das Steuerungsbedienfeld ihre Originalgröße von 480 x 360 Pixel zugewiesen. Anschließend wurden sie über das Objektstatusbedienfeld in ein Objekt mit mehreren Status umgewandelt.

Abbildung 9.12 Das Dokument wurde mit zwei Schaltflächen zur Weiter- und Rückwärts-Navigation und den entsprechenden Verhalten versehen.

5 Sie erhalten im Bedienfeld eine Liste mit Vorschaubildern der verschiedenen Status. In das Feld *Name* können Sie einen beschreibenden Namen eingeben.

6 Fügen Sie Ihrem Layout zwei weitere Schaltflächen hinzu, eine zur Vorwärts- und eine zur Rückwärts-Navigation.

7 Fügen Sie der Vorwärts-Schaltfläche das Verhalten *Gehe zu nächstem Status* hinzu, der Rückwärts-Schaltfläche das Verhalten *Gehe zu vorherigem Status*.

8 Sie müssen die fertige Bildergalerie nicht als SWF-Dokument exportieren, um ihre Funktionalität zu testen. Zeigen Sie vielmehr das Bedienfeld *Fenster → Interaktiv → Vorschau* an und wählen Sie aus dem Bedienfeldmenü den Befehl *Druckbogenvorschau*.

Lesezeichen

Ein besonders effizienter Navigationsmechanismus für PDF-, aber nicht für SWF-Dokumente sind die Lesezeichen. Diese bieten nicht nur einfachen Zugriff auf die einzelnen Abschnitte Ihrer Datei, sondern sie haben gleichzeitig auch den angenehmen Nebeneffekt, dass der Benutzer den allgemeinen Aufbau des Dokuments immer im Auge behält. Voraussetzung dafür ist, dass die Lesezeichen entsprechend sinnvoll angelegt sind. Üblich und empfehlenswert sind etwa hierarchisch gegliederte Lesezeichen für die Überschriften im Dokument und vielleicht noch für wichtige Schaubilder und/oder Tabellen. Verknüpfungen durch Lesezeichen eignen sich sehr gut für die Hauptnavigation in Ihrem Bildschirmdokument. Der Umgang mit ihnen ist so komfortabel, dass auch Einsteiger in dieses Thema problemlos damit zurechtkommen.

Da Lesezeichen hierarchisch verschachtelt sein können und der Benutzer die Ebenen einzeln expandieren und einklappen kann, bieten sich vielfältige Möglichkeiten, die Struktur des Dokuments individuell anzuzeigen. Im Druck sind die Lesezeichen nicht sichtbar, sodass sie das Erscheinungsbild des gedruckten Dokuments nicht stören.

Statten Sie sämtliche wichtigen Bereiche Ihrer PDF-Datei mit Lesezeichen aus – dazu gehören etwa alle Kapitelüberschriften, das Inhaltsverzeichnis, der Index, wichtige Abbildungen oder Tabellen. Allerdings sind Lesezeichen kein vollständiger Ersatz für ein Inhaltsverzeichnis. Die Lesezeichen eines längeren Dokuments ergeben eine lange Scrollliste. Ein detailliertes Inhaltsverzeichnis stellt die Überschriften des Dokuments übersichtlicher dar, selbst wenn es mehrere Seiten lang ist.

In Acrobat bzw. im Reader zeigen Sie die Lesezeichen in einem Dokument an, indem Sie im Navigationsfenster auf das Register *Lesezeichen* klicken. (Sollte dieses gerade nicht sichtbar sein, wählen Sie *Anzeige → Navigationsfenster → Lesezeichen*. Danach können Sie bei Bedarf die Lesezeichen an das Navigationsfenster andocken, indem Sie *Anzeige → Navigationsfenster → Alle Fenster andocken* wählen.)

Der Lesezeichentext sollte leicht verständlich und nicht zu lang sein. Das Navigationsfenster ist meist nicht breit genug, um komplette Überschriften darzustellen – eine QuickInfo zeigt aber den gesamten Lesezeichentext an, sobald Sie mit der Maus darauf zeigen. Text in Großbuchstaben ist weniger gut lesbar als in Groß- und Kleinbuchstaben geschriebener. Im ohnehin gedrängten Navigationsfenster sollten Sie sich daher für Groß- und Kleinschreibung entscheiden.

Abbildung 9.13 Dank Lesezeichen können die Benutzer am Bildschirm problemlos in Ihren PDF-Dokumenten navigieren.

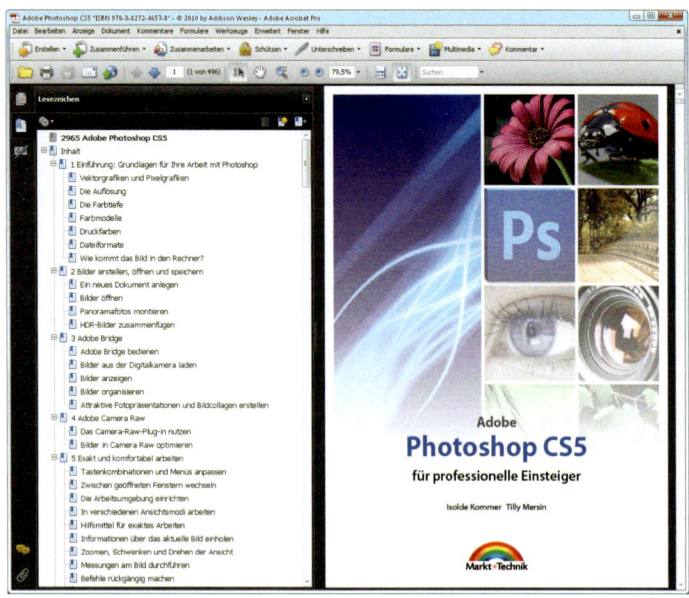

Abbildung 9.14 Bei längeren Stichwortverzeichnissen sollten Sie Lesezeichen für jeden Buchstaben einfügen.

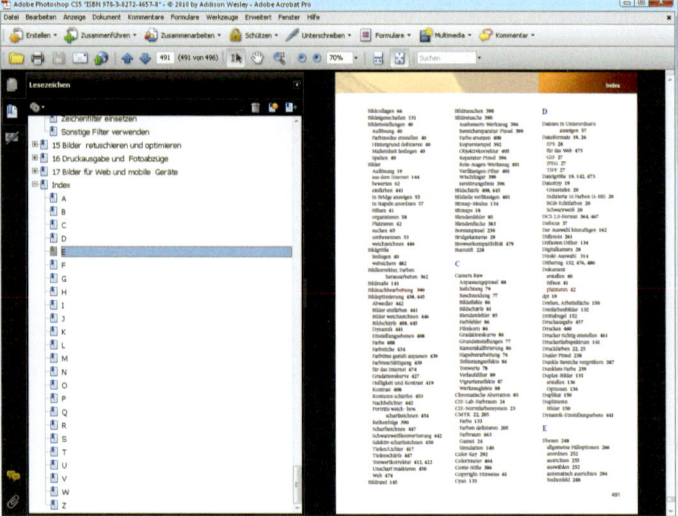

Das Inhaltsverzeichnis sollte auf keinen Fall weniger detailliert sein als die Lesezeichen. Viele Benutzer drucken das PDF-Dokument ohnehin lieber aus. Dann ist das Inhaltsverzeichnis unbedingt erforderlich, denn die Lesezeichen werden nicht mit ausgedruckt. Vergessen Sie nicht, ein Lesezeichen anzubringen, das zum Inhaltsverzeichnis führt, damit der Benutzer dieses jederzeit ansteuern kann. Versehen Sie dieses Inhaltsverzeichnis am besten mit Hyperlinks (siehe Seite 403).

Positionieren Sie die Lesezeichen für Index und Inhaltsverzeichnis am Anfang der Liste, damit der Anwender schnell auf diese wichtigen Elemente zugreifen kann. Bei langen Indizes fügen Sie am besten Lesezeichen für die einzelnen Buchstaben des Index ein.

Lesezeichen erstellen

Es gibt zwei Möglichkeiten, Lesezeichen zu erstellen:

▶ Wenn Sie Ihr Dokument mit einem von InDesign erstellten Inhaltsverzeichnis versehen und dabei im Dialogfeld *Inhaltsverzeichnis* die Option *PDF-Lesezeichen* aktivieren, werden die Inhaltsverzeichniseinträge automatisch zu Lesezeichen. Auch wenn Sie für Ihr Dokument kein Inhaltsverzeichnis planen, können Sie trotzdem eines erstellen, damit für jede Überschrift ein Lesezeichen erzeugt wird. Fügen Sie einfach am Ende des Dokuments die entsprechende Anzahl Leerseiten an und fügen Sie in diese das Inhaltsverzeichnis ein. Achten Sie dabei darauf, dass es keinen Übersatztext gibt, sondern dass das Inhaltsverzeichnis vollständig dargestellt wird. Inhaltsverzeichniseinträge im Übersatztext werden beim Export nicht in Lesezeichen konvertiert! Anschließend navigieren Sie in Acrobat zu den Seiten mit dem Inhaltsverzeichnis und löschen diese mit dem Befehl *Dokument → Seiten löschen*.

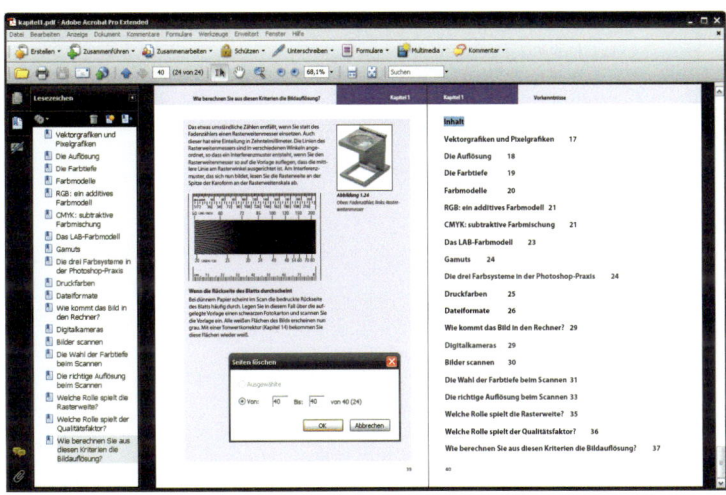

Abbildung 9.15 Weil hier das Wort »Inhalt« markiert ist, erscheint im Dialogfeld *Seiten löschen* automatisch die Seitenzahl dieser Seite.

▶ Die aus dem Inhaltsverzeichnis erstellten Lesezeichen reichen bei einem gut gegliederten Dokument normalerweise zur Orientierung in einer PDF-Datei aus. Zusätzlich können Sie noch selbst Lesezeichen in Ihre Dokumente einfügen.

Solche zusätzlichen Lesezeichen verweisen etwa auf bestimmte Abbildungen oder Tabellen:

1 Zeigen Sie mit *Fenster* → *Interaktiv* → *Lesezeichen* das Bedienfeld *Lesezeichen* an.

2 Falls Ihr Dokument bereits Lesezeichen enthält – zum Beispiel aus dem von InDesign generierten Inhaltsverzeichnis –, klicken Sie zuerst im Bedienfeld auf das Lesezeichen, unter dem das neue Lesezeichen eingefügt werden soll (anderenfalls wird dieses am Ende der Liste eingefügt).

3 Klicken Sie an die Stelle im Text, an der sich das neue Lesezeichen befinden soll, oder wählen Sie den Rahmen aus, den Sie mit einem Lesezeichen versehen möchten.

4 Klicken Sie im Bedienfeld *Lesezeichen* auf das Symbol *Neues Lesezeichen erstellen* . InDesign erstellt das Lesezeichen, und zwar wird es unter dem markierten Lesezeichen verschachtelt (mehr über verschachtelte Lesezeichen erfahren Sie im nächsten Abschnitt). Haben Sie eine Grafik ausgewählt oder einfach in den Text geklickt, erhält es den Namen *Lesezeichen 1*. Wenn Sie einen Text ausgewählt haben, verwendet InDesign diesen als Namen für das Lesezeichen.

5 Überschreiben Sie den automatischen Namen mit einem aussagekräftigen Namen Ihrer Wahl und bestätigen Sie mit der ⏎-Taste.

Abbildung 9.16 Markieren Sie die Überschrift, die Sie mit einem Lesezeichen versehen möchten, und klicken Sie auf das Symbol *Neues Lesezeichen erstellen.*

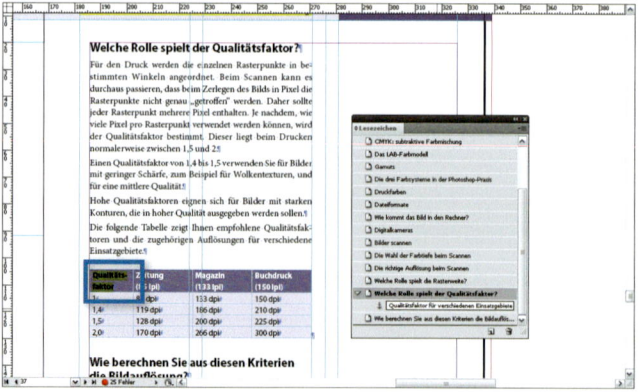

Verschachtelte Lesezeichen

Gegebenenfalls erstellen Sie über- und untergeordnete Lesezeichen. So können Sie etwa Unterkapitel unter den eigentlichen Kapitelüberschriften eingerückt platzieren. Damit bringen Sie mehr Struktur in Ihre Lesezeichen.

1 Wählen Sie die Lesezeichen aus, die Sie unterordnen möchten. Wenn Sie mehrere Lesezeichen verschieben möchten, müssen Sie diese einzeln nacheinander auswählen und verschieben.

2 Ziehen Sie das ausgewählte Lesezeichen bei gedrückter Maustaste auf das Lesezeichen, das übergeordnet sein soll. Lassen Sie die Maustaste los.

Um die Liste der Lesezeichen zu verkürzen, blenden Sie bei Bedarf die untergeordneten Lesezeichen aus:

▶ Klicken Sie auf den Abwärtspfeil ▽, um die untergeordneten Lesezeichen auszublenden.

▶ Klicken Sie auf den Rechtspfeil ▷, um die untergeordneten Lesezeichen wieder einzublenden.

9.3 Multimedia

◀ NEU in CS5

Mit Movie- bzw. Audioclips gestalten Sie Ihr PDF- oder SWF-Dokument interessanter und abwechslungsreicher. Das Abspielen eines integrierten Movieclips kann – etwa bei einem technischen Vorgang – sehr aufschlussreich sein und beim Benutzer zum besseren Verständnis beitragen. Audioclips können in einer Verkaufspräsentation oder dergleichen für die richtige Stimmung sorgen. Solche Medien-Clips können Sie einmal oder auch als Endlosschleife abspielen lassen.

Seit der Acrobat-Version 6.0 lassen sich die verschiedensten Multimedia-Formate komplett in PDF einbetten und auch abspielen. So können Sie nun ernstzunehmende Multimedia-Präsentationen auch im PDF-Format veröffentlichen. Der Vorzug der Einbettung im Gegensatz zur Verknüpfung ist, dass Sie die Multimedia-Dateien bei der Weitergabe des Dokuments nicht beifügen müssen, da sie vollständig in die PDF-Datei integriert sind.

Der volle Funktionsumfang von InDesign CS5 – vor allem die Vorschau der Clips direkt in InDesign – steht Ihnen jedoch nur zur Verfügung, wenn Sie die aktuellen Formate FLV, F4V, MP4 und MP3 verwenden. Zur Konvertierung eines Video- oder Audio-Clips in eines dieser Formate können Sie beispielsweise den Adobe Media Encoder verwenden, der unter anderem ein Bestandteil von Adobe Flash ist.

Um auf die volle Funktionalität des Multimedia-Imports in InDesign zugreifen zu können, sollten Sie QuickTime ab der Version 6.0 installiert haben. Damit die Nutzer Ihrer PDF-Dokumente die Medienelemente uneingeschränkt betrachten können, ist Acrobat oder Adobe Reader ab der Version 6.0 notwendig. Für QuickTime- und AVI-Filme genügt auch Acrobat 5.0.

Die folgenden Formate können Sie in Ihre für den PDF- oder SWF-Export bestimmten Dokumente einfügen:

▶ AIF
▶ AU
▶ AVI
▶ F4V (neu in CS5)
▶ FLV (neu in CS5)
▶ MP3 (neu in CS5)
▶ MP4 (neu in CS5)
▶ MPEG
▶ QuickTime
▶ SWF
▶ WAV

Verschiedene mittlerweile populäre Formate werden leider nicht unterstützt, zum Beispiel die Youtube-Codierung oder Flex-Container.

Einen Medienclip einfügen

Einen Medienclip fügen Sie mit der folgenden Technik ein:

1 Wählen Sie *Datei* → *Platzieren* und suchen Sie die vorbereitete Mediendatei heraus.

2 Klicken Sie an die gewünschte Stelle, um den Clip in seinen Originalabmessungen einzufügen.

Im Dokument erscheint eine Vorschau des Clips, den Sie nun wie jeden Rahmeninhalt positionieren können. Der Medienclip erscheint genau wie etwa Bilder im Bedienfeld *Verknüpfungen*. Wenn Sie ein InDesign-Dokument mit Medienclips weitergeben, müssen Sie die Clips natürlich beifügen.

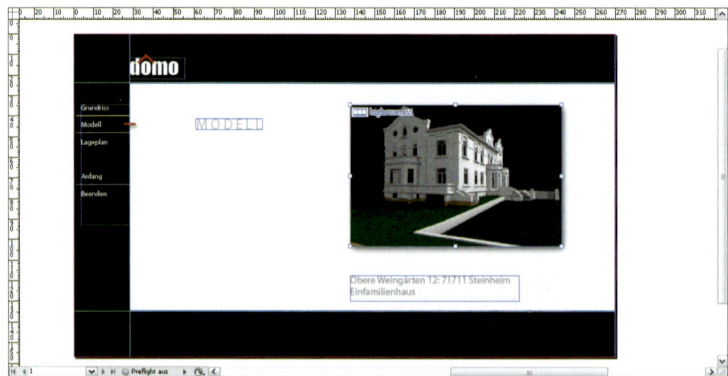

Die Wiedergabe des Medienclips einstellen

In der Grundeinstellung, wenn Sie also nichts anderes vorgeben, wird der Clip zunächst als Standbild angezeigt und erst abgespielt, wenn der Anwender mit der Maus darauf klickt. Der Clip wird einmal abgespielt, es sei denn, ein weiterer Klick hält ihn wieder an.

▶ Im Bedienfeld *Fenster* → *Interaktiv* → *Medien* legen Sie fest, wie sich der markierte Clip im exportierten PDF- oder SWF-Dokument verhalten soll. So können Sie bestimmen, dass der Clip gleich *Beim Laden der Seite abspielen* soll.

▶ Außerdem können Sie die platzierte SWF-, FLV-, F4V-, MP4- oder MP3-Datei direkt in diesem Bedienfeld abspielen, indem Sie auf den kleinen Pfeil unter dem Vorschaubild klicken.

▶ In der Grundeinstellung wird das erste Bild eines Videoclips als *Standbild* verwendet. Um dies zu ändern, vergewissern Sie sich,

Abbildung 9.17 Bestimmen Sie im Medienbedienfeld die Eigenschaften des Clips.

dass im Pop-up-Menü *Aus aktuellem Bild* ausgewählt ist. Scrubben Sie dann mit der Steuerungsleiste unter dem Vorschaubild zum gewünschten Bild und klicken Sie auf das Pfeil-Symbol rechts neben dem Pop-up-Menü *Standbild*, um das Standbild im InDesign-Dokument zu aktualisieren. Alternativ wählen Sie aus dem Pop-up-Menü *Bild auswählen* und wählen ein anderes Bild aus.

▶ Im Pop-up-Menü *Steuerelemente* wählen Sie aus einer Vielzahl von Video-Steuerelementen, mit denen Sie Ihr Video versehen können. Diese werden erst nach dem Export im fertigen Dokument sichtbar.

▶ Außerdem können Sie im Medienbedienfeld Navigationspunkte erzeugen, die Sie dann mit Schaltflächenaktionen (siehe Seite 411) ansteuern können. Scrubben Sie einfach zum gewünschten Frame des Films und klicken Sie auf das Pluszeichen unter dem Bereich *Navigationspunkte*. Versehen Sie den neuen Navigationspunkt mit einem aussagekräftigen Namen. Nachdem Sie dann Ihrem Dokument eine Schaltfläche hinzugefügt haben, weisen Sie dieser das Verhalten *Video* zu, wählen Sie das gewünschte Video, die Option *Wiedergabe ab Navigationspunkt* und den entsprechenden Navigationspunkt im Pop-up-Menü *Punkt*.

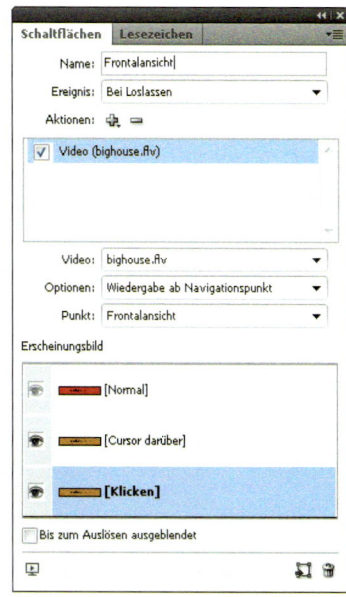

Abbildung 9.18 Navigationspunkte lassen sich über Schaltflächen ansteuern.

9.4 Seitenübergänge

Sowohl für PDF- als auch für SWF-Dateien können Sie aber auch Seitenübergänge definieren:

1 Öffnen Sie das Bedienfeldmenü des Seitenbedienfelds und wählen Sie *Seitenübergänge* → *Wählen*.

2 Wenn Sie auf die Miniaturen der Übergänge zeigen, erhalten Sie jeweils eine Vorschauanimation. Mit einem Klick auf das dazugehörige Optionsfeld neben dem Namen wählen Sie den gewünschten Übergang aus.

3 Sollen alle Seiten denselben Übergang erhalten, aktivieren Sie das Kontrollkästchen *Auf alle Druckbögen anwenden*. Aus gestalterischer Sicht ist diese Lösung häufig am besten

4 Schließen Sie das Dialogfeld mit einem Klick auf *OK*.

5 Im Bedienfeld *Seitenübergänge* können Sie bei den meisten Übergangsarten noch Eigenschaften wie *Richtung* und *Geschwindigkeit* des Übergangs einstellen und Sie können über das obere Pop-up-Menü einen anderen Übergang auswählen.

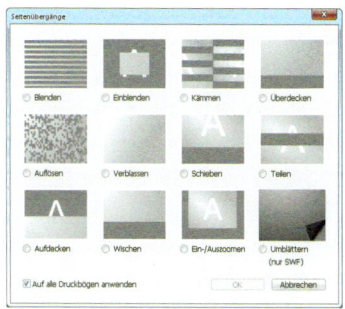

Abbildung 9.19 Im Dialogfeld *Seitenübergänge* stellen Sie die Seitenübergänge für Ihr Dokument ein.

NEU in CS5 ▶

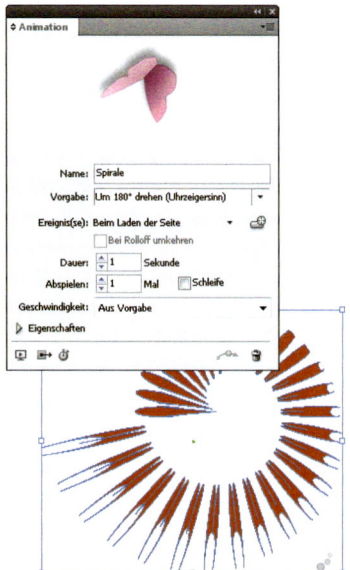

Abbildung 9.20 Im Seitenbedienfeld sehen Sie neben jedem Druckbogen ein Symbol, das den Seitenübergang signalisiert.

Abbildung 9.21 Optionen im Pop-up-Menü *Ereignis(se)*

9.5 Layoutobjekte animieren

Aber nicht nur Seitenübergänge lassen sich animieren, sondern auch einzelne Objekte auf Ihrem Druckbogen. InDesign CS5 bietet dazu eine Reihe von vordefinierten Animationsarten.

1 Markieren Sie das Layoutobjekt, das Sie animieren möchten.

2 Öffnen Sie das Bedienfeld *Animationen*.

3 Geben Sie Ihrer Animation einen passenden Namen.

4 Wählen Sie aus dem Pop-up-Menü *Vorgaben* eine Voreinstellung. Sobald Sie eine Animationsart ausgewählt haben, wird der Schmetterling im oberen Teil des Bedienfelds entsprechend animiert, sodass Sie sich die Animation besser vorstellen können. Je nachdem, welche Voreinstellung Sie wählen, wird dem Druckbogen ein bearbeitbarer Bewegungspfad hinzugefügt.

5 Öffnen Sie aus dem Pop-up-Menü *Ereignis(se)* ein Ereignis, bei dem das animierte Objekt in der SWF-Datei abgespielt werden soll:

▶ *Beim Laden der Seite* (standardmäßig aktiviert): Die Animation wird abgespielt, wenn die Seite im Flash-Player geladen wird.

▶ *Bei Klick auf Seite:* Die Animation wird abgespielt, wenn der Benutzer in den Flash-Player klickt.

▶ *Bei Klick (Selbst):* Die Animation wird abgespielt, wenn der Benutzer auf das animierte Objekt selbst klickt.

▶ *Bei Rollover (Selbst):* Die Animation wird abgespielt, wenn der Benutzer auf das animierte Objekt zeigt.

▶ Soll die Animation umgekehrt werden, wenn die Maus des Benutzers das animierte Objekt wieder verlässt, aktivieren Sie außerdem *Bei Rolloff umkehren*.

▶ *Bei Schaltflächenereignis:* Die Animation wird abgespielt, wenn der Benutzer auf eine Schaltfläche auf der Seite klickt. Zu diesem Zweck erstellen Sie zuerst ein Objekt in Ihrem Dokument, das Sie anschließend über das Symbol *Objekt in Schaltfläche konvertieren* 🔳 im Schaltflächenbedienfeld in eine Schaltfläche umwandeln. Nun klicken Sie auf das Plus-Symbol 🔳 neben *Aktionen*. Aus dem jetzt angezeigten Menü wählen Sie *Animation*. Wenn Sie nun das animierte Objekt auswählen, ist im Pop-up-Menü Ereignis(se) im Animationsbedienfeld *Beim Laden der Seite, Bei Schaltflächenereignis* ausgewählt. Damit die Animation erst beim Klick auf die Schaltfläche ausgelöst wird, deaktivieren Sie nun im Pop-up-Menü die Option *Beim Laden der Seite*, sodass nur noch *Bei Schaltflächenereignis* aktiv ist.

Die Animationsdauer definieren

Auch die Dauer der Animation und die Anzahl der Wiederholungen können Sie bestimmen.

1 Geben Sie in das Feld *Dauer* ein, wie viele Sekunden vom Beginn der Animation bis zu ihrem Ende vergehen sollen.

2 Darunter legen Sie fest, wie oft dieser Vorgang wiederholt werden soll. Soll die Animation kontinuierlich in einer Endlosschleife ablaufen, aktivieren Sie hier das Kontrollkästchen *Schleife*.

3 Im Pop-up-Menü *Geschwindigkeit* wählen Sie *Ohne*, wenn die Animation in einem gleichmäßigen Tempo ablaufen soll. Mit *Beschleunigen* beginnt die Animation langsam und nimmt dann Tempo auf, mit *Abbremsen* startet sie schnell und wird dann langsamer. *Beschleunigen und abbremsen* kombiniert beides.

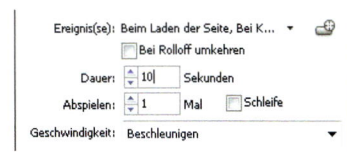

Abbildung 9.22 Steuern Sie die Dauer der Animation.

Weitere Einstellungen für Drehung, Skalierung, Deckkraft und Sichtbarkeit der Animation finden Sie, wenn Sie auf das Dreieck-Symbol ▶ vor *Eigenschaften* klicken.

Die Animation prüfen

Für eine Vorschau Ihrer Animation müssen Sie InDesign nicht verlassen. Klicken Sie vielmehr links unten im Animationsbedienfeld auf das Symbol *Druckbogenvorschau* 🔲. Dieses Symbol öffnet das Vorschaubedienfeld, in dem Sie die Animation betrachten können. Ziehen Sie dieses Bedienfeld größer, um die Animation besser beurteilen zu können.

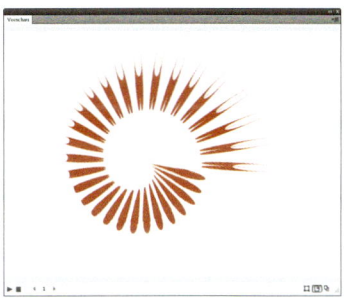

Abbildung 9.23 Die Druckbogenvorschau

Mehrere Animationen auf einem Druckbogen steuern

Haben Sie mehr als eine Animation auf einem Druckbogen, müssen Sie die Reihenfolge der Animationen steuern. Dazu verwenden Sie das Zeitpunktbedienfeld, das Sie ebenfalls über den *Interaktiv*-Arbeitsbereich direkt erreichen. In diesem Bedienfeld sehen Sie alle animierten Objekte auf Ihrem Druckbogen.

▶ Möchten Sie die Reihenfolge der Animationen ändern, ziehen Sie einfach den Namen einer Animation in der Liste nach oben oder nach unten. Das in der Liste zuerst angezeigte Element wird als Erstes abgespielt.

▶ Um die Einstellungen für eine der Animationen zu ändern, wählen Sie sie aus der Liste aus. Nun können Sie ihnen über das Pop-up-Menü *Ereignis(se)* ein anderes Ereignis zuweisen. Über die *Verzögerung* legen Sie fest, wie viel Zeit vergeht, bis die Animation nach dem auslösenden Ereignis beginnt.

Abbildung 9.24 Über das Zeitpunktbedienfeld können Sie mehrere Animationen steuern.

▶ Sollen zwei oder mehr Animationen gleichzeitig abgespielt werden, wählen Sie diese aus und klicken auf das Symbol *Gemeinsam abspielen* am unteren Bedienfeldrand.

Den Bewegungspfad einer Animation bearbeiten

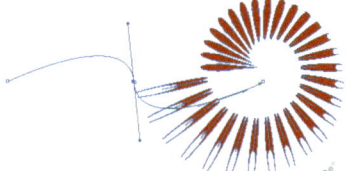

Abbildung 9.25 Bewegungspfade lassen sich mit denselben Techniken ändern wie gewöhnliche Zeichenpfade.

Viele Animationsvorgaben sind mit einem Bewegungspfad versehen. Dieser bestimmt die Richtung und die Länge der Animation. Sie können den Bewegungspfad bearbeiten, sodass das Element beispielsweise aus einer anderen Richtung ins Bild kommt oder sich nicht auf einer Geraden, sondern auf einer gebogenen Linie bewegt. Gehen Sie dazu folgendermaßen vor:

1 Wählen Sie das Direktauswahl-Werkzeug in der Werkzeugleiste.

2 Klicken Sie auf den Bewegungspfad, um ihn auszuwählen.

3 Klicken Sie auf den Ankerpunkt, den Sie bearbeiten möchten. Sie können auch mehrere Ankerpunkte auswählen, indem Sie mit weiterhin aktiviertem Direktauswahl-Werkzeug einen Rahmen darum aufziehen oder indem Sie sie mit gedrückter *Umschalt-Taste* anklicken.

4 Ziehen Sie den markierten Ankerpunkt. Sie können ihn auch mit den *Pfeiltasten* verschieben. Wenn Sie beim Ziehen die *Umschalt-Taste* gedrückt halten, schränken Sie die Bewegung der Ankerpunkte auf 45 Grad ein.

5 Die an den Ankerpunkt angrenzenden Pfadsegmente werden entsprechend umgeformt.

Alternativ zeichnen Sie den Bewegungspfad Ihrer Animation von Grund auf neu. Erzeugen Sie mit dem Zeichenstift-Werkzeug einen normalen Pfad. Wählen Sie dann Pfad und Objekt mit gedrückter -Taste aus und klicken SIe am unteren Rand des Animationsbedienfelds auf das Symbol *In Bewegungspfad umwandeln*.

Eine Animation als Vorgabe speichern

Wenn Sie eine Animation erstellt haben, die Sie auch auf weitere Objekte anwenden möchten, können Sie eine eigene Vorgabe erstellen. Gehen Sie dazu folgendermaßen vor:

1 Markieren Sie das Objekt, das Sie mit der Animation versehen haben.

2 Im Bedienfeldmenü wählen Sie *Speichern*.

3 Geben Sie einen passenden Namen ein und klicken Sie auf OK.

Von nun an können Sie die neue Animationsart über das Pop-up-Menü *Vorgabe* auswählen und damit auch anderen Objekten zuweisen.

9.6 PDF-Dokumente für Bildschirm und Web erzeugen

Zum Exportieren Ihres Dokuments als bildschirmgeeignete PDF-Datei benötigen Sie das Dialogfeld *Als interaktive PDF exportieren*.

1 Wählen Sie *Datei → Exportieren*. Im folgenden Dialogfeld geben Sie Dateiname und Speicherort an und wählen als Dateityp *Adobe PDF (Interaktiv)*. Klicken Sie auf *Speichern*.

2 Im Dialogfeld *Als Interaktive PDF exportieren* geben Sie im Bereich *Seiten* an, welche Seiten in das PDF-Dokument aufgenommen werden sollen.

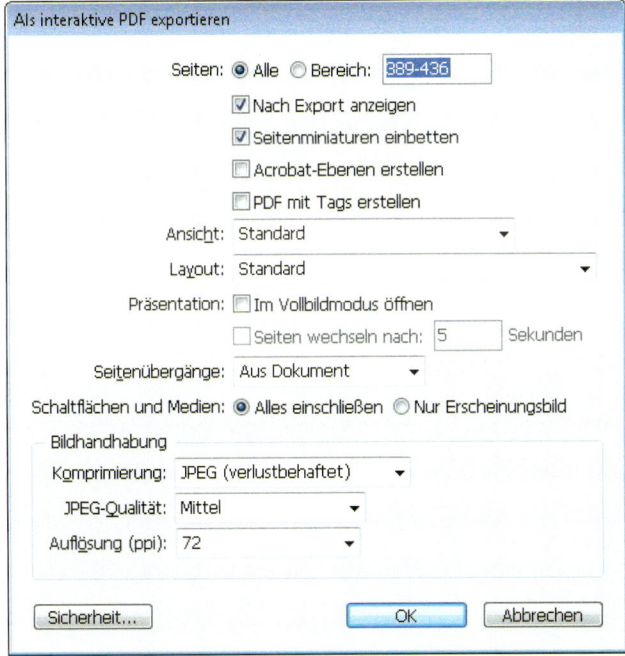

Abbildung 9.26 InDesign CS5 besitzt ein eigenes Dialogfeld für den Export von interaktiven PDF-Dokumenten.

3 Das Kontrollkästchen *Seitenminiaturen einbetten* bettet die Vorschaubilder in das PDF-Dokument ein. Dies stellt zwar eine gute Hilfe für den Benutzer dar, vergrößert aber die Datei. Bei deaktiviertem Dialogfeld werden die Seitenminiaturen bei jedem Öffnen des Dokuments neu aufgebaut.

4 Nur wenn Sie im Bereich *Schaltflächen und Medien* die Option *Alles einschließen aktivieren*, exportiert InDesign die Schaltflächen und Medienclips mit ihrer Funktionalität in die PDF-Datei. Ist stattdessen die Option *Nur Erscheinungsbild* aktiviert, werden diese Elemente als statische Grafiken exportiert.

Abbildung 9.27 Auch bei deaktiviertem Kontrollkästchen *Seitenminiaturen einbetten* kann der Nutzer im PDF-Dokument über die Seitenminiaturen navigieren. Sie werden allerdings bei jedem Öffnen des Dokuments neu aufgebaut.

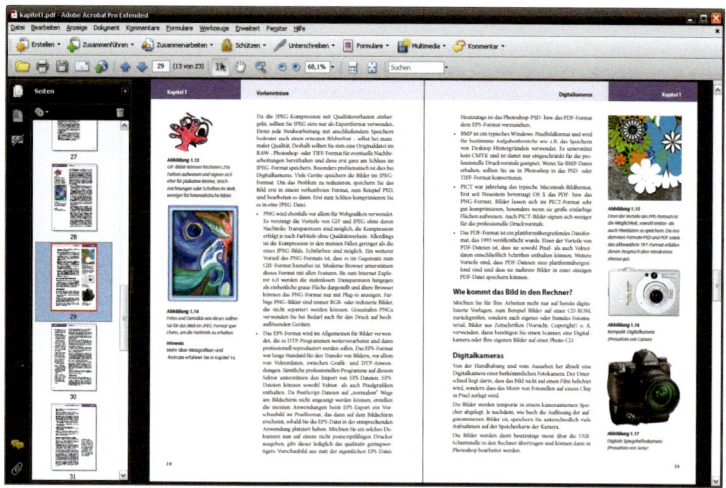

Abbildung 9.28 Aktivieren Sie die Option *Alles einschließen*, damit Ihre interaktiven Elemente als solche exportiert werden können.

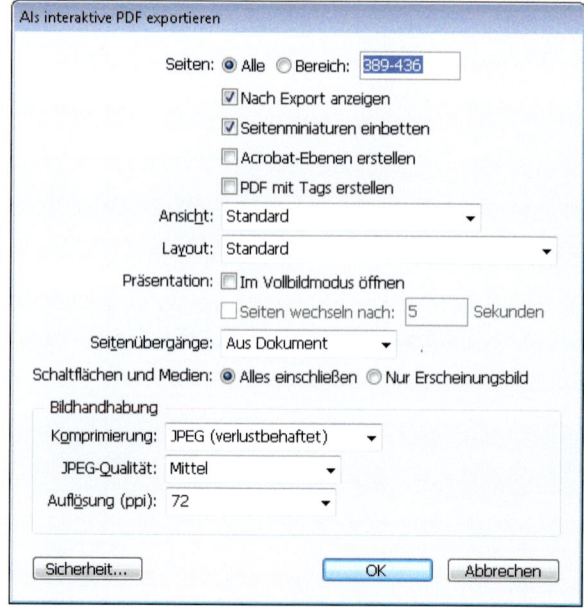

5 Unter *Bildhandhabung* legen Sie fest, in welcher Qualität Sie Ihre Bilder exportieren möchten.

Geschützte PDF-Dokumente für das Web

Mit einem Klick auf die Schaltfläche *Sicherheit* bietet InDesign Ihnen die Möglichkeit, das PDF-Dokument vor Änderungen, dem Ausdruck oder unbefugtem Kopieren von Textpassagen zu schützen.

Ob das sinnvoll ist, müssen Sie von Fall zu Fall entscheiden. Längere Datenblätter mit Tabellen etwa betrachtet der Benutzer meist nicht gerne am Bildschirm. Er sollte sie daher ausdrucken können. Geschäftsberichte und ähnliche Dokumente sollten Sie sperren, sodass der Benutzer sie nicht bearbeiten, sondern nur ausdrucken kann. Prüfen Sie für jedes PDF-Dokument, welche Einstellungen sinnvoll sind.

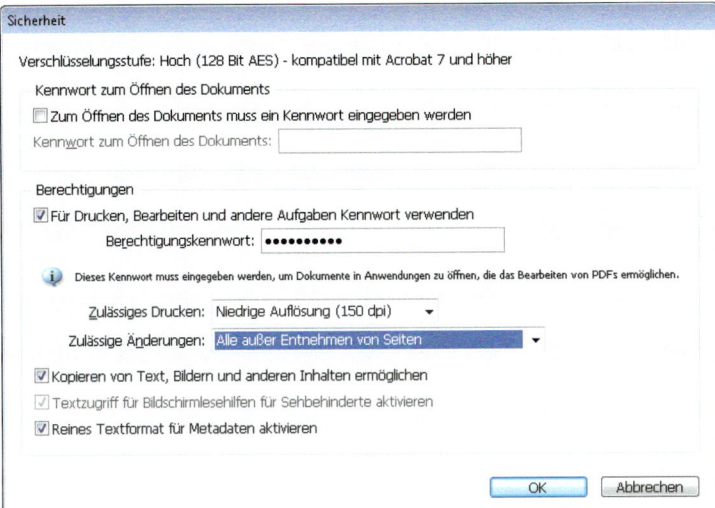

Abbildung 9.29 Im Dialogfeld *Sicherheit* entscheiden Sie, welche Aktionen der Benutzer mit Ihrer PDF-Datei durchführen darf.

▶ Möchten Sie, dass das Dokument prinzipiell nur von Anwendern, die über ein bestimmtes Kennwort verfügen, geöffnet werden kann, aktivieren Sie das Kontrollkästchen *Zum Öffnen des Dokuments muss ein Kennwort eingegeben werden*. Geben Sie in das Feld *Kennwort zum Öffnen des Dokuments* das entsprechende Kennwort ein.

▶ Soll jeder Anwender das Dokument zwar betrachten, es aber nicht auch drucken oder Passagen herauskopieren können, aktivieren Sie das Kontrollkästchen *Für Drucken, Bearbeiten und andere Aufgaben Kennwort verwenden*. Geben Sie auch hier ein Kennwort ein. Dieses wird benötigt, um das Dokument in der Anwendung Adobe Acrobat, die zur Bearbeitung von PDF-Dokumenten geeignet ist, zu öffnen. Darunter bestimmen Sie, welche Aktionen der Anwender am Dokument vornehmen darf.

9.7 Layouts als SWF oder für die Weiterverarbeitung in Flash exportieren

InDesign bietet Ihnen die Möglichkeit, Ihre Dokumente mit allen interaktiven Funktionen in das fertige Flash-Player-Format SWF zu exportieren. Aus InDesign CS5 erzeugte SWF-Dateien können alle Arten von Multimedia- und interaktiven Elementen wie Schaltflächen, Seitenübergänge, Filme, Audio, Animationen und Hyperlinks enthalten. Die andere Möglichkeit ist, dass Sie die geplante Funktionalität der SWF-Datei nicht komplett in InDesign erzeugen können. In diesem Fall können Sie sie in das FLA-Format exportieren, um sie anschließend in Flash zu öffnen und weiterzubearbeiten.

SWF-Dateien exportieren

Um Ihr Dokument als SWF-Datei zu exportieren, wählen Sie *Datei → Exportieren* mit dem Dateityp *Flash Player SWF*.

Abbildung 9.30 Im Register *Allgemein* des SWF-Exportdialogs legen Sie das Erscheinungsbild Ihres Films fest.

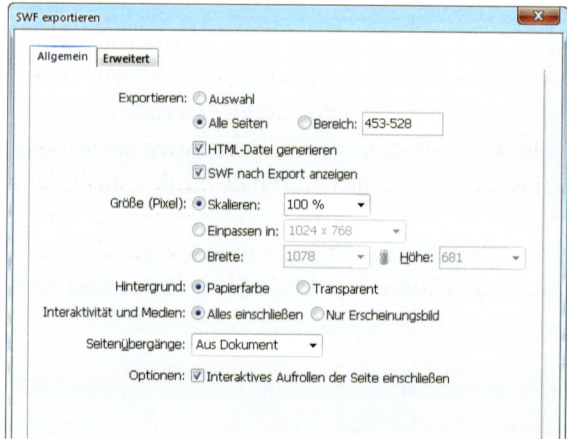

▶ Im Bereich *Exportieren* legen Sie fest, welche Bereiche Ihres InDesign-Dokuments Sie exportieren möchten. Bei Bedarf entscheiden Sie sich, gleich die zur Anzeige der SWF-Datei im Browser benötigte *HTML-Datei* zu *generieren*. Bei aktiviertem Kontrollkästchen *SWF nach Export anzeigen* wird das Dokument nach dem Export automatisch im Flash-Browser-Plug-in geöffnet.

▶ In der Gruppe *Größe (Pixel)* stellen Sie die Dokumentgröße ein. Diese Angabe bezieht sich stets darauf, wie der SWF-Film in die HTML-Datei eingebunden wird. Darunter legen Sie fest, ob Sie einen transparenten Hintergrund wünschen.

▶ Für *Interaktivität und Medien* gilt dasselbe wie beim PDF-Export. Nur wenn Sie die Option *Alles einschließen* aktivieren, werden Ihre Schaltflächen, Hyperlinks und Medienclips als solche exportiert. Bei aktivierter Option *Nur Erscheinungsbild* werden sie zu statischen Grafiken bzw. Texten.

▶ *Interaktives Aufrollen der Seite* ist eine Funktion, bei der der Benutzer zum Navigieren im SWF-Film die Seitenecke ziehen kann, was einen realistischen Umblättereffekt ergibt.

▶ Wechseln Sie in das Register *Erweitert* und stellen Sie als erstes die *Bildrate* ein. Höhere Bildraten ergeben glattere Animationen, jedoch auf Kosten einer erhöhten Dateigröße (die Dauer Ihrer Animationen ändert sich jedoch nicht).

▶ Im Pop-up-Menü *Text* wählen Sie *Klassischer Flash-Text,* wenn die SWF-Datei nach der Veröffentlichung im Web über die Browser-Suche gefunden werden soll. Wenn dies keine Rolle spielt, können Sie den Text auch *In Pfade* oder *In Pixel konvertieren.* Die zuletzt genannte Option könnte jedoch ein weniger attraktives Ergebnis mit gepixelten Texten ergeben.

▶ Ähnliches gilt für das Kontrollkästchen *Seiten rastern.* Hier werden gleich die gesamten Seiten in Pixelbilder umgewandelt. In den meisten Fällen sollten Sie diese Option deaktiviert lassen.

▶ Das Kontrollkästchen *Transparenz reduzieren* dürfen Sie nur aktivieren, wenn Ihre Datei keine interaktiven Elemente enthält, denn diese würden entfernt. Mit der Transparenzreduzierung werden die echten Transparenzen aus der Datei entfernt, wobei das transparente Erscheinungsbild erhalten bleibt (übereinanderlagernde Elemente werden in einzelne Objekte aufgeteilt).

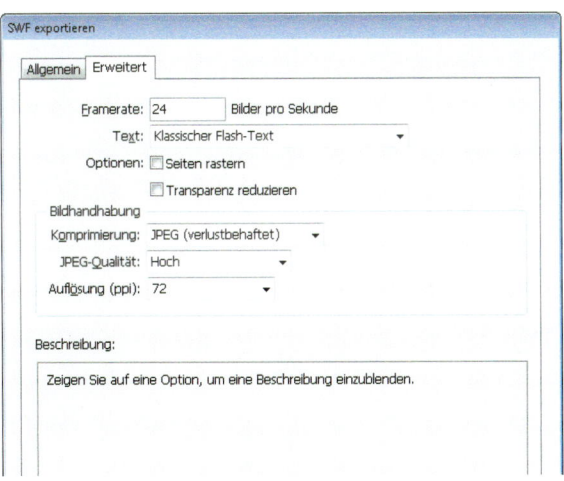

Abbildung 9.31 Im Register *Erweitert* bestimmen Sie unter anderem die Bildrate und die Art, wie die Texte Ihres Dokuments exportiert werden.

▶ Finden Sie im Register *Erweitert* unter dem Abschnitt *Bildhandhabung* den Bereich *Komprimierung* das richtige Gleichgewicht zwischen der Qualität der SWF-Datei und ihrer Dateigröße. Wenn Sie als *Komprimierung* das JPEG-Format wählen, legen Sie über die *JPEG-Qualität* fest, wie stark die Pixelbilder in Ihrem Film komprimiert werden sollen. Geben Sie eine niedrige Bildqualität an, werden die Dateien sehr klein, aber auch unansehnlich.

Mit einem Klick auf *OK* erzeugen Sie die SWF-Datei.

Abbildung 9.32 Das fertige SWF-Dokument wird bei aktiviertem Kontrollkästchen *SWF nach Export öffnen* gleich im Browser-Plug-in geöffnet.

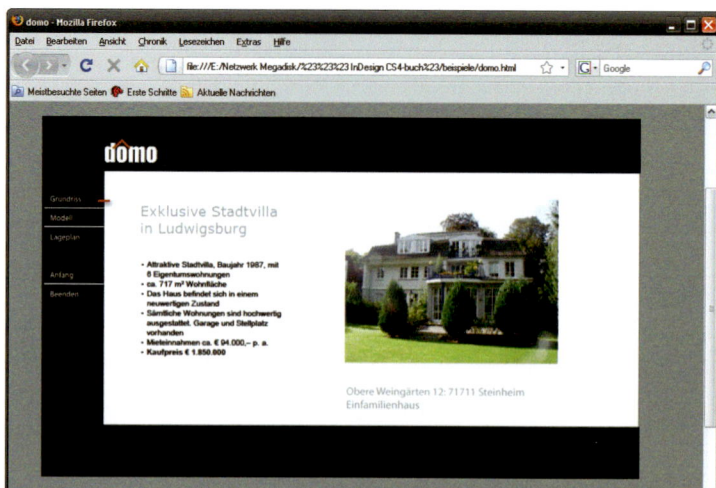

FLA-Dateien exportieren

Den Export in das FLA-Format wählen Sie, wenn Sie Ihr Dokument in der Anwendung Adobe Flash noch weiterbearbeiten möchten. Das FLA-Dateiformat ist ebenfalls im Dialogfeld *Exportieren* verfügbar.

Index

3D-Effekt 226
.indb 318

A
Absatzabstände 108
Absatzbeginn festlegen 110
Absätze
formatieren 104, 243
zusammenhalten 109
Absatzformate 234
aufeinander basierende 240
aus Grundlinientext 239
erzeugen 235, 239
Folgeformat 242
registerhaltige 235
von Grund auf neue 240
Absatzmodus aktivieren 104
Absatzsetzer 108
Abschnitt 77
durchsuchen 274
einsetzen 77
Abschnittsmarke voranstellen 77
Absolute Nummerierung 78
Abstände
ändern 204
intelligente 203
Abwärtskompatibilität 45
Acrobat.com 303
AddGuides (Skript) 206
AddPoints (Skript) 206
AdjustLayout (Skript) 206
Adobe Bridge
Bilder bewerten 296
Bilder filtern 297
Bilder in Stapeln anordnen 291
Bilder suchen 299

Copyright-Hinweise 296
Darstellungsgröße 290
Dateien in Unterordnern
anzeigen 291
Favoriten 292
Mini Bridge 300
Sammlungen 292
Smart-Sammlungen 293
Stichwörtern 295
Adobe StudioExchange 208
Adobe Type Library 120
AIF 419
Aktuelle Seitenzahl einfügen 75
Alphakanal 215
A-Mustervorlage 61
Änderungen verfolgen 42
Anführungszeichen 26, 100
falsche 102
französisch 101
typografische 100
Angeschnittene Objekte 54
Animationen
abbremsen 423
Bewegungspfad bearbeiten 424
Ereignis auswählen 422
gleichzeitig abspielen 424
Animationsart auswählen 422
Ankerpunkte
auswählen 153
automatisch reduzieren 156
einfügen 155
glätten 156
löschen 155
setzen 151
verschieben 153
Anschnitt 379

Ansicht
Anti-Aliasing einschalten 194
Anzeigeeinstellungen
anpassen 194
Anzeigemodus zuweisen 195
Darstellung einzelner Bilder
steuern 195
drehen 34
Grundeinstellungen wiederher-
stellen 194
schnelle Darstellung 193
Voreinstellung der
Anzeigeleistung 193
Anzeigeoptionen 193, 195, 229
Arbeitsbereiche 32
Arbeitsmodus für Index
einstellen 328
Arbeitspfad in regulären Pfad
umwandeln 213
Auflösung 171
berechnen 172
Laserdrucker 171
Offset-Druck 171
vergrößern 175
Aufteilen 156
Aufzählung 116
Aufzählungspunkt 100, 116
Ausgabe. Siehe Drucken; Siehe
PDF
Auslöser für Verhalten 410
Ausrichtebereich 60
Ausrichtung
an Hilfslinien 74
vertikal 90
vertikale (Text) 90
Auswahlkante verbessern 216

Automatische Farbumrechnung 353
Automatischer Textfluss 82
Automatisches Einpassen von
        Grafiken 178
Automatische Seiten-
        nummerierung 76
AVI 419

B

Bedienfeld
    Automatisierung 205
    Farbfelder 161, 352
    Index 328
    Konturenführung 84
    Pathfinder 158
    Reduzierungsvorschau 374
    Verknüpfungen 196
Bedingte Ligaturen 124
Bedingter Text 271
Bedingter Zeilenumbruch 113
Begrenzungsrahmen 91
Benutzerdefinierte
        Startseitenzahl 76, 77
Benutzerdefiniert (Verankerte
        Objekte) 191
Benutzeroberfläche 29
Beschneidungspfad 210
    erstellen 210
    erzeugen 213
    exakt 212
    in InDesign erstellen 210
    Innenkanten einschließen 212
    innerer Rahmenversatz 212
    in Photoshop vorbereiten
        213–214
    Kanten suchen 211
    Toleranz einstellen 212
Beschnittzugabe 54, 379, 396
Beschriftungen 308
Bewegliche Hilfslinien 60

Bibliothek 282
    aufbauen 283
    Elemente in das Dokument
        einfügen 284
    Elemente kopieren 285
    Elemente löschen 285
    erstellen 283
    Hilfslinien einfügen 284
    Hilfslinien speichern 284
    Objekte hinzufügen 283
    Objekte mit bestimmten Kriterien
        anzeigen 285
    Objekte suchen und sortieren 285
    Objektinformationen anlegen 284
    öffnen/schließen 284
    Sortierreihenfolge ändern 285
    vordefinierte Schaltflächen-
        elemente 409
Bikubische Neuberechnung 393
Bildbegrenzungen, rechteckige
        durchbrechen 210–212
Bildbeschriftungen nummerieren
        253
Bilddarstellung 193, 193–194
Bilddateien in Bridge
        betrachten 288
Bilder
    Auflösung 171
    aus InDesign im Bildbearbeitungs-
        programm öffnen 198
    bewerten 296
    Darstellung 193, 195
    DCS 183
    drucken 385
    Duplex 218, 221, 222
    Effekte 210
    einbetten 198
    einfärben 219, 222
    EPS 182
    fehlende neu verknüpfen 197, 351

    geänderte aktualisieren 197,
        350–351
    Illustrator 181
    im Layout finden 196
    importieren 171
    in Stapeln anordnen (Bridge) 291
    JPEG 188
    maskieren. Siehe Beschneidungs-
        pfad
    mit Ebenenmasken 215
    öffnen 198
    Original bearbeiten über Verknüp-
        fung 198
    PDF 184
    platzieren 175
    PNG 187
    PSD 185
    Quadruplex 218
    suchen 299
    TIFF 187
    Triplex 218
    Verknüpfungen anzeigen 195
    WMF 187
    zweifarbige erstellen 222
Bildgröße wählen 171
Bildqualität in PDF-
        Dokumenten 394
Bildschirm freigeben 43
Bildverknüpfungen. Siehe Verknüp-
        fungen
Bitmap-Masken 214
Blindtext einfügen 98
Blitzer 357
Blitzsymbol 247
BMP 187
Bridge 286–288
    beschleunigen 287
    Bilddateien platzieren 289
    Snippets erzeugen 289
    starten 287

Broschüren
drucken 397
Brüche 126
Buch
Bedienfeld 319
Buchdokumente mit der Format-
quelle synchronisieren 322
Dateien organisieren 320
Dateien zusammenfassen 319
Datei öffnen 320
Dokumentanzahl 318
Dokumente entfernen 320
Dokumente ersetzen 320
erstellen 319
Formatquelle ändern 322
Preflight durchführen 345
Reihenfolge der Kapitel
ändern 320
Seitennummerierung für ein
einzelnes Dokument
ändern 322
speichern 320
Vakatseiten 321
Buchfunktion 318–323
Buch erstellen 319
Dokumente hinzufügen 319
Dokumente synchronisieren 322
Druck 334
Export 334
Formatquelle 322
Organisation 320
Paginierung 320
Vakatseiten 321
Buchstabensätze 121
Buntstift 150
Buzzword 303

C

CCITT 394, 395, 396
Cicero 52
CMYK-Prozessfarben 162
Composite-CMYK 382

Composite-Datei 380, 381
Copyright-Informationen 296, 308
CPSI-Interpreter 368
CropMarks 206

D

Dateien
in Buch zusammenfassen 319
in Unterordnern anzeigen
(Bridge) 291
mit Transparenzen ausgeben
368–369
verpacken 42
vorseparierte 381
Dateierweiterung erneut
verknüpfen 197
Dateiformate
GIF 187
JPEG 188
PNG 187
TIFF 187
DCS-EPS-Dateien 183
Deckkraft 227, 228.
Siehe Transparenz
Desktop Color Separation 183
Didot-System 106
Digitalkamera 188
Distiller 376
Dokument 54
für den Ausdruck skalieren 379
Mindestgröße 53
mit Ebenen ausgeben 271
mit Überfüllungen ausgeben 363
mit Überfüllungsformat
versehen 360
spiegeln 384
verwalten 286
Dokumentschutz 426
Doppelseite
auf ein Blatt drucken 377
einrichten 50–51
Drag&Drop von Text 97

Dreidimensionales Textband 118
Druck von Büchern 334
Druckbögen
mehrseitige 57
reduzieren 374
Druckbogenhilfslinie 68, 69
erstellen 69
verschieben 69
Drucken
Allgemeine Einstellungen 377
Anschnitt 379
aus Acrobat (Broschüre) 399
Ausgabeeinstellungen 380
Beschnittzugaben 379
Bücher 334
Composite 380
Druckfarben-Manager 382
Ebenen 271
Ebenen festlegen 376
Einrichten 378
Emulsionsschicht 384
Erweiterte Einstellungen 386
Farbmanagement 386
Grafiken 385
grundsätzliche Vorgehens-
weise 376
In-RIP-Separation 380
Marken 379
OPI 386
PPD 377
Rasterweite 384
Rasterwinkel 385
Schriften 386
Seitenformat 379
Separationen 380, 381
Skalieren 379
Spiegeln 384
Transparenzreduzierung 386
Treiber 376
Überfüllungen 384
Volltonfarben 383
Vorschau 378

Druckertreiber 376
   Adobe PDF 376
   auswählen 376
Druckfarben 382, 382–383, 385
Druckfarbenalias 383
Druckfarben-Manager 353, 361,
     383–384,
Druckplatte 385
Druckvorgaben
   eigene erstellen 387
   erstellen 387
Duplex 218
   Dichte der Druckfarbe 220
   in InDesign platzieren 221
   in Photoshop erzeugen 219
   Kanäle bearbeiten 220
   platzieren 221
Duplex-Bildkanäle bearbeiten 220
Duplex-Kurve 220
   verändern 220, 221
Duplex-Optionen 219

E

Ebenen 263–264
   auf eine Ebene reduzieren 267
   Dokumente mit Ebenen
     ausgeben 271
   drucken 271
   Ebenenmaske 215
   erstellen 266
   für Ausdruck festlegen 376
   Hilfslinien ein-/ausblenden 266
   Layoutobjekte anzeigen 268
   löschen 266
   Name vergeben 265
   reduzieren 267
   sperren/ausblenden 267
   Stapelordnung 266
   Symbol für gesperrt 267
   unsichtbar machen 265
   Verwendung 263–264

Ebenenmaske 215
Ebenenoptionen 265
E-Books gestalten 402–404
Echte Brüche 126
Eckenoptionen 158
   unterschiedliche in einem
     Objekt 159
Eckpunkte 154
Editable embedding 347
Effekte 224
   für Objekte 224
   in einem Objektstil speichern 231
   mit Füllmethode 228
   Schatten im Retro-Look 226
   Schlagschatten 225
   Stanzeffekt 226
   Transparenzen 227
   Überblendeffekte 227
   weiche Verlaufskante 230
Einbettungs-Flags 347
Eingabe, rationelle 92–98
Eingebettete Pfade 210
Eingebunden (verankerte
     Objekte) 190
Einstellungssätze (PDF) 391
Eintragskennzeichen 332
Einzeilensetzer 108
Einzüge
   festlegen 115
   hängende 115
Ellipsenrahmen 150
Emulsionsschicht 384
EPS 182
   DCS 183
   Importoptionen 183
   Volltonfarben 182
Ereignis
   Bei Klick auf Seite 422
   Bei Klick (Selbst) 422
   Beim Laden der Seite 422
   Bei Schaltflächenereignis 422

Ersetzen 275
Erste Grundlinie 90
Erstzeileneinzug festlegen 241
Export 388–390
   Bücher 334
   SWF 428
   von Büchern 334
Exportvorgaben weitergeben 391

F

Faltblatt im Wickelfalz 399
Faltbroschüre erstellen 58
Farbauftrag
   maximaler 367
   messen 356
   prüfen 356
Farbe, Kontur 160
Farben 161–168
   Mischdruckfarbe 164
   überdrucken 365
   umrechnen lassen 353
   verwendete kontrollieren 352–355
Färben
   Graustufenbilder 222
   Schwarzweißbilder 222
Farbfelder
   in anderen Anwendungen 166
   laden 166
   neue erstellen 161
   nicht benutzte anzeigen 165
   Verläufe 169
   Vierfarbsymbol 352
   weiterverwenden 166
Farbmanagement 336, 386
   Softproof 354
Farbmodus
   Farbbibliothek auswählen 163
   festlegen 162
Farbreproduktion 385
Farbseparationen. Siehe Separation
Farbton erstellen 164

Farbtonfeld, Prozentwert
      ändern 165
Farbtyp
  bestimmen 162
  Symbole 162
Farbunterschiede 366
Favoriten 292
Fehlende Schriften 28
Fehlende Verknüpfungen 28
Fensterfalz 57
Fernöstliche Zeichensätze 122
Feste Spaltenbreite 87
Fläche bearbeiten 159
Flash 428
Flash-Player-Format 428
Flattening 368, 369
Folgeformat 242
Fonteinbettung 347
Formate
  Arten 234
  auf Basis zurücksetzen 242
  aufeinander basierende 241
  austauschen 247
  bei Import korrekt
      übernehmen 262
  durch ein anderes Format
      ersetzen 247
  Folgeformat festlegen 242
  gezielt suchen 275
  in einer Schleife wiederholen 251
  Konflikt 245
  schnell anwenden 247
  verschachtelte 249
  verschachtelte Format-
      schleifen 251
Formatersetzung 248
Formatgruppen 240
Formatierungen
  ersetzen 275
  suchen und ersetzen 275
Formatimport 262

Formatquelle 322
  synchronisieren 322, 323
Formel, Auflösung berechnen 172
Fragezeichen, rotes 197
Freigegebenes Ziel 407
Freistellpfad 210. Siehe
      Beschneidungspfad
Füllmethode 227, 228
  isolieren 229
  Kombinationen 229
  zuweisen 228
Füllzeichen 324
Fußnoten 310–315
  aus Word 311
  einfügen 311
  erstellen 311
  Fußnotennummer einfügen 311
  Gehe zu Fußnotenverweis 311
  gestalten 312
  geteilte zulassen 313
  in der letzten Textspalte 313
  Layout des Fußnotenbereichs 313
  löschen 311
  nach dem Text 313
  Nummerierung einstellen 312
  Optionen 312
  Optionen für Dokument-
      fußnoten 312
  Präfixe/Suffixe einsetzen 312
  Trennzeichen einsetzen 312
Fußnotentext löschen 312
fx-Symbol 224

G
Gedankenstrich 100
Gesamtfarbauftrag 367
Geschützter Trennstrich 112
Geschütztes Leerzeichen 100
Getöntes Druckpapier 55
Geviert 100
  einfügen 103

Gezielte Suche 275
GIF 187
Glättung 150
Glättungspunkt 154
Glättungswert 151
Globales Licht 224
Glyphen 102, 121, 127
  Alternativen anzeigen 128
  mathematische Symbole 103
  suchen und ersetzen 276
Glyphengruppe auswählen 103
Grafik. Siehe auch Bilder
  automatisch einpassen 178
  Darstellung 193, 195
  Drag&Drop 178
  drucken 385
  Illustrator-Dateien 181
  importieren 171, 171–172
  im Raster platzieren 180
  im Rahmen transformieren 199
  im Text platzieren 188
  im Text verankern 188
  Inhalt an Rahmen anpassen 177
  in Rahmen einpassen 176
  in Rahmen zentrieren 177
  per Drag&Drop importieren 178
  platzieren 175, 178
  Rahmeneinpassungsoptionen 179
  Rahmen proportional füllen 177
  transformieren 199–202
Grafikformate, eingebettete
      Pfade 210
Grafikrahmen 150
  mehreckige 150
  sternförmige 150
Graustufenbilder färben 222
GREP 278
  praktische Beispiele 279
  Suchausdrücke 279
Größenänderung für Grafiken und
      Gruppen 60

Group 3 394

Grundlinienoptionen 90

    Fixiert 90

    Großbuchstabenhöhe 90

    Oberlänge 90

    x-Höhe 90

    Zeilenabstand 90

Grundlinienraster 235, 236

    Absatzabstand 238

    Anzeigeschwellenwert

        einrichten 236

    benutzerdefiniert 239

    deaktivieren 238

    einblenden 237

    einrichten 235

    für einzelne Textrahmen 238

    oberen Rand einstellen 236

    Registerhaltigkeit 235

    Text ausrichten 238

    Zeilenabstandswert

        definieren 237

Grundlinientext als Absatzformat

    speichern 239

H

Halbgeviert

    -abstand 100

    einfügen 103

Halbtonraster 173, 384

Hardproof 355

Harlequin ScriptWorks 368

Hilfslinien 66, 66–73

    alle löschen 73

    Arten 66

    ausrichten an 74

    Druckbogen 68, 69

    ein-/ausblenden 72

    einrichten 68

    exakt verschieben 69

    fixieren 73

    gleichmäßig ausrichten 71

    in der Bibliotek speichern 284

    kopieren 69

    kopieren/einfügen 69

    Linealhilfslinien 66

    löschen 73

    mehrere auswählen 69

    Objekte an Hilfslinien

        ausrichten 74

    regelmäßige 70

    schnell ausblenden 55

    Seitenhilfslinien 68

    speichern 68

    sperren 73

    spiegelbildlich anordnen 69

    um Abstandswert verteilen 72

    und Ebenen 267

    verschieben 69

Hilfslinien, intelligente 74

Hilfslinienraster 67

Hinteres Objekt abziehen 158

Hintergrundebene in normale

    Ebene umwandeln 216

Hurenkinder 130

Hyperlinks 403

    Aussehen definieren 408

    bearbeiten 408

    definieren 406

    Freigegebenes Ziel 407

    generieren 407

    testen 409

Hyperlinkziel

    anlegen 404

    bearbeiten 406

    zu einem Anker 405

    zu einer Adresse 406

I

Illustrator 181

    -Dateien 181

ImageCatalog 206

Import

    aus Word 94

    bestehenden Text ersetzen 94

    Einstellungen als Vorgabe spei-

        chern 95

    Formatimport anpassen 94

    Grafiken 171–172

    Tabellen 95

Importoptionen anzeigen 94

INDB-Datei 318

InDesign-Dokumente

    verknüpfen 302

Index 323, 327

    aktualisieren 333

    alle Vorkommen eines bestimmten

        Suchbegriffs hinzufügen 330

    Begriffe automatisch

        hinzufügen 330

    Eintrag definieren 328

    Eintragskennzeichen 332

    erstellen 327

    erzeugen 330

    für Buch 328

    generieren 330, 331

    Indexabschnittsüberschriften

        einschließen 331

    leere Indexabschnitte

        einschließen 331

    mit Hyperlinks 332

    Optionen für Einträge 329

    Querverweis 329

    Querverweise festlegen 329

    Seitenbereich angeben 329

    Stufenformat einstellen 331

    Themenstufen festlegen 328

    verschachtelt 331

    vorhandenen Index ersetzen 333

Indexeintrag

    Aktuelle Seite 329

    Art festlegen 329

    definieren 328

einsehen 330

Optionen 329

per Tastenkombination 330

INDL-Datei 283

Infobereich 54

Inhaltsverzeichnis 323–328

Absatzformate erstellen 324

aktualisieren 326

Buchdokumente einschließen 326

erstellen 323

Formatvorlagen 324

Layout festlegen 325

mit Lesezeichen 326

PDF-Lesezeichen erstellen 326

Vorbereitungen 324

Inhaltsverzeichnisformat 326

erstellen 326

Initiale

erstellen 250

Zeilenhöhe festlegen 250

Ink-Limit 367

In-RIP-Separation 364, 380, 382

In-RIP-Überfüllung 358

Installable embedding 347

Intelligente Abstände 203

Intelligente Hilfslinien 74

Intelligentes Transformieren 201

Interaktive E-Books 402–404

J

JDF-Auftragsdefinition 397

JPEG 188

Komprimierung 394

K

Kanäle

Auswahl als Alphakanal
speichern 215

Kantenglättung 194

Kanten suchen 211

Kapitälchen 105

echte 106, 126

falsche 105

simulieren 106

Kapitälchenhöhe festlegen 106

Kapitelnummer überprüfen 308

Kerning 107

manuelles 107

verändern 107

Kolumnentitel 306–307

gestalten 306

Kapitelnummer einfügen 307

Kompatibilität von Schriften 120

Kompressionsverfahren (PDF) 393

Komprimierung (PDF) 392

Kontextbedingte Variante 125

Kontur

Art 160

bearbeiten 159

Farbe 160

Text 104

Konturenführung 84, 131

deaktivieren 85

wirkt sich nur auf Text unterhalb
aus 85, 132

Körpersiebdruck 367

Kurven

fortlaufende zeichnen 151

in Linien umwandeln 155

nicht fortlaufende 152

L

Lab-Farbraum 337

Lacke 362

Überfüllung ausschalten 361

Lauflänge 395, 396

Laufweite 107

Layout

anpassen 60

Bilder aktualisieren 197

mit ungleichen Spalten 56

Layoutanpassung 59, 60

Lebende Kolumne 306

definieren 307

Lebender Kolumnentitel (Absatzformat) 307

Leporellofalz 57

Lesezeichen 415

erstellen 417

verschachtelte 418, 419

Ligaturen 121

bedingte 124

Linealhilfslinien. Siehe auch Hilfslinien

einrichten 68

Lines per Inch 173

Linien

in Kurven umwandeln 155

Neigung 45° 151

zu dünne im Offsetdruck 351

Liniensegmente in Kurven
umwandeln 155

Linienstärke

kontrollieren 351–352

Mindestmaß 351

Listen

gliedern 113

Listentyp Zahlen 254

Listentyp definieren 116

Lückenwerkzeug 204

M

MakeGrid (Skript) 206

Marginalien mit Objektstilen 257

Marken

Druck 379

PDF 396

Maßeinheiten 52

Standard einstellen 52

Maus aus Feld 410

Maximaler Farbauftrag 367

Mediävalziffern 127

Medienclip
  einfügen 420
  Wiedergabe einstellen 420
Meinen Bildschirm freigeben 43
Menüs anpassen 31
Metadatenbeschriftungen 308
Metallic-Farben 362
  Überfüllung ausschalten 361
MF 196, 350
Mikrotypografie 100–103
Millimeter 52
Miniaturen drucken 379
Mini Bridge 300
Mischdruckfarben, neue Gruppe
    erstellen 164
Moiré 385
Monitorproof 354
MPEG 419
Multimedia 419
Musterseite. Siehe Mustervorlage
Mustertextrahmen 51
  erstellen 80
Mustervorlage 56, 61–66
  anwenden 61, 62
  anzeigen 61
  aus anderen InDesign-Doku-
      menten 65
  ausgewählte Musterseitenobjekte
      wiederherstellen 63
  basiert auf 65
  drucken 378
  Eigenschaften 66
  Eigenschaften ändern 66
  Elemente einfügen 62
  erstellen 63
  hierarchische 65
  Hilfslinien 67
  löschen 66
  Name 63
  Objekte entkoppeln 63
  Objekte/Hilfslinien hinzufügen 62

organisieren 66
Präfix 63
verschachtelt 64
Seitenanzahl festlegen 64
Seiten hinzufügen 66
Seitenzahlen 75
  speichern 64
  umbenennen 64

N
Navigation im Dokument 33
Navigationsmöglichkeiten 403
Neon.jsx 206
Neuberechnung 392
  bikubische 393
  durchschnittliche 393
Neuer Abschnitt 77
Neutrale Dichte 362
Normfarbsystem 337
Nummerierung 116
  Bildbeschriftungen 253, 257
  fortführen 116, 253
  Überschriften 253
  zuweisen 116
Nummerierungs- und Abschnittsop-
    tionen 253–254

O
Objekte
  addieren 157
  Aktivierreihenfolge festlegen 411
  am Rücken 191
  animieren 422
  benutzerdefinierte
      Positionierung 191
  Beschneidungspfad 211
  Deckkraft einstellen 227
  Deckkraft im Offsetdruck 228
  durchscheinen lassen 227
  Eckenoptionen 159
  im Text verankern 188

mit Text auf Grundlinie 190
regelmäßig kacheln 206
Schnittmenge bilden 158
subtrahieren 158
Transparenz einstellen 227
überdrucken 365
Überlappung ausschließen 158
verankerte aus Text
    herausnehmen 190
verankerte Position 192
verbundene trennen 157
verknüpfen 157
versetzen 206
zur Bibliothek hinzufügen 283
Objekteffekte 223–224
Objekteigenschaften
  suchen/ändern 281
Objektstatus 413
Objektstil 231
  auf Dokumente übertragen 232
  aus Effekten 231
  aus Transparenzen 231
  aus Verankerung 261
  Bedienfeld 231
  erstellen 231
  für Marginalie 257
Objekttransparenzen 223
Objektverankerung 258
Offset-Druck 367
OpenType 104, 120, 122
  Attribute speichern 129
  bedingte Ligaturen 124
  Bezugsquellen 123
  echte Brüche 126
  echte Kapitälchen 126
  Features 120–123
  hochgestellt 126
  Kategorien 128
  Kontextbedingte Varianten 125
  Mediävalziffern 127
  Nenner 126

Ordinalzahlen 126
Schriftkompatibilität 120
Schwungschrift 125
tiefgestellt 126
Titelschriftvarianten 126
und InDesign 123
Unterstützung 123
Varianten 122
Versalziffern 127
Zähler 126
Zeichen 122
Zeichenvariationen 122
OPI 386
Optionen für verankertes Objekt
        190, 258
Ordinalzahlen 126
Ornamente anzeigen 128
OTF 122

P

PageMaker 132
Paginierung 75–78. Siehe auch
        Seitenzahlen
    Abschnitte einsetzen 77
    für Bücher 320
Paginierungsarten 77
Palette
    Buch 319
    Pathfinder 157
    Schnell anwenden 247
PANTONE-Farbfächer 163
Papierfarbe am Monitor
        simulieren 55
Papierformat 52, 379
Papierweiß 355
Passungenauigkeiten 357
Pastell-Volltonfarben 362
Pathfinder 157
PDF 184, 388
    Beschnittzugabe 396
    Distiller 376
    eigene Vorgaben 391

Einstellungssätze 391
Exporteinstellungen 388
Exportvorgaben weitergeben 391
Kompressionsverfahren 393
Marken 396
Neuberechnung 392
platzieren 184
Schriften 397
webtaugliches 425
PDF-Dokument 184, 402
    Export als bildschirmtauglich 425
    für das Web schützen 426
    geschütztes 426
    im Web veröffentlichen 428
    Komprimierung der Bilder 392
    mit transparenten Objekten 373
    Transparenzen 373
    Vorteile 184
    webtaugliches 425
PDF-Export 388–389
PDF/X 389
    PDF/X-1a 389
    PDF/X-3 389
    PDF/X-4 390
Pfad
    aufteilen 156
    bearbeiten 153
    Form ändern 154
    geschlossener 151
    löschen 156
    nicht fortlaufende Kurven 152
    offener 151
    Pfadform ändern 154
    Pfadteile löschen 156
Pfadrichtung umkehren 117
Photoshop
    Beschneidungspfad 183, 213
    Duplex-Bilder erzeugen 219
    Ebenenmasken 215
    PSD importieren 185
Pica 52
PICT 187

Piktogramme. Siehe Seitenminia-
    turen
Pixelgrafiken 210
PlaceMultipagePDF 206
Platzhaltertext 98
Platzieren, Grafiken 175
PNG 187
Polygonrahmen 150
    Einstellungen 150
PostScript 368
    geräteabhängig 377
    geräteunabhängig 377
    Type1 122
    vorsepariert 380
Power-Zoom 34
PPD 377
Präfix 63
Preflight
    Ausrufezeichensymbol 347
    Feature 343
    für Buch 345
    in InDesign 343
    Schriften ersetzen 348
Print and preview embedding 347
Proofen 354
Pro-OpenType-Schriften 122
Proxy 194
Prozessfarben 358
PSD-Datei, Ebenensichtbarkeit 186
    importieren 185
Pseudokursive 105
Pseudoschnitte 105
Punkt 52

Q

Quadruplex 218
Qualitätsfaktor 174
QuarkXPress 132
Querverweise 314, 329
QuickTime 419

R

Rahmen
  Eckeneffekte 158
  erstellen 150
  Fläche 159
  frei geformte 150
  Konturart 160
  Konturfarbe 160
Raster 384
  Grafiken platzieren 180
  Grundlinienraster 235
Rasterfrequenz 173
Rasternetze 70
  aus Hilfslinien 70
  regelmäßige 70
Rasterweite 172, 384
  Verwendung 174
Rasterwinkel 385
Rationelle Texteingabe 92–98
Rechteckrahmen 150
Rechtschreibprüfung 145–147
  anhalten 147
  Funktionalität 146
  Sprache festlegen 146
  Wörterbuch bearbeiten 147
Reduzierung. Siehe Transparenzre-
    duzierung
Reduzierungsvorschau
    368, 371, 374
Referenzpunkt bei Verankerung
    definieren 260
Registerhaltiges Absatzformat 235
Registerprobleme 366
Restricted License embedding 347
Richtungslinie 154
Richtungspunkt 154
RIP 368

S

Sammlungen 292
  Smart-Sammlungen 293
Satz überprüfen 129–132

Satzbild, löchrige Zeilen 101
Satzbreite 86
Satzspiegel einrichten 53
Schaltflächen 403, 409
  mit Verhalten 410
  vordefinierte aus Bibliothek 409
Schaltflächeneigenschaften 410
Schaltflächen-Optionen
    festlegen 410
Schatten im Retro-Look 226
Schlagschatten 225
  Deckkraft einstellen 225
  Kanten weichzeichnen 225
  nach innen 226
  x-/y-Versatz einstellen 225
Schmuckfarben. Siehe Vollton-
    farben
Schnell anwenden (Funktion) 247
Schnellauswahlwerkzeug 216
Schnittmenge bilden 158
Schrift
  auswählen 104
  drucken 386
  Einbettung 347
  fehlende 28
  Groß-/Kleinschreibung ändern 80
  Höhenbestandteile 90
  Kompatibilität 120
  verborgene Zeichen
    einblenden 89
Schriftersetzung 131, 348
Schriftmanagement 121
Schriftnamen 106
Schriftschnitt auswählen 104
Schusterjungen 130
Schwarzdarstellung 27, 367
Schwarze Druckfarbe
    simulieren 355
Schwarz überdrucken 357
Schwungschrift 125
Segmente, gerade/gebogene
    kombinieren 153

Seiten
  Druckbogen 58
  Duplikate erstellen 57
  duplizieren 57
  hinzufügen 56
  löschen 56
  mehrseitige Druckbögen 57
  neu arrangieren 56
Seiteneinstellungen 55
Seitenformat 52, 379
Seitengeometrie 50–51
Seitengrößen, mehrere in einem
    Dokument 58
Seitenhilfslinien einrichten 68–69
Seitenminiaturen 425
Seitennummerierung
  beginnen bei 76
  für einzelnes Dokument 322
Seitenverweis 330
Seitenzahlen 75
  anpassen 77
  hinzufügen 75
  römische 77
  zuweisen 75–78
Separation 380, 381
  In-RIP 380, 382
Separationsvorschau 356
  Farbauftrag 356
Silbentrennung 110
  aktivieren 110
  Bedingter Zeilenumbruch 113
  Kürzeste Vor-/Nachsilbe 110
  Trennalternativen festlegen 111
  Trennbereich festlegen 110
  Wörter angeben 110
Skalierung
  beim Drucken 379
  proportional/nicht
    proportional 200
Skripte 206
  aus dem Internet 207
  einsatzbereite 205

Smart-Sammlungen 293

Snippets 286

   erzeugen 289

Softproof 354

   anzeigen 355

   Überfüllungen 364

Sonderfarben 218

   Überfüllung ausschalten 361

Sonderzeichen 100–103

   einfügen 100

   für Eintragskennzeichen 332

   für Fußnoten 312

   Glyphen 102

   Sonstige einfügen 102

   suchen und ersetzen 276

Spalten 56

   ausgleichen 87

   einrichten 87

   teilen 89

   zusammenfassen 89

Spaltenanzahl 86

Spaltenausgleich 87

Spaltenhilfslinien sperren/entsperren 56

Spaltensatz 86

Spiegelbildliche Hilfslinien 69

Spiegeln beim Drucken 384

Standardmaßeinheit ändern 53

Standardschwarz 365

Stanzeffekt 226

Startseitennummer 50

Stern 150

Steuerungsbedienfeld, Alternative 104

Steuerzeichen 103

Stichwörter 295, 327

Stichwortverzeichnis. Siehe Index

Stift. Siehe Buntstift; siehe Zeichenstift

Subtrahieren 158

Suchen und ersetzen

Abfragen erzeugen 282

Abschnitt suchen 274

Alle ersetzen 275

Formatierungen 275

Ganzes Wort 274

Glyphen 276

Groß-/Kleinschreibung 274

mit GREP 278

nach einer bestimmten Zeichenfolge 274

nach Textmuster 278

Objekteigenschaften 281

Sonderzeichen 276

Zeichenfolge ersetzen 275

Suchfunktion 274

Suchvorgang

   fortführen 275

   starten 274

SWF 419, 428

T

Tabelle 132

   Ausrichtung des Zelleninhalts 138

   aus Text erstellen 133

   aus vorhandenem Text 133

   auswählen 136

   bearbeiten 135

   Bestandteile bearbeiten 135

   einfügen 132

   erstellen/bearbeiten 132–143

   formatieren 139

   importieren 95, 134

   in Text umwandeln 134

   navigieren 133

   Spaltenabmessungen ändern 135

   Spaltenanzahl verändern 137

   Tabellenzellen formatieren 138

   Übersatz 133

   verschachteln 132

   Zeilenabmessungen ändern , 135

   Zeilen abwechselnd färben 140

Zeilenanzahl verändern 137

Zellbearbeitung 137–139

Zellen verbinden/teilen 137

Zellen verteilen 137

Tabellenformate

   erzeugen 142

   in andere Dokumente übernehmen 144

Tabstopps

   in regelmäßigen Abständen 114

   setzen 113

Tabulator 113–116

   Arten 114

   Füllzeichen definieren 114

   Linealposition bestimmen 114

Tastenkombinationen anpassen 31

Tastenkombinationen (Übersichtstabelle) 46

Teamarbeit 42

   Abwärtskompatibilität 45

   Änderungen verfolgen 42

   Bildschirm freigeben 43

   Datei verpacken 42

Text

   Abschnitt 92

   am Grundlinienraster ausrichten 238

   an einem Pfad ausrichten 117

   aus Buzzword platzieren 303

   ausgrauen 194

   ausstanzen 226

   Blindtext 98

   Drag&Drop 97

   eingeben 92

   ersetzen 274

   Farbe 103

   färben 103

   gestalten 103–112

   Grundlinienraster 235

   importieren 94

   im Rahmen positionieren 86

im Textmodus eingeben/bearbeiten 92–93

in nächsten Textrahmen umbrechen 89

in Rahmen positionieren 86

in Tabelle konvertieren 133

Kontur einfärben 104

mit Format versehen 245

per Drag&Drop einfügen 97

platzieren 83

Platzierung im Rahmen ändern 86

Rahmen platzieren 188

RTF-Format 94

Spalten 86

suchen und ersetzen 263–264

über Zwischenablage einfügen 97

um Objekte fließen lassen 83

verknüpfen 301–302

Textband gestalten 118

Text, bedingter 271

Textfluss über mehrere Rahmen 80

Textformatierungen übertragen 107

Textimport, Formate korrekt übernehmen 262

Textmodus 35, 92, 246

Anzeige einrichten 94

-fenster öffnen 92

Textrahmen 80–91

an Inhalt anpassen 80

automatischer Textfluss 82

bearbeiten 86

beliebige Form 80

neuen Rahmen erstellen 81

verformen 91

Verkettung aufheben 83

Verkettungen einblenden 80

Textvariablen 306–308

Metadatenbeschriftungen 308

Textwerkzeug wandelt Rahmen in Textrahmen um 349

Tiefschwarz 366–367

Varianten 366

TIFF 187

Titelschriftvarianten 126

Transformieren

Grafiken 199

intelligentes 201

mehrere Elemente 202

schnell/exakt 200

wiederholen 201

Transparenz 223, 227, 368–369

Deckkraft 227

Ebenenmasken 215

einstellen 227

Füllmethode 227, 228

Füllmethode isolieren 229

ignorieren 374

in einem Objektstil speichern 231

in PDF-Dokumenten 373

Schlagschatten 227

Volltonfarben 372

Weiche Kante 227

Transparenzfüllraum 370

Transparenzreduzierung 368, 369

Vorschau 368, 374

Transparenzreduzierungsformat 370

anwenden 370

kontrollieren/nachbearbeiten 371

Trapping. Siehe Überfüllung

Trennzeichen 313

Triplex 218

TrueType 104

TTF 122

Type1 104

Typografische Anführungszeichen verwenden 100

Typografische Probleme 26

U

Überblendeffekte 227

Überdrucken 365

Farben 365

Objekte 365

simulieren 373

Überfüllung 356–357, 363, 364, 384

am Bildschirm betrachten 364

ausgeben 363

Blitzer 357

in InDesign 357

In-RIP-Überfüllung 358

Lacke 361

Methoden 358

Prozessfarben 358

Softproof 364

Sonderdruckfarben 361

Volltonfarben 358

zuweisen 360

Überfüllungseinstellungen für Lacke/Sonderdruckfarben 361

Überfüllungsformat

definieren 359

erstellen 360

Überfüllungsmethoden 358

Überfüllungsvorgaben 358, 359

ändern 359

importieren 361

zuweisen 360

Überlappung ausschließen 158

Übersatztext

halbautomatisch 82

Übersatzzeichen 80

Überschriften

definieren 254

nummerieren 253

Über Zeile (Verankerte Objekte) 190

Umbruchoptionen festlegen 109

Umfließen 85

Unsichtbare Zeichen 103

Untergruppen 386
Unterschneidungstabelle 107
Updates 25

V
Vakatseiten 321–322
Varianten, kontextbedingte 125
Vektorgrafiken importieren 181
Vektormaske. Siehe Beschneidungs-
        pfad
Vektorpfad 210
Verankerte Objekte 258
    aus dem Textfluss heraus-
        nehmen 190
    benutzerdefiniert 190, 259
    eingebunden 190
    Position beibehalten 192
    Referenzpunkt 192
    über Zeile 190, 259
    Verankerung aufheben 193
Verankerung
    aufheben 193
    benutzerdefinierte
        Positionierung 260
    in Objektstil speichern 261
    lösen 261
    Objekte an der Grundlinie
        ausrichten 259
    Position beibehalten 260
    Referenzpunkt definieren 260
    Stellen leichter identifizieren 261
    Verankerungseigenschaften gehen
        verloren 261
    Verankerungsstelle visuell
        verbinden 261
    x relativ 260
    y-Einträge 260
    Zwischenraum Haupt- und
        Marginalspalte 260
Verborgene Zeichen 37, 103
    einblenden 89, 103

Verhalten 410
Verkettungen einblenden 81
Verknüpfte Formen 157
Verknüpfungen 195
    aktualisieren 197, 350
    anzeigen 195
    bearbeiten 195–196
    erneut verknüpfen 351
    fehlende 28
    fehlende Bilder neu
        verknüpfen 351
    Gehe zu 197
    gehe zu Verknüpfung 350
    gelbes Warndreieck 196, 350
    InDesign-Dokumente 302
    kontrollieren 349
    neu verknüpfen 197
    rotes Fragezeichen 350
    Text 301
    von Objekten 157
Verknüpfungsinformationen 198
Verläufe 169
    Farben löschen 230
    Farbverteilung 170
    Mittelpunkt ändern 170
    neues Verlaufsfeld 170
    Transparenzmarken einfügen 230
Verlaufsmittelpunkt 170
Versalziffern 127
Versatzabstand 89
Verschachtelte Formate 249
Verschachtelte Formatschleifen 251
Verschachtelte InDesign-
        Dateien 302
Verschachtelter Index 331
Verschachtelte Zeilenformate 250
Vertikale Ausrichtung 90
Vertikaler Keil 90
Volltonfarben 362, 372
    auswählen 163
    durch Prozessfarben ersetzen 354

in Prozessfarben 384
in Prozessfarben umwandeln 353
    manuell ersetzen 354
    Metallic 362
    Pastell 362
    Transparenzen 372
    Überfüllungen 358
    zusammenfassen 383
Voreinstellungen 26
Vorgegebene Elemente 282
Vorschau
    Druck 378

W
Waisen 130
WAV 419
Weiche Kanten 229
Weitersuchen 275
Werkzeug
    Ankerpunkt hinzufügen 155
    Glätten 156
    Radieren 157
    Schere 157
Witwen 130
WMF 187
Woodwing 252
Word-Dokument, Formate in
        InDesign übernehmen 262
Wörterbücher 147–148

Z
Zeichen
    formatieren 104
    Palette 104
Zeichenfolge suchen 274
Zeichenformate 235
Zeichenmodus anzeigen 104
Zeichenpfad bearbeiten 153
Zeichensätze, fernöstliche 122
Zeichenstift 151
Zeichnen 150

Ankerpunkt 151
Ankerpunkte glätten 156
Ankerpunkt einfügen 155
Buntstift 150
Eckpunkt 154
Glättungspunkt 154
Pfadbearbeitung 153
Pfadform ändern 154
Pfadteile löschen 156

Zeilenabstand 108
  einstellen 108
  per Grundlinien 235
Zeilenformate, verschachtelte 250
Zeilenumbruch, bedingter 113
Zellen bearbeiten 137
Zentimeter 52
Zielmedium 50
Ziffern 127

ZIP 394–396
Zoll 52
Zollzeichen 100
  kann nicht eingegeben
    werden 101
Zusammenarbeit mit anderen
  Workflow-Mitgliedern
    301–302

THE SIGN OF EXCELLENCE

Dieses Video-Training versetzt Sie in die Lage, InDesign in vollem Umfang bei Ihrer täglichen Arbeit zu nutzen. Lernen Sie alle Funktionen und Werkzeuge, aber auch die gestalterischen Möglichkeiten, die InDesign bietet. Christoph Luchs führt Sie sicher durch die Grundlagen wie Satzspiegel und Musterseiten, zeigt den optimalen Arbeitsablauf für die Gestaltung von Print-Dokumenten und interaktiven Web-Präsentationen und katapultiert Sie mit einer Menge Expertentipps in die Profiliga. Alles leicht verständlich - einfach 1:1 mitmachen!

Christoph Luchs; video2brain
ISBN 978-3-8273-6303-9
39.80 EUR [D]

www.addison-wesley.de